【精编故事版】

中国简史

王星智 张兰菊 ◎ 编著

中国文史出版社

图书在版编目（CIP）数据

中国简史／王星智，张兰菊编著． -- 北京：中国
文史出版社，2021．1
ISBN 978 - 7 - 5205 - 2365 - 3

Ⅰ．①中… Ⅱ．①王… ②张… Ⅲ．①中国历史 - 通
俗读物 Ⅳ．①K209

中国版本图书馆 CIP 数据核字（2020）第 190277 号

责任编辑：蔡晓欧

出版发行：**中国文史出版社**

社　　址：北京市海淀区西八里庄路 69 号院　　邮编：100142
电　　话：010 - 81136606　81136602　81136603（发行部）
传　　真：010 - 81136655
印　　装：北京新华印刷有限公司
经　　销：全国新华书店
开　　本：720×1020　1/16
印　　张：27.25　　　字数：625 千字
版　　次：2021 年 1 月第 1 版
印　　次：2021 年 1 月第 1 次印刷
定　　价：88.00 元

中国简史 | 目录 →□　　Contents →

礼乐文明——

远古、夏、商、西周

———— 远古的战车，载来无数的奇迹，绽放出最为动人的华彩。

———— 神话史诗的流传，甲骨文的出现，共和纪年的开始，茶的起源……古老的文明流传百代、沉浮史海。

———— 兴盛与衰微，辉煌与悲怆，和风丽日与血雨腥风，结成礼乐之邦的魂魄与根基。

———— 断壁残垣中遗落着远古的记忆，泥土之下深埋着智慧的结晶，五千年的文明沉淀，铸就了灿烂的华夏文明。

礼乐文明——远古、夏、商、西周

● 盘古像

>>> 太极

《易经》的卜辞里说："易有太极，是生两仪，两仪生四象，四象生八卦。"

所谓"易"就是变化，而这种变化始于太极。太极生阴阳，阴阳生四时，四时生八卦；日月运行，一寒一暑，乾道成男，坤道成女；自然万物皆来自阴阳两种力量的运动与变化。

上面的说法与盘古开天地的神话中"天地混沌如鸡蛋""阳清为天，阴浊为地"的思想完全一致。

拓展阅读：

上帝创世说
《盘古的脚印》东方白

◎ 关键词：宇宙 祖先 混沌 盘古

盘古氏开天辟地

宇宙是怎样产生的？人类的祖先究竟是从哪里来的？自古以来，人们对这些问题充满了好奇。在世界各民族中，也都流传着许多美丽的神话传说。《圣经》中说，上帝创造了世间万物，他用泥土造出人类始祖亚当，并从亚当身上抽出一根肋骨造出他的配偶夏娃。亚当和夏娃生息繁衍后代，成为人类的始祖。而在中国的许多民族中，却广泛流传着盘古开天辟地的神话。

据说在远古时代，天地还没形成，宇宙不过是混沌的一团气，既没有上下左右，也没有东西南北，没有光，也没有声音。在这个混沌的中心，孕育着我们人类的始祖——盘古氏。

盘古氏在混沌的中心孕育了一万八千年，终于苏醒过来。他感到这个空间非常的压抑，于是制造了一把巨大的斧头，用斧头将这一团混沌劈开。这团混沌一经劈开，就分成两部分：一部分轻而清，另一部分重而浊。轻而清的部分每天都往上升一丈，久而久之，就渐渐地形成了天空；重而浊的部分每天都往下落一丈，久而久之，就渐渐地形成了大地。盘古在天地间每天也长一丈，他越长越高，成了顶天立地、高大无比的巨人。从盘古氏开天辟地到天和地的最终形成，中间又经过了一万八千年之久。

盘古氏开天辟地后，天地间只有他孤孤单单一个人。因为天地是盘古开辟的，所以他的喜怒哀乐直接影响着天象的变化：盘古欢喜的时候，天空晴朗，万里无云；盘古生气的时候，天就阴沉沉，乌云翻滚；盘古哭泣的时候，一滴一滴的眼泪就变成雨和雪，雨雪最后汇成了江河湖海；盘古叹气的时候，他嘴里喷出的气形成阵阵狂风；盘古眨眼的时候，天空就出现闪电；盘古睡觉的时候发出的打鼾声，就是天空中的隆隆雷声。

盘古氏的寿命很长，活了一万八千岁。他死时，头东脚西平躺在大地上，他的头高高隆起，变成了气势雄伟的东岳泰山；他的双脚脚趾朝天，变成了峭壁林立的西岳华山；他高高挺起的肚子，变成了风景秀丽的中岳嵩山；他的左臂在身体南边，变成了重峦叠嶂的南岳衡山；他的右臂在身体北边，变成了气象万千的北岳恒山。他的左眼变成了太阳，右眼变成了月亮。他的血液变成了江河，肌肉变成了田地，筋脉铺成了道路，头发变成了星辰，皮毛变成了草木，牙齿和骨头变成了金石，精髓变成珠玉，汗水变成了滋润万物生长的甘霖和雨露。

盘古氏开天辟地的故事虽然很荒诞，但是它说明我们的祖先相信人的力量是伟大的，他们相信人定胜天的道理。而盘古氏开天辟地时使用自己制造的巨斧，更反映了人类明白世界是可以通过劳动创造的。

礼乐文明——远古、夏、商、西周

●女娲补天图　清　任颐

>>>《石头记》

　　中国四大名著之一的《红楼梦》，是以一块石头引出全文的。

　　据作者曹雪芹称，那块石头就是当年女娲氏炼石补天所剩。正所谓："无材可去补苍天，枉入红尘若许年。此系身前身后事，倩谁记去作奇传？"

　　因此，《红楼梦》最初也叫《石头记》。

拓展阅读：

《山海经》
《女娲的传说》李亮

◎ 关键词：黄泥人　水神　火神　人类始祖

女娲造人补天

　　女娲是一个人身蛇尾的女神。盘古开天辟地后，她就在天地间到处游历了。

　　那时，尽管大地上已经有了山川草木，有了鸟兽虫鱼，但仍然显得死气沉沉的。一天，女娲行走在荒寂的大地上，心中感到十分孤独，她觉得应该给天地之间增添些更有生气的东西。

　　女娲想了想，便来到一个水塘边蹲下身子，在塘边掘出一些黄泥，用塘水和好，仿照水中自己的影子，捏出了好多有双手双脚的黄泥人。她刚把泥人放在地上，那小东西竟活了，还欢天喜地地跳着。女娲便叫他们是"人"。女娲在其中一些人身上注入了阳气，于是他们就成了男人；而在另外一些人身上注入了阴气，于是她们便成了女人。这些男男女女的人围着女娲跳跃、欢呼，使大地充满生机。

　　女娲想让人遍布广阔的大地，但她做得太慢了。于是，她想出一条捷径。她把一根绳子放进河底的淤泥里搅动，直到绳的下端整个儿裹上一层泥。接着，她提起绳子向地面上一挥，凡是有泥点降落的地方，那些泥点就变成了一个个小人儿。就这样，女娲创造了布满大地的人。

　　为了使人类绵延不绝，女娲为人类建立了婚姻制度，让男女互相配对，生儿育女，使人类能繁衍至今。

　　本来，女娲的儿女们在大地上幸福美满地生活着。可是，"天有不测风云"。有一年，水神共工和火神祝融打起仗来。他们从天上一直打到地下，闹得到处不宁。结果，祝融打胜了，但共工不服。共工一怒之下，把头撞向不周山，把这支撑天地的大柱撞折了。天倒下了半边，出现了一个大窟窿，地也陷成一道道大裂纹，山林烧起了大火，洪水从地底下喷涌出来，龙蛇猛兽也出来吞食人民。人类面临着空前的大灾难。

　　女娲目睹人类遭此奇祸，感到无比痛苦，于是决心补天，以终止这场灾难。她选用各种各样的五色石子，架起火将它们熔化成浆，用这种石浆将残缺的天窟窿填好。随后，她又斩下一只大龟的四脚，当作四根柱子，把倒塌的半边天支起来。女娲还擒杀了残害人民的黑龙，刹住了龙蛇的嚣张气焰，堵住了滚滚洪流。

　　经过女娲一番辛苦整治，人类终于摆脱了灾难，大地上又出现了祥和欢乐的气氛。但是，这场特大的灾祸毕竟留下了痕迹。从此，天便有些向西北倾斜，因此太阳、月亮和众星辰都很自然地归向西方；又因为地向东南倾斜，所以一切江河都往东方奔流。

　　女娲创造了人类，被人们称为人类始祖，俗称为"女娲娘娘"。

礼乐文明——远古、夏、商、西周

●燧人氏教民熟食

>>> 燃烧的原理

大约七十万年前，直立人学会使用火。

火是燃料（碳基物质）迅速氧化的过程。

当燃料在高温下时，物质的原子结构分解，吸收氧原子而重新组合。在重新组合过程中，原子间的原有联结能量释放出来，即产生热和光，同时释放出二氧化碳、水以及其他气体，而热能又推动邻近的原子重组。这就是火越烧越旺直至烧尽所有燃料的原因。

人类运用自己的智慧，掌握了燃烧的原理，使火对人类的生产生活起到重大的作用。

拓展阅读：

地火产生原理
有巢氏"构木为巢"

◎ 关键词：商丘 燧人氏 人工取火

燧人氏钻木取火

在古希腊，有普罗米修斯把火从天上偷走带给人间的神话故事。在中国则有燧人氏钻木取火的传说。火的使用，是人类历史上一项划时代的伟大发明。

火的现象，自然界早就有了，火山爆发，有火；打雷闪电的时候，树林里也会起火。可是原始人刚开始看到火，不会利用，反而怕得要命。由于不知道利用火，原始人只能生吃东西。他们生吃植物果实还不算，就是打来的野兽，也是生吞活剥、连毛带血地吃了。

后来，人们偶尔捡到被火烧死的野兽，拿来一尝，味道挺香。经过多次的试验，人们渐渐学会用火烧东西吃，并且想办法把火种保存下来，使它常年不灭。那到底谁是第一个使用火的人呢？

传说，在上古的时候，商丘还是一片广茂的山林，燧人氏当了皇帝以后就住那里。那个时候，人们靠猎取野兽充饥，燧人氏经常带领人们四处打猎。

有一次，山林里突然起了一场大火，火灭了之后，山林里到处都是被大火烧死的野兽的尸体。燧人氏捡起一块烧熟了的兽肉尝了尝，觉得很好吃，他就带领大家去捡食烧死的禽兽。等到熟肉吃完了，他们重新去打猎，仍然吃生肉喝生血。这时，大家都觉得生肉没有熟的好吃，都盼望再来一场大火。

一天，燧人氏偶然遇到了太阳公主。太阳公主送给他一块会生火的宝石。燧人氏非常高兴地把宝石放在一个地方，等着它自己生出火来。他等啊，等啊，时间一天天地过去了，怎么也不见宝石生出火来。

燧人氏很失望，他说："原来太阳公主也会骗人，既然这宝石不会生火，我还留着干什么呢？"说完，他抓起宝石使劲朝一块石头摔去。这一摔不要紧，只听"嘭"的一声，宝石冒起了火花，燧人氏恍然大悟，就用击石的办法生起了火。就这样，燧人氏发明了人工取火的方法。

人工取火是一个了不起的发明。有了火，人们就可以随时吃到烧熟的东西。据说，燧人氏还曾教人捕鱼。原来人们不会吃像鱼、鳖、蚌、蛤一类的东西，有了取火办法之后，就可以把这些有腥气的美味烧熟来吃了。

燧人氏发明钻木取火为人类造了福，百姓都很敬仰他。传说他活了一百岁。他死后，人们给他修了大墓，那墓至今还保存在世上。

礼乐文明——远古、夏、商、西周

●神农氏像

>>> 当代神农氏

袁隆平是世界著名的杂交水稻专家。

他用毕生精力攻克了杂交水稻制种与高产的关键技术，成功解决杂交早稻"优而不早，早而不优"的技术难关，实现早、晚双季杂交稻的配套，不仅为中国人民也为世界人民的吃饭问题的解决做出了巨大贡献，堪称当代神农氏。

拓展阅读：

《神农本草》
《炎帝神农氏百谜》惠焕章

◎ 关键词：三皇 栽培植物 打猎 工具

神农氏勇尝百草

在传说中，被尊称为"三皇"的伏羲氏、女娲氏和神农氏，是我们祖先当中最能干的人物。而勇尝百草、教民农耕的神农氏，在传说中是远古时代贡献最大的一位领袖。

传说，在神农氏的那个时代，人口已经比较多了，人们很难依靠打猎来填饱肚子，氏族中常常有人因为分不上食物而饿死。

看到人们过着这种有上顿没下顿的生活，神农氏心里非常难过，他决心想个办法来保证人类能生存下去。他看着满山遍野茂密的树木和花草，突然灵机一动，人们为什么总要吃肉呢？这些花花草草难道不能吃吗？

于是，神农氏决定亲口来尝一尝各种野生植物的滋味。他采集了各种各样的果实、种子和根、茎、叶，一样一样地亲口尝试。在这个过程中，神农氏发现，有些东西的味道是甜的，特别好吃；有些东西的味道又苦又涩，难以下咽；而有些东西的味道倒不坏，可是尝了以后不是头昏脑涨，就是肚疼心跳，甚至上吐下泻。这些体会，他仔细地记了下来。

据说，神农氏在勇尝百草的过程中，最多的时候曾经遇到了70种有毒的植物，有好几次还差一点儿断送了性命。然而，伟大的神农氏克服了重重困难，战胜了种种危险，为人类寻找到了大量的食物。他找到了可以作为粮食的植物，可以作为蔬菜的植物，找到了好吃的水果，还找到了可以治病的药材。人们认识了这些植物，有计划地进行栽培，解决了食物问题，同时也开始解决医药问题。

神农氏并不满足。他发现，植物的生长不仅与天气有关系，跟土壤也有关系。有些植物喜欢生长在黄土里，有些植物喜欢生长在黑土里；有些植物喜欢干燥的土壤，有些植物喜欢潮湿的土壤。他把自己观察到的这种种现象也都记了下来，方便人们更好地从事种植。

神农氏又发现，栽培植物和打猎一样，需要有一套专用的工具。于是，他反复琢磨，制作了犁、镰等农具。从此，原始的农业生产，算是有了一套比较完整的方法。

人们开始了农业生产后，不但生活有了保障，产品还有剩余。于是，出现了交换关系，出现了最初的集市贸易。

关于有巢氏、燧人氏、伏羲氏、神农氏的传说当然是神话，但是这些神话反映了远古时代人类生产和生活发展的进程。在这样的过程中，人们从懂得很少到懂得较多，使生活从很不完善到改进得较为完善，并逐渐过上了温饱舒适的生活。

礼乐文明——远古、夏、商、西周

◎ 关键词：轩辕氏 蚩尤 龙吟 旱神

涿鹿黄帝战蚩尤

●轩辕黄帝像

>>> 轩辕

鲁迅曾有诗云"我以我血荐轩辕"，其中"轩辕"是黄帝的代称。而在古时候，轩辕却另有其意。

据古书上说，黄帝在战争中发明了一种车战法。打仗时，将士都站在战车上；停战休息时，战士围成一圈，指挥官立在中间，只留一个空当做出入的门，起到保护指挥官的作用。古人把有布幕的战车叫作"轩"，两车中间的空当称为"辕"。因此，发明这种车战法的黄帝又被人们称为轩辕氏。

拓展阅读：

《山海经·大荒北经》
《帝王世纪》魏晋·皇甫谧

大约在五千年以前，在我国黄河流域生活着许多部落。以轩辕氏黄帝为首的部落最初兴起在今陕西北部，后来沿着洛水南下，东渡黄河，定居于河北涿鹿附近，从游牧生活转为农耕定居生活。

传说，轩辕氏长着四张脸，很小就会说话，聪明极了。他当上部落首领后，在涿鹿建造宫殿，创立帝业，号称"黄帝"，意思是"黄土地上的神帝"。

跟黄帝同时代的另一个部落首领叫炎帝，他开始也住在我国西北部，据说跟黄帝族是近亲。炎帝率领自己的部落向东发展的时候，碰到了南方九黎族名叫蚩尤的首领。传说蚩尤有八十一个兄弟，他们全是猛兽的身体，有铜头铁额，吃的是沙石。当时，炎帝部落经常受到蚩尤部落的侵扰。炎帝起兵抵抗，但他们不是蚩尤的对手，被蚩尤杀得一败涂地。

战败后的炎帝带领他的部落逃到涿鹿，请求黄帝援助。黄帝早就想除掉蚩尤这个祸害，于是便联合各部落，在涿鹿附近的阪泉与蚩尤展开一场大决战。

战争一开始，黄帝不是蚩尤的对手，被打得狼狈不堪。后来，黄帝召来"风后"，破解了蚩尤的法术，借助星象杀出重围。

蚩尤继续对黄帝发起攻击，他让魑魅魍魉纷纷呐喊。黑沉沉的四野，突然传来可怕的鬼叫。这些叫声此起彼伏、神秘莫测。黄帝的部下被吓得军心动摇，慌乱起来。黄帝当即下令用牛羊角吹动军号。牛羊角的军号发出一种低沉的龙吟之声。说来也怪，龙吟声一起，所有的鬼叫声统统归于沉寂——原来，魑魅魍魉最怕龙吟声。蚩尤的计谋失败了。

为了彻底打败蚩尤。黄帝命令军士擂鼓，让"应龙"行云布雨，大家合力去追杀那批铜头铁额的家伙。

蚩尤来自南方，不怕什么雨水。而且，蚩尤也已请来风伯雨师，准备水淹黄帝。大战中，风伯雨师蹿上天空，与应龙斗法。只见空中电闪雷鸣，风伯雨师摧动更加猛烈的暴风雨，向黄帝的军队反扑。一时间，黄帝的部下处于劣势。

在这危急时刻，黄帝招来收云息雨的旱神——女魃前来助阵。女魃有一种神奇的本领：她一到哪里，哪里就炎热难耐，所有的水分都被蒸发殆尽。果然，女魃一上场，暴风骤雨立即停止。她冲到蚩尤军中，那边顿时烈日当空，蚩尤大军被暴晒得浑身乏力，一个个昏死过去。很快，蚩尤在阪泉全军覆没，蚩尤自己也做了俘虏，后来被黄帝杀了。

传说虽然包含了神话成分，但却说明了当时生产力的发展已经逐渐打破氏族和地域的界限，历史开始进入民族大融合的时期。

礼乐文明——远古、夏、商、西周

●尧帝像

>>> 湘妃竹

　　相传尧舜时代，湖南九嶷山上有九条恶龙，害得老百姓苦不堪言。舜帝到南方去惩治恶龙，最后却耗尽心血死在了山上。

　　舜帝的妻子娥皇和女英见丈夫久去不归，就到南方湘江去寻找丈夫，没想到找到的却是丈夫的墓地。她们二人抱头痛哭，直哭了九天九夜，最后哭尽血泪，死在了舜帝墓地旁边。

　　娥皇和女英的眼泪洒在了九嶷山的竹子上，竹竿上呈现出点点泪斑，这便是"湘妃竹"。

拓展阅读：

《湘妃竹》（名曲）
《尧舜传说》张婷

◎ 关键词：黄帝 尧 虞舜 继承人

尧舜敬贤让位

　　据说，黄帝以后又过了一些年，尧成了部落联盟的首领。

　　尧从十六岁开始治理天下，在位七十年。到八十六岁那年，尧觉得自己年老力衰，想要找一个人来接替他。他向各地发出公告，号召人们推荐贤能的人。

　　过了不久，人们向尧推荐虞舜，说这个小伙子人品好，又能干，可以做他的继承人。

　　虞舜姓姚，名重华，是冀州人。他的父亲是个糊涂透顶的人，人们叫他瞽叟（就是瞎老头儿的意思）。舜的生母早死了，后母很坏。舜的后母生的弟弟名叫象，象极其傲慢，却很受瞽叟宠爱。舜生活在这样一个家庭里，仍然与他的父母、弟弟和睦相处，所以大家认为舜是个德行好的人。

　　尧决定先考察一下舜。他把自己的两个女儿娥皇、女英嫁给了舜，还替舜筑了粮仓，分给他很多牛羊。舜的后母和弟弟见了，又是羡慕，又是妒忌，他们和瞽叟一起用计，几次三番想暗害舜，虽都未成功，但他们却从未泄气。

　　有一次，他们又想暗害舜，便叫舜去淘井。舜跳下井之后，象就在地面上把一块块土石丢下去，把井填没，想把舜活活埋在里面。没想到舜下井后，在井边掘了一个孔道，钻了出来，安全地回家了。

　　象不知道舜早已脱险，扬扬得意地回到家里，跟瞽叟说："这一回哥哥准死了，这个妙计是我想出来的。现在我们可以把哥哥的财产分一分了。"说完，他向舜住的屋子走去，哪知一进屋子，他看到舜正坐在床边弹琴呢。象心里暗暗吃惊，却装作担心的样子说："哎，哥呀！我正在想你。你怎么挖井挖半天也不上来，都快把我想死了呀！"

　　舜也装作若无其事，说："你来得正好，我的事情多，正需要你帮助我来料理呢。"

　　以后，舜还是像过去一样和和气气地对待他的父母和弟弟，瞽叟和象再也不敢暗害舜了。

　　尧经过认真反复的考察，认为舜的确是一个品德好又能干的人，于是就把首领的位子让给了他。这种让首领位子的行为，历史上称作"禅让"。其实，在氏族公社时期，部落首领老了，用选举的办法推选新首领并不是什么稀罕事儿。

　　舜继位后，勤劳又俭朴，他跟老百姓一样劳动，因而受到大家的信任。过了几年，尧死了，舜还想把部落联盟首领的位子让给尧的儿子丹朱。可是大家都不赞成，舜才正式当上了首领。

礼乐文明——远古、夏、商、西周

●大禹像

◎ 关键词：部落联盟 龙门山 九州

承父业大禹治洪水

尧在位的时候，黄河流域发生了很大的水灾，庄稼被淹了，房子被毁了，老百姓只好搬往高处。不少地方还有毒蛇猛兽，伤害人和牲畜，让人们过不了日子。

尧召开部落联盟会议，商量治水的问题。他征求四方部落首领的意见："派谁去治理洪水呢？"首领们都推荐鲧。

尧对鲧不大信任。首领们说："现在没有比鲧更强的人才啦。你试一下吧！"尧这才勉强同意。

鲧花了九年时间治水，没有把洪水制服。因为他只是一味地造堤筑坝，结果洪水冲塌了堤坝，水灾反而闹得更凶了。

舜接替尧当部落联盟首领以后，亲自到治水的地方去考察。他发现鲧办事不力，就把鲧杀了，又让鲧的儿子禹去治水。

禹改变了他父亲的做法，用开渠排水、疏通河道的办法，把洪水引到大海中去。禹和老百姓一起劳动，戴着箬帽，拿着耒耜，带头挖土、挑土，累得磨光了小腿上的汗毛。

经过十三年的努力，禹终于把洪水引到了大海里去，人们又可以在洪水冲刷过的土地上种庄稼了。

禹新婚不久就去治水，他到处奔波，多次经过自己的家门都没有进去。有一次，他妻子涂山氏生下了儿子启，孩子正在哇哇地哭，禹在门外经过，也狠下心没进去探望。

当时，黄河中游有一座大山，叫龙门山。它堵塞了河水的去路，把河道挤得十分狭窄。奔腾东下的河水受到龙门山的阻挡，常常溢出河道，引发水灾。禹到了那里，观察好地形，带领人们开凿龙门，把大山凿开了一个大口子。这样，河水就畅通无阻了。

后代的人都称颂禹治水的功绩，尊称他为大禹。

舜年老以后，也像尧一样物色继承人。因为禹治水有功，大家都推选禹。到舜一死，禹就继任了部落联盟首领。

这时候，已到了氏族公社后期。生产力发展了，剩余产品和私有财产出现，部落之间的战争促进了阶级的形成，氏族公社开始瓦解。

由于禹有治水的功绩，他在部落联盟中的威信和权力大大增强，逐渐成为名副其实的国王。

据传说，为了纪念治理洪水这件大事，禹用当时九个州出产的铜矿石，铸了九个鼎，代表九个州。后来，"九鼎"就成了国家政权的象征。

>>> 鲤鱼跳龙门

龙门，也称禹门口，位于山西河津县城西北十二公里的黄河峡谷中。

古人有"龙门三激浪，平地一声雷"的说法。古代传说黄河鲤鱼跳过龙门，就会变化成龙。李白有诗："黄河三尺鲤，本在孟津居，点额不成龙，归来伴凡鱼。"

韩城自古是"文史之乡"，那里的人把"童生进仕"喻为"鱼跃龙门"。韩城城里还设立过"龙门书院"，文庙大门照壁上有砖雕的"鱼跃龙门图"。

拓展阅读：

诺亚方舟
倪宽治水
范仲淹治水

礼乐文明——远古、夏、商、西周

● 夏启像

◎ 关键词：夏禹 伯益 夏启

父死子继家天下

　　虞舜去世以后，夏禹正式做了部落联盟的领袖。夏禹去世的前几年，曾仿照尧、舜的样子，寻找继承人。起初指定的是深得众望的皋陶，但没料到皋陶死得早，人们又推荐皋陶的儿子伯益做夏禹的继承人。

　　夏禹死后，按惯例应当由伯益来做部落联盟的首领，可是夏禹的儿子夏启不干。他认为父亲死了，权力应当传给儿子，所以首领的位子就应当由他来继承。夏启用武力把伯益赶到箕山南边，自己做了部落联盟的领袖。

　　但是有许多部落不服，公开反对启。有一个部族的首领叫作有扈氏，他首先出来指责夏启说："大禹已经指定了伯益为继承人，你应该把位子还给他！"夏启大怒，心想："我必须给有扈氏一点颜色看看，不然的话，以后还会有人对我不服。"不久，双方在甘泽发生了战斗。

　　这一仗直打得血流遍地，天昏地暗。在当时看来，有扈氏是师出有名，他的战士越战越勇，把夏启的部队打得七零八落，几乎全面崩溃。

　　夏启的臣子建议他赶快补充人员，重整军容，准备第二次战斗。可是夏启听了摇了摇头，他心里明白，不少人还不赞成父死子继的办法，所以不肯拥护他。他认为，想要得到胜利，首先要收服人心。

　　于是，夏启开始对自己严格要求。他生活俭朴，反对铺张浪费。除了祭神和祭祖以外，他不许演奏音乐来作为娱乐。他爱护小孩，尊敬老人，任人唯贤。知道谁有本领，他赶快请来，把他加以重用，听说谁懂得武艺，他也赶快请来，叫他带兵打仗。

　　夏启的所作所为真的产生了效果，才过了一年，他的声誉就大大提高了。夏启看到人心已经倒向自己这边，就又一次发动了对有扈氏的战争。自上次征战得胜以后，有扈氏一直对夏启掉以轻心，得知边地突然有警，才仓促领兵应战。

　　两军在战场相遇，双方剑拔弩张，大战一触即发。夏启召集大军，发布战前动员令。将士们雄心勃发，激昂的呐喊声震云霄，他们潮水一样冲向有扈氏的军队，将有扈氏的军队瞬间击溃。

　　其他部落看到有扈氏的样子，就没有人敢再反抗了。

　　于是，夏启终于坐稳了江山，父死子承的世袭制度也终于形成了。作为我国历史上的第一个朝代，夏朝的建立标志着原始社会晚期的氏族公社制度已经被彻底破坏，私有财产制度正式确立，奴隶社会开始形成，阶级和国家也开始出现了。

●少康像 清 任熊

>>> 少康造酒

中国的酒已经有几千年的历史。

曹操曾有诗言："何以解忧，惟有杜康。"这里的"杜康"，其实就是少康。

相传少康早年流落民间，长期的小民生活使他积累了丰富的劳动经验。他用黏高粱米为原料，经高温发酵酿造出甘甜的秣酒。这就是所谓的"少康造秣酒"。

少康造酒说明夏代的农业生产已经有了很大程度的提高。

拓展阅读：

嫦娥奔月（神话）

《少康草书进学解》康默如

◎ 关键词：民怨载道 废黜 复国

太康失国少康中兴

夏启晚年的生活日益腐化，常常因为纵酒玩乐而疏于朝政。启死后，他的儿子太康继位。太康也整日沉湎于声色酒食之中，不理政事，促使内部矛盾日趋尖锐，外部四夷背叛。

有一次，太康带着家属、亲信去洛水北岸游猎，一去三个多月不回来，弄得百事废弛，人民怨声载道。东夷族有穷氏（今山东德州市北）部落首领后羿乘机起兵，夺取了夏的都城安邑。史称"太康失国"。

后羿废黜太康后，立太康的兄弟仲康当夏王，实权却抓在自己手里。仲康不甘心做傀儡，一心想夺回大权，却终因实力薄弱，反被后羿软禁，最后郁郁而终。

仲康死后，后羿夺取了夏朝的王位，并把仲康的儿子相撵走。可是后羿和太康一样，也是不理朝政，四处打猎，把国家政事交给他的亲信寒浞处理。寒浞却在背地里收买人心，伺机夺位。有一次，后羿打猎回来，寒浞派人把他杀了。

杀了后羿，夺了王位，寒浞还怕夏的后代再跟他争夺，因而一定要杀死被后羿撵走的相。于是，相逃到哪儿，寒浞就追到哪儿。后来相终于被寒浞杀了。那时候，相的妻子正怀着孕，为了逃命，只得从墙洞里爬了出去，逃到娘家有仍氏部落，生下个儿子，起名叫少康。

少康从小就很聪明，初懂人事后，母亲把祖上失国的事告诉了他，

叮嘱他日后要报仇雪耻，复兴夏朝。从此，少康开始发愤图强，立志要夺回天下。他在外祖父手下担任管理畜牧的官，平时一有机会就学习带兵作战的本领，并且时时警觉，防止寒浞来杀害他。果然，不久之后，寒浞的儿子浇就派兵来搜捕他。于是，少康逃奔到名为有虞氏的部落（今河南省虞城东）之中。有虞氏首领虞思让他担任管理膳食的官，以学习理财的本领。他还把女儿嫁给少康，并给了少康一块十里方圆的名叫纶的肥沃土地和五百名兵士。这样，少康有了根据地和军队。

许多年过去了，纶地在少康的治理下，人丁兴旺，生产发展，社会稳定，成了远近闻名的"天国"。过去散居在山林中的夏人，听说少康是夏氏的后代，他治理的纶地政治清明，百姓安居乐业，于是纷纷前来投奔，少康的力量不断壮大了。这时，少康决定开始讨伐寒浞。

少康先派儿子季杼攻灭了寒浞的第二个儿子戈意，以削弱敌方力量，接着又派将军女艾去侦察了浇的虚实。一切准备就绪后，他从纶地出兵，一路势如破竹，很快攻克旧都，将寒浞诛杀，夺回了王位，并建都阳夏。

少康复国后，勤于政事，讲究信用。在他的治理下，天下安定，百姓康乐，各部落都拥戴他，夏朝再度兴盛，史称"少康中兴"。

● 商汤像

>>> 裂缯之声

妹喜是夏桀的妃子，原为有施氏人。

相传夏桀在征伐有施氏时，有施氏的首领把妹喜献给了夏桀。夏桀非常宠爱她，只因妹喜喜欢听"裂缯之声"，他便把缯帛拿来撕裂，以博得她的欢心。

夏桀在位时荒淫无度，不理政事，最终导致了夏朝覆亡。"裂缯之声"也就此千古流传，警示后人。

拓展阅读：

《尚书·汤誓》

《列女传·夏桀妹喜传》汉·刘向

◎ 关键词：夏桀 商汤 鸣条 夏朝灭亡

夏桀暴政失人心

到了公元前16世纪，夏王朝已经统治了四百多年。这时是夏朝的最后一个王夏桀在位。夏桀是个出了名的暴君，他和奴隶主贵族残酷压迫人民，对奴隶镇压更重。他大兴土木，建造宫殿，过着荒淫奢侈的生活。

夏朝势力日渐衰落的时候，黄河下游的商国正逐渐强盛起来。商国是夏朝的属国，据说祖先是帝喾的小儿子契。契曾经帮助夏禹治水立功，因此夏禹赐他姓子，并封商地给他。

子契在封地建立了一个小国家，叫作商。夏桀在位的时候，正是子契的第十四代孙子汤掌管商国政权。看到夏桀已经是众叛亲离，商汤决心顺应民意，推翻夏朝。

商汤赢得民心的重要原因是他很有仁义之心。据说有一次，商汤在城外看到一个捕鸟的人张着四面网在捕鸟，捕鸟人嘴里还不断地叨念："从天上落下来的，从地面往上飞的，从四面八方来的，都掉进我的网里来！"商汤对捕鸟人说："你这样做太残忍了，赶快撤掉三面网，留下一面就够了。"捕鸟人问："一面网怎么能捕鸟？"商汤说："你张一面网，对鸟这样说，'鸟儿啊！你们愿意往左就往左飞，愿意往右就往右飞，实在不想活了，就进我的网里来吧！'这样才显得你心地善良。"

商汤对捕鸟人说的这一番话很快就流传开来。人们都说："商汤这个人真好，他对禽兽都这样仁慈，我们应当真心拥护他。"

做好了一切准备工作后，商汤就发表了讨伐宣言，对夏朝发动进攻。

夏桀听说商汤带兵打来了，赶紧命令夏朝的昆吾国、韦国、顾国三个属国的军队来保卫夏朝。商汤早有所料，于是，他先派兵灭亡了韦国和顾国，然后打败了昆吾国，接着大军直逼夏朝的重要城市鸣条。夏桀亲自带兵到鸣条迎战。但是士兵军心涣散，都不听他的指挥，他们纷纷逃亡或投降。

看到大势已去，夏桀不敢再回首都洛阳，只好带着少数残兵败将去投靠昆吾国。商汤乘胜追击，一举灭亡了昆吾国。夏桀和他的妻子妹喜好不容易逃出重围，乘着一只小船渡江到了南巢（今安徽省巢县）。但是夫妻俩在深宫养尊处优惯了，他们自己不会劳动，最后双双饿死在南巢山中。

这样，从公元前21世纪开始建立的夏朝，在经历了四百多年的统治后，最终宣告灭亡了。夏朝灭亡后，商汤正式建立了我国历史上的第二个奴隶制国家——商朝。商朝大约开始于公元前17世纪初，是距今约三千七百年以前的时候。

礼乐文明——远古、夏、商、西周

◎ 关键词：伊尹 奴隶 太甲 桐宫

陪嫁小奴做宰相

● 由奴隶跃升为宰相的伊尹

>>> 商丘小吃

商汤时期的谋臣伊尹，精于烹饪，被后人尊为"烹饪鼻祖"。

如今，在伊尹的诞生地商丘，他所创立的烹饪技术和菜肴大概还有所传承。商丘菜法色泽自然，用料真实，原汁原味。商丘小吃也是远近闻名，令人回味无穷。归德府的水激馍，夏邑冉家的五香糟鱼，归德名菜虾子烧素等都是远近闻名的名菜。虞城贾寨的豆腐干，景家麻花等是当地很有特色的名吃。

拓展阅读：

《竹书纪年》
《伊尹：从奴隶到宰相》宋洁

伊尹，名挚，是商汤时期的谋臣。伊尹原是商汤的岳父有莘氏家里的奴隶，有莘氏出嫁女儿的时候，他被作为陪嫁奴隶陪嫁到了商汤家里。

伊尹刚到商汤家里，被打发在厨房里干活。为了让商汤知道自己的本领，伊尹就找机会接近商汤。有时候他把菜做得很可口，有时候却故意做得过咸或过淡，招惹商汤来找他问话。

有一天，商汤对饭菜很不满意，就找伊尹来问话。于是，伊尹利用这个机会，用做菜说出一些弦外之音来："做菜不能太咸也不能太淡，只有把作料放得恰到好处，菜吃起来才有味。治理国家也和做菜一样，既不能操之过急也不能松弛懈怠，只有恰到好处，才能把事情办好。"伊尹的这一通比方，果然打动了商汤的心。

商汤这才发现，自己家厨房里的这个奴隶其实是个人才。于是，他解除了伊尹的奴隶身份并任命他为右相。就这样，伊尹由一个奴隶一跃变成了商国的宰相。后来，伊尹为商汤出谋划策，一举灭亡了夏朝，建立了商朝。伊尹也因此成为商朝的开国功臣之一。

伊尹全力辅佐商汤，督促群臣，竭尽臣子之道，使商朝吏治清明，社会安定，经济繁荣。商汤去世后，伊尹继续辅佐商朝的第二代、第三代君主，提醒他们改正错误，帮助他们管理国家。

商汤的孙子太甲继承王位后，只知玩乐，从不过问政务民事。大臣们对此忧心忡忡却又束手无策。伊尹经常规劝，太甲却丝毫不听，依旧我行我素。

伊尹见太甲执迷不悟，并且越来越放纵，担心太甲会成为第二个夏桀。于是，伊尹命人把太甲放逐到商汤的坟墓所在地桐宫（今河南偃师县），让他静心思过。

太甲被放逐到桐宫后，整日看到的是他祖父商汤简陋的坟墓。听说太甲是因为不遵守祖宗的制度被放逐到墓地上来的，居住在附近的老人就每天向他讲述当年商汤建立商朝的艰辛。久而久之，太甲逐渐认识到自己过去的所作所为是多么的荒唐。他决心悔过自新，于是开始关心老弱孤寡，做了很多善事，把桐宫管理得井井有条。

三年过去了，太甲在桐宫的所作所为早已有人报告给了伊尹。伊尹感到非常欣慰，于是带着文武大臣去见太甲，以臣子的身份向太甲行大礼，然后把他接回首都亳城（今河南商丘），郑重其事地把国政交还给他。

吸取了过去的沉痛教训，太甲从此开始认真治理国家，商朝进一步走向繁荣。

● 商代狩猎甲骨文

>>> 人殉

人殉，就是用人殉葬。

古代人认为人死后还会同生前一样生活，因而便将其生前用过的物品随葬。到了奴隶社会，奴隶主死后，不但用自己的妻妾、亲信等陪葬，更多的是将大量奴隶杀死或活埋来殉葬。

人殉的风气，在商代达到了顶峰，并形成一种制度："天子杀殉，众者数百，寡者数十；将军大夫杀殉，众者数十，寡者数人。"

拓展阅读：

《诗·商颂·玄鸟》
《殷墟甲骨文》张丹

◎ 关键词：迁都 殷商 甲骨文

盘庚迁殷定国

商汤建立商朝时，定国都于亳（今河南商丘）。在以后的三百年当中，都城一共搬迁了五次，有时因为土地荒芜，有时因为河水泛滥，有时因为外族突袭，有时因为内部矛盾。总之，这些搬迁都是迫不得已的。

盘庚是商朝的第二十个王，作为一位能干的君主，他为了抑制贵族的奢侈恶习，缓和阶级矛盾，改变当时社会不安定的局面，决心再一次迁都。

但是，大多数贵族因为贪图安逸都不愿意搬迁，一部分有势力的贵族还煽动平民起来反对。面对强大的反对势力，盘庚并没有动摇迁都的决心，他把反对迁都的贵族找来，耐心地对他们进行劝说。

由于盘庚坚持迁都的主张，反对势力被挫败了。盘庚带着平民和奴隶，渡过黄河，搬迁到了殷（今河南安阳小屯村）。

迁都之后，商朝的政治果然比以前稳定，农业和畜牧业得到进一步的发展，经济空前繁荣起来。由于王朝在"殷"复兴，因此历史上也将商朝称为"殷商"。

今天，经过三千多年的漫长日子，商朝的国都早就变为了废墟。近代时候，人们曾在安阳小屯村一带发掘出大量古代的遗物，证明那里是商朝国都的遗址，于是就叫它"殷墟"。

从殷墟发掘出来的遗物中有龟甲（就是龟壳）和兽骨十多万片，在这些龟甲和兽骨上都刻着很难辨认的文字。经过考古学家的一番研究，才把这些文字弄清楚。原来商朝的统治阶级是十分迷信鬼神的，他们在祭祀、打猎、出征的时候，都要用龟甲和兽骨来占卜一下吉凶。占卜之后，就把当时发生的情况和占卜的结果用文字刻在龟甲、兽骨上。这种文字和现在的文字有很大的不同，后来人们把它叫作"甲骨文"。现在我们使用的汉字，很多都是从甲骨文演变过来的。

在殷墟发掘的遗物中，还发现了大量种类繁多的青铜器皿、兵器，它们的制作都很精巧。这说明在殷商时期，冶铜的技术和艺术水平是很高的。

在殷墟，考古工作者还发掘了殷商奴隶主的墓穴。在安阳武官村的一座商王大墓中，除了大量的珍珠宝玉等奢侈的陪葬品之外，还有许多被活活杀死的殉葬奴隶。据甲骨片上的文字记载，他们祭祀祖先也屠杀大批奴隶做供品，最多的竟达到二千六百多个。这是当时奴隶主残酷迫害奴隶的罪证。

殷墟出土的甲骨文，使我们对殷商时期的社会情况有了比较确凿的了解。因此，我国最早有文字记载的历史是从商朝开始的。

◎ 关键词：姜子牙 怀才不遇 钓鱼 太公望

周文王访贤得姜太公

● 姜太公像

>>> 《太公兵法》

《太公兵法》即《六韬》，传说是由周文王的老师姜太公所撰。

今存有六卷《六韬》，借用了周文王、周武王与姜太公对话的形式，深入浅出地阐发了治国治军的理论方针和获取称霸战争胜利的战略战术。

姜太公对兵法研究之早、之深，可谓千古第一人，号称兵家鼻祖，帝王之师。其作品《太公兵法》自汉魏以来，成了兵家必读的头等参考书，在社会上流传颇广。

拓展阅读：

《封神演义》明·许仲琳
《姜太公本传》刘斌

姜太公，名尚，字子牙，生于商朝末年，年轻时志气很大。由于努力求学，他精通兵法且熟悉政事，可惜怀才不遇。他在各个诸侯国游历多年，希望能遇到贤明的国君并受到重用，以施展自己的才能，结果却希望落空，一无所成。

商朝末年，纣的残暴行为加速了商朝的灭亡。这时候，西部的周部落却一天天兴盛起来。到西伯姬昌（后为周文王）当国时，由于他积极网罗人才，注重经济发展，实施勤俭立国的裕民政策，因而使得社会秩序井然，商富民安，国力逐渐增强。

听说西伯周文王治理下的周国政治清明，人民生活安定，怀才不遇的姜尚于是决定到周国去谋生。他希望在那里施展自己胸中的抱负。

来到周国后，姜尚在渭水学钓鱼，可是一连几天都没有一条鱼上钩，不禁心里烦躁起来。一位老人见状，开始教授他钓鱼的方法，后来果然有了收效。姜尚是个很会钻研的人，通过不断改进钓鱼方法和研究鱼类的生活习惯，渐渐得心应手，简直成了钓鱼专家。

这个时候，周文王见纣王昏庸残暴，民心丧失，就决定讨伐商朝。可是他身边缺少一个能帮助他指挥作战的有军事才能的人。他开始暗暗想办法物色这种人才。

有一天，周文王带着他的儿子和士兵到渭水北岸去打猎。在渭水边，他看见一个人正聚精会神地在钓鱼。周文王轻轻走到他的身后，停步观看。不一会儿，只见这个人一连钓上来几条大鱼。周文王不禁赞叹道："先生钓鱼的技术可真高明啊！"姜尚听见有人说话，便回头看了看，一瞧穿戴，马上明白是个国君，于是赶紧转身下拜。

周文王问："我看先生钓鱼的技术很高妙，有什么精深的道理吗？"

姜尚回答："天地间万事万物都有一定的道理。钓鱼要考虑天气的阴晴冷暖，河水的深浅和流速的快慢，要确定下钩的时间和方法，还要懂得各种鱼的生活习性和喜欢吃的鱼饵。引钩要适时，不能快也不能慢，一切心领神会恰到好处，吞钩的鱼才不会跑掉。"

周文王若有所思，他跟姜尚越说越投机。对于周文王的问题，姜尚有问必答，谈到治军、施政、理财，无不见解精辟，头头是道。周文王闻言大喜，于是立即请姜尚上车，一同回到都城，拜姜尚为师，并称他为"太公望"。后来，人们就把姜尚称为姜太公。

太公辅助周文王治理国家，很得民心。周文王死后，他又辅佐周文王的儿子武王，使周国一天天强大起来。在太公的协助下，武王率领天下诸侯，出兵讨伐无道的商纣王，并最终推翻商朝，建立了周朝。

●周武王像

>>> 《封神演义》

　　《封神演义》成书于明代，是作者许仲琳以宋元讲史话本《武王伐纣平话》为基础，博采民间传说演绎而成的长篇神魔小说。

　　《封神演义》一书以武王伐纣、商周易帜的历史为线索，描述了天上神仙分为两派，各助商周，祭宝斗法、神人混战的故事。最后以姜子牙封诸神和周武王分封诸侯作结。

　　小说表现出奇特的想象，因而显得光怪陆离、瑰丽无比。后来又拍成电视剧《封神榜》，流传较广。

拓展阅读：

甲士和虎贲
《周武王姬发百谜》惠焕章

◎ 关键词：纣王　灭商　孟津观兵

孟津大会诸侯

　　公元前1070年左右，周文王去世，他的儿子武王姬发继位。

　　武王掌权之后，以姜太公为师，负责军事；以弟弟周公旦为主政，负责政务；以召公和毕公为左右助手，负责出谋划策，以期继续父亲文王的事业。

　　纣王昏庸残暴，民心丧失，整个国家已摇摇欲坠。于是，周武王决定讨伐商朝。

　　武王与姜太公商议灭纣事宜。姜太公说："灭商的事，老臣时时刻刻都在准备着，但是目前的时机尚不成熟。我们派往朝歌的密探几次送来情报都说商朝贵族内部的矛盾虽然很大，但是仍未全面爆发。商朝虽然十分腐败，但它毕竟是个大国，拥有几十万军队，若只靠武力去征伐，那付出的代价就太大了。因此，我们要等待商朝内部发生混乱，然后乘虚而入，这样才能够以弱胜强，用较少的代价获得巨大的成功。"

　　武王听了太公对整个形势的分析后点头称是，但他又想借机采取行动，于是希望得出权宜之计。二人各自出法，写出自己所想计谋，相互一看，竟然不谋而合。原来二人所写的都是"孟津观兵"，两人不禁哈哈大笑。

　　于是，武王决定十月底在孟津观兵，并将此决定传布给四方诸侯。

　　武王九年（公元前1059年）十月初，周武王和姜太公亲率甲士三万，虎贲三千，并战车千乘，离开镐京，出临潼过渑池，声势浩大地向东进发，队伍首尾长达二十多里。

　　几日后，三军到达洛邑。姜太公亲自指挥三万大军和粮草辎重渡河。大军共分为三路向孟津挺进，一路由大将军南宫运率领，充当左军；一路由将军问闳夭率领，充当右军；太公和武王居于中军，由大将武吉护驾。只见在宽阔的河面上，三路舟船如三条巨龙由南向北开进，甚是壮观。

　　此次诸侯会盟，武王发出的请柬不到一百个，但前来会盟的却超过八百个诸侯。各诸侯国对于商纣王的倒行逆施早已忍无可忍。

　　西周的崛起像一把熊熊燃烧的火炬点燃了各诸侯国的希望，又如同一块巨大的磁石吸引着各诸侯国向它靠拢。因此，接到武王请柬的诸侯无不欢喜雀跃，没有接到请柬的也闻风而来自愿参加会盟。

礼乐文明——远古、夏、商、西周

●商代墓葬

>>> 酒池肉林

《史记·殷本纪》记载，纣王"大聚乐戏于沙丘，以酒为池，悬肉为林，使男女裸相逐其间，为长夜之饮"。

据说，酒池之大，可供三千人牛饮。商纣王与众妃子饮酒作乐，听的是靡靡之乐，跳的是北里之舞，男男女女裸露着身子，在酒池肉林之间追逐狂欢。

酒池肉林的景象，反映了纣王的奢侈腐化生活。后来，酒池肉林也成为奢侈腐化的同义词。

拓展阅读：

《王星殒落（一）商纣王》谭平
周朝兵制

◎ 关键词：荒淫无道 妲己 牧野

商纣王鹿台自焚

商朝末年，国势衰弱，纣王荒淫无道，迷恋后宫，迫害贤良，宠信小人，一时弄得民不聊生。而其属国周经过长时间的苦心经营，国势蒸蒸日上。

周武王孟津（今河南孟津）会盟，表示要讨伐商纣。各诸侯国纷纷表示支持和声援，并且出谋划策，出财出人。

不久，周武王的讨伐大军浩浩荡荡地朝朝歌城的方向进发了。而商的军队却是委靡不振，士兵无心作战。结果，根本没碰上什么像样的抵抗，周军就势如破竹地打到了朝歌附近的牧野。

此时，纣王正和自己的妃子妲己在鹿台上歌舞作乐呢！他听到报告后大惊失色，赶快召集大臣们前来商量如何应战。群臣束手无策，纣王只好亲自率军，要跟周军决一死战。可是直到点兵时才知道，自己的部队差不多还都在东面跟东夷作战呢！他只好把抓来的奴隶编进队伍里，七拼八凑地组织了七万余人，乱糟糟地朝牧野开去了。

两军远远照面，武王看到商朝军队有那么多，不禁有一点怯意，但一看姜太公气定神闲、成竹在胸的样子，马上就把心情放松了。他叫部队击鼓助威，上去迎战。

姜太公却止住了他，只派了一小部分士卒为先锋，先行迎上去。过了好一会儿，他才和武王带着大队人马，缓缓地迎了上去。

这时候，周的先锋已经跟商兵交战了，一时杀声震天。纣王眼看对方派过来的是小股部队，认为凭自己这么多的人马，马上就可以把他们吃掉。可是事情却出乎意料，两军刚一接触，商朝军队不是向对方冲杀，反倒被对方逼了过来。

原来姜太公早就探听清楚了商军队伍的情况，知道商兵大部分都是奴隶，他们早就对纣王恨之入骨。太公派出的先锋队伍在战场上朝对方喊话，说只要他们反戈一击，就能解放成自由人。奴隶们高兴坏了，他们纷纷转过身，加入武王的队伍，朝纣王进攻了。

一看大事不妙，纣王只好掉转车头，逃回朝歌城去了。他心里既震惊愤恨，又伤心难过，简直百感交集。逃回城里后，纣王眼看末日到来，心想："我反正是活不成了，我的宝物说什么也不能让你们这些乱臣贼子得到。"于是，他就把宝库里的宝贝、财物、丝绸衣服什么的都堆在鹿台上，并放了一把火，把自己和财物一起给烧了。

周武王带领军队顺利开进了朝歌城，城里的百姓都夹道欢迎他们。这样，商朝正式灭亡了，人民拥立周武王做了天子，建立了周朝。周朝作为我国历史上的第三个奴隶制国家，是奴隶制社会最兴盛的时代。

礼乐文明——远古、夏、商、西周

● 儒家传统文化的开创者周公

>>> 曹操的《短歌行》

对酒当歌，人生几何？譬如朝露，去日苦多。慨当以慷，忧思难忘。何以解忧？惟有杜康。青青子衿，悠悠我心。但为君故，沉吟至今。呦呦鹿鸣，食野之苹。我有嘉宾，鼓瑟吹笙。明明如月，何时可掇？忧从中来，不可断绝。越陌度阡，枉用相存。契阔谈讌，心念旧恩。月明星稀，乌鹊南飞。绕树三匝，何枝可依？山不厌高，水不厌深。周公吐哺，天下归心。

《短歌行》是曹操的代表作之一。作者以周公的典故抒发自己渴望招纳贤才，帮助自己统一天下的宏大抱负和宽广胸怀。

拓展阅读：

《周公解梦》
《周公评传》辜堪生

◎ 关键词：握发吐哺 周公 礼乐

周公辅成王

周武王灭商后，建立了周王朝。第二年，武王得重病去世，他的儿子姬诵继承王位，这就是周成王。当时，成王年幼，并且刚建立的周王朝也不大稳固。于是，周武王临终时，把年幼的太子姬诵和军国大事托付给了他的弟弟周公旦。周公旦即历史上的周公。

周公在王室中长大，天资聪明，才华出众，受过已故文王的不少教诲，而且武王生前与他关系融洽，感情极深，所以周公理起国政来十分得心应手。为了治理好国家，他想尽一切办法网罗人才，为了接待贤能的人，他忙得不可开交。有一次，周公正在洗头发，刚把头发浸湿，有人说有急事报告，周公连忙握着湿漉漉的头发出去接待，办完事回来再接着洗。洗到半截儿，又有人来，他又赶紧握住湿头发出去。一连出去好几次，才把头发洗完。还有一次，周公正在吃饭，刚夹起一块肉放进嘴里，外边有客人来访，他马上把肉吐出来起身去迎接客人。一顿饭的工夫来了三次客人，周公就连吐了三次饭菜。这就是成语"握发吐哺"的典故。

周公尽心竭力辅助成王管理国事，可是他三哥管叔和五弟蔡叔却在外面造谣，说周公想要篡夺王位。

遭到诽谤的周公，一面更加勤恳地处理国家大事，一面恳切地对人解释。大家看到周公确实是在尽心竭力地为国家办事，于是管叔和蔡叔的谣言在人们的心里再也激不起一丝波浪了。而商纣王的儿子武庚认为找着了机会，便来拉拢管叔和蔡叔，叫他们和自己一起发动叛乱夺取天下。另外一些地方的人也趁机起兵反周。为平定叛乱，周公果断下令东征。

经过三年的艰苦战争，叛乱终于被平息，东征取得了胜利，周朝的疆土也大大扩展了。

成王姬诵长大成人后，周公把国家大政交还给成王，自己恭恭敬敬地退回到大臣的行列。他怕成王不知父辈创业的艰难，特地写了一篇《毋逸》。他告诫成王说："父母创业，总是历时久长，备尝艰难困苦；子孙骄奢，顷刻间就可以败到亡国杀身。为人子孙，你要谨慎啊！商朝的贤君，为使他的兄长能够顺利即位，自动远离宫廷，来到民间，和小民朝夕相处，切身体会到小民的痛苦。后来他登上王位，就能够保全小民，照顾孤寡无靠的老小，所以他在位三十三年，商朝能繁荣昌盛。这个榜样，你可要好好地学啊！"

周公用自身的行动做了历代大臣的榜样。他曾经制定礼乐，因此被视为中国儒家传统文化的开创者。

礼乐文明——远古、夏、商、西周

●召公像

>>>《诗经·召南·甘棠》

蔽芾甘棠,勿翦勿伐,召伯所茇。蔽芾甘棠,勿翦勿败,召伯所憩。蔽芾甘棠,勿翦勿拜,召伯所说。

召南是召公统治下的南方地区,《诗经·国风》中的《召南》就是这一地域的诗歌。由于召公治国有德政,对百姓很好,大家都很感激他的恩泽。即使在他离开之后,对于他所留下来的遗迹故物,也都小心维护、珍爱异常,就连他所处的甘棠树都不忍心剪伐。

拓展阅读:

"共和元年"的由来
《中华上下五千年》钟雷

◎ 关键词:周厉王 召公 暴动 共和行政

国人暴动逐厉王

周朝的第十代国君厉王姬胡不仅贪婪,而且十分凶残。

那时,住在都城里的平民和奴隶都不满厉王的暴虐措施,全国一片怨声载道。

大臣召公听到国人的议论越来越多,就进宫劝诫厉王。

厉王满不在乎地说:"我自有办法对付,你不用急。"

于是他下了一道命令,禁止国人批评朝政。他还从卫国找来一个巫师,专门为他刺探批评朝政的人。

为了讨好厉王,卫巫派了一批人到处察听。那批人对百姓敲诈勒索,谁不服他们,他们就随便诬告。厉王听信了卫巫的报告,杀了不少国人。在这样的压力下,国人真的不敢在公开场合里议论了。

厉王见卫巫报告批评朝政的人渐渐少了下来,感到十分满意。有一次,召公去见厉王,厉王扬扬得意地向他炫耀。

召公叹了口气说:"大王,你是用堵住洪水的办法来堵老百姓的嘴啊。堵住老百姓的嘴造成的危害,比堵住河流的洪水还要厉害。河道不畅通引起洪水泛滥,受灾的人一定很多;压制老百姓不让他们说话,造成的后果跟堵住洪水一样。治理河流要疏浚河道,治理百姓要让他们把情绪宣泄出来,从百姓们发表的意见中,可以看出政令的好坏,不让百姓说话,隐藏着巨大的危险!"

厉王根本不听召公的话,召公只得无可奈何地离开。以后,厉王不但不知收敛,反而变本加厉地压榨百姓。国内的形势日趋紧张,一场风暴一触即发。

公元前841年,忍无可忍的国人终于举行了一次大规模的暴动。

国人打进王宫,到处搜寻厉王,要跟他算账。厉王早就已经逃往远方,只是太子姬静没能逃脱,躲在了召公家。国人立即将召公的家围得水泄不通,要召公交出太子。为了给周王室留下血脉,召公只好将自己的儿子冒充太子,交给了暴动的国人。

厉王出走后,召公和另一位大臣周公共同执政,代替周天子处理朝廷里的事务,历史上称为"共和行政"。从共和元年,也就是公元前841年起,中国历史才有了确切的纪年。

国人暴动是有文字记载以来规模最大的一次平民和奴隶起义。这次起义虽然没有推翻周王朝的统治,但是赶走了残暴的厉王,并逼迫统治者减轻了对他们的残酷剥削。因此,从这个意义上讲,国人暴动还是取得了一定的胜利。

●褒姒像

>>> 驿传荔枝

唐玄宗六十一岁那年，宠爱上了年轻的杨贵妃。

杨贵妃爱吃新鲜的荔枝，但荔枝是南方出产的果品，离长安千里之遥，如果运得慢了，荔枝就会腐烂，难保新鲜。

传说唐玄宗为了博得杨贵妃一笑，便命人骑着快马拼着命赶送，像接力棒一样，一站一站把荔枝运到长安。正所谓"一骑红尘妃子笑，无人知是荔枝来"。唐玄宗如此劳民伤财之举不输于"烽火戏诸侯"的周幽王。

拓展阅读：
《千古笑魔——周幽王》杨建勇
《诗说千古美人》陈鹤锦

◎ 关键词：周幽王 褒姒 烽火戏诸侯

千金难买佳人笑

国人把周厉王赶走后，厉王不久便在彘死去。大臣们立太子姬静即位，这就是周宣王。宣王在政治上比较开明，得到了诸侯的支持。但是经过这一场国人暴动，周朝已经外强中干，兴盛不起来了。

公元前782年，由于征战失利，周宣王忧郁而死。太子宫湦即位，他就是西周的末代天子周幽王。

周幽王即位后不理朝政，整天吃喝玩乐并醉心于女色。有个大臣名褒珦，出来劝谏幽王。周幽王不但不听，反把褒珦关进了监狱。

为了救褒珦，他的家人用重金买下一个年轻漂亮的少女，取名"褒姒"，教给她宫中礼仪，然后将她送给了幽王。

幽王十分宠爱褒姒，于是下令放了褒珦。可是褒姒自从进宫以后，一直闷闷不乐，没有露出一次笑脸。幽王想尽办法逗她笑，她却怎么也笑不出来。

为了博得佳人一笑，幽王贴出布告：谁能让褒姒发笑，赏金一千。

告示一出，一些人争相入宫，想尽办法逗褒姒发笑，可褒姒却仍不露一丝笑容。

幽王手下有个叫虢石父的大臣，善于拍马逢迎，他出了一个"烽火戏诸侯"的坏点子。幽王决定一试。

一天，幽王带着褒姒来到城楼顶上。他下令点燃烽火，远近诸侯看到烽火点燃，以为敌国来犯，于是纷纷点齐兵马，向镐京奔来。

赶到镐京城下，他们却没有看到一个敌兵，只见幽王和褒姒坐在城楼上喝酒看热闹。但是，诸侯们的这一阵奔忙却把褒姒给逗笑了。幽王马上给了虢石父千金的奖赏。那些诸侯得知实情后，憋了一肚子气回去了。

后来，幽王把王后和太子废了，立褒姒为王后，立褒姒生的儿子伯服为太子。原王后的父亲是申国的诸侯，得到这个消息后就联合犬戎进攻镐京。幽王听到消息后，赶紧派人去点烽火向诸侯求救，可是诸侯因为上次上了当，谁也不来理会他们。后来，镐京被戎人攻破，幽王逃到骊山脚下被杀掉了，褒姒也被戎人抓走了。

谁知，申侯又派人去通知各诸侯国，请他们派兵前来镐京，赶走了戎人，并拥立幽王的儿子宜臼继承王位，这就是周平王。

被诸侯赶走后，戎人觉得被申侯欺骗了。他们心里不服气，于是屡屡出兵东侵，使得烽火连绵不断。公元前770年，为了避开戎人的侵扰，周平王将都城迁到了洛邑。因为镐京在洛邑之西，所以历史上把平王东迁以前的周朝称为西周，把平王东迁以后的周朝称作东周。

No.2
群雄逐鹿——
春秋战国

—— 春秋战国，烽火四起，群雄逐鹿，鹿死谁手？

—— 叱咤风云的良将，举动牵系一国安危；纵横捭阖的说客，口舌能抵千军万马。英雄不论出处，豪情肆意挥洒，是助纣为虐，是辅佐贤君，还是自立为王？

—— 齐桓晋文的霸业，各归尘土；七国争雄的风光，与时泯灭。战争伴着变革，动荡伴着创新。强者生，弱者亡；智者兴，愚者衰。

—— 华夏九州，百家立异，掀起思想的波澜；众论纷纭，各驰其说，迎来争鸣的局面。孔孟修身教世，老庄清静无为，墨家兼爱非攻……伟大圣哲智慧的火种，燃烧千年。

—— 科技进步，睿智改革，民族融合……秦主沉浮，一统华夏。战争胜负、文明兴衰的历史轮番上演，百代流传……

●西周时期随葬车马坑

>>> 掘地见母

郑庄公的母亲武姜，因生庄公而难产，于是便怀恨于心，偏爱自己的小儿子共叔段，总想罢黜庄公，立共叔段为王，并与其密谋造反要夺取王位。

不想，他们的阴谋被庄公识破。庄公对母亲心生不满，把武姜送到颍地（今登封颍阳）居住，扬言不到黄泉不再见面。

过了一段时间，庄公后悔，受考叔启发，掘地道至黄泉，筑成甬道和庭室，和母亲在那里见面。母子二人见面后抱头痛哭，从此言归于好。这就是著名的"掘地见母"故事的由来。

拓展阅读：

礼崩乐坏

《春秋初霸郑庄公》夏子华

◎ 关键词：东周 郑庄公 周桓王 称霸

小国之将箭射周天子

西周时，天子的权力是至高无上的。可是到了东周，天子的地位被诸侯大国动摇，首先敢于跟周天子公开抗争的是郑国国君郑庄公。

郑国国君是周王朝的卿士，从西周末年到东周初期，一直在朝中执掌重权，为周王室立过大功。到周平王的时候，出任周王朝卿士的郑国国君是郑庄公。

公元前720年，周平王去世，周桓王被郑庄公立为新天子。当时周王朝的政务基本上由郑庄公一手操纵。虽然新天子周桓王不甘被郑庄公操纵，但由于郑庄公有恩于己，也没敢说出来。有一次，周桓终于忍不住了，对郑庄公说："你是先王的大臣，我怎么敢任用您啊。"言下之意是想免除郑庄公的卿士地位。郑庄公听了随即返回郑国，这样周天子跟郑国国君结下了深仇大恨。

郑庄公回到郑国后耿耿于怀，总想找点事教训教训桓王。正巧宋国联合了陈、蔡、卫攻打郑国，郑庄公就找到了攻打早已和他不和的宋国的借口。公元前714年，郑庄公打着周天子的旗号，联合齐国和鲁国去攻打宋国，结果把宋国打得一败涂地。宋国国君宋殇公在战乱中身亡。于是，郑庄公立公子冯为宋国国君，这就是宋庄公。从此郑庄公在诸侯中威望大增，被许多小国看作诸侯的首领，郑庄公更不把

周桓王放在眼里了。

见郑庄公心怀叵测，大有称霸之势，周桓王下令免去郑庄公卿士的职务，想借此煞煞他的威风。郑庄公更加痛恨周桓王，此后连续五年不到洛邑朝觐周天子。于是，周桓王以此为借口，征调了蔡、陈、卫三国军队向郑兴师问罪。郑庄公立即调集军队准备应战并誓与周桓王决一死战。

周桓王十分生气，亲自领兵向郑军冲杀过去，可是蔡、陈、卫三国军队根本不是郑军的对手，再加上这三国本来就不想为周天子打仗，所以无心恋战，纷纷败下了阵。见己方阵脚已乱，周桓王连忙下令退兵。

周桓王正在指挥大军撤退，被郑将祝聃看见，扯起硬弓便向周桓王射去，只听"啊"的一声，周桓王左肩中箭摇摇欲坠。祝聃正打算驱赶战车捉拿周桓王，后面传来收兵的鸣金声，于是只得返回。

回营后，祝聃忙问庄公这是怎么回事，郑庄公道出了自己的心思："与桓王作战已属无奈，抓住了桓王更是无法处置，不如放他回去，让他知道我们不是好欺负的就行。"

这一仗以后，周天子至高无上的权力发生了动摇，周王室的势力逐渐衰弱，已无力控制天下的局势，而诸侯之间的争斗日趋激烈，力量强大的诸侯国开始了争夺霸权的战争。

群雄逐鹿——春秋战国

● 长勺之战

>>> 齐鲁大地

最初把齐、鲁联系起来的是孔子，但那时"齐鲁"仍是国家概念，各自独立其义。

经过春秋战国时期不断的兼并战争，齐、鲁两国文化也逐渐融合为一体。"齐鲁"由此形成一个统一的文化圈，又由统一的文化圈形成了"齐鲁"的地域概念。自此，"齐鲁"一词便经常出现。

杜甫有诗云："岱宗夫如何，齐鲁青未了。"因为这一地域与后来山东省区的范围大体相当，故成为山东的代称。

拓展阅读：

蔡丘之会
《齐桓公》冯鹤

◎ 关键词：霸主 商讨 长勺战役

曹刿主动请战

齐桓公即位后，想争取霸主的地位，他依靠管仲的帮助，使国家得到振兴。公元前684年，齐桓公派兵进攻鲁国。

听说齐军大兵压境，鲁国国君鲁庄公非常着急和忧虑。鲁国一个叫曹刿的人，很关心国家兴亡。情急之下，他决定去见鲁庄公。

鲁庄公正在发愁，听说曹刿求见，连忙把他请进来。二人商讨军事，曹刿劝鲁庄公只有得到民心才能取胜。为了了解曹刿有什么真本事，鲁庄公便带着他乘上兵车，奔赴长勺。

齐鲁两军在长勺（今山东莱芜东北）摆开阵势。仗着人多的齐军，一开始就擂响了战鼓，发动进攻。鲁庄公准备下令反击，被曹刿阻止，并命令军队原地不动！当齐军擂响第二通战鼓的时候，曹刿要鲁庄公依然按兵不动。齐军又开始擂第三通鼓，齐军兵士以为鲁军胆怯怕战，耀武扬威地杀过来。曹刿对鲁庄公说："现在可以下令反攻了。"于是，鲁庄公命令擂响战鼓进入战斗。随着鲁军阵地上响起的进军鼓，鲁军兵士们士气高涨，像猛虎下山般扑了过去。齐军兵士没防到这一招，招架不住鲁军的凌厉攻势败下阵来。

鲁庄公看到齐军败退，忙不迭要下令追击。曹刿拉住他说："别着急！"他跳下战车，低下头观察齐军战车留下的车辙。接着，他又上车爬到车杆子上望了望敌方撤退的队形，这才说："请主公下令追击吧！"听到追击的命令，鲁军兵士个个奋勇当先，终于把齐军赶出鲁国国境。

鲁军大获全胜，可是对于曹刿的做法鲁庄公却想不明白。于是，他问曹刿："齐军头两次擂鼓，你不让我军迎战，他们第三次擂鼓，你才叫还击，这是为什么？"

曹刿回答说："打仗这件事，全凭士气。对方擂第一通鼓的时候，士气最足；第二通鼓，士气就松了一些；到第三通鼓，士气已经泄了。对方士气泄的时候，我们的兵士却鼓足士气，哪有打不赢的道理？"

鲁庄公接着又问："那为什么不立刻追击呢？"曹刿说："齐军虽然败退，但它是个兵力强大的大国，说不定他们假装败退，在什么地方设下埋伏，我们不能不防着点儿。后来，因为我看到他们的旗帜东倒西歪，车辙也乱七八糟，知道他们阵势全乱了，所以才请您下令追击。"

鲁庄公这才恍然大悟，称赞曹刿道："您真是精通战事的将军啊！"

曹刿指挥的这场齐鲁之战，就是历史上著名的长勺战役。曹刿认为打赢一场战争的关键在于拥有民心和善于鼓动己方士气，泄掉敌方威风。他的这一战争理论是非常高明的。

●管仲像

>>> 座右铭

座右铭最初并非是置于座右的铭文，而是一种称为歌器的酒具。

据说这种歌器空着的时候往一边斜，装了大半罐则稳稳当当地直立起来，装满了则一个跟头翻过去。

齐桓公生前非常喜欢这种歌器，座位右边总是放着一个歌器，用以警戒自己，不要骄傲自满。

后来这种歌器失传，改用铭文代替歌器放在座右，这才成了名副其实的警戒鞭策自己的座右铭。

拓展阅读：

风马牛不相及（典故）
易牙献婴（典故）

◎ 关键词：管仲 燕国 盟约

齐桓公九合诸侯

长勺之战的失利并没有改变齐桓公称霸的雄心。在管仲的辅佐下，齐国的政治、军事和经济又有了很大的发展。十多年后，北方的燕国向齐国求救，说燕国被附近的一个部落山戎侵犯，形势十分危急。齐桓公觉得这是一个展示大国之威的机会，于是决定帮助燕国。

公元前663年，齐桓公和管仲一起率领大军，到了燕国。这时山戎已经抢了一批百姓和财宝逃回去了。

齐、燕两国联军一直向北追去，没想到他们被敌人引进了一个迷谷，管仲献计找来几匹老马方才寻路而归。

齐桓公帮助燕国打败了山戎。接着，又帮助邢国和卫国打败了狄人的侵犯，为他们重筑城墙、重建国都。就这样，齐桓公的威望日益提高了。只有南方的楚国（都城在今湖北江陵西北）还与齐国对立。

楚国位于中国南部，占据辽阔的长江中下游地区，那里气候适宜，物产富饶。楚国人不断开垦南方的土地，逐步收服了附近的一些部落，使得楚国慢慢地变成了大国。后来楚国统治者自称楚王，不把周朝的天子放在眼里。

公元前656年，齐桓公约会了宋、鲁、陈、卫、郑、曹、许七国军队进攻楚国。楚成王得知消息后，集合了人马准备抵抗。为了摸清联军的军情，楚成王派屈完去探察情况。为了显示自己的军威，齐桓公请屈完一齐坐上车去看中原来的各路兵马。屈完一看，果然军容整齐，兵强马壮。

齐桓公趾高气扬地对屈完炫耀。屈完却淡然一笑，言语中毫不示弱。

听屈完话语强硬，齐桓公估计未必能轻易打败楚国，并且楚国既然已经认了错，答应进贡包茅，自己也算有了面子。就这样，中原八国诸侯和楚国在召陵订立了盟约，各自回国去了。

后来周王室发生纠纷，齐桓公帮助太子姬郑巩固了地位，这就是周襄王。为了报答齐桓公，周襄王特地派使者把祭祀太庙的祭肉作为厚礼送给齐桓公。

趁此机会，齐桓公又在宋国的葵丘（今河南兰考东）会合诸侯，招待天子使者并且订立了友好盟约。这是齐桓公最后一次会合诸侯。这种在历史上被称作"九合诸侯"的会合行动，齐桓公进行了许多次。

公元前645年，管仲病死。过了两年，齐桓公也去世。齐桓公一死，他的五个儿子为抢夺王位发生了内乱，公子昭逃到宋国，齐国的霸主地位就此结束了。

●保存管仲遗说的《管子》

>>> 管鲍之交

管仲和鲍叔牙是好友。

两人合伙做生意，管仲出资少而分利多，但鲍叔牙并不认为他贪心，因为他知道管仲很穷；管仲做生意亏本时，鲍叔牙并不认为他愚蠢，而是说他时运不佳；管仲三次出仕，三次被逐，鲍叔牙并不认为他没有才能，而是认为他生不逢时；管仲忍辱被囚，鲍叔牙并不认为他寡廉鲜耻，而是知道管仲不羞小节。因此管仲说："生我者父母，知我者鲍子也。"

后人即以"管鲍之交"表示不以物移、坚贞真挚的情谊。

拓展阅读：

《管仲评传》张力
《管仲拜相》林汶达

◎ 关键词：小白 齐桓公 治国

鲍叔牙识才荐管仲

管仲，春秋时期齐国政治家。他协助齐桓公管理内政，最终使齐国成为春秋时期的首位霸主。

公元前686年，齐国发生了一次内乱，国君齐襄公被杀。襄公有两个兄弟，一个是公子纠，当时在鲁国（都城在今山东曲阜）；另一个是公子小白，当时在莒国（都城在今山东莒县）。两个人身边都有自己的师傅，公子纠的师傅叫管仲，公子小白的师傅叫鲍叔牙。两个公子听到齐襄公被杀的消息后，都急着回齐国争夺王位，谁赶在前头，谁就有可能争到王位。鲁庄公亲自率兵护送公子纠回国，并派管仲带兵阻截公子小白。

管仲日夜兼程，到了莒国边境的时候，果然追上了公子小白的队伍。管仲拈弓搭箭，对准小白射去，只见小白大叫一声倒在车里。

管仲以为射死了小白，就和鲁庄公不慌不忙地护送公子纠回齐国。谁知道小白并没有死，管仲那一箭只是射中了他的衣带钩。公子小白大叫倒下，原来是他的计策。等到公子纠和管仲进入齐国国境，小白和鲍叔牙早已抄小道抢先到了国都临淄。公子小白当上了齐国国君，这就是齐桓公。

齐桓公即位以后，立即发兵，打败了鲁国。鲁庄公被迫杀了公子纠，并答应交出射公子小白的凶手管仲。

鲁庄公抓了管仲准备交给齐国，他的谋臣施伯却说："管仲是个人才。如果齐国重用他，一定会强大起来，成为鲁国后患。还不如把他杀了，把尸体给齐国送去，免得为齐国所用。"

这时鲍叔牙派使者去鲁国接管仲，听说鲁庄公要杀他，便要使者对鲁庄公说："桓公挨了一箭，对管仲恨之入骨，只想亲手杀了他才解恨。还是把他交给我吧。"鲁庄公只好让使者把管仲带走。

管仲被关在囚车里送到齐国后，鲍叔牙立即向齐桓公推荐管仲。

桓公大怒，不肯饶恕管仲。鲍叔牙说："他是公子纠的师傅，他用箭射您，正是他对公子纠的忠心。论本领，他比我强多了。主公如果要干一番大事业，管仲才是治国图霸的人才呀！"

桓公要拜鲍叔牙为相，鲍叔牙不受，只是盛赞管仲。桓公终于同意一见。

管仲见了齐桓公，马上跪下来请罪。齐桓公把他扶起来，向他询问治国方略。管仲侃侃而谈，说得齐桓公万分高兴，于是就任命他为卿。

当上了齐国的卿之后，管仲立刻进行了一系列的改革。过了五年时间，齐国的面貌为之一新，政治、军事、农业、手工业都发展起来，齐国很快成了诸侯国里首屈一指的强国。

●釜形盘口鼎 春秋

>>> 朝鲜战争

　　1950年，朝鲜内战爆发。美帝国主义直接出兵干涉，发动侵朝战争，又打着"联合国军"的旗号，越过三八线，大举北犯，严重威胁我国的安全。

　　为了援助朝鲜人民的抗美救国战争和捍卫我国的新生政权，10月8日，中共中央做出了"抗美援朝、保家卫国"的战略决策，组织了以彭德怀为总司令兼政委的中国人民志愿军赴朝作战。

　　1953年，历时三年的朝鲜战争以中朝两国人民的胜利宣告结束。

拓展阅读：

《三十六计》
《唇亡齿寒》温儒敏

◎ 关键词：春秋 借道伐虢 唇亡齿寒

虞公贪利亡国

　　春秋时候有两个小国，一个叫虞，另一个叫虢，它们都在今天的山西平陆县附近。这两个国家山水相连，他们的祖先又都姓姬，所以相处得十分和睦。虢国和晋国是近邻，晋国是个大国，当时在位的晋献公总想发兵吞并了虢国，但一直没找到机会。

　　有一天，晋献公问大夫荀息："现在我们可以讨伐虢国吗？"荀息说："不行。现在虞、虢两国关系很好，要是攻打虢国，虞国一定来援助。现在讨伐虢国，我看恐怕不能取胜。"献公说："虢国总是在边境骚扰我们，我怎能坐视不管？"荀息说："虢公喜欢玩乐，我们送些美女去，让他尽情享乐，不理政事，我们就可以乘机去攻打了。"献公觉得这个计策不错，就派人去办。

　　果然，见了晋国送的美女，虢公什么都不干了，整日吃喝玩乐。于是，晋献公又问荀息："现在可以攻打虢国了吧？"荀息说："可以。不过咱们要是去攻打虢国，最好不要让虞国来援救它。您可以给虞公送一份厚礼，向他借条去讨伐虢国的路。这样一来，虢国就会猜疑虞国，虞国也就不会帮助虢国了。"晋献公说："虞虢两国是近邻和亲戚，咱们伐虢，虞公会同意吗？"荀息说："虞公贪利，我会有办法的。"

　　荀息见了虞公，先送上一双名贵的玉璧，又送上了一匹千里马。虞公见了这么好的礼物，高兴地收下来。他问荀息："这些礼物如此贵重，你们怎么会舍得送给我呀？"荀息美言几句后，便说了要借道伐虢的事。虞公见有厚利可图，当即表示同意。

　　见此情形，大夫宫之奇十分着急，他不断地向虞公使眼色。荀息走后，宫之奇对虞公说："您千万不能答应啊。虢虞两国好比嘴唇和牙齿，俗话说'唇亡齿寒'，如果没了嘴唇，牙齿就会受冻；如果虢国灭了，咱们虞国还能够生存吗？"虞公却执迷不悟。

　　宫之奇还想劝几句，感觉有人在背后扯他的袖子。他一回头，见是大夫百里奚，于是不再说话。退朝以后，宫之奇问百里奚："您不帮我说几句，怎么反而拉我袖子啊？"百里奚说："咳！给糊涂人出主意，好比把珍珠扔在道路上。反正国君是不会听的，再劝下去，说不定您还会有生命危险哪。"宫之奇料到虞国一定会灭亡，就带着全家老小悄悄地跑了。

　　周惠王十九年（公元前658年），晋献公派大将里克和荀息去讨伐虢国。当晋国的兵车经过虞国的时候，虞公对荀息说："为了报答贵国，我情愿率兵助战。"荀息说："您与其派兵助战，不如将下阳关献给我们。"虞公莫名其妙地说："下阳关是虢国的土地，我哪有权献给你呢？"荀息说：

"我听说虢公正和犬戎交战，现在还胜负未定。您假装前去助战，他们一定会放您进去。您把兵车都装上我们晋兵，只要他们一开城门，下阳关不就是我们的了吗？"虞公照计行事，果然帮助晋军拿下了下阳关。晋军一鼓作气，最终，在周惠王二十二年（公元前655年）灭了虢国。里克将俘获的歌女和抢来的财宝分了一些送给虞公，虞公更高兴了。后来，里克把大军驻扎在虞国都城外，说休息几天再回去。

一日，晋侯来约虞公到箕山打猎。为了显示自己的排场，虞公将城中的兵马全部调出，跟随自己去打猎。正玩得高兴，虞公看到百里奚气喘吁吁地跑来，说："听说城里出事了，您赶快回去吧。"虞公刚到城边，只见城楼上一员威风凛凛的大将向虞公喊道："前次蒙您借给我们一条路，这次又蒙您借给我们一个国家，谢谢您了！"虞公大怒攻城。不料城头上箭如雨下。又听人喊："晋侯大军到了。"这时候，虞公才如梦初醒。他悔恨交加地对百里奚说："当初你怎么也不劝劝我呢？"百里奚说："您连宫之奇的话都听不进去，能听我的吗？"

虞公贪图小利出卖了自己的友国，最终惹火上身把自己的国家断送了，自己也当了晋国的俘虏。唇亡齿寒，这是一个多么深刻的教训啊！

● 原始青瓷带錾杯　春秋
● 九何印纹硬陶罐　春秋
● 原始瓷双耳罐　春秋

●玉镇 春秋战国

>>> 秦晋之好

　　春秋时，秦国和晋国是相邻的两个强国。

　　强强相对，两国统治集团之间钩心斗角，争夺霸权，矛盾尖锐，甚至还经常发生战争。

　　但他们为了自身利益的需要，有时却又互相联合，互相利用，甚至为了彼此的利益而相互通婚，结成关系密切的亲家。

　　后人称两家联姻，就叫"互结秦晋"，或称为"秦晋之好"。

拓展阅读：

《秦国第一相——百里奚》薛霆

相堂认妻（典故）

◎ 关键词：陪嫁 奴隶 百里奚 蹇叔

五张羊皮买人才

　　虞国被晋国灭了以后，虞公和大夫百里奚都做了俘虏。听说百里奚是一个很有才能的人，晋献公就想重用他，可是派了好几个人去劝说百里奚，都被百里奚拒绝了。

　　晋献公一直对百里奚不为自己做事很恼火。他心中暗想："百里奚不愿为我做事，留在身边也是祸害。"于是，在周惠王二十三年（公元前654年），他把百里奚作为女儿的陪嫁奴隶送到秦国去了。

　　百里奚忍无可忍，半路上偷偷地逃跑了，可是跑到楚国的时候，却被楚国人抓起来投进了大牢，后来又被流放到南海去牧马。

　　秦穆公完婚后，发现陪嫁来的奴隶少了一个，于是就查问起这件事情。正好有个名叫公孙枝的大夫，对百里奚有点了解，他把百里奚的怀才不遇告诉给秦穆公。

　　这时秦穆公已有称霸中原的抱负，正在四处招贤纳才，听公孙枝说百里奚是个人才，就派人打听他的下落，后来得知他在楚国牧马。

　　秦穆公想派人送厚礼去楚国赎百里奚，公孙枝急忙劝阻："如果真的拿厚礼去赎他，岂不是告诉楚人这人是个人才嘛，楚国人哪里会放他回来呢？"

　　于是，秦穆公按照普通奴隶的价格，用五张羊皮把百里奚赎了回来。

　　使者带百里奚回到秦国。秦穆公连忙召见百里奚，可是见他已经满头白发，心中不禁失望。秦穆公问百里奚有多大年纪。已经七十岁的百里奚闻言便知道了秦穆公的想法，于是，他就列举了姜子牙八十岁为相的做事。

　　秦穆公听了百里奚的话，觉得说得确实在理，就向他请教治国强兵的道理。百里奚有问必答，说得头头是道。秦穆公听得激动不已。

　　于是，穆公就任命百里奚为大夫。可是百里奚说什么也不肯接受。他对秦穆公说："我的朋友蹇叔，本领远远超过我啊！秦国想要富强，可不能没有这个人。"

　　秦穆公连忙派人去请蹇叔。蹇叔本来不愿意出来做官，可是禁不住秦国使者的再三邀请，于是就去了秦国。秦穆公任用他和百里奚为左右相。

　　从那以后，秦穆公在蹇叔和百里奚的辅助下，兴利除弊，实施变革，秦国一天天变得强大起来。

群雄逐鹿——春秋战国

●宋襄公像

>>> 印度《摩奴法典》

宋襄公被国人嘲笑了几千年。但在古代印度，宋襄公的作战观点却被大多数人所认同，甚至还上升成了法律条文。

传统上被认为最具有权威性的印度教法典《摩奴法典》上，有明确规定："(在战争中)自己乘车时，不得攻击徒步的敌人；不得攻击已经受伤，或放下武器的敌人；不得攻击白发苍苍或身体柔弱的敌人；不得攻击裸体或没有防护的敌人。"

在古代印度，作战双方都很遵守规定，如果谁违反了这些规定，就会招来敌我双方的一致谴责。

拓展阅读：
《睢阳曲》汉
《历史无间道》黄朴民

◎ 关键词：盟主 仁义 贻笑万年

愚蠢的宋襄公

公元前647年，齐桓公去世，他的五个儿子为抢夺王位发生了内乱。公子昭逃到宋国，请求宋襄公为他做主。

见齐桓公已死，宋襄公就想把齐桓公的霸主位子接过来。现在公子昭来请他帮忙，他觉得这是个机会，就答应下来。

公元前642年，宋襄公率领宋、卫、曹、邾四国的兵马攻打齐国。齐国大臣见四国人马打来，他们不明底细，生怕战败，于是就投降了。他们迎接公子昭即位，这就是齐孝公。

作为盟主国的齐国，如今的君主齐孝公靠宋国帮助得了王位，宋襄公自认为立了大功，是称霸诸侯的时候了，便想会合诸侯，确定自己的盟主地位。宋襄公首先邀请楚成王和齐孝公在宋国开会，商议会合诸侯订立盟约的事。

公元前639年7月，诸侯会盟的时间到了。在会上，楚成王和宋襄公为做盟主争闹起来。楚国的势力大，依附楚国的诸侯多。宋襄公气呼呼地还想争论，只见楚国的一班随从官员立即脱了外衣，露出一身亮堂堂的铠甲，一窝蜂地拥过去，把宋襄公给逮住了。后来，楚成王觉得抓了宋襄公也没什么用，于是便把他放了回去。

从此，宋襄公与楚国结怨。当时，宋国邻近的郑国国君也跟楚成王一齐反对宋襄公，于是宋襄公决定先征伐郑国。

公元前638年，宋襄公出兵攻打郑国。郑国向楚国求救。楚成王并不直接去救郑国，却统领大队人马直奔宋国。宋襄公大感意外，连忙赶回来。宋军到了泓水的南岸，驻扎下来后，楚军也到了对岸。

两军隔岸对阵以后，楚军开始渡水。公子目夷劝宋襄公在楚军渡河渡到一半时出兵，但宋襄公坚持仁义，要等敌人渡河结束才肯出兵。

等到全部楚军已经渡河上岸，乱哄哄地排队摆阵势之时，公子目夷对宋襄公说："趁他们还没摆好阵势，我们发起冲锋，还可取胜。"

宋襄公对公子目夷大加责备，坚持要讲仁义。

等到楚国的兵马摆好阵势，一阵战鼓响，楚军像决堤的大水一样，哗啦啦地直冲过来。宋国军队抵挡不住，纷纷败下阵来。

宋襄公还想抵抗，可是大腿上已经中了一箭，幸亏有部将保护才得以保住了性命。

宋军失败后，宋国人都认为不该跟楚国人打仗，更不该那样打法。宋襄公听到后，揉着受伤的大腿大讲仁义经。身边的将士们听了，心里暗骂宋襄公是个蠢货、大草包。

结果，宋襄公称霸不成，却成了贻笑万年的笑柄。

●陶壶 春秋

>>> "寒食节"的由来

相传重耳流亡途中，有一日断了吃食，介子推割下自己大腿上的肉给重耳熬汤，帮助重耳渡过难关。

重耳当上国君后，唯独忘了介子推。后来想起他来非常惭愧，想找他回去受封，可介子推与母亲隐身山中，不肯出来。重耳便烧山逼他出来。哪知介子推至死不出山，与母亲一起抱着柳树被烧死了。

后来，当地人不忍在介子推死的那几天烧火做饭，只好吃冷食，这也就是寒食节的由来。

拓展阅读：

《晋文公传》邹律
"东道主"的由来

◎ 关键词：晋文公 骊姬 避难

流亡公子重耳

晋国在春秋争霸中称霸的时间最长，晋文公重耳是开创晋国称霸事业的第一人。

年老的晋献公宠爱妃子骊姬，骊姬想立自己的儿子奚齐为太子，于是就逼死了太子申生。太子一死，献公另外的两个儿子重耳和夷吾都感到了危险，他们分别逃到国外避难。重耳逃走时，一批有才能的大臣都愿意跟着他，他们期望重耳能回国即位，干一番事业。

重耳先在狄国住了十二年，后来有人行刺他，他只好又逃往卫国。卫国看他是个倒运的公子，没接纳他。没办法，重耳和随从只绕道走。他们一路上无依无靠，没有干粮，只好沿路乞讨。

一天，路过一片田地时，他们瞧见几个庄稼人在田边吃饭，高兴极了。重耳叫人向他们讨点吃的。庄稼人懒得理他们，其中有一个人跟他们开玩笑，拿起一块泥巴给他们吃。重耳十分恼火，他手下的人也想动手揍人。随从中有个叫狐偃的连忙拦住，他接过泥巴，安慰重耳说："泥巴就是土地，百姓给我们送土地来啦，这不是一个好兆头吗？"重耳只好忍气上车，继续向前赶路。他们饥一顿饱一顿，不知过了几天几夜，才到了齐国境内。

听说重耳前来投奔，齐桓公马上派人去迎接，不仅给他们安排了住宿，提供了不少米肉、车马和房子，还把本家的一个美女齐姜嫁给重耳做夫人。后来齐桓公去世，齐国的五个公子争夺王位，齐的国势渐渐衰落下来。重耳的手下意识到老待在齐国没有什么好处，私下里商量着要离开齐国。

可是重耳迷恋于眼前的安逸生活，整天跟齐姜厮守在一起，再也不想离开齐国了。

背着重耳，随从们聚集在桑树林密谋带重耳逃跑的计划。没想到桑树林里有一个女奴在采桑叶，偷听了他们的谈话，把他们的计划告诉了重耳的妻子齐姜氏。

齐姜氏对重耳说："听说你们想要回晋国去，这很好哇！"

重耳说："谁说的？这里挺舒服，又有你陪着，我哪儿也不想去。"

齐姜氏劝道："您放心走吧！一味贪图享乐，只会把你毁了。听说夷吾已经在晋国闹得众叛亲离，公子乘这个机会回国，一定能得到大位，创立霸业。"可是重耳毫不在意。

当天晚上，齐姜氏和重耳的随从们商量好，把重耳灌醉放在车里，送出了齐国。等重耳醒来，他们已离开齐国很远了。

一晃六年过去了，重耳一行人先后流浪到曹国、宋国、楚国，最后到

●晋文公复国图 南宋 李唐

图中绘晋文公（重耳）被其父晋献公放逐出国长达十九年，历尽艰辛，最后回到晋国夺得王位的故事。画家于南宋初年选择这一题材，当有其深刻寓意，即希望偏安一隅的国君能够像晋文公那样恢复国土。

了秦国。秦国的国君穆公决定帮助重耳，于是派重兵送重耳回国去当国君。

公元前636年，秦国护送重耳的大军过了黄河。晋国的大臣们都纷纷前来迎接公子重耳，后来又立他为国君。这就是晋文公。

从四十三岁起逃难，到当上国君时，晋文公重耳已经六十二岁了。算起来，在外避难前后整整十九年。重耳当上国君以后，注重整顿国内政治，发展生产，安定人心，使晋国很快强盛起来，并成为了春秋时期称霸时间最长的霸主。

●晋文公像

>>> 城濮之事，先轸之谋

先轸（？—前627年），因采邑在原（今河南济源西北），又称原轸。

城濮之战时，他先争取秦、齐合作，又使曹、卫离楚附晋，然后运用战术和谋略，佯退诱敌，击破楚军。因此，当时有人说"城濮之事，先轸之谋。"

秦晋崤山之战后，晋襄公要释放秦军三帅，先轸大怒，出言不逊，还当面往地上吐了一口口水。这年，在对狄作战时，先轸因对君侯无礼却没有受到惩罚而不安，他决定自行谢罪，脱下头盔和铠甲（"免胄"）冲入敌阵，战死沙场。

拓展阅读：

城濮大战
二姬乱晋

◎ 关键词：晋文公 子玉 情义

晋文公退避三舍

即位以后的晋文公重耳整顿内政，发展生产，一心一意治理国家。晋国一天一天强大起来，重耳开始有了称霸中原的念头。

此时，齐国已经衰落，南边的楚国却逐渐强大起来。楚成王不断地将自己的势力向北渗透，这样，楚国成为晋文公称霸中原的最大阻力，两国的矛盾和冲突越来越尖锐。

公元前633年，借宋国投靠晋国为名，楚国纠集陈、蔡、郑、许等国的军队攻打宋国。宋成公派人向晋国求援。

晋文公向大臣征求意见，大臣们一致同意出兵。于是，晋文公扩充队伍，建立了三个军，浩浩荡荡去救宋国。

公元前632年，归附楚国的曹、卫两个小国被晋军攻下，两国国君也被俘虏了。楚成王得知此事，立刻命令大将子玉退兵。

子玉不服气，发誓不打胜仗决不退兵。

楚成王很不高兴，只派了少量兵力让子玉指挥。

为了称霸中原，晋文公又耍了些手腕。他暗地里通知曹、卫两国国君，答应恢复他们的君位，但是要他们先跟楚国断交。曹、卫两国同意了晋文公的要求。

子玉本来打算为这两国向晋国求情，但没想到他们先来与楚国绝交。子玉气愤不过，于是便立即下令，催动全军朝晋军驻扎的地方赶去。

楚军一进军，晋文公立刻命令往后撤。晋军中有些将士不解。

大臣狐偃解释说："打仗先要凭个理，理直气就壮。楚王曾经帮助过主公，主公在楚王面前答应过：若是两国交战，晋国情愿退避三舍。今天后撤，就是为了实现这个诺言啊。要是对楚国失了信，那么我们就理亏了。如果我们退了兵，他们还不罢休，步步进逼，那就是他们输了理。我们到时再跟他们交手也不迟。"将士们纷纷表示赞同。

晋军一口气后撤了九十里，到了城濮（今山东鄄城西南）才停下来，并马上部署好了阵势。

有些楚国将军见晋军后撤，想停止进攻。可是子玉不答应，一步一步地追到城濮。两军在城濮相持，晋军大将先轸诈败，把楚军引诱到设有埋伏的地方，伏兵齐出，杀得楚军七零八落。晋文公吩咐将士们，只要把楚国人赶跑就行了，不许追赶滥杀，免得辜负了楚王先前的情义。

晋取胜后，周天子派使臣慰劳诸国军队。趁此机会，晋文公在践土（今河南原阳）给天子造了一座新宫，还约了各国诸侯开会，订立了盟约。这样，晋文公便成为了中原的霸主。

●原始瓷鼎 春秋

>>> 问鼎中原

九鼎是古代象征国家政权的传国之宝。《史记》记载"禹收九牧之金，铸九鼎，象九州。"

相传成汤时迁九鼎于商邑；周武王灭商后，又把它迁到了洛邑。

楚庄王为了取威定霸，亲率大军征伐陆浑之戎。他兵进洛水，把楚军开到周王室的统治中心洛邑的郊区。周定王命王孙满犒赏楚军。楚庄王就向王孙满询问周王室九鼎之大小轻重，有觊觎天下之心。

楚庄王问鼎中原，标志着楚国已进入空前强盛时代。

拓展阅读：

《东周列国故事：一鸣惊人》
林汉达
楚庄绝缨（典故）

◎ 关键词：伍举 苏从 春秋五霸

一鸣惊人的楚庄王

公元前613年，楚庄王熊旅即位。在即位后的前三年，楚庄王整天喝酒、打猎，不问政事，还下了一道命令：谁要是敢劝谏，就判谁的死罪。

有一天，大夫伍举来见楚庄王。正在寻欢作乐的楚庄王听到伍举要见他，就把伍举召到面前，问："你来干什么？"

伍举心情沉重地说："有人给我出了一个谜语，我怎么也猜不着，特地来向您请教。"

楚庄王一边喝酒一边说："你说来听听。什么谜语，这样难猜？"

伍举说："楚国都城，有只大鸟，五彩缤纷，美好妖娆。但整整三年，这鸟不飞不叫，满朝文武都莫名其妙。请您猜猜看，这究竟是只什么鸟？"

楚庄王立即明白了伍举的意思，笑着说："我猜到了。这可不是一只普通的鸟。这只鸟呀，三年不飞，一飞冲天；三年不鸣，一鸣惊人。你等着看吧。"

伍举也明白了楚庄王的意思，于是就高兴地回去了。

过了一段时候，另一个大臣苏从看到楚庄王没有什么动静，又去劝说。楚庄王大怒道："你难道不知道我下的禁令吗？"

苏从说："我知道。可是我被您杀了，死后可以得到忠臣的美名。

但您要是再这样下去，楚国早晚会灭亡的，那您就成了亡国之君。难道您真愿意这样吗？"

楚庄王激动地说："你就是我要寻找的国家栋梁啊！"

此后，楚庄王决心改革政治。他把一批奉承拍马的人撤了职，把敢于进谏的伍举、苏从提拔起来，让他们处理国家大事。他开始一边制造武器，一边操练兵马。经过六年的苦心经营，楚国的势力和声威大大振作起来。

公元前589年，趁陈国内乱，楚庄王出兵降服了陈国。第二年，楚庄王又亲自率军攻打郑国。郑国、陈国是晋国的保护国，楚国出兵陈、郑，就是向晋国挑战。这样，楚国就和作为中原霸主的晋国有了直接的冲突。

晋国当然不甘示弱。公元前590年夏，晋国派兵救郑，在邲地（今河南郑州市东）和楚国发生了一次大战。结果晋国惨败，兵马损失多半。

有人劝楚庄王追上去，把晋军一网打尽。楚庄王却下令收兵，让晋国的残兵逃了回去。

三年不鸣的楚庄王终于一鸣惊人。继齐桓公、晋文公、宋襄公和秦穆公之后，楚庄王成为了霸主。历史上称这五个霸主为"春秋五霸"。

●彩绘陶豆 战国

>>> 楚灵王好细腰

楚灵王建完章华宫后，从各地挑选了一批细腰美女藏于宫内，因此章华宫又称"细腰宫"。

被楚灵王选入宫的女子，因害怕腰身变粗而不敢饱食，她们多被折磨致死。楚灵王不仅喜好细腰女子，也宠幸细腰大臣。腰粗者或弃之不用，或降罪于身，大臣们不得不减餐节食，勒紧裤带。

这种风气流传到社会上，便造成了"楚灵王好细腰，国中多饿人"的状况。

拓展阅读：

《章华台》元·吴师道
《楚灵王》杨晦

◎ 关键词：楚灵王 乾溪 号啕大哭

楚灵王痛哭乾溪台

楚共王的儿子楚灵王是历史上有名的暴君。他继位时正是楚国最强盛的时候，但是临死之时却没有立锥之地。而这一切都是他亲手造成的。

楚灵王对外相信强权政治，他看不起其他诸侯国，侮辱别国使臣，攻打吴国朱方，俘虏并杀害了当地首领庆封，还杀了他家族的人。他任用一些奸臣，其中有一个人叫析父，专会当面说人家的好话。那时，楚灵王有消灭各个诸侯国，最终代周而立的想法。他问析父："现在我陈兵在各个地方，看起来想要和别人打仗，别的国家会怕我吗？"析父回答说："当然怕呀！"这话正说到楚灵王心坎里，他当即就封了析父做大官。

后来，楚灵王亲自率领楚军攻打吴国，到乾溪这个地方驻扎了下来。他在那里整天吃喝玩乐，完全把国家大事忘记了。他以前曾经侮辱过越国大夫常寿过。于是，常寿过趁楚灵王不在家，杀了楚灵王立的太子，拥立比为王。他又派人到乾溪去，对楚国的官兵说："你们的国家已经有了新的国王，你们现在回去的，可以保住性命。如果还继续跟随这个昏君，那么被抓到以后，你们就要被杀头。"

楚灵王的部队本来就非常不满，听他们这样一说，就一下作鸟兽散，只丢下楚灵王在乾溪。

国王的位子丢了，儿子也被越国和吴国的部队杀了，楚灵王不禁号啕大哭。他对旁边仅有的两个随从说："我不是为自己伤心，而是为我最爱的儿子伤心啊！可是为什么遭到这种报应呢？"

一个随从说："因为你杀人家的儿子太多了，才到这个地步啊！"楚灵王被他一句话说得止住了眼泪。

楚灵王问忠实的大臣右尹，他现在到底该怎么办。右尹说："你回到楚都的郊外听候他们的发落吧。"楚灵王连连摆手："不行，我要是落到他们的手上，他们非把我杀了。"右尹说："那你就到别的诸侯国去找救兵吧。"楚灵王说："这也不行。我把他们都得罪了，他们都背叛我了。"右尹觉得这个以前不可一世的君主，今天真是可怜极了。

倒行逆施的楚灵王，最后落得孑然一身，吊死在荒野之中。

●人物龙凤图 战国
此画中一位姿态优美的女子侧面而立，双手前伸，合掌施礼。她的头上左前方画有一龙一凤。唐代诗人杜牧有诗云："楚腰纤细掌中轻"，画中女子细腰、大袖、长裙的造型，恰是楚人细腰的写照。

●伍子胥像

>>> 一夜白头

一直以来，人们都以为"一夜白头"是文学上的夸张说法，其实这是完全有可能的。

美国加利福尼亚大学的埃莉莎·埃佩尔博士领导的科研小组经研究确认：人的心理紧张和心理压力与生理年龄有直接联系，诸如严重的情绪悲伤和工作压力会明显加速身体老化。至于伍子胥过韶关一夜白头，也可能属于精神紧张性白发病。

这种病症的特点是：由于情绪过度紧张、忧愁、恐怖，机体代谢发生紊乱，在几天至几周的短时间内毛发色素脱失，毛发迅速变白。

拓展阅读：

《史记·伍子胥列传》
《伍子胥演义》贯传

◎ 关键词：楚平王 伍子胥 孙武

伍子胥发誓灭楚

公元前527年，楚平王派费无极去秦国给太子建求婚。秦哀公把自己的妹妹孟嬴许给了太子建。后来，楚平王见孟嬴长得娇美动人，就把她安置在自己的后宫里，而把孟嬴的侍女嫁给了太子建。

楚平王娶自己儿媳妇的丑事很快就传开了。当时给楚平王出主意娶孟嬴的费无极，怕太子建知道后对自己不利，于是便想尽办法加害太子建。在楚平王面前，他挑拨是非，说太子招兵买马，要报夺妻之仇。

楚平王早就有心废掉太子，现在经费无极一挑拨，便下决心要除掉太子建。这时候，太子建和他的老师伍奢正在城父（今河南襄城西）镇守。楚平王先把伍奢叫来，诬说太子建正在谋反。为人耿直的伍奢看不惯楚平王的行为，更恨透了费无极的行径，说什么也不承认。楚平王便把他关进了监狱。

楚平王一面派人去杀太子建，一面逼伍奢写信给他的两个儿子伍尚和伍子胥，要将伍家斩草除根。后来，大儿子伍尚回到郢都跟父亲伍奢一起被楚平王杀害。杀害了伍奢、伍尚后，楚平王又下令悬赏捉拿伍子胥。伍子胥听到父兄被害的消息，万分悲痛，发誓灭楚。而太子建事先得到风声，带着儿子公子胜逃到宋国去了。

伍子胥到宋国找到了太子建。不巧宋国内乱，楚国派兵来干涉，太子建和伍子胥只好逃往郑国。郑定公对他们很好，可是太子建却暗中勾结晋国，想要篡夺郑国大权，再利用郑国的力量打回楚国去。郑定公及时发觉了这一阴谋，把太子建杀了。

于是，伍子胥带着公子胜逃向吴国。一路上，他们昼伏夜出，好不容易来到了楚吴交界处——韶关。关上的官吏盘查得很紧，传说伍子胥一连几夜在焦虑中度过，头发胡子都愁白了，连守关的士兵也认不出来，这才混出了韶关。

伍子胥到了吴国后，帮吴国的公子光夺取王位。公子光杀了吴王僚，自立为王。这就是吴王阖闾。

即位之后的吴王阖闾封伍子胥为大夫，帮助他处理国家大事；又用了善于用兵的大军事家孙武，整顿兵马，兼并了临近几个小国。

公元前506年，吴王阖闾拜孙武为大将，伍子胥为副将，亲自率领大军向楚国进攻，连战连胜，吓得楚昭王丢下郢都逃命去了。

回到自己的祖国，伍子胥不禁泪水滂沱，为父报仇的日子终于到了。这时，楚平王已经死了。于是，伍子胥带领手下的士兵，找到楚平王的坟墓，拖出他的尸体狠狠鞭打了一顿。

●越王石矛 春秋

>>> 西施

西施，名夷光，春秋战国时期出生于浙江诸暨苎萝村，天生丽质。

越王勾践卧薪尝胆后，图谋复国。在国难当头之际，西施忍辱负重，以身许国，与郑旦一起由越王勾践献给吴王夫差，成为吴王最宠爱的妃子。她把吴王迷惑得众叛亲离，无心国事，使勾践得以东山再起。

后吴国终被勾践所灭。传说吴被灭后，西施与范蠡泛舟五湖，不知所终。她一直受到后人的怀念。

西施与王昭君、貂蝉、杨玉环为中国古代四大美女，其中西施居首，是美的化身和代名词。

拓展阅读：

越王勾践剑

《越王勾践》朱秀君

◎ 关键词：春秋末期 越王 吴王夫差

勾践卧薪尝胆

春秋末期，吴越两国长年争霸。公元前493年，越王勾践败给了吴王夫差，勾践夫妇和谋臣范蠡被掳到吴国当人质。

夫差派人在阖闾墓侧筑一石室，叫勾践夫妇从事养马等卑贱的劳役。每当他乘车出游时，都要勾践手执鞭杖，徒步跟随在车的左右。而勾践任凭吴人恶语讥诮，都一言不发，只把羞恨深藏在心中。

一天，吴王夫差登姑苏台嬉戏，远远看见勾践夫妇端坐在马粪堆边歇息，范蠡却在一旁站着。夫差说："勾践不过小国之君，而忠心正直的范蠡即使身处危厄之地，也不失君臣之礼，真是可敬可怜。"从此，夫差便有释放勾践回国之意。

一次夫差染病，勾践求见吴王探窥病情。他伸手蘸起夫差的一滴大便，放在口里咂了咂，大声祝贺说："大王之疾近期即可痊愈。"事后，吴王果然如期复原，于是他便决定释放勾践君臣回国。

公元前491年，越王勾践与范蠡等人在吴国拘役三年后，终于回国。回到越国后，勾践立志报仇雪耻。唯恐被眼前的安逸消磨了志气的他，在吃饭的地方挂上一个苦胆。每逢吃饭的时候，他就先尝一尝苦味，还自己问："你忘了会稽的耻辱吗？"他还把席子撤去，用柴草当作褥子。这就是后人传诵的"卧薪尝胆"。

为了使越国富强起来，勾践亲自参加耕种，叫他的夫人自己织布，以此来鼓励生产。遭到亡国的灾难后，越国人口大大减少，勾践订出奖励生育的制度。他叫文种管理国家大事，叫范蠡训练人马，虚心听从别人的意见，救济贫苦的百姓。这样，越国渐渐富强起来。在以后同吴国的争夺中，越国开始占据上风。

公元前478年，越王勾践亲自率军攻打吴国，双方军队在笠泽摆开了阵势。越王把军队分成左右两路，趁着黑夜左右轮番进攻，擂鼓呐喊前进。吴军只能被动地抵抗。勾践指挥越军向吴军大本营发动猛烈的进攻，吴军顿时大乱，不久全线崩溃，大败而逃。

越军乘胜追赶，接连击败吴军。夫差被围困在阳山（今江苏吴县西），走投无路之下只好向勾践求和。范蠡和文种都认为在这个关键时刻不能手软。这时候，夫差终于后悔当初不该不听伍子胥的忠告，羞愧难言的他只好自杀了。

灭掉吴国后，越王勾践约集齐、晋、宋、鲁等诸侯会盟于徐地（今山东滕县南），使周元王也承认了他作为诸侯领袖的地位。这样，越王勾践终成一代霸主，他成为春秋、战国之交争雄于天下的佼佼者。

●范蠡像

>>> 鸟尽弓藏，兔死狗烹

范蠡的精辟警句，后人概括成"鸟尽弓藏""兔死狗烹"的四字成语，比喻大事成功之后，曾经出过力的有功之人就被抛弃、诛杀了。

其实，中国历代统治者多属于"可共患难，不可共富贵"的忘恩负义之辈，为人臣者最忌"功高震主"，若不及时抽身，则难逃文种之命运，当时的伍子胥及后来的韩信亦是如此。而能像范蠡这样能够深谙"功成身退"之道的人，则是少之又少。

拓展阅读：
论积贮疏
《范蠡大传》陈文德

◎ 关键词：文种 陶朱公 经商

范蠡弃官经商

吴国灭亡后，越王勾践成为霸主。范蠡因谋划有功，官封上将军。然而，他并没有从此身居高位，继续走为官之道，而是选择了弃官经商的道路。

走的时候，范蠡留下一封信给与他朝夕相处、同舟共济的文种。信中说："狡兔死，走狗烹；飞鸟尽，良弓藏。越王为人，长颈鸟啄，可与共患难，不可与共荣乐。先生何不速速出走。"文种看了信，便声称自己有病，不再上朝。

这时，勾践开始怀疑文种有谋反之心，就派人赐文种一把剑，意思是让他自杀。这把剑正是夫差赐死伍子胥的那一把。文种不禁仰天长叹，后悔没有听范蠡的话，只好自杀了。

据说，范蠡辗转来到一个叫陶的地方，自称"陶朱公"，做起了买卖。

从政、务农和经商，事虽不一样，但道理却有相通之处。早年范蠡曾做过账房会计之事，研究过理财之道。他认为：第一，供求关系的有余和不足影响物价有贵、贱之变化，因此要随时掌握社会余缺及需求。比如干旱则备车乘，水涝则备舟楫。第二，农、工、商三业均有各自的重要地位，但又相互联系。比如米谷价格，谷贵损害工商者的切身利益，谷贱挫伤农夫的生产兴趣，损害工商则没有钱财出

处，挫伤农夫的生产积极性则地就要荒芜，而米谷价平，则农工商都有利。这就是治国理财的大道。第三，积储之理，务必妥善保管，还要及时周转。以物易物，勿使容易腐败的东西积压太久。第四，倘知何物有余，何物不足，便知孰贵孰贱。物贵到极点就会贱，物贱到极点就会贵。物贵时，要及时卖出，要像弃粪土一样；物贱时，要及时买进，并像收集珠玉一样的珍藏。一定要让钱财如流水一样通行无阻。

正因为精通经营之道，加上陶地居天下中心，交通发达，便于交易，范蠡不久就身家巨万。时人凡论天下豪富，无不首推陶朱公。陶朱公是后世商人的保护神，也是我国开始经营商业、有史可考的第一人。

当时的齐国人觉得他是一个了不起的人，就推举他为相国。他做了一阵，觉得没意思就辞掉了。走的时候他感慨地说："我做官做到了相国，挣钱挣到了上千万，做人做到这一点也就不错了。我的一切都达到了顶点，这对我来说并不是好事。"于是，他散其家财，分于亲友乡邻，然后怀带重宝，悄然出走。

范蠡一生迁移三次。他在所到之处，必成就一番大事业：治国可以立奇功，理财可以致富。这与他的深明大义、精明干练是分不开的，他出色的处世能力和高尚的道德品操赢得了后代无数人的称赞。

●孙武像

>>> 毛泽东和《孙子兵法》

毛泽东作为伟大的政治家、军事家，历来重视对《孙子兵法》的研究。

在那部标志着毛泽东军事思想体系形成的重要著作《中国革命战争的战略问题》中，毛泽东称孙武是"中国古代军事学家"，书中还引述了《孙子兵法》中的观点。可见，《孙子兵法》对构造毛泽东的军事思想起了很大作用。

毛泽东在指挥中国革命战争的过程中，充分借鉴和汲取了《孙子兵法》的思想精华，继承和发展了这一古代的"兵学圣典"，使其发出了更加耀眼的光芒！

拓展阅读：

《三十六计》
《孙子兵法新解》施芝华

◎ 关键词：军事家 孙武《兵法》商战

孙子吴宫试兵

作为我国历史上著名的军事家，孙武不但精通军事理论，而且精于军事实践，在军事训练、指挥等方面有着独特的用兵方略。

为了使吴国称霸诸侯，吴王阖闾到处网罗人才，大臣伍子胥向他推荐了胸有韬略、善于用兵的齐国人孙武。

到了吴国的孙武，先向吴王献上了自己撰写的《兵法》。吴王细心研读之后，觉得书中的兵法很精妙，连连称赞孙武是个军事天才，并要试用一下。

生性风流的吴王特意挑选一百八十个宫女来给他练兵，这样既可考验孙武的用兵方法，又能当作娱乐消遣。

孙武将一百八十名宫女分成左右两队，每十个人分成一小队，有一个人站在旁边击鼓，鼓一响，她们就走，鼓一停，她们就得停下。

训练开始，孙武喊令，一人击鼓，一队出列。宫女们走得七扭八歪，都不禁大笑起来，吴王也在台上笑得直不起腰。

孙武大喝一声："停下！治军要遵守军法，军法不严，则军不得治。我给你们约法三章，倘若再不听号令者，当以斩首论处。"这下宫女们不笑了。

孙武又传令开始，鼓又响了，一队队宫女出列，都能遵守孙武的号令。可是单单吴王的两个爱妃在那里嬉皮笑脸，不听命令，使局势大乱。

孙武大怒，命人杀了吴王的两个爱妃。吴王大惊失色，慌忙求情。

孙武说："大王在上，臣已经接受了大王的命令。正像您平时所说的，治军之法，将在外，君命有所不受。"

吴王只能眼睁睁看着自己的两个爱妃被推出去斩首。

一见吴王的爱妃被杀了，宫女们谁还敢不听命令。鼓声一响，宫女们个个像训练有素的战士一样，阵列按要求有序地变化。练兵场除了脚步声和枪械声外，没有一点声音。

一见演练已初见成效，孙武派人请吴王检阅。吴王怒气未消，不予理睬。

孙武见自己的行动未得到理解，便对吴王说："原来大王只是空谈，并不重视用兵之实。"

这时，吴王才相信孙武真会用兵。后来，吴王任命孙武为将军，帮助自己成就了称霸中原的大业。

孙武死后留下的《孙子兵法》，被誉为"世界古代第一兵书"。现在，《孙子兵法》的战略原则还被企业界应用到市场竞争领域，使得他们往往能在商战中大获全胜。

●晏子像

>>> 最早的短篇小说集

《晏子春秋》是记叙春秋时代著名政治家、思想家晏婴言行的一部书，共八卷，计二百一十五章。

全书通过一个个生动活泼的小故事，详细地记述了齐国灵公、庄公、景公三朝贤相晏婴的生平逸事及各种传说、趣闻，突出反映了他的政治主张和思想品格，构成了栩栩如生的完整的晏子形象，可以说是中国最早的短篇小说集。

拓展阅读：

踊贵而屦贱（典故）

《晏子故事新编》陆景林

◎ 关键词：晏子 齐灵公 三代功臣

挂羊头卖狗肉

晏子，名婴，字仲，春秋时代齐国人。一生之中，他连续做过齐灵公、齐庄公、齐景公的正卿，是齐国的三代功臣。

晏子做事勤勤恳恳，讲求实际，谦虚谨慎，国王夸奖他时，他更加谦虚。国王说的话对，他就贯彻执行；国王说的话不对，他就分析处理。因此，在他任齐相时，齐国比较安定。

齐灵公有一个癖好，他喜欢看女子穿上男装。为了讨好国王，宫中的妃子、宫女都脱去裙子，穿上男人的长袍，戴上了男人戴的头饰。这样过了一段时间，齐国的女子们一个个仿照宫廷的样子，脱下娥眉装，穿上壮士服，社会上也开始以女人穿男装为美。

男女服饰不分，虽然无伤大雅，但是常闹出一些笑话。有一次，齐灵公走在大街上，看到人们穿的是一样的衣服，觉得太单调了。最搞笑的是上厕所时遇到的场面，一个女子走了进去，后面的男子以为那是男厕，也跟着进去了，结果弄得大家都很尴尬。

而最难办的是征兵，由于男女都穿一样的衣服，很多征兵官员都不知道谁家的是男孩，谁家的是女孩。一时间，女穿男装给朝廷征兵带来了不小的麻烦。

齐灵公没想到因自己的喜好而带来这么多的麻烦。为了改掉这种风气，他下令禁止女子穿男装，如果有违抗者，就扯碎她的衣服，割断她的腰带，让她当众出丑，以示警告。

但是过了很长一段时间，这种风气还是没有改掉，女人照样穿着男装招摇过市。齐灵公不知道如何彻底制止，就问晏子："我已经宣布严禁女子穿男装的条令了，为什么市井上还有那么多女人在穿男装呢？怎么才能彻底地改掉这种现象呢？"

晏子回答说："大王，您禁止的是宫外百姓中的女子，可是您却喜欢让您的宫妃、宫女穿男装。这就好比一个肉店，在外面挂的是羊头，可里面卖的却是狗肉。我想，只要您彻底禁止宫中的女子穿男装，那么老百姓是很好禁止的。"

经过晏子的一席话，齐灵公顿时茅塞顿开。于是，他按照晏子所说的去执行。果然，不出半个月的时间，女人穿男装为美的这个坏现象就消失了。

●原始青瓷簋 春秋

>>> 晏子

晏子，名婴，字仲，谥"平"，夷维（今山东省高密市）人，是春秋时期著名的思想家、政治家、外交家。

晏子是齐国上大夫晏弱之子。公元前556年继任上大夫，历任三朝，辅政长达50余年。他聪颖机智，能言善辩，辅政期间，屡谏国君。晏子于齐景公四十八年（公元前500年）去世，其思想、轶事多见于《晏子春秋》。

拓展阅读：

《晏子春秋》
《梁父吟》（齐鲁歌谣）

◎ 关键词：齐景公 能言善辩 使命

晏子不辱使命

齐景公想重振齐国，并建立桓公那样的霸业，于是他决定和楚国搞好关系，派晏子出使楚国。

听说晏子要来，楚灵王知道晏子是齐国能言善辩的大臣，名气很大，可晏子身高不足五尺，楚灵王便想当面羞辱他一番。

楚国的一个大臣出了一个馊主意，叫人在城门旁开了一个五尺来高的小洞，打算让晏子从洞里钻进来。

过了不久，晏子到了，见大门没开，就把车停了下来，让人去叫门。守门的士兵说："大门开起来费事，你就从旁边的小门进吧。"

晏子知道这是他们成心侮辱自己，严肃地说："这是狗洞，不是城门。出使狗国的人才从狗洞进城，难道我是出使到狗国来了吗？"守门的人无话可说，只好打开城门，迎接晏子进去。

晏子拜见楚王。楚灵王笑嘻嘻地问："怎么，齐国没有人了吗？"晏子回答说："不！光是我们齐国都城就有几万人，要是每个人都张开衣袖，就能够把太阳遮住；要是每个人都洒上一把水，立刻就汇集成雨水。你怎么说齐国没有人呢？"楚王说："那么为什么单单派你这样的人来当使者呢？"晏子哈哈大笑说："我们齐国派遣使者有个规矩：有德有才的人，出使贤者为王的国家；没有出息的人，出使庸者为王的国家。我是我们齐国最没出息的人了，只能出使到你们楚国来。"

楚灵王觉得晏子的言辞确实厉害，不是那么好惹的，便恭恭敬敬地请晏子入席喝酒。大家正喝得热闹的时候，忽然看见两个士兵押着一个囚犯从殿下走过。楚灵王问："这个囚犯是哪里人，犯了什么罪？"士兵回答说："是齐国人，犯了盗窃罪。"楚灵王眼睛盯着晏子，笑嘻嘻地说："齐国人都善于偷盗吗？"作陪的楚国大臣们听了，哄堂大笑。晏子离开座位，从容不迫地回答道："我听说，橘生淮南则为橘，生于淮北则为枳。同样道理，这个人在齐国并不偷盗，一到楚国就偷盗，这大概是因为楚国的水土容易使百姓偷盗吧？"

楚灵王又讨个没趣，只好自我解嘲。

经过几次交锋，楚灵王再也不敢戏弄晏子了，只好客客气气地对待他。晏子出色地完成了出使楚国的使命。

回到齐国，晏子向齐景公汇报了出使楚国的情况。他认为楚王狂妄自大，楚国朝中又没有得力的大臣，这正是攻打楚国的好时机。

于是，不久之后，齐景公就发兵攻打楚国，占领了楚国许多城池。从那以后，楚国的国力逐渐衰弱，而齐国的势力越来越强大。

●老子骑牛图

>>> 道教

道教是中国的传统宗教，一般认为道教是中国土生土长的宗教。

道教正式形成于公元1世纪（东汉中期）。道教是在中国古代宗教信仰的基础上，综合了方仙道、黄老道的某些宗教观念和修持方法而逐渐形成的。它以"道"为最高信仰，以《道德经》为主要经典，以老子为教祖，称"太上老君"。

道教主要有全真派和正一派，全真派道士、道姑必须素食、独身、住观。

拓展阅读：

《老子隐迹》王红旗
《还圣老子》沈善增

◎ 关键词：哲学家 洛阳 学问家 孔子

老子骑青牛出关

老子，姓李名耳，字伯阳，又称老聃，春秋后期著名的哲学家。

老子从小聪明好学，广泛阅读了各种书籍，很快成为当地小有名气的人物。为了开阔眼界，扩充自己的知识，在二十多岁的时候，老子孤身一人来到了全国的政治文化中心——东周都城洛阳。很快，凭借自己的才干，他出任了国家图书馆馆长一职。

在这个当时最好的读书环境里，老子如饥似渴地拼命读书，逐渐成为全国知名的大学问家。许多人不远千里前来向他请教问题，孔子曾专门向他请教有关礼制的问题。

孔子广征博引古代先贤关于礼制的话向老子讨教。老子淡淡一笑，对孔子说："孔丘呀，你年纪也不小了。你提到的这些古代圣贤都已经死去很久了，恐怕他们埋在地下的骨头都腐烂了吧。他们就剩下这些话还流传在世上，你没有必要用这些话来约束自己的言行，一味地模仿他们呀。君子应该具有适应社会的能力，碰到机遇就轰轰烈烈地干一番事业；没有机遇就远离政治，无拘无束自由自在地生活。孔丘，你说是不是这个道理呢？"

孔子深受震动，回去之后对弟子们大发感慨，称赞老子知识广博，见解深刻，是出神入化的云中之龙。

由于诸侯国连年征战，东周也一天天衰落下去，还爆发了长达五年之久的内战，连国家图书馆的大批珍贵图书也遭到了破坏。老子觉得洛阳待不下去了，于是就去了民风淳朴、战乱极少的秦国安度晚年。

骑着青牛的老子踏上了旅途，没走几天，便来到函谷关口，一过函谷关就进入秦国境内了。

正在这时，守关的官员尹喜迎出来恭恭敬敬地向老子施礼说："老先生途经这里，未曾远迎，希望您别见怪。素闻先生学问广博，见识精深，既然路过这里，就请小住几日，将您的真知灼见写成一部书，一来可让我拜读，二来可让天下老百姓受到您的教诲。请您不要推辞！"

老子被尹喜的真挚所感动，便住了下来，把自己关于道德、无为而治、以柔胜强以及对宇宙、人生、社会等方面的见解，全部融于一书之中，写成一部五千余字的《道德经》。这部书最核心的内容就是"道"。老子认为，"道"是宇宙的本源，世界上万事万物的形成和发展，都由"道"转化和生成，它像天地一样永不停息地运动，它的规律就是自然的规律、社会的规律。老子的思想成为中国古代思想的渊源之一，对我国两千多年来思想文化的发展产生了深远的影响。

成书之后，老子继续西行，但此后就再没人知道他的下落了。

●子产像

>>> 《汉穆拉比法典》

公元前18世纪，古巴比伦王朝第六代国王汉穆拉比（约公元前1792—前1750年），为了维护私有制度和奴隶主阶级的利益，颁布了著名的《汉穆拉比法典》。

法典用楔形文字刻在黑色玄武岩石柱上（高2.25米，上部周长1.65米，底部周长1.90米），所以又称为"石柱法"。

《汉穆拉比法典》是世界上迄今完整保存下来的最早的一部法典，现存于巴黎罗浮宫博物馆。

拓展阅读：

《子产评传》郑克堂
"人心如面"的由来

◎ 关键词：七穆 正卿 法律刑书

子产与铸刑书

子产，名侨，郑穆公之孙，春秋时期郑国一位具有高尚品德的政治家和外交家。子产父辈兄弟七人先后掌握国家政权，号称"七穆"。

由于从小受家庭的影响，子产年轻的时候就有一定的政治见解。公元前565年，子产的父亲子国带兵攻打蔡国，轻易地取得了胜利。郑国人都很高兴，夸奖子国有本事。只有子产不以为然，他对父亲说："郑国是个小国，一个小国不专心治理内政而热衷于对外打仗，这是最危险的。蔡国是楚的属国，如果楚国替蔡国报仇，我们能打得过它吗？打不过就得投降。这样一来，晋国又要来兴师问罪。晋国、楚国打来打去，郑国是不会安宁的。"子国听了很生气，大声训斥子产。

果然，就在这一年冬天，楚国以郑国侵略蔡国为借口发兵讨伐郑国，郑国抵抗不住，投降了。转年冬天，晋国又来打郑国，郑国只好再次求和。晋国刚撤兵，楚国又来问罪。正如子产当初所说一样。

公元前543年，子产做了郑国的正卿。当时，虽然郑国商业比较发达，可旧贵族的势力还十分强大，他们随意用刑罚来压迫商人和反对他们的人。子产的前任子驷因为整顿田地疆界，占用了一些贵族的土地，这些贵族便发动武装叛乱，杀死了子驷和子国、子耳。子产没有被吓倒，为了富国强兵，继续实行社会改革。他下令把田地划清疆界，挖好沟渠，承认土地私有。在私田上按亩收税，把农民按规定加以编制，这就限制了旧贵族，使他们不能任意兼并掠夺。他还规定农民有战功的，可以做甲士。甲士是作战时候战车上主要的军事人员，属于统治阶级。有战功的农民可以做甲士，这就打破了以往对甲士身份的限制，促使了阶级关系的变化。

为了保障社会改革的进行，子产加强了法制。为了使国家有法可依，他主持制定了一套国家法律刑书。这套刑书开始是写在竹木简上，由国家的官吏掌握施行。公元前536年，子产下令把刑书铸在鼎上，放在王宫门口，让全国百姓都能够看到这个鼎。这就是有名的刑鼎。老百姓看到摆在王宫前的刑鼎，对国事明白多了，旧贵族们再也不能随意解释法律，任意处罚人了。

除了在政治上改革外，子产还在经济、文化、外交等方面进行了一系列的改革，并收到了显著的成效。他"作丘赋"，大力推进赋税制度的改革；他宣称"天道远，人道迩，非所及也，何以知之"，反对迷信鬼神星象；他采取灵活机动的外交政策，积极改变郑国被动挨打的不利局面。

子产治理郑国取得了很大的成绩，国家安定了，生产发展了，老百姓也受到了不少益处。据说，子产死的时候，郑国人都像死了亲人那样悲伤。

●孔子像

>>> 私学兴起

私学即历代私人创办的学校。西周以前，学在官府。春秋时期，国学和乡校日渐衰落，私人办学之风兴起。儒、墨、名、法、纵横、阴阳各家学派都有不少人聚徒讲学，学生多的达数千人。

孔子号称弟子三千，优异者七十二人。战国时，私学大盛。促进了百家争鸣学术局面的形成。汉以后，私学成为学校制度的重要组成部分。

唐开元二十一年（733年），玄宗下诏准许百姓开办私学。以后的各个朝代私学得以长期存在。

拓展阅读：

孟子

《论语》

曲阜“三孔”

◎ 关键词：孔子 教育 儒家 经典

孔子周游列国

孔子，名丘，字仲尼，春秋末期鲁国人，我国古代的大思想家、政治家、教育家和儒家学派的创始人，其思想和学说在我国历史上影响巨大。

孔子虽然饱学诗书，却一直不受重用，直到五十岁出头，他才在鲁国谋得代行宰相职权的的职位。不久，鲁国大治，威望实力在列国中迅速上升。

看到鲁国开始崛起，北边的近邻齐国十分不安。他们挑选了八十名歌女送到鲁国去，利用美人计，来达到离间鲁定公和孔子的目的。

接受歌女后，鲁定公天天吃喝玩乐，不管国家政事。孔子想劝说他，他躲着孔子。这件事使孔子感到很失望，于是他带着一群忠心耿耿的学生，踏上了周游列国的征途。

孔子先到了卫国，却受到卫国国君不礼貌的对待。孔子只好离开。可是还没走到卫国都城城门，一部分弟子却失散了。

因为找不着老师很着急，失散的弟子子贡逢人便问。有个人说在东门看见孔子了，嘻嘻哈哈地向他描述了一番，还嘲讽地说：“那样子很狼狈，真像只丧家狗，是你的老师吗？”

子贡知道他说的一定是孔子，便连忙赶到东门，找到孔子并把刚才听到的话告诉了孔子。孔子听了，不愠不火地说：“一个人的长相是不足为奇的。说我像一条丧家狗，倒一点也不错。”

孔子一行来到了宋国。宋国的桓大司马讨厌孔子，得报后，立刻带了一队兵，驾着战车气势汹汹地去追杀孔子，可惜孔子他们已经走了。当时，宋国有一个好心人，劝告孔子快走。孔子的心情十分平静，不愠不火，毫无退意。

孔子在陈国居住了一段时间，后来觉得陈国不适合住下去，想动身去楚国。蔡国和陈国的大夫们平时与孔子意见不合，知道孔子到楚国去，只怕对自己不利，便联合发兵在半路上把孔子一行截住。

孔子和弟子被围困在那里，断了粮，几天都没吃上饭，可孔子照样给弟子们讲学、弹琴、唱歌。这时，子路噘着嘴问孔子：“先生不是君子吗？君子怎么会穷困到这步田地呢？”孔子笑着答道：“君子、小人都会穷困，只是君子穷困不动摇，小人穷困就会变节，什么坏事都干得出来。”不久，楚王得到消息，发兵来救，孔子才脱离困厄。

在列国奔波了多年，碰了许多钉子，最后，年迈的孔子还是回到鲁国，把精力放到整理古代文化典籍和教育学生上面。

晚年，孔子整理了几种重要的古代文化典籍，编删《书》《诗》，考证《礼》《乐》，阐发《易》理，创作《春秋》。在孔子的努力下，儒家有了系统的经典流传后世。

● 原始瓷双系耳罐 春秋

>>> 战国七雄

经过春秋时期长期的兼并战争，原来的一百多个诸侯国到了战国初年已经为数不多，其中主要有秦、楚、燕、齐、韩、赵、魏七个大诸侯国，即所谓的"战国七雄"。

七国的地理形势是齐在东、秦在西、赵在北、燕在东北、楚在南，中间为魏、韩。

七雄为了扩张领地，连年战争不断。"战国"的时代名也是由此得来。

拓展阅读：

《三家分晋》张景贤
士为知己者死（典故）

◎ 关键词：傀儡 智伯

诛智伯三家分晋

春秋时期，由于子孙一代不如一代，一向称为中原霸主的晋国日渐衰落，晋君权势日趋衰微，实权逐渐由六家大夫把持。到了晋定公、晋出公时，晋君成为卿大夫的傀儡，已名存实亡。

六家大夫互相攻打，各有各的地盘和武装。后来有两家被打败了，还剩下智氏、赵氏、韩氏、魏氏四家。这四家中，以智氏的势力最大。

野心勃勃的智伯一心想要独揽晋国大权，于是领兵攻打晋出公。晋出公无力抵挡，向齐国逃窜，逃到半路就一命呜呼了。

晋出公死后，智伯想自立为君，却又担心其他三家反对，于是决定先侵占了其他三家的土地，再说自立的事情。随后，他主张每家都拿出一百里土地和户口来归给公家。

三家大夫都知道智伯居心不良，想以公家的名义来逼他们交出土地。可是三家心不齐，韩康子和魏桓子都不愿得罪智伯，先后把土地、户口交出去了。

智伯派使者向赵襄子要土地，但赵襄子却不答应。智伯大怒，号令韩、魏两家一起发兵攻打赵家。

三家大军人多势众，赵襄子无法抵挡，于是带着赵军退守晋阳（今山西太原）。那里是赵氏的老地盘，城池坚固，人心又齐，能够固守。

不久，晋阳城又被三家大军团团围住。智伯下令奋力攻打，但因晋阳防守严密，攻城的士兵无法登上城墙，一次次的猛攻都被赵军击退。

战况毫无进展，一日智伯到城外察看地形，突然间，他看到滚滚的汾河水，眉结一下子舒展了。智伯立即传令，筑坝开渠，准备水灌晋阳城。

滚滚洪水向晋阳城冲去，并迅速淹没了城墙的一半。城内民不聊生，百姓却宁死不屈。

赵襄子看到城里的情况越来越困难，非常着急，派人找足智多谋的张孟谈来商议。张孟谈知道韩、魏两家是被胁迫而来，便偷偷出城说服韩、魏两家倒戈，共同消灭智伯。两家同意共同起事。

起事的那天晚上，赵襄子派精兵直奔汾河堤上游，在河堤上挖了个缺口，使滚滚汾河水向智家军大营泻去。

咆哮的洪水奔涌而来，智家军顿时乱成一团。赵襄子亲自领兵从正面进攻，韩、魏两军从侧翼夹击。智伯全军覆没，他也被三家的人逮住杀死了。

诛杀了智伯以后，赵、魏、韩三家不仅平分了智氏封地，连晋君仅存的一点儿土地也瓜分了。这就是历史上有名的"三家分晋"。

群雄逐鹿——春秋战国

●原始瓷壶 战国

>>> 皮之不存，毛将焉附？

魏文侯出门游历，看见一位路人将裘皮衣服翻过来穿着背柴火。文侯说："为什么将裘皮衣服翻过来背柴火？"回答说："我爱惜它的毛。"文侯说："你不知道里皮磨坏了，那么毛就没地方附着了吗？"

第二年，东阳官府送来上贡的礼单，上交的钱增加了十倍。大夫全来祝贺。魏文侯知道田地没有扩大，官民没有增加，而钱却增加了十倍，这一定是求助士大夫的计谋才征收到的。于是，他把故事讲给众大臣听。他们深受启发，从此便改正了以前的错误做法。

拓展阅读：

桃李满天下（典故）
《法经》战国·李悝

◎ 关键词：魏文侯 礼贤下士 封建政权 改革

魏文侯选用贤能

魏文侯，姬姓，名斯，魏国百年霸业的开创者。他使魏国成为战国初期最强大的国家。他最大的长处是礼贤下士，广泛搜罗人才，虚心听取他们的意见，并善于发挥他们的作用。

魏国有一个叫段干木的人，德才兼备，名望很高，隐居在一条僻静的小巷里，不肯出来做官。魏文侯想向他请教治理国家的方法，可接连几次去拜望，段干木都不肯相见。

即使如此，魏文侯每次乘车路过段干木家门口，都要从座位上起来，扶着马车上的栏杆，伫立仰望，表示敬意。后来，魏文侯干脆放下国君的架子，不乘车马，不带随从，徒步跑到段干木家里，这回他终于被段干木"接见"。魏文侯恭恭敬敬地向段干木求教，段干木被他的诚意所感动，给他出了不少好主意。魏文侯请段干木做相国，段干木却怎么也不肯。魏文侯就拜他为老师，经常去拜望他，听取他对一些重大问题的意见。这件事很快传开了。人们都知道魏文侯礼贤下士，器重人才，一些博学多能的人，如政治家翟璜、李悝，军事家吴起等都先后来投奔魏文侯，帮助他治理国家。

当时的魏国已经建立了封建政权，可是无论在政治、经济还是思想意识方面都还存在不少奴隶制的残余，这些东西严重阻碍着魏国的发展。于是，魏文侯任李悝为相国，决心加以改革。

魏文侯问李悝如何才能招募更多有才能的人到魏国来。李悝没有回答，却反问道："主公，您看过去传下来的世卿世禄制怎么样？"魏文侯说："弊病甚多，需要改革。"李悝点头说："这个制度不改，就不可能起用真正有才能的人，国家就治理不好。"

原来，按照"世卿世禄"制，奴隶主贵族的封爵和优越俸禄是代代相传的。父传子、子传孙，即使儿子没什么本领，没立什么功劳，照样继承父亲的封爵和俸禄，享受贵族的种种特权，过着养尊处优的生活。而一些真正有才能的人，只因为不是贵族，就被这种制度卡住了，很难得到应有的地位。

魏文侯听了李悝对这个问题的分析，十分同意他的看法，又问："那么如何改革呢？"李悝不慌不忙地说："我们必须废除世卿世禄制。不管什么人，谁有本事有功劳，就让谁做官；对那些既无才能又无功劳的贵族，应者采取断然措施，取消他们的俸禄，然后用这些俸禄来招聘人才。这样，四面八方的贤士就会到魏国来了。"魏文侯听了非常高兴，叫李悝起草改革的法令，不久就在全国执行了。

实行李悝的办法以后，魏国贤士的积极性被调动起来。在他们的协助下，魏文侯把国家治理得越来越好。

●西门豹智斗巫婆

>>> 鲁迅踢鬼

鲁迅有一次走夜路，要经过一个坟场，当地人都说那里闹鬼，晚上都不敢从那里经过。鲁迅走着走着，忽然看见前面的墓地上，有一个影子向他走来。鲁迅不但不怕，还想看看这是什么鬼，于是就继续向前走。走到影子跟前时，鲁迅抬起脚就向那影子踢了一下。

"哎哟！"影子大叫一声，拔腿就跑掉了，原来那是个偷吃供品的人假扮的。鲁迅就说："原来鬼是怕踢的，一踢他就变成人了。"

拓展阅读：

韦弦之佩（典故）
《九歌·河伯》战国·屈原

◎ 关键词：魏国 无神论者 兴修水利

西门豹惩巫治邺

西门豹，战国时期魏国著名的政治家、军事家、水利家，曾立下赫赫战功。同时，他又是一位无神论者。

到邺城上任时，西门豹看到这里人烟稀少，田地荒芜，就向当地父老询问缘由。

原来，这里的巫婆和官绅勾结，说河伯是漳河的河神，每年都要娶一个年轻漂亮的姑娘，要是不给河伯送去，漳河就会发大水。他们硬逼着老百姓出钱，出年轻的女孩儿，有女孩的人家都逃到外地去了。因此，这里的人口越来越少，地方也越来越穷。

西门豹听了，心里十分气愤。他想了一想，说："下回河伯娶媳妇时告诉我一声，我也去送新娘。"

到了给河伯送媳妇那天，漳河边上站满了老百姓。西门豹真的带着卫士来了，巫婆和当地的官绅急忙迎接。那巫婆已经七十多岁了，背后还跟着二十几个打扮得花枝招展的女徒弟。

西门豹说："把河伯夫人带上来，我看她长得漂亮不漂亮。"

于是，巫婆叫众弟子把一个哭得泪人儿似的姑娘搀上来。西门豹看了看，说："这个女子不漂亮，河伯不会满意。麻烦巫婆去跟河伯说一声，说我准备另选一个漂亮的，过几天就送去。"说完，叫卫士把巫婆投进河里。巫婆在河里扑腾了几下，沉下去了。过了一会儿，西门豹说："看来大巫上了岁数，干事不麻利，到现在还没消息。叫她的弟子们去催一下吧！"说着，又让兵士把两个弟子扔到河里去了。过了一会儿，西门豹装作不耐烦地说："大巫、弟子都是女的，不能把事情说清楚，请乡绅们再辛苦一趟吧！"然后，西门豹又让兵士把几个乡绅扔到河里去了。

西门豹站在河边等了很久。他回过头看看剩下的官绅："他们怎么还不回来？请你们去催催吧！"官绅们一个个吓得面如土色，跪下磕头求饶，把头磕得直流血。西门豹这才饶了他们。

这时，老百姓都明白了，巫婆和官绅都是骗钱害人的。

接着，西门豹派出兵士把这帮坏蛋从老百姓那里盘剥来的财物，全部追回来发还给老百姓，那群侍候巫婆的女弟子也给配了人。河伯娶媳妇的迷信就这样破除了。一些逃荒避难的人家听到消息，又纷纷回来了。

西门豹认为，要恢复和发展农业生产，光破除迷信还不行，还必须除去水患，兴修水利。于是，他发动老百姓开凿渠道，引水灌田，使大片田地成为旱涝保收的良田。在发展农业生产的同时，他还实行"寓兵于农、藏粮于民"的政策，这样很快便使邺城民富兵强，成为战国时期魏国的东北重镇。

●临淄古城战国时期殉马坑

>>> 尺有长短

尺古今都有，但实际长度却不一样。

古代的尺要短于今天的尺。最初的尺指男人伸展的拇指和中指之间的距离，大约是20厘米，周代的一尺相当于现在的19.91厘米。战国，一尺大致相当于现在的23厘米，但当时各国有所差异。

"邹忌修八尺有余"，如果按今天的尺来计算，邹忌的身长是2.66米还多，按战国时，他的身高在1.84米以上。

拓展阅读：

鼓琴进谏（典故）
邹忌窥镜

◎ 关键词：齐威王 邹忌 强大

邹忌讽齐王纳谏

战国时候，继魏国魏文侯之后，齐国出现了一位贤明君主——齐威王。由于齐威王能够虚心听取各种批评和建议，并在国内进行了一系列治国安邦的措施，因而使齐国国富兵强，并成为战国七雄之一。

国家强大了，齐威王开始骄傲自满，变得喜欢听奉承的话，对忠言一点都听不进去。当时的相国邹忌，担心齐威王这样下去会毁了国家，于是就想找个机会劝谏一下齐威王。

齐国有一个人人皆知的美男子叫徐公，相貌没人比得过。有一回邹忌分别问了妻子、侍妾、客人："我和徐公比哪个更漂亮？"他们都回答说："徐公哪能比得上您漂亮！"邹忌感到很纳闷："徐公明明比我漂亮，他们为什么还这样说呢？"他想来想去，终于悟出来一番道理。

邹忌上朝时，把这件事说给威王听，威王听了笑着问他原因。邹忌说："妻子说我美，是因为她对我偏爱；侍妾说我美，是因为怕我不高兴；客人说我美，是因为他有事情求我。他们都是为了讨好我啊！"威王点点头说："说得对。听了别人的好话，得考虑考虑，不然就容易受蒙蔽，分不清是非。"邹忌又说："大王，我看您受的蒙蔽比我还深呢！"威王把脸一沉，问："你这话什么意思？"邹忌不慌不忙地说："大王，您想想：妻子、侍妾、客人为了讨好我而蒙蔽了我，如今齐国有上千里地方，一百多个城镇，王宫里的美女、侍从没有不偏爱大王的；朝廷上的大臣没有不害怕大王的；天下各国没有不有求于大王的。他们为了巴结大王，在您跟前尽说些好听的话。由此看来，大王受到的蒙蔽是多么的深啊！"

威王恍然大悟。于是，他向全国发布了一道命令："不论什么人，能够当面指出我缺点错误的，给上等奖；书面向我提意见的，给中等奖；背后议论我过错的，只要我知道了，给下等奖。"这个命令传出去以后，来提批评建议的大臣挤满了朝廷，整日不断。几个月以后，稀稀拉拉的，没多少人了。过了一年，就是想说，也没什么可说的了。

邹忌觉得只提意见还不够，还得派人做调查才能了解实情。一次，他向朝廷里的大臣们了解地方官吏的情况，那些大臣都夸阿城县令好，都说即墨县令坏。邹忌把这个情况告诉了威王，请威王暗地里派人去调查。

没多久，调查的人回来了，结果实际情况却恰好相反。原来，阿城县县令经常用金银财宝贿赂买通威王身边的大臣为他说好话。事实真相大白，威王处死了阿城县令。

这样一来，可把那些贪官污吏吓坏了，他们再也不敢胡来了。而那些真正贤明的人都愿意为威王效力，从此齐国更加强大了。

●孙膑像

>>> 奶汤鸡脯

"奶汤鸡脯"是山东济南市一道有名的汤菜。俗话说："唱戏要好腔，厨师要好汤。"这说明制汤是厨师的基本功，也说明汤在酒席中的重要地位。

关于汤菜的由来，还有一个掌故。相传，战国时孙膑与庞涓交战，布下"迷魂阵"，魏军入阵后三天三夜未出，后得一老人授一解药，庞涓命令随军厨师用大锅熬制成汤，加入药引子——醋，并加盐调味。将士们饮服后，头脑清醒，逃出此阵。从此，这种汤菜就流传了下来。

拓展阅读：

"靴子"一词的由来
减灶退敌（典故）
"寿桃"的由来

◎ 关键词：孙膑 庞涓 马陵

庞涓中计命丧马陵

作为战国时的著名将领，孙膑和庞涓早年是同学，他们都在鬼谷子那里学习兵法。据说，孙膑是吴国大将孙武的后代，深得《孙子兵法》的奥妙。孙膑作为庞涓的师兄，才能在庞涓之上。

后来，庞涓在魏国做了魏惠王的将军，他嫉妒孙膑的才能比自己高，就把孙膑骗到魏国，诬陷孙膑叛逃，并对孙膑施以膑刑，剜掉了他的两块膝盖骨，又在他脸上刺了字。孙膑披头散发，装疯卖傻，才勉强保住了性命。

孙膑暗地里求见齐国使者。齐国使者觉得孙膑很有才能，就把他偷偷地带回了齐国。

齐国大将田忌知道孙膑是个将才，把他推荐给齐威王。齐威王正在改革图强，他跟孙膑谈论兵法后，大为赏识，相见恨晚。

几年之后，魏惠王派庞涓去攻打赵国。几仗下来，赵军力不能支，向齐国求救。齐威王任命田忌为主将，让孙膑为军师，负责参谋工作。

开始，田忌打算率兵直奔被围的赵国。而孙膑主张避实就虚，攻击他们防守空虚的地方。他对田忌说，魏国的精锐部队都在外面，城内乃是他们的虚弱环节。如果攻打魏国，他们一定会放下赵国，撤兵赶回救援。这样既为赵国解了围，又叫魏军疲于奔命，还可以趁势攻击。

田忌采纳了这个策略。魏军果然放弃赵国国都邯郸，拼命往回赶，而田忌在半路上截击，把他们打得落花流水。这就是"围魏救赵"的故事。

又是十多年过去了，庞涓率领魏军去攻打韩国。韩国接连败退，眼看要打到它的都城，韩国向齐国求救。齐威王又命孙膑为军师，率兵救韩。

孙膑仍然用老计策，不想庞涓依旧中计。但是这一次，当他带着大队人马撤回魏国边界时，齐国却退回去了。庞涓恨恨地带兵紧追不舍，发誓要和齐军决一死战。他命令魏军昼夜兼程，一直追到河北的马陵（今山东阳谷境内）。

马陵地势险峻，山高涧深。魏军在漆黑的夜色中沿着山道缓慢前进。忽然有哨兵来报：前面的山道被齐军用木头和石头堵住了。庞涓咬牙切齿地下令："排除障碍，今晚一定要追上齐军！"

庞涓正在指挥士兵们清除乱石和杂木，忽然注意到马陵两旁的树木都被伐倒，单单留下一棵大树没有砍。他感到奇怪，走上前去查看，只见那棵大树上的一面被刮去了树皮，上面清清楚楚地写着几个大字："庞涓死于树下"。他大叫一声，正要回马，却和身边的将士一起中箭而死。

齐军冲下山来，勇猛无比，锐不可当，把魏军杀得人仰马翻，血流成河。

从此，孙膑声名远播，他写的《孙膑兵法》一直流传至今。

● 《墨子》书影

>>> 鲁迅《非攻》

《非攻》是鲁迅1936年出版的短篇小说集《故事新编》中的一篇。

作品取材于《墨子·公输》，叙述了墨子一路过宋、入楚，以正义折服楚王，凭实学战胜公输般的故事，树立了一个衣衫褴褛、胼手胝足，却勇敢、机智、充满忘我精神的实干家形象。

鲁迅先生认为，当时的中国正缺乏埋头苦干的人，而儒家的后代们，只有空谈的本事，所以要从古代先贤中，找出一位实干家来做现代人的榜样。

拓展阅读：

"雨伞"的由来
木牛流马
班门弄斧（典故）

◎ 关键词：墨子 鲁班 守城

墨子守城破云梯

墨子，姓墨，名翟，墨家学派的创始人，战国初期的思想家和科学家。他反对铺张浪费，主张节俭。

战国初年，楚国的国君楚惠王想重新恢复楚国的霸权，他扩大军队，要去攻打宋国。

当时有一个很有本领的工匠叫公输般，也就是鲁班，被楚王重用。鲁班替楚王设计了一种攻城的工具。这种工具比楼车还要高，看起来高至云端，所以叫作云梯。云梯造好后，楚王见了十分高兴，决定用它来攻打宋国。

墨子听说楚国要用云梯攻打宋国，十分气愤，于是决定亲自到楚国去，劝说楚王停止攻宋。

心急火燎的墨子很快来到了楚国的都城郢都。他先去见公输般，劝他不要帮助楚王攻打宋国。公输般说，大王已做决定，他现在只能听楚王的。墨子就要求公输般带他去见楚惠王，于是公输般陪着墨子一起去见楚王。

墨子诚恳地对楚惠王说："楚国土地很大，方圆五千里，物产丰富；宋国土地不过五百里，地瘠民穷，物产也不丰富。大王为什么有了华贵的车马，还要去抢人家的破旧车子呢？为什么要扔了自己的绣花绸袍，去抢人家的破衣烂袄呢？"

楚王听了，虽然觉得墨子说得有道理，但是还不肯放弃攻打宋国的打算。他说："公输般已经为我造好了云梯，我还是打算在宋国试一试，看管用不管用。"墨子说："有了云梯也不见得就能取胜吧？"楚王问："先生有何高见？"墨子笑着说："它连我都对付不了，何况一个宋国呢？不信的话，就让我跟公输般当场比试比试。"

楚王答应了。于是，墨子把自己的腰带解下来，在地上围成城墙的形状，拿些筷子什么的当作守城的器械。公输般拿些小木条、小木块代替云梯、撞车、飞石等，当作攻城的武器。公输般用进攻的武器，组织了一次又一次的进攻，结果都被墨子用防御的武器击退了。最后，公输般进攻的办法都用完了，墨子的防御措施还有不少没用上呢。

公输般突然站了起来，生气地说："我知道怎样对付你，可是我不说。"墨子微微一笑，说："我也知道你怎样对付我，可是我也不说。"这一来，倒把楚王弄糊涂了，忙问怎么回事。墨子说："公输般的意思很清楚，不过是想把我杀掉，杀了我，就没有人替宋国守城。可是，他不知道，来楚国之前，我早已派了禽滑厘等三百个徒弟守住宋城！就是把我杀了，你们也不能把宋国打下来！"听了这话，楚王泄气了，决定不再攻打宋国。

就这样，墨子把楚国攻打宋国的计划阻止了。

●牺背立人擎盘 战国

>>> 商鞅之死

秦孝公死后，太子驷即位，是为秦惠文王。旧贵族的代表公子虔、公孙贾之徒诬告商鞅谋反。

秦惠文王发兵拘捕商鞅，商鞅出逃关下住宿。客店主人怕受连坐之罪，不敢收留商鞅。商鞅走出旅店，仰天长叹："我这是作法自毙呀！"

商鞅后来被车裂而死。车裂就是用五辆车分别用绳索缚住受刑者四肢及头部将人活活撕成五段。惠文王杀了商鞅，却继续执行商鞅的政策，秦国日益强盛，为赢政统一六国奠定了经济与军事基础。

拓展阅读：

作法自毙（典故）
商鞅方升
王安石变法

◎ 关键词：公孙鞅 改革 新法令

南门立木商鞅变法

战国时期，地处西北边界的秦国在政治、经济、文化等各方面都比中原各诸侯国落后。秦孝公即位后，为了改变秦国的落后面貌，他广泛招揽人才，寻找使秦国强盛的办法。

在秦孝公的招揽下，不少有才干的人来到了秦国。有一个卫国的没落贵族公孙鞅，就是后来的商鞅，在魏国做门客得不到重用，于是跑到秦国，托人引见得到了秦孝公的接见。

商鞅对孝公说："国家要富强，必须注意农业，奖励将士。打算把国家治好，必须有赏有罚。有赏有罚，朝廷就有了威信，一切改革也就容易进行了。真能做到这些，国家没有不富强的。"

孝公听了，觉得很有道理，于是决定任用商鞅实行变法。但是，秦国的一些大臣都纷纷反对。于是，秦孝公召集大臣一起讨论变法的利弊。

甘龙是反对变法的主要人物。他坚持习旧，却被商鞅驳倒。

孝公听商鞅说得头头是道，见他又把反对变法的大臣一个个都驳倒了，于是拜商鞅为左庶长，授予他推行新法令的大权。

商鞅认为，为了让全国上下按自己的新法令办，就要先取得大家的信任。于是，他让人在都城的南门竖了一根三丈来长的木头，旁边贴了张告示说："谁能把这根木头扛到北门去，赏他十金。"

不一会儿，木头周围就围满了人。大家议论纷纷：这根木头这么轻，谁都可以拿得动，怎么给这么多的金子呢？或许设了什么圈套吧？结果谁也不敢去扛。看没人扛，商鞅又把奖赏提高到五十金。

这时，人群中有一个人跑出来，说："我来试试。"说着，他把木头扛起来就走，一直扛到北门。商鞅真的兑现了他的承诺，叫人把五十金赏给了那个人。这件事很快传遍全国，大家都说商鞅是个办事讲信用的人。

商鞅知道他的命令已经起了作用，就把起草的新法令公布了出去。新法令赏罚分明，规定官职的大小和爵位的高低以打仗立功为标准，贵族没有军功的就没有爵位，多生产粮食和布帛的，免除官差，凡是为了做买卖和因为懒惰而贫穷的，连同妻子儿女都罚做官府的奴婢。

公元前350年，商鞅又实行了第二次变法，主要内容有：把国都从雍城（今陕西凤翔县）迁到东边的咸阳；把全国分成三十一个县，由中央直接委派县令县丞去进行治理，不称职的县官将会被治罪；废除"井田"制度，鼓励开荒，允许自由买卖土地；统一度量衡等。

实行新法令后，秦国越来越强大。商鞅变法为后来秦始皇灭六国、统一全国奠定了基础。

◎ 关键词：改革 胡服 骑兵部队

赵武灵王胡服骑射

● 原始瓷提梁壶 战国

>>> 胡

"胡"是古代对北方及西域各族的泛称，又按所居之方位概称东胡或西胡。秦汉时往往专指匈奴，匈奴之东的各族称为东胡；唐时则常专指高鼻多须的西域人为西胡，即新疆、中亚、西亚之伊朗语系各族。

西域各族统治者及来自西域的器物、果实等，皆冠以"胡"字，如胡玉、胡服、胡琴、胡桃、胡椒等。匈奴也自称胡。

拓展阅读：

《赵武灵王》常万生
《赵武灵王胡服骑射》中华书局

战国时期的赵国曾经是个强国，但是不久渐渐衰落下来。这样，西边的秦国和北方的少数民族匈奴、林胡等经常来骚扰赵国边境，就连中山那样的小国，也倚仗齐国的支持不断来欺侮赵国。

公元前325年，赵武灵王即位，他是个有志气的人，决心要改变落后挨打的局面。

赵武灵王对大臣肥义、楼缓说："我认为，要改变落后挨打的状态，就得进行一番改革。咱们穿的服装，长袍大褂，驾着笨重的车，打起仗来不方便，不如胡人短衣窄袖，骑马射箭，灵活得多。我打算改穿短衣，学习骑马射箭，你们看怎么样？"

听他说得很有道理，肥义、楼缓都说"好"。于是，赵武灵王决定改革服装，一律改穿胡服，并且带头示范，君臣三人首先穿戴起来。

没想到，当他们三个人穿着胡人衣服出现在群臣面前的时候，大臣们都觉得这件事太丢脸，不愿意这样做。武灵王的叔父公子成更是气得脸白胡子翘，干脆赌气装病不上朝了。

肥义对武灵王说："在朝廷中，公子成很有影响，能先说服他，那再说服其他大臣就不难了。"武灵王点点头，说："好，我找他谈谈。"

这一天，武灵王登门拜访公子成。见他一身胡服，公子成生气地说："我赵家迎候华夏的国君、中原的使节，不接待夷狄。请您换去胡服，我再拜见。"武灵王并不生气，而是把学习胡服骑射的好处和必要性细细地说了一遍，终于把公子成说服了。赵武灵王立即赏给公子成一套胡服。

大臣们一见公子成也穿起胡服来了，于是无话可说，只好跟着改了。

看到条件成熟，赵武灵王正式颁布了全国上下一律穿胡服、兵士学习骑马射箭的命令。过了没多久，赵国人不分贫富贵贱，都穿起胡服来了。有的人开始不习惯，后来时间长了，觉得穿了胡服，实在方便得多。

不出一年，一支精锐的轻骑部队训练出来了。于是赵武灵王发动了讨伐中山国的战争。他用了四五年的工夫就占领了中山国的大部分领土，一直打到距离中山国都城只有八十里的地方，吓得中山国国君赶忙逃到齐国去避难。从此赵国国威大振，不要说中原各国，就是强大的秦国也要把赵国另眼看待了。

公元前297年，赵武灵王灭了楼烦。过了两年，又联合齐燕两国灭了中山国。在原来的"三晋"中，这时候赵国算是最强的了。

赵武灵王首开胡服骑射之风气，训练出中原国家的第一支骑兵部队。后来，中原各国纷纷效仿，轻骑军渐渐多了起来。

● 屈原像

>>> 《离骚》

《离骚》是屈原的代表作品，是中国古代诗歌史上最长的一首浪漫主义的政治抒情诗。

诗人从自述身世、品德、理想写起，抒发了自己遭谗被害的苦闷与矛盾，斥责了楚王昏庸、群小猖獗与朝政日非，表现了诗人坚持"美政"理想，抨击黑暗现实，不与邪恶势力同流合污的斗争精神和至死不渝的爱国热情。

《离骚》具有深刻现实性的积极浪漫主义精神，对后世产生了深远的影响。

拓展阅读：

《楚辞》西汉·刘向
《九歌》战国·屈原

◎ 关键词：屈原 端午节 《楚辞》

屈原投江

屈原，姓屈，名平，字原，战国时期楚国人。他出身贵族，同楚王是本家，从小就表现了极高的政治才能，二十多岁的时候当了楚国的左徒，深得楚怀王的信任，经常同楚怀王一起研究政事，拟定法令，接待各国的使臣。

战国中后期，各国之间的兼并战争越来越激烈。屈原意识到，楚国要发展，只有积极在国内进行政治改革才有出路。可是，他的主张遭到那些腐败守旧贵族的强烈反对。后来，那些人又对屈原进行诬陷，使得楚怀王渐渐疏远了他。

在楚国连续两次被秦国打败之后，楚国一直受秦国的欺压。秦昭襄王即位以后，对楚国采取又打又拉的政策，他给楚怀王写信，请他到武关相会，举行和谈。

接到信后，楚怀王不知道该怎么办，于是就找大臣来商量。屈原强烈反对和谈，可是怀王的儿子公子子兰却认为秦国势力强大，现在与楚化敌为友是好事，一股劲儿劝楚怀王去。

楚怀王听信了公子子兰的话，答应前去和谈。

果然，不出屈原所料，楚怀王刚到秦国的武关，秦国就派兵截断了他的后路，把他押送到秦国的都城咸阳。秦王逼着他割地，他不肯。楚怀王最后客死秦国。

楚怀王被扣留在秦国的时候，楚国立太子横为国君，这就是楚顷襄王。楚顷襄王整日吃喝玩乐，不问政事。屈原忧心如焚，连续上了几封奏章，希望国君起用贤人，革新内政，抓紧练兵，以图报仇雪耻。楚顷襄王不但不听，反而革了屈原的职，把他放逐到长江以南的边疆去了。

在流放中，屈原仍然时刻关怀着楚国的命运，希望顷襄王召他回国都，以便挽救国家的命运。然而，一年一年过去了，没有等到丝毫要他回朝廷的消息。一身傲骨的屈原满心悲愤，但仍时时牵挂着楚国的命运。

公元前278年，楚国的都城被秦兵攻破。得到这个消息，屈原伤心地哭了起来，他不愿看到楚国沦亡，不愿看到楚国的百姓受秦国的残害和欺压。于是，五月初五那天，屈原抱了块大石头，跳到汨罗江里自杀了。

后来，为了纪念屈原，每年五月初五的那天，人们都要划船到江中，把盛在竹筒里的米撒到水里，祭祀他。这种纪念活动一直延续到现在，成为中国的传统节日——端午节。

屈原死后，后人把他的一些优秀诗歌整理为《楚辞》。在这些诗歌里，屈原痛斥了那些卖国的小人，表达了他忧国忧民的心情。屈原被称为我国历史上第一位伟大的爱国诗人。

●树木双骑纹半瓦当 战国

>>> 鸡鸣狗盗

据载，孟尝君曾被秦国扣留，他的一个门客装狗夜入秦宫，盗回已经献给秦王的白狐裘，再献给秦王爱妾，让她为孟尝君说好话，才得以获释。

当他们来到秦国边界函谷关时，正是深夜，城门未开。一位门客就学公鸡叫，引得城关内的公鸡都跟着叫了起来。守城士兵以为天亮，就打开了城门，孟尝君这才逃回齐国。

后用"鸡鸣狗盗"比喻低贱卑下的技能或行为，也指有这种技能或行为的人。

拓展阅读：
《孟尝君宰相全传》郭吉远
战国四公子
《读孟尝君传》北宋·王安石

◎ 关键词：孟尝君 门客 情义 相国

冯谖客孟尝君

孟尝君，名田文，战国时期齐国人，为战国四公子之一。他喜欢广罗天下人才，收为自己的门客。据说，他有门客三千。

有一次，一个叫冯谖的人来投奔孟尝君。孟尝君问他："你有什么才能呢？""我什么才能也没有。"冯谖回答说。孟尝君笑了笑，说："好吧。"就收留了冯谖。

冯谖天天弹着长剑，边弹还边唱："剑啊，咱们回去吧，这儿吃饭没鱼。"孟尝君听说了这事，就让人做鱼给他吃。

没过多少日子，冯谖又唱了："剑啊，咱们回去吧，这里出门没车马。"孟尝君知道后，又给他一套车马。

有一天，孟尝君请冯谖到薛城去收债，冯谖答应了。临走的时候，冯谖问孟尝君："收完了债以后，要买点什么回来吗？"孟尝君说："您看我家缺什么就买什么吧。"

冯谖到了薛城，把那些债主们都叫来，随即当着大家的面，一把火把那些债券都给烧了。冯谖说："我奉孟尝君之命把这些债务一笔勾销。这都是孟尝君的恩典，大伙儿可别忘了啊！"一番话，说得大家欢呼起来，都万分感激孟尝君的恩德。

回来后，冯谖把收债的情况原原本本告诉了孟尝君。孟尝君听了十分生气："你把债券都烧了，我这里三千人吃什么！"冯谖不慌不忙地说："我临走的时候您不是说过，这儿缺什么就买什么吗？我觉得您这儿别的什么也不缺，缺少的是老百姓的情义，所以我把'情义'买回来了。"孟尝君听了很不高兴地说："算了吧。"从此，对冯谖十分冷淡。

过了几年，齐王听信秦楚两国制造的谣言，怕孟尝君功高欺主，对自己构成威胁，就免去了孟尝君的相国职务。那些门客一看主人失了势，纷纷离去，只有冯谖还跟着他。孟尝君只得回自己的封地薛城，还没进城，老远他就看见人们扶老携幼，夹道欢迎他。孟尝君见了这场面，不由得掉下泪来，对冯谖说："先生为我买的情义，今天终于看到了。"

冯谖说："狡猾的兔子有三个洞，才能保证它的安全呢。现在您只有薛城一个地方安身，哪够啊？我再给您找两个安身之处吧：一个在秦国的咸阳，一个就在咱们齐国的都城临淄。"他把打算跟孟尝君一说，孟尝君同意了，给他好多车马和金子做费用。冯谖先到秦国去了。

到了秦国，冯谖拜见秦王说："齐国能够治理得这么强大，全是孟尝君的功劳。现在齐王革了他的职，他怎么能不怨恨呢？齐国的人事、机密等种种情况，孟尝君都很清楚，如果请他来秦国，大王就可以拿下齐国，

●战国楚瑟漆画，画中绘有神人、怪兽及狩猎
形象，也有舞乐、烹调等场面，极为生动。
●春秋时期青白玉Ｓ龙。

称雄天下了。"秦王听了很高兴，立刻派遣使者带着厚重的礼物，前去聘请孟尝君。

这时候，冯谖又抢先赶回临淄，求见齐王，他气喘吁吁地说："大王，我亲眼看见秦国使者带着厚重的礼物来请孟尝君去当相国。孟尝君不去还好，真要当上秦国的相国，咱们齐国不就完了吗？大王应该马上重新任用他，再多给他点封地。他是齐国的老臣，不会不答应的。到那个时候，秦国虽然强大，也不能拉走人家的相国呀？"齐王一听，觉得事关重大，连忙派人把孟尝君接来，重新拜他为相国。秦国的使者赶到薛城扑了个空，知道孟尝君重新当上了齐国的相国，无可奈何之下只好空手回国去了。

这样，孟尝君又稳稳当当做了几十年相国。

●田单像

>>> 树上开花

"树上开花"是《三十六计》中第二十九计，意思是树上本来没有花，却可以人为地制造一些彩花粘在树上，让人一眼看去，难辨真假。

此计用在军事上一般是指，在敌强我弱、遭到敌军攻击压力的形势下，我军采取某些方法，制造种种假象来壮大自己的声势，以迷惑敌军，或将其引走，或将其歼灭。

田单大摆火牛阵，击溃燕军，用的就是这类计谋。

拓展阅读：

即墨老酒
《田单与田横》姜颖

◎ 关键词：军事家 离间计 转危为安

田单的火牛阵

公元前284年，燕国联合了秦、楚、赵、魏、韩五国，攻打齐国。燕昭王任命乐毅为上将军，一路势如破竹，一连攻陷齐国七十多座城池，最后只剩下莒城、即墨两座城池。在千钧一发之际，一位卓越的军事家——田单，担负起兴复齐国的重任。

乐毅率军包围即墨，即墨守将阵亡。大家认为田单很有军事才能，推他为将。田单上任后，把本族人和自己的家属都编在队伍里，平时又跟兵士们同甘共苦，因而受到全城百姓的信任和爱戴。守城的军民士气大振。

两年后，燕昭王去世，太子即位，这就是燕惠王。田单暗中派人到燕国散布流言，说乐毅趁新王即位的时机意图篡位，要是燕国另派大将，定能取胜。

燕惠王本来就跟乐毅有疙瘩，听到这个谣传，便信以为真，于是改派无能的骑劫去代替乐毅。燕军将士对骑劫不满，军心开始动摇起来。

用离间计成功除去乐毅之后，田单又派人去城外散布流言。有的说把齐兵俘虏的鼻子割掉示众，城里的士兵就会因恐惧而投降；有的说把齐兵的祖坟刨开，他们就没脸活下去了。

愚蠢的骑劫果真中计了，他命令士兵把齐国俘虏的鼻子都削去，又叫兵士把齐国城外的坟都刨了。齐军听说燕军这样虐待俘虏，又看见祖坟被挖，都恨得咬牙切齿，纷纷要求出城战斗，好报仇雪恨。

田单还派了一些人，假装是城中的富人，拿了财宝去贿赂燕军的将士，说是希望燕军进城后，能够保住他们的身家性命。骑劫高兴地接受了财物，完全相信了城里的齐军就要投降的事，完全丧失了警惕。

田单却在加紧准备反攻。他挑选了一千多头牛，给牛披上褂子，画上五颜六色、稀奇古怪的花纹，在牛角上绑上尖刀匕首，尾巴上绑上一捆浸了油的芦苇。然后，在一天夜里，田单命士兵凿开十几处城墙，用火点燃牛尾巴上的芦苇，牛痛不可忍，拼命狂奔，向燕军阵地直冲过去。五千名服饰怪异、扮成天兵的精壮士兵紧跟在火牛后面也冲杀上去，而城内齐军擂起了战鼓。一时间鼓声隆隆，红光一片，杀声震天。

骑劫和燕军官兵正在睡觉，他们忽听到一片喊杀声、牛叫声，还没明白怎么回事，齐军就已经冲进来了。一群牛犹如一团团烈火，猛冲过来，所到之处燕军非死即伤。即墨军民大声呐喊，紧随而上。燕军不知所措，以为遇到了天兵天将，他们仓皇奔逃，溃不成军，骑劫也在乱军中被杀了。

在田单的领导下，齐军乘胜追击，不久就把以前丢掉的七十多座城池给收复回来了。田单把齐襄王从莒城接回都城临淄，使齐国终于从亡国的关头转危为安了。

●碧玉璧 战国

>>> 和氏璧

据说春秋时期，楚国有个叫卞和的人在山上得到一块璞石，拿去献给楚厉王。可楚王的玉匠认为那只是块石头。于是，卞和以欺君之罪被截去了左脚。

后来武王即位，卞和又去献宝，仍被认为是以石头欺君，又被截去了右脚。

至楚文王时，卞和抱玉痛哭于山脚，哭至眼泪干涸，流出血泪。文王甚奇，便命人剖开璞石，果得宝玉，经良工雕琢成璧，人称"和氏璧"。

拓展阅读：

刎颈之交（典故）
怒发冲冠（典故）
蔺相如回车巷

◎ 关键词：和氏璧 秦王 完璧归赵

蔺相如完璧归赵

公元前283年，赵惠文王得到了一块叫"和氏璧"的玉璧。秦昭王知道后，很想弄到手，他向赵王表示，愿用十五座城池来交换。

赵惠文王就跟大臣们商量，答应了，怕上秦国的当，丢了和氏璧，拿不到城；不答应，又怕得罪秦国。赵惠文王左右为难。这时，有一个人向他推荐了蔺相如，说他智勇双全，很有见识。

赵惠文王就把蔺相如找来，请他出个主意。蔺相如请求由他带玉璧去和秦王谈判。赵王觉得蔺相如口才超群，虑事周密，于是答应了。

秦昭王在王宫召见蔺相如，蔺相如把玉璧献了上去。秦王接过来看了又看，喜得合不上嘴，接着又让身边的大臣和后宫的美女看，却不提换城之事。

见秦王毫无诚意，蔺相如走上前去，说："大王，玉璧上有点小毛病，让我指给您看。"秦王信以为真，把玉璧交给了他。蔺相如一拿到玉璧，往后退了几步，靠着宫殿上的一根大柱子，怒气冲冲地说："大王答应用十五座城来换玉璧。赵王诚心诚意派我把玉璧送来。可是，大王并没有交换的诚意。如今玉璧在我手里。大王要是逼我的话，我宁可把我的脑袋和这块玉璧在这柱子上一同撞碎！"说着，举起玉璧，对着柱子就要摔。

秦王舍不得玉璧，连忙赔礼道歉，并叫人拿过地图来，把要换给赵国的十五座城池指给蔺相如看。蔺相如知道秦王这是用缓兵之计，于是他便要秦王同赵王一样沐浴斋戒三日，秦王无奈答应。

回到宾馆后，蔺相如叫一个随从打扮成买卖人的模样，把璧贴身藏着，偷偷地从小道跑回赵国去了。

三天以后，秦王在朝廷上举行了隆重的仪式，准备接收和氏璧。蔺相如从容不迫地上殿对秦王说："贵国从穆公以来，前后有二十多位君主，没有一个是讲信义的。我担心再受大王的欺骗，对不起赵王，所以把璧送回赵国了。请大王治我的罪吧！"秦王一听，勃然大怒，叫人将蔺相如绑了起来。蔺相如面不改色，从容地说："请大王息怒，让我把话说完。天下诸侯都知道秦强赵弱，天底下只有强国欺负弱国的事，从没有弱国欺负强国的道理。大王若想得到玉璧，不妨先割给赵国十五座城，然后派使者同我到赵国去取。赵国得到十五座城以后，决不敢不把璧交出来。"

秦王和大臣们十分恼怒，但见蔺相如又不怕死，杀了他也没用，反落下个恶名，只好把蔺相如放回赵国。

蔺相如"完璧归赵"，既保全了赵国的玉璧，又没落下把柄给秦国，还为赵国赢得了一个好名声。蔺相如因之声名鹊起，"完璧归赵"的故事也流传至今。

◎ 关键词：蔺相如 廉颇 请罪 知心朋友

廉颇负荆请罪

● 彩绘陶鸭 战国

>>> 《京口北固亭怀古》

千古江山，英雄无觅，孙仲谋处。舞榭歌台，风流总被，雨打风吹去。斜阳草树，寻常巷陌，人道寄奴曾住。想当年，金戈铁马，气吞万里如虎。

元嘉草草，封狼居胥，赢得仓皇北顾。四十三年，望中犹记，烽火扬州路。可堪回首，佛狸祠下，一片神鸦社鼓。凭谁问，廉颇老矣，尚能饭否？

——辛弃疾

这首词以廉颇事作结，表明了自己彻底的抗金精神和爱国情怀。

拓展阅读：
《史记·廉颇蔺相如列传》
西汉·司马迁
《将相和》（京剧）

"完璧归赵"后，蔺相如回到赵国，受到赵王重用。

过了三四年，秦王派使者邀请赵王到渑池（今河南省渑池县）相会，想利用赵王不在国都的机会，出兵攻打赵国。赵王不知秦王安的什么心，不敢前去。赵国大将廉颇和蔺相如都认为如果不去，反倒是向秦国示弱。

于是，赵惠文王决定硬着头皮去冒一趟险。他叫蔺相如随同他一块儿去，同时派大将廉颇在边境驻守，以防不测。

在这次会见中，因为有蔺相如在，赵王没吃什么亏。秦王本来想趁赵王不在国都的时机发兵攻赵，可是得到密报说，赵国早已派了大军在边界上严阵以待。秦王暗想：赵国文有蔺相如，武有廉颇，一时还真不易对付啊。于是，秦王假惺惺地与赵王约为兄弟，互不侵伐。他又怕赵国不相信，表示要把自己的孙子异人送到赵国做人质。秦王之所以这样做，是想暂时稳住赵国，腾出手去攻打别的国家。

回国以后，赵惠文王对蔺相如更加信任，认为他的功劳很大，拜他为上卿，地位在廉颇之上。这引起了廉颇的强烈不满。廉颇公开扬言：只要碰到蔺相如，非给他点颜色看看不可！这些话传到蔺相如耳朵里，之后每逢上朝的时候，蔺相如就装病，不去上朝，免得同廉颇碰面。

蔺相如手下的一些门客对主人很失望，认为他胆子小，不像个大丈夫，都提出告辞。蔺相如拉他们坐下来，心平气和地问："诸位看廉将军同秦王，哪个厉害？"门客都说："当然是秦王了。"蔺相如说："秦王尽管有那么大的威势，我蔺某人都敢在大庭广众之下当面斥责他，侮辱他的群臣，我怎么会单单害怕廉将军呢？"门客们都不作声。蔺相如接着说："我躲着廉将军，是考虑到秦王之所以不敢侵犯赵国，不过是由于有我们文武二人在。两虎相斗，必有一伤。秦国如果知道我们俩发生冲突，必定要钻空子侵犯赵国。我这样做，是把国家利益放在第一位，哪儿是怕廉将军呢？"众门客听了都很感动，更加钦佩蔺相如的为人了。

这些话传到廉颇耳朵里，使他感到非常惭愧。他不安地说："蔺相如品德高洁，我比他差远了。"于是他打着赤膊，背上荆条，直奔蔺相如府上去请罪。一见蔺相如，他就抱歉地说："我是个粗人，气量狭窄，不知道您那样宽宏大量，实在对不起您啊！"说着，跪倒在地。蔺相如连忙把他搀了起来，说："我们俩都是赵国的大臣，一起为国家出力，将军能体谅我的苦心，我就很感激了，哪里还要您道歉呢。"

两人都激动得流下热泪，从此以后，他们成为生死与共的知心朋友。

●鹿纹瓦当 战国

>>> 远交近攻

"远交近攻"是《三十六计》中第二十三计，计名即来自于范雎的谋略。

此计不是具体的战术运用，实际上更多的是指国家领导者采取的政治战略。其主要目的是为了分化瓦解敌人的联合阵线，以利于我方将对手各个击破。

第二次世界大战时期德国的希特勒与大国苏联签订互不侵犯条约，然后动手进攻周边诸如捷克、波兰这些小国，并逐步吞并，行的正是远交近攻之策。

拓展阅读：

《范雎与张禄》高然
《远交近攻》周南平

◎ 关键词：范雎 远交近攻 客卿 统一中国

范雎的远交近攻

范雎，字叔，战国时魏国人，著名政治家、军事谋略家。范雎早年家境贫寒，虽有满腹经纶，却得不到重用，他只好暂时投靠魏国中大夫须贾的门下，在那里显示出他杰出的政治才能。

有一次，须贾带着范雎出使齐国。当时正值齐襄王即位，齐国日益强盛之时，由于魏国曾参加联军攻打过齐国并逼死了齐湣王，魏王害怕齐国报复，让须贾来缓和两国的紧张气氛。谁知须贾是个懦弱无能之辈，在齐王的严厉质问下哑口无言。关键时刻，范雎出言分析时局，才使齐王怒气平消。因为范雎的才能，齐国送给他一份厚礼，范雎坚决推辞了。为了这件事，须贾怀疑他私通齐国，回到魏国后向相国魏齐告发。

魏齐大怒，命人将范雎打得肋折齿落，还把他放在厕所里，任宾客便溺其上。奄奄一息的范雎受尽了侮辱，但他宏图未展不想这样死去。他买通看守，逃出了地狱，化名张禄，藏匿于民间，这时候，正好有个秦国使者到魏国去，范雎偷偷地去见使者。使者就把他带到秦国。

入秦后一年多，范雎一直没有机会觐见秦昭襄王。公元前270年，在丞相魏冉的坚持下，秦国跨越韩、魏去攻打齐国。此次出战，并非出自秦昭襄王本心，可是那时候秦国的实权都掌握在秦国的太后和她的兄弟穰侯魏冉手里，秦昭襄王毫无办法。范雎抓住时机，上书昭王，直刺宗室专权，紧紧抓住了昭王的心，同时，他又信誓旦旦地保证自己有治国的良策，这使秦王不得不召见他。

秦昭襄王见到范雎，恭敬地向他请教。范雎直言秦王治国有失策之处。秦昭襄王说："你说我失策在什么地方？"范雎说："齐国势力强大，离秦国又很远，攻打齐国，部队要经过韩、魏两国。军队派少了，难以取胜；多派军队，打胜了也无法占有齐国土地。我替大王着想，最好的办法就是远交近攻。对离我们远的齐国要暂时稳住，先把一些临近的国家攻下来。这样就能够扩大秦国的地盘。把韩、魏两国先兼并了，齐国也就保不住了。"

秦昭襄王点头称是。于是，秦昭襄王就拜范雎为客卿，并且按照他的计策，把韩国、魏国作为主要的进攻目标。过了几年，秦昭襄王把相国穰侯撤了职，又不让太后参与朝政，正式拜范雎为丞相。

其后四十余年，秦国一直坚持"远交近攻"的政策，远交齐楚，首先攻下韩、魏，然后又从两翼进兵，攻破赵、燕，统一北方，接着攻破楚国，平定南方，最后把齐国也灭掉了。到秦王嬴政时，通过十年征战，秦国终于实现了统一中国的愿望。

群雄逐鹿——春秋战国

●涡文双耳陶壶 战国

>>> 安然无恙

安然无恙，指平安无事，没有遭受损害或发生意外。

据说，长安君被送到齐国做人质后，有一次，齐王派使者带信问候赵威后。威后还没有拆信就问使者："齐国的收成不坏吧？老百姓平安吗？齐王身体健康吗？"齐国使者听后不满，认为威后应先问候齐王，威后一笑："如果没有收成，怎么会有百姓？如果没有百姓，怎么会有君主？难道问候时可以舍弃根本而只问枝节吗？"齐国使者听了，一时无语。

这则"无恙"的典故，后来演化出成语"安然无恙"。

拓展阅读：

《读书杂志·战国策杂志二》
王念孙
《古文观止》
清·吴楚材/吴调侯

◎关键词：人质 疼爱 触龙

触龙说服赵太后

公元前266年，赵国国君惠文王去世，年幼的太子丹即位，这就是赵孝成王。

这时，秦国乘机出兵侵犯赵国，赵国抵挡不住，向齐国求救，但齐国提出把孝成王的弟弟长安君送来做人质，才肯出兵。当时，赵国大权实际上由孝成王的母亲赵太后掌管，她最疼爱小儿子，说什么也不同意。

秦国军队一天天逼近，眼看形势越来越吃紧。左师触龙很着急，就去见赵太后。见面后，触龙不急着和赵太后提人质的事情，而是谈起了别的话题。他对赵太后说："老臣有个小儿子，叫舒祺，不大成器。我最疼这个儿子，求您让他在宫廷做卫士，不知道行不行？"太后说："我会照办的。您儿子几岁了？"触龙说："十五了，如果能在我死以前把他托付给太后，我也就放心了。"

太后感兴趣地问："你们男人也疼爱自己的小儿子吗？"触龙说："只怕比妇人还要疼爱呢！"太后不相信地笑了。触龙说："比方太后对燕后（燕后是赵太后嫁给燕国君主的女儿）就比对长安君还要疼爱。"太后听了很不以为然，说："您错了，我疼长安君远远超过了疼燕后啊！"触龙说："我看不见得吧，父母真正疼爱子女，总是为他们做好长远打算。记得燕后出嫁的时候，您一直送她上了车，还抱着她的脚哭。等她走了以后，您并不是不思念她，可您祭祀时，一定为她祝告说：'千万不要回来啊'，您替她思虑得还不远吗？"太后似有所悟，说："是这样。"

触龙又问太后："赵家立国到现在已经二百多年了，除去最近的三代以外，过去的赵家子孙，还有把爵禄继承到今天的吗？"太后说："没有了。"触龙说："其他国家呢？"太后说："也没听说过。"触龙说："您想过这是什么原因吗？这是因为这些子孙都是继承父辈传下来的现成爵位，他们继承的爵位虽然很高，可是没立过什么功勋，得到的俸禄很厚，却没有为国家做出多少贡献，毫无能力和经验却要行使很大的权力，这样就非常危险。他们的地位往往很不稳固，容易受到人家的攻击，自己遭到杀身之祸不说，还会连累他的子孙，所以过去的赵家子孙现在还当侯爵的就没有了。如今太后一心想要提高长安君的地位，封他最肥沃的土地，给他最大的权力，却不趁现在让他为国家建立功勋，有一天您去世之后，长安君凭着什么功劳在赵国立足呢？看来太后为长安君想得太近了，所以我说太后爱他不如爱燕后呀。"听了这一番话，赵太后猛然醒悟。

于是，赵太后为长安君准备了一百辆车子，送他到齐国去做人质。齐国接待了长安君，随后出兵援救赵国。秦国见齐赵结盟，只好撤军。

●战国军事家白起

>>> 马谡纸上谈兵

千百年来，人们把赵括、马谡两人当作纸上谈兵、一无是处的代名词。

马谡在历史上算不上是大人物，可一部《三国演义》的小说，一出《空城计》的戏曲，使得他以纸上谈兵、胶柱鼓瑟的形象定格在历史的天幕上，植根在人们的心目中，塑造了一个眼高手低、夸夸其谈的滑稽角色。

马谡失街亭，丝毫不逊色于"大名鼎鼎"的赵括。诸葛亮挥泪斩马谡更是流传千古。

拓展阅读：

《长平之战》新生禾/谢鸿喜
《三十六计之关门捉贼》
杀神白起

◎ 关键词：赵括 空谈 俘虏 削弱

赵括纸上谈兵

赵国大将赵奢的儿子赵括从小喜欢攻读兵书，谈起行军列阵，滔滔不绝，头头是道。但赵奢并不赏识这个儿子，认为他只会空谈，根本没有什么真才实学。赵奢死后不久，赵括当了大将，领兵和秦军打仗，结果惨败，四十万赵军被活埋。

公元前262年，秦昭襄王派大将白起进攻韩国，占领了野王（今河南沁阳），截断了上党郡（治所在今山西长治）和韩都的联系，上党形势危急。上党的韩军将领不愿投降秦国，于是打发使者带着地图将上党献给赵国。

赵孝成王派人去接收上党。秦王大怒，派大将王龁领兵去攻打上党。上党的赵军不敌，退守长平（今山西高平西北）。

听说长平前线危急，赵王赶紧派老将廉颇带领军队赶到长平支援。廉颇一到前线，就采取了筑垒坚守、拒不出战、以逸待劳的战略，想把远来的秦军拖垮。双方僵持三年，始终没有分出胜负。

秦国为了打破这个不利的僵局，派人到赵国用金银财宝贿赂赵王身边的人，挑拨赵孝成王和廉颇的关系，说廉颇年老胆小，根本就不敢跟秦军对阵，只有派年富力强的赵括出战，才能取得胜利，打败秦军。不谙军情的赵王本就认为廉颇怯战，听到这些流言，立刻命令赵括接替廉颇为将。

丞相蔺相如知道此事后，对赵王说："赵括只会纸上谈兵，根本就没有实际征战的经验，不适合做统帅啊。"

赵括母亲也进宫劝赵王不要起用赵括，可是赵王已经打定了主意要撤换年老的廉颇，根本不听劝说。

公元前260年，廉颇被赵王召回，赵括当上大将。一上任，赵括就撤换了一批不听从他的将领，改变廉颇凭险固守的作战方针。

见赵王果然换了主将，秦王非常高兴，秘密派白起为上将军，去指挥秦军。白起一到长平，布置好埋伏，故意打了几阵败仗。赵括不知是计，拼命追赶。白起却用两支精兵从侧面迂回到了赵括的后面把赵军的营垒截开，又用五万精兵把四十万赵军截成两段。赵括这才知道秦军的厉害，只好筑起营垒坚守，等待救兵。秦国又发兵把赵国救兵和运粮的道路切断了。

赵军被围困了四十多天，内无粮草，外无救兵，兵士都叫苦连天，无心作战。赵括带兵想冲出重围，秦军万箭齐发，把他射死了。赵括一死，四十万赵军就成了俘虏，后来被白起挖坑活埋了。

损失惨重的赵国势力大大削弱，从此再也没有能力与秦国相抗衡。不久，赵国被秦将王翦灭掉。

●凤鸟纹瓦当 战国

>>> 三寸不烂之舌

三寸舌，比喻能说会辩的口才。

据说，平原君同楚国举行了缔约仪式。

回到赵国后，和人谈起毛遂这次的功劳，感慨万分地说："我今后再也不敢谈论识别人才的事了。我识别过的人才，多达上千人，少说也有几百人。自以为天下真有本事的人都逃不过我的眼睛，但却偏偏没有识别出毛遂先生的才干，毛先生一到楚国，就使赵国的地位重于九鼎等国宝。毛先生对楚国的那一席话，胜过了百万雄师！"

拓展阅读：
鄢郢之战
毛遂自荐（典故）
《春秋战国门·毛遂》
唐五代·周昙

◎ 关键词：平原君 毛遂 锥子 宾客

毛遂脱颖而出

秦国攻打赵国，赵国都城邯郸被秦军团团围住，情况十分危急。赵王只好赶紧派平原君出使楚国，向楚国求救。

平原君赵胜，战国四公子之一，赵惠文王和孝成王时任赵国的丞相。去楚国之前，平原君召集所有的门客商议，决定从这千余名门客中挑选出二十名能文善武、足智多谋的人随同前往。他挑来挑去，最终只有十九人合乎条件，还差一人却怎么挑也觉得不满意。

这时，门客毛遂主动站了出来，说："与楚合纵的二十人未满，我愿充任一个。"

平原君对毛遂的印象并不深，他不以为然地说："有贤能的人在世上，就好比把锥子放进布袋里，它的尖一下子便露了出来。如今你到我门下已经三年了，我从未听到有人夸你有什么才能，你是不能去的。"毛遂并不生气，他心平气和地据理力争说："臣今日请你把我这锥子放进布袋里去！您要是早这样做，我这锥子早就扎破布袋，整个露在外面，何止一个锥尖！"

平原君觉得毛遂说得很有道理，并且见他气度不凡，便准许毛遂一同前往。

到了楚国，平原君与楚王在朝堂商谈合纵之事，毛遂和其他十九个门客都在台阶下等着。从早晨一

直谈到中午，平原君为了说服楚王，把嘴皮都说破了，可是楚王一直不同意出兵抗秦。毛遂按捺不住了，他手按着剑柄登上台阶，对楚王说："楚国原本有五千里土地，百万精兵，这是足以称霸的资本。以楚的实力，恐怕整个天下都不是对手。秦将白起，是一个小流氓似的混混而已，他带着那么几万人，就敢来跟楚打，夺走了楚的鄢（今湖北宜城）、郢二城，又放火烧了夷陵（今湖北宜昌东南），最后还烧了楚国的宗庙，羞辱了您的先人！这百世洗不清的羞耻，您难道一点都不在意吗？合纵是为楚的利益，而不是为赵的利益啊！"

毛遂这一番话，就像一把锥子一样，句句戳痛楚王的心。他不由得脸红了，接连说："说得是，说得是。"毛遂问道："那么合纵的事就这样定了吗？"楚王说："听先生您的。楚国愿意拿整个国家与赵合纵。"见楚王同意了，毛遂便对楚王的左右侍臣说："拿鸡、狗、马的血来。"毛遂拿着装有三牲之血的铜盘跪着端到楚王面前，说："楚王、我主平原君当为合纵之事歃血为盟。"合纵之事便当堂定了下来。

缔结盟约之后，楚王派军队支援赵国，赵国于是解围。毛遂从此成为平原君赵胜的一等宾客。

●李冰石人水尺

>>> 三峡水利枢纽工程

三峡水利枢纽工程即长江干流治理开发的水利工程，简称三峡工程。它是中国规模最大的水利枢纽，也是世界上装机容量最大的水电站。

其三峡大坝址在湖北省宜昌三斗坪，位于长江三峡中的西陵峡。工程采用明渠通航三期导流方案，枢纽主要由混凝土重力坝、水电站和双线多级船闸及一线垂直升船机组成。

三峡工程的实施将促进华中、华东、西南乃至全中国的经济和社会发展。

拓展阅读：

天府之国
"二郎腿"的由来
秦国三大粮仓

◎ 关键词：郡守 水情 都江堰

李冰修筑都江堰

战国时期，秦国蜀郡郡守李冰修建了都江堰。都江堰是举世闻名的水利工程，充分反映了我国古代劳动人民的智慧。

蜀郡的成都、灌县一带是个大平原，处在岷江的东岸，可是滔滔的岷江水被玉垒山阻挡，流不到东边去，平原离水很近却得不到灌溉。到了发大水的时候，往往是西边涝、东边旱。

秦昭襄王即位不久，了解到李冰有治水经验，于是派他到蜀郡担任了地方最高行政长官——郡守。

一上任，李冰就积极了解水情民情，听取当地人民的意见，勘察地形，研究治理岷江的方法。在听取了当地百姓的建议之后，李冰决定凿开玉垒山，把西边的洪水引一股到东边去。

开山战斗打响了。经过大批农民和工匠的辛勤劳动，终于把山挖开了一个缺口，江水哗哗地从缺口流出来。因为玉垒山新开的缺口像一个瓶口，大伙就管它叫"宝瓶口"。这凿开的一段山头，取名叫"离堆"。岷江原来的河道被称为"外江"，新的支流被称为"内江"。

宝瓶口工程修建以后，李冰发现，内江的水量不大，还不能满足灌溉的需要，他决定在江中心建一个分水堰，把江水分成两股，这样更多的水就能流到内江里来了。

开始，李冰利用水少的有利时机，用鹅卵石做材料，在江中心砌了一道堤堰，不料没过几天就被江水冲垮了。后来，李冰招来许多工匠编竹篓子，然后把鹅卵石装进去，接着分批把竹篓子放到水里，由于做的竹篓子都比较大，填进的鹅卵石又很重，放到急流里以后，水冲不动了。

经过艰苦的劳动，分水堰筑成了。这条堰把岷江分成两条水道，远远看去像一条大鱼的嘴，被人们称为"分水鱼嘴"。修了这个分水堰以后，内江的水量加大了，更多的农田得到灌溉，一年四季也不断流。

为了保证夏天水涨的时候内江的水量不致过大，李冰又带领大家在分水鱼嘴和离堆之间修了一条"飞沙堰"。这样内江水太大的时候就会自动从堰顶上漫过，流到外江里去，不会造成灾害。从此以后，岷江被制服了，两岸劳动人民可以更好地生产了。李冰给大堰起了个名，叫都安堰，后来人们把它改名叫都江堰。

都江堰修成后，历代劳动人民在此基础上不断完善，使工程的规模更加宏大，更充分地为农业生产服务。现在这一水利工程仍旧发挥着巨大的作用，灌溉着几百万亩良田，使成都平原成为我国著名的粮仓。

● 金虎符 秦

>>> 郭沫若《虎符》

抗战期间，我国现代杰出的文学家、史学家和文字学家郭沫若先生，曾根据"信陵君窃符救赵"的故事，创作了五幕历史剧《虎符》，并于1943年首演于北京人民艺术剧院。

在这部剧作中，作者将信陵君夺取兵权，驰援救赵等行动推到幕后，而用浓墨重彩的笔触刻画了如姬的内心世界，揭示其行为动机，从而塑造了一个光彩照人的古代女性形象。

拓展阅读：

"虎符"的由来
《信陵君无忌》王丕震

◎ 关键词：平原君 信陵君 虎符

信陵君盗符救赵

赵国向楚国请求救兵的时候，也向魏国求援。于是，魏安釐王派大将晋鄙率兵救赵国。

秦王知道了这个消息，派使臣到魏国，警告说："秦国拿下邯郸只是早晚的事，谁敢救赵国，等攻克赵国，下一步就收拾他。"魏王受到威胁，不敢再救赵国，派人给晋鄙传令，让他停止前进，驻守待命。

看到魏军按兵不动，赵孝成王十分着急，于是叫平原君给魏国公子信陵君魏无忌写信求救。平原君的夫人是信陵君的姐姐，他们两家是亲戚。

信陵君收到姐夫的信后十分着急，三番两次请求魏王出兵。魏王说什么也不答应。信陵君没有办法，组织自己手下的门客，乘着一百多辆战车，准备自己去救赵国。

经过城门的时候，信陵君向守门的一个老朋友侯嬴道别。侯嬴说："你们这样上赵国去打秦兵，就像把一块肥肉扔到饿虎嘴边，不是白白去送死吗？"

信陵君问："那又能有什么办法呢？"

侯嬴支开了旁人，对信陵君说："大王宫里有个最宠爱的如姬，是不是？"

信陵君点头说："对！"

侯嬴说："当年如姬的父亲被人杀害，是公子的门客杀了她的仇人。为了这件事，如姬一心想要报答公子。听说虎符藏在大王的卧室里，如果公子请如姬把虎符盗出来，她一定会答应。拿到了虎符，公子去接管晋鄙的兵权，就能带兵和秦国作战了。"

信陵君还有一点担心，说："就算拿到了虎符，晋鄙却不听调动，那又该怎么办呢？"

侯嬴说："我可以向公子推荐一个人。我的朋友朱亥，武功超群，力大无比。如果公子让他跟着一起去，到时候晋鄙听令则罢，否则就一锤打死！"

信陵君觉得没有别的更好的办法了，就把这件事告诉了如姬。没多久，如姬果然把虎符偷了出来。

拿着虎符，带上朱亥，信陵君连夜赶往魏军军营。

信陵君见了晋鄙，说："将军辛苦了，大王特意让我来替换将军，让您休息。"

晋鄙验过虎符，但还是心存狐疑。他对信陵君说："这是军机大事，我

群雄逐鹿——春秋战国

●虎食人纹玉佩 战国

还要再奏明大王,才能够照办。"

话音刚落,站在一旁的朱亥喝道:"不遵大王的命令就是反叛!"从袖中取出大铁锤,一下就把晋鄙的头打得粉碎。

信陵君握着虎符,大声道:"大王命令我代替晋鄙领兵,去救援赵国。他不服从军令,已被处死。现在大家不许惊慌,听我传令:父子都在军中的,父亲回去;兄弟俩参军的,哥哥回去;独生子参军的,可以回去奉养父母。"

于是,信陵君选了八万精兵,浩浩荡荡地开往邯郸。

魏军来援,大出秦军意料。这时,邯郸城里的平原君率军冲出城来,而楚国援赵大军也已赶到。三军夹击,秦军大败而逃,邯郸终于解围了。

●战国碧玉龙（卷云纹）

>>> 尸厥

尸厥又称暴厥，是以突然昏倒、不省人事，或伴有四肢逆冷为主要临床表现的病症。

尸厥发病后多可在短期内神志苏醒，重者也可能一蹶不复。常由阴阳失调，气机暴乱，气血运行失常，气血上逆，挟痰挟食，使清窍闭塞，或气血虚亏、精神失养而引起。在诸多病因中，以精神因素较为多见。

尸厥临证时有虚厥和突厥之分。

拓展阅读：

华佗
针灸术
希波克拉底

◎ 关键词：名医 妙手回春 传统医学

神医扁鹊的故事

扁鹊，姓秦，名越人，战国时期医学家，中国传统医学的鼻祖。

据说，扁鹊是齐国人，年轻的时候当过客店掌柜。有一次，一个叫长桑君的客人经过，得到扁鹊的悉心照顾。长桑君看出扁鹊是个聪慧的人，自己已年老体衰，便将治病的秘方传授给了扁鹊，从此扁鹊成了名医。

扁鹊云游各地，为人治病，上至庙堂之君，下至乡野村民，一视同仁。他的技术十分全面，无所不通，医术名扬天下。历史上流传着很多关于他妙手回春的故事。

有一次，扁鹊路过虢国，见到那里的百姓都在进行祈福消灾的活动，就问是谁病了。宫中术士说，太子死了已有半日了。扁鹊问明了详细情况，认为太子患的只是一种突然昏倒不省人事的"尸厥"症，所以才会鼻息微弱得像死去一样，便亲去察看诊治。他用针灸疗法，竟然让太子坐了起来，和常人无异。之后继续调补阴阳，两天以后，太子完全恢复了健康。从此，人们都说扁鹊有"起死回生"的高超医术。

还有一次，扁鹊去拜见齐桓侯，他观察了齐桓侯的气色，说："大王已经有病了，如果不治就会加重的。"齐桓侯不高兴地说："我没什么不舒服的感觉，怎么会有病呢？"扁鹊走了以后，齐桓侯对左右的人说："这些当医生的，总想显示自己高明，拿没病的人当有病的。"过了五天，扁鹊又见到桓侯，他有些着急地说："您的病已经进入血脉了，要赶紧治才行。"桓侯气哼哼地说："我好好的，治什么病！"又过了几天，扁鹊第三次见到桓侯，吃惊地说："您的病已经进入肠胃，再不治就危险啦！"桓侯听着厌烦，理也不理。两个人第四次见面的时候，扁鹊看了桓侯一眼，没说话，扭头就走。桓侯觉得奇怪，忙派人追上他问原因。扁鹊说："大王的病，一开始在皮肤上，后来发展到血脉，又进了内脏，这些都可以用热敷、扎针、吃药的办法治好，可今天，我看他的病已进入骨髓，没法医治了。所以我只好离开。"

过了几天，桓侯果然发病，再派人去请扁鹊，他已经离开了齐国。桓侯不久就死了。

扁鹊晚年曾到秦国行医，秦武王想请他看病，可秦国医官李醯忌妒他，派人把一代名医扁鹊刺杀了。

扁鹊奠定了我国传统医学的基础，他的医术代表了春秋战国时期的医疗水平。现在，"望、闻、问、切"以及针灸、汤药，仍然是中医诊治的基本手段。

● 吕氏春秋 明刻本

>>> 《吕氏春秋》

《吕氏春秋》又名《吕览》，是吕不韦集合门客所编著。

全书共二十六卷，又分八览、六论、十二纪，凡一百六十篇。

此书汇集先秦各家言论，以构成取各家之长的统一体系，为杂家代表作。内容以儒、道思想为主，兼及名、法、墨、农及阴阳家言，其中保存了许多先秦学说、古史旧闻及天文、历算、音律等方面的古史资料。

拓展阅读：

"一字千金"的由来
《商圣吕不韦》郭建华

◎ 关键词：大商人 投资 扶植 奇货可居

吕不韦奇货终获利

吕不韦，战国末年著名商人、政治家、思想家。他是卫国阳翟的大商人，以往来贩贱卖贵为业，家资千金，成为当时一大富户。吕不韦一生中最得意的一笔投资是扶植秦国国王。

当时秦赵两国为了表示友好，互相交换王子王孙做人质。秦国的王孙子楚（当时叫异人）被送到赵国做人质。子楚的父亲是秦国太子安国君，并不喜欢子楚，因此子楚在赵国不但贫困不堪，连安全也得不到保障。

有一次，吕不韦到赵国的都城邯郸去做生意，认识了子楚。吕不韦心里暗想："奇货可居呀！如果经营得好，这个人是有利可图的。"

于是，吕不韦去见子楚，两人相谈甚欢。

吕不韦建议子楚认安国君最宠爱的华阳夫人做母亲。华阳夫人身体有病，不能生育，凭安国君对她的宠爱，子楚有望成为太子。子楚高兴地答应了，允诺如果成功，愿意将来和吕不韦共享秦国的天下。

于是吕不韦拿出五百两金子给子楚，让他作为生活和交际用。又用五百两金子购买了许多珍珠宝贝，带到秦国，送给华阳夫人的姐姐。华阳夫人的姐姐收了礼物后，答应做子楚的说客。

她对华阳夫人说："现在你年轻美丽得到宠爱，可是你老了之后呢？你不能生育，最好认一个儿子，确立他为安国君的继承人。子楚人贤明，对你和安国君孝顺，让他继承王位，那你终生将享受荣华富贵。"

华阳夫人听后，深有同感，就找了机会跟安国君说子楚的好话，又进一步劝说安国君让子楚继承王位。由于安国君太宠爱华阳夫人，所以没多久就答应子楚做他的继承人。

达到了目的，吕不韦请子楚来自己家喝酒庆贺。席间，吕不韦让一个自己宠爱的美女出来给子楚劝酒。子楚看上了这个美女，请求吕不韦把这个美女送给他。吕不韦假意发怒，但还是同意了。

没过多久，这个美女生下了一个儿子，取名叫嬴政。

嬴政九岁那一年，秦昭王去世，安国君即位，就是秦孝文王。过了一年，秦孝文王也死了，子楚即位，就是秦庄襄王，庄襄王拜吕不韦为相国。仅仅过了三年，庄襄王也去世了，十三岁的嬴政继承了王位，就是秦王政。吕不韦继续做相国，把持着秦国的朝政大权。一直到公元前238年，嬴政长到二十二岁，对吕不韦产生了不满，将吕不韦罢免并最终杀掉。

吕不韦任相国期间，对内发展生产，整军备战，对外则保持了扩张的势头。在他的扶持下，秦国的国力日益强盛，统一天下已经成为不可避免的大趋势了。

●战国铁兜鍪

>>> 《谏逐客书》

"今陛下致昆山之玉,有随和之宝,垂明月之珠,服太阿之剑,乘纤离之马,建翠凤之旗,树灵鼍之鼓。此数宝者,秦不生一焉,而陛下说(悦)之。何也?必秦国之所生然后可,则是夜光之璧不饰朝廷,犀象之器不为玩好,郑卫之女不充后宫……"

李斯是秦代文学的唯一作家,他的《谏逐客书》是传诵千古的名文,排比铺张,文辞修饰整齐,音节和谐流畅,不仅思想可贵,写作技巧也十分出色。

拓展阅读:

焚书坑儒
《流血的仕途：李斯与秦帝国》
曹昇

◎ 关键词：政治家 逐客 《谏逐客书》

李斯谏逐客

李斯,字通古,秦代著名政治家,楚国上蔡(今河南上蔡县)人,早年曾为郡小吏,后拜荀况为师,学习帝王之术、治国之道。学业完成以后,他到秦国去施展自己的才能与抱负。

到达秦国后,李斯在丞相吕不韦手下做门客。秦王政二十二岁那年,宫里发生一起叛乱,牵连到吕不韦。秦王政对吕不韦不满,逼他自杀。

吕不韦倒台后,秦国一些贵族、大臣议论起来,说列国的人跑到秦国来都目的不纯。他们请秦王政把客卿统统撵出秦国。秦王政接受了这个意见,下了一道逐客令。李斯也遭到了驱逐。

被逐离秦途中,李斯写了《谏逐客书》,劝秦王收回成命。他在《谏逐客书》中列举大量历史事实,说明客卿辅秦之功,力陈逐客之失,劝秦王为成就统一大业,要不讲国别、不分地域,广集人才。秦王政觉得李斯说得有道理,连忙打发人把李斯从半路上找回来,恢复他的官职,还取消了逐客令。

受到秦王政的重用后,李斯以卓越的政治才能和远见,协助秦王完成统一大业。他一面加强对各国的攻势,一面派人到列国游说诸侯,还用反间、收买等手段配合武力进攻。韩王安看到这形势害怕起来,派公子韩非到秦国求和,表示愿意做秦国的属国。

韩非师从荀况,跟李斯是同学。他看到韩国处于内忧外患之中,几次三番向韩王进谏,并献上一个精心制订出来的富国强兵的方案,可是韩王没有采用。韩非满肚子学问,不被重用,就关起门来写了一部书,叫《韩非子》。在书中,他主张君主要集中权力,加强法治。这部书传到秦国,秦王政看到了十分赞赏,说："如果此人为我所用,该多好啊。"

韩非受韩王委派来到秦国,看到秦国的强大,他上书给秦王,表示愿为秦国统一天下出力。这份奏章一送上去,秦王看了很高兴,决定采纳韩非的意见。这时,李斯着急了,怕韩非夺了他的地位。他在秦王面前诬陷韩非,一心置韩非于死地。

秦王政听了李斯的话,有点犹豫,下令先把韩非扣押起来,准备审问。韩非被投进监狱,想辩白也没机会。后来,秦王政对扣押韩非有点后悔,打发人把韩非放出来,可是已经晚了。李斯早就秘密派人给韩非送了毒药,这样韩非还没来得及申辩就在狱中被逼自杀了。

李斯为秦王政统一六国,建立中央集权的封建国家做出了突出的贡献,他力主郡县反对分封,统一法度和文字,在促进秦朝经济和文化发展等方面屡建奇功。可是他推行的"焚书坑儒"却使其成为备受争议的人物。

●迎宾宴饮图

从图中可以看出，主客身份都非同一般，主客对揖，互致敬意。厅堂中帷幕高张，案上酒具罗陈，男女主客按左右分坐在厅堂中，进餐交谈。厅堂外有仆人听候呼唤，建筑物上面瑞鸟翔集，边上饰有菱形纹。画面反映了门当户对的富家势族待人接物的实况。

● 荆轲像

>>> 张艺谋《英雄》

荆轲的失败不是他个人的失败，而是因为统一大势无可避免。自他之后，纷乱的中国开始走向统一。

中国著名导演张艺谋于2002年拍摄的电影《英雄》，讲述的也是一个有关刺杀秦王的故事。影片中的大侠无名（李连杰饰）和残剑（梁朝伟饰），在知道了秦始皇一统天下的大志后，为了天下苍生的安宁，都最终放弃了刺杀机会，表现了对历史趋势的尊重和为民献身的精神。

拓展阅读：

高渐离
《史记·刺客列传》
西汉·司马迁
《荆轲刺秦王》（电影）

◎ 关键词：荆轲 刺杀 传颂

荆轲刺秦王

公元前230年至前231年，秦国先后灭了韩国和赵国，之后向北进军，逼近了燕国。为了挽救燕国的危亡，燕太子丹找刺客去刺杀秦王。

在秦国当人质时，燕太子丹受尽耻辱，后来偷逃回燕国，一心要报仇雪恨。但他既不打算联络诸侯共同抗秦，也不在国内操练兵马，而是把燕国的命运寄托在刺客身上，甚至拿出全部家产招揽刺客，有人向他推荐了勇士荆轲。

燕太子丹派人请来荆轲，只见荆轲气宇轩昂，举止不凡，心下十分敬重。他把刺杀秦王的想法告诉荆轲。

荆轲想了想说："要想靠近秦王的身边，必须要有让他信任的东西，秦王用千金重赏捉拿樊於期樊将军，非要杀死他方才甘心。如果我能带上樊将军的人头，再献上燕国最富饶的督亢（今河北涿州、定兴、固安一带）的地图做礼物，秦王一定会高兴地接见我。那时候，事情就好办了。"

太子丹很为难，说："督亢的地图好办。樊将军受秦国迫害来投奔我，我怎么忍心伤害他呢？"

荆轲就背着太子丹去见樊於期。见面后，他对樊於期说了刺杀秦王的计划，并说了自己的想法。为杀秦王，樊於期拔剑自杀。

荆轲派人报告了太子丹。太子丹马上赶过来，伏在樊於期的尸体上大哭，然后让人好好地埋葬他的尸身，把头装在木盒子里，交给荆轲。他又拿出一把淬了毒药的匕首给荆轲，叫一个十三岁的勇士秦舞阳做荆轲的副手一同去秦国。

临行的时候，荆轲给大家唱了一首歌："风萧萧兮易水寒，壮士一去兮不复还！"歌声慷慨悲凉，送行的人忍不住都痛哭失声。

听说燕的使者送来重礼，秦王非常高兴，就召集群臣，用最隆重的仪式接见他们。

荆轲手里捧着装有樊於期人头的盒子，秦舞阳捧着督亢的地图，一前一后进了秦宫。上大殿台阶的时候，秦舞阳见宫殿里仪仗威武，禁卫森严，不禁吓得脸色苍白，浑身打战，几乎走不上台阶。见他这样，秦国大臣不禁有些怀疑。荆轲忙对秦王解释道："乡野地方的粗鄙之人，从来没有见过世面，见了大王威风的样子，竟吓成这样，请大王原谅！"于是，秦王就让秦舞阳在大殿下面候着。荆轲只好从秦舞阳手中拿过地图来，独自一人上了大殿。

秦王验过樊於期的人头，又叫荆轲献上地图来。荆轲把一卷地图慢慢打开，到地图全都打开时，荆轲预先卷在地图里的一把匕首就露出来了。秦王大吃一惊，一下跳起来，却被荆轲用左手揪住了袖子。

●秦长城遗址 春秋战国

　　荆轲抓起匕首向秦王刺去。秦王使劲一挣，扯断了被荆轲揪住的袖子，拔腿就逃。荆轲手执匕首追将上去。秦王无路可逃，只好围着大殿的柱子兜圈子。荆轲跟在后面紧追不放。

　　殿上的文武官员，都手无寸铁，台阶下的武士没有秦王命令又不准上殿，大家都急得六神无主。

　　这时，一个宫中的医生急中生智，拿起手里的药袋对准荆轲扔了过去。荆轲用手一扬，那只药袋就飞到一边去了。

　　就在这一眨眼的工夫，秦王拔出宝剑，往前一步，砍断了荆轲的左腿。

　　荆轲一下倒在地上。他忍痛将匕首朝秦王掷过去，被秦王闪身躲过。秦王仗剑来砍荆轲。荆轲身负八处重伤，靠着柱子，大骂道："今天杀不死你，只不过是因为想要逼你退还各国的土地罢了。"秦王又叫卫兵来，结果了荆轲的性命，把殿下的秦舞阳也杀了。

　　其实，秦统一六国的历史潮流是无法改变的，这就注定了这种刺杀行为必然以失败告终。可是荆轲英勇机智、不畏强暴、视死如归的精神品质，一直被人们广为传颂。

巍巍帝国——

秦、汉

—— 六王毕，四海一。

—— 崛起于蛮荒之地的秦人，浴血饮剑，策马中原，创帝国统一之基；巡四方，封泰山，临碣石，宣功绩于天地。

—— 嬴政雄才，北筑长城，南征百越，生民为之攘攘；用法苛刻，旧俗难容，天下苦秦久矣。

—— 雄丽阿房，巍巍骊山，见证秦朝灭亡。

—— 煌煌大汉，平民缔造；光武中兴，威震寰宇。

—— 汉武大帝，罢黜百家学说，儒术独尊，确立千年正统。

—— 与强悍匈奴对抗，与神秘西域交通，秦皇汉武，抒写万里征途。

●驷马图 秦

>>> 秦始皇兵马俑

秦始皇兵马俑坑位于西安市临潼区城东,西距秦始皇帝陵一千二百二十五米,是秦始皇陵园中最大的一组陪葬坑,坑中所埋藏的浩大俑群是秦王朝强大军队的缩影。

1974年出土的秦始皇兵马俑由三个大小不同的坑组成,分别编号为一号坑、二号坑、三号坑。三个俑坑总面积近两万平方米,坑内共有同真人、真马大小相似的陶俑、陶马约八千件,实用兵器数以万计。

秦始皇陵兵马俑被誉为"世界第八大奇迹"、二十世纪考古史上最伟大发现,被联合国教科文组织列入世界文化遗产名录。

拓展阅读：

《秦始皇》(歌剧)
《神话》(电影)

◎ 关键词：嬴政 封建国家

秦始皇一统天下

作为战国末年实力最强的国家,秦国已具备统一东方六国的条件。秦王政初即位时,国政为相国吕不韦把持。吕不韦为秦吞并六国打下了坚实的基础。公元前238年,秦王政亲理国事,他任用尉缭、李斯等人,开始了翦灭六国的宏伟计划,将韩、赵、魏、楚、燕、齐相继征服。

公元前230年,秦内史腾率军攻克韩都新郑(今河南新郑),生擒韩王安,韩国灭亡,韩地被改为颍川郡。公元前228年,秦将王翦攻破赵军,俘虏了赵王迁,赵公子嘉逃到代(今河北蔚县东北),自立为代王。

灭亡了韩赵后,秦王政问大臣尉缭下一步应该攻伐哪个国家。尉缭建议去收服南方的魏国和楚国。秦王政听从尉缭的计策,派王翦的儿子王贲带兵十万攻魏国。魏国向齐国求救,齐不予理睬。公元前225年,王贲灭了魏国,把魏王和大臣押到咸阳。

不久,秦王决定伐楚,他派年轻气盛的李信和老将蒙恬领兵二十万攻楚。王翦认为楚国是大国,需要六十万军队。秦王不听,王翦便告病回老家去了。

李信带了二十万人马到了楚国,不料中了楚将项燕的圈套,被打得落荒而逃,死伤不计其数。秦王闻报,这才明白王翦当初的意见有道理。他亲自请王翦回朝,命他率领六十万大军再次攻楚。

王翦带军到了天中山一带,扎下营寨不再前进。楚将项燕闻讯生疑,于是派兵挑战,进行试探。王翦命令官兵固守营寨,不许出战。项燕以为王翦年老胆小,命挑战的楚军回营休息。没想到,在楚军不防备的时候,秦军突然发起攻势。六十万秦军潮水般冲向楚营,楚军还没摆好阵势,就被秦军冲得乱作一团。项燕见势不妙,急忙领兵逃跑。王翦指挥大军紧紧追赶,在蕲南(今安徽宿州)将楚军包围。第二天,经过一整天的厮杀,楚军伤亡殆尽,项燕也因体力不支被王翦所杀。

王翦灭楚之后,他的儿子王贲接替他做了大将,又去攻打燕国。燕国本来已经十分虚弱,根本抵挡不住秦军的进攻。公元前222年,王贲率军活捉燕王,燕国灭亡。随后又攻占代城,断绝了赵国的余脉。

五国已灭,只剩下齐国。公元前221年,秦将王贲从燕南攻齐,直抵齐都临淄。齐军未作抵抗,齐王被俘,齐国随之灭亡。

从公元前230年至公元前221年,在十年时间里,秦王嬴政先后灭掉了东方六国,结束了春秋战国以来诸侯割据的局面,建立了第一个统一的多民族封建国家——秦朝。

●秦始皇嬴政

>>> 罢黜百家，独尊儒术

西汉时期，汉武帝采纳儒生董仲舒的建议，"罢黜百家，独尊儒术"，确立了儒家思想在思想领域的正统与主导地位。

"独尊儒术"与"焚书坑儒"看似十分矛盾，其实都是为加强中央集权而采取的措施，都是通过思想上的统一来巩固封建专制政权的大一统。但秦朝因之加速了灭亡，汉武帝却获得了成功，儒术最终成为中国两千余年封建社会的统治思想。

拓展阅读：

清文字狱
《史记·秦始皇本纪》

◎关键词：李斯 焚书 暴行 残酷

文化浩劫——焚书坑儒

秦始皇统一全国后，建立了第一个封建制国家，实行郡县制。公元前213年，一位叫淳于越的博士批评郡县制不合理，提议恢复分封制。秦始皇认为这种"尊古贱今"的说法会扰乱民心，使皇帝的权威大失，于是采纳丞相李斯的建议，下令焚书。

焚书的命令规定：除了那些讲医药、占卜、种树一类的书以外，凡不是秦国史官所记的历史书，不是官家收藏而是民间所藏的《诗经》《尚书》和诸子百家的书籍，在命令下达的三十天之内，都要缴到地方官那里去烧毁；以后还有偷偷谈论古书内容的，处死刑；借古时候的道理攻击当今政治的，全家都要处死；官吏知情而不告发的，判处同样的罪；命令到达后三十天不烧毁书籍的，在脸上刺字后被罚去做四年筑长城的苦工；凡有愿意学习法令的人，只许跟着官吏去学，不许偷偷地照着旧时的古书去学。

焚书的命令发布以后，到处都是焚书的烈火。秦国以外的历史书和记载着诸子百家学术思想的书籍，凡是收缴上来的，差不多全都烧光了。秦朝以前的许多历史事实和学术思想从此失传。

许多读书人都对秦始皇焚书的行径非常反感，不仅那些有旧思想的人反对秦始皇的暴行，连一些在朝廷里享受着高官厚禄的博士也都在暗地里议论，说秦始皇这样压制舆论、摧残文化，做得确实过分。

公元前212年，即焚书的第二年，有两个替秦始皇求不死药的方士侯生和卢生，偷偷地议论说："秦始皇这个人十分残暴，他专靠残酷的刑罚来统治天下，对谁也不信任，大大小小的事情都得由他自己亲自来决定。像他这样贪图权势的人，我们还是离开他为好。"他们两个人商量好以后，就偷偷地带着从秦始皇那里领来的钱财逃走了。

听说读书人在背后说坏话，秦始皇十分生气，决定要狠狠地惩治他们。于是，他下了一道命令，叫人去查办在背后诽谤他的读书人。被抓去审问的人受不了残酷的刑罚，就互相牵连告发，最后竟查出四百六十多人。秦始皇一怒之下，也不详细审问和查证核实，就叫人在咸阳城外挖了个大坑，把他们全都给活埋了。

焚书坑儒虽然对巩固国家统一，消除割据意识起到了一定作用，但是秦始皇所采取的这种野蛮、残酷的手段，对中国古代文化无疑是一次非常严重的摧残。它毁灭了古代许多典籍，造成文化史上难以弥补的损失。

◎ 关键词：长城 阿房宫 剥削 劳役

修筑长城和阿房宫

●阿房宫图 清 袁耀

>>> 杜牧《阿房宫赋》

"六王毕，四海一。蜀山兀，阿房出……"

杜牧的《阿房宫赋》将描写和议论紧密结合，先极力铺叙渲染宫殿歌舞之盛，宫女珍宝之多，人民痛苦之深，再抒发议论，回环往复，层层推进，意在规劝唐朝统治者：不可淫奢极欲，否则只会使民怨沸腾，国亡族灭。

此赋语言上骈散兼行，错落有致，词采瑰丽，声调和谐，是古代赋体中不可多得的佳作。

拓展阅读：

骊山陵
世界七大奇迹
《居庸关二首》清·顾炎武

战国时期的燕、赵、秦三国与匈奴接壤，都受到过匈奴的骚扰。为了保障自己的安全，阻挡匈奴人南侵，三个国家都在和匈奴交界的地方修筑了又高又厚的长城。

秦始皇为了平定北方，派大将蒙恬带领三十万大军北伐匈奴，收回了河套地区，在那里设置了四十四个县，并把原先燕、赵、秦三国的长城连接起来，加强了北部边防。

秦始皇下令征集了几十万民工，叫他们开山采石，建窑烧砖，先加固旧有的长城，又建了不少新的城墙，并最终修成了一条西起临洮（今甘肃岷县），东到辽东（今辽宁鸭绿江）的万里长城。这条万里长城阻挡住了匈奴人南下的去路，保障了长城以南汉族人民生命财产的安全。

修筑长城的工程浩大，由于当时生产力和技术水平都很低，被征集来的成千上万的民工没日没夜地苦干，他们流汗又流血，不少人悲惨地死于其中。民间流传的孟姜女哭长城的故事，反映的就是这种情况。

据说，孟姜女和丈夫万喜良结婚才一个多月，万喜良就被征发去修长城了。孟姜女在家里苦等了几年，一直没有丈夫的音信。后来她等急了，于是背着一个包袱千里迢迢地到长城找丈夫。当孟姜女跋山涉水，含辛茹苦地赶到长城脚下

时，别人却告诉她，她丈夫因为修长城累死了。孟姜女万分悲痛，在长城脚下大哭了起来，直哭得天愁地惨，狂风怒号，黑云压顶。忽然间，只听得一声巨响，仿佛天崩地裂，孟姜女把长城哭倒了八百里。

公元前213年，秦始皇修建了阿房宫。这座建筑群覆压三百余里，共有七百多所宫殿。阿房宫建成以后，秦始皇把从六国抢来的美女和金银珠宝分别储藏在各个宫殿里，他自己一天换一个地方，直到死的时候也没有住遍所有的宫殿。

手中有着至高无上的权威，又能尽情享受，秦始皇当然不愿意死。他听齐人徐福说，东海的蓬莱、方丈、瀛洲三座神山上住着神仙，有不死药，只要吃上一粒不死药，人就可以长生不老。于是，秦始皇派了几批人去求不死药，但始终没有得到。秦始皇开始为自己的身后事做打算，他在骊山北麓为自己修建了一座深五十丈，周围约五里的巨大坟墓。

长城、阿房宫、骊山墓的修建，使成千上万的民工被征用，无数的钱财物资被消耗；使劳动人民遭受着残酷的剥削，担负着繁重的劳役。秦始皇的残暴统治和秦王朝残酷的法律制度使老百姓的日子越来越苦，反抗的怒火在社会底层无声地酝酿着。

◎ 关键词：巡视 博浪沙 铁锤 刺客

博浪沙锤击秦王

● 张良像

>>> **始皇巡游**

秦始皇统一中国后的第二年，开始修筑"驰道"，以供巡狩之用。

秦始皇在帝位十二年，出于"示疆威，服海内"的目的，先后五次出巡郡县，并在所到之处留下许多刻石，以表彰自己的功德和规整民风人伦。此外又依古代帝王惯例，于泰山祭告天地，以表示受命于天，谓之"封禅"。

公元前210年，秦始皇最后一次巡游，在西返咸阳途中于沙丘（今河北邢台附近）病逝。

拓展阅读：

《谋圣张良》张毅
《经下邳圯桥怀张子房》
唐·李白

统一中国，建立秦王朝后，秦始皇常常到各地去巡视。他的目的，一是游览名山大川，要大臣们把颂扬他的话刻在山石上，好让后代的人都知道他的功绩；二是为了显示自己的威武，让六国贵族心存惧怕。

公元前218年的一天，秦始皇又带了大队人马出去巡视。车队到了博浪沙（今河南原阳县）时，突然哗啦啦一声响，飞来一个大铁锤，把秦始皇座车后面的副车打得粉碎。武士们立刻到处搜查，可是刺客已经逃走了。

这个行刺的人名叫张良，张良的祖父、父亲都做过韩国的相国。韩国被灭的时候，张良还年轻，他变卖家产离开了老家，到外面去结交英雄好汉，一心想替韩国报仇。

后来，他交上一个力大无穷的朋友。那个大力士使用的大铁锤，足足有一百二十斤重。张良和大力士商量好，准备在秦始皇出外巡游的时候刺杀他。

他们探听到秦始皇要经过博浪沙，就预先在那里找了个隐蔽的地方埋伏起来。只可惜大力士这一锤砸得不准，只砸了一辆副车。

行刺失败后，张良隐姓埋名逃到下邳（今江苏睢宁西北）。他一面钻研兵法，一面等候报仇的机会。关于张良学兵法还有一个传说。

有一次，张良一个人出去散步，走到一座大桥上。他看见一个老头儿，穿着一件粗布大褂坐在桥头上。老头一见张良过来，有意无意地把脚往后一缩，他的一只鞋子就掉到桥下去了。

老头儿转过头来，很不客气地让张良给他捡上来。

张良很生气，可觉得是个老头儿，就走到桥下捡起鞋子上来递给他。谁知道那老头儿接也不接，只把脚一伸，说："给我穿上。"

张良想，既然已经把鞋捡上来了，索性好人做到底，就跪在地上恭恭敬敬地把鞋子给他穿上了。老头儿这才微微一笑，站起来走了。

这一下张良愣住了，心里觉得奇怪。没想到老头儿又返了回来，让张良五天之后到桥上找他。

第五天，张良一早起来就赶到桥上去。谁知道一到那儿，老头儿已经先到了。他生气地让张良五天后再来。

又过了五天，张良又晚了。老头又要他五天后再来。

张良吸取了前两次的教训，到了第四天，半夜就赶到桥上静等。

过了一会儿，只见那老头儿一步一步慢悠悠地过来了。他交给张良一本《太公兵法》，然后转身走了。

从此，张良刻苦钻研兵法，成了一个有名的军事家。他为刘邦建立西汉政权，立下了汗马功劳。

巍巍帝国——秦、汉

◎ 关键词：赵高 钳制 谋篡

赵高指鹿为马

公元前210年夏，秦始皇巡视东南，由丞相李斯、宦官赵高和小儿子胡亥随行。走到山东平原津的时候，秦始皇中暑病倒了。知道自己不行了，秦始皇就叫赵高代笔，给和大将军蒙恬一起守边疆的大儿子扶苏写了一封遗嘱，要他回来继承皇位。不久，秦始皇在沙丘去世。

秦始皇死后，赵高暗暗把遗嘱藏起来，并没有派人送去。赵高是胡亥的心腹，很希望胡亥继承皇位。两人密谋夺位，又逼李斯和他们结成一伙，假造了一封叫公子扶苏和大将蒙恬自杀的遗嘱，派亲信使者送了出去。

接到赵高他们假造的遗嘱以后，扶苏也不分辨是真是假，哭了一场，就自杀了。蒙恬不肯自杀，被关进监牢里，后来也被害而死。

使者回去把情况一报告，胡亥、赵高、李斯都很高兴，他们急急忙忙地赶回咸阳，公布了秦始皇逝世的消息并拥立胡亥即位，称为二世皇帝。胡亥十分感激赵高，封他做了郎中令。

赵高却并不满足，他还要一步步地窃取朝政大权。他觉得丞相李斯碍着他的手脚，就造谣说，李斯的儿子李由与农民起义军有联系，又说李斯想谋篡皇位，用这两条罪名把李斯的全家杀了个精光。

李斯死后，二世皇帝胡亥拜赵高为丞相，国家大事全都交给他处理。

赵高窃取了朝政大权以后，害怕有一些大臣不服。有一天，他特地牵着一只鹿到朝堂上来，当着许多大臣的面，他指着鹿对二世皇帝说："我找到了一匹好马，特地牵来献给陛下。"

二世皇帝一看，认得那是一只鹿，就笑着对赵高说："这明明是一只鹿，怎么说是马呢？"赵高装着很不高兴的样子说："这是我花了很大力气搜罗来的一匹好马，怎么会是鹿呢？各位大臣，你们说说，这到底是鹿还是马？"

大臣们一听，心里知道赵高又要搞什么鬼了。那些胆小怕事不敢得罪赵高的人，赶快争着回答说："是马！是一匹好马！"几个比较正直的大臣则说："这是鹿，不是马。"后来，赵高把说是鹿的那几个人都给杀了。从此，大臣们更加害怕赵高了。

赵高指鹿为马的最终目的是要钳制二世皇帝，压制大臣，为他自己谋篡皇位做准备。

不久，赵高找个机会，派自己的心腹把二世皇帝杀了。可是他怕大臣们不服，终于没有敢自己即位做皇帝，而是把二世皇帝的侄儿子婴抬出来继承了皇位。子婴即位以后，派亲信太监韩谈用计把赵高骗进宫去杀了，并且灭了他的三族。野心家赵高终于得到了应有的惩罚。

●战国秦长城

>>> 卡里古拉

卡里古拉是恺撒的孙子，是继屋大维之后第二位罗马皇帝，是历史上有名的暴君。

他曾牵了一匹马去元老院，对元老们说："我要提名让这匹马进入元老院，成为你们的同僚。"

他的意思和赵高一样，赵高可以把一头鹿变成一匹马，他则是要把马变成元老院的元老。但不同于秦廷群臣的是，元老们对这种挑战敢于拒绝，他们主动提出自我放逐，离开了元老院。

拓展阅读：

《秦门赵高》唐·周昙
《赵高》宋·徐钧

●蒜头壶 秦

>>> 苟富贵，毋相忘

陈胜少时为人佣耕，有一次休息时对同伴说："苟富贵，毋相忘。"意思是有朝一日我富贵了，是不会忘记你们的。

可陈胜称王之后，骄傲自满，故乡穷朋友前来看望，谈起贫贱时的事，陈胜嫌丢脸，把客人斩首，吓得穷朋友都逃走；他的岳丈来看他，他也傲慢没有礼貌，气得岳丈不辞而别；他为了提高自己的权威，对部下任意杀戮，闹得众叛亲离，削弱了起义军的实力。

拓展阅读：

逐鹿天下（典故）
《史记·陈涉世家》
西汉·司马迁

◎关键词：大泽乡 农民起义 失败

陈胜吴广揭竿而起

公元前209年，陈胜、吴广在大泽乡举起了反对暴秦的第一杆义旗。陈胜、吴广起义是我国历史上爆发的第一次伟大的农民起义。

时年七月初，官府征集阳城一带的贫贱之民九百人去渔阳驻防，陈胜、吴广也在其中，他们被指定为屯长。

两名军官带着九百名征发的士兵来到蕲县大泽乡。这时，正赶上下大雨，一连几日，道路中断，无法按期抵达渔阳。按秦朝的法律，误期当斩。

陈胜、吴广商量该怎么办，吴广想悄悄逃走。陈胜说："逃走被抓回来也是死，造反也是死。同样是死，不如死得轰轰烈烈！"于是两人商量谋反。陈胜觉得秦始皇的公子扶苏和楚将项燕威信很高，虽然他们已经死了，但是很多百姓还不知道，如果以他俩的名义号召天下，反对秦二世，一定会有许多人起来响应。

吴广完全赞成陈胜的主张。为了让大伙儿相信他们，他们利用当时人的迷信思想，想出了一条计策。他们拿了一块白绸条，用朱砂在上面写上"陈胜王"三个大字，把它塞在鱼肚子里。兵士们买了鱼回去，剖开鱼，发现了这块绸子上面的字，十分惊奇。

到了半夜，吴广又偷偷地跑到营房附近的一座破庙里，点起篝火，先装狐狸叫，接着喊道："大楚兴，陈胜王。"全营的兵士听了，又惊又怕。

第二天，大伙儿看到陈胜，都在背后指指点点地议论着这些奇怪的事，加上陈胜平日待人和气，人们更加尊敬他了。

陈胜、吴广利用迷信取得大伙儿信任后，乘着押送他们的军官喝醉了酒，故意跑去闹事，军官醉打吴广，吴广杀了军官，两人揭竿而起。

陈胜把士兵们召集起来说："男子汉大丈夫不能白白去送死，死也要死得有个名堂。王侯将相，难道是命里注定的吗！"大伙儿随声附和。

陈胜他们做了一面大旗，旗上写了一个斗大的"楚"字。大伙对天起誓，要同心协力推翻秦朝，他们公推陈胜、吴广为首领，九百条好汉一下子就把大泽乡占领了。

大泽乡起义的消息传开后，穷苦的老百姓都纷纷赶来参加起义军，壮大后的起义军很快就占领了陈县。陈胜在陈县建号称王，国号"张楚"。

起义军攻打咸阳，义军首领周文的队伍因缺乏经验而失败。后来，吴广在荥阳被部下杀死。起义后的第六个月，陈胜在撤退的路上也被叛徒杀害。

陈胜、吴广起义虽然失败了，可是他们点燃起来的反抗暴秦的那把大火却在到处燃烧。一时间，天下群雄纷纷起来反秦，秦王朝在这铺天盖地的风暴中摇摇欲坠。三年之后，秦帝国在漫天战火中土崩瓦解了。

●项羽像

>>> 作壁上观

　　赵王退守巨鹿后,向各地诸侯求援。可由于秦军兵力强大,前来援救的各路起义军只是扎下营垒,按兵不动。

　　当项羽率先与秦军进行激战时,其他各路反秦的将士也是袖手旁观,等待分出胜负。因此司马迁在《史记》中描写道:"及楚击秦,诸将皆从壁上观。"

　　"壁"在这指的就是营垒。后用"作壁上观"比喻坐观成败,不肯出力帮助争斗者中的一方。

拓展阅读:

《易中天品读汉代风云人物》
易中天

《七律·人民解放军占领南京》
毛泽东

《霸王御甲》(古曲)

◎ 关键词:起兵 反秦 破釜沉舟 瓦解

战巨鹿项羽破釜沉舟

　　公元前209年,陈胜、吴广起义。之后,各地都举起了反抗暴秦的义旗,在吴中(今江苏苏州)的项梁、项羽也起兵响应。

　　项梁和项羽是叔侄俩,项梁是楚国大将项燕的儿子。楚国被灭亡后,项燕兵败自杀,项梁一直想恢复楚国。项羽从小父母双亡,是叔叔项梁抚养长大的。他小时候不爱读书,也不喜欢练武,但对兵法十分感兴趣。于是,项梁就教他一些有用的兵法,这对后来项羽指挥作战有很大的帮助。

　　听说陈胜、吴广在大泽乡起义,项梁觉得是个机会,于是便杀了会稽郡守殷通,召集了吴中地方的八千子弟兵起兵反秦。

　　过了不久,秦将章邯攻打陈胜义军。项梁赶忙带着八千子弟兵渡江北进,乘虚攻打章邯的后方。后来,项梁与章邯在定陶(今山东定陶)展开大战,兵败被杀。项羽、刘邦、吕臣等将领只好后撤到彭城(今江苏徐州)一带,采取守势。

　　章邯杀死项梁以后,渡过黄河去进攻当时自称赵王的赵歇。赵军没有防备,一战即溃,只好退到巨鹿(今河北平乡县)固守。章邯派部将王离等人领兵包围巨鹿。赵王被围困,派人向楚怀王和其他几个称王的六国旧贵族求救。楚怀王派宋义和项羽北上救赵。

　　宋义带兵进到安阳(今山东曹县东北)后,听说秦军势力强大,就驻扎下来不再往前走了。急不可待的项羽主张急速渡河,与赵军内外夹攻。宋义不以为然地说:"你不懂兵法。现在秦军攻打赵军,如果它赢了,必然筋疲力尽,我们就很容易消灭它;如果输了,我们正好乘机西进,一举推翻秦朝,所以不如看看再说。"另外,宋义还特地下了一道命令,说:"将士中如有不服从指挥的,就按军法砍头!"这明明是在警告像项羽这样的人,叫他们乖乖地服从命令。

　　项羽对宋义的作战方法忍无可忍。一天早上,他冲进营帐,一剑砍死了宋义,然后向全体将士宣布说:"宋义背叛大王,我奉大王的命令,已经把他处死了。"将士们纷纷赞同,一致推举项羽为"假上将军",表示愿意服从他的指挥。于是,项羽开始率领兵马渡河,去解救巨鹿之围。

　　渡过了河,项羽命令每个士兵准备好三天的干粮,把做饭的锅全砸了,把渡河的船全凿沉了,然后率领人马向秦军阵地挺进。项羽用这种破釜沉舟的办法,来显示他有进无退、誓必夺取胜利的信心和决心。

　　很快,项羽指挥楚军包围了王离的军队,同秦军展开了九次激烈的战斗。楚军奋勇争先,以一当十,终于把秦军打败,活捉了王离,包围巨鹿的秦军彻底瓦解了。

　　巨鹿之战,项羽率楚军击溃了秦军主力,扭转了整个反秦战争的局势。

◎ 关键词：开国皇帝 逃亡 反抗 壮大

刘邦起兵反秦

●汉高祖刘邦

>>> 布衣皇帝

按照《史记》的记载，刘邦原只是个乡村无赖，平时好吃懒做，爱说大话，贪酒好色，常借钱不还。

秦末大乱之际，刘邦奋起草莽，提三尺剑取天下，成为中国历史上第一个起于社会底层的皇帝。

他使骁勇无敌的西楚霸王项羽最终败在他的手里，韩信、彭越、英布等一代英杰，先是为其驱使，效命战场，功成之后，兔死狗烹，又一一丧命于他的刀下。这一段历史令人产生许多感慨。

拓展阅读：

明修栈道，暗度陈仓（典故）
运筹帷幄（典故）
《大风歌》汉·刘邦

刘邦，字季，西汉王朝的开国皇帝，被称为汉高祖。因为他出生在沛县丰乡（今江苏丰县），所以起兵之后，也称"沛公"。

刘邦不爱读书，也不喜欢从事生产，但他乐善好施，豁达大度，好义爱仁，在当地人缘很好。刘邦长大后，试着到官府去求职，最终当上了泗水亭长这样一个芝麻绿豆大的官儿，并因此结识了不少人。

有一次，刘邦押着一批民夫到骊山去。一路上，每天总有几个民夫开小差逃走，刘邦管也管不住。一天夜里，他对民夫们说："干脆你们都逃走吧！我也准备从此逃亡。"说罢，把民夫全给放了。有十几个壮丁看到刘邦如此仗义，不肯离开他，愿意跟他一块儿寻找出路。

刘邦便带领大家逃亡，负责开路的人回来告诉他，前边有一条大蛇拦路，没法通行。刘邦喝得有点醉了，训斥说："我们这些勇猛之士行路，有什么好害怕的！"他拔出宝剑，壮着胆子，走上前去把蛇斩为两截。后来有人传扬说看见有个老妇人哭诉，说她的儿子白帝子（白蛇）被赤帝子（刘邦）所杀。从此，人们便对刘邦崇拜不已，视他为非常之人。从此，沛县中很多人跑去依附刘邦，久而久之，刘邦就形成了一定的势力。

陈胜、吴广起义后，天下响应，各地百姓都杀了地方长官来接应起义军。沛县县令惊恐万分，打算投降陈胜。当时县府的刑狱官吏萧何和曹参怂恿县令起兵，招募人马，并派樊哙联络刘邦。刘邦带领手下的人来后，县令却后悔了，担心刘邦兵变，于是闭城坚守，并要捕杀萧何、曹参等人。萧、曹等投靠刘邦。于是，刘邦告谕沛县百姓说："天下受秦朝统治之害已经很久了，而现在天下群雄并起，沛县早晚被攻破。大家不如先把县令杀了，立一个可靠的人，以响应陈胜起义，这样才可以保住你们的家人老小。"

城中百姓听从刘邦的号令，杀了县令，开门迎刘邦进城。百姓们要立刘邦为县令，刘邦认为不妥，推让再三。在萧、曹的极力推举下，刘邦最后被立为沛公（即沛邑的主公）。于是刘邦就祭告炎帝和蚩尤，用牲血祭旗祭鼓，揭竿起兵，响应天下起义大势。而萧何、曹参、樊哙等人都竭力为刘邦招兵买马，壮大起义军声威。他们很快攻下了胡陵（今山东鱼台东南）和方与（今山东鱼台北），然后据守丰邑，以丰邑作为反抗秦朝暴政的根据地。

后来，刘邦率兵投奔了项梁和项羽。他们转战各地，势力不断壮大，成为秦末战争中的一支重要军事力量。

●汉宫图

>>> 衣绣夜行

项羽攻占咸阳后,有人劝他说关中是个好地方,如果想称皇称帝的话,应该定都咸阳。可项羽目光短浅,回答说:"富贵不归乡,如衣绣夜行,谁知之者!"

意思是说如果这个时候不回家,就像穿着华丽的衣服在晚上走,谁看得见呢?于是他带着从秦宫掳掠来的妇女珍宝东归,并定都彭城。

后用"衣绣夜行"形容有了显耀的地位却不为人所知,也叫"衣锦夜行"。

拓展阅读:

《鸿门宴图》(壁画)西汉
《鸿门宴》陈星星

◎ 关键词:刘邦 鸿门 舞剑

鸿门宴沛公脱险

秦末,刘邦和项羽各率义军攻打秦朝部队,约定先入咸阳者为王。巨鹿之战后,项羽听说刘邦已经进入关中,不禁勃然大怒,立即引兵往关中而来,很快打到新丰鸿门地方,离刘邦所在的灞上只有四十里路了。

在鸿门安营扎寨后,项羽便和自己的重要谋士、亚父范增商议如何对付刘邦。这时,刘邦手下有个将官曹无伤想投靠项羽,偷偷派人到项羽那儿去告密,说沛公要做关中王。项羽听后便更加气愤,决定要杀刘邦。

项羽的叔父项伯听说项羽要杀刘邦,他怕在刘邦军中的好友张良也受害,便连夜单骑出营,找到张良,要他赶快离开。张良立即告诉了刘邦。刘邦请张良陪同,会见项伯,再三说明自己没有反对项羽的意思,请项伯帮忙在项羽面前说句好话。项伯答应了,并且叮嘱刘邦亲自到项羽那边去赔礼。

第二天一大早,刘邦带领张良、樊哙等一百多人来到鸿门,当面向项羽谢罪。刘邦说:"我不过是先入关而已,除了与民约法三章外,一切照常。请将军不要听小人之言,一定要明察实情。"

项羽听后,朗声大笑说:"我原来并没有怀疑你,是你的手下曹无伤派人来向我告密的。"项羽说完,便和刘邦握手言欢,并让刘邦坐下喝酒。

项羽的谋士范增曾跟项羽商量好,打算在今天除掉刘邦。酒宴上,范增多次示意项羽下手,可是项羽只当没看见。无奈,范增只好指使项羽的弟弟项庄以舞剑助兴为名,伺机下手。项伯见状,便与项庄对舞,暗中保护刘邦,张良又派车夫樊哙进来护卫刘邦。项羽终未下手。刘邦以上厕所为名,带着樊哙等四个随从从小道回去,逃离了虎口。

估计刘邦已回到灞上,张良这才面告项羽:"沛公不胜酒力,不能面辞,特委托我献给将军白璧一对,献给范将军玉斗一对。"当项羽问起刘邦为何不辞而别时,张良说:"将军与沛公情同手足,当然不会加害沛公。只是将军部下与沛公过不去,总要设法加害。沛公若死,天下人必耻笑将军。为将军着想,沛公才不言而去。"项羽无话可说。

事后,项羽的谋士、亚父范增长叹说:"将来夺取天下的一定是沛公,你我就等着当俘虏吧。"

果然,四年后,在垓下(今安徽灵璧县东南),刘邦率领的汉军与西楚霸王项羽率领的楚军交战,结果项羽战败,在乌江(在今安徽和县东北)自刎。

打败项羽后,刘邦一统天下,建立了西汉。

巍巍帝国——秦、汉

◎ 关键词：韩信 奇计妙策 人才 功劳

萧何月下追韩信

● 韩信像

>>> 寒溪夜涨

据说韩信从刘邦处离开后，北上来到了今陕西留坝县马道镇这个地方。那里有一条寒溪河，是汉江流域褒河的支流。

寒溪平时水浅，骑马可以过去，可当晚韩信赶到时，寒溪水却因为上游山谷的暴雨而猛涨，挡住了韩信的去路。萧何这才追上韩信，将他劝回汉中。

寒溪夜涨为汉王赢得一将，由此传为千古佳话，民间有歌谣曰："不是寒溪一夜涨，焉得炎汉四百年？"

拓展阅读：

韩信乱点兵（典故）
《汉代风云人物》易中天

韩信，淮阴人，西汉开国功臣，我国历史上著名的军事家、战略家和统帅。他少时贫苦无依，饱尝了别人的白眼，因此总想寻找机会出人头地。

项梁起兵后路过淮阴，韩信觉得在军中也许能干一番事业，于是就去投奔项梁。项梁死后，韩信又跟着项羽，做了个小军官。项羽素来狂妄自大、刚愎自用，韩信多次献纳奇计妙策，均不被采用，韩信很失望，一气之下投奔了刘邦。可是由于他出身低微，同样没有得到刘邦的重视，只是任他为治粟都尉（管粮草的高级军官）。

当时，丞相萧何是一个善于识别人才的人，他与韩信谈过几次话，发现韩信是一个很出色的将才，于是想找机会把他推荐给刘邦。韩信误以为刘邦不肯重用他，于是趁着将士纷纷开小差的时候逃走了。

一听说韩信逃走了，萧何立即策马去追。有人对刘邦说："丞相萧何跑了。"刘邦震怒不已。过了一天，萧何回来拜见刘邦，刘邦又气又高兴，责问萧何说："你怎么也逃走？"萧何说："我哪里会逃跑呢，我不过是去追回逃亡的人。"刘邦就问追谁，当听说追的是韩信时，又骂道："逃走的将军有十来个，没听说你追过谁，为什么单单去追韩信？"萧何答道："一般将领有很多，而韩信却是天下无双的英雄才士，如果您仅仅是想做汉中王，没有韩信，那也没什么；但如果您想夺取天下，没有韩信，则是绝对成功不了的。"

刘邦说："我用韩信为将军，你看怎么样？"萧何说："那样韩信还是会走的。"刘邦说："那我拜他为大将，如何？"萧何说："那是最好不过了。"于是刘邦就举行了一个隆重的仪式，拜韩信为大将。

韩信做大将后，觉得施展才能的机会到了。他给刘邦详细地分析了当时的形势，他说："项王虽然称霸天下，诸侯也纷纷臣服，但是他目光短浅，不占据关中，非要定都彭城。不但如此，又违背誓言，杀了义帝，而让自己的亲信取而代之，诸侯心里不服。还有，项王残忍，军队所到之处，全部夷为平地，遭天下人怨恨，他虽然名义上是霸主，实际上已失去人心。大王应该反其道而行，任用天下勇士，封赏有功之臣，得天下人心。项王曾经用欺骗的手段活埋了二十多万秦兵，让秦地人民恨之入骨；而大王您不同，您进关之后，一点没有侵犯秦地百姓，而是约法三章，深得民心。现在您被赶到汉中，秦地百姓没有不感到遗憾的，如果大王起兵东进，不费吹灰之力就可以得到三秦。"

刘邦听完韩信对形势的分析，真后悔没早点发现这个人才。从此，韩信指挥将士、操练兵马，为打败项羽，建立西汉王朝立下了汗马功劳。

●萧何像

>>> 置之死地而后生

《孙子·九地》："投之亡地而后存,陷之死地然后生。"

原指作战之时把军队布置在无法退却、只有战死的境地,兵士就会奋勇前进,杀敌取胜。后比喻事先断绝退路,就能下决心取得成功。

项羽"破釜沉舟"、韩信"背水一战"运用的都是这一兵法,最后也都取得了预期的效果。

拓展阅读:

《史记·淮阴侯列传》
西汉·司马迁
《汉书·韩信传》东汉·班固

◎ 关键词：绝境 拼杀 漂亮仗

韩信背水一战破赵

公元前205年,刘邦在关中站稳了脚,于是挥师东进,一路打败魏国,又命韩信、张耳率几万汉军攻打赵国。赵王赵歇和赵军统帅陈余立刻在井陉口聚集二十万重兵,严密防守。

赵国谋士李左车对陈余说："韩信一路夺关斩将,锐不可当,现在他又乘胜远征,企图攻下赵国。不过,他们运送粮食需经过千里之遥,长途跋涉,现在我们井陉山路狭窄,车马不能并进,汉军的粮草队必定落在后面。请允许我率领三万人从小道出击,拦截他们的武器粮草,断绝他们的供给。将军你只要坚壁清野,深池高城,坚守不战,那么韩信进退不得,又粮断草绝,必败无疑。"

陈余是个迂腐之人,根本不听李左车的话,还说什么"义兵不用诈谋"之类的话。

探听到这种情况,韩信很高兴,就将军队安营扎寨在离井陉口三十里的地方。到了后半夜,韩信派精锐骑兵两千人,每人拿一面汉军红旗,从小路爬上附近山头,埋伏起来,然后又派出一万人沿着河岸背水摆开阵势。背水历来是兵家绝地,一旦背水,非死不可。赵军得知后,大笑韩信不懂兵法。

天亮时分,韩信树起帅旗,率军进攻井陉口,赵军立即出营迎战,双方大战一阵后,韩信佯装败走,退至江边,会合先前在江边布下的一万军队,再与赵军作战。赵军全军出动,追赶汉军,此时韩信的军队已全部退到了江边,可谓是绝境了——前面是近二十万的赵军压过来,后面是滔滔黄河,又没有舟船。汉军都明白,后退是死路一条,只有勇敢向前拼杀,或许还有生存的希望。于是汉军个个殊死拼杀,无不以一当十,奋勇向前。

而先前的两千骑兵此时早已在赵军营中插满了汉军的红旗。赵军碰到处于死地的汉军的顽强阻抗,一时无法取胜,正想回军,却看见自家军营中插满了汉军红旗,以为赵王已被汉军伏兵所擒,于是全军大乱,纷纷溃逃。赵将连连挥剑斩杀退逃的兵士,但丝毫不能挽救溃退的局势。兵败如山倒,此时赵军已毫无战斗力。韩信立即挥军追击,加上占领赵营的两千骑兵,两面夹击,大破赵军,斩杀了赵军统帅陈余,擒得赵王歇。

战后,将领们问韩信："兵法上说,列阵可以背靠山,面临水。现在您让我们背靠水排阵,竟然取胜了,这是一种什么策略呢？"韩信笑着说："这也是兵法上有的,只是你们没有注意到罢了。兵法上不是说'置之死地而后生,置之亡地而后存'吗？如果是有退路的地方,士兵就逃散了,怎么会殊死拼杀呢！"众将听后恍然大悟,都很佩服韩信。

通过背水之战,韩信使士兵置之死地而后生,打了个漂亮仗,从此他在军中的威望更高了。

● 虞姬像

>>> 李清照《夏日绝句》

"生当作人杰，死亦为鬼雄。至今思项羽，不肯过江东。"

宋代靖康二年（1127年），金兵攻陷汴京（今河南开封），徽、钦二帝被掳，康王赵构逃到江南建立南宋政权。

眼看南宋统治者不管百姓死活，只顾自己逃命，抛弃中原河山，但求苟且偷生的无耻行径，宋代著名女词人李清照作《乌江》五绝，借古讽今，赞颂西楚霸王壮烈牺牲、不肯苟安的精神。

拓展阅读：

《霸王别姬》（电影）
《题乌江亭》唐·杜牧
楚河汉界

◎ 关键词：畏战 楚歌 身先士卒 自刎

楚霸王乌江自刎

公元前206年至公元前202年，项羽与刘邦为争夺天下进行了四年征战，史称"楚汉战争"。这期间，项羽的楚军实力大大削弱，而刘邦的汉军在战斗中节节胜利，军力也渐渐呈现优势。

公元前202年，项羽被刘邦在垓下（今安徽灵璧县东南）布置的十面埋伏围困，他率领兵马多次冲杀，仍未能突围。没多久，项羽兵力已大大折损，粮草也眼看就要告罄，整个楚军陷入消极畏战状态。

一天夜里，汉军把俘虏的楚军抓来，在楚营四周唱起楚国将士们家乡的歌曲。当听到四面的楚歌时，项羽非常震惊，叹道："难道汉军已经攻破了楚营吗？怎么到处是楚人哭泣呢？"于是，项羽再也睡不着了，起来在营帐中饮酒。

这位西楚霸王，一时感慨颇多，因而高声唱道："力拔山兮气盖世！时不利兮骓不逝！骓不逝兮可奈何？虞姬虞姬奈若何？"项羽一连唱了几遍，唱着唱着，禁不住流下了眼泪。旁边的侍从也都伤心地泪流满面。

当夜，项羽跨上战马，率领八百多名壮士组成的骑兵队向南突围。天快亮的时候，汉军才发现，刘邦赶紧命令骑兵将领灌婴带五千骑兵追击。

到达阴陵之后，项羽迷了路，问一位田里的老翁，哪条道可以到彭城。老翁骗他说："向左。"项羽于是率队向左奔去，却陷入一片大沼泽地，被汉军追上了。一番苦战后，项羽只剩下二十八个骑兵。

项羽估计今天凶多吉少，同身边的骑兵感慨，自己起兵八年，亲历七十多场战斗，从未失手，如今困在此地，定是天要灭自己。随后，他把骑兵分成四队，分别向四个方向突围，然后再会合。

会合后，汉军又把他们包围了好几层。项羽大声呼喊，冲向敌阵，汉军被杀得作鸟兽散。其他人见项羽英勇，也都奋力突围。项羽一个人就杀了近百名汉军，而他的二十八骑只损失了两名。

项羽他们且战且退，到了乌江（今安徽和县）岸边。乌江亭长把船划到江边，等候项王，并对他说："江东虽小，可还有一千多里土地，几十万人口。大王过了江，还可以在那边称王。"

项羽苦笑说："我项羽曾带八千子弟渡江，现在他们无一生还，我还有什么脸面去见江东父老？"说完，项羽命令骑兵都下马步行，与汉军交战。他身先士卒，杀死敌人上百人，自己也受了十几处创伤。汉军中有个叫吕马童的，认出了项羽，就对他的上司王翳说："这个人就是项王。"项羽说："我听说汉王用黄金千斤，封邑万户悬赏求我的人头，我把这个好处送给你吧！"说罢，西楚霸王拔剑自刎了。

◎ 关键词：田横 逃居 自刎 贞节

田横与五百壮士

● 彩绘指挥俑 西汉

>>> 龚自珍《咏史》

金粉东南十五州，万重恩怨属名流。

牢盆狎客操全算，团扇才人踞上游。

避席畏闻文字狱，著书都为稻粱谋。

田横五百人安在，难道归来尽列侯？

我国近代的启蒙思想家龚自珍，读了田横五百士的事迹后，心潮澎湃，写下了这首题为《咏史》的诗歌。诗文立意之高，可谓近代咏史题材中所少有。

拓展阅读：

田横岛
《俗话田横》谷永威

　　田横，秦末起义首领，原齐国贵族。其兄田荣和堂兄田儋都是英雄豪杰。陈胜起兵的时候，田儋杀了当地县令自立为王。后田儋和田荣相继战死，田儋之子田广被立为齐王，田横为相，继续投入秦末的群雄争霸之中。

　　汉王刘邦曾派说客郦食其游说齐王田广和齐相田横联合抗楚，田广、田横接受了汉王刘邦的建议。可是没想到，汉王大将韩信率大军奇袭齐都临淄。见汉军兵临城下，田广、田横都很气愤，以为郦食其出卖了他们，就烹杀了郦食其，然后弃城投靠了彭越。

　　梁王彭越一度中立，但又不坚定。他一会儿倒向楚军，一会儿又倒向汉军。刘邦建立汉朝后，彭越仍旧被封为梁王，臣服于汉王朝。田横因为烹杀了刘邦的谋士郦食其，所以非常害怕彭越有一天会将他交给刘邦处置，于是率部众五百名逃居海岛。

　　汉高祖刘邦听说田横深得齐人之心，如果久居于齐地的岛屿上，以后恐怕会乘机作乱，于是派使者前往招降。但田横推辞说："我曾经烹杀了陛下的使臣郦食其，而且听说郦食其的弟弟郦商已经是汉王朝的将军，深得皇帝信任和重用，我等很担心这些，所以不敢听从诏令返回朝廷。我们只求做一个普通的老百姓，长年生活在海岛上就够了。"

　　听完使者报告后，刘邦觉得田横是在对抗自己，一定要收服田横才放心。于是刘邦告诫郦氏兄弟、族人不要轻举妄动，否则夷灭三族。然后刘邦再派使者上岛宣旨，向田横等人说明了汉朝为他们考虑的一切措施政策，以解除田横等人的忧虑，还对他们说："你们回来，功大的将被封王，功劳小的也可封侯！"最后又不无威胁地说，再不服从就要派兵上岛了。

　　迫于这种形势，田横只好带了两名随从跟使臣去见刘邦。

　　当他们走到尸乡（今河南偃师）时，田横还是忧惧不已。在稍作停留时，田横暗中对两名随从说："当年我是和汉王刘邦并称为王的齐王，如今人家做了天子，而我却成了他的俘虏之臣，这种耻辱叫我如何忍受。况且，我烹杀了郦食其，现在又与他弟弟郦商共事刘邦，即便人家畏于天子之令不敢加害于我，而我又有何颜面见他呢？刘邦召我，不过是怕我们据岛自重，以后威胁到他，所以一定要让我离开海岛到朝廷，以便于他的控制罢了，他是要见到我的人头才放心。现在这里离刘邦所在的洛阳不过三十里路，待会儿我割下自己的头颅，你们拿去见刘邦，一定还不致腐烂，应当可以让刘邦看得清并相信我死了，那样他就会满意了。"说完，他就拔剑自刎了。于是，使者和随从只好捧着田横的头去见刘邦。

●田横五百士 徐悲鸿
这幅巨大的历史画渗透着一种悲壮气概,撼人心魄。画面选取的是田横与五百壮士诀别的场面,
着重刻画了不屈的激情。

  刘邦很高兴,以王侯的身份厚葬田横,同时拜封田横两名亲随为侯。
不料,营葬完毕,两名已被封侯的随从立即在田横墓边自杀身亡了。
  这使刘邦很震惊,觉得田横的部属都非等闲之辈。因此,刘邦赶紧
派使臣到岛上去召还驻留的田横的追随者,然而使者很快回来报告说:
"岛上的五百名田横亲信,一听说田横自杀了,也立即全体自杀,以表忠
心不二。"刘邦听了感叹不已,深感五百名壮士的贞节与义气,下令褒奖
并厚葬了他们。

●汉俑方阵 汉阳陵

>>> 与民休息

　　西汉建立之前，中原历经战乱，经济凋敝。刘邦总结秦"二世而亡"的历史教训，决定顺应民心，实行与民休息的政策。

　　他命萧何定律令，韩信定军法，叔孙通定礼仪，建立制度，招贤纳士；他提倡"重农抑商"政策，限制商人对农民的兼并，又减免赋税徭役，劝民归乡务农，释放一些奴婢为平民，复员军队，罢兵归田，对匈奴采取"和亲"政策。

　　这一系列措施为汉初经济的恢复发展奠定了良好的基础。

拓展阅读：

《史记·叔孙通传》
《嘲叔孙通》北宋·王安石

◎ 关键词：秩序 礼仪 朝仪 权威

叔孙通制定朝仪

　　公元前202年，刘邦打败项羽，建立汉朝。刘邦出身下层阶级，讨厌那些斯文的礼节规矩，他手下的很多将领也没有多少文化。当了皇帝以后，刘邦把秦朝的一套礼仪制度全部废除了。这样一来，朝廷中乱了套。由于没有礼仪约束，朝堂上没有秩序，不成体统。

　　汉朝刚建立时，汉高祖刘邦论功行赏。但由于奖赏不公，再加上不讲朝仪，群臣毫无约束，在大堂上饮酒争功，甚至拔剑击柱，混乱不堪，奖赏之事也一拖再拖。刘邦对这种情况渐感不满，觉得该想个办法整顿才好。

　　有个叫叔孙通的儒生看出了刘邦的心思，他对刘邦建议说："争夺天下的时候，儒生没能做出多少贡献；得到了天下以后，儒生却能帮助陛下保守好天下。让我来帮助陛下制定朝仪，整顿好朝廷上的秩序吧。"刘邦虽然觉得儒家礼仪烦琐，但想到乱糟糟的朝廷，就答应了。

　　于是，叔孙通就到了原先鲁国的地方，召集懂得古代礼仪的儒生三十人，请他们一起来制定朝仪。叔孙通先叫人在长安郊外用竹竿和茅草搭了一个草棚，带着三十个儒生、汉高祖的一些近臣以及他自己的弟子共一百多人，开始制定并演习朝仪。花了一个多月的时间，朝仪终于制定完成。汉高祖于是下令叫朝廷里的全体文武大臣都来学习。

　　公元前200年10月的一天，天还没有大亮，朝拜皇帝的仪式就在长安的长乐宫正式开始了。那一天，准备朝见皇帝的文武官员，按照官职的大小，在宫门外排队等候。宫殿外边，悬挂着五彩缤纷的旗帜，站立着威武雄壮的卫士，他们手执刀枪斧钺等兵器，排列在两边。

　　传令官发出号令："传大臣们上殿！"大臣们分成两路进入大殿，太尉等武官站在西边，面向东；丞相等文官站在东边，面向西。等大家站定以后，传令官代表群臣请皇帝上朝。汉高祖坐辇车从内宫来到殿上，接受群臣朝拜。参加朝拜的群臣，各人要自报姓名官职，恭恭敬敬地行跪拜礼，然后再退回到自己的位置。

　　朝拜完毕，汉高祖赏赐群臣饮法酒。群臣把酒杯举到跟自己额头一样的高度，齐声喊："谢酒！敬祝皇帝万寿无疆！"然后一饮而尽。酒是有限度的，完全是为了礼仪上的需要，决不允许喝醉，所以叫法酒。

　　在朝拜的过程中，御史负责执法，凡是在礼仪上出了差错的官员，就叫卫士把他带走。因此大臣们都十分严肃认真，唯恐出了差错。朝拜仪式结束后，出身寒微的汉高祖十分高兴，于是拜叔孙通为太常。

　　叔孙通制定朝仪以后，朝廷上再也没有出现过那种乱哄哄的情况。从此，皇帝拥有了至高无上的权威，而臣子却成了皇帝的忠实奴仆。

●汉殿论功图 明 刘俊

>>> "三不杀"之约

据说刘邦和韩信是有约在先的。原来，刘邦曾对韩信许诺，说对他见天不杀，见地不杀，见铁器不杀。即见到天的地方，见到地的地方，见到有铁器的地方都不杀韩信。

后来，吕后杀韩信时，是用一个布袋子装起来，布袋子装起来以后，韩信就见不到天，见不到地，也见不到铁器了。然后用竹签子捅他，结果韩信就这样被捅死了。

拓展阅读：
《史记·高祖本纪》西汉·司马迁
《汉刘邦》（电视剧）

◎ 关键词：异姓王 威胁 杀马立誓 吕后

刘邦杀马立誓

楚汉战争中，为了笼络部下，刘邦先后封了七个异姓王。楚汉战争结束后，这些异姓王占据大量地盘，握有重兵，成了刘氏天下的重大威胁。

七王当中，韩信的功劳最大，本领也最大，自然成了刘邦最大的心病。而韩信凭着自己所立的战功，也骄傲起来，说话丝毫不注意分寸。有一次，刘邦跟韩信谈到带兵打仗的问题，刘邦问韩信："像我这样的才能，你看能带多少兵？"韩信说："陛下顶多能带十万兵。"刘邦又问："那你能带多少兵呢？"韩信说："我带兵当然是多多益善！"刘邦一听脸就拉长了，心里非常不高兴，认为韩信是在贬低自己。他瞪着韩信，冷冷地说："你本事那么大，为什么又服从我了呢？"韩信觉得苗头不对，赶紧说："您善于统率将领，所以我得服从您。"刘邦这才高兴，但他一直想找机会除掉韩信。后来，陈豨勾结匈奴，起兵反叛。刘邦亲自率兵征讨，韩信则称病留在京城。这时，有人告他要谋反，刘邦的妻子吕后便设下毒计，由萧何诱骗韩信进入圈套，在宫中将他五花大绑。结果，吕后不仅把韩信杀掉了，而且还灭了他的三族。刘邦知道以后，心里暗暗高兴，也没再追究这件事。

韩信死了以后，汉高祖又一个一个地除掉了其他几个异姓王。从公元前202年到公元前196年，他先后把分封出去的七个异姓王都消灭了，空出来的王位就派自己的兄弟子侄去接替。

公元前195年，刘邦病重。他知道自己不久于人世了，便召集了所有的文武大臣到太庙里去立誓。刘邦让手下人牵来一匹白马，亲自主持了杀马宣誓的仪式。他端起一杯冒着热气的马血酒，起誓说："我自从做了皇帝以来，已经十二年了。当年有很多人追随我打天下，与我一起出生入死，南征北战，我也给了他们许多应有的奖赏。但是这些人当中，有不少人骄傲自大，甚至兴兵反叛，想要抢夺我刘家的天下。现在我在这里当着祖宗的灵位，为子孙后代留下一条不许违反的规定，希望你们发誓遵守：从今以后，凡不是刘姓的人，一概不许封王；凡是没有立大功的人，一律不许封侯。谁要是违反这个盟约，天下人就共同讨伐他！"

起誓完毕，刘邦把马血酒半杯倒在地上，剩余的半杯一口气喝了下去。所有在场的人也都照他的样子喝了马血酒，发誓一定要永远遵守这个盟约。

刘邦杀马立誓，是为了防止异姓王抢夺刘家的天下。他以为这是一条长久之计，但他万万没有想到的是，第一个违反这个盟约起来造反的人就是他自己的妻子吕后和吕氏子弟。

巍巍帝国——秦、汉

● 吕后所用玉玺

>>> 武则天

吕后临朝称制首创妇女专政，开女性统治之先河。武则天即是继她之后中国历史上第一位真正意义上的女皇帝。

武则天初为太宗才人。唐太宗死后，入感业寺为尼。永徽初，高宗复召入宫，永徽六年（655年）立为皇后。高宗死后，武则天为皇太后，临朝称制。

天授元年（690年），改唐为周，称圣神皇帝。临终，下遗诏"去帝号，与高宗合葬乾陵，谥曰则天大圣皇后。"

拓展阅读：

《戚姬》明·朱鹤龄
吕雉寻夫

◎ 关键词：吕后 傀儡 篡权 名存实亡

吕后临朝称制

吕后是汉高祖刘邦的结发妻子，名叫吕雉。她先后用毒计杀了韩信，剁了彭越，对刘邦剪除异姓王起了很大的作用。刘邦死后，她又设计对刘姓的子孙下毒手，篡夺了朝政大权。

公元前195年，汉高祖刘邦去世，太子刘盈即位，这就是汉惠帝。汉惠帝性格优柔寡断，加上身体不好，大权就全由他母亲吕后掌握。

掌握大权后，吕后先后杀死了赵隐王刘如意、赵幽王刘发，逼死了赵共王刘恢、燕灵王刘建。几年当中，把汉高祖的八个儿子杀了四个。

吕后杀害赵隐王刘如意和他母亲戚夫人的手段最为残酷。原来，刘如意的性格作风很像汉高祖，是汉高祖最喜欢的一个儿子。汉高祖生前多次想废掉太子刘盈，立如意为太子，只是由于大臣们的反对，才没有办成。汉高祖死了以后，吕后先把如意的母亲戚夫人打入冷宫，给她脖子上套个囚犯的铁箍，穿上囚犯的衣服，罚她一天到晚舂米，舂不到一定数量的米，就不给饭吃。接着，吕后把赵隐王如意从封地召到京城里来，准备杀害他。听说母亲把如意召来，汉惠帝知道他凶多吉少，就把他接到皇宫里。由于惠帝的保护，吕后几个月都未得手。

有一天，汉惠帝清早起来去打猎，如意因为睡懒觉，没有起来跟着去。吕后找到了可乘之机，就派人送去毒酒，把如意害死了。如意死后，吕后叫人砍断戚夫人的手脚，挖掉眼珠，熏聋耳朵，灌了哑药，把她叫作"人彘"（古时候叫猪作彘），并把她关进了厕所。过了几天，汉惠帝见到"人彘"，吓得号啕大哭，病了一年多。从此，他一天到晚饮酒作乐，不再管理国家大事，到他即位后的第七年就忧郁而死了。

汉惠帝死后，吕后假惺惺地哭了一场，可是却没有掉下一滴眼泪。

汉惠帝的张皇后一直没有生子，吕后叫人抱来一个宫中美人生的婴儿，假称是皇后所生。这个婴儿做了皇帝，历史上称为少帝。其实，少帝只是个傀儡，朝政大权实际上仍由吕后掌握。

篡权以后，吕后想封吕家的子侄为王，巩固她的地位。她先征求右丞相王陵的意见，遭到王陵当面指责。没过几天，吕后就免掉了王陵的职务，把左丞相陈平升任右丞相，把自己的亲信审食其提拔为左丞相。

接着，吕后大封吕姓家人。她的侄子吕台被封为吕王，把济南郡作为他的封国，又封吕产为梁王，吕禄为赵王，吕台的儿子吕通为燕王，共封了六个吕家的人为列侯。大臣们敢怒不敢言，只得由她摆布。

少帝长大后，吕后怕他对自己构成威胁，就杀了他，又找了个名叫刘弘的小孩来做皇帝，依旧由她执掌朝政大权。至此，刘姓天下已名存实亡。

●单于和亲砖范 西汉

>>> 和亲

　　和亲指中原王朝与少数民族或两个政权之间修好亲善的政治活动，也特指中原王朝与少数民族首领之间具有一定政治目的的联姻。

　　早在周代，即有此种和亲实例，但取得明显政治效果的和亲却是从汉代开始的。汉高祖刘邦曾以宗室女为长公主入嫁匈奴单于为妻，缓和了匈奴的袭扰。自魏、晋、南北朝至清，和亲之事不断出现。

　　历史上的和亲总是与战争相辅相成，和亲之策不但促进了民族间的友好，同时也加强了相互的经济和文化交流。

拓展阅读：

《最后一个匈奴》高建群
《匈奴大帝》（电影）

◎关键词：匈奴 鸣镝 霸主 和亲

匈奴雄主冒顿单于

　　秦末汉初时期，匈奴出现了一位很有作为的单于，名叫冒顿，他是中国少数民族中第一个有雄才大略的军事家、统帅。在位期间，他以武力统一匈奴各部，吞并周围部落，建立起强大的奴隶制国家，雄踞于我国北方。他在匈奴的崛起有一段曲折的故事。

　　冒顿是匈奴首领头曼的儿子，当他已被定为继承人的时候，头曼单于宠爱的阏氏生了个小儿子。头曼想传位给小儿子，于是送冒顿到月氏做人质。

　　不久，头曼单于故意率军攻打月氏，想借月氏王的手把冒顿杀了。却没有料到冒顿偷了一匹快马，逃回了匈奴。头曼单于看到冒顿，心里暗暗叫苦，表面上还是称赞他勇敢，并且派他担任一万骑兵的指挥官。

　　得到兵权后，冒顿加紧训练部队。他制成了一种射出去有"呜呜"声响的箭，叫作鸣镝。冒顿告诉部下说："打猎的时候，鸣镝所射的方向，大家都得照着射，谁要是不射，就砍谁的脑袋。"

　　冒顿为了训练部下，用鸣镝射自己的良马，左右也纷纷竞射，冒顿就奖励他们。一次，他用鸣镝射自己的小老婆，左右的人不敢动手，冒顿就把这些人都杀了。从此，只要鸣镝一响，部下莫不追随。

　　有一天，冒顿和父亲头曼单于外出打猎。冒顿趁机用鸣镝射向头曼单于，冒顿的手下也随着一起射箭，头曼单于被儿子杀死了。冒顿随即抢夺了单于的大位，成为控制整个广大北部地区的霸主。

　　汉高祖刘邦统一中国、建立汉朝后，和匈奴形成了南北对峙的局面。

　　公元前200年，匈奴和汉朝发生军事冲突，冒顿单于率领大量骑兵进攻山西太原。刘邦亲率三十万大军迎战，到了平城（今山西大同），因为轻敌被困在白登山七天七夜，没法脱身。

　　幸好，足智多谋的陈平及时献上一计：他派了一个使者，带着金银财宝和一幅美女图到了匈奴的兵营，只说要见单于皇后——阏氏。阏氏看到闪闪发光的黄金，非常喜欢，赶紧收下了。但当她得知那一幅画上的美人是献给单于的时候，心中升起了醋意，立刻叫汉使送回去。

　　送走汉使后，阏氏觉得在中原待的时间长了会对自己不利，于是找冒顿单于，劝他撤兵，说汉朝不是久居之地。听了阏氏的话，第二天一早，冒顿就下令将包围网撤开一角，放汉兵出去。

　　白登之围后，冒顿单于继续雄霸北方。汉朝为了缓和与匈奴的关系，开始采取"和亲"的政策。直到汉武帝即位以后，南北对峙的局面才发生了有利于汉帝国的变化。

●上林苑驯兽图 西汉

>>> 五刑

五刑是中国古代对罪犯使用的五种刑罚的总称。

中国自夏代开始有了刑罚，商代时有墨、劓、刖、宫、大辟五刑，到西周已经普遍施行。

汉初曾以笞、仗代替残伤肢体的肉刑，至魏、晋、南北朝，不断有关于废除和恢复肉刑之争，并对原有的五刑屡加更定。

到隋、唐时期，终于以笞、仗、徒、流、死的五刑制度代替了原有的五刑制，直至明、清沿用不改。

拓展阅读：

文景之治
二十四孝
《缇萦》李翰祥

◎ 关键词：废除 肉刑 奏章 赎罪

缇萦上书救父

公元前180年，汉文帝刘恒即位。不久，他下了一道诏书说："一个人犯了法，定了罪也就是了。为什么要把他的父母妻儿也一起逮捕办罪呢？我不相信这种法令有什么好处，请你们商议一下改变的办法。"

大臣们都很同意汉文帝的意见，于是废除了一人犯法、全家连坐（连坐，就是被牵连一同办罪）的法令。

公元前167年，临淄地方有个叫淳于意的读书人，因为喜欢医学，经常给人治病，渐渐出了名。后来他做了太仓令，但他不愿意跟做官的来往，也不会拍上司的马屁。没有多久，他就辞了职，当起医生来了。

有一次，有个大商人的妻子生了病，请淳于意医治。那病人吃了药，病没见好转，过了几天反倒死了。大商人仗势向官府告了淳于意一状，说他错治了病。当地的官吏判淳于意"肉刑"（当时的肉刑有脸上刺字，割去鼻子，砍去左足或右足等），要把他押解到长安去受刑。

淳于意只有五个女儿，他被押解到长安去的时候，望着女儿们叹气，说："唉，可惜我没有男孩，遇到急难，一个有用的也没有。"

四个大的女儿都只是低着头伤心痛哭，只有最小的女儿缇萦又是悲伤，又是气愤。她想："为什么女儿偏没有用呢？"她提出要陪父亲一起上长安去，家里人再三劝阻也没有用。

到了长安，缇萦托人写了一封奏章，到宫门口递给守门的人。

汉文帝接到奏章，听说上书的是个小姑娘，很是重视。那奏章上写着："我叫缇萦，是太仓令淳于意的小女儿。我父亲做官的时候，齐地的人都说他是个清官。这回他犯了罪，被判处肉刑。我很为父亲难过，同时也为所有受肉刑的人伤心。一个人砍去脚就成了残废，割去了鼻子也不能再安上去，以后就是想改过自新，也没有办法了。我情愿被官府没收为奴婢替父亲赎罪，好让他有改过自新的机会。"

汉文帝看了信，十分同情这个小姑娘，又觉得她说得有道理，就召集大臣们说："犯了罪该受罚，可是受了罚，也该让他重新做人才是。现在惩办一个犯人，在他脸上刺字或者毁坏他的肢体，这样的刑罚怎么能劝人为善呢。你们商量一个代替肉刑的办法吧！"

大臣们商议后，拟定出一个办法，那就是把肉刑改为打板子。原来判砍去脚的，改为打五百板子；原来判割鼻子的，改为打三百板子。于是，汉文帝正式下令废除了肉刑。这样，缇萦就救了她的父亲。

缇萦上书救父的孝行，千百年来一直为人们所称颂，成为后世孝道的典型。

●**杨香扼虎救父 清 王素**
晋朝有一个叫杨香的小女孩，在她十四岁的时候，有一次跟父亲杨丰去田里收割庄稼，突然蹿出一只老虎，叼住她父亲就走。当时杨香手无寸铁，但她仍奋不顾身地扑向老虎，紧紧扼住老虎的脖子。老虎无法呼吸，瘫倒在地上。杨香将父亲从老虎嘴里救了出来，父女得以脱险。

●周亚夫像

>>> 周亚夫的细柳营

文帝后元六年（公元前158年），匈奴犯边，周亚夫被任命为将军，率军驻扎在细柳（今陕西咸阳西南）。

汉文帝到营地视察，至细柳营前被阻，文帝派使者持节诏告将军，周亚夫才传令开壁门，并请皇帝的马车遵循军规，徐行而入。他自己一身戎装，以军礼拜见文帝。其部队的戒备森严与其他军营的松懈混乱形成鲜明对比。

文帝见他治军严谨，便倍加称赞，誉他为"真将军"。文帝临死时，曾嘱咐太子，如事有缓急，周亚夫可任大将。

拓展阅读：

《论积贮书》汉·晁错
建文帝削藩失策

◎ 关键词：晁错 削地 叛乱 平定

晁错削藩惹祸

公元前157年，汉景帝刘启即位。景帝时候，汉初分封的同姓诸侯势力很大，像齐国有七十多座城，吴国有五十多座城。这些诸侯不受朝廷的约束，特别是吴王刘濞，最是骄横。他自己从来不到长安朝见皇帝，简直使吴国成为一个独立王国。

当时的御史大夫晁错看到诸侯国的势力很大，对巩固中央集权不利，就建议汉景帝趁早削减他们的封地。

汉景帝有些犹豫，怕激起诸侯造反。

晁错说："诸侯存心造反的话，削地要反，不削地将来也要反。现在造反，祸患还小，等将来他们势力雄厚了，再反起来，祸患就更大了。"

正当晁错向汉景帝建议削藩的时候，吴王刘濞率先造起反来。他打着"诛晁错，清君侧"的幌子，煽动别的诸侯一同起兵叛乱。

公元前154年，吴、楚、赵、胶西、胶东、淄川、济南七个诸侯王发动叛乱。历史上称为"七国之乱"。

叛军声势浩大，汉景帝有点怕了，他命周亚夫为太尉，统率三十六名将军去讨伐叛军。

这时，朝廷上有个妒忌晁错的人说七国发兵完全是晁错引起的。

他劝汉景帝说："只要杀了晁错，免了诸侯起兵的罪，恢复他们原来的封地，他们就会撤兵。"

汉景帝听信了这番话，说："如果他们真能够撤兵，我又如何舍不得晁错一个人呢。"

接着，就有一批大臣上奏章弹劾晁错，说他大逆不道，应该腰斩。为了保住自己的皇位，汉景帝批准了这个奏章。

于是，景帝以议事为名，将晁错骗入宫中，抓起来腰斩了。

晁错死后，汉景派人下诏书要七国退兵。可是七国没有一个听他的，吴王刘濞他们已经打了几个胜仗，夺得了不少地盘。听说要他拜受汉景帝的诏书，吴王刘濞冷笑说："现在我也是个皇帝，为什么要下拜？"汉景帝听到后，这才明白错杀了晁错。

幸亏周亚夫很会用兵，他先把带头叛乱的吴、楚两国打败，两国一败，其余五个国家也很快垮了。不到三个月时间，汉军就把七国的叛乱平定了。

平定了叛乱，汉景帝虽然仍旧封了七国的后代继承王位，但是从此诸侯王只能在自己的封国征收租税，不得干预地方的行政，权力被大大削弱。汉朝的中央政权终于巩固下来。

巍巍帝国——秦、汉

● 西汉名将卫青

>>> 匈奴未灭，无以为家

　　天才青年军事家霍去病，十八岁领兵征战，二十岁便成为独当一面的统帅，他多次抗击匈奴，立下卓越战功。

　　汉武帝要为他建造府第，他拒绝说："匈奴未灭，无以为家也！"这句洋溢着爱国激情的名言，一直激励着历代为保卫民族独立而战的爱国将士们。

　　抗金英雄岳飞曾说过："敌未灭，何以家为？"孙中山在创建中兴会时曾以"驱除鞑虏，恢复中华"为口号。历代豪杰的爱国之情都为后人所称颂。

拓展阅读：

《胡无人》唐·李白
《汉书·卫青霍去病传》

◎ 关键词：卫青 霍去病 匈奴 功臣

卫青与霍去病功高盖世

　　公元前141年，汉景帝去世，太子刘彻即位，就是汉武帝。这时的西汉已经很强大，但匈奴贵族还是经常侵犯中原，杀害百姓，掠夺粮食和牛羊，使北方地区不得安宁。

　　汉武帝刘彻是个雄心勃勃的皇帝，他决心加大反击匈奴的力度，彻底赶跑匈奴。

　　起初，汉武帝曾任用王恢、李广、公孙贺、公孙敖抗击匈奴，但边境的形势仍旧危急，匈奴还继续侵扰北方边境。这时候，作战勇敢、忠实可靠的卫青受到了汉武帝的赏识。

　　卫青出身低微，是个小家奴，后来姐姐卫子夫进宫，受到汉武帝的宠幸，卫青的地位也渐渐显贵起来。

　　公元前129年，匈奴骑兵又来侵犯边境。汉武帝派出四路兵马抗击匈奴，其中一路由卫青指挥。结果，年轻的卫青第一次出征就大获全胜，杀死了匈奴兵七百多人，在军中威望大增。

　　公元前124年，匈奴的右贤王率领大队骑兵，到汉朝边境烧杀抢掠。汉武帝任命卫青为车骑将军，率领十万大军出征。

　　在夜色的掩护下，卫青急行军六七百里，深入匈奴腹地，包围了右贤王，把匈奴军杀得七零八落，俘虏了一万五千多敌人，还夺得了几十万头牲畜。这一战后，卫青被汉武帝封为大将军。

　　这时，又有一位年轻的骠骑将军霍去病脱颖而出，他是卫青的外甥，年纪才十八岁。第一次出征时，霍去病只率领八百铁骑，远离汉军大部队，孤军奋战，俘虏了匈奴的相国以及单于的叔祖父等至亲，杀死了两千多匈奴兵。霍去病第一次出征就立了奇功，被汉武帝封为冠军侯。

　　公元前121年，汉武帝派骠骑将军霍去病率领一万骑兵，从陇西出发，进攻匈奴。匈奴不敌，向后败退，霍去病率领骑兵越过燕支山（今甘肃永昌县西），追击一千多里，消灭了八千九百人，给匈奴以致命的打击。

　　为了根除匈奴的侵犯，公元前119年，汉武帝派卫青、霍去病各带五万精兵，分两路合击匈奴。经过这一战，匈奴主力部队基本上被消灭。此后，匈奴撤退到大沙漠以北，在很长一段时间里再也没有力量侵犯汉朝了。

　　漠北之战后，卫青和霍去病都被汉武帝封为大司马。汉武帝还下诏，规定霍去病与卫青享有同等的待遇。可是不幸的是，两年后霍去病就病逝了。十年后，卫青也病逝了。

　　击退匈奴是汉武帝的功业之一，而这前无古人的赫赫战绩是与卫青、霍去病分不开的。因此，这两位功臣都被汉武帝安葬在自己的陵园之中。

●飞将军李广

>>> 射虎

据说，李广在镇守北方边境的时候，有一晚带兵巡逻，将前方草丛中的一块巨石误认为是一只老虎，便搭弓射箭，那箭头竟然深深地射进了石头里，足见李广的神勇无比。

李广射虎穿石的故事广为流传，由此还引申出猜谜的雅称——射虎。

从前谜题大都取材自四书五经、文字、成语、诗词曲赋等，困难度极高，有如射虎，因此谜语叫"灯虎"或"文虎"，把猜谜叫作"射虎"，猜中也叫"射中"，以一箭中的誉为最佳射手。

拓展阅读：

《塞下曲》唐·卢纶
《出塞》唐·王昌龄

◎ 关键词：飞将军 封赏 自杀

飞将军李广功高难封侯

李广，陇西成纪人，汉代名将，自幼勇武善射，箭法精准，在西汉抗击匈奴的战斗中，立下显赫战功，人称"飞将军"。可是他生不逢时，一生都没能封侯。

公元前166年，匈奴大举入侵边关，李广随军抗击匈奴。他作战英勇，杀敌颇众，使汉文帝大为赞赏，封为中郎。

汉景帝即位后，李广升为骑郎将。吴王、楚王叛乱时，李广以骁骑都尉官职跟随太尉周亚夫出征平叛，立下显赫战功。但因私下接受了梁国授予的将印，李广回朝后没有得到封赏。

不久，李广被调往上谷、上郡、陇西、雁门、代郡、云中等西北边陲做太守，素以勇敢善战闻名，但却迟迟得不到封赏。

一次，匈奴进攻上郡，景帝派了一名宠信宦官到李广军中，这名宦官带了几十骑卫士出游，路上遭遇三名匈奴骑士。结果，卫士们全被射杀，亲随本人中箭逃回。闻讯后，李广带领百十名骑兵追击，亲自射杀其中两人，生擒一人。刚把俘虏缚上马，匈奴数千骑兵赶来，见到李广等人，以为是汉军诱敌之兵，连忙抢占了一座高地。李广所带的百十名兵士慌忙欲逃。李广坚决不允，带领兵士向匈奴骑兵迎去，离匈奴阵前二里之遥，他令士兵下马解鞍。匈奴搞不清他们的意图，不敢攻击，只派一名将官出阵试探。李广飞马抢到阵前，将他射落马下，然后从容归队。到夜半时，匈奴认为一定有汉军埋伏夜袭，于是引兵而去。李广等有惊无险。

公元前141年，汉武帝即位，调李广为未央卫尉。四年后，李广率军出雁门关，被数倍于己的匈奴大军包围，李广力战不敌被生擒。由于匈奴人爱惜李广英勇而没有杀死他，想押他回去，李广瞅准机会逃了回来。因为这场损兵受俘之罪，李广被汉武帝革除军职，贬为庶人。

李广一生征战，胜多败少，却因各种原因总没有得到相应的封赏，而他手下的将校们被封侯的已有几十个人。李广为此甚感悲哀。

公元前119年，大将军卫青率军出击匈奴，六十多岁的李广任前将军职。出塞后，大将军卫青想甩开李广独得大功，便令李广的前锋部队并入右翼出东道，他自带中军去追单于，迫于军令，李广只好从侧道进军，因而迷了路。此时，卫青的主力部队遇上了匈奴主力而开战，待李广等人会合了大部队，战斗已经结束，李广非但无功，还因失期之罪受了罚。

又一次无功而返，被审讯查问的李广格外悲凉，终于引颈自杀。李广一生以非凡的勇敢、忠信正直的品格赢得了人们的尊敬，大家都为他以这种凄凉的结局结束一生而悲痛万分。

● 卓文君像

>>> 《凤求凰》

"凤兮凤兮归故乡，遨游四海求其皇。时未遇兮无所将，何悟今兮升斯堂！有艳淑女在闺房，室迩人遐毒我肠。何缘交颈为鸳鸯，胡颉颃兮共翱翔！"

"皇兮皇兮从我栖，得托孳尾永为妃。交情通意心和谐，中夜相从知者谁？双翼俱起翻高飞，无感我思使余悲。"

据说，这两首诗就是当日司马相如在卓王孙家所弹《凤求凰》的歌词。其中第一首表达了他对卓文君的无限倾慕和热烈追求，第二首则写得更为大胆炽烈，暗约文君半夜幽会，并一起私奔。

拓展阅读：

《上林》西汉·司马相如
《白头吟》西汉·卓文君

◎ 关键词：守寡 貌美 爱情 私奔

卓文君与司马相如

汉武帝时候，自由追求爱情是一件惊世骇俗的事情，但是这时却发生了一件引人注目的才子佳人的故事。这对才子佳人就是司马相如与卓文君。

卓文君是富豪卓王孙最小的女儿，家在临邛（今四川邛崃），她从小就学习了各种技艺，尤其善于鼓琴，很得卓王孙宠爱。不幸的是，卓文君刚出嫁不久，丈夫就死去了，年仅十七岁的她开始守寡。在那个时代，守寡的女人是不能再嫁的。可是年轻貌美的卓文君心中充满了对爱情的渴望，不愿意一辈子就这样孤单度过。

无聊时，卓文君会弹弹琴，看看一些文人的作品。当时一个叫司马相如的文人很有名，他写的赋连皇帝都称赞。在看了他的一些作品后，卓文君心中暗暗喜欢上了他，可是一直没有机会相见。

正巧这时司马相如来到了临邛，他和县令王吉的关系很好，因此卓王孙和当地另一个富豪程郑打算给县令一个面子，在卓王孙家设宴款待司马相如。那一天，司马相如的魅力令满座宾客为之倾倒。

大家正畅饮时，王吉主张让司马相如弹琴助兴。推辞一番后，司马相如坐到琴前，弹了两曲。悠扬的琴声打动了躲在屏风后偷看的卓文君，很懂琴艺的卓文君从琴声中听出了司马相如对自己的爱意。其实司马相如来临邛前就听说卓王孙的新寡女儿美丽聪颖，已生爱慕之心。他和王吉的这一番动作，都是为了挑动卓文君的芳心。

离开宴会后，司马相如又派人拿钱买通了卓文君的仆人，向卓文君再次表达了情意。惊喜的卓文君高兴之余，马上想到父亲不会同意这门亲事，于是便和司马相如一起私奔到了成都。

这下，卓王孙又气又恼，当他得知司马相如家里很穷时，便恨恨地说："女儿太不争气了，我就是心疼她，也不会给她一分钱。"过惯了富日子的卓文君在过了一段清贫的日子之后，有点受不了，便和丈夫又回到了临邛。他们变卖了车马，开了一个小酒店。为了气卓王孙，卓文君就在平常之时出来招呼卖酒，司马相如穿着围裙当着众人的面洗盘子刷碗。他们的举动使卓王孙颜面尽失，连大门也不好意思出。

这时，有人劝卓王孙：司马相如虽然没钱，但他有才学，有人品，肯定会有出头之日的。一来心疼女儿，二来也是无可奈何，卓王孙只好给了卓文君一些钱财和仆人，让他们回成都过富贵的生活。

后来，司马相如果然做了大官，并且深得皇帝的喜爱与信任，没有辜负卓文君的眼光与爱情。卓文君对爱情的执着和把握自己命运的勇气一直为世人所称颂。

●玉骑马羽人 西汉

>>> 十大古商

1. 富甲陶朱——范 蠡
2. 营国巨商——吕不韦
3. 官商大鳄——桑弘羊
4. 实业巨子——张 謇
5. 商界巨擘——盛宣怀
6. 红顶商人——胡雪岩
7. 火柴大王——刘鸿生
8. 家族首富——孔祥熙
9. 地产大王——徐 润
10. 双栖勇士——章乃器

◎ 关键词：财政危机 货币制度 兴利除弊 功臣

大经营家桑弘羊

汉武帝时期，国家为了抗击匈奴，连年用兵，造成经济紧张，出现财政危机。为脱离这种困境，汉武帝开始招聘经济人才。桑弘羊就是其中较为出色的一位。

桑弘羊出生在洛阳一个大商人家庭里，从小就显露出一个经营家基本的天赋——计算。别人用工具算，他用心算，不仅算得快，而且全面、系统。可是，从十三岁进入宫廷，他的才能一直不得施展，直到有一次他向武帝陈述自己恢复经济的想法，才于公元前119年负责实施改革措施。

首先，桑弘羊发行了白鹿皮币和白金币。白鹿皮币是用白鹿皮做成的，每张价值四十万钱。白鹿皮币不是真正的货币，它只是朝廷和统治阶级内部相互交换的一种货币形式，用它可以兑换钱财。真正的货币是白金币，分为三千钱、五百钱和三百钱三种面值。后因白金币币值过高，引起了大规模的私铸、偷铸现象，反而给国家财政带来巨大的破坏。这项制度只实行了四年，就被废除了。

其次，桑弘羊大力推行算缗、告缗的政策。即向富商、高利贷者征收财产税，奖励告发不如实汇报财产的商人，实行严格的奖罚制度。此举既抑制了商人的非法牟利，又增加了国家收入。

桑弘羊做的第三件事便是实行盐铁业的官营。桑弘羊主张实行盐铁的国有及专卖政策，并提议让专门的盐铁商来负责，使国家基本实现了盐铁的专营，中央的集权统治有所加强，西汉的财政收入大大增加。

看到这些政策对国家经济十分有利，汉武帝非常高兴，就提升桑弘羊为大农丞。在以后的十几年时间里，桑弘羊又先后担任了治粟都尉、大司令等职位。公元前100年，武帝正式任命桑弘羊为大司农，使他成为全国财政的第一把手。在担任这些职位过程中，桑弘羊继续推行改革。

他统一了币制，将铸币权集中到中央，使用新的五铢钱，使汉朝有了较为健全的货币制度；实施均输法，保证了各郡国进贡货物不受损，又使朝廷在货物辗转贸易中获得了巨额的利润；推行平准措施，使物价平稳，同时也打击了一部分商人的投机倒把活动。通过这一系列措施，桑弘羊替武帝搜集了大量钱财，暂时缓和了西汉王朝的财政危机。

武帝死时，桑弘羊受命为辅政大臣之一，这与他卓越的经营及理财能力是分不开的。他创铸的五铢钱，从汉至隋，一直沿用了七百年，而由国家控制铸币权的制度，直到今天仍在继续沿用。作为一个兴利除弊的功臣，桑弘羊的经济理论和经济政策，对后世起到了巨大的启示和规范作用。

拓展阅读：

《盐铁论》西汉·恒宽
盐铁会议

●苏武牧羊图 清 王震

>>> 鸿雁传书

"鸿雁传书"是中国古老的民间传说，因为鸿雁属定期迁徙的候鸟，信守时间，成群聚集，组织性强。古人当时的通信手段较落后，渴望能够通过这种"仁义礼智信"俱备的候鸟传递书信，沟通信息。

昭帝即位后，了解到苏武被困匈奴的事情，让新派出的汉使对单于说："汉朝天子猎到一只北来的大雁，雁腿上系着一封信，写着苏武正在北海（今贝加尔湖）牧羊。"

单于见道破天机，无法隐瞒，于是放苏武归汉。"鸿雁传书"一词即由此而来。

拓展阅读：

《苏武牧羊》（京剧）
麒麟阁十一功臣

◎ 关键词：旌节 出使 放羊 大丈夫

苏武牧羊守旌节

苏武，字子卿，是汉武帝的侍从。当时，北方的匈奴经常前来骚扰，闹得边境上的百姓不得安宁。公元前100年，汉武帝出兵攻打匈奴，匈奴派使者来求和，并把汉朝的使者都放回来。为了答复匈奴的善意表示，汉武帝派中郎将苏武拿着旌节，带着副手张胜和随员常惠，出使匈奴。

到了匈奴，苏武送回扣留的使者，送上礼物。苏武完成出使任务准备返回时，匈奴发生内乱牵连到他，苏武一行被扣留下来。

原来几年前，汉使卫律出使匈奴投降并被单于封为王。卫律原来的副使虞常对卫律卖身投靠匈奴的做法一直不满，见到老朋友张胜后，就和张胜暗中商量，想乘单于出外打猎时，劫持单于的母亲，杀了卫律。然而正当他们七十多人准备起事时，有人告了密。于是单于逮捕了虞常，并趁机逼迫苏武投降。

卫律奉令威逼苏武投降，苏武宁死不失气节，拔出宝剑向自己身上猛刺，卫律慌忙阻拦住，然后找来医生为他包扎伤口。

听到消息，单于不禁对苏武的爱国气节产生了敬意，更加想让苏武投降，为自己创立霸业服务。他让卫律当着苏武的面审问虞常和张胜。

卫律把苏武叫来，先将虞常一刀砍死，吓得张胜当场表示投降。然后卫律乘机要挟苏武说："你的副使都认罪投降了，你作为正使也要治罪。"苏武义正词严地回答："我和张胜既非同谋，又非亲属，凭什么治我的罪？"卫律理屈词穷，挥刀要杀苏武。苏武毫不畏惧，迎上前去说："你要有胆量杀死汉朝使臣，就动手吧！"见硬的不行，卫律就用高官厚禄来诱降，谁知苏武一听勃然大怒，破口痛骂道："你背叛了君主和父母亲戚，不知廉耻，还有什么脸跟我说话？"

单于见苏武软硬不吃，又生一计，想用艰苦的生活环境来消磨苏武的爱国意志，最终诱使他投降，于是下令把苏武放逐到北海（今俄罗斯西伯利亚贝加尔湖）去放羊。临行前，单于对苏武说："等你放的公羊产了奶，你才能回去。"

苏武到了北海，身边什么人都没有，唯一和他做伴的是那根代表朝廷的旌节。没有吃的东西，他就挖掘野鼠收藏的野生果实来充饥。日子一久，旌节上的穗子全掉了。就这样，苏武在匈奴生活了十九年。

公元前81年，汉朝与匈奴几经交涉，匈奴才把苏武及其随员共九人放回长安。回到长安的那天，长安的人民都出来迎接他们。看见白胡须、白头发的苏武手里拿着光杆子的旌节，全长安的人民没有一个不感动的，说他真是个有气节的大丈夫。

●盘口壶 西汉

>>> 三条丝绸之路

　　我们现在所说的"丝绸之路"，主要指的是由西汉张骞、东汉班超出使西域后打通的西去中亚、欧洲的陆上通道，即著名的北方"丝绸之路"。除此之外，还有"西南丝绸之路"和"海上丝绸之路"。

　　"海上丝绸之路"大约形成于我国宋朝，从广州乘船经满剌加（今马六甲）海峡，到锡兰（今斯里兰卡）、印度、东非。据史料记载，当年马可·波罗就是经"海上丝绸之路"来中国的。

拓展阅读：

《大漠征程》安亘
《汉书·张骞传》东汉·班固

◎ 关键词：外交家 俘虏 贸易通道 丝绸之路

张骞通西域

　　张骞，汉中成固（今陕西城固）人，西汉时期杰出的外交家。他一生中曾两次出使西域，沟通和加强了汉朝与西域各国的联系，开辟了一条连接亚欧的陆上贸易通道——"丝绸之路"。

　　汉武帝早期，匈奴人多次南下入侵汉朝。汉武帝了解到月氏国曾被匈奴打败，一直想报仇。汉武帝便有意联合月氏，共同对付匈奴。但是月氏在匈奴西边，到月氏去必须通过匈奴。于是，他招募出使月氏的勇士。

　　当时担任汉武帝侍卫官的张骞主动请缨，并被任命为使者。

　　公元前138年，张骞用一个匈奴人堂邑父做向导，带着一百多人的队伍从长安出发了。

　　不久，他们进入匈奴境内。张骞带领手下人正想迅速通过时，不幸被匈奴士兵发现，因寡不敌众，都被俘虏。匈奴人没有杀他们，只是派人把他们分散开来，只有堂邑父跟张骞住在一起，一住就是十多年。

　　张骞一直想逃走。终于有一天，他和堂邑父趁匈奴看守放松警惕的时候，偷偷地逃走了。他们一直向西走，以为可以到达月氏国，却不想到了大宛。

　　大宛国王早就听说东方有一个神奇的国家，金银财宝多得用不完，因而很想和汉朝来往，一听说汉使来了，当然很高兴。张骞请大宛国王将他们送到月氏国，答应回去后请汉朝皇帝赠给他金银财宝。

　　大宛国王满口答应，因为到月氏要经过康居国，于是便派骑兵和翻译把他们送到了康居，康居国王也很热情，又派人把他们送到月氏国。

　　自从被匈奴打败后，月氏国向西逃到葱岭，联合大夏国建立了大月氏国。这些年来，那里的人们与世无争，生活得很美满，早已经丧失东归故国、报仇雪耻的斗志。张骞反复劝说，他们毫不心动。过了一年多，看到大月氏国王毫无诚意，张骞历尽艰辛回到了长安。尽管没有完成预期的任务，汉武帝还是非常高兴地重赏了他们。

　　公元前119年，为了进一步联络乌孙，断"匈奴右臂"，汉王朝派张骞再次出使西域。这次，张骞带了三百多人，顺利地到达了乌孙。但由于乌孙内乱，也未能实现结盟的目的。后来，汉武帝派名将霍去病带重兵攻击匈奴，消灭了盘踞在河西走廊和漠北的匈奴，建立了河西四郡和两关，开通了丝绸之路。

　　张骞不畏艰险，两次出使西域，沟通了亚洲内陆的贸易通道，与西欧诸国正式开始了友好往来，促进了东西经济文化的广泛交流，开拓了丝绸之路，被誉为中国走向世界的第一人。

◎ 关键词：司马迁 横祸 宫刑 忍辱负重

史家之绝唱——《史记》

● 西汉史学家司马迁

>>> 宫刑

宫刑是男子割势、妇人幽闭的刑罚。始于夏代，秦、汉时也称腐刑、蚕室刑、阴刑。

男子割势即割去男子生殖器。女子幽闭，古有两说。一说为禁闭于宫，另一说为用棍棒捶击女性胸腹，使胃肠下垂，压抑子宫坠入膣道，以防交接。

宫刑最初用以惩罚淫罪，后来也适用于谋反、谋逆等罪，并扩大到连坐的犯人子女。宫刑至隋开皇（581—600 年）初年正式废除。

拓展阅读：

《后汉书》南朝·范晔
《三国志》汉·陈寿

作为我国古代第一部纪传体通史和优秀的传记文学作品，《史记》被鲁迅誉为"史家之绝唱，无韵之《离骚》"。完成这部伟大历史著作的人，就是西汉著名史学家、文学家、思想家司马迁。

司马迁，字子长，夏阳（今陕西韩城南）人。司马迁的祖上几辈都担任史官，父亲司马谈是汉朝的太史令。受家庭的熏陶，司马迁自幼博览群书，才华出众。

为了搜集史料，开阔眼界，在父亲的支持下，司马迁从二十岁开始就游历祖国各地。他到过浙江会稽（今浙江绍兴），看了传说中大禹召集部落首领开会的地方；到过长沙，在汨罗江边凭吊了爱国诗人屈原；到过曲阜，考察了孔子讲学的遗址；到过汉高祖的故乡，听沛县父老讲述刘邦起兵的故事……这种游览和考察，使司马迁既获得了大量的知识，又从民间语言中汲取了丰富的养料，为他以后的写作打下了坚实的基础。

后来，司马迁当了汉武帝的侍从官，跟随皇帝巡行各地，还奉命到巴、蜀、昆明一带视察，这些活动同样使他开阔了眼界，丰富了阅历。

司马迁三十六岁那年，父亲司马谈去世了。司马谈生前正在着手编写史书，临死前，他拉着儿子的手再三嘱咐要继承他的事业，将贤明君主和忠臣义士的业绩都记载下来。司马迁流着眼泪，连连点头接受了父亲的嘱托。

两年后，司马迁接替父亲做了太史令，开始编写父亲没有写完的史书。谁知不久却遭遇了飞来横祸。

公元前99年，李陵与匈奴作战失利，司马迁为他辩护，触怒汉武帝，受到"宫刑"的惩罚。司马迁感到在人格上受到了沉重打击，内心十分痛苦。他几次都想自杀，但是一想到父亲临终的嘱托，想到自己作为史官的责任，便放弃了轻生的念头，决心忍辱负重把这部史书写完。

经过十余年努力，司马迁终于写成了我国第一部纪传体历史巨著《史记》。《史记》共一百三十篇，五十三万字，以纪传的体制，叙述了我国从传说中的黄帝到汉武帝时二三千年间的史事。

在《史记》中，司马迁对古代一些著名人物的事迹都作了详细的叙述，表达了他对被压迫的下层人民的深切同情。他用简洁、通俗的语言，生动地塑造出各种人物形象，反映了复杂的社会生活和阶级矛盾。因此，《史记》的诞生对中国史学的发展具有十分重要的贡献，它不仅建立了史学的独立地位，而且建立了史学的文学传统。

◎ 关键词：辅佐 陷害 阴谋 托孤大臣

三朝重臣霍光辅政

●霍光像

>>> 麒麟阁

麒麟阁十一功臣是十一名中国西汉名臣的总称，后世简称麟阁。

西汉甘露三年（公元前51年），汉宣帝因匈奴归降，回忆往昔辅佐有功之臣，乃令人画十一名功臣图像于麒麟阁以示纪念和表扬，后世往往将他们和云台二十八将、凌烟阁二十四功臣并提，有"功成画麟阁""谁家麟阁上"等诗句流传，是人臣荣耀之最。

十一人中霍光为第一，并为了表示尊重，独不写出霍光全名，只尊称为"大司马、大将军、博陆侯、姓霍氏"。其次为张安世、韩增、赵充国、魏相、丙吉、杜延年、刘德、梁丘贺、萧望之、苏武，共十一人。

拓展阅读：
《汉书·霍光传》东汉·班固
《吊霍光》宋·李吕
芒刺在背（典故）

公元前87年，汉武帝刘彻去世。临终前，他将皇位传给了八岁的小儿子刘弗陵，任命霍光为大司马大将军，并把辅佐幼帝的重任托付给了他。

汉武帝死后，霍光开始辅佐汉昭帝。他公正无私，赏罚分明，把国家大事管理得井井有条，却因此得到朝中大臣的嫉妒。

左将军上官桀想把他六岁的孙女嫁给汉昭帝做皇后，霍光没有同意。后来，上官桀靠汉昭帝的姐姐盖长公主的帮助，让孙女当上了皇后。上官桀和他的儿子上官安想封盖长公主的人做侯，霍光无论如何不依。

上官桀父子、盖长公主恨透了霍光，想方设法要陷害他，于是串通燕王刘旦来反对霍光。有一次，霍光到长安附近的广明去检阅军队，并且调了一个校尉到他的大将军府里去。上官桀等人假造了一封燕王的奏章，送到汉昭帝那里去告发霍光。看了奏章，汉昭帝毫无反应。

第二天阅兵回来，霍光听到有人告发他，就躲在偏殿里不敢去见汉昭帝。汉昭帝叫人召霍光进来。霍光一进来，就脱下帽子，伏地请罪。

汉昭帝却抬手让他起来。原来汉昭帝早就知道有人存心害霍光，借霍光阅兵之事，说他意图叛乱。燕王远在北方，事情刚发生一天，他是无论如何也送不来奏章的，信一定是假的。

汉昭帝不但没有治霍光的罪，并且当场下令，要追查假造书信的人。

上官桀怕昭帝追查得紧，他们的阴谋会露馅，于是对汉昭帝说："这种小事情，陛下就别再追究了吧。"

从此，汉昭帝就怀疑起上官桀来了。

但是，上官桀等人并不就此罢休，他们又设置了另一个阴谋：由盖长公主出面请霍光喝酒，在厅堂四周埋伏下武士，准备乘公主劝酒的时候，命武士们冲出来把霍光杀死，然后再废掉汉昭帝，迎立燕王做皇帝。

可是，这一个阴谋还没有来得及实行就败露了。霍光奏明汉昭帝以后，把上官桀一伙统统抓起来处死了。

公元前74年，年仅二十一岁的汉昭帝病逝。昭帝无子，霍光和皇太后商量，决定迎立汉武帝的孙子昌邑王刘贺做皇帝。谁知刘贺荒淫无才，不理朝政，于是在他即位二十七天后将他废黜。霍光另立汉武帝的曾孙刘询为皇帝，这就是汉宣帝。

公元前68年，霍光病逝。汉宣帝和皇太后亲自为霍光主持丧礼，将他十分隆重地安葬在茂陵（汉武帝的陵墓）旁边。

霍光作为西汉王朝的三朝元老、托孤大臣，为西汉王朝的巩固、发展做出了重要贡献，因此他被汉宣帝列为麒麟阁十一功臣之首。

●明妃出塞图 金 宫素然

>>> 落雁

人们形容女子长得漂亮，往往用"闭月羞花之貌，沉鱼落雁之容"来比喻。

据说，在一个秋高气爽的日子里，昭君告别故土，登程前往匈奴。一路上，马嘶雁鸣，撕裂她的心肝；悲切之感，使她心绪难平。她在坐骑之上，拨动琴弦，奏起悲壮的离别之曲。南飞的大雁听到这悦耳的琴声，看到骑在马上的这个美丽女子，忘记摆动翅膀，跌落地下。

从此，昭君就得来"落雁"的美称。

拓展阅读：

昭君文化节
《题昭君图》元·赵介
《汉明妃》（京剧）

◎关键词：和亲 塞外 繁荣 青冢

匈奴南下昭君出塞

汉宣帝时候，汉朝依然处于强盛的时期。而那时候的匈奴却处于四分五裂的状态，称王的单于就有五个。他们为争夺统治权而相互攻伐，经过几年战争，只剩下呼韩邪单于跟郅支单于。

公元前54年，郅支单于向呼韩邪单于发起猛攻，呼韩邪单于被打败，损失惨重。呼韩邪与大臣商议，决定向汉朝投降，并亲自带着部下来朝见汉宣帝。

公元前51年1月，呼韩邪单于到长安朝见汉宣帝。闻讯后，汉宣帝欣喜万分，热情地接待了呼韩邪单于，不仅赐给他许多礼物，还承认他是匈奴的最高首领。同年2月，呼韩邪单于返回漠南，汉宣帝派军队护送，并让高昌侯董昌留在那里帮助呼韩邪单于守卫漠南。

呼韩邪单于十分感激，一心和汉朝和好。西域各国听说匈奴和汉朝和好了，也都争先恐后地同汉朝打交道。汉宣帝死后，他的儿子刘奭即位，这就是汉元帝。几年后，匈奴的郅支单于又侵犯西域各国，还杀了汉朝派去的使者。汉朝派兵到康居，打败了郅支单于，并把郅支单于杀了。

郅支单于一死，呼韩邪单于的地位稳固了。公元前33年，呼韩邪单于再一次到长安，请求同汉朝和亲。

以前汉朝与邻国"和亲"，都是把公主或皇族的女儿嫁出去，这次汉元帝决定挑选一位漂亮的宫女嫁出去。

后宫的宫女都是从民间选来的，一进宫就像关进樊笼的金丝鸟，虚度青春，渴望自由。可是要远嫁遥遥荒凉的塞外，她们却没有一个答应的。

有个宫女叫王昭君，出生于山清水秀的南郡秭归（今湖北秭归）的一户民家，长得十分美丽，又很有见识。为了自己的终身，她毅然报名，自愿到匈奴去和亲。管事的宦官喜出望外，立即上奏汉元帝，汉元帝下旨应允。

在汉朝和匈奴官员的护送下，王昭君离开了长安。她骑着马，冒着刺骨的寒风，千里迢迢地到了匈奴，做了呼韩邪单于的阏氏。日子久了，她慢慢习惯了北方的生活，和匈奴人相处得很好。匈奴人都喜欢她，尊敬她。

王昭君到了匈奴后，帮助呼韩邪单于改革了游牧民族的一些落后习惯。跟随王昭君陪嫁到匈奴的汉人，教会了匈奴人从事农业生产，畜牧业也得到了进一步发展。北方地区呈现出人畜两旺的繁荣景象。

远离自己的故乡的王昭君再也没有回去过。去世后，她被葬在归化（今内蒙古呼和浩特）一处水草丰茂的高坡，那里的青草长得非常茂盛，因此昭君墓又被后人称为"青冢"。

● 国宝金匮直万铜钱 新莽

>>> 王莽碎瑑

瑑，即玉制的剑鼻。

西汉末年，王莽被罢官，南阳太守派王莽的下属孔休担任新都相。

孔休进见王莽，王莽以礼相待，主动结交。

一次王莽生病，孔休前来问候，王莽送他一柄玉饰宝剑答谢。见孔不受，王莽说只想把剑上的玉制剑鼻送给他，因为美玉能治他脸上的疤痕。可孔休还是不受。王莽怕孔休觉得剑鼻值钱，便把剑鼻打得粉碎，亲手把他包起来送给孔休。

孔休见他如此真诚，才把它收下。由此可见王莽懂得如何笼络人心。

拓展阅读：

《放言》唐·白居易
《王莽》傅鹤年

◎ 关键词：功臣 称帝 改革 农民起义

王莽复古改制失败

公元前33年，汉元帝去世，太子刘骜即位，他就是汉成帝。汉成帝是个荒淫的皇帝，他即位以后，国家政权控制在外戚的手里。成帝的母亲——皇太后王政君有八个兄弟，除了一个早死以外，其他七个都被封为侯，其中长兄王凤还被封为大司马、大将军。

王凤掌权后，他的几个兄弟、侄儿都十分骄横奢侈。唯有汉成帝二舅王曼的儿子王莽知书达理，做事谨慎，生活节俭。

王凤死后，他的两个兄弟前后接替他做了大司马，后来王莽也做了大司马。王莽很注意招揽人才，有些读书人慕名来投奔他，他都收留了。

汉成帝死后，十年内换了两个皇帝——哀帝和平帝。汉平帝即位的时候才九岁，国家大事都由大司马王莽做主。有些巴结王莽的人都说王莽是安定汉朝的大功臣，请太皇太后王政君封王莽为安汉公。王莽说什么也不肯接受封号和封地，后来经大臣们一再劝说，他只接受了封号，把封地退了。王莽通过这种手段获得了好名声，许多人都为他上书称颂。

平帝长到十二岁时，有人建议可以为皇帝立皇后了。王莽为了维持自己的权位，把自己的女儿嫁给了平帝。

皇帝结婚是一件大事，朝廷送了很多的聘礼给王莽。王莽退回了大部分，并把收下的聘礼转送给贫困的人，让人们感觉到他的高超人格。

平帝渐渐长大，对王莽的专权很不满意，也开始流露出"不想当傀儡"的态度。王莽也感觉到了，于是有了废黜皇帝的念头。

在一次宴会上，王莽趁上酒的机会用毒酒毒死了平帝。见称帝时机还不成熟，他便选了两岁的刘婴做皇帝。刘婴年幼，不能掌理朝政，于是文武大臣和百姓们纷纷上书，请求王莽代理皇帝。这时，在陕西武功县发现了一件符瑞，一口井中吊出了一块白色的石头，上有几个红色的字——"告安汉公莽为皇帝"，这块石头很快被送到了长安。王政君知道是王莽做的手脚，但在强大的民意要求之下，只好封他为摄政皇帝。

公元8年，王莽正式即位称帝，改国号为新。统治了二百一十年的西汉王朝至此结束了。

做了皇帝后，王莽打着复古改制的幌子，下令变法。第一，把土地改为"王田"，不准买卖；第二，把奴婢称为"私属"，不准买卖；第三，平定物价，改革币制。

王莽的改制只做表面文章，加上食古不化，搞教条主义，都是不合时宜的，因而引起了人们的怨恨。这种改革在农民起义的打击下很快就失败了，王莽的新王朝也被推翻。

●王莽像

>>> 地皇

地皇,中国神话人物,是新朝时期王莽的第三个年号,也是他的最后一个年号。

传说地皇曾历三万六千岁,所以依此做年号以示统治长久。陈直考证地皇年号有繁简区别。

地皇是简称,还有始建国地皇、始建国地皇上戊是繁称。这三种年号的写法都有考古的文物资料可以佐证。

而《中国历代年号考》则推测当时繁称是正式称呼,而《汉书》趋从简易,使得后人不知道有原来的繁称。

拓展阅读:

金错刀

疾风知劲草(典故)

◎关键词:起义 绿林山 "赤眉军"

绿林赤眉起义

王莽改制后,法令烦苛,徭役繁重,加上一连串的天灾,逼得农民走投无路,于是纷纷起义。

公元17年,南方荆州闹饥荒,饥民数百人共推新市(今湖北京山)人王匡、王凤为领袖,发动起义。

王匡他们以绿林山(今湖北大洪山)为根据地,攻占了附近的乡村。不到几个月工夫,这支起义军就发展到七八千人。

王莽派了两万官兵去围剿绿林军,结果绿林军把他们打得大败而逃,并趁势攻下了几座县城,把官家粮仓里的粮食,部分分给当地穷人,大部分搬到绿林山。投奔绿林山的穷人越来越多,起义军增加到五万多人。

第二年,绿林山一带发生瘟疫。绿林军只好分作三路人马——新市兵、平林(今湖北随州东北)兵和下江(长江在湖北西部以下叫下江)兵,分头转移。这三路人马各自占领一块地盘,队伍又强大起来了。

当南方起义军不断壮大的时候,东方起义军也壮大起来。

这时候,另一个起义领袖樊崇带领几百个人占领了泰山,很多穷苦百姓投奔樊崇起义军,不到一年工夫,就发展到一万多人,在青州和徐州之间来往打击官府、地主。

公元22年,王莽派太师王匡(他和绿林军中的王匡并非是一个人)和将军廉丹率领十万大军去镇压樊崇起义军。为了避免起义兵士跟官兵混杂,樊崇叫他的部下都在自己的眉毛上涂上红颜色,作为识别的记号。这样,樊崇的起义军就被叫作"赤眉军"。

结果,王莽的军队大败。太师王匡的大腿被樊崇扎了一枪,逃了回去;将军廉丹在乱军之中被杀。赤眉军越打越强大,发展到了十多万人。

起义军打胜的消息一传开,黄河两岸的平原上涌现了大大小小十几路起义队伍,有一批没落的贵族和地主、豪强也趁机起兵,反对王莽。

南阳郡春陵(今湖南宁远北)乡的豪强刘縯、刘秀兄弟因为王莽废除汉朝宗室的封号,不许刘姓人做官,心里怨恨,发动族人和宾客七八千人在春陵乡起兵。他们和绿林、赤眉三路人马联合起来,接连打败了王莽军队,声势逐渐强大起来。

公元23年,为了使绿林军的几支队伍有统一的指挥,绿林军各路将士拥立西汉皇族刘玄做皇帝,恢复汉朝国号,年号"更始",所以刘玄又称更始帝。更始帝拜王匡、王凤为上公,刘縯为大司徒,刘秀为太常偏将军,对其他将领也各有封赏。从此绿林军又称为汉军。

巍巍帝国——秦、汉

◎ 关键词：土崩瓦解 以少胜多 典型

昆阳大战定胜局

●汉代战争图

>>> 坎尼战役

公元前216年，第二次布匿战争，罗马军队（步兵六万三千人，骑兵六千人）同迦太基军队（步兵四万人，骑兵一万人）在坎尼附近进行了战争中规模最大的一次战役。

经过十二小时的交战，罗马军队死四万八千人，被俘约一万人。迦太基军队死六千人。

坎尼战役作为以劣势兵力包围并全歼敌人的范例而载入军事学术的史册。恩格斯指出："从来还没有过这样彻底的全军覆没。"从此以后，"坎尼"成了围歼战役的代名词。

拓展阅读：

"巨无霸"的由来
《刘秀传》黄留珠

绿林、赤眉起义军推举皇族刘玄即位后，更始帝刘玄派王凤、王常、刘秀进攻昆阳（今河南叶县）并很快攻下，接着又打下了临近的郾城（今河南郾城县）和定陵（今河南郾城县西北）。

听到起义军立刘玄为皇帝的消息，王莽已经坐立不安，如今连失了几座城池，更是着急。于是，他立即派大将王寻、王邑率领兵马四十三万人，直奔昆阳。

驻守在昆阳的汉军只有八九千人，有的将领在昆阳城上望见王莽的军队人马众多，主张放弃昆阳，回到原来的据点去。

刘秀对大家说："现在我们缺少兵马粮草，全靠大家同心协力打击敌人；如果放弃昆阳，汉军各部也会马上被消灭，那就什么都完了。"

大家觉得刘秀说得有道理，但是王莽军兵力强大，死守在昆阳也不是个办法。最后决定由王凤、王常留守昆阳，派刘秀带一支人马突围出去，到定陵和郾城去调救兵。

当天晚上，刘秀率十二个勇士，趁黑夜冲杀出昆阳城，到定陵和郾城去搬救兵了。

昆阳城城池坚固，王莽军想方设法破城，他们在十多丈高的楼车上不断地向城里射箭，又用车撞城，还想挖掘地道打进城里去，但都被汉军一次一次地击退，始终没有成功。

抵达定陵、郾城后，刘秀说服不愿出兵的诸营守将，于六月初一率领步骑万余人驰援昆阳。

刘秀带着三千名敢死队，向王莽军的中坚部队冲杀过去。王寻觉得汉军人少，没放在眼里，亲自带着一万人马跟刘秀交战。不想汉兵越打越有劲儿，他们一股作气打败了王莽军，结果了王寻的性命。

昆阳城里的汉军王凤、王常，一见外面的援军打了胜仗，打开城门冲了出去。汉军两下夹攻，将王莽军杀得落荒而逃。当王莽军大将王邑逃回洛阳的时候，四十三万大军只剩下几千人。

昆阳大战消灭了王莽主力，消息传来鼓舞了各地人民，大家纷纷起来响应汉军，不少人杀了当地的官员，自称将军，等待汉军的命令。

更始帝派大将申屠建、李松率领汉军进攻长安。王莽惊慌失措，把关在监狱里的囚犯放出来拼凑成一支军队抵抗汉军，但很快就溃散了。

不久，汉军攻进长安城，将王莽杀死。王莽新朝维持了十五年就土崩瓦解了。

昆阳之战是绿林起义军推翻王莽政权的一次决定性战役，也是我国历史上以少胜多的一个典型战例。

◎关键词：忍气吞声 招兵买马 东汉 江山

刘秀小忍成大谋

●汉光武帝刘秀

>>> 糟糠之妻不下堂

"糟糠"是古代的一种粗粮……是贫寒人们的主要食粮。后来引申为同甘苦、共患难的妻子。

刘秀的姐姐湖阳公主，在丈夫死后，喜欢上了大司徒宋弘。她特地请光武帝利用机会试探试探他。

一次，刘秀委婉地说了湖阳公主的意思，宋弘闻言十分坚定地拒绝了。宋弘拿"糟糠"来比喻同甘苦、共患难的妻子，表明自己和妻子百年好合的决心。刘秀见宋弘对妻子如此恩爱情深，心中感动，也就打消了提亲的念头。

拓展阅读：

《汉光武帝刘秀》赵山虎

刘秀封王鱼（民间故事）

刘秀，字文叔，汉景帝后裔，东汉的开国皇帝，也是我国古代历史上最会用人、最有学问、最会打仗的皇帝。

很小的时候，刘秀就有出人头地的想法，但他从不露声色，常常闷着头苦干，显得十分憨厚。刘秀曾受教育于大夫许子威，在读书中，他只求弄通大义，而不拘泥于字句。

由于王莽的暴政，各地农民纷纷起义。刘秀和哥哥刘縯也开始了推翻新朝、重兴汉室的戎马生涯。后来，在昆阳大战中，刘秀和绿林军联合作战，打败了王莽的主力部队，立了大功。他哥哥刘縯打下了宛城，将更始帝刘玄迎进宛城，把宛城作为更始政权的临时都城。

在宛城安顿下来以后，刘玄觉得自己的地位虽说比较巩固，可还是害怕刘縯、刘秀兄弟的势力强大起来，同自己争夺天下。为此，刘玄总想找个借口除掉刘縯兄弟。

刘縯的一个铁杆儿部将刘稷对刘玄当皇帝十分不满，他私下里发牢骚说："我们起兵图谋大事，全是刘縯的功劳，刘玄算什么东西，哪有资格做皇帝？"刘玄本来就有除掉他们的想法，听到这些话后，便找借口把刘縯和刘稷都杀了。

这时刘秀正带兵在外，听到哥哥被杀的消息，内心又是悲愤又是恐惧。可是想到自己的势力敌不过刘玄，只好忍气吞声到宛城向刘玄谢罪。见了更始帝刘玄，刘秀言必称陛下，口必言皇恩浩荡，绝不提自己的功劳，也不为哥哥服丧，既显得十分恭谨，又表现得宽厚大度。他平时谈笑自若，从不透露出半点哀意，只有在夜深人静的时候，才偷偷地为哥哥的惨死痛哭，发誓要为哥哥报仇。刘秀"忍辱偷生"的表演终于解除了刘玄的疑忌，保住了自己的性命。为了安抚和笼络刘秀，刘玄拜刘秀为破敌大将军，封为武信侯。

不久，刘秀被派往河北去发展起义军，从此刘秀便摆脱了刘玄的监视和控制。他迅速招兵买马，网罗人才，扩充实力。在不到一年的时间里，刘秀便发展到十余万人，还有了一批能征善战、忠心耿耿的战将，于是便公开和刘玄分道扬镳了。

经过一番征战，到公元25年，刘秀在鄗城称帝，不久定都洛阳。因为洛阳在长安的东边，所以历史上称刘秀建立的汉朝为东汉，刘秀是东汉的第一个皇帝，史称光武帝。又经过十二年时间，刘秀终于铲平群雄，完成了国家的统一，坐稳了江山。

巍巍帝国——秦、汉

●绿釉陶水亭 东汉

>>> 苍鹰

"苍鹰"即西汉郅都。景帝时曾任中尉，专管京师治安。他六亲不认，执法严酷，但人格可敬，声威远播。在他任雁门太守时，连匈奴也敬其高风亮节而退兵。

相传，匈奴人曾用郅都人像做箭靶，但射手竟慑于郅都威名而不能中的。后来，他在处理临江王一案时得罪了窦太后，景帝求情也不行，以致被杀。

搏击权贵的"苍鹰"，最终却不能逃脱猎人之手，这实在是历史的悲剧。

拓展阅读：

《后汉书·酷吏列传》
《董宣》宋·徐钧

◎ 关键词：执法严明 强项令 卧虎

不畏权贵的董宣

董宣，字少平，陈留圉人。东汉初任北海相、江夏太守、洛阳令等职，他不畏强暴，执法严明，敢于跟皇亲贵戚、豪强地主做斗争，被光武帝刘秀称为"强项令"。那时候，皇亲国戚和豪强地主到处横行霸道，他们兼并农民的土地，建立规模巨大的田庄，还豢养家兵。一个田庄好像是一个独立的小王国，连地方政府都不敢得罪他们。

光武帝刘秀的姐姐湖阳公主也是一个出名的豪强地主。她依仗弟弟做皇帝，十分骄横，连家丁奴仆都无法无天。湖阳公主有一个家奴仗势行凶杀了人，躲在公主府里不出来。董宣不能进公主府去搜查，就天天派人在公主府门口守着等那个凶手出来。

有一天，湖阳公主因事外出，跟随着她的正是那个杀人凶手。董宣得到消息，就亲自带衙役赶来，拦住湖阳公主的车。湖阳公主认为董宣触犯了她的尊严，沉下脸来说："好大胆的洛阳令，竟敢拦阻我的车马？"

董宣没有被吓倒，他当面责备湖阳公主不该放纵家奴犯法杀人，并且不顾公主阻挠，吩咐衙役将凶手当场处决。

一个小小的县令居然敢冒犯自己，湖阳公主心里非常气恼。她立刻跑到皇宫里去，向汉光武帝哭诉董宣怎样欺负她。光武帝听说董宣对姐姐这样无礼，也很生气，立刻下令把董宣抓来，要用乱棍把他打死。

听说光武帝要打死自己，董宣不慌不忙地说："皇上要打死我，我当然不敢违抗。不过，请允许我在临死之前讲句话！"光武帝问："你想说什么？"董宣说："陛下是一个中兴的皇帝，应该注重法令。现在陛下让公主放纵奴仆杀人，还能治理天下吗？用不着打，我自杀就是了。"说罢，他昂起头就向柱子撞去，汉光武帝连忙吩咐内侍把他拉住，董宣已经撞得血流满面了。汉光武帝明白董宣说得有理，也觉得不该责打他。但是为了顾全湖阳公主的面子，便要董宣给公主磕个头赔个礼。

董宣听说叫他给公主磕头赔罪，很不服气，说什么也不肯答应。光武帝叫人把董宣拉到湖阳公主面前，按着他的脑袋叫他跪下磕头。董宣一屁股坐在地上，用两手撑着地，挺着腰杆，强着脖子，死也不肯低头。

看到董宣的强硬态度，湖阳公主虽觉得自己有些下不了台，但光武帝并未深究，此事便不了了之。事后，汉光武帝不但没治董宣的罪，还赏给他三十万钱，奖励他执法严明。董宣回到官府，把这笔钱全分给了他手下的官员。

此后，董宣继续打击不法的豪门贵族，洛阳的豪强听到他的名字都吓得发抖，人们都称他是"卧虎"（意思是"躺着的老虎"）。

●印度高僧像 唐

>>> **狮子对炎黄大地的意义**

传说佛祖释迦牟尼降生时，作狮子吼曰："天上地下，唯我独尊。"所以佛教便将狮子视为庄严吉祥的神灵之兽而倍加崇拜。以后就把佛家说法音声震动世界、群兽慑服称为"狮子吼"。

在我国佛教圣地的许多寺庙里，都供奉着骑狮子的文殊菩萨像。传说这位专司人间智慧的文殊菩萨是骑着狮子首先来到五台山显灵说法的。

狮子有了这等的威严，但当时只限于在陵墓坟宅前摆放，作为神道上的神兽，常与石马、石羊等放在一起，用以震慑，使人产生敬畏的心理。

拓展阅读：

佛教四大名山
"三寸金莲"的由来

◎ 关键词：天竺国 取经求佛 印度 佛教

白马驮经迎僧来

公元57年，汉光武帝去世，太子刘庄即位，是为汉明帝。

有一天晚上，明帝刘庄做了一个梦，梦见一个又高又大的金人，金人的脑袋和脖子上有一圈耀眼的光芒，看起来十分威武尊严。

第二天上朝，明帝把这个梦讲给文武大臣们听，请他们帮忙圆梦。文武大臣听了，你看看我，我看看你，谁也说不清这究竟是怎么回事。最后还是楚王刘英给他做了分析："陛下，您大概梦见佛了。我听西域天竺国来的佛教大师说，佛高一丈六尺，通体都是金黄的颜色，颈项上佩有日月的光辉。这跟您梦见的不是完全一样吗？佛给您托梦，这是吉祥的预兆，希望陛下赶快斋戒沐浴，并且派人到天竺国去取经求佛。"

听说自己梦见的是佛，梦见佛又是吉祥的预兆，汉明帝高兴极了，他赶快斋戒沐浴，郑重其事地派郎中蔡愔和博士弟子秦景等人，带了黄色和白色的上等丝绸，到天竺国去取经求佛。

天竺国是张骞时说的身毒国，也就是现在的印度。据说印度的商人早在西汉初年就跟中国的巴蜀有通商关系，张骞通西域的时候，曾经在西域见到过蜀地出产的布和邛竹杖，那是西域人从身毒国那里转运去的。张骞曾经想出使身毒国，但是没有能够实现。

东汉的时候，由于生产的发展，各地之间的交通比西汉时候方便得多了。蔡愔、秦景和他们的随从经过艰苦的长旅途行，终于到了天竺国，并且找到了佛教大师，向他们介绍了汉朝的情况，转达了汉明帝想要取经求佛的虔诚愿望。佛教的大师们认为汉明帝不远万里派人来取经求佛，的确是出于虔诚的心情，于是派遣竺法兰和迦叶摩腾两位大师，带着许多写在贝多罗树叶上的佛经，跟随蔡愔、秦景等人到中国来。

到了中国，竺法兰和迦叶摩腾朝见了汉明帝，向汉明帝讲解了佛教的教义。汉明帝认为佛教的教义很符合他加强封建专制统治的需要，便请他们两位带着一些佛教徒，把他们带来的贝叶经翻译成为汉文。竺法兰和迦叶摩腾起初住在汉朝政府招待贵宾的鸿胪寺里，可他们希望汉朝政府能按照印度佛教寺院的样子修建一所佛寺供他们居住，并画出佛寺的图样来交给汉明帝。于是，汉明帝便在洛阳城里修建了我国的第一所佛寺。因贝叶经是用白马驮到中国来的，所以这所佛寺就取名为白马寺。

自从汉明帝派人去天竺取经求佛以后，佛教就在中国广泛地传播开来。因为起源于印度的佛教中有些教义跟中国的传统思想和风俗习惯不合，后来中国的高僧对佛教教义作了部分改造，并糅合了儒家、道家思想，成了中国的佛教。

巍巍帝国——秦、汉

● 班超像

拓展阅读

《后汉书·班超列传》
《诉衷情·当年万里觅封侯》
南宋·陆游

◎ 关键词：投笔从戎 出使西域 外交 统一

弃笔从戎的班超

班超，字仲升，东汉著名的军事家和外交家，是东汉著名历史学家班固的弟弟，其父班彪、妹妹班昭也是有名的史学家，他们和班固一起完成了《汉书》的创作。

班彪去世后，汉明帝叫班固做兰台令史，继续写作他父亲未完的《汉书》，班超跟着他哥哥做抄写工作。可是哥儿俩性情不一样，班固喜欢研究百家学说，专心致志写他的《汉书》，班超难以安心伏案，他满怀抱负，不想在纸笔中消磨一生，决心投笔从戎。

班超三十一岁时，得到了一个代理司马的军职，跟随大将军窦固出击匈奴并立下大功。明帝和窦固都看到了班超的军事才能，于是派遣班超和郭恂率领三十六人出使西域。

班超具有高超的外交手段和智勇双全的政治才能。他在出使西域的过程中，先后招附了鄯善、于阗，并帮助疏勒人赶走了龟兹，使他们摆脱了被龟兹控制的命运。短短一年之内，班超就打通了汉朝通往西域各国的道路，使汉朝与西域南面诸国的联系有了加强，这是继张骞之后最大的外交成就之一。后来，窦固、耿秉又出兵降服了不肯归附的车师国，东汉王朝得以重新设置西域都护，并派兵驻扎在那里，防御匈奴的侵扰。

班超帮助疏勒人立了自己的王，使疏勒有了独立的政权，并以少量的士兵打退了龟兹一次次的进攻。刚登位的汉章帝担心班超孤立无援，便下诏让他回朝。谁知消息传来，疏勒都尉因为担心疏勒又将被龟兹灭亡而拔刀自杀，希望以自己的死来挽留班超，百姓们也一再挽留班超。班超十分感动，决定在他有生之年帮助东汉实现各民族的完全统一。于是他上书章帝，请求留下，章帝收回了诏令。班超这一待就是三十多年。

经过多年奋战，凭着卓越的军事才能和"不入虎穴、焉得虎子"的勇气，班超先后征服了莎车、月氏，收降了龟兹和姑墨，诛杀了顽固抵抗的焉耆王和尉黎王，使西域五十多个小国全部归附东汉王朝，统一的多民族国家重新得到巩固。

班超在西域生活了三十一年，得到朝廷的充分信任，西域各国都对他非常敬佩，他几次想回归中原，都被当地人苦苦挽留。直到公元100年，年近七旬的班超因年老多病思念故土，正式上书汉朝皇帝，要求东归。公元102年八月，班超回到洛阳，被授为射声校尉。一个月后，七十一岁的班超病逝。

作为一介书生，班超在万里西域立下赫赫战功，成就了封侯的雄伟志愿。自此之后，"投笔从戎"一直激励着历代有志的青少年为国为民奔赴疆场，实现自己远大的理想。

◎ 关键词：唯物主义 无神论 迷信 批驳

王充写《论衡》

●王充塑像

>>> 过目成诵

　　王充少年时就失去了父亲，家境贫寒，后到京城太学学习，师从大史学家班彪。

　　因无钱买书，王充经常到街头的书铺上翻阅，一本书从头到尾只看一遍，就能熟记于心。就这样，他博通了诸子百家。

　　王充的"一见辄诵忆"，就是"过目成诵"的出处。他的"过目成诵"，一是和天赋相关，但更重要的是后天的刻苦学习和训练。

　　后来，人们就用"过目成诵"这个成语来形容一个人的记忆力特别强。

拓展阅读：

《论衡·偶会》汉·王充
《后汉书·王充传》南朝·范晔

　　王充，字仲任，会稽上虞（今浙江上虞县）人，自幼聪明，六岁识字，二十岁时到洛阳的太学里去求学，他虚心地跟班固的父亲班彪学习，学到了很多知识。他把太学里收藏的书差不多都读遍了，于是又跑到洛阳街上去逛书铺，寻找各种各样的书读。

　　汉明帝刘庄和汉章帝刘炟在位的三十年间，是东汉社会比较稳定的时期，经济逐渐繁荣，文化教育也发达起来。当时读书人的思想比较活跃，对古代流传下来的儒家经典敢于发表不同的看法，并进行争辩。汉明帝害怕这种自由发表意见的风气会影响他的专制统治，决定要统一大家的思想。他在公元59年亲自到太学里讲经，招引了成千上万的人去听讲和看热闹。他要求大家必须按照他的讲解来学习儒家经典。

　　这时，却有一个极力反对封建专制思想统治的唯物主义思想家，他就是王充。

　　王充在洛阳的太学里学习了几年，看到当时政治腐败，不想做官，于是回乡写书去了。王充的同乡曾经极力向汉章帝刘炟推荐他，章帝也有意想请王充去做官，可是王充推说有病，不肯去。

　　他用了几年工夫，写成了著名的《论衡》。在写这部书的时候，为了集中精力，王充闭门谢客，拒绝应酬，还在自己的卧室和书房的窗台上、书架上、壁洞里，到处都安放了笔、刀和竹木简，一遇到有什么值得记录下来的东西，就赶快随手刻写在竹木简上，作为写书的素材。

　　《论衡》的主要内容是宣传唯物主义和无神论，书中对许多迷信的说法进行了批驳。王充否认天有意志，认为天只是一种自然的存在，打雷下雨是自然现象，否定了董仲舒以来把天说成是有意志的人格神。有一次，天上打雷，打死了一个人。有迷信思想的人就出来宣传说：这是一个做了亏心事的人，所以雷公把他打死了，这是"恶有恶报"。王充听到这件事情，亲自跑到现场去观察。他看到死者的头发被烧焦了，身上也有烧焦的臭味，于是解释说：打雷的时候有闪电，闪电就是火，雷其实就是一种天火，被雷打死的人是被天火烧死的，这也是碰巧的偶然现象，天上并没有什么雷公。

　　王充还批评迷信鬼神的思想，驳斥统治者的封建迷信谎言。他一生致力于宣扬唯物论，反对谶纬迷信，反对神学，捍卫和发展了古代唯物主义。他所著《论衡》一书，打击了汉代统治者提倡的唯心主义先验论和传统的尊孔观念，在东汉末期以后产生了重大影响。

●蔡伦像

>>> 文房四宝

毛笔作为书写工具，早在新石器时代的彩陶上就留有描绘的痕迹。

远在商周以前，墨作为一种黑色颜料，已开始用于书写。

隋唐时期是造纸业的全盛时期，纸中之王的"宣纸"，享有"寿纸千年"的美誉，成为中国书画的必需品。

砚是由原始社会的研磨器演变而来的，又称研。

以"笔、墨、纸、砚"为代表的文房用具，是中国传统文化的重要组成部分，也是世界文化科学史上璀璨的明珠。

拓展阅读：

四大发明
蔡伦墓祠

◎关键词：造纸术 东汉 四大发明 贡献

蔡伦革新造纸术

造纸术是我国的四大发明之一，是人类文明史上的一项杰出创造。东汉时期，蔡伦改进了造纸术，由于在此之前纸的发明没有确切的记载，而且纸也未得到普遍推广，所以后人都认为蔡伦是造纸术的发明人。

在造纸术发明以前，人类曾用各种不同的材料来书写文字。印度人用过树枝和棕榈树叶；巴比伦人和亚细亚人用过泥板；小亚细亚人用过羊皮；罗马人用过蜡板。至于中国，早在商朝就出现了甲骨文，到了春秋战国时期，竹简和木简取而代之。与此同时，人们还用绢帛写字。

蔡伦是汉和帝刘肇到汉安帝刘祜时的一位宦官。他为人正直，敢于给皇帝提意见，很得汉和帝的信任。蔡伦又是善于发明创造的人，他看到写字用的简牍太笨重，绢帛太贵，而当时已有的麻纸又不适合写字，就下决心造出一种既便宜又便于写字的纸张。

当时，人们把蚕茧煮熟，再铺到席子上浸到河里去，然后用棍子把蚕茧捣烂成为丝绵。丝绵取下后，席子上还留有一层薄薄的纤维，把它轻轻剥下来晒干，就是造丝绵的副产品——可以写字的丝绵纸。这给蔡伦很大启发，可是这种造纸法太贵，于是，他想到了破布和废渔网，后来他又由布想到了麻，又由麻想到了树皮……

蔡伦组织手下的能工巧匠，按照他的设想开始了纤维纸的研制。他们把破布、树皮、麻头等东西收集起来，先泡在水里，洗去污垢，再放在石臼里捣烂成浆，然后压成片，这样就做成了纸。但是有一些捣不烂的纤维混在里面，做成的纸不够光洁，还不太适宜写字。

为了把纤维捣得更烂，使造出来的纸更加细腻光洁，蔡伦又在原料中掺进了带腐蚀性的石灰等东西，增加了漂的作用，但这样做成的纸出现了许多细小的颗粒。

后来，他们把捣烂了的纸浆兑上水调稀，放在一个大木槽里，然后用细帘子捞去浮在上面的较细的纸浆。等细帘子结了一层薄薄而又均匀的纸浆后，把它晾干，揭下来就成了一张洁白细腻的纸。这种纸体轻质薄、价廉耐用，很快受到人们的喜爱。

蔡伦的发明，不但使造纸的原料多样化，而且降低了纸的成本。利用树皮做原料更是一个新的发现，是近代木浆纸的先声，为造纸业的发展开辟了广阔的途径。

蔡伦改进的造纸术，最早传到东邻朝鲜，通过朝鲜又传到日本。大约在唐朝的时候，造纸术通过西域传往欧洲。作为中国四大发明之一的造纸术，为世界文化发展做出了不可磨灭的贡献。

巍巍帝国——秦、汉

● 龙嬉朱雀玉佩 东汉

>>> 漏水转浑天仪

张衡创制，是一种水运浑象，简称浑天仪，用以显示星空的周日视运动。它还有一个附属机构即瑞轮冥荚，是一种机械日历，由传动装置和浑象相连，从每月初一起，每天生一叶片；月半后每天落一叶片。它所用的两级漏壶是现今所知最早的关于两级漏壶的记载。

漏水转浑天仪对中国后来的天文仪器影响很大，唐宋以来就在它的基础上发展出更复杂更完善的天象表演仪器和天文钟。

拓展阅读：

开普勒
《后汉书·天文志》

◎ 关键词：地动仪 测报 信服 勇敢尝试

张衡发明地动仪

公元138年2月3日，安置在京都洛阳城中的一台名叫"候风地动仪"的仪器，准确地预报了西面千里之外发生的地震，这标志着人类进入了用仪器记录研究地震的新纪元。这台著名仪器的发明者就是东汉时期伟大的科学家、文学家张衡。

张衡，字平子，南阳西鄂（今河南南阳市石桥镇）人。他家境贫寒，从小就在艰难的环境中刻苦自励，发奋学习。十多岁的时候，他就已经博览群书，文章出众。

后来，张衡离开家乡，到处拜师访友，以增长自己的才干。他有着强烈的探讨大自然奥秘的愿望，经常通宵达旦地钻研各类科学问题。由于他对天文地理现象进行过长期的观察和测量，因而取得了不少成就，不久，他便被召到朝廷当上了太史令。

东汉迷信思想盛行，统治者宣传天有意志，鬼神能降祸降福。那时候经常有地震发生，公元92年以后，几乎连年地震。地震区有时大至数十郡，有些地区还发生地裂、地陷、山崩、水涌。迷信家借机造谣生事，但是张衡却不信神，不信邪，他决心创制一种能够测报地震的仪器。

通过分析研究大量的地震历史数据资料，观测、摸索地震发生的规律，再加上六年的潜心研究和反复试验，到公元132年，张衡终于研制出世界上第一台测报地震的仪器——候风地动仪。

地动仪是用青铜制造的，形状像一个酒坛，四围刻铸着八条龙，龙头向八个方向伸着，每条龙的嘴里含了一颗小铜球；龙头下面，蹲着八个铜制的蛤蟆，对准龙嘴张着口。哪个方向发生了地震，朝着那个方向的龙嘴就会自动张开，把铜球吐出。铜球掉在蛤蟆的口里，发出响亮的声音，就给人发出地震的警报。

地动仪被安置在洛阳的天文殿观象台上。公元133年4月的一天，地动仪上的一只蛤蟆嘴里接到了铜球。不久传来消息，这一天有地方发生了轻微地震。震中的方向、地震发生的时间正好与仪器测定的一样。后来，洛阳附近连续发生好几次地震，地动仪都准确地测报了出来。

公元138年2月3日，地动仪朝西的龙嘴吐出了铜球，但洛阳毫无迹象，大伙儿纷纷议论，怀疑地动仪的准确性。过了几天，陇西方面飞马来报，说离洛阳一千多里的金城、陇西一带发生了大地震。大伙儿这才信服了。

张衡制成的地动仪是人类文明史上用科学方法认识地震的第一次勇敢尝试，它揭开了地震科学的新纪元。在张衡成功地研制出地动仪之后，欧洲经过了一千八百年的时间才制造出同地动仪相类似的仪器。

●彩绘陶翼兽 东汉

>>> 麦克阿瑟

　　道格拉斯·麦克阿瑟（1880—1964年），美国历史上杰出的、所受赞誉和非议最多的将领。

　　他是非凡的军事天才，取得过最辉煌的成就和荣誉。这些荣誉他当之无愧，但也不可避免地使他本来优良的品质渐渐融进狂妄自大、唯我独尊、好出风头、爱慕虚荣、喜欢颂扬的毛病。这些毛病带给他的倔强个性又常常使他的一些计划和设想得以强行通过并获得极大成功，他也因此被称为"跋扈将军"。

拓展阅读：
《隐蔽的历史》梅毅
《后汉书·梁冀传》南朝·范晔

◎ 关键词：跋扈 奢侈 为所欲为 服毒

跋扈将军梁冀

　　东汉时期，从汉和帝开始，皇帝都是幼年登基，因此朝政往往被外戚或宦官把持。梁冀就是一个外戚，他长期把持着政权，可以随意废立皇帝。

　　梁冀的妹妹是东汉顺帝的皇后，父亲梁商是东汉王朝的大将军。梁商死后，梁冀继承父职，做了大将军。梁冀从小就放荡不羁，做了将军后更加横行霸道，稍不如意，就要杀人。

　　公元144年，汉顺帝去世，两岁的刘炳即位。两年后，刘炳又死了，梁冀便立八岁的刘缵为皇帝，就是汉质帝。质帝虽然年纪很小，却十分聪明，他知道梁冀向来骄横霸道，在一次朝会上当着大臣的面，说他是跋扈将军。梁冀听后，心怀仇恨，于是就毒死了质帝。

　　质帝死后，梁冀和皇太后商量准备立与自己妹妹梁女莹有婚约的蠡吾侯刘志为皇帝。大臣李固写信相劝，被梁太后罢免了职务。然后，梁冀和梁太后拥立刘志为帝，是为汉桓帝。

　　桓帝因为梁冀拥立有功，对他大加赏赐并给他很高的地位。桓帝特许梁冀上朝时可以穿靴带剑，拜见皇帝时赞礼郎不得直呼其名；每次参加朝会，梁冀独自一席，不与三公同座，以示尊贵，而且十天才上一次朝。这样，梁冀既富且贵，京城官员没有一个能比得上他的。

　　梁冀靠着朝廷的俸禄和搜刮来的钱财，生活奢侈淫逸。他大兴土木，修建府第，府第里堆满了金银财宝，珍奇玩物。

　　梁冀仿照东、西崤山的景观，建立了一个极大的园林，里面散布着森林、绝涧、奇禽怪兽等。他还派人到处张贴告示，征集生兔放进园林里，要是有人敢杀死园林里的兔子，就要处以死刑。

　　梁冀权倾朝野，为所欲为，甚至连皇帝也不放在眼里。皇帝任命的官吏，要是不到他家去谢恩，用不了几天就会被撤职，甚至遭到杀害。一些正直的大臣实在忍不下这口气，就上书桓帝，请求惩办梁冀。桓帝也感到梁冀欺人太甚，于是暗下决心，准备除掉他。

　　公元159年，桓帝命令亲信宦官单超、具瑗、唐衡、左怕和徐璜五人带领宫中卫兵一千多人，趁梁冀不备突然包围了大将军府。梁冀万万没想到一直捏在自己手心里的桓帝会突然发难，顿时吓得不知所措。当他清醒过来，知道自己性命不保，便和妻子服毒自杀了。

　　梁冀死后，百姓们都欢呼雀跃，额手相庆！

● 吹竽俑 东汉

>>> 朋党之争

　　唐朝后期，在统治集团内部出现的不同派别之间争权夺利的斗争，史称"朋党之争"。

　　以牛僧孺、李宗闵为首的称为"牛党"，以李德裕为首的称为"李党"。李党领袖李德裕出身士族高第，是宰相之子，他以门荫入仕，主张"朝廷显贵，须是公卿子弟"。而牛党领袖牛僧孺、李宗闵等出身寒门，多由进士登第，他们反对公卿子弟垄断仕途。

　　两党相互倾轧四十余年，唐文宗曾为此感慨："去河北贼易，去朝廷朋党难。"

拓展阅读：

朋党之争
《后汉书·党锢传·李膺》
南朝·范晔

◎ 关键词：宦官 强取豪夺 斗争

东汉党锢之祸

　　东汉中叶以后，外戚与宦官的争权夺利愈演愈烈，皇帝形同虚设。宦官单超等帮助汉桓帝诛杀外戚梁冀以后，因参与谋划有功，五人同日封侯，历史上号称"五侯专政"。从此出现了宦官当权的局面。

　　当权以后，宦官们大肆搜刮民脂民膏，强取豪夺；同时又把持官吏选拔大权，滥用亲朋，堵塞了一大批有品行、有学识的知识分子的仕途。

　　当时，有一批士族地主出身的官员不满宦官掌权，一批中小地主出身的太学生也出来批评朝政，逐渐形成了一个反宦官的党派。

　　公元165年，陈蕃做了太尉，名士李膺做了司隶校尉，这两个人都是不满宦官的。太学生都拥护他们，把他们看作是领导人物。

　　有一个跟宦官勾结而又迷信占卜的人，名叫张成。他预卜到皇帝将要进行大赦，就唆使他的儿子去杀人。不料正好李膺办案，判了他儿子死罪。张成恨透了李膺，在宦官的唆使下，他向桓帝告了一状，诬告李膺和太学生、名士结成一党，诽谤朝廷，败坏风俗。桓帝也不调查了解，就下令逮捕李膺等二百多个党人。有些党人闻风逃往外地，桓帝派人四处查找，悬赏追捕。

　　这时候，桓帝窦皇后的父亲窦武想利用党人打击宦官，将朝政大权揽到自己手里来，于是上书要求释放党人。在狱中，李膺采取以攻为守的办法，故意招出了好些宦官的子弟也是党人。宦官害怕了，劝汉桓帝大赦天下。对宦官唯命是听的汉桓帝于是宣布大赦，把两百多名党人全部释放。但规定他们一律回老家，终身不得做官。这就是第一次的"党锢之祸"。

　　公元168年，桓帝去世，汉灵帝即位。灵帝将窦武封为大将军，陈蕃拜为太傅，由二人共同掌管朝政，并把李膺、杜密又召回来做官，密谋诛杀宦官。

　　宦官集团探听到窦武、陈蕃、李膺等正在密谋诛杀宦官，就先下手为强，由宦官曹节、王甫等去要挟汉灵帝，迫使他下令逮捕窦武。不甘心屈服的窦武发动驻守京城的习林军起兵讨伐宦官，宦官指挥防卫宫廷的虎贲军和羽林军抵抗。宦官大胜，窦武自杀，陈蕃被宦官杀害。

　　宦官集团取胜后，一场针对党人的大屠杀开始了。几日工夫，包括李膺在内的所有党人和党人学生、父子、兄弟都一律被免职，驱逐回乡，禁锢终生，永远不许再做官。这就是第二次的"党锢之祸"。

　　两次"党锢之祸"都是东汉统治阶级内部争权夺利的斗争。但是，太学生发动的反宦官斗争，在当时条件下有一定进步意义。"党锢之祸"发生后，宦官势力增长，东汉政治更加黑暗，阶级矛盾日益尖锐。

巍巍帝国——秦、汉

◎ 关键词：张角 太平道 起义 分崩离析

黄巾农民大起义

●张角像

>>> 《三国演义》

明代罗贯中所著,是我国最早的一部长篇章回体历史小说,代表古代历史小说的最高成就,被称为四大名著之一。

全称《三国志通俗演义》,又称《三国志》《三国志传》等,简称《三国演义》。

该书继承了历史上诸多史书、杂传、戏剧、小说的故事题材,着重描写了魏、蜀、吴三国之间的政治、军事、外交斗争和兴衰过程,始于黄巾起义,终于西晋统一,展现出一幅波澜壮阔的百年历史风云画卷,揭示了东汉末年社会现实的动荡和黑暗。

拓展阅读：

《太平经》
《张角传奇》（电影）

东汉末年,宦官和外戚交替把持朝政,弄得社会极不安定,再加上地主豪强的压迫和接二连三的天灾,逼得老百姓没法活下去了,于是纷纷起来反抗。公元184年,爆发了历史上有名的黄巾大起义。

黄巾大起义是巨鹿（今河北平乡县西南）人张角领导的。张角懂得医道,给穷人治病从不收钱,所以穷人都拥护他。他知道农民受地主豪强的压迫和天灾的折磨,渴望安定的日子,于是利用宗教把群众组织起来,创立一个叫太平道的教门,收了一些弟子,跟他一起传教。信奉太平道的人越来越多,大约经过十年的时间,太平道的信徒发展到了几十万人。

全国八个州几十万农民参加太平道,他们被分为三十六方,大方一万多人,小方六七千人,每方都推举一个首领,由张角统一指挥。起义军提出了"苍天已死,黄天当立,岁在甲子,天下大吉"的十六字起义口号,他们预定在这一年的3月5日,各方同时发动起义。

可是,在离起义还有一个多月的时候,起义军内部出了叛徒,向朝廷告了密。朝廷立刻在洛阳进行搜查,在洛阳做联络工作的马元义不幸被捕牺牲,和太平道有联系的群众一千多人也遭到杀害。

面对突变的形式,张角当机立断,决定提前一个月起义。接到张角的命令以后,三十六方立即同时发动起义。起义军用黄巾裹头,作为"黄天"的标志,因此被称为黄巾军。张角称自己为天公将军,称他的两个弟弟张宝和张梁为地公将军和人公将军。

起义军每打到一个地方,就焚烧当地的官府衙门,攻打豪强地主的坞堡,捕杀为非作恶的官吏和地主。地方州郡的长官和大地主吓得纷纷逃窜,十几天工夫,就把封建统治的秩序打乱了。

东汉朝廷十分惊慌,派出皇甫嵩、朱儁、卢植率兵镇压黄巾军。皇甫嵩看出黄巾军缺乏作战经验的弱点,用火攻击起义军。

张角兄弟亲自率领的黄巾军打败了东汉官军的北中郎将卢植和东中郎将董卓。汉灵帝赶快命令得胜的皇甫嵩从河南北上,夹击黄巾军。张角派张梁迎战皇甫嵩,张梁作战很英勇,他率领黄巾军奋勇冲杀,打得皇甫嵩招架不住,只好紧闭营门,躲藏起来。

然而,在紧张战斗的关键时刻,黄巾军领袖张角不幸病死。张梁、张宝带领起义军将士和敌人进行殊死搏斗以后,也先后在战斗中牺牲了。

虽然黄巾起义被镇压下去了,但是它沉重地打击了地主阶级的统治,使腐朽的东汉政权分崩离析,名存实亡。

● 貂蝉像

>>> 貂蝉

中国古代四大美女之一。

传说貂蝉降生后，三年间当地桃杏花开即凋。貂蝉午夜拜月，月里嫦娥自愧不如，隐入云中，貂蝉之美，闭月羞花。正是因为这种美貌和牺牲精神，才使得动乱不堪的朝野稍有安宁之象。

令人遗憾的是，貂蝉以侍婢出现，以死者家属退身。罗贯中在《三国演义》中只叙列吕布白门楼殒命，便以一句"妻女运回许都"作结。自此，貂蝉生死成了千古之谜。

拓展阅读：

《凤仪亭》(京剧)
吕布戏貂蝉

◎ 关键词：挟天子 貂蝉 董卓 吕布

王允定计诛董卓

公元189年，汉灵帝刘宏病死。一心想谋篡皇位的前将军董卓打着"清除奸秽（指宦官）、匡正王室"的旗号，率领军队进入京城，强迫何太后废掉新即位的少帝刘辩，立九岁的陈留王刘协为帝，即汉献帝，自己挟天子统令起诸侯来。

董卓专权后，滥施淫威，任用亲信，打击异己力量，放纵士兵奸淫抢掠，并命人打开汉灵帝的陵墓，掠夺墓中的珍宝，这些暴行激起了文武百官和地方州郡的强烈反对。大司徒王允忍无可忍，决定杀死董卓。

王允苦思冥想，终于和义女貂蝉想出了一条"美女连环计"。

董卓的义子吕布，勇猛善战，无人能敌，深得董卓重用，经常随董卓出入。但吕布贪财好色、有勇无谋，于是王允决定先从吕布身上下手。

一天，王允在家中宴请吕布，让聪明美丽的貂蝉出来给吕布斟酒。貂蝉的天姿国色让吕布看得都发呆了，他目不转睛地盯着貂蝉，垂涎欲滴。看到这种情况，王允便对吕布说："将军，我愿意把小女许配给您，不知您是否同意？"吕布高兴极了，连连点头。他们俩定下日子，准备把貂蝉送到吕布家中。

过了几天，王允又把董卓请来旧戏重演。董卓非常高兴，当即就把貂蝉带回家。这样一来，董卓和吕布为貂蝉产生了矛盾。有一次，董卓发现吕布同貂蝉会面，大怒之下向吕布投掷手戟，差点把吕布给杀了。吕布为此记恨在心。

趁此良机，王允把吕布请到家中，连激带劝，从中挑拨，说得吕布咬牙切齿。吕布表示与董卓势不两立，并和王允定下杀董卓的计划。

公元192年四月的一天，献帝病后初愈，朝官按例前往未央宫祝贺。董卓也在侍卫的前呼后拥下来上朝。吕布命令自己的心腹将领带十多个伪装的士兵守候在皇宫北掖门内，作为内应，他自己则紧紧跟随董卓。董卓到了宫门，马突然受惊不走。董卓有些害怕，就想返回太师府，最终在吕布的催促下，勉强进了宫门。宫门里的人早已做好准备，冲上前去，一起刺向董卓，但没刺中要害。董卓大惊，喊吕布来救。不想吕布拿起戟，一戟便把董卓杀死了。

董卓死后，万民欢呼。人们把他那肥大的尸首扔到大街上示众，百姓们敲他的脑袋，踩他的尸体，把他整个人烧成灰烬。

董卓死后不久，他的余党杀入长安，结果王允被害，吕布出逃，国家又陷入一片战乱之中。

●魏武帝曹操

>>> **建安最有成就的作家**

曹操对文学、书法、音乐等都有深湛的修养。他的文学成就，主要表现在诗歌上，散文也很有特点。

曹操的诗歌，今存不足二十篇，全部是乐府诗体。内容大体上可分三类。一类是关涉时事的，一类是以表述理想为主的，一类是游仙诗。

在艺术风格上，曹操诗歌朴实无华，不尚藻饰。在诗歌情调上，则以慷慨悲凉为其特色。在诗歌体裁上，曹操开创了以乐府写时事的传统，影响深远。

拓展阅读：

《品三国》易中天
《短歌行》三国魏·曹操

◎关键词：混乱 群雄 大统一 基础

曹操挟天子以令诸侯

董卓之乱后，名存实亡的东汉王朝对各地州郡失去了控制。一些官僚、豪强趁机争夺地盘，形成了大大小小的割据势力。他们相互攻伐，致使全国陷入一片混乱之中。

虽然汉献帝刘协名义上仍是汉朝皇帝，但在豪强军阀的争夺和挟持下，终日过着东奔西荡，颠沛流离的生活，后来在国舅董承的护卫下回到都城洛阳。此时的洛阳，经过董卓的一把火，早已变得萧条冷落，田园荒芜。汉献帝无处居住，只好住进大宦官赵忠的家里。他接见百官的朝堂是一间大草棚，官吏觐见，都站在荆棘丛生的草丛中。洛阳残存的老百姓，靠剥树皮、挖草根度日。

汉献帝返回洛阳的消息，在群雄中引起了强烈反响。一些有谋之士认为，在当前群雄混战的情况下，谁如果抓住了皇帝，"挟天子以令诸侯"，谁就可以号令天下，把持汉室的朝政。当时群雄中最有实力的是袁绍，他手下一个叫沮授的谋士劝他说："这是一个大好时机，把皇帝请来，然后以皇帝的名义去征讨异己，便可名正言顺，大事亦可告成。"但又有人对袁绍说："如今汉朝的气数已尽，迎来皇帝也没什么威力了，况且此后事事都得向皇帝请示。你听他的，显得你权轻；不听，人家又说你抗命天子，实在麻烦得很。"当时，袁绍虽然手握重兵，实力雄厚，但他缺乏远见卓识，听了这个意见，就没有去接汉献帝。

与此同时，另一个枭雄曹操一听说汉献帝到了洛阳，处境苦不堪言，便主张立即前去迎驾。但他的众将、谋士多数不同意，理由是他们在山东兖州的地位还不巩固，当务之急是多占地盘。唯有谋士荀彧坚决主张迎接献帝，他说："春秋时期，晋文公发兵把周襄王护送到京师，赢得了诸侯们的响应，尊他为霸王；秦朝末年，汉高祖为义帝戴孝发丧，争得了天下人心；现在皇上到了洛阳，困苦不堪，主公如果能把皇上迎来，这正是顺从人们的愿望。要是现在不及时去接，一旦让别人抢先迎去，我们就错过机会了。"

曹操听了，觉得很有道理，便亲自带领一支人马去洛阳迎接献帝。曹操对献帝说："洛阳已成废墟，不是陛下立足之处，许城（今河南许昌）粮食充足，风景秀丽，又比洛阳安定，应该迁去为都。"大臣们被曹操的诚意感动，也在一旁劝献帝迁都。献帝饱受动乱之苦，又受不了洛阳残破、食不果腹之罪，当然求之不得。于是，汉献帝一行随曹操去了许城。

到达许城之后，曹操给汉献帝建立了宫殿，立宗庙社稷，祭祀汉室的列祖列宗。对此，汉献帝十分满意，当即拜曹操为大将军。

从此，曹操开始"挟天子以令诸侯"，名正言顺地统揽了汉朝朝政，从而使其势力迅速扩大，为后来魏国的大统一奠定了基础。

●祢衡裸衣骂曹操图

选自《三国水浒全传英雄谱》，故事出自《三国演义》：曹操欲使人下书劝说刘表归顺，孔融荐"名士"祢衡前往。曹操召见之，不加礼。祢衡反唇相讥，又将其门下人才一一相斥，曹操大怒，命祢衡充当击鼓吏以辱之。祢衡于宴上裸衣击鼓，尽情泄愤，并当众痛骂曹操。

●孔融像

>>> 箭在弦上

　　"箭在弦上"比喻形势十分紧迫，已经到了不能不做的地步。语出《太平御览》。

　　"建安七子"之一陈琳，写得一手好文章，原是袁绍的书记官，曾为袁绍写过一篇讨伐曹操的檄文《为袁绍檄豫州》。历数曹操罪状，辱骂曹操祖宗三代。在陈琳归顺曹操后，曹操问其缘由。

　　陈琳回答："那时为形势所迫，不得已，就像箭在弦上，不得不发。"曹操爱才，既往不咎并委以官职。

拓展阅读：

白马之围
赤壁之战

◎ 关键词：官渡之战 以弱胜强 典型

官渡之战灭袁绍

　　东汉王朝在黄巾起义的打击下已分崩离析，名存实亡。在镇压黄巾军的过程中，形成了大大小小的割据势力，他们之间战乱不休。曹操把汉献帝接到许昌，"挟天子以令诸侯"，牢牢地控制了朝中大权，这就与另一大军事集团的袁绍发生了冲突。袁绍自恃兵强，准备吞并曹操，一场大战在所难免。

　　公元199年六月，袁绍集结十万人马，准备渡过黄河直捣许昌，官渡之战由此拉开序幕。

　　袁绍派出大将颜良攻击白马（今河南滑县东），但颜良出师不利，死于曹操的部将关羽刀下。袁绍又命大将文丑领兵出击，曹操设下埋伏，以少量骑兵出奇制胜，文丑也被杀死。

　　经过这两次交锋，袁绍失去了两员大将，只好暂停进攻，与曹军对峙。袁绍的军队有近十万，粮草充足。曹军不过三四万，粮草渐渐不济，不宜长期僵持。形式显然对袁绍有利，但袁绍不听沮授的劝阻，希望速战速决，命令主力到官渡前线安营扎寨，准备随时向曹军发起攻击。

　　曹军和袁军鏖战了一番，没能分出胜负。曹操采纳谋士荀彧的主张，坚守许昌，准备随时捕捉战机。

　　这一年冬天，袁绍的后方又将更多的粮草送往前线。大将淳于琼率领一万人马保护，停留在距袁绍大营四十里的地方。沮授提出增派官兵在外围巡逻，但袁绍没有同意。

　　此时，袁绍的谋士许攸投奔了曹操，向曹操报告了这一重要军事情报，并建议曹操派兵攻打袁绍的屯粮地。得到这一情报后，曹操命曹洪等人留守大营，亲自率领五千人马前往。

　　曹军摸黑来到袁绍的屯粮地，将粮车团团围住并放起大火。袁绍的守粮军大败，守将淳于琼被斩，袁绍军的粮草全部化为灰烬，而守将高览、张郃于阵前投降了曹操。

　　袁军前线闻得粮草被毁，顿时全军大乱，官兵四处逃散。袁绍带着儿子，率领八百名骑兵，渡过黄河逃了回去。

　　袁绍在官渡一战损失了七万人马，他又急又恼，结果得了重病。公元202年，袁绍病死。之后，曹操用七年的时间扫平了袁绍的残余势力。

　　经过一年多的对峙，官渡之战终以曹操的全面胜利而告结束。曹操以两万左右的兵力击败袁绍十万大军，使官渡之战成为中国历史上以弱胜强、以少胜多的典型战例。

● 开创了江东霸业的孙策

>>>《念奴娇·赤壁怀古》

大江东去,浪淘尽,千古风流人物。故垒西边,人道是,三国周郎赤壁。乱石穿空,惊涛拍岸,卷起千堆雪。江山如画,一时多少豪杰!

遥想公瑾当年,小乔初嫁了,雄姿英发。羽扇纶巾,谈笑间,樯橹灰飞烟灭。故国神游,多情应笑我,早生华发。人生如梦,一樽还酹江月。

——苏轼

拓展阅读:

《杂咏一百首·孙策》宋·刘克庄
大乔
小乔

◎ 关键词:孙策 招兵买马 称霸 孙权 巩固

孙策占据江东

北方袁、曹争雄的时候,南方的孙策、孙权兄弟俩逐渐占据了江东(今长江下游的江南地区),成为东汉末年的又一大军事集团。

孙策字伯符,孙坚之子,孙权之兄。孙坚原是袁术的部下,后来孙坚战死,孙策就去投靠袁术。

投靠袁术以后不久,扬州刺史刘繇以优势兵力来侵占孙策舅舅吴景掌管的丹阳,孙策请求袁术借兵给他去讨伐刘繇,帮助舅舅摆脱困难的处境。袁术觉得刘繇的行为也损害了自己在江东的利益,正好利用孙策去打击刘繇,于是就借了一千人马给孙策。

进军江东途中,孙策不断招兵买马。半路上,他得到好朋友周瑜的援助,补充了粮食和其他物资,加强了自己的力量。打败刘繇以后,他乘机控制了江东的一大块地盘。公元196年,他又乘胜攻下吴郡(今江苏苏州市),占领会稽和其他四个郡,自任会稽太守。从此,他跟袁术分道扬镳,开始在江东称霸。

孙策不满足于占有江东六郡,想要渡江与曹操争夺地盘。吴郡太守许贡看出了孙策的心思,暗中派人去给曹操通风报信。送信人在渡江的时候被孙策的士兵查了出来。孙策得到报告以后,就设法把许贡骗来,拉出去杀了。许贡的家属和奴仆慌忙逃跑并决心报仇雪恨。

不久,孙策遭到了许贡家人的报复。孙策被毒箭所伤,伤势越来越重。知道自己活不成了,他把弟弟孙权、长史张昭叫来吩咐后事。孙策对孙权说:"我死了以后,江东的局面就由你来支撑了。你要依靠张昭、周瑜,要任用有才能的人,不要在强暴面前屈服,要坚决保住江东。"说完,孙策转过来紧紧握住张昭的手,让他尽力辅佐孙权,随后就咽气了。

孙策死后,在张昭的协助下,孙权开始掌管起军政大权来。不久,周瑜从巴丘赶回吴郡,也来辅佐孙权。周瑜担任中护军、江夏太守,兵权在握,他向孙权推荐了当时很有军事才能的鲁肃,这样孙权身边又增添了一个出谋划策的帮手。

当时,江东初定,政局不稳,人心浮动。许多人都对孙权持观望态度,有人怀疑他的统治能否长久,有人甚至公开反叛。庐江太守李术就是公开反叛的一个。紧要关头,孙权迅速调动军队,一举消灭了李术。大家见孙权这样有气魄、有胆略,又很果断,打心眼儿里佩服他,愿意服从他的指挥,江东的局势才稳定下来。

孙权在文臣武将齐心协力的辅佐下,用心管理政事,努力增强军事实力。从此,由孙策开创的江东霸业,在孙权手里得到了进一步的巩固。

◎ 关键词：军师 人才 统一天下 辅佐

三顾茅庐见卧龙

●诸葛亮像

>>> 杜甫《蜀相》

丞相祠堂何处寻？
锦官城外柏森森。
映阶碧草自春色，
隔叶黄鹂空好音。
三顾频烦天下计，
两朝开济老臣心。
出师未捷身先死，
常使英雄泪满襟。
诸葛亮闻名天下，功绩累累，神机妙算，多为后人称颂。唐朝著名诗人杜甫以《蜀相》一诗表达了对诸葛亮的敬仰之情。

拓展阅读：

《出师表》三国蜀·诸葛亮
诸葛亮三气周瑜
孔明灯

东汉末年，天下大乱，汉室宗亲刘备也趁机起事，匡扶汉室。可是一直没有形成太大的势力，他经常感叹身边缺少能出谋划策的军师。

这时，有个叫徐庶的谋士对刘备说："诸葛亮是个了不起的人才，将军如果能将他起用，一定会成就大业。"刘备一听十分高兴，连忙对徐庶说："请您把他带来见我吧！"徐庶摇摇头说："诸葛亮是个难得的人才，您应当恭恭敬敬地亲自去请他来，才能表示您的诚意。"刘备认为徐庶说得很对，于是决定亲自去拜会诸葛亮。

诸葛亮，字孔明，琅邪阳都（今山东沂南南）人。他从小死了父母，跟随叔父在荆州避难。十七岁那年，叔父也死了，他就在隆中（今湖北省襄阳县西北）的卧龙岗盖了几间茅屋定居下来。除了种地以外，他经常和一些朋友攻读史书，切磋学问，谈论天下大事。

一日，刘备带着关羽、张飞一起到隆中去找诸葛亮。得知刘备要来拜访，诸葛亮故意躲开了。刘备到那里扑了个空，关羽、张飞都感到不耐烦。但是刘备却记住徐庶的话，耐着性子去请，一次见不到，第二次再去，两次不见，第三次又去请他。

诸葛亮终于被刘备的诚意打动了，就在自己的草屋里接待刘备。刘备向诸葛亮询问安天下的办法。

诸葛亮见刘备谦虚诚恳，就向他陈说了三分天下之计。他说："自从董卓进入洛阳以来，天下群雄并起，势力跨州连郡者不可胜数。曹操和袁绍比，名望低、兵力少，但结果竟然打败了袁绍，这是由于曹操有智谋。如今曹操拥有百万之众，挟天子以令诸侯，目前当然不能够和他争锋。至于孙权，他据有长江天险，老百姓归附他，有才能的人肯为他效力，因此对他只能采用联合策略。荆州地势险要，北有汉水、沔水，南通南海，东连吴会，西通巴蜀，是个用兵的好地方。可是荆州的主将刘表平庸，将军应当取而代之。益州是个易守难攻的天然要塞，那里土地肥沃，物产丰富。将军如能先占据荆州，站稳脚跟，再取益州，励精图治，充实国力，联合孙权，然后等待时机，再向中原发展。那么，统一天下的大业就能够获得成功。"

刘备听后大加赞叹，他对诸葛亮说："先生这一番话，说得十分透彻。我希望先生能够辅助我进一步策划完成统一天下的事业！"看到刘备这样热情诚恳，诸葛亮也就开始追随于刘备左右。

从此之后，诸葛亮全力辅佐刘备，终于赢得三分天下。

●周瑜像

>>> 周瑜打黄盖

黄盖诈降于曹操，进行火攻，取得了赤壁之战的胜利。为了取信于曹操，周瑜故意借故痛打黄盖，让黄盖假装气愤而投敌。

这一场打既是事先商量好了的，自然是两相情愿。所以"周瑜打黄盖——一个愿打，一个愿挨"成为歇后语，流传后世，广为使用。

拓展阅读：

《赤壁之战》（电影）

《赤壁》唐·杜牧

《借东风》（京剧）

◎关键词：北方 连环战船 火攻 三国鼎立

赤壁之战曹操败北

官渡之战后，曹操统一了北方。公元208年，为统一天下，曹操率领八十万人马沿长江而下，进攻刘备和孙权。

曹军将士都是北方人，在水上操练时，军士们受不了风浪的颠簸，呕吐不已。后来，有人献计用铁环将大小船只连锁起来，以三十艘或五十艘为一排，上面铺设木板。这样，船果然平稳不少。

曹操下令水陆大军向江东进发。这时正值西北风大起，连环战船扯起风帆，冲波激浪，稳如平地。曹军持枪握刀，精神抖擞，直奔东吴。大军驻扎在赤壁，准备与东吴决一死战。

周瑜的部将黄盖看到这个情况，向周瑜献策用火攻。

周瑜觉得黄盖的主意好，两人商量好，让黄盖派人送了一封信给曹操，表示要脱离东吴，投降曹操。曹操以为东吴将领害怕他，对黄盖的假投降一点也没怀疑。

随后，周瑜为黄盖准备了火船二十只，装满芦苇干柴，浇上鱼油，铺上硫黄、火硝等引火物，又在外观上将火船装饰起来。然后，布置各路军马准备作战。

一天夜里，随着风声响动，帐外旗幡朝西北方向飘了起来。霎时间，东南风大起。风向一转，便有谋士提醒曹操提防，曹操不以为然。这时，东南风越刮越紧，月光照耀着江水，如同万道银蛇在翻波戏浪，远远望去，一簇帆船疾驶而来，一律插着密信上所说的青龙牙旗。第三只船上有一面大旗，写着"先锋黄盖"四个大字。曹操得意地笑道："黄盖来降，天助我也！"

看东吴的战船离曹军水营还有二里左右，黄盖大手一挥，船上一齐点火。火趁风势，风助火威，船如箭发，一时间烟火蔽天。二十只火船冲进水寨，连环战船可遭了殃。赤壁一带的三江口上，火焰随风纷飞，漫天通红。随着一阵炮响，东吴战船从四下里一齐发到。东吴大军喊声震天，箭如飞蝗，蜂拥而至。曹军猝不及防，死伤落水者不计其数。

曹操回头看到岸上的营寨已有几处起火，显然遭到了袭击。他慌忙跳上一条小船，由大将张辽护卫，驶向岸边。好不容易来到岸上，周瑜各路大军已从东、西、中三方杀将过来。曹操勉强凑得一千多人马，东挡西突，总算冲出了重围，逃回北方。

赤壁之战是中国历史上又一次以弱胜强的著名战例，它最终奠定了三国鼎立的局面。

沧桑分合——

三国两晋南北朝

— 古道西风，涤尽浮华，沧桑分合，融入历史脉络。

— 三国鼎立，魏晋禅代，西晋统一，十六国的更替与东晋的偏安，民族在分裂中融合。

— 胡骑驰走，异族竞奔，群雄割据各为主。门阀世族，繁荣衰落，谁让王马共天下？

— 南土渐蹙，北风昂扬，政权间的频繁战争，在对峙中更替。

— 建安风骨，乐府民歌，田园诗人，文领天下各家。

— 科技发展，经济繁荣，改革睿智，乱世争雄富华夏。

— 太平突现，风云又起，诉不尽四百年纷争史话。

●关羽像

>>> 关公

关公即关羽，在中国是一个家喻户晓、妇孺皆知的人物。

近代以来，越来越多的人把关公作为全能保护神、行业神和财神。

传说，关羽被吕蒙所杀后，阴魂不散，到荆州当阳县玉泉山上空大呼"还我头来！"山上老僧普静闻曰："昔非今是，一切休论……今将军为吕蒙所害，大呼'还我头来'，然则颜良、文丑（皆被关羽所杀）等众人之头，又向谁索？"关羽恍然大悟，遂皈依佛门。

拓展阅读：

吴下阿蒙（典故）

《三国志·吴书·吕蒙传》
南朝·裴松之

◎ 关键词：吕蒙 名将 刮目相看 白衣渡江

吕蒙白衣渡江

吕蒙，字子明，东吴名将，小时顽劣，不喜读书，只好舞枪弄棒，后随孙策、孙权为将，立下不少战功，但因为是一个大老粗，鲁肃等人常常看不起他。

有一次，孙权对他说："你现在身为大将，责任重大，应该抽时间读点书才好。"听了孙权的话，吕蒙从此发愤学习。

鲁肃代替周瑜把守陆口（今湖北嘉鱼西南），路上凑巧要过吕蒙的驻地，就去拜访他。鲁肃以为他还是目不识丁的莽汉，哪知见面一谈，吕蒙像换了个人似的，谈笑风生，对问题的见解非常透彻、明晰。鲁肃从此对他刮目相看。这就是"士别三日，刮目相看"的典故。

后来，吕蒙接替了鲁肃的职位，率军驻扎在陆口一带。

这时，曹操派使者来联络，要东吴夹攻关羽。孙权马上复信，表示愿意袭击关羽的后方，并命令吕蒙为他筹划攻打荆州的事。

吕蒙思前想后，也拿不出个主意，孙权又催得急，实在没法，他只有装病，向孙权要求回去休养。吴国大将陆逊向孙权建议说："关羽本就目空一切，东吴将领中关羽只忌惮吕蒙一人，吕蒙装病回来，他必定会放松警惕，倾全力攻打樊城，到那时江陵和公安守备空虚，主公调吕蒙去攻荆州，破关羽就不费吹灰之力了。"

于是，孙权准了吕蒙病假，派陆逊去把守陆口。陆逊上任后就给关羽写信，信中称自己才疏学浅，勉为其难才代替吕蒙，希望双方能一直和好。

看了陆逊的书信，关羽觉得陆逊态度谦虚老实，也就放了心，把原来防备东吴的人马陆陆续续调到樊城那边去了。东吴这边马上做出反应，孙权任命吕蒙为大都督，让他火速潜回前线作战。

吕蒙到了浔阳（今湖北黄梅西南），把所有的战船都改装成商船，选了一批精锐的兵士扮作商人，一律穿上商人穿的白色衣服。这样吕蒙的人马就顺利地到了蜀军把守的北岸。这就是"白衣渡江"的典故。

蜀军防守的士兵，一看是商船，就让他们停靠在了江边。当天夜晚，吴军伏兵尽出，轻而易举地就控制了江岸阵地，兵临江陵城下。

此时，关羽还在樊城跟曹仁作战，等他得知真相后为时已晚。魏、吴两军前后夹击，关羽仓皇败走麦城（今湖北当阳），寻路突围时遭到吕蒙的伏击，一代名将做了瓮中之鳖、刀下之鬼。

白衣渡江是我国历史上最成功最经典的偷袭战之一。吕蒙白衣渡江破荆州，使蜀汉失去了一个重要的根据地，从此被封闭在西蜀之地。而吕蒙因作战中立了大功，被封为南郡太守，但不久病逝。

● 陆逊像

>>> 长江三峡

三峡，万里长江一段山水壮丽的大峡谷，是中国十大风景名胜之一，也是中国古文化的发源地之一。

它西起重庆奉节县的白帝城，东至湖北宜昌市的南津关，由瞿塘峡、巫峡、西陵峡组成，全长一百九十三公里。

大峡深谷，曾是三国古战场，是无数英雄豪杰用武之地；这儿有许多著名的名胜古迹：白帝城、黄陵、南津关等。它们同旖旎的山水风光交相辉映，名扬四海。

拓展阅读：

《彝陵之战》（京剧）

《三国志·吴书·陆逊传》

◎ 关键词：刘备 报仇 陆逊 火种

陆逊火烧连营

公元221年，刘备称帝。得知吕蒙夺占荆州，关羽被杀的消息后，刘备万分痛心，他不顾诸葛亮的反对，带领蜀汉的大部分人马，准备进攻东吴，报仇雪恨。

消息传到东吴，孙权闻听此事，有些害怕，派人向刘备求和，但是遭到刘备的拒绝。孙权只得任命陆逊为大都督，率兵五万抵抗刘备。

这时，刘备已进军到了猇亭（今湖北宜都西北）。东吴将士看到蜀军得寸进尺，步步紧逼，都摩拳擦掌，想和蜀军大战一场。可是大都督陆逊却不同意，他认为刘备占据险要位置，不容易攻破，应该积蓄力量，等待时机。

蜀军从巫县到彝陵（今湖北宜昌东）沿路扎下了四十个大营，又用树木编成栅栏，把大营连成一片，前后长达七百里地。刘备以为布下天罗地网，只要东吴人来攻，就能把他们消灭。

但是陆逊一直按兵不动。双方相持了半年。

刘备等得不耐烦了，派将军吴班带了几千人从山上下来，向吴兵挑战。东吴的将军要求马上出击，陆逊笑笑说："我观察过地形。蜀兵在平地上扎营的兵士虽然少，可是周围山谷一定有伏兵，我们可不能上他们的当。"

过了几天，见东吴兵不肯交战，刘备知道陆逊识破了他的计策，就把原来埋伏的八千蜀军陆续从山谷中撤出来。东吴将士这才恍然大悟。

一天，陆逊突然召集将士们，宣布要向蜀军进攻。将士们不解为何此时出兵，因为主要的关口要道已经被蜀军占领。陆逊向他们解释说："刘备刚来的时候，士气旺盛，我们是不能轻易取胜的。现在他们在这儿待了这么长时间，一直占不到便宜，兵士们已经很疲劳了。我们要打胜仗，是时候了。"

陆逊先派一小部分兵力对蜀军的一个营进行试探性的进攻，虽然吴军吃了大亏，可陆逊也找到了破蜀营的办法。

当天晚上，陆逊命令将士每人各带一束茅草和火种，预先埋伏在南岸的密林里等待命令。

三更时分，东吴几万兵士冲进蜀营，用茅草点起火把。蜀军的营寨都是连在一起的，点着了一个营，附近的营也就一起烧起来。陆逊一下就攻破了刘备的四十多个大营。慌乱中，刘备逃往马鞍山。

陆逊命令各路吴军围住马鞍山发起猛攻，将马鞍山上的上万名蜀军一下击溃了。最后，刘备带着残兵败将突围逃到了白帝城。一年后，刘备病逝，临终将幼主刘禅托付于诸葛亮，史称白帝城托孤。

沧桑分合——三国两晋南北朝

◎ 关键词：诸葛亮 选拔人才 集思广益 新气象

不拘一格用人才

蜀先主

● 蜀先主刘备

>>> 龚自珍《己亥杂诗》

九州生气恃风雷，万马齐暗究可哀。我劝天公重抖擞，不拘一格降人才。

这是《己亥杂诗》中的第二百二十首。描写了清道光十九年（1839）岁次己亥，龚自珍辞官返乡，又北上迎接妻儿，在南北往来途中，感于清朝朝廷压抑、束缚人才的情况，做诗三百一十五首表达了变革社会的强烈愿望。

人才是治国之本，历朝历代，得贤人者必得天下。

拓展阅读

《水煮三国》成君忆
《蜀相》唐·杜甫

猇亭战败后不久，刘备因为忧虑、悔恨而病倒。公元223年四月，刘备去世。临终时，他将太子刘禅托付于诸葛亮。

刘禅在成都继承皇位时才十七岁，因此蜀汉政治上的一切大小事情都由诸葛亮决断。为了把蜀汉治理好，诸葛亮不仅重视选拔人才，而且还不拘一格地任用人才。

联吴抗魏，本是诸葛亮的重要战略决策。可惜猇亭一战，蜀吴联盟遭到破坏。诸葛亮担心孙权乘刘备去世的机会发动突然袭击，考虑派人去和东吴修好，可一时又找不到合适的人选。一天，邓芝来见诸葛亮，说："目前主上年幼，初登皇位，民心未安。如果要完成统一大业，就应该抛弃旧怨，和东吴联好。没有东顾之忧，我们才能北上进取中原。不知道丞相是怎样考虑的？"一听邓芝的话，诸葛亮十分高兴，觉得邓芝正是完成这一使命的理想人选，便马上决定任命邓芝为出使东吴的使臣。

邓芝到了东吴，给孙权分析了当前的形势，说："吴国有长江做天险，蜀国有山川为屏障，两国和好，力量就大了。如果东吴要和魏国联盟，就必然要向魏国屈服称臣，否则魏国就要借口讨伐东吴。那时候，蜀国也可以顺流而下，东吴形势就危险了。"听邓芝说得有理，孙权当即答应联蜀。

从此，东吴蜀汉两国结成了抗拒曹魏的联盟，三国鼎立的局面得到进一步的巩固。

在离开东吴的时候，邓芝遵照诸葛亮的嘱托，要求孙权送回张裔。张裔本是成都人，办事果断，很有学问，善于治理政事。在刘璋统治四川的时候，他就已是大司马了。刘备攻进四川以后，任命张裔为巴郡太守。不久，益州豪强雍闿与孙权勾结，把张裔绑架到东吴。诸葛亮爱惜张裔的才能，让邓芝向孙权要回张裔。张裔临走的时候，孙权和他谈了一次话，发现张裔很有才干。事后，孙权很懊悔把张裔放走，于是赶紧派人去追，但是没有追上。张裔到了成都，诸葛亮并没有因为他是刘璋的部下而另眼相待，而是依据其学识才干让他做了参军、从事。后来，诸葛亮带兵北上进攻曹魏时，还让张裔和蒋琬一起做丞相府的长史，代自己掌管蜀汉政事。由于人才选用得当，虽然诸葛亮常年在外征战，蜀汉内部仍然治理得很好。

诸葛亮十分重视发挥部下的智慧和才能。他常说：个人的见识是有限的，只有"集众思，广忠益"，才能把事情办好。"集思广益"这个成语就是这样来的。诸葛亮喜欢敢于直言的官吏，他特别赏识徐庶、董和两个人。他说："一般人不会把自己的心里话都说出来，只有徐庶能做到知无不言，

●三顾一遇图 清 孙亿
此图绘的是刘备三顾茅庐，邀请诸葛亮出山，辅助其完成宏图大业的故事。厅堂内执画挥羽扇、身着白衣者为诸葛亮，正在向刘备分析天下形势，身后是关羽、张飞。

●庖丁剖鱼俑 三国

言无不尽。董和与我共事七年，我办事有不周到的地方，他就反复提出来，要求重新考虑。如果大家能够学到徐庶的十分之一，又能像董和那样忠直勤恳，那么我的过失就可以大大减少了。"

由于不拘一格用人才，诸葛亮使得蜀汉政治呈现出一派新气象。

●诸葛读书图 明 朱有燉

>>> 赔了夫人又折兵

比喻想占便宜，反而受到双重损失。语出《三国演义》第五十五回："周郎妙计安天下，赔了夫人又折兵。"

东汉末年孙权想取回荆州，周瑜献计"假招亲扣人质"。诸葛亮识破奸计，他安排赵云陪伴前往，先拜会周瑜的岳父乔玄，乔玄说动吴国太在甘露寺见面，吴国太真的将孙尚香嫁给刘备。孙权与周瑜被人嘲笑"周郎妙计安天下，赔了夫人又折兵"。

拓展阅读：

《书愤》宋·陆游
《读诸葛武侯传书怀》
　　　　唐·李白

◎ 关键词：孟获 叛乱 七擒七纵 投降

诸葛亮七擒孟获

公元223年，刘备在白帝城病逝，诸葛亮扶助刘禅即位，史称蜀汉后主。由于后主年幼，朝廷上的事无论大小，暂时都由诸葛亮来决定。正当诸葛亮兢兢业业地治理蜀汉的时候，南中地区发生了由少数民族首领孟获发动的叛乱，严重影响了蜀汉的统治。于是，公元225年，诸葛亮率领浩浩荡荡的三路大军，向南中进发，平定叛乱。

临行前，留守的参军马谡建议攻城为下，攻心为上，主张此次出征不应该以杀尽他们为目的，而应该征服他们的心。诸葛亮表示赞许。

到达南中后，诸葛亮派人去了解孟获的情况，知道他虽然英勇，但不懂兵法。于是，诸葛亮制订了周密的作战计划。

一天，两军对垒，蜀军故意败退。孟获仗着人多，一股劲儿追了过去，很快就中了蜀兵的埋伏。南兵被打得四处逃散，孟获被活捉。

孟获被押到蜀军大营，心里想，这回一定没有活路了。没想到进了大营，诸葛亮立刻叫人给他松了绑，并好言好语劝说他归降。但是孟获不服气，说："是我自己不小心，中了你的计，这样怎么能叫人心服？"

诸葛亮也不勉强，陪他一起骑着马在大营外兜了一圈。

走出军营，孟获以为会看见一支支精锐的部队，没想到竟都是一些老弱病残，刀枪钝得一点儿光泽都没有，旗帜破烂。孟获看到诸葛亮军容如此，不免心生轻蔑之心。

诸葛亮见孟获不服，便答应放他回去，要他好好准备一下再打。

孟获回去后，挑选了一支精锐部队。当天晚上，他亲自带了这支队伍来劫营。他们一直走到蜀营跟前也没被发现，孟获把刀一挥，顿时，兵士们举起火把，一窝蜂地冲了进去。营房里一个人也没有，这下，孟获才发现又上当了。还没等他发令撤退，蜀兵铺天盖地一般围了过来。孟获和他的部下毫无抵抗的能力，全都当了俘虏。

诸葛亮劝孟获投降，但孟获还是不服，诸葛亮又放了他。

这样捉了放，放了又捉，一连捉了孟获七次。到了孟获第七次被捉的时候，诸葛亮还要再放。孟获却不愿意走了，他心悦诚服地说："丞相七擒七纵，待我可说是仁至义尽，我打心底里敬服。从今以后，不敢再反了。"

孟获回去以后，不但带领自己的人马投降，还说服其他各部落全部投降，南中地区重新归蜀汉统治。此后，南中一带的少数民族和汉族相安无事，民族之间十分团结。

诸葛亮平定南中地区，为蜀汉政权的稳定发展提供了保障。

●古隆中三顾堂

>>> 杜甫《八阵图》

功盖三分国，名成八阵图。

江流石不转，遗恨失吞吴。

这是作者初到夔州时作的一首咏怀诸葛亮的诗，写于唐大历元年（766年）。

"八阵图"，指由天、地、风、云、龙、虎、鸟、蛇八种阵势所组成的军事操练和作战的阵图，是诸葛亮的一项创造，反映了他卓越的军事才能。

拓展阅读：

诸葛八阵图

六出祁山

◎ 关键词：马谡 言过其实 失街亭 请罪 斩首

诸葛亮挥泪斩马谡

诸葛亮七擒孟获，平定了南中地区。公元228年，为了实现国家统一，诸葛亮发动了北伐曹魏的战争。就是在这次战争中，发生了挥泪斩马谡的故事。

马谡从小聪明过人，熟读兵书，喜欢谈论军事，因此诸葛亮很信任他。但刘备在世的时候，却看出马谡不大踏实。他曾特地叮嘱诸葛亮说马谡言过其实，不能委以大任。诸葛亮却没放在心上。

诸葛亮北伐曹魏，在祁山（今甘肃礼县东）打败了魏军。当时魏国是明帝曹叡在位，得报后，他立即派老将张郃率领五万精兵到祁山去抵抗。

秦岭西面，有一个叫街亭（今甘肃庄浪东南）的战略要地，处在从汉中出兵的咽喉要道。诸葛亮深知此处紧要，就准备派一支人马抢先占领街亭，以维护粮道、兵道的畅通。这时，参军马谡自告奋勇，愿意前往。

虽然诸葛亮对马谡很信任，但还是对他再三嘱托，要他务必小心。

马谡立下军令状：倘若有什么闪失，杀剐存留，悉听丞相尊便。

诸葛亮还是不放心，又派素来谨慎的王平做马谡的助手，并反复强调一定要谨慎行事。

马谡和王平带领人马到了街亭，张郃的魏军也正从东面开过来。马谡看了地形，对王平说："这一带地形险要，街亭旁边有座山，正好在山上扎营，布置埋伏。"王平劝他按丞相嘱咐坚守城池。马谡不听王平的建议，执意要上山扎营。王平无奈，只好带本部一千人马，在山下择地驻扎。

张郃率领魏军赶到街亭，吩咐手下将士在山下筑好营垒。马谡扎营的那座山被魏军围困了起来。

马谡慌忙传令突围，但每次都被魏军暴风骤雨般的乱箭射回，白白损失了不少将士。山下的水源被切断，蜀军无法做饭，军心涣散，张郃趁机发动攻击。马谡无力约束部下，只得单枪匹马突围而出。幸得王平在山下鼓噪而进，张郃疑有伏兵，没敢乘胜追击，否则马谡早就被杀了。

丢失街亭，诸葛亮不得已退守汉中。马谡连滚带爬地回到大营，痛哭流涕，向丞相请罪。诸葛亮痛心疾首，为严明军纪，传令将马谡斩首示众。

不多时，马谡的首级呈上，诸葛亮再也抑制不住，潸然泪下，他对将士们说："这次出兵失败，固然是因为马谡违反军令。可是也因我用人不当。"他上了一份奏章给刘禅，请求把他的官职降低三级。接到奏章，刘禅不知所措，经众大臣提议，才答应尊重诸葛亮的意见，将他降为右将军，但仍旧办丞相的事。

诸葛亮执法如山、严明公正、不讲情面的作风和严于律己的品质一直被后人传颂。

●司马懿像

>>> 空城计

空城计是《三国演义》里特别精彩的一个计谋，历来为人们津津乐道。

马谡失街亭后，司马懿乘势引大军十五万向诸葛亮所在的西城蜂拥而来。当时，城中只有几千兵士，听到兵临城下的消息后都大惊失色。诸葛亮传令，城内按兵不动，大开城门。诸葛亮自己领着两个小书童，到城上望敌楼前凭栏坐下，燃起香，然后慢慢弹起琴来。

司马懿的先头部队到达城下，见诸葛亮悠然自得，不敢妄动，紧急退兵。

拓展阅读：

《战北原》（京剧）
《晋书·帝纪一·司马懿传》

◎ 关键词：司马懿 曹爽 大权 西晋

司马懿装病

司马懿，三国时期魏国重要的军事家、政治家，善于运用谋略克敌制胜。他是曹魏后期最有声望、最有权势的大臣，对曹魏政权的掌握和控制为子孙将来夺取曹魏政权、建立晋朝奠定了基础。

曹操刚刚掌权的时候，曾经征召司马懿出来做官。司马懿不愿意应召，就假装得了风瘫病。曹操怀疑司马懿有意推托，派了一个刺客去察看，果然看到司马懿直挺挺地躺在床上。刺客还不相信，做出拔刀要劈的样子。可司马懿只瞪着眼望了望刺客，身体一动不动。刺客这才相信，赶紧回去向曹操汇报。

司马懿知道曹操不会放过他，过了一段时间，让人传出消息，说自己风瘫病已经好了。等曹操再一次征召的时候，他就不拒绝了。

司马懿先后在曹操和魏文帝曹丕手下担任重要职位。到了魏明帝即位后，司马懿已经是魏国的元老，大部分兵权都落在他的手里。

魏明帝病故，曹芳即位，司马懿和宗室曹爽同为顾命大臣，一同执政。曹爽论能力、资格都比司马懿差得远，所以不得不忌惮司马懿。

后来，曹爽手下有一批心腹替他出了一个主意，那就是用魏少帝曹芳的名义提升司马懿为太傅，实际上是夺去他的兵权。

曹爽大权在握后，整天寻欢作乐。司马懿表面不说，暗中自有打算，他推说有病，不上朝了。

听说司马懿生病，曹爽不放心，想打听太傅是真的生病还是装病。

恰在这时，任荆州刺史的李胜前来辞行，曹爽就让他假借到太傅府上辞行，趁机察看司马懿的动静。

李胜到了司马懿的卧室，只见司马懿躺在床上，旁边两个使唤丫头伺候他喝粥，没喝上几口，粥就沿着嘴角流了下来，流得胸前衣襟都是。李胜在一边看了，觉得司马懿病得实在不轻，便赶回大将军府，把情形一五一十地向曹爽作了汇报。曹爽大喜。

公元249年新年，魏少帝曹芳带着曹爽和他的兄弟、亲信大臣到城外去祭扫祖先的陵墓。趁着这个机会，司马懿带领儿子和众将直奔朝中，威逼郭太后下旨，说曹爽奸邪乱国，要免职办罪，太后无奈，只得下旨。随后司马懿又占了城中的兵营，紧闭了城门。曹爽接旨后，本可以凭大将军印讨伐司马懿，但他生性昏庸，不听众门客的劝告，反而相信了司马懿的话，把大将军印交了出去，不久就被司马懿处死。

从此，司马氏独揽魏国大权。谁能想到，司马懿装一场病就可以取得大权，乃至取曹魏而代之，建立司马氏的西晋政权。

● 提梁罐 三国

>>> 闻雷泣墓

　　王裒，魏晋时期营陵（今山东昌乐东南）人，博学多能。父亲王仪被司马昭杀害，他隐居以教书为业，终身不面向西坐，表示永不做晋臣。

　　其母在世时怕雷，死后埋葬在山林中。每当风雨天气，听到雷声，他就跑到母亲坟前，跪拜安慰母亲说："裒儿在这里，母亲不要害怕。"他教书时，每当读到《蓼莪》篇，就常常泪流满面，思念父母。

拓展阅读：

《三国志·魏书四》
寿春之战

◎ 关键词：大将军 假传圣旨 抗衡 野心 独揽

司马昭之心，路人皆知

　　为独揽大权，司马懿杀了曹爽。两年后司马懿去世，其长子司马师接替了他的职位。魏国大权落在司马师和司马昭兄弟两人手里。

　　司马师代父专国政后，看魏少帝曹芳不顺眼，于公元254年废掉他，立曹髦为皇帝，可惜没享上几天"摄政王"的福，第二年就病死了。

　　靠着父兄创下的基业，司马昭不费吹灰之力就当上了大将军。他比其父兄想得更长更远，因为他想自己当皇帝。

　　当时朝中大多数人或已投靠司马昭，或者缄口不言以明哲保身，只有曾任征东大将军的诸葛诞不买他的账。司马昭必欲除之而后快，又忌惮他手握重兵，不敢轻易造次，于是暗地里寻找除掉诸葛诞的机会。

　　于是，他假传圣旨，召诸葛诞进京，声称要封他做司空。这样，如果诸葛诞同意进京，那就进入了司马昭的势力范围，杀他易如反掌；如果他不进京受封，那就是抗旨不遵，可以名正言顺地发兵讨伐他。

　　诸葛诞进退两难，于是索性扯旗造反。借此良机，司马昭率军将他剿灭。

　　诸葛诞一死，朝中再无人敢与司马昭抗衡，皇帝曹髦成了不折不扣的傀儡。曹髦本是年轻气盛之人，哪里受得了这种窝囊气，于是秘密联络偏向曹氏的尚书王经等人，预备瞅准时机放手一搏。他义愤填膺地对王经等人说："你们看看现在的朝廷成什么样子了。司马昭的野心，过路人都知道。我不能坐以待毙，干脆咱们今天就动手，迟恐生变。"

　　王经慌忙劝阻："陛下，司马昭手下党羽众多，而您却无一兵一卒，这样做太危险了。"

　　曹髦已经丧失了理智，多年的压抑喷涌而出。他歇斯底里地说："不！我就是要和他们拼命，再说，究竟鹿死谁手还不一定呢！"

　　可惜，曹髦还没行动，就有人把他找人密谋的消息报告给了司马昭。当曹髦带领少得可怜的几个亲信刚刚杀出宫门时，就被司马昭的大队人马迎头截住，并把曹髦给杀了。

　　曹髦死后，司马昭立曹奂为帝，并以太后的名义下了一道诏书，罗织了曹髦一大堆罪状，声明要把他废为平民。既已成为平民，曹髦的死就变得无足轻重了。但是，还是有很多人议论纷纷，对曹髦的死穷追不舍，司马昭只得找了个"替罪羊"杀掉，他自己则依旧安安稳稳地独揽朝纲。

　　后来，"司马昭之心，路人皆知"就演变成了一句成语，意思是阴谋或野心完全暴露，连过路人都知道了。

●姜维像

>>> 乐不思蜀

蜀后主刘禅投降后，司马昭设宴款待，先以魏乐舞戏于前，蜀官伤感，独后主有喜色。司马昭令蜀人扮蜀乐于前，蜀官尽皆堕泪，后主嬉笑自若。酒至半酣，司马昭乃问后主曰："颇思蜀否？"后主曰："此间乐，不思蜀也。"

人们常把乐以忘返或乐而忘本，无故国故土之思，称作"乐不思蜀"。

鲁迅《月界旅行》中写有："那麦思顿更觉气色傲然、或饮或事，忽踊忽歌，大有'此间乐不思蜀'之意。"

拓展阅读：

《三国志·姜维传》
扶不起的阿斗（典故）

◎关键词：司马昭 刘禅 灭蜀

灭蜀建西晋

司马昭杀害魏帝曹髦后，认为内部已经稳定，决心大举进攻蜀汉。自从诸葛亮死了以后，蜀汉失掉了顶梁柱，蜀后主刘禅无能，使得宦官当权，政治搞得一塌糊涂，国势越来越弱。

公元263年，司马昭派将军邓艾、诸葛绪各带兵三万，钟会带兵十几万，分三路进攻蜀汉。

不久，邓艾率领的部队到了阴平（今甘肃文县西北），再往南走，就是现在四川的松潘地界了。从阴平到松潘，中间是七百里无人烟的荒僻小道。蜀汉在这一带没有驻兵设防，而是把重兵驻在离阴平几百里的剑阁。

经过仔细勘察，邓艾选定了一个山口，他用毡毯把自己包裹起来，冒险从山上滚下去，试探进攻的道路。看主将这样勇敢，士兵们大受鼓舞，个个奋勇争先，攀着树木和葛藤，蹬着刀砍斧削的陡壁前进。几天之后，他们像一队从天而降的神兵，突然出现在剑阁的后方江油（今四川江油县东）。邓艾派一部分人留守江油，切断驻在剑阁的蜀将姜维的退路，自己带着另一部分人去进攻绵竹，杀了绵竹的守将诸葛瞻，之后继续向成都进军。

刘禅听说魏军已经打下绵竹，又向成都逼近，吓得浑身哆嗦，六神无主，赶快叫大臣们帮他拿主意。光禄大夫谯周建议他交出大印，向邓艾投降。后主刘禅本来就不想抵抗，现在有人主张投降，他不假思索就同意了。等邓艾大军到达成都，他就叫人将自己反绑着两手，率领文武百官出城门投降了。

钟会率领的另一路伐蜀大军，被蜀将姜维挡住不能前进。刘禅派人告诉姜维，让他也投降。姜维只好放弃抵抗，到钟会帐中投降，可他心里还想着有一天再恢复蜀汉。正巧，这个时候钟会和邓艾起了矛盾，局势变得复杂起来。

邓艾兵进成都，抢了灭蜀的头功，心中很是得意。他上书给朝廷说："现在就可以准备战船，沿江而下，把吴国一齐灭了。"司马昭知道后，派人告诉邓艾："军事行动不许自作主张。"邓艾为此很生气。

野心勃勃的钟会本想独占灭蜀之功，不想让邓艾抢了先，心里很不痛快。现在听说邓艾对司马昭不满，钟会马上派人密报司马昭，诬告邓艾要谋反。见此情形，姜维心中暗喜，他打算利用钟会反对司马昭，然后乱中取胜，想办法恢复蜀汉。

本来猜忌心就很重的司马昭见到钟会的密报，马上下令让钟会进军成都，逮捕邓艾，一方面又派心腹贾充率军跟在钟会后面监视。钟会得知后大失所望，只好孤注一掷。抓住邓艾后，他在成都宣布反对司马昭。可是，

●历代帝王图 唐 阎立本

《历代帝王图》画的是从西汉至隋十三个皇帝的形象，如汉昭帝刘弗陵、陈文帝陈蒨、陈宣帝陈顼、晋武帝司马炎、蜀主刘备等。作者通过对各个帝王不同相貌表情的刻画，揭示出他们不同的内心世界、性格特征和政治作为。那些开朝建代之君，或抗御外族侵略，或实行政治革新，均有一定建树，他们在画家笔下都体现了"王者气度"和"伟丽仪范"；而那些昏庸亡国之君，则呈现出猥琐庸腐之态。本图左二为晋武帝司马炎。

拥护司马昭的人先动起了手，一场混战，钟会和姜维都被杀死，邓艾也被冤杀。这样，司马昭牢牢地控制了局势，既灭亡了蜀汉，又防止了再一次分裂，为下一步统一全国打下了基础。

蜀国灭亡后不久，司马昭就病死了。他的儿子司马炎干脆把挂名的魏元帝曹奂废了，自己做了皇帝，建立了晋朝，这就是晋武帝。从公元265年到316年，晋朝的国都在洛阳，历史上称之为西晋。

西晋的建立，使三国鼎立的局面变成了南北对峙。下一步，晋武帝就着手准备灭掉吴国了。

●持盾俑 西晋

>>> 中国古代酷刑

　　剥皮、腰斩、车裂、俱五刑、凌迟、缢首、烹煮、宫刑、刖刑、插针、鸩毒、棍刑、锯割、断椎、灌铅、梳洗，是古代最为残忍的几种酷刑。

　　中国古代，很多惨无人道的统治者不思国事，鱼肉百姓，发明了一些惨绝人寰的酷刑，人民饱受其苦，甚至有很多忠臣义士也死于这种酷刑之下。东吴后主孙皓就曾经使用酷刑镇压百姓，荒淫残暴最终导致了东吴的灭亡。

拓展阅读：
《三国志·吴书·孙皓传》
西晋·陈寿
《西塞山怀古》唐·刘禹锡

◎ 关键词：王濬 楼船 障碍 统一

王濬楼船破吴

　　蜀汉灭亡后，司马炎建立西晋，与东吴形成南北对峙之势。东吴最后一个皇帝孙皓性情残暴，他用惨无人道的刑罚镇压百姓，百姓都恨透他了。

　　公元279年，晋朝一些大臣认为时机成熟，建议晋武帝攻伐东吴。于是，晋武帝发兵二十多万，分三路进攻东吴国都建业。其中镇南大将军杜预打中路，向江陵进兵；安东将军王浑打东路，向横江（今安徽和县）进军；还有一路水军打西路，由益州刺史王濬率领。

　　王濬早就做了伐吴的准备，在益州督造大批战船。这种战船能容纳两千多人，船上还造了城墙城楼，人站在上面，可以四面瞭望，所以被称作楼船。

　　打中路的杜预和打东路的王浑两路人马都节节胜利。只有王濬的水军因为楼船被铁链和铁锥阻拦，滞留在秭归不能前进。原来王濬在造船时有许多削掉的木片掉到了江里，东吴太守吾彦，发现了顺流漂来的木片，猜出晋军造船要进攻东吴了。于是他派人在江面险要的地方打了很多大木桩，钉上大铁链，把大江拦腰截住，又把一丈多高的铁锥安在水面下，好像无数的暗礁，使晋国水军没法通过。

　　可是这些障碍并没有难倒王濬。他命令晋兵造了几十只很大的木筏，每个木筏上面放着一些草人，披上盔甲，手拿刀枪。他又派几个水性好的兵士带领这一队木筏随流而下。这些木筏碰到铁锥，那些铁锥的尖头就扎在木筏子底下，被木筏扫掉了。

　　拔掉铁锥后，王濬又在木筏上架起一个个很大的火炬。这些火炬都灌足了麻油，一点就着。他派人把木筏架到铁链边，燃起火炬，烧起熊熊大火，时间一长，那些铁链都被烧断了。

　　扫除了障碍，王濬的水军便顺流东下。吴主孙皓慌忙派将军张象带领水军一万人去抵抗。张象的将士一看，满江都是王濬的战船，吓得没有打就投降了。

　　东吴将军陶濬来见孙皓。孙皓问他水军的消息。陶濬说："益州水军的船都小得很。陛下只要给我两万水兵，把大号的战船用上，准能够把晋军打败。"

　　孙皓马上封他为大将，叫他指挥水军。陶濬命令将士们第二天一早出发跟晋军作战。但是将士们可不愿送死，当天晚上就逃得一干二净。

　　王濬的水军长驱而入，直抵建业。知道东吴灭亡已无法挽回，孙皓便带领一批大臣，到王濬的军营前投降了。

　　至此，三国鼎立的局面宣告结束，晋朝统一了全国。

●青瓷奏乐俑 西晋

>>> 中国古代富豪排行榜

1. 刘瑾：明代正德朝大宦官。

2. 和珅：清乾隆时大贪官。

3. 宋子文：民国财政部长。

4. 伍秉鉴：商名伍浩官，清代广东十三行怡和行之行主。

5. 邓通：西汉文帝宠臣。

6. 梁冀：两个妹妹皆为皇后。

7. 吕不韦：战国时期阳翟大商人。

8. 沈万三：元末明初江南巨富。

9. 陶朱公：春秋时期人，历史上弃政从商的鼻祖。

拓展阅读：

绿珠坠楼

甘拜下风（典故）

◎ 关键词：荒淫 斗富 糜烂 大乱

西晋贵族争权斗富

西晋统一全国后，晋武帝司马炎志满意得，完全沉湎在荒淫奢靡的生活里。在他的带头下，朝廷里的大臣把摆阔气当作体面的事。石崇和王恺斗富的故事，充分体现了西晋权贵的荒淫、奢侈和腐败。

石崇是个大官僚，他家世代为官，富可敌国，家中奴仆就有八百多人。王恺是晋武帝的舅父，被封为山都县公，领有一千八百户的封地。

论权势，王恺比石崇要大，但是在财富方面却比不上石崇。石崇的钱到底有多少，谁也说不清。石崇在当荆州刺史期间，搜刮民脂民膏，抢劫，敲诈勒索，公开杀人劫货，掠夺积累了无数的钱财、珠宝，成了当时最大的富豪。

石崇听说王恺的豪富很出名，有心跟他比一比。他听说王恺家里用麦糖水洗锅，就命令他家厨房用蜡烛当柴火烧。这件事一传开，大家都说石崇家比王恺家阔气。

王恺为了炫耀自己富，在他家门前的大路两旁，夹道四十里，用紫丝编成屏障。这个奢华的装饰把洛阳城轰动了。

石崇成心压倒王恺。他用比紫丝贵重的彩缎，铺设了五十里屏障，比王恺的屏障更长，更豪华。

王恺又输了一次。但是他仍不善罢甘休，他向外甥晋武帝请求帮忙。晋武帝觉得这样的比赛挺有趣，就把宫里收藏的一株两尺多高的珊瑚树赐给王恺，好让王恺在众人面前夸耀一番。

有了皇帝帮忙，王恺比阔气的劲头更大了。他特地请石崇和一批官员到他家吃饭，宴席上，王恺拿出珊瑚树，得意地向大家展示。大家看了赞不绝口，都说真是一件罕见的宝贝。

石崇一声冷笑，拿起案头的一支铁如意，朝着大珊瑚树正中，轻轻一砸。"当啷"一声，一株珊瑚树被砸得粉碎。随后，石崇立刻叫他的随从回家去，把他家的珊瑚树统统搬来让王恺挑选。

不一会儿，一群随从搬来了几十株珊瑚树。这些珊瑚树中，三四尺高的就有六七株，大的竟比王恺的高出一倍，株株条干挺秀，光彩夺目。

周围的人都看呆了。王恺这才知道石崇比他不知富出多少倍，只好认输。

王恺、石崇这些高官，讲究排场，炫耀财富，乐此不疲。皇帝居然帮助臣子斗富，助长奢侈之风，可见当时的风气多么糜烂。

腐败的西晋王朝注定要发生大乱，只维持了短短二十多年的安定局面，统治阶级内部就掀起了一场争权夺利的斗争，晋王朝日渐衰亡。

沧桑分合——三国两晋南北朝

●竹林七贤之一嵇康

>>> 刘伶与酒

竹林七贤之一的刘伶嗜酒如命，难以戒掉。

有一次，刘伶的酒病又发作了，他让妻子拿酒。他的妻子哭着把剩余的酒洒在地上，摔破了酒瓶，涕泪纵横地劝他。刘伶却说必须在神明前发誓才能把酒戒掉。

他的妻子信以为真，买了酒肉祭神。刘伶把酒肉供在神桌前，跪下来祝告说："天生刘伶，以酒为名；一饮一斛，五斗解酲。妇人之言，慎不可听。"说完，取过酒肉，结果又喝得大醉了。

拓展阅读：

《大人先生传》魏·阮籍
《广陵散》（古筝名曲）

◎关键词：腐朽 回避 酒歌 放纵

魏晋文豪多风流

西晋的统治腐朽黑暗，当时一些清高的文人不愿投靠司马氏集团，却又不敢反抗，于是采取消极回避的办法，他们以沉溺酒歌、放纵性情、不受拘羁的"越名教而任自然"的生活方式来表达内心的不满。这些文人中最具代表性的是"竹林七贤"。

竹林七贤是指阮籍、嵇康、山涛、刘伶、向秀、阮咸、王戎这七个人。七人当中数阮籍和嵇康的诗文写得好，在中国文学史上有较高的地位。

在政治上，阮籍倾向于曹魏皇室，对司马氏集团怀有不满。但他感到世事已不可为，于是采取不涉是非、明哲保身的态度，或者闭门读书，或者登山临水，或者酣醉不醒，或者缄口不言。迫于司马氏的淫威，阮籍有时也不得不应酬敷衍。他接受司马氏授予的官职，先后做过司马氏父子三人的从事中郎，当过散骑常侍、步兵校尉等职。他还被迫为司马昭自封晋公、备九锡写过"劝进文"。因此，司马氏对他采取容忍态度，对他放浪佯狂、违背礼法的各种行为也不加追究，使他最后得以终其天年。

嵇康长得一表人才，学识极其渊博，不但善于弹琴做诗，还很有力气，擅长打铁，算得上是个文武全才。但他却是个脾气古怪的人。

有一次，嵇康和向秀一起在大树下打铁。这时来了位贵公子，毕恭毕敬地拜访嵇康。这个贵公子叫钟会，是司马昭的心腹。嵇康对他不感兴趣，就继续打铁，过了很久也没跟钟会说一句话。钟会感到很没趣，站起来就要走。这时，嵇康问他说："你到这儿想知道什么，见到了什么就想离开？"钟会悻悻地说："我为知道我想知道的事而来，见到了所见到的事而回去。"钟会从此记恨嵇康。

后来，嵇康的好友吕安被人诬陷入狱，嵇康也受到了牵连。嵇康入狱后，钟会想趁机报复，于是对司马昭说："嵇康曾想帮助毋丘俭造反，应该趁这个机会杀掉他。"司马昭听信了他的话，于是下令杀了嵇康。

在被押往刑场的路上，嵇康弹奏了一曲《广陵散》。弹完后，他长叹一声说："从前袁康想跟我学《广陵散》，我没有教给他。没想到这个曲子今天就要在世间消失了！"。

嵇康被杀后不久，阮籍也病死了。"竹林七贤"的其他人，后来分崩离析，各散西东。

以"竹林七贤"为代表的魏晋文豪所处的是一个动荡不安的社会，他们不仅无法施展自己的才华，而且时时有性命之忧，因此不得不以清谈、饮酒、佯狂等形式排遣苦闷的心情，隐晦曲折地表达内心的思想感情。

◎ 关键词：痴呆无能 独揽大权 淫荡 分裂割据

白痴皇帝和荒唐皇后

● 青瓷灯盏 西晋

>>> "雨人"皮克

最著名的白痴学者是美国盐湖城的一位名叫金·皮克（Kim Peek）的自闭症患者。他在历史、文学、地理、体育、音乐等十五个不同领域，都有着超凡的天赋。

据报道，皮克有过目不忘的本领。直到如今，皮克几乎能一字不漏地背诵九千本书的内容，但是皮克却又"低能"到生活无法自理。1988年奥斯卡获奖电影《雨人》（Rainman）就是以他为原型拍摄的。因此，白痴学者又被人们俗称为"雨人"。

拓展阅读：

《晋书·惠帝本纪》
八王之乱

司马懿、司马师、司马昭和晋武帝司马炎都是善于玩弄权术的人，可是他们的继任者司马衷却是一个出了名的白痴皇帝。

晋惠帝司马衷从小在皇宫里长大，一直过着奢侈享乐的生活，根本不知打天下的艰难、治天下的不易。他不仅不学无术，甚至连一些生活常识都不懂。

有一次，晋惠帝在华林园里听到蛤蟆的叫声，就问身边的人："这叫喊的东西是官家的，还是百姓私人的呢？"随从的人知道跟他说不清，就随口回答说："在官地上叫的就是官家的，在私地上叫的就是私人的。"惠帝似懂非懂地点点头。

有一年，各地闹饥荒，地方的官员把灾情上报朝廷，说灾区的老百姓饿死了很多。晋惠帝就问大臣说："那为什么不叫他们多吃点肉粥呢？"大臣们听了，个个目瞪口呆。

晋惠帝的皇后贾南风是西晋大臣贾充的三女儿，她欺负晋惠帝痴呆无能，独揽大权，闹得朝廷乌烟瘴气。后来，贾南风变得越来越残忍暴虐和荒淫无耻，她公开与朝中大臣厮混，还到处寻找俊美男子充当"面首"，满足淫欲。

关于贾南风的荒淫丑事有很多，此举一例。

据说河南有一个长得非常英俊的小官吏，家里很穷，然而有一天他突然阔了起来，衣着华丽，整天吃的是山珍海味。人们都很奇怪，县尉也觉得奇怪，于是便派人去责问他。那个小官吏被逼得没办法才说："一天我在路上遇见一个老妇人，说她家人生病了，巫师说是受了惊吓，只要找个城南少年压一下惊就好了，她请我去一趟，事成之后有重谢。我一听觉得于己无害反而有利，于是就跟着她去了。到了她家，我简直被惊呆了，她的家太华丽太漂亮了。这时一个三十五六岁的矮小妇人出现了，她挽留我住了几宿，天天与我同床共枕，我们享尽了幸福快乐。然而很快我们不得不分离了，临走的时候，她给了我许多金银财宝。这就是我为什么现在如此富有的原因。"

听了小官吏的话，在场的人知道那人便是贾后，于是县尉只好作罢。

后来那些知道此事的人均神秘被害，只有那小官吏因贾后的宠爱而幸免于难。由此可知贾南风之风流淫荡。

皇帝无能，皇后荒淫，动荡混乱的时局终于导致了"八王之乱"的发生。大一统的中国，从此陷入了三百多年的分裂割据局面。

●青瓷骑俑 西晋

>>> 曹植《七步诗》

煮豆持作羹，
漉菽以为汁。
萁在釜下燃，
豆在釜中泣。
本是同根生，
相煎何太急？

曹植的大哥曹丕夺权篡位，因曹植十分有才并深得人心，曹丕怕弟弟夺位，便想找机会除掉他。

正好有一天所有的大臣都在议事，曹丕就当着众大臣的面命曹植七步之内作出一首诗，如果作不出来，便要杀了他。曹植当时非常愤怒，他七步成诗，震惊当场。

拓展阅读：

永嘉之乱
《八王之乱》柏杨

◎ 关键词：争夺 残杀 激化 矛盾 分裂

八王之乱祸起萧墙

西晋惠帝懦弱无能，造成大权旁落。

汝南王亮、楚王玮、赵王伦、齐王冏、长沙王乂、成都王颖、河间王颙、东海王越等八个诸侯王为争夺统治权，发生了一连串的相互残杀和战争，历史上称为"八王之乱"。

晋武帝司马炎在夺得政权以后，为了保住司马氏的天下，曾经将自己的子侄兄弟分封为王，当时分封的王有二十七个之多。这种分封制，为后来的八王之乱埋下了祸根。

晋惠帝即位以后，外戚杨骏用阴谋手段，排挤了汝南王司马亮，取得了单独辅政的地位，这使一些诸侯王心生不满。

晋惠帝司马衷是个白痴，不会管理国家大事，可是皇后贾南风却性情泼辣，渴望独揽大权，她当然不甘心让杨家的人掌权。公元291年，她命令司马玮带兵入朝，杀了杨骏。

杨骏死后，贾皇后请汝南王司马亮来辅政。司马亮不愿意做贾皇后的傀儡，于是贾皇后让晋惠帝派司马玮去杀司马亮。杀了司马亮以后，贾皇后又叫惠帝否认下过命令，反而说司马玮假传圣旨，把司马玮也杀了。这样，贾皇后把八个王除掉了两个，自己夺得了全部大权。

贾皇后怕大权旁落，就假装怀孕，暗地里把妹妹的儿子抱来，当作自己生的儿子。后来又派人把太子毒死，把抱来的儿子立了太子。这个消息传出去以后，西晋宗室群情激奋，都说贾皇后想篡夺司马氏的天下，于是纷纷起来反对她。赵王司马伦借口贾皇后废杀太子，带兵入朝，杀死贾皇后。接着，他又废掉晋惠帝，自己做了皇帝。

听说赵王伦做了皇帝，各地的诸侯王都不甘心，都想夺皇帝这个宝座。这样，剩下的七个王之间又展开了一场又一场的厮杀。最后，由东海王司马越杀死了成都王司马颖、河间王司马颙，毒死了晋惠帝，拥立司马炽做了皇帝，即是晋怀帝，这一场混战才宣告结束。

八王之乱是西晋王朝内部为争夺中央政权而引发的动乱，它造成了极大破坏，历史名城洛阳、长安夷为废墟，广大农村生产凋敝，生灵涂炭。八王之乱还激化了阶级矛盾和民族矛盾，直接导致了二百七十余年南北分裂的局面。

● 洛神赋图 东晋 顾恺之

《洛神赋图》是根据曹植著名的《洛神赋》而作，为顾恺之传世精品。作者用笔细劲古朴，恰如"春蚕吐丝"，山川树石画法古朴，体现了早期画作的特点。此图卷无论从哪一方面而言都堪称中国古典绘画中的瑰宝。

●青瓷鸭圈 西晋

>>> 焦裕禄除"三害"

党的好干部焦裕禄，刚到重灾区兰考时，由于当地的"三害"情况，灾民纷纷逃荒。

目睹了成批灾民逃荒的痛心场面，有着同样逃难经历的焦裕禄下了决心，就是拼上身家性命，也要把兰考的"三害"治住。他建立起"除三害办公室"，组织调查队，在全县展开了大规模的追洪水、查风口、探流沙的调查工作。

焦裕禄积劳成疾，因病去世，兰考群众沿街相送，全国上下掀起学习他的热潮。

拓展阅读：

《咏史下·周处》宋·陈普

乘车戴笠（典故）

◎ 关键词：三害 痛下决心 勤奋好学

周处除"三害"

西晋政治腐败，官僚贵族多争权夺利、钩心斗角。但也有性情刚直、不怕强暴的忠义之臣，周处就是其中的一个。

周处，字子隐，东吴义兴（今江苏宜兴县）人。很小的时候，他就死了父亲，没人管束，成天在外面游荡，不肯读书，只喜欢打架斗殴。因周处身长力大，别人都打不过他，乡亲邻居都害怕他，把他和南山上的猛虎、长桥下的恶蛟并称为当地的"三害"，他自己却不知道。

有一次，周处在乡里闲逛，看见人们都闷闷不乐。他问一个老年人："今年收成挺不错，为什么大伙那样愁眉苦脸呢？"老人说："三害还没有除掉，怎么高兴得起来！"周处问："哪三害呀？"老人说："南山的虎，长桥的蛟，加上你，不就是三害吗？"周处吃了一惊，他想，原来乡亲们都把他当作虎、蛟一般的大害了。他沉吟了一会，说："这样吧，既然大家都为'三害'苦恼，我把它们除掉。"

第二天，周处果然带着弓箭，进山找虎去了。看到了老虎，周处连射了两箭，射中了老虎的要害，没费多大力气就结果了老虎的性命。杀了老虎后，周处换了紧身衣，带了刀剑，来到了长桥下。他跳进水里去找蛟，那条蛟隐藏在深水处，发现有人下水，想跳上来咬。周处早就准备好了，在蛟身上猛刺一刀。蛟受了重伤，就往江的下游逃窜，周处一直追踪到几十里以外才把蛟杀死。

三天三夜过去了，周处还没有回来。大家认为周处和蛟一定两败俱伤，"三害"都除掉了，大家都喜出望外。

没想到第四天，周处竟安然无恙地回家来了。回到家里，周处知道他离家三天后，人们以为他死去，都挺高兴。这件事使他认识到自己平时的行为被人们痛恨到什么程度了。

于是，他痛下决心，离开家乡到吴郡找老师学习。那时候吴郡有两个很有名望的人，一个叫陆机，另一个叫陆云。周处去的时候，陆机出门去了，只有陆云在家。

见到陆云，周处把自己决心改过的想法告诉了陆云。他说："我后悔自己觉悟得太晚，把宝贵的时光白白浪费了。现在想干一番事业，只怕太晚了。"

陆云对他说："古人贵朝闻夕死，你正当壮年，现在从头学起，只要有志向，完全来得及。"

从此，周处严格要求自己，认真读书，同时注意自己的品德修养。他勤奋好学的精神受到大家的称赞。不久，他被地方官选拔出来做官。周处担

●王裒闻雷泣墓 清 王素
●牧马图 嘉峪关魏晋砖画
简洁有力的线描,温和淳朴的色调,整个风格
既简练自然,又明快豪放,是极生动的古代艺
工的"写意画",真实反映了魏晋时期的民俗
生活。

任广汉(今四川广汉北)太守的时候,当地原来的官吏腐败,积下来的案件,有三十年没有处理的。周处一到任,就把积案都认真处理完了。后来周处被调到京城做御史中丞,不管是皇亲国戚还是达官贵族,凡是违法的,他都能大胆揭发。周处终于通过自己的努力,成为流传古今的忠臣孝子。

●双龙心形玉佩 西晋

>>> 长生大帝——范长生

李雄称帝后，八十八岁的范长生似乎看到了振国安民的希望，便从西山到成都造谒李雄。李雄率百官亲迎，拜范长生为丞相，加号"四时八节天地太师"，封西山侯。此后老少同心，君臣和谐，大成宽和政役，轻徭薄赋，建官学，兴文教，端风化，罚不妄举，刑不滥及，恩威远播。来称臣依附的人增多，大成一度昌盛。

范长生"博学多能"，尤精书法。与慕容倍、王猛齐名。另著有《蜀才易技》十卷，被明朝著名学者杨升庵誉为"西山蜀才"。

拓展阅读：

《流民图》蒋兆和
《晋书·李雄传》

◎ 关键词：逃荒 流民 抗击 成汉

李特流民大起义

西晋的腐朽统治和诸侯的连年混战给百姓带来无穷的苦难，加上连年的天灾，许多地方颗粒无收，百姓流离失所，不得不出外逃荒要饭。这种逃荒的人被叫作"流民"。

公元298年，关中地区闹了一场大饥荒，略阳（今甘肃秦安县一带）、天水等六郡十几万流民逃荒到蜀地。有一个氐族人李特与兄弟李庠、李流，也跟着流民一起逃荒。一路上，李特兄弟常常接济、照顾那些挨饿、生病的流民，流民都很感激、敬重他们兄弟。

远离中原地区的西蜀之地，百姓生活比较安定。流民进了蜀地后，分散在各地，靠给富户人家打长工生活。

益州刺史罗尚，按照西晋朝廷的命令，强迫流民在七日之内离开益州地界，返回故乡。可是想到家乡正在闹饥荒，流民们都不想走，他们向李特诉苦，李特几次向官府请求放宽遣送流民的期限。流民们听到这个消息，对李特很是感激，纷纷投奔他。

李特在绵竹设了一个收容流民的大营，流民越聚越多，不到一个月，就聚集了约两万人。之后，李特派使者阎彧去见罗尚，再次请求缓期遣送流民。阎彧来到罗尚的刺史府，看到那里正在修筑营寨，调动人马，知道他不怀好意。见了罗尚，他说明了来意，没想到罗尚爽快地答应了。

阎彧回到绵竹，把罗尚那里的情况一五一十告诉了李特，要李特小心防备。李特也认为罗尚的话不可靠，立刻把流民组织起来，准备好武器，布置好阵势，准备抗击晋兵的进攻。

到了晚上，罗尚果然派部将带了步骑兵三万人，偷袭绵竹大营。晋军刚进了营地，只听得四面八方响起了一阵震耳的锣鼓声，大营里预先埋伏好的流民，手拿长矛大刀，一齐杀了出来。流民们勇猛无比，一个抵十个，十个抵百个。毫无防备的晋军被杀得丢盔弃甲，四散逃窜。

杀散晋军，流民们就推举李特为镇北大将军，领导他们抗击官府。随后，李特整顿兵马，军威大振，决定攻取附近的广汉。没多久，就攻下了广汉。进了广汉，李特学汉高祖刘邦的样子，宣布约法三章，并打开官府的粮仓，救济当地的贫苦百姓。蜀地的百姓从此苦尽甘来，生活安定。

罗尚表面上派使者向李特求和，暗地里却勾结当地豪强势力，围攻李特。李特奋勇抵抗，终因寡不敌众而战败牺牲。之后，他的儿子李雄继续率领流民战斗。

公元304年，李雄自立为成都王。过了两年，又自称皇帝，国号大成。到李雄侄儿李寿在位时，改国号为汉，史称"成汉"政权。

●青瓷狗圈 西晋

沧桑分合——三国两晋南北朝

◎关键词：王衍 司马炎 信口雌黄 羞愧

清谈误国的王衍

>>> 后赵佛风

后赵皇帝石勒认为天竺僧人佛图澄能预言成败，因此对他特别信任尊敬。

石虎夺得政权后，对佛图澄更甚，衣食更是优待。每当朝会之日，太子王公集于殿中，只要司仪叫"大和尚"，众人都起立敬拜。

后赵境内百姓多信仰佛教，争相建造寺庙，竞相削发出家，其中更有些人为了逃避赋役而遁入空门。

拓展阅读：

司马炎驾羊车漫游

《咏史下·晋武帝》宋·陈普

西晋时期，王公大臣们往往对治理国家大事不感兴趣，而是在虚名上下功夫，大兴庄老之道。他们虽然相当富有，可大多数人仍然是极为吝啬的。王戎、王衍兄弟是其中典型的代表。

在晋武帝司马炎时，王戎已经官至司徒，但他不为朝廷出谋划策，却对自己的小算盘打得非常精细。王戎家有一片良种李子树，结的李子又大又甜，他怕别人买了他的李子用核子再来种树，就叫家里人把李子核儿钻通，才将李子拿去出卖。

王戎的堂弟王衍，更是个徒有虚名的人。还是少年的时候，王衍就长得风度翩翩，神清气朗，和人交谈，也显得特别聪明。有一次，王衍拜见山涛，山涛对他非常欣赏，当送王衍出门时，他叹息道："哪家的娘亲，能生出这样聪明的小儿？可惜误国误民的也一定是他！"

司马炎也听说了王衍的名气，问王戎："在当今社会上，哪个名人可以和你的弟弟王衍相比？"王戎说："时下没人能和王衍比，只有古人中才有人可以和他相比。"见王戎都这么推荐，司马炎便加倍重用王衍，接连加封。王衍年纪轻轻，就当了尚书郎。

王衍在当元城（今河北大名东部）县令时，成天只会清谈，不理政事，谁知越这样他的名气反而越大，不久又被提拔，当了黄门侍郎。从此王衍交往的都是上层贵族，家中贵客盈门。每当宾客满堂时，王衍坐在首席侃侃而谈，谈的都是老子、庄子等道家学说，和当时的社会事务没有一点儿关系。他经常更改自己的观点，以至于别人送他一个外号，叫"信口雌黄"，他也不在乎，仍然到处鼓吹。

晋怀帝司马炽时，王衍官至司徒，但他仍然只是清谈，不理政事。公元311年，太傅司马越病死，汉将石勒看到晋朝朝中无能人，就发兵攻晋，在苦县（今河南鹿邑）捉住了王衍。石勒指着王衍的鼻子责骂道："晋国落到这种地步，全是你们这班大臣的责任，作为太尉，你怎么把军队治得这么差！"王衍争辩说："我从小就不想做官，勉强在朝中任职，一切大事都是皇族亲王主持。晋室灭亡只是天意。"石勒讽刺道："你从少年就在朝为官，现在头发都白了，仍当着太尉高官，还说什么不想当官？"王衍被问得满脸羞愧，哑口无言。

当天夜里，石勒命令士兵把关押王衍等人的房子推倒，一班俘虏全部被压死。王衍清淡而不务实，最终落得这样一个误国丧身的下场。

●力士俑　西晋

>>> **地图学家托勒密**

裴秀和托勒密被比作古代地图史上东西方交相辉映的两颗巨星。

托勒密（约90—168年），欧洲古希腊著名天文学家、地理学家、地图学家、数学家，著有《天文学大成》《地理学》《天文集》和《光学》。

他的《天文学大成》，统治了天文界长达十三个世纪。他还曾制造了供测量经纬度用的、类似浑天仪的仪器和后来驰名欧洲的角距测量仪。通过系统的天文观测，编出了一千多颗恒星的位置表。

托勒密于公元2世纪提出了"地心说"，在航海上有较强的实用价值。

拓展阅读：

《禹迹图》宋·乐史
中国宰相村

◎ 关键词：鼻祖　制图六体　丰碑

杰出的地图学家裴秀

裴秀，字季彦，河东闻喜（今山西闻喜县）人，是我国西晋杰出的地图学家，被誉为我国古代地图学之鼻祖，与欧洲地图学者托勒密并称为世界古代地图史上东西方交相辉映的两颗灿烂巨星。

裴秀自幼好学，小有才名，年轻时做过尚书令。公元257年，三十四岁的裴秀随司马昭到淮南征讨诸葛诞，因为他出谋划策有功，被任为尚书，不久又升为尚书仆射。晋武帝司马炎代魏称帝后，裴秀又先后担任尚书令和司空（相当于宰相）。他在朝廷中除负责其他政务外，还负责管理国家的地图和户籍人口，因此得以接触更多的地理和地图知识，并对此进行了仔细整理和精心研究。

我国地理学起源很早，三四千年前的商、周王朝就已经设置了专门掌管全国图书志籍的官吏。我国历史上第一部地理学名著《禹贡》大约形成于春秋战国时期，可惜由于战乱的关系，大部分已散失。

晋朝以前，我国绘制地图的技术没有什么科学的测量方法，因此绘制出来的地图很粗略，常常与实际情况不相符，那时的绘画既没有一定的比例，也没有标定方位，甚至连名山大川也没有完全标示出来。为此，裴秀仔细钻研古代地理资料，比较了以前和当时的山脉河流、池塘沼泽以及疆域界线、行政区域的变化，还查考了古代城市乡村聚落和水陆交通的变迁，运用其制图六体的科学方法，编制了《禹贡地域图》十八篇。这十八篇地图对古代的九州，西晋时候的十六州以及郡国县邑的疆界和所属的乡村，古今地名的对照，水陆交通的路线等，全都标示得清清楚楚，是当时最完备、最精详的地图。

除了绘制《禹贡地域图》以外，裴秀还绘制了一幅《地形方丈图》。在裴秀以前，人们不知道用比例尺，绘制的地图常常大得惊人。裴秀在参考古代地图时，发现有一张名叫《天下大图》的地图，是用八十匹绢连接起来绘成的，这在当时世界上是绝无仅有的，但是这幅图不便携带、阅览和保存。于是裴秀运用制图六体的方法，"以一分为十里，一寸为百里"的比例（大约相当于一百八十万分之一）把它缩绘成《地形方丈图》，并且把名山、大川、城镇、乡村等各种地理要素清清楚楚地标示在图上。这样，阅览它就方便多了。

裴秀创制的"制图六体"，在我国地图史上有着划时代的意义，在世界地图史上也占有重要地位。制图六体的提出离不开劳动人民的智慧，它是中国乃至世界地图发展史上一块不可磨灭的丰碑。

●洛神赋图 东晋 顾恺之
作者以三国时曹植的名篇《洛神赋》为依据，曹植的原文借对梦幻之境中的人神恋爱的追求，抒发爱情失意的自我感伤，表现了封建礼教束缚下男女爱情受到压抑的悲剧主题。此画巧妙地再现了文学作品中的精神实质，具有丰富的想象力。此部分为曹植乘船渡过洛水与洛神分别，船中的曹植陷入深深的思慕之中。

◎ 关键词：东晋 王导 争权夺利 腐败

王与马共天下

● 王导像

>>> 王导

王导，字茂弘，东晋朝实际创造者，著名政治家。司马睿知道王导韬略过人，便请他担任了安东司马。二人关系密切，王导"军谋密策，知无不为"。司马睿听从王导的安排，拉拢了江南的士族，又吸收了北方的人才，巩固了地位。

王导一生为官清廉，历任元、明、成三帝，领导南迁士族，联合江南士族，稳定了东晋的统治和社会安定，促进了江南地区的开发，成为一代名相。

拓展阅读：

《世说新语》南朝·刘义庆
《乌衣巷》唐·刘禹锡

公元316年，刘曜率领匈奴军攻破长安，灭亡了西晋。但一些晋朝旧臣并不甘心亡国的命运，积极准备恢复晋朝的统治。第二年，晋朝的皇族司马睿在建康（今江苏南京）称帝，这就是晋元帝。因其继西晋之后偏安于江南，故史称东晋。

司马睿刚到建康的时候，江南的一些大士族地主不怎么看得起他。王导为了自己的利益，想把司马睿扶植起来，他决定替司马睿拉拢士族。王导和堂兄王敦商议了一番，终于想出了一个好办法。

在一个人们四出郊游的传统节日里，依照王导的安排，司马睿坐着金碧辉煌的轿子出游，前面有威武整齐的仪仗队开道，好不威风，后面有骑着高头大马的王导、王敦兄弟以及从北方避乱南来的名士紧紧跟随，更增添了几分光彩。这长长的皇帝出巡队伍，立刻惊动了许多人。江南有名的士族地主顾荣等听到这个消息，都从门缝里偷偷张望。他们看到王导、王敦这些有声望的人对司马睿这样尊敬，很是吃惊，怕自己怠慢了新皇帝，都赶快出来拜见司马睿。

司马睿的威望果然提高了。接着，王导又对司马睿说："顾荣、贺循是南方士族的首领，如果把他们招来做官，就会有更多的人跟着来报效。"司马睿觉得很有道理，就派王导去登门拜访，将他们拉来做官。于是，江南的士族像墙头草一样，全都倒向了司马睿。东晋政权有了这批南方士族的支持，在江南站稳了脚跟。

司马睿很感激王导的帮助，尊称他为"仲父"（如同父亲的意思）。后来，在正式举行皇帝登基典礼的时候，他三番五次地请王导和自己一起坐在御床上接受文武百官的拜贺。虽然王导推辞了，但这也足以说明在士族权力的扩张之下，皇权是如何的衰微了。难怪当时老百姓纷纷传说："王与马，共天下"。意思是说：天下是王导和司马睿共同执掌的，不是司马氏一家的。

实际上，那时候司马氏的势力远比不上王氏的势力。王导做宰相，控制了政治大权；他的哥哥王敦管着江、扬、荆、湘、交、广六州的军事，控制了军事大权；其他重要的官职，大多数也被王家人占有。仅仅因为司马睿是西晋皇帝的本家，才被推为皇帝，其实毫无实权。

掌握军权的王敦自以为了不起，不把晋元帝放在眼里。晋元帝也看出了王敦的骄横，另外重用了刘隗和刁协，暗中进行军事部署，对王氏兄弟渐渐疏远起来。这样，刚刚建立的东晋王朝内部出现了裂痕。

东晋的统治者把心思全用在争权夺利上，根本不做恢复中原的准备。"王马共天下"的东晋王朝，继续在混乱和腐败中一天天地衰颓下去。

●女史箴图 东晋 顾恺之

>>> 永嘉之乱

东晋永嘉四年，刘聪自立为汉国皇帝后，令刘粲、刘曜与王弥等攻略河南各州郡，洛阳处在危急中。西晋执掌朝政的东海王越，却以讨伐石勒为名，率众离开京师。

结果，洛阳守备空虚，司马炽孤立无援。三月，司马越死于项城，留守洛阳的将帅以奔丧为名逃出洛阳，致使京师更加空虚。六月，汉军攻占洛阳，杀王公士兵三万余人，又抢珍宝、烧庙和平房，是为"永嘉之乱"。

拓展阅读：

铁船峰

《晋书·王敦传》唐·房玄龄

◎ 关键词：王氏家族 权力 残忍 兵变

王敦之乱

王氏家族在东晋的达官贵族中名望最高，权力最大。西晋时期，王戎是晋武帝司马炎的重臣。西晋后期，王戎的堂弟王衍成为主管朝政的大臣。王衍还将自己的兄弟王澄、王敦等分别任命为荆州刺史和青州刺史，他们后来都成了东晋元帝司马睿的重臣。扶植晋元帝司马睿当皇帝的王导与王敦等人是叔伯兄弟。因此，在东晋朝，王氏家族地位最高就是理所当然的了。

王敦是个极其残忍凶狠的人。当年，大贵族王恺、石崇斗富，经常把达官贵族请到家中赴宴。王恺设宴，让家中的女艺人吹笛助兴，只要有一点走调，王恺便将吹笛人杀掉。客人们对王恺动不动就杀人很不安，而王敦却毫不在乎。石崇设宴，让家中的美女劝酒，客人不喝，就杀掉劝酒的美女，王敦有意不喝，看着石崇连杀了三个美女也无动于衷。

司马睿称帝后，王敦因平定流民起义立了大功，一直被提升到大将军的位置。当时，王导在都城执政，王敦总管兵权，王氏兄弟掌握着朝廷的重权。司马睿想控制一下王氏的权力，便任用刘隗、刁协、戴渊、周顗等人为亲信。王敦不满，上表给司马睿要求重用王导，司马睿不但不予理睬，还在军事上逐渐削弱王敦的权力，王敦更加不满了。公元322年，王敦以清除皇帝身边的奸臣为由，发动兵变。

王敦从武昌发兵，王敦的死党沈充从吴兴（今浙江吴兴一带）起兵响应，南北同时向建康进攻。晋元帝见王敦造反，非常气愤，立即让刘隗、戴渊守卫京城，命王导、戴渊、周顗等人领兵防御王敦，又命令右将军周札专门守卫石头城（今江苏南京清凉山）。王敦领兵来到石头城下，用部将杜弘的建议，猛攻石头城，城中守将周札坚持不住，率兵投降。

王敦占据了石头城，眼看着就要攻入都城，可他还不想背一个造反的名声，于是装成一副忠臣的面孔，派人对晋元帝说自己起兵是迫不得已，是为了帮皇帝杀掉身边的几个奸臣。晋元帝无可奈何，只得发诏书说王敦不但无罪，而且有功，将他加封为丞相，封武昌郡公。王敦坚决推辞，不要加封，但也不听晋元帝退兵命令，并且在石头城驻扎下来，也不去朝见皇帝。

通过这次兵变，王敦掌握了东晋的军事、政治的全部权力。和王敦政见不合的人要么被杀死，要么被罢官，从此之后，晋元帝父子都被王敦控制在掌股之中。

沧桑分合——三国两晋南北朝

●陶侃像

>>> **陶侃搬甓**

陶侃是王敦的部将，立下很多战功。但是"功高遭人忌"，王敦听信谗言将陶侃任命为广州刺史。此时，广州被王机占据，于是王敦又让陶侃收复广州，陶侃率领大军一举歼灭了王机的军队。

到广州后，陶侃每天早上搬一百个甓到房子外面，别人问为什么，陶侃说："我的志向是收复中原，在这里太安逸，恐怕将来身体不能担当重任，所以锻炼一下筋骨。"大家为之叹服。

拓展阅读：

《世说新语·方正》
《两晋演义》蔡东藩
誉不绝口（典故）

◎ 关键词：司马绍 讨伐 王敦 叛乱

司马绍平叛

王敦兵变成功后，将晋元帝司马睿的几个心腹忠臣要么杀掉，要么罢官，这使司马睿又气又怒，心情非常压抑。公元323年，司马睿病逝，太子司马绍即位为帝，这就是晋明帝。

晋明帝对王敦的专横十分不满，开始一步步地做铲除王敦的准备工作。他起用郗鉴为尚书令，秘密策划灭掉王敦的方案。

王敦对司马绍也早就不满意，当年司马睿立司马绍为太子时，他就坚决反对，只是没有得逞。后来王敦想找个借口杀掉司马绍，大家一致反对，才没有做成。现在司马绍当了皇帝，王敦便和自己的死党沈充、钱凤等人商量兵变，夺取皇位。之前，王敦从武昌移到姑孰镇守，实际上也是为将来再次发动兵变打下基础，因为姑孰到建康很近。

晋明帝也明白王敦的阴谋，准备立即发兵，但对王敦的兵情还不清楚。于是，他改换了服装，带几个随从，偷偷地到王敦大营中侦察军事部署情况。虽被王敦识破，但侥幸走脱。

王敦在准备起兵的时候，忽然得了病，而且病情越来越严重。他知道自己命在旦夕，于是招来钱凤商量起兵的事情。王敦对钱凤说出了三种策略：第一，如果他病死的话，钱凤他们可将军队解散，归降朝廷，保全性命，这是上计；第二，退驻武昌，按时向朝廷进贡，拥兵自保，这是中计；第三，趁他还活着，发兵顺江而下，说不定能取胜，但假如兵败而死，那这就是下计了。钱凤出来和同伙们商量王敦提的三计，他认为王敦第三计是上计，应该立即发兵东下，凭着庞大的军事实力，一定能胜，大家都同意钱凤的意见，于是发信给沈充，约定同时起兵。

这时，晋明帝司马绍也做好了准备工作，他调遣精兵良将，正式发诏讨伐王敦。

王敦一面给朝廷上表，要求除掉温峤，一面命堂兄王含为主帅，与钱凤、邓岳、周抚等人率领水陆军五万，向秦淮河南岸进攻。可是，不久王含就被苏峻、刘遐的大军打败。王敦在重病中听说王含兵败，大骂这个堂兄不中用，准备自己带病出任主帅，还没起床，便倒下去死了。

得知王敦已死，晋军士气大振，连续将沈充、钱凤的叛军击败。王含、王应父子逃到荆州投奔荆州刺史王舒，王舒虽然也是王氏家族人，但他不支持王敦，当王含父子俩来到荆州时，王舒将他们沉在江中淹死了。至此，王敦之乱被彻底扫平。

晋明帝司马绍平定了王敦的叛乱，既为父亲司马睿报了仇，也为东晋维持偏安局面创造了条件。

●谢安像

>>> 辛弃疾《水龙吟》

楚天千里清秋，水随天去秋无际。遥岑远目，献愁供恨，玉簪螺髻。落日楼头，断鸿声里，江南游子。把吴钩看了，栏杆拍遍，无人会，登临意。休说鲈鱼堪脍，尽西风，季鹰归未？求田问舍，怕应羞见，刘郎才气。可惜流年，忧愁风雨，树犹如此！倩何人唤取，红巾翠袖，揾英雄泪。

辛弃疾用桓温作比，自己的济民救国之志尚难遂愿，好不痛惜，抒发出辛弃疾功业未就、有志难酬的苦闷与悲恨。

拓展阅读：

《桓温》宋·徐钧
《枯树赋》南北朝·庾信

◎ 关键词：军事才能 大功 野心 失望

大野心家桓温

祖逖北伐之后，东晋大将桓温也进行了北伐，并一度打到长安附近。但是桓温的北伐与祖逖不同，桓温是个大野心家，他的北伐在一定程度上是为了换取政治的筹码。

桓温很有军事才能，他曾经进兵蜀地，灭掉了成汉，给东晋王朝立了大功。后赵灭亡的时候，桓温又向晋穆帝上书，要求带兵北伐。晋穆帝却另派了殷浩带兵北伐。

殷浩是个没有军事才能的文人，出兵到洛阳，被羌族人打得大败。桓温又上奏北伐，并要求朝廷把殷浩撤职办罪。晋穆帝只好同意。

公元354年，桓温统率晋军四万，从江陵出发，兵分三路进攻长安。前秦皇帝苻坚派兵五万在峣关抵抗，被晋军打得大败。苻坚只带了六千名老弱残兵逃回长安。

长安附近的郡县官员纷纷向晋军投降。桓温胜利进军，到了灞上，他发出告示，要百姓安居乐业。百姓欢天喜地，都牵了牛，备了酒，到军营慰劳。

桓温驻兵灞上，想等关中麦子熟了的时候，派兵士抢收麦子，补充军粮。苻坚料到了桓温的打算，在麦子没有成熟的时候就派人全部割光。

没有收到麦子，桓温的军粮断了，只好退兵回来。但是这次北伐毕竟打了一个大胜仗，晋穆帝把他提升为征讨大都督。

之后，桓温又进行了两次北伐，但都没有成功。

桓温长期掌握东晋的军事大权，野心越来越大。有个心腹官员向他献计，说要提高自己的威信，就得学西汉霍光的办法，把现在的皇帝废了，自己另立一个皇帝。

那时候，晋穆帝已经去世，在位的皇帝是海西公司马奕。桓温带兵到建康，把司马奕废了，另立一个皇帝司马昱，这就是晋简文帝。桓温当了宰相，带兵驻在姑孰（今安徽当涂）。

两年后，晋简文帝病重，留下遗诏由太子司马曜继承皇位，这就是晋孝武帝。桓温本来以为简文帝会把皇位让给他，听到这个消息十分失望，就带兵进入建康。

桓温看到建康的士族中反对他的势力还不小，没敢轻易动手，不久他就病死了。桓温死后，桓温的弟弟桓冲担任了荆州刺史，谢安担任了宰相，两人同心协力辅佐晋孝武帝，东晋王朝出现了暂时的安定局面。

后来，桓温的幼子桓玄称帝，国号楚，追封桓温为宣武皇帝。桓玄败死后，其后代一部分降后秦，一部分逃入苗中成为南蛮。

●青瓷灯盏 东晋

>>> 谢安吟啸风浪

谢安逗留在东山时期，有一次与孙绰等人泛海游玩。突然风浪兴起，孙、王等人急得脸色都变了，大声叫喊把船划回去。谢安兴致正浓，只顾吟咏歌啸，没有作声。船夫因见谢神态安闲，神情喜悦，便继续向前划去。

不一会儿，风更大，浪更猛，大家都喧闹叫喊，再也坐不住了。谢安这才慢条斯理地说："看这个样子，莫非是该回去了？"大家立刻表示同意。从这里，可以看出谢安的气量是如何宽广了。

拓展阅读：

《晋书·王猛传》唐·房玄龄
《咏史下·王猛》宋·陈普

◎ 关键词：王猛 傲视流俗 大治

王猛扪虱谈天下

王猛，字景略，北海剧县（今山东寿光南）人，十六国时期出自民间的军事天才。他自幼博读兵书，志向雄远，但性情又不喜与人交往。他隐居华阴山，傲视流俗，不肯迎合世人，因此为浮华之士所看轻。

公元354年，东晋桓温北伐，驻军灞上（今陕西西安东），关中父老争相携酒犒劳，男女夹路聚观。王猛也身穿麻布短衣，前往大营求见。在大庭广众之下，王猛一面扪捉虱子，一面与桓温纵论天下大事，旁若无人。

见此奇人，桓温心中暗暗称奇。他问王猛："我奉天子之命进驻关中，替百姓除害，为何关中豪杰无人来见？"王猛答道："将军行军千里，深入敌境，到了离长安仅隔咫尺之遥的灞上，却又屯兵不动了，大家看不透你的心思，所以没有人来见你。"

王猛这一番话，正说中了桓温的心事。原来桓温北伐，主要是想在东晋朝廷树立威信，制服政治上的对手。他驻军灞上，不急于攻下长安，是想保存实力。

桓温觉得王猛是一个难得的人才，从关中退兵的时候，他再三邀请王猛一起南下。王猛知道东晋王朝的内部矛盾很大，拒绝了桓温的邀请。

公元357年，前秦的东海王苻坚经人举荐找到了王猛。两人相谈甚欢，论及兴废大事，句句投机。于是王猛出仕前秦。苻坚得到了王猛，就像当年刘备得到了诸葛亮。这年6月，苻坚杀前秦主苻生而自立，任王猛为中书侍郎，掌管机要。此后又被提升五次，权力越来越大。

王猛身居高位，得到苻坚的信任，引起了一些官员的忌妒。一次，跟随苻坚征战立下汗马功劳的樊世叱喝王猛说："我们耕种好土地，你倒来吃白饭！"王猛面无表情慢慢地说："不但要你耕耘，还要你给我烧熟了端来。"樊世闻言大怒，扬言要砍下王猛的头挂在长安城门口。

又有一次，樊世当着苻坚的面跟王猛吵了起来。樊世以粗陋之词大骂王猛，令苻坚十分恼怒。苻坚于是认定樊世倚功欺人，将其斩首。从此以后，氐族官员再也不敢在苻坚面前说王猛的坏话了。

苻坚的妻弟强德是个无赖，常干些欺男霸女的事，横行京城。王猛刚被任命为京兆尹，便下令逮捕强德，并将请求处决强德的呈文送至苻坚面前。苻坚还未及批复，他已将强德处决了。数月之内，氐族权贵被杀被刑的就有二十余人。从此，氐族权贵闻王猛名而色变，王猛抑制贵族势力的一系列举措得以顺利推行。

沧桑分合——三国两晋南北朝

●谢太傅游东山图 明 沈周
东晋时，太傅谢安隐遁会稽东山，乐于山水而
不仕。家中多蓄乐伎，此图即为谢安带着乐伎
行于东山的情景。
●青瓷牛形灯盏 东晋

　　王猛前后任相职十六年，在他的执政下，前秦政治清明，兵强国富，
境内升平，国家大治。
　　公元375年，王猛因操劳过度，积劳成疾而亡。王猛死后，苻坚按照
汉朝安葬大司马大将军霍光的规格安葬了王猛，并追谥他为武侯。

● 青瓷羊头盘口壶 东晋

>>> 黄瓜的来历

黄瓜原名叫胡瓜，是汉朝张骞出使西域时带回来的。

后赵高祖石勒，本是入塞的羯族人。他登基后，制定法令：无论说话写文章，一律严禁出现"胡"字，违者问斩不赦。

一次，襄国郡守樊坦无意说了"胡人"二字，石勒见他认罪诚恳，没有追究。等到召见后例行"御赐午膳"时，石勒又指着一盘胡瓜问他名字。樊坦恭恭敬敬地回答道："紫案佳肴，银杯绿茶，金樽甘露，玉盘黄瓜。"石勒听后，满意地笑了。

自此以后，黄瓜之名便在民间传开。

拓展阅读：

鹿死谁手（典故）
佛图澄

◎ 关键词：石勒 奴隶 皇帝 兴盛

石勒读汉书

石勒，字世龙，后赵开国皇帝，羯族人，是世界历史上唯一一个从奴隶到皇帝的人。他称帝的经历和治国措施对封建社会的帝王，特别是少数民族建立的王朝产生过不小的影响。

石勒年轻的时候，并州地方闹饥荒，他招集一群流亡的农民，组成了一支队伍。刘渊起兵以后，石勒投降汉国，在刘渊部下当了一员大将。

石勒从小没有受过文化教育，不识字。他担任大将以后，依靠一个汉族士人张宾，采取了许多积极的政治措施。他还收留了一批北方汉族中的贫苦读书人，组织了一个"君子营"。

由于骁勇善战，加上一批出谋划策的谋士，石勒的势力更加强大。公元328年，石勒消灭了刘曜。两年后，石勒在襄国称皇帝，国号仍是赵。历史上把刘氏的赵国称为"前赵"，把石勒建立的赵国称为"后赵"。

虽然石勒自己没有文化，却十分重视读书人。他做了皇帝后，命令部下，凡捉到读书人，不许杀死，一定要送到襄国来，让他自己处理。

他听从张宾的意见，设立学校，要他部下将领的子弟进学校读书。他还建立了保举和考试的制度，凡是各地保举上来的人，经过评定合格，就选用他们做官。

石勒虽然不识字，却经常叫人读经史给他听，以提高自己的思想见识，即使在行军打仗时也是这样。他往往一边听，一边还随时发表自己的见解。

有一次，他让人给他读《汉书》，听到有人劝汉高祖封旧六国贵族后代的历史。他就说："唉！刘邦采取这样错误的做法，还怎么能够得天下呢？"讲书的人马上给他解释，后来由于张良的劝阻，汉高祖并没有这样做。石勒点头说："这才对啦。"

还有一次，石勒举行宴会招待大臣，宴席上，他问一个大臣："你觉得我可以比得上古代哪一个帝王呢？"

大臣吹捧说："陛下英明神武，比汉高祖还强，其他的更比不上了。"

石勒笑了笑说："你说得太过了。我要是遇到汉高祖，只能做他的臣下，大概跟韩信、彭越差不多。要是我生在汉光武帝那个时候，倒可以和他并驾齐驱，还说不定谁胜谁负呢。"

由于石勒在政治上比较开明，并且重用人才，使得后赵初期出现了兴盛的气象。石勒成为十六国时期杰出的帝王之一。

●黑瓷鸡首壶 东晋

>>> 东晋才女——谢道韫

谢道韫（约350—405年），陈郡阳夏（今太康）人，东晋时期著名女诗人。她是东晋政治家、军事家、诗人谢安的侄女，左将军王凝之的妻子。

谢道韫素有雄才，文思敏锐，兼长于书法，从小便被人称为"神童"。她原著有诗文两卷，可惜早已散佚，现仅存《登山》《拟嵇中散咏松》等名篇。

拓展阅读：

《荀灌娘》（京剧）
杨香打虎

◎ 关键词：流民起义 送信 求救

荀灌女搬兵解围

晋朝时候，很多地主官僚为了扩张自己的势力，往往利用流民起义对抗朝廷。晋怀帝永嘉四年，荆州一带有个叫杜曾的小官僚，也利用流民起义的力量，攻城略地，发展自己的势力。

杜曾利用流民的力量，逐渐地把势力扩展到了沔阳（今湖北襄樊市沔水以北）一带。在打败晋朝荆州刺史陶侃以后，他继续带着人马向沔江边的宛城进发。

驻扎在宛城的晋朝官员名叫荀崧，手下兵力不多。他见杜曾带兵把宛城团团围住，就写了一封信向襄阳太守石览求救。信写好后，却没有人敢冲出重围送信。荀崧十分着急。

这时，一个小姑娘从后厅走出来，大声说："爹爹！女儿愿去！"荀崧一听这熟悉的声音，知道是十三岁的小女儿荀灌。他不禁又惊又喜。女儿执意要去送信，说自己平日跟将士们练武，学会了刀枪弓箭，一定能完成任务。

别无良策，荀崧只好答应了她的请求。荀灌挑选了几十个精明强悍的壮士一起去执行任务，并约定半夜动身。

到了半夜，荀灌和壮士们悄悄地走上高高的城墙，把绳子垂下去，然后顺城而下。趁着月黑风高，他们急速地向远方跑去。当荀灌一行离城越来越远时，围城的哨兵发现了他们，立刻喊叫着追了过来。荀灌和壮士们边杀边退，打散了敌兵。等杜曾闻讯赶来的时候，荀灌他们早已消失得无影无踪了。

不久，荀灌赶到了襄阳。襄阳太守石览本是荀崧的部下，看见这位年仅十三岁的少女荀灌竟然能突出重围前来求救，不由得肃然起敬。石览当即决定亲自带兵去援救荀崧。为了请到更多的救兵，荀灌又用父亲的名义写了一封信，派人送到浔阳太守周访那里，请求援助。她自己和石览带着救兵先回宛城。

浔阳太守周访得知好朋友荀崧被围，立即派遣儿子周抚带领三千人马连夜奔赴宛城援救。周抚的援军还在途中，荀灌和石览的援军已经到达宛城。荀灌把援军到达的消息写成信，绑在箭上，射入城中。接到信，荀崧立刻亲自指挥人马杀出城去接应。

杜曾的军队被前后夹攻。这时，周抚带领的援军也赶到了，三个来自不同方向的队伍对杜曾展开了围攻。杜曾被打得大败，只得抛弃辎重，慌忙逃命。宛城之困被解。

当天晚上，荀崧摆宴庆祝胜利。宴会上，人人都对小荀灌的机智勇敢赞叹不已。

●祖逖闻鸡起舞

>>> 悬梁刺股

"悬梁"的故事说的是东汉时候的孙敬发奋读书，读书劳累了也不休息，时间久了，疲倦得直打瞌睡。于是他想出了一个办法，他找了一根绳子，一头绑住头发，一头绑在房梁上。当他读书疲劳打盹时，头一低，绳子牵住头发，就会把头皮扯痛，马上就清醒了，再继续学习。

"刺股"的故事说的是战国时期的苏秦发奋读书，常常读到深夜，很疲倦，常打盹，想睡觉。于是他想出了一个办法，他准备一把锥子，一打瞌睡，就用锥子往自己的大腿上刺一下。这样，猛然间感到疼痛，使自己清醒起来，再坚持读书。

后人将这两个故事合成"悬梁刺股"，用以激励人发愤读书学习。

拓展阅读：

《七律·洪都》毛泽东
《晋书·祖逖传》

◎关键词：祖逖 发愤图强 起舞 悲愤

祖逖闻鸡起舞

祖逖，字士雅，晋朝时期我国历史上一位杰出的爱国志士。他闻鸡起舞的故事一直传颂古今，激励着那些有志报国的仁人志士及时奋起。

祖逖年轻的时候，就怀有雄心壮志。他和好朋友刘琨谈论天下大事，总是慷慨激昂，义愤满怀。他们互相鼓励，表示将来一定要为国家干一番大事业。

祖逖和刘琨同床而眠，半夜里鸡叫头遍，祖逖就叫醒刘琨，说："你听听，这鸡叫的声音多么激越昂扬，它是在叫人发愤图强啊！"他们两人兴奋得再也睡不着了，就穿衣起床，拔剑起舞，锻炼好体魄，准备将来为国出力。

公元311年，汉国刘聪派大将王弥、刘曜攻陷洛阳，纵兵烧杀抢掠，京师一片混乱。于是，祖逖带着家属、亲朋好友，与其他难民一起离开北方，到了江南。

公元318年，司马睿在建康称帝，闻知祖逖流亡到泗口（今江苏丹徒县内），便任命他为徐州刺史。晋元帝司马睿是个平庸的人，他只想偏安一隅，图取眼前安乐，不思北伐。祖逖向晋元帝进谏，说："前朝的大乱，是由于皇族内部争权夺利，互相残杀的结果。现在中原百姓遭受异族掳掠，心怀激愤。陛下如果能委派战将北上，一定会得到中原百姓的响应，那时不仅失土可复，国家的耻辱也可洗雪了。"祖逖的报国之志深深打动了晋元帝，于是他任命祖逖为奋威将军，兼任豫州牧，给了一千人的给养和三千匹布，让祖逖自己去招兵买马，制造武器，出师北伐。

虽然条件艰苦，但是祖逖并不灰心。他带领亲信部属一百多人渡江，向北进发。人们听说祖逖渡江北伐，纷纷赶来送行，祝他早日收复中原。祖逖一身戎装，显得英姿勃发，信心满怀。壮士们乘船出发了，船开到江心时，祖逖用佩剑敲着船桨，当众誓师说："我祖逖如果不能肃清中原的敌人，决不再过这条大江！"壮烈的言辞使同行者深受感动。

渡江后，祖逖在淮阴铸造兵器，招募壮士，很快就招募到两千人。祖逖带领这支队伍北上，首先占领了谯城（今安徽亳州）。当时北方主要的军事势力是石勒，石勒是羯族人，先依附汉刘曜。公元319年，他自称赵王，建都襄国（今河北邢台县）。祖逖连续攻破了石勒军支持的堡、坞等割据势力，击败了石勒的援军，派部将韩潜进驻封丘（今河南封丘），自己则进驻雍丘（今河南杞县）。这样一来，整个黄河以南的土地都被收复，重归晋朝管辖。

●女史箴图 东晋 顾恺之

　　祖逖的节节胜利，不但没有得到晋元帝的奖励，反而引起了东晋统治集团的猜忌。他们不仅不再支持祖逖继续前进，还派人去监视他，妄图夺他的兵权。晋元帝任命尚书仆射戴渊为征西将军，作为祖逖的顶头上司。戴渊名望很高，但性格平庸，无所作为。

　　看到朝廷如此不信任自己，祖逖感到恢复中原毫无指望了。公元321年9月，祖逖在悲愤交加中病逝。祖逖领导的北伐虽然以失败告终，但他为国献身的精神长留青史，一直受到人们的敬仰和称赞。

●百戏·乐舞

>>> 鲁迅《铸剑》

鲁迅的《铸剑》收录在 1936年1月出版的《故事新编》中。

鲁迅曾说自己的《铸剑》自有出典，"写得比较认真"，而且"我是只给铺排，没有改动的"。

据查，鲁迅书中与古代很多著作的内容有大致相同的记载。其中包括晋代干宝的《搜神记》，其中叙述更为细致。对照鲁迅的重写，可以看出，故事情节与原本大体上没有多大出入，鲁迅说他的《铸剑》"写得较为认真"，就是指的这一点。

拓展阅读：

《天仙配》（戏曲）
《列异传》三国·曹丕

◎ 关键词：干宝 《搜神记》 神怪 爱憎分明

干宝写《搜神记》

干宝，字令升，我国古代著名的史学家和文学家。东晋时候，他奉晋元帝司马睿之命编写《晋纪》，同时，他又根据听到的故事和书上看到的材料编写神怪小说《搜神记》。

《搜神记》作为中国最早的一部小说，其大部分内容写的是神怪故事，记载了一些长期流传的很有意义的故事和传说。

其中有一篇叫《李寄》，故事说的是：古代东越国的闽中郡有座庸岭，在山的西北角上有一条大蛇，长七八丈，十分凶猛。蛇托梦给巫师，说它要吃十二三岁的小姑娘。都尉和县官们都很害怕，就把奴隶、罪犯人家的女孩子收养起来，到每年农历八月初一那天送一个到蛇洞口去祭蛇。年年如此，这样已经牺牲九个女孩子了。

将乐县有个叫李诞的，家里有六个女儿。最小的女儿名叫李寄，自愿应募去喂蛇，把自己卖些钱供养父母。父母舍不得她，李寄就偷偷地走了。

到了农历八月初一这天，李寄牵着狗，带着剑，还带着用蜂蜜拌好的炒糯米饭团，来到了山上。李寄把炒糯米饭团放在蛇洞口。蛇闻到香味，从洞里探出头来。这蛇头有圆形的米囤那么大，眼睛像一面圆镜子。蛇一出洞就去吃喷香的饭团。李寄赶快放出猎狗去咬蛇，自己也抽出宝剑，对准蛇头就砍。蛇被砍了好几剑，冲出洞口后就死了。李寄进到蛇洞里，找到了九个女孩子的骷髅，带着胜利的喜悦回去了。

还有一篇叫《韩凭夫妇》，故事说的是：战国时候宋康王的门客韩凭，娶妻何氏，异常秀美。宋康王夺走了韩凭的妻子，把韩凭送去做苦工。韩凭的妻子偷偷地写信给韩凭，表示自己的思念，并且暗示了自己宁死不屈的决心。不料信落到了宋康王手里。韩凭害怕，不久就自杀了。

何氏趁着没人注意的时候，偷偷把自己身上衣服的线缝拆开。宋康王强迫她成亲，她跳楼自杀，旁边的人想拉住她，但是因为她的衣服线缝已经拆开，就没拉住，她还是摔死了。她的衣带上写着遗嘱，希望宋康王将她与韩凭合葬在一座坟墓里。宋康王没有答应这个请求，把她和韩凭的坟墓一个修在东边，一个修在西边。

说也奇怪，没过多久，这两座坟上都各长出了一株大树，而且树枝互相交错，搂抱在一起。后来，附近的百姓就把这两株树叫作相思树。

从这两篇故事所表现的思想感情可以看出，《搜神记》的作者干宝是爱憎分明的，他对劳动者寄予了深切的同情，对残暴的统治者作了无情的批判，这种精神是难能可贵的。

沧桑分合——三国两晋南北朝

●義之观鹅图 清 任颐

◎ 关键词:书法家 才华出众 陶冶情操 求鹅

王羲之书换白鹅

王羲之,字逸少,出身于东晋的世家大族,是我国著名的书法家。他的楷书、草书都写得非常好,特别是草书,有很高的造诣。

王羲之从小喜爱写字,据说他平时走路的时候,也随时用手指比画着练字,日子一久,连衣服都划破了。经过勤学苦练,王羲之的书法达到了很高的水平。

王羲之出身士族,加上他才华出众,朝廷中的公卿大臣都推荐他做官。他做过刺史,当过右军将军(人们也称他为王右军),后来又在会稽郡做官。他不爱住在繁华的京城,常常和朋友们一起游览山水。有一次,王羲之和朋友在会稽郡山阴的兰亭举行宴会。王羲之当场挥笔,写了一篇文章纪念这次宴会,这就是有名的《兰亭集序》。

王羲之虽然名气很大,但是非常喜欢帮助人。有一天,王羲之到一个村子去,看到有个老婆婆拎了一篮子六角形的竹扇在集上叫卖。那种竹扇很简陋,没有什么装饰,引不起路人的兴趣,老婆婆十分着急。

王羲之看到这情形,就在每把竹扇上都写了字。集上的人一看是王右军的书法,都抢着买。一篮竹扇马上就卖完了。

许多艺术家都有各自的爱好,有的爱种花,有的爱养鸟。王羲之也不例外,他喜欢观赏鹅——不管哪里有好鹅,他都有兴趣去看,或者把它买回来玩赏。他认为养鹅不仅可以陶冶情操,还能从鹅的某些体态姿势上领悟到书法执笔、运笔的道理。

山阴地方有一个道士,他想要王羲之给他写一卷《黄庭经》。可是他也知道王羲之是不肯轻易替人抄写经书的,后来他打听到王羲之喜欢白鹅,就特地养了一批品种好的鹅。

听说道士家有好鹅,王羲之真的跑去看了。当他走近道士屋旁,只见屋旁的小河里有一群鹅在水面上悠闲地浮游着,一身雪白的羽毛,映衬着高高的红顶,实在逗人喜爱。

王羲之在河边久久地看着,一时之间舍不得离开。于是,他派人去找道士,要求把这群鹅卖给他。

那道士笑着说:"既然王公这样喜爱,我就把这群鹅全部送您好了。不过我有一个要求,就是请您替我写一卷经。"

王羲之求鹅心切,欣然答应了,他马上给道士写了一卷经文。这就是"王羲之书换白鹅"的故事。

●东山报捷图 清 苏六朋

>>> 投鞭断流

东晋孝武帝太元年间，前秦苻坚统一北方后，调集百万大军，准备乘势一举消灭东晋，统一全国。苻坚召集群臣商议，朝中大臣劝其考虑星象和天险，谨慎出兵。苻坚不顾大臣们反对，认为自己八十万大军光是把马鞭投进长江，就足以截断江流，执意出兵伐晋，结果在淝水被晋军八万精兵打败，前秦从此一蹶不振。

后来"投鞭断流"这个成语，用来比喻军旅众多，兵力强大。

拓展阅读：

《晋书·谢玄传》
《喜迁莺·晋师胜淝上》李纲

◎ 关键词：苻坚 一意孤行 淝水 溃退

草木皆兵淝水之战

公元376年，前秦统一了北方。之后，又继续向南方扩张，夺取了东晋一些城镇。苻坚不听王猛临终遗言，执意要南下征伐东晋。

公元383年，苻坚分三路进军，攻打东晋。前秦军出动步兵六十万、骑兵二十七万、羽林军三万余骑，共百万大军从东到西，绵延千余里。

在苻坚重兵压境下，晋孝武帝采纳了谢安、桓冲等人的建议，下令坚决抵抗。他派将军谢石、谢玄等率兵八万沿淮河西进，抗拒前秦军；又派将领胡彬率领水军五千增援战略要地寿阳（今安徽寿县）。

同年10月18日，前秦军前锋攻占寿阳。晋军将领胡彬所率水军走到半路，得知寿阳失守，退守硖石。为了阻挡晋军主力西进，苻坚派兵五万围困洛涧（今安徽怀远县以南之洛水）。胡彬因困守硖石，粮食用尽，处境十分艰难，写信要求谢石增援。不料，信使被前秦军截获。苻坚认为晋军兵力很少，粮食又十分困难，应该抓紧进攻，于是把主力留在项城（今河南项城县境），带了八千骑兵赶到寿阳。

苻坚派被俘的东晋官员朱序到东晋军中去劝降。没想到朱序一心向晋，将前秦军情况密告谢石，并建议趁前秦军尚未集中之机，迅速发起反攻，击败其前锋。

经过周密的分析，晋军采纳了朱序的建议。11月，谢玄派五千精兵主动出击，夜袭洛涧。前秦军毫无准备，被打得大败。晋军乘胜追击，一直将前秦军赶到淝水东岸（今安徽寿县东北），两军隔河对峙。

听说晋军已到淝水，苻坚便和弟弟苻融登上寿阳城楼观察动静。只见晋军阵容严整，旗帜鲜明，苻坚不禁暗暗吃惊。他远望对岸的八公山，把山上密密麻麻的草木也当成了晋兵。这就是"草木皆兵"的来历。

从那以后，苻坚命令前秦兵严密防守。晋军一时无法前进，谢石、谢玄急了。他们用激将法，要前秦军后退一点，让出一块地方，两军好一决胜负。

前秦军本来内部不稳，这一撤，造成阵势大乱，不可控制。晋军乘机抢渡淝水，展开猛烈攻击。前秦军溃退而逃，晋军乘势猛追。前秦军人马相踏，听到风声鹤唳，也以为是东晋追兵。就这样，几十万前秦军，逃散和被歼灭的十之七八，苻坚本人也中箭负伤，逃回洛阳。

淝水之战以东晋的胜利告终，这次战役是中国历史上又一次以少胜多的著名战例。

●顾恺之像

>>> 顾恺之《洛神赋图》

　　该作为其读三国曹魏时建安七子之一、曹操第三子曹植所写《洛神赋》后有感而画的。顾恺之读后大为感动，遂凝神一挥而成《洛神赋图》。

　　此卷一出，无人敢再绘此图，故成为千百年来中国历史上最有影响力的名著和最为世人所传颂的名画。画中的曹植仿佛见到了洛神，二人的思念之情溢于卷面，令人感动。全图设色艳丽明快，线条准确流畅，充满动感，富有诗意之美。

拓展阅读：

《启蒙记》东晋·顾恺之
《女史箴图》东晋·顾恺之
顾恺之三绝

◎ 关键词：顾恺之　人物肖像　为母画像

顾恺之为母画像

　　顾恺之，字长康，东晋时的大画家。他最擅长的是画人物肖像，对于禽兽、山水也能深得其妙。关于他绘画的故事非常多，他为母画像的故事就很感人至深。

　　据说，顾恺之的母亲在生下他之后就去世了，因此顾恺之从来都没有见过母亲。顾恺之四五岁的时候，看别人都有妈妈，自己却没有，他伤心地回家问父亲，父亲只是含糊其词地推说妈妈到外地去了。

　　从那天以后，顾恺之便经常在门口呆坐着等妈妈回来。后来，父亲不忍心，便将实情告诉了顾恺之。顾恺之非常难过，他仔细地问了妈妈的长相、五官、身材，包括常穿的衣裳布料及颜色，因为他有一个想法，那就是把母亲的样子画下来。

　　顾恺之花了几天的时间，画好了母亲的画像，他高兴地拿给父亲看，父亲看了看，觉得不像，但怕伤儿子的心，只能安慰他。

　　顾恺之知道自己画得不像，又向父亲询问母亲生前的情况和特征，好继续再画。

　　顾恺之把自己关在屋子里，继续为母亲画像。他画了一遍又一遍，直到自己认为画得像了，才把父亲请来，可父亲却说只有脚有点像。

　　费了这么大的功夫，居然只有脚画得有点像，这该是多么大的打击呀。可是顾恺之依然很高兴，父亲走后，他又继续画起来……

　　又过了些日子，父亲来到顾恺之的房间，看了看他的画说："这次手画得有点像了！"顾恺之听了，心里别提多高兴了。他再次向父亲询问了母亲五官的主要特征，父亲走后他又继续画了起来……

　　再过了些日子，顾恺之的父亲第三次来到他的书房，一见到他画的像，顿时高兴地叫了起来，但是觉得眼睛画得还不像。

　　父亲走后，顾恺之继续投入作画。他先画了母亲的像，单单留下眼睛没画，然后在别的纸上专门练习画眼睛。画呀，画呀，他画的眼睛越来越传神，直到觉得满意了，才在母亲的画像上画眼睛。

　　几天后，父亲第四次来到顾恺之的书房。父亲惊呆了，映入眼帘的这位雍容华贵的女人，分明就是自己的夫人啊！

　　据说，顾恺之从此以后画的人物都不敢点眼睛，一点睛，画的人物就能和人说话了。当然，这只是传说。但也由此可见顾恺之的画技是多么的高超。可惜的是，顾恺之绘画作品的真迹已经散失，流传下来的都是后人的摹本，其中较为有名的是《女史箴图》、《洛神赋图》和《列女仁智图》。

◎关键词：怡然自得 想象力 田园诗 幻想

陶渊明归隐田园

●陶渊明嗅菊图 清 张风

>>> 《乌托邦》

《乌托邦》是英国空想社会主义者托马斯·莫尔的不朽巨著。

书中描绘的是一个美好的社会，那里经济上实行生产资料和全部产品的公有，按需分配；政治上实行普遍平等和民主的原则；文化上每个人都有受教育的权利。对外实行和平睦邻政策，反对战争。

莫尔构想的理想社会缺乏科学根据，未能找到改变旧社会和实现新社会的社会力量和社会途径。但作为第一部空想社会主义著作，《乌托邦》对以后空想社会主义的发展乃至科学社会主义的产生，都起了重要作用。

拓展阅读：

《五柳先生传》陶渊明
《陶渊明》梁启超

陶渊明，名潜，字元亮，自号五柳先生，东晋时期著名诗人、辞赋家和散文家，中国历史上赫赫有名的隐士。

陶渊明出生在浔阳郡柴桑县（今江西九江西南）的一个名门望族家庭里，曾祖父陶侃是东晋初年的著名将领，手握重兵镇守长江中游，都督八州军事，声威煊赫一时。陶渊明幼年丧父，家境渐渐败落。二十九岁的时候，他为了奉养母亲，开始出来做官。在仕途中辗转十三年，由于他看不惯当时政治的腐败，结束了自己的仕途生涯，回家过闲居日子。

离开官场，陶渊明不但没有丝毫的留恋，反倒有一种鸟儿离笼复得自由的快乐。他的乡居有茅屋八九间，耕田几十亩。在茅屋前，有个小小的果园，春天桃李竞放，令人赏心悦目。茅屋周围种有榆树和柳树，挡住了炎夏烈日，使整个房屋笼罩在一片浓荫之中。推开窗户，远远望见终日云遮雾绕的庐山，听到鄱阳湖上隐隐约约的渔歌。这如诗如画的景色，使陶渊明常常自我陶醉。他每天饮酒作诗，生活得怡然自得。

一晃三年过去了，公元408年的夏天，他的生活发生了重大变化。一场大火把房屋烧得干干净净，从此家境大不如前。田地少了，帮工雇不起了，一家人只好更加辛勤地劳作。

为了多种点儿粮食，陶渊明一家常常去开荒种地。有一次，他们找到一片废墟，只见井灶残存，尸骨遍地。时世如此动荡不安，归根结底，争抢皇位是一切纷争的根源。他常常天真地幻想，假如能回到传说中的上古时代就好了，那个时代粮食放在田间没人拿，东西遗失在路上没人拾，人们都淳朴无私，自食其力，日出而作，日落而息。如今，已逃到蛮荒之地的老百姓是不是也在过着这样的生活呢？想着想着，陶渊明的脑海中逐渐形成了一幅美好的社会图画。

在五十多岁的时候，陶渊明终于以自己丰富的想象力，田园诗般的文笔写出了历代传诵的名篇《桃花源记》。

在《桃花源记》中，陶渊明为人们描述了一个没有官府、没有租税、和平宁静的美好社会。这当然只是陶渊明的幻想，但文章中所反映的那种人人平等、安居乐业的美好信念，那种对在苦难深渊中挣扎的农民的深厚同情，具有十分重要的历史和现实意义。

公元427年，陶渊明离开了人世，享年六十三岁。在我国历史上，陶渊明被称为"隐逸诗人之宗"。他开创的田园诗体使我国古典诗歌达到了一个新的境界。

●南朝宋武帝刘裕

>>> 义熙土断

东晋安帝义熙九年，时任太尉的刘裕因桓温庚戌土断过时已久，逐渐失去作用，国内人民和实际户口很不一致，给国家兵役来源及租赋收入造成混乱，因而请求再次实行土断。

刘裕实行义熙土断时，除徐、兖、青三州居住在晋陵的住户可以不进行外，其他流寓郡县大多被并省，归入本地郡县。

这次土断是最彻底的一次，打击了豪强士族的势力。

拓展阅读：

《宋书·武帝本纪》

《书陶靖节桃源诗后》陆游

◎ 关键词：戎马生涯 北伐 却月阵 宋武帝

刘裕智摆却月阵

刘裕，字德舆，南北朝宋的建立者，我国历史上著名的政治家、军事家和统帅。他是西汉楚元王刘交的后裔，其祖辈不乏在朝显宦者，但到其父刘翘这一代时，家道明显衰落了。东晋孝武帝时，刘裕投身行伍，开始了戎马生涯。到了晋安帝时候，刘裕掌握了东晋大权。为了提高自己的威望，他决定发动北伐。

公元409年，刘裕从建康出发，出兵包围了南燕的国都广固（今山东益都西北）。几年后，刘裕平定了南方的割据力量，再一次北伐，进攻后秦。他派大将王镇恶、檀道济带领步兵从淮河一带出兵向洛阳方向进攻，自己率领水军沿着黄河进军。

但是，那时候北方鲜卑族建立的北魏开始强大起来，它的势力已经发展到黄河北岸。北魏在北岸集结了十万大军，威胁晋军。

于是，刘裕派一个将军带了七百兵士、一百辆兵车登上北岸，沿岸摆开一个半圆形的阵势，两翼紧紧靠着河岸，中间鼓出，当中的一辆兵车上竖了一根白羽毛。因为这种布阵形状像个月钩，所以名叫"却月阵"。

魏兵远远观察着晋军的布阵，不知道是什么意思，也就没有敢动。

一会儿，只见晋军中间车上有人举起白羽毛，两侧就拥出了两千名兵士，带着一百张大弓，奔向兵车。

看到这个阵势，魏兵觉得也没有什么大不了，就集中三万骑兵向河岸猛攻。晋阵上一百辆兵车上的弓箭齐发，但仍旧挡不住魏兵。

令魏兵始料不及的是，晋军在却月阵后面，另外布置好一千多支长矛，装在大弓上。这种长矛有三四尺长，矛头特别锋利。魏兵正向晋军猛攻的时候，晋军兵士们就用大铁锤敲动大弓，那长矛往魏军飞去，每支长矛都能射杀魏兵三四个，三万名魏兵一下子就被射死了好几千。其他魏兵不知道晋军阵后还有多少这种武器，吓得抱头乱窜。

刘裕打退魏军，打通了沿黄河西进的道路，与攻下洛阳的王镇恶和檀道济在潼关会师。接着，刘裕派王镇恶攻下长安，灭了后秦。

后秦灭亡后，刘裕把他一个十二岁的儿子和王镇恶留在长安，自己带兵回南方。

北伐成功后，刘裕在朝廷的地位显赫无比。他先后受封相国、宋公。公元418年，刘裕令心腹鸩杀了晋安帝，立司马德文为傀儡皇帝，两年后，刘裕迫司马德文让位，自己做了皇帝，改国号为宋，这就是宋武帝。在南方统治了一百零四年的东晋王朝到这时候灭亡了。

●青瓷虎子 南朝

>>> 宗悫假狮斗真象

宗悫带领五千人马前去征伐林邑国。没想到交战中林邑国选了一千多只经过训练的大象，打得宗悫溃不成军。于是，宗悫便想了一个办法。

再次交战时，宗悫阵地上有数百头张牙舞爪的花皮大雄狮向大象扑去，大象顿时吓得威风扫地，转身便逃，反向自己的主人们横冲直撞，宗悫趁势收复了林邑国。

原来宗悫招画师、工匠在三日内画出五百只狮像，做出五百只狮子模型。造好假狮后，令士兵罩戴在胸前，用假狮战真象，一举成功。

拓展阅读：
《宋书·宗悫传》
　南朝·沈约
《行路难》唐·李白

◎ 关键词：宗悫 将军 身先士卒 乘风破浪

乘长风破万里浪

宗悫，字元干，南朝宋国南阳人。他从小就是一个有抱负、有理想的少年。他跟叔父宗少文读书，叔父见他很机灵、有心计，有一天问他："你长大想干什么？"小宗悫毫不犹豫地回答说："愿乘长风破万里浪。"后来，他成为一个很有才能的将军，带领着千军万马，为国家立功，实现了儿时的梦想。

那时候，大多数年轻人只知道关起门来读书，不喜欢练习武艺。宗悫却每天挥舞着大刀或双剑，勤学苦练，练就了一身好武艺。

在宗悫十四岁那年，发生一件偶然的事情，使他一下出了名。那年，他哥哥宗泌娶亲，新娘子家里比较富有，陪送了很多嫁妆，亲戚朋友也送了许多礼品，没想到被强盗盯上了。晚上，当客人们相继离去，宗悫一家也准备睡觉的时候，十几个强盗拿着火把和刀枪棍棒闯入他家抢劫。宗悫抄起平日练武用的大刀，一个箭步冲了出去，一脚便踢倒一个强盗，又举起大刀，把另一个强盗砍倒。后来邻居和附近的官军闻讯赶来，将这伙强盗一网打尽。少年宗悫勇斗群盗的事，被人们纷纷称赞。

这件事情传到了江夏王刘义恭那里，他很赞赏宗悫，就派人把宗悫请来，叫他在自己手下当了一名军官。

宗悫从军后立了许多战功，不到二十岁就当上了将军。作战时，他身先士卒，善于与敌人斗智斗勇，立下不少大功。

公元453年，太子刘劭谋害了宋文帝。消息传开后，人们纷纷起来反对。宋文帝的第三个儿子刘骏首先起兵讨伐刘劭，他任命宗悫为将军，令他带领主力部队攻打建康，杀了刘劭。

这场动乱平息以后，刘骏继承了帝位，这就是宋孝武帝。孝武帝论功行赏，任命宗悫为左卫将军，封洮阳侯。不久，又升宗悫为豫州（今河南东部、安徽西部一带）刺史。

又过了几年，宋文帝的六儿子竟陵王刘诞阴谋夺取帝位。他四处扬言，说宗悫是他的得力助手。宗悫听说后，十分气愤，立即请求孝武帝派他去捉拿刘诞。孝武帝便派他跟主将车骑大将军沈庆之去平定叛乱。到了刘诞盘踞的广陵（今江苏清江市）后，宗悫骑马绕城大喊："我是宗悫，奉命来捉拿叛贼！"刘诞听了大吃一惊，赶快派兵加强防守。沈庆之和宗悫很快攻破了广陵城，活捉刘诞，斩首示众。

这次，宗悫又立了大功。公元465年，宗悫去世，被追赠为征西将军，加谥号为肃侯。人们将他"愿乘长风破万里浪"的豪言壮语简化为"乘风破浪"这样一句成语，用来形容远大志向和抱负。

沧桑分合——三国两晋南北朝

● 青瓷莲花榉 南朝

>>> 计算机之父

美籍匈牙利人约翰·冯·诺依曼（1903—1957年）是二十世纪最杰出的数学家之一。

他1946年发明的电子计算机，大大促进了科学技术的进步，被西方人誉为"计算机之父"。在经济学方面，他也有突破性成就，被誉为"博弈论之父"。在物理领域，冯·诺依曼在三十年代撰写的《量子力学的数学基础》已经被证明对原子物理学的发展有极其重要的价值。在化学方面，他曾获苏黎世高等技术学院化学系大学学位。

由以上各方面可知，他无愧是二十世纪最伟大的全才之一。

拓展阅读：

阿基米德
《南史·祖冲之传》

◎ 关键词：发明 大明历 精确 圆周率

大发明家祖冲之

祖冲之，字文远，南北朝时期人，我国杰出的数学家、天文学家和机械发明家，在科学史上占有重要地位。

祖冲之的祖父名叫祖昌，是一个管理朝廷建筑的长官。祖冲之在这样的家庭里长大，从小就读了不少书，人家都称赞他是个博学的青年。他特别爱好数学，也喜欢研究天文历法，经常观测太阳和星球运行的情况，并且做了详细记录。

宋孝武帝听到他的名气，就派他到一个专门研究学术的官署"华林学省"工作。在那里，他可以更加专心研究数学、天文了。

中国历代都有研究天文的官，并能根据研究的结果来制定历法。到了宋朝，历法已经有很大进步，但是祖冲之认为还不够精确。他根据长期观察的结果，创制出一部新的历法，叫"大明历"（"大明"是宋孝武帝的年号）。这种历法测定的每一回归年（回归年就是两年冬至点之间的时间）的天数，跟现代科学测定的只相差大约五十秒；测定月亮环行一周的天数，跟现代科学测定的相差不到一秒，足见它的精确程度了。

公元462年，祖冲之请求宋孝武帝颁布新历，孝武帝召集大臣商议。皇帝宠幸的大臣戴法兴出来反对，祖冲之用他研究的数据驳反了戴法兴。倚仗皇帝的宠幸，戴法兴蛮横地说："历法是古人制定的，后人不应该改动。"祖冲之严肃地说："你如果有事实根据，只管拿出来辩论。不要只拿空话吓唬人。"

宋孝武帝想帮助戴法兴，便找了一些懂得历法的人跟祖冲之辩论，也一个个被祖冲之的驳倒了。但是宋孝武帝仍然不肯颁布新历。直到祖冲之去世十年之后，他创制的大明历才得到推行。

祖冲之更大的成就是在数学方面。他曾经对古代数学著作《九章算术》作了注释，还编写过一本《缀术》。他的最杰出贡献是求得相当精确的圆周率。经过长期的艰苦研究，他计算出圆周率在3.1415926和3.1415927之间，成为世界上最早把圆周率数值推算到七位数字以上的科学家。

在科学发明上，祖冲之造过一种指南车，随便车子怎样转弯，车上的铜人总是指着南方；他还造过"千里船"，在新亭江（今南京西南）上试航过，一天可以航行一百多里；他利用水力转动石磨、舂米碾谷子，叫作"水碓磨"。

此外，祖冲之在音律、文字、考据等方面也颇有造诣，他还精通音律，擅长下棋，写有小说《述异记》。祖冲之是我国历史上少有的博学多才的人物之一。

●骑乘人物图 北朝

>>> 清太宗孝庄文皇后

孝庄文皇后，博尔济吉特氏，蒙古科尔沁贝勒寨桑之女，生于明万历四十一年（1613年）二月初八。十三岁时嫁给了清太宗皇太极为侧室福晋。皇太极死时，她六岁的儿子福临继承了皇位，改元顺治。她被晋封为皇太后，顺治死后，八岁的康熙即位，尊她为太皇太后。

她辅佐了顺治、康熙两位幼主，为清初的繁荣和稳定立下了汗马功劳，史学家称她是明末清初杰出的女政治家，深受清朝各帝的尊敬。

拓展阅读：

胡茄汉月
《北魏冯太后》（电视剧）

◎ 关键词：鲜卑拓跋氏 太后 临朝听政 均田制

冯太后临朝称制

公元465年5月，北魏文成帝去世。北魏是鲜卑拓跋氏在北方建立的皇朝，按照鲜卑人的风俗习惯，人死后第三天要举行火化仪式。那一天，文武百官在哀乐声中来到火化场，侍从们把皇帝的遗体和他生前使用的器具衣物，架在高台上焚烧。正当火越烧越旺的时候，突然，一个二十多岁的女人哭叫着扑向火堆。人们一看，原来是冯皇后，于是赶忙把她拦住。对文成帝的死，冯皇后太悲伤了，她想为丈夫殉葬，但人们劝阻了她，希望她保重身体，协助继位的皇帝治理天下。

年轻的献文帝拓跋弘即位以后，尊冯皇后为皇太后。丞相乙浑欺献文帝年轻，乘机独揽大权。他假传圣旨，杀了一批朝廷大臣，任用亲信担当了一些重要的职位。

看到乙浑这样专横，冯太后很是不满。她暗地里和一些大臣商议，派禁卫军杀了乙浑。从此，冯太后掌握了朝廷的军政大权。

公元471年，献文帝把皇位传给了五岁的儿子拓跋宏，即孝文帝。但他自己仍过问政事。公元476年，冯太后毒死献文帝，以太皇太后的身份临朝听政，治理国家。

当时北魏的社会危机已十分严重，税收一天天减少，国库越来越空虚，各地的反抗斗争此起彼伏。于是冯太后决心改革，以扭转这种不利局面。

造成北魏这种局面的主要原因，是当时大地主在地方上的势力太大，他们兼并农民的土地，强迫农民做"荫户"，供他们剥削，逃避应向国家缴纳的赋税。

为了清查这些荫户，把他们编入国家的户籍，大臣李冲建议实行"三长制"，就是五家组成一邻，五邻组成一里，五里组成一党，邻有邻长，里有里长，党有党长，三长负责检查户口，征收租税和征发徭役。李冲说，如果实行这种办法，就能清查出许多隐瞒的户口，增加国家赋税和人力来源，充实国家的力量。

大臣中很多人反对这种做法，但冯太后还是果断下令执行。结果，改革相当成功，不仅达到了预期的效果，而且使国家的税收大大增加了。

不久，冯太后又颁布了实行均田制的法令。均田制就是把政府掌握的荒地分配给农民耕种。实行均田制，使农民有土地可种，有衣食来源，交得出赋税，国家有财政收入，农业生产发展起来了。

冯太后是中国古代出色的女政治家。她的改革，进一步推进了北魏政权的封建化，巩固了北魏王朝的统治，推动了民族大融合，为孝文帝进一步改革奠定了基础。

●彩绘笼冠骑马俑 北朝

>>> 虎父犬子

"虎父无犬子"这句话，用到北魏孝文帝身上，就是莫大的讽刺了。

元宏是中国历史上了不起的人物。他涉猎诸子百家，擅长诗词歌赋，在马上口授文章一字不改，是鲜卑族中的出类拔萃者。

他的长子元恂却全然不同。元恂得了幼儿肥胖症，从小懒惰异常，饭来张口衣来伸手，十足的纨绔子弟。

儿子如此不争气，父子矛盾日增。意料之中的是，反迁都的中心人物是元宏的太子元恂。

拓展阅读：

忽必烈汉化政策
《魏孝文帝评传》肖黎

◎ 关键词：迁都 汉化 融合 政治家

孝文帝定计迁都

公元490年，冯太后去世，她的孙子孝文帝拓跋宏执掌朝政大权。孝文帝继承祖母遗志，把改革推向深入。

在冯太后的教育下，孝文帝念了不少书，对汉族文化有较深的了解。他认识到，鲜卑人要想在中原站稳脚跟，就必须抛弃民族偏见，接受汉族的先进文化。当时北魏的都城在平城，那里气候恶劣，地理位置上也太偏北，不利于北魏统治中原地区，更不利于向南发展，统一中国。于是，孝文帝决定迁都洛阳。

迁都关系到许多鲜卑贵族的切身利益，守旧派贵族留恋旧都的田地财产和奢侈生活，害怕迁都会改变生活方式，强烈表示反对。为此，孝文帝定下了一条妙计。

公元493年秋天，孝文帝以征伐齐朝为名，亲自率领步兵、骑兵三十万南下。队伍到达洛阳时正是秋雨绵绵的季节，跟随的文武大臣们对太武帝拓跋焘南征刘宋战败逃回的情景还记忆犹新，他们害怕这次出征的结果又跟过去一样，劳民伤财，毫无所获。

大臣们忧心忡忡，正当这时候，孝文帝突然下令立刻向南进发。文武大臣们见孝文帝真的要南进，都纷纷跪下叩头，请求停止南进。孝文帝先假意不允，经大臣们再三请求，便以同意迁都作为停止南进的条件。大臣们喜出望外，同意迁都。迁都洛阳的事，就这样被孝文帝轻而易举地搞定了。

迁都后，孝文帝全面推行汉化政策，采取了一系列举措。他发动了约一百多万人迁到洛阳附近，开辟新的牧场和耕地，采用汉族的先进生产技术，发展农牧业生产；他下令禁止穿胡服、说鲜卑话，废除鲜卑姓氏，一律改为单音汉姓，并且带头把拓跋改为元，把自己的姓名改为元宏；他还鼓励鲜卑贵族同汉族大姓通婚，自己带头选了汉族大姓的女子做妃子，给五个弟弟娶了汉族大姓女子为妻，公主也下嫁给汉族大姓。

孝文帝改革，在中国历史的发展长河中具有十分重要的意义，它一方面使黄河流域的鲜卑族和其他少数民族与汉族逐渐地融合起来；另一方面为中国的再统一打下了制度上的基础，为混乱的历史找寻了一条出路。孝文帝对我国民族大融合和黄河流域的经济发展做出了重大的贡献，是一位值得赞扬的少数民族的杰出政治家。

可是，孝文帝的改革只是拓跋鲜卑民族在中国活动的尾声。因为北魏不久分裂为东魏、西魏，后又被北齐、北周取代，拓跋鲜卑从此在历史上销声匿迹了。

●龙门石窟

>>> 敦煌莫高窟

俗称千佛洞，位于甘肃省河西走廊西端。

前秦建元二年(366年)，一位法名乐尊的僧人云游到此，因看到三危山金光万道，状若千佛，感悟到这里是佛地，便在崖壁上凿建了第一个佛窟。以后经过历代的修建，迄今保存有北凉至元代多种类型的洞窟700多个，壁画50110平方米，彩塑2700余身。

莫高窟1961年被国务院列为国家重点文物保护单位，1987年被联合国教科文组织列入世界文化遗产名录。

拓展阅读：

响堂山石窟
《洛阳龙门赋》孙继纲
麦积山石窟

◎ 关键词：佛教 膜拜 石窟 雕刻 文化遗产

昙曜劈山开石窟

公元386年，鲜卑族拓跋部建立北魏政权。之后，在统一北方的战争里，北魏统治者逐步认识到了佛教对于征服人心、巩固统治的妙用。因此，在长期的征战之余，他们征集了大批民工和石匠，先后在平城附近的云岗和洛阳城外的龙门开凿了许多石窟，雕刻了许多佛像，让人们到那里去顶礼膜拜。一时间，北魏境内佛教盛行。

公元460年，北魏文成帝时期，云冈石窟开始开凿营建，负责监造石窟的是名僧昙曜。

经过精心筹划，昙曜先叫工匠开凿了一个七丈（约23米）宽、六丈（约20米）深的大佛洞，然后在洞口筑了四层高的大楼阁，楼阁中心雕刻了一尊五丈（约16米）多高的巨型佛像。佛像的脚有一丈四尺长（约4.6米），脚的中指长七尺（约2.3米），比一个普通的人还要大。大佛的脸上和脚上都嵌有黑石，这些黑石是按照文成帝身上黑痣的部位镶嵌的。昙曜造这样一尊大佛，是为了表明文成帝是佛的化身，以此神化皇帝。

昙曜又让工匠们在大佛的周围雕刻了许多大小不一的佛像，这些佛像紧紧地围绕着大佛，一个比一个矮，是群臣的象征。另外，还配有许多更矮小的人像，象征民众和奴隶。洞顶上刻着姿态不同、凌空飞舞的仙女，把大佛衬托得更加雄伟庄严。这一切，象征着皇帝至高无上的权位，象征着人世间统治者和被统治者的天壤之别。

昙曜总共开凿了五个石窟，被称为"昙曜五窟"，后人又在周围继续开凿石窟，直到隋唐时期，云冈石窟还在不断地扩建。保留到现在的共有四十多个石窟，每个石窟里都雕刻着大大小小的佛、菩萨和天仙，此外还刻有各种飞禽走兽、楼台宝塔和树木花草。

魏孝文帝迁都洛阳以后，石窟艺术也从平城转移到洛阳。在洛阳郊外伊阙的龙门山上，开凿了新的石窟。

龙门石窟分布在龙门山东西两岸的崖壁上，共有佛像97306尊，主要是北魏时期开凿的。后来在东魏、北齐时期也开凿了不少的石窟，一直到唐代，又总共开凿了几千个佛龛。其中最大的石窟是古阳洞和宾阳洞。

在龙门的许多石窟里，还刻有大量的文字，这些文字说明了立佛像的原因，无非都是些迷信的道理。然而这些文字的字体都苍劲挺拔，端庄凝重，是珍贵的书法艺术遗产。后来有人把它们拓下来，编辑成碑帖，题名《龙门十二品》，成为学习书法的范本。

作为世界上两座石刻艺术的宝库，云冈石窟和龙门石窟是我国古代劳动人民辛勤劳动和伟大智慧的结晶，也是我国珍贵的文化遗产。

◎关键词：农业 生产经验 总结

贾思勰和《齐民要术》

●贾思勰塑像

>>> 郦道元

郦道元,北魏人。为御史中尉,后任关右大使。雍州刺史萧宝寅反,被执遇害。性好学,注意地理学。搜集大量地理、历史材料,引用地方流传的神话和传说,写成了《水经注》一书。

《水经注》,我国古代地理学名著,四十卷,是郦道元为《水经》一书所作的注释。

《水经注》以水道为纲,描述范围包括地理情况、历史事迹及民间传说,内容丰富,文章生动多采。

贾思勰,山东益都人,北魏末期杰出的农业科学家。他编撰的《齐民要术》是一部内容丰富、规模巨大的农业生产技术著作,也是我国保存最早、最完整的一部农书。

贾思勰出生在一个世代务农的书香门第。他的祖上很喜欢读书、学习,尤其重视农业生产技术知识的学习和研究,这对贾思勰有很大影响。虽然他的家境不是很富裕,但却拥有大量藏书,因此贾思勰从小就博览群书,汲取了各方面的知识,为他以后编撰《齐民要术》打下了基础。

成年后,贾思勰在高阳郡(今河北高阳东边)做太守。当时,高阳郡是一个农业生产比较发达的地区。在那里,贾思勰除了努力读书,学习前人总结的生产经验外,还不辞辛苦地深入民间,向农民、牧民学习生产知识。有时候,他自己也种些地,养些鸡鸭牛羊。他还把民间关于气候、季节、耕种、畜牧的谚语歌谣收集起来,仔细地加以分析,把合理的内容记下来。通过从书本中和实践中积累的大量资料,贾思勰为写好《齐民要术》准备了充分的条件。

《齐民要术》既记载了前人的生产知识,又总结了当时的生产经验,还讲述了贾思勰自己的亲身体会。他从理论上对许多具体事例做出说明。

贾思勰主张,从事农业和畜牧业生产要注意实际的效果,不能只看到表面的形式。同时,他还根据亲身体会,总结出搞农业和畜牧业生产要细心观察,积累经验,不能光凭自己的好恶。

比如,有一次他自己养了一群羊,为了让羊长得膘肥体壮,就往羊圈里放了许多草料,谁知道没多久,羊却一头一头地死了。这是什么缘故呢?他百思不解。后来请教了一个有经验的老羊倌,才弄清羊死的原因。老羊倌告诉他,羊是最爱干净的,把大量草料放在羊圈里,羊边吃边踩,还在草料上拉屎撒尿。这样脏的草料,爱干净的羊怎么肯吃呢!羊吃不饱,就慢慢地饿死了。贾思勰把这些经验都写进了《齐民要术》。

《齐民要术》对农业科学的贡献是多方面的,全书共九十二篇,十一多万字,内容包罗万象,从农作物耕种一直讲到怎样做醋和酱,凡是有关增加生产改善生活的事情,几乎都涉及了。

作为一部"农业百科全书"式的著作,《齐民要术》不仅是贾思勰个人的心血结晶,也是我国古代北方劳动人民生产经验的总结,在我国乃至世界农学史上有着重要的地位。

拓展阅读:

《贾思勰和齐民要术》吴雁南
《氾胜之书》西汉·氾胜之

●木兰像

>>> 唐·杜牧《题木兰庙》

弯弓征战作男儿，
梦里曾经与画眉。
几度思归还把酒，
拂云堆上祝明妃。
这首咏史诗，是杜牧会
昌年间任黄州刺史时，为木
兰庙题的。庙在湖北黄冈西
一百五十里处的木兰山。

◎关键词：木兰 女扮男装 从军 英雄

花木兰替父从军

晋朝南移后，士族文人大都逃往江南，致使北方的文学活动日衰。但是民间文学中仍出现不少好作品，像有名的民歌《敕勒川》《木兰辞》等。《木兰辞》描写了奇女子花木兰替父从军的故事。

花木兰上有年老的父母，下有幼小的弟妹，一家五口人过着小康生活。木兰没上过学，平日跟着父亲学习写字、读书，在家织布、做饭、洗衣，样样都做得又快又好。她还喜欢骑马射箭，练得一身好武艺。

有一天，木兰正在家里织布，突然衙门里的差役送来征兵的军帖，要征木兰的父亲去当兵。父亲已经年过半百，怎能去从军打仗？木兰没有哥哥，弟弟又太小。经过苦苦思索，木兰终于决定，女扮男装，替父从军。

木兰把自己的想法告诉了父母。父母满心不舍，但也无可奈何，只能同意了。

木兰刚入伍，队伍就火速地向北方边境开去了，行军作战十分艰苦。为了防止自己女扮男装的秘密被人看穿，木兰处处都得倍加小心。白天行军，一天要走一百多里路，她紧紧跟上，从不掉队。夜晚宿营，她和衣而卧，甲不离身。作战的时候，她冲杀在前，从不懦弱。

从军十二年，木兰参加过许多次战斗，立下了赫赫战功。同伴见了她，个个都竖起大拇指，赞扬她是个有志气有本领的好男儿。

战争结束了，队伍凯旋而归。皇帝召见有功的将士，根据功劳大小给予赏赐：有的被升了官，有的得到了珍宝财物。木兰既不想做官，也不要财物，她希望得到一匹快马，好让她赶快回到家乡。皇帝满足了她的要求，木兰和同伴一起赶回了家乡。

木兰胜利归来的消息传到她的家乡。她的父母听说了，非常欢喜，急忙互相搀扶着赶到城外去迎接；妹妹听说了，立即梳妆打扮，烧好开水沏好茶；弟弟听说了，赶紧磨快了刀，杀猪宰羊，准备慰劳为国立功的姐姐。木兰回到自己房里，脱下战袍，换上女装，梳好头发，贴上花黄（古代妇女的装饰品），然后出来拜见同伴。同伴们见了一身女装的木兰，都万分惊奇，没想到自己的战友竟是一位巾帼英雄。他们你看看我，我看看你，不约而同地说："我们跟木兰同行十二年，竟然不知道她是个女子啊！"

拓展阅读：

《花木兰》（豫剧）
《木兰祠赛神曲》明·何出光

● 敦煌壁画狩猎图 西魏
图中描绘的是古时狩猎时的情形。在崇山峻岭中，进行着一场人兽大战。猎人正放马奔腾，突然有猛虎从身后扑来，他毫无惧色，反身引弓，弓如满月，控弦发矢。画作表现了当时人们骑射水平的高超绝伦。

●文吏俑 北朝

>>> 苏绰作《大诰》

从晋朝以来，天下文章竞相以辞藻繁富相夸，西魏丞相宇文泰想革除这一不良风气。

六月，丁巳（初十），西魏文帝到太庙祭祖。宇文泰命令大行台度支尚书、领著作苏绰写了一篇《大诰》，宣读给文武大臣们听，劝诫大臣们勤于政事，西魏还下命令："从今以后，文章都要按照这种方式来写。"

因苏绰所定的体制是仿照《尚书大诰》的形式，故亦称《大诰》。

拓展阅读：

朱出墨入记账法
《中华廉吏传》彭勃

◎ 关键词：苏绰 六条诏书 治国 准则

苏绰订"六条诏书"

公元534年，北魏分裂为东魏和西魏。东魏以邺（今河北临漳西南）为都，占有函谷关以东地区；西魏以长安为都，占有关中一带。东魏实权落入高欢之手，西魏实权落入宇文泰之手，二魏彼此对立。跟东魏比，西魏地方小，经济落后得多。为了跟东魏相抗衡，宇文泰向地方势力让步，争取他们的支持，尤其大力争取当地汉族大地主的支持，选拔了许多汉族地主到朝廷里做官，竭力推广汉族的统治经验，进行政治上的改革。

汉族名士苏绰，学识丰富，才智出众，品德高尚，可是一直没有得到宇文泰的重用，只做了西魏朝廷的一名小官。有一次，大官周惠达回答不了宇文泰向他提出的问题，去向苏绰请教，苏绰轻易地就把问题解决了。周惠达回去告诉了宇文泰，并且称赞苏绰有做丞相的才能。宇文泰听了很高兴，立刻召见苏绰，提升他为著作郎，让他做朝廷的高级顾问。

一天，宇文泰带着一大群官吏去昆明池看捕鱼，路上问起随行官吏一些历史问题，这些官员要么一无所知，要么一知半解，只有苏绰对答如流。于是，宇文泰吩咐打道回府，与苏绰彻夜长谈。第二天，宇文泰奏请西魏文帝任命苏绰为相当于丞相地位的大行台左丞相。

苏绰担任新职以后，规定了文书的格式：朝廷发出的文件一律用朱笔书写，地方向朝廷上报的文件一律用墨笔书写。此外，还规定了财政方面的记账和清查户籍的办法，为平均赋役做好了准备。

不久，宇文泰又奏请文帝授予苏绰大行台度支尚书和司农卿的官职。大行台度支尚书是朝廷上管财政的大臣，司农卿是朝廷上管农业的大臣。为了大力推行强国富民的措施，苏绰草拟了六条诏书，奏请文帝批准实行。这六条诏书的内容是：一、为政的人首先应当心和志静，善于分辨是非；二、教育人们养成淳朴诚实的作风，去掉浮薄虚伪的习气；三、发展农业生产，保证农民有足够的时间男耕女织、养鸡养猪；四、用人要看能力，不能光看门第；五、法律要公正，不能滥杀无辜，冤枉好人；六、赋税和徭役要根据财产多少平均负担，不能全部加在穷苦老百姓的身上。这六条诏书是使封建国家富强的好办法，它充分表现了苏绰的政治才能。

苏绰从不为自己牟私利，他生活俭朴，关爱人民，忠于职守。

但是不幸的是，因为过度辛劳，苏绰只活到四十九岁就去世了。但是他制定的六条诏书，一直成为西魏治国的准则。

●梁武帝像

>>> 《河中之水歌》

河中之水向东流，洛阳女儿名莫愁。莫愁十三能织绮，十四采桑南陌头。十五嫁为卢家妇，十六生儿字阿侯。卢家兰室桂为梁，中有郁金苏合香。头上金钗十二行，足下丝履五文章。珊瑚挂镜烂生光，平头奴子擎履箱。人生富贵何所望，恨不早嫁东家王。

此曲为梁武帝所作，在当时影响较大。萧衍是当时著名的"竟陵八友"之一，著有很多诗歌。建梁称帝后，他素性不减，经常招聚文人学士，以赋诗为乐。他的文学创作，推动了梁代文学风气的兴盛。

拓展阅读：

《梁武帝及其时代》赵以武

顺治出家

◎ 关键词：萧衍 胡作非为 侯景之乱 饿死

假仁假义的梁武帝

公元502年，乘南齐政治混乱的机会，南齐的大司马萧衍夺得了帝位，改国号为梁，他就是梁武帝。梁武帝是一个残暴、伪善而又善于玩弄权术的人。他用严刑峻法镇压百姓，对皇族却格外宽容。

梁武帝的六弟临川王萧宏是个贪得无厌的人，想尽一切办法搜刮财富。临川王府内室后面有几十间库房，平日锁得严严实实。有人怀疑里面藏的是兵器，向梁武帝告发，说萧宏私藏兵器，准备造反。

听说弟弟要造反，梁武帝很是吃惊，亲自带领禁军去搜查。到了临川王府，他命令萧宏把库房全部打开，让他挨个检查，打开库房一看，发现其中三十多间库房里都堆满了钱，共有三亿万以上，其他的库房里囤放着布、绢、丝、绵等杂物，更是多得不计其数。

萧宏心惊胆战地跟在梁武帝后面，可梁武帝见此情形，知道萧宏不会谋反，反而对他更加信任了。

梁武帝对亲属和士族百般纵容，对百姓则完全是另外一套。谁触犯他定的律法，就要严办；如果一个人逃亡，全家人都要罚做苦工。这样，贵族官僚有恃无恐，他们横行霸道，有的甚至在大街上公开杀人，都没有人敢干涉。

有一个正直的官员贺琛上了一个奏章，说明当时各地州郡官吏对百姓剥削压迫的情况。梁武帝口授一道诏书责备贺琛，在那份诏书里，他把自己说成一个天底下少有的贤明君主。

梁武帝是个佛教信徒。他在建康建造了一座规模宏大的同泰寺，每天早晚到寺里去烧香拜佛，讲解佛法，说这样做是为了替百姓消灾积德。到了年老的时候，他更干出一件奇怪荒唐的事来。

有一次，他到同泰寺"舍身"（就是出家做和尚）。皇帝做和尚，这还是破天荒第一次。可是皇帝说要出家，谁敢反对！

梁武帝做了四天和尚，宫里的人把他接回去了。后来他一想，这样做不妥当。因为按当地的风俗，和尚还俗，要向寺院出一笔"赎身"钱。皇帝当了和尚要还俗，也不能例外呀。这样，梁武帝前后做了四次和尚，大臣们一共花了四万万赎身钱。这笔钱，当然转嫁到老百姓身上去了。

信佛的梁武帝并没有为百姓造什么福，相反却加重了百姓负担，荒废了朝政。由于他的胡作非为，终于导致一场大乱——侯景之乱。在那场战乱中，梁武帝被软禁起来，最后活活地被饿死了。

◎ 关键词：冶炼家 宿铁刀 灌钢法 炼钢术

綦母怀文献刀记

綦母怀文，又作綦毋怀文，东魏北齐著名的冶炼家。他用一种叫灌钢法的冶炼技术锻造的宿铁刀锋利无比，削铁如泥，是当时的重要武器之一。綦母怀文发明的灌钢法，是南北朝时期炼钢术的重大创造。

那时候，东西魏交战频繁。一天，西魏和东魏两国军队在洛阳郊外激战，打得难分难解。正当东魏丞相高欢在寻思如何才能攻破西魏军时，忽然接到报告，说军门外有个自称綦母怀文的人求见。原来，綦母怀文为了报效国家，佩带着宿铁刀来到了东魏兵营中。

綦母怀文见到高欢，将宝刀献给了他。高欢高兴极了，为了试一试宝刀的锋利程度，他让士兵拿来缀满铁叶的铠甲，并将铠甲叠了三十多层。綦母怀文举起手中的宝刀，只听"咔嚓"一声，三十多层铠甲都被砍成了两截。高欢和在场的官兵都齐声喝彩，赞不绝口。从这以后，綦母怀文的名声就传开了。

接着，綦母怀文跟高欢去观看西魏的阵地。他见西魏的旗帜为黑色，而东魏的旗帜为红色，就对高欢说："红为火色，黑为水色。水能灭火，所以不应该以红对黑。俗话说：兵来将挡，水来土掩。土能胜水，全军旗帜要赶快改为黄色。"高欢听后，觉得有道理，就下令全军把旗帜都换成黄色。

綦母怀文对旗帜颜色的说法虽不科学，却给西魏丞相宇文泰造成了一种心理上的压力。宇文泰怕东魏有什么行动，于是决定提前发动进攻。高欢得知消息，命令部将彭乐带领数千骑兵，从西魏军的右翼猛冲过去。遭到突然的袭击，西魏军措手不及，大败而去。

后来，高欢向綦母怀文询问锻造宿铁刀的方法。綦母怀文说他是采用干将铸剑的方法，取了广平郡干子城的土，又用了牲口的尿和油脂淬火。綦母怀文把自己锻造的宿铁刀跟干将铸剑联系起来，是为了给宿铁刀增添一层神秘的色彩。其实，綦母怀文锻造的宿铁刀之所以锋利，是由于他发明了一种新的炼钢技术。在南北朝以前，我国早已发明了炼钢法，即采用木炭煅烧熟铁块的办法。在熟铁周围装满了木炭，用鼓风炉把熟铁烧红，再取出来锻打，经过多次的烧打才炼成了钢。綦母怀文发明的烧钢技术，改变了这种传统的冶炼法。他把生铁烧成铁水，再把铁水灌注到熟铁中去，经过几次混合冶炼，就炼成了很坚硬的钢。这种烧钢的方法叫作灌钢法，它是当时炼钢技术上一项突出的新发明。綦母怀文的宿铁刀，就是用这种新型的钢锻造成的。

后来，綦母怀文在北齐做了官。他利用职位之便，大力推广新的炼钢技术，使北朝的冶炼工艺有了进一步的发展。

● 彩绘伎乐陶女俑 北朝

>>> 司母戊大方鼎

司母戊大方鼎是当今世界上最大的青铜器，器高（带耳）133厘米，横长110厘米，宽78厘米，重875公斤。根据铸痕分析，鼎身每边由八块外范拼成，鼎足由三块外范拼成。

大鼎的耳是空心的，并且是与大鼎分别铸造后再铸接在一起的，采用这种分铸法来铸造体积庞大而结构复杂的器皿，在铸造工艺上是一个杰出的创造。当然，司母戊鼎只是我国三千多年前高超的铸造技术的一个典型见证。

拓展阅读：

《越绝书》
龙泉太阿

●陈后主像

>>> 陈武帝故宫

东连太湖，南滨长湖申航道。原为陈武帝陈霸先的故居。陈霸先是南朝陈的开国皇帝，也是出生江南的为数不多的皇帝之一。

由于南北朝时大兴佛教，陈武帝故宫于是便命名为"下箬寺"，又由于当时香火旺盛，故历代皇帝称之为"帝乡佛国"，在海内外影响较大。

陈武帝故宫联系着众多历史名人题记、碑刻、传记，大多已得到收藏与保护。

拓展阅读：

汉文大藏经
《隋宫》唐·李商隐

◎ 关键词：陈后主 荒唐 投降 灭亡

陈后主荒唐亡国

公元557年，陈武帝建立了南陈王朝。这时，北方的东魏、西魏已经分别被北齐、北周代替，北齐和北周互相攻战。到北周武帝时，北周灭掉北齐，统一了北方。

在北方政治动乱的时候，南陈王朝获得了一个暂时的安定局面，经济渐渐恢复起来。但是传到第五个皇帝，却是一个荒唐得出奇的陈后主。

陈后主名叫陈叔宝，是个完全不懂国事，只知道吃喝玩乐的人。他大兴土木，造起了三座豪华的楼阁，让他的宠妃们住在里面。他手下的宰相江总、尚书孔范等，都是一伙腐朽的文人。陈后主和宠妃经常在宫里宴请群臣，大家通宵达旦地喝酒赋诗，你唱他和，还把他们的诗配上曲子，挑选了一千多个宫女为他们演唱。

穷奢极侈的陈后主对百姓搜刮得非常残酷，百姓被逼得过不了日子，流离失所，到处可见倒毙的尸体。

陈后主就这样过了五年的荒唐生活。这时候，北方的隋朝渐渐强大起来，决心灭掉南方的陈朝。

公元588年，隋文帝派他的儿子晋王杨广、丞相杨素担任元帅，贺若弼、韩擒虎为大将，率领五十万大军，兵分八路，渡江进攻陈朝。

几路隋军很快开到了江边，江边陈军守将告急的警报接连不断地送到建康。陈后主正跟宠妃、文人们醉得七颠八倒，收到的警报，他连拆都没有拆，就往床下一丢了事。

后来，警报越来越紧了。有的大臣一再请求商议抵抗隋兵的事，陈后主这才召集大臣商议。可众人根本不把隋兵进攻当作一回事，说笑了一阵，又照样喝酒行乐。

公元589年正月，贺若弼的人马从广陵渡江，攻克京口；韩擒虎的人马从横江渡江到采石矶，两路隋军逼近建康。

到了这种火烧眉毛的时候，陈后主才有些惊醒过来，他赶快组织人抵抗。这时，城里的陈军还有十几万人，但是他的宠臣江总、孔范等都不懂得怎么指挥。隋军顺利地攻进建康城，陈军将士被俘的被俘，投降的投降。

陈后主逃到后殿投了井。隋军兵士从井上往下一望，是个枯井，隐约看到井里有人，就高声呼喊。见井里没人答应，兵士们就威吓着要扔石头。

井里的陈后主吓得尖叫了起来。无奈，他和两个宠妃只好顺着兵士扔下的绳索爬了上来。

南朝的最后一个朝代陈朝被灭亡了。公元589年，隋朝统一中国。自此，二百七十多年的分裂局面重新获得了统一。

No.5

盛唐气象——

隋唐五代

——→ 隋唐五代，极盛而衰。梦回唐朝，千年萦绕。

——→ 诗歌浸润，乐美舞盛，书法艺术臻于佳境；胡风轻掠，多彩民俗，繁兴宗教，文明交融。

——→ 八表九极，神韵悠扬，令人无限神往。

——→ 帝国正午，侵染苍生。反叛杀戮，天降劫难，汗与血浸透了历史的书卷。

——→ 盛世之歌，辉映一个朝代的繁华极致；乱世之情，折射一个皇族的糜烂贪婪。

——→ 众目睽睽下的金龙宝座，目睹了盛世到末世的演变。

●隋文帝杨坚

>>> 一衣带水

南朝末年，陈国在长江以南，隋文帝杨坚住在长江以北。

那时候，隋文帝杨坚正在进行统一全国的战争，由于江水浩荡，杨坚的军队不能过河到江南，因此无法攻打陈国。但是，隋文帝并不因此感到气馁，他望着江南，自信地说："我是老百姓的父母，难道能因为有一条像衣带一样的江水，就阻挡我不去解救他们吗？"于是，杨坚下令造船，最后消灭了陈国，统一了全国。

后以"一衣带水"，比喻狭窄的河水不能把两地分开。

拓展阅读：

"开皇之治"
专诸刺王僚

◎ 关键词：开国元勋 辅政 行刺 统一

杨坚统一中国

公元580年，北周宣帝宇文赟病死，长子宇文阐继位为帝，是为静帝。静帝此时年仅八岁，根本无法处理朝政。因此，正皇后杨氏的父亲杨坚以辅政之名执掌了北周军政大权。

杨坚家世显赫，他的父亲杨忠是北周的开国元勋，受封为隋国公，位列八大柱国之一。杨坚自己与北周明帝是连襟，他的女儿又做了皇后，加上他自己很有才能，一再担任要职，因此声望甚高。

杨坚一心想取代北周，然而皇室宇文氏的子弟还很众多，其中对杨坚威胁最大的是赵王宇文招、陈王宇文纯、越王宇文盛、代王宇文达和滕王宇文逌五人。于是，杨坚借口赵王的女儿千金公主远嫁突厥，假传圣旨要五王还朝。他们一回到京城，就被杨坚软禁了起来。

同时，杨坚派出大将韦孝宽火速奔往相州（今河南安阳），征召总管尉迟迥还京。作为北周国舅、先朝重臣，尉迟迥握有兵权，镇踞要地，是杨坚的心腹大患。但尉迟迥已洞悉杨坚的野心，早在暗中厉兵秣马。他一听到征自己入京的消息，便正式起兵造反。杨坚对此早有准备，立即命韦孝宽与王谊、梁睿三员大将率兵讨伐。

赵王宇文招回到京城，顿时明白了一切，后悔莫及。尉迟迥一起兵，他认为机会来了，于是假意邀请杨坚来家中做客，想伺机杀了他。杨坚虽然明白他的居心，却不以为意，依旧赴宴。赵王令他的儿子宇文员、宇文贯等人佩刀立在左右两侧，却想把杨坚的随从全挡在外边。但是，杨坚的贴身随从杨红和元胄却执意留在杨坚身边。盛宴中，赵王频频向杨坚敬酒，非常殷勤。喝到一半，赵王的两个儿子用刀叉起席上的瓜块递给杨坚，想趁机行刺。元胄等人见机不妙，走上前来大声说："相府有事，不能久留了！"赵王知道这是赫赫有名的当今壮士元胄，不敢造次，只得见机行事。

赵王假装不胜酒力，要到后面呕吐，却被元胄一把摁下。见无法得逞，赵王又让元胄替他去取水，元胄却一动不动。

后来，元胄伺机对杨坚说："情况危急，快回去！"随后拉起杨坚冲出门去。赵王起身追赶，无奈不是元胄等人的对手。杨坚等人逃走后，赵王气得敲破了手指。

诸王多次行刺未成，反被杨坚以谋反的罪名先后杀掉。

不久，尉迟迥的叛乱被镇压，杨坚登基的时机已经成熟。公元581年二月，杨坚废北周静帝，自己做了皇帝，改国号为隋，年号为开皇。

称帝以后，杨坚派兵北征突厥，南平陈国，终于结束了从东汉灭亡以来长达四个世纪的分裂局面，统一了中国。

●白瓷凤把双联瓶 隋

>>> 竹简传书

隋文帝开皇十一年(591年),隋文帝派杨素率军讨伐南方叛乱。

杨素率军打到海边后,命行军总管史万岁率领部分军队穿插到叛军的背后发动进攻。史万岁打了许多胜仗,却无法将胜利的战况向上级汇报。

一日,他看到茂密的竹林,忽有所悟,立即派人把写好的战事报告装进一节竹子,封好后放入水中,任其漂流而下。几天后,被人发现递交了朝廷。隋文帝龙颜大悦,立即提拔史万岁为左领军将军。

拓展阅读:

兰陵公主
法门寺
《论隋文帝》沈庆生

◎ 关键词:戒备 勤于政事 节俭 生产积极性

隋文帝勤俭治国

公元581年,杨坚代周建隋,是为隋文帝。隋朝建立后,隋文帝精心治理,使国家迅速强大起来。

隋文帝轻徭薄赋,勤于政事,注意节俭。他教训太子杨勇说:"自古以来,没听说有奢侈腐化而能长治久安的。你是太子,应当注意节俭。"他很注意皇亲国戚的行为,他们要是犯了法,一律严惩。他的三儿子杨俊,立过几次战功,被封为秦孝王。仗着是皇子,又有功劳,杨俊目无法纪,胡作非为,不仅放高利贷盘剥老百姓,甚至派部下直接抢掠,他管辖下的百姓简直是苦不堪言。隋文帝知道后,勒令归第(禁闭)。大臣杨素劝谏,说罚得过重,遭隋文帝训诫。杨俊知道后又担心又害怕,没过几天就病死了。

隋文帝对皇亲国戚、王子、大臣比较严厉,对百姓却比较宽松。他认为,法律太苛,百姓就会反抗,法律和缓,百姓就会受到感化,自己的统治才能巩固。因此,他下令制定"隋律",废除了前朝的许多残酷刑罚;百姓有冤枉可以越级上告,直到朝廷;各地判了死刑的罪犯不能在当地处决,一定要送交大理寺(最高司法机关)复审,然后由皇帝批准执行。

隋文帝能知过就改。有一次,臣子辛亶做了一条红色的裤子穿,说穿了此裤能官运亨通。隋文帝十分生气,认为他是以妖法惑众,下令将他处死。司法大臣赵绰认为辛亶罪不致死,上奏隋文帝。隋文帝便下令将赵绰和辛亶一并处斩。临刑前,隋文帝问赵绰还有何话要说。赵绰答道:"臣一心执法,不敢惜死,陛下可杀我,决不可枉杀辛亶。"隋文帝气得拂袖而去,但他转而一想,终于明白了赵绰以死护法的可贵精神,于是立刻下令释放赵绰,并免辛亶死罪,次日还嘉奖了赵绰。

隋文帝是位节俭的皇帝。他的车马用具坏了,只派人去修补,而不做新的。他平时留意民间疾苦,有一年,关中闹饥荒,看到百姓吃糠拌豆粉的情景,心里很惭愧,并责备自己没有治理好国家,下令饥荒期间不吃酒肉。

隋文帝把过去行之有效的制度加以发展,比如继续推广均田制,规定一个男劳力可分田八十亩,一个女劳力可分田四十亩。这样做虽然得田最多的是官僚大地主,但是毕竟使无地少地的农民多少分到了一些土地,使地主兼并土地受到了限制,提高了农民的生产积极性。

隋文帝的节俭执政,只经过二十几年,隋朝的经济就繁荣起来。杨坚是个较有作为的皇帝,他使隋朝成为政治稳定、文化发展的王朝,他首创的科举制、三省六部制等制度对后世产生了深远的影响。

◎ 关键词：隋炀帝 短命王朝 争议 夺位

杨广弑父登皇位

●隋炀帝杨广

>>> 隋朝巧匠

隋朝有两个著名的巧匠，即宇文恺和何稠。

宇文恺为隋炀帝造观风行殿。殿下设轮轴，离合便利，可以分开行动，也可以形成一座大殿，这座大殿可容纳数百人。

何稠为隋炀帝造六合城，攻高丽时，带六合城到辽东，曾在一夜里合成一座周围百里、高十仞的大城。城上布列甲士，立仗建旗。到第二天早晨，高丽人望见，惊奇以为神功。

拓展阅读：

隋灭陈之战
隋炀帝攻高丽之战

公元604年，隋文帝杨坚去世，次子杨广即位，是为隋炀帝。隋炀帝是历史上颇有争议的皇帝，有人认为他穷兵黩武，荒淫无度，是位有名的昏君；也有人认为他开拓大运河、修长城、创办科举制度，功大于过。

杨广从小天赋很高，文笔华美，胸襟抱负不凡。在南下灭陈和北上抵御突厥的战斗中，他立下大功，并笼络了一批人才。他早想夺取大哥杨勇的太子之位，只因隋文帝信任杨勇，才没敢动手。

隋文帝和独孤皇后一向提倡勤俭持家，不喜欢奢华，而皇后更恨用情不专的男人。杨广最了解这些，便有意约束自己的行为举止。每当隋文帝和独孤皇后要到他的王府来，他都将王府内所有奢华之物收起，装出勤俭的样子。隋文帝和独孤皇后看到这种情景，连声赞扬儿子。

取得父皇和母后的信任后，杨广便开始诋毁太子杨勇。太子杨勇性格粗鲁，胸无城府，丝毫没有察觉弟弟杨广的野心。每当杨广外任回都时，都要悄悄给太子送去锦衣、美女、珍玩。太子不仅一概收下，而且毫不遮掩；不仅每日华服出入，而且在府中纵声歌乐，与不同的女人生了十几个孩子。因此，隋文帝与皇后常常暗道："太子品性顽劣，而广儿却仁孝恭俭。"

杨勇生活腐化奢侈，渐渐失去了隋文帝的欢心和信任，独孤皇后也对这个长子越来越不满意。这时，杨广却开始加紧夺取太子地位的活动。

杨广认识到，虽然父母都已经落入自己布的圈套，但要真正当上太子，除了取得父母的信任之外，还要得到有实力大臣的拥护。越国公、尚书左仆射杨素是当朝第一重臣，杨广便通过杨素的弟弟杨约跟杨素拉上了关系。他一边开空头支票，许诺自己一旦当上皇帝将给杨素种种好处，一面也实实在在地送了杨素许多钱物和珍玩。从此，杨素成为主张废勇立广的热心人。

此后，杨素多次在皇后面前夸奖杨广，又添油加醋地说了太子许多坏话。这些话正合皇后的心思，皇后便和杨素合谋废太子，立晋王。

这样，外有心腹大臣搬弄是非，内有皇后不断地吹枕边风，加上太子杨勇生活不检点，隋文帝终于下了废黜太子的决心。公元600年，隋文帝宣布废杨勇为庶人，立杨广为太子。

杨广的阴谋终于得逞了。四年后，杨广杀掉父亲杨坚，自立为皇帝，就是隋炀帝。隋炀帝登基以后，马上露出了荒淫奢华、阴狠毒辣的本来面目，他残忍地杀掉了自己的所有胞弟，把大隋糟蹋得千疮百孔，使大隋朝作为一个短命王朝载入史册。

◎关键词：大运河 巡游 献食 下江都

隋炀帝三下江都

●镶金口玉杯 隋

>>> 杨广和《春江花月夜》

暮江平不动，春花满正开。

流波将月去，潮水带星来。

题出自宫体，情调却类于南朝民歌，能写出清丽明净的江南风物之美。

这是隋炀帝创作的乐府诗，高出他身边文臣的应诏奉和之作。他常以此自负，以天子之尊，却附庸风雅，以文学领袖自居，常聚集文人宴饮赋诗，沿袭梁、陈贵族文人以诗为娱的生活方式，使诗歌创作转向咏物和咏宫廷生活琐事，很快就走向了贵族文学的末路。

拓展阅读：

隋攻吐谷浑之战

《连环画：隋炀帝看琼花》

福建人民出版社

杨广做了皇帝以后，充分显露出他荒淫、冷酷的本性。为了加强对全国的控制，也为了使江南地区的物资能够更方便地运到北方来，隋炀帝一登基就着手办理两件事：一是在洛阳建造一座新的都城；二是开凿一条贯通南北的大运河。

公元605年，隋炀帝下令大兴土木，营建东都洛阳。这项工程十分浩大，每月要征调二百多万民工从江南运送奇材异石，许多民工被活活累死在运送途中。隋炀帝下令在洛阳西郊建造一个大花园，叫"西苑"。西苑周围有二百多里，苑内有海。为把西苑装点得四季如春，冬天用彩绸剪成莲叶荷花，布置在水面上，供皇帝观赏。

同时，隋炀帝又下令征发河南、河北各地民工一百多万人，开凿一条从西苑到淮水的运河，叫"通济渠"。通济渠沟通了洛水、黄河、淮河，然后接上邗沟通向长江。后来，大运河又向南北两头延伸。向北开凿永济渠，引沁水入黄河，直到涿郡。在长江以南开凿江南河，从京口（今江苏镇江），引长江水到钱塘江边的余杭（今浙江杭州）。这样，前后用了不到五年时间，一条长四五千里，沟通海河、黄河、淮河、长江、钱塘江五条大河的大运河全部完工了。

隋炀帝喜欢外出巡游，一来是游玩享乐，二来是向百姓摆威风。

公元605年秋天，他带着二十几万人的庞大队伍到江都巡游。他和萧后分乘两条四层高的大龙船，船上有宫殿和上百间宫室，都装饰得金碧辉煌。接着就是宫妃、文武官员以及卫士们乘坐的大船，总共有上万条船只在大运河上排开，从船头到尾船连接起来，竟有二百里长。在岸上拉纤的纤夫就达八万多人，还有两队骑兵夹岸护送。真是说不尽的豪华景象。

为了满足船队大批人员的享受，隋炀帝命令两岸的百姓给他们准备吃喝，叫作"献食"。所献食物未被用掉的要全部掘坑埋掉，百姓为此食不果腹，倾家荡产。

在当时，江都是个繁华的地方。隋炀帝到了江都，除了尽情游玩享乐，还大摆威风。为了装饰一个出巡用的仪仗就花了十多万人工，耗费的钱财更是上亿万。这样整整闹腾了半年，又耀武扬威地回到东都来。

之后，隋炀帝又两次巡游江都。每一次都给百姓带来许多灾难。许多官吏为了加官晋爵，拼命搜刮老百姓，向皇帝争献厚礼，而且他们自己也发了大财。

隋炀帝第三次下江都时，隋朝的统治已经摇摇欲坠了，全国各地燃起了农民起义的熊熊烈火。在这次巡游中，隋炀帝被部将杀死，隋朝随之灭亡。

●赵州桥

>>> 世界上最长的桥

庞恰特雷恩湖桥，位于美国路易斯安那州庞恰特雷恩湖上，连接新奥尔良和曼德韦尔，全长38.4公里，被认为是世界上最长的桥而收录在吉尼斯大全中。

庞恰特雷恩湖桥由两座平行桥梁组成，其中1号桥1956年建成通车，2号桥1969年建成通车。大桥原来双向收取通行费1.5美元，1999年5月为缓和交通堵塞，改为单向收取3美元通行费。

拓展阅读：

中国四大名桥
雪桥八仙

◎ 关键词：李春 桥梁 工匠 赵州桥

李春设计赵州桥

　　李春是我国隋朝时期著名的桥梁工匠，他建造了举世闻名的赵州桥，开创了我国桥梁建造的崭新局面，为我国桥梁技术的发展做出了巨大贡献。

　　隋朝统一全国后，结束了长期以来南北分裂、兵戈相见的局面，促进了社会经济的发展。当时的赵县是南北交通的必经之路，从这里北上可抵重镇涿郡（今河北涿州市），南下可达京都洛阳，交通十分繁忙。可是这一交通要道却被城外的江河阻断，影响了人们的往来，每当洪水季节甚至不能通行。为此，公元605年，隋朝统治者决定在江河上建设一座大型石桥，以结束长期以来交通不便的状况。李春受命负责设计和建造大桥。李春率领其他工匠来到这里，对江河及两岸地质等情况进行了实地考察，同时认真总结了前人的建桥经验，结合实际情况，提出了独具匠心的设计方案。按照设计方案，经过工匠们的精心施工，公元617年，大桥建成。

　　这座大桥就是著名的赵州桥。桥长50.82米，拱跨37.37米，桥面宽9米，桥脚处宽9.6米，是历史上跨径最大的拱桥，也是现存最早的大型石拱桥。

　　在设计思想和工艺方面，赵州桥的建筑有如下的创新：一、首创坦拱式结构。以前的拱桥，都建于河道狭窄的地方，采用的是半圆形拱。但赵州桥位于南北交通的要冲，河道地势平坦，水面较宽，如采用半圆形拱，桥面要高出地面一二十米，形成陡坡，无法通行车辆，人马也难于行走。因此，李春大胆创新，采用圆弧形拱，成为坦拱式。其拱矢只有7.23米，和拱的跨度比大约是1：5，能够通行车马。有诗称赞它："坦平箭直千人过，好使驰驱万国通。"二、首创敞肩拱结构。江河两岸地层是泥沙淤积层，承重能力差。为了减轻桥梁的自重，李春改变以往拱桥采用的实肩式，在桥两肩上各建两个小拱，形成敞肩式。这是世界上最早的敞肩式结构，至今在桥梁建筑中还广被采用，这一结构除减轻桥的自重外，还可以减少主拱桥的承重变形，提高承载力和稳定性，而且汛期还可起分泄洪水、保护桥梁的作用。同时，桥台和桥脚的连接处、主拱上、拱石间以及拱背上，采用了多种铁件联结加固，使桥梁各部分紧密联结，构成一个整体，从而提高了桥梁的稳固性。

　　赵州桥的建成，在我国桥梁史上具有重要影响，它的大跨度、圆弧拱、敞肩形式为以后的桥梁建设开创了新的天地。然而，像赵州桥这样突出的技术成就和像李春这样杰出的桥梁专家，在封建社会中并不为封建统治者所重视，甚至在史书中也没有留下多少痕迹。我们除了知道隋朝工匠李春设计和建造了这座举世闻名的大桥外，其他的都一无所知，这不能不说是一个很大的遗憾。

● 隋代虞弘墓石椁座前雕绘。

两个人首鹰身者相对而立，中间有一座灯台形火坛烈焰熊熊。两人均上身倾向火坛，戴手套，一手捂嘴，一手伸出，抬向火坛一侧，这种形式在世界各地拜火教图像和波斯银币图案中常见。拜火教是波斯帝国的国教，北朝、隋唐时有很多中亚人来华做官，民族文化相互交融。

● 隋代莫高窟中的《东王公出行图》。

盛唐气象——隋唐五代

●唐开国功臣秦琼

>>> 秦琼卖马

秦琼是唐朝的开国功臣，曾参加瓦岗军起义，是李密骠骑亲将。瓦岗军覆灭后，被李世民所罗致，逐步成为高级将领。

秦琼在潞州落了难，穷得身无分文，最后只有卖掉自己的坐骑黄骠马。可惜却找不到买主。幸好遇到一位卖柴的老者，指引他来到潞州单雄信处。秦琼羞于说出真名实姓，只称姓王，拿了卖马钱而去，后来单雄信从别人口中，获知卖马人是秦琼，便立刻追赶，见到秦琼说："叔宝哥哥，你端的想杀了单通也。"

现用"秦琼卖马"比喻英雄末路。

拓展阅读：

《隋唐演义》清·褚人获
《瓦岗寨》（评书）

◎ 关键词：起义 瓦岗军 四分五裂

瓦岗军开仓放粮

隋炀帝即位后，对百姓横征暴敛，耗尽国家资财，弄得百姓们怨气冲天。在忍无可忍的情况下，各地纷纷揭竿起义，其中翟让领导的瓦岗军力量最大。

翟让本是东郡监狱的一名小吏，因得罪上司被判死刑。管狱的牢头黄君汉平日很钦佩翟让，看到翟让惨遭横祸，很同情他。一天晚上，黄君汉偷偷地砸了镣铐，打开牢门放了翟让。

逃出监牢后，翟让到东郡附近的瓦岗寨招集了一些贫苦农民，组织了一支起义队伍。翟让在瓦岗寨上举起义旗，山东、河南两地农民纷纷来参加。单雄信、徐世勣、李密、王伯当等都率众投奔瓦岗寨，队伍迅速壮大。

当时，李密是一位治国安邦的人才。他到瓦岗军后，施展政治军事才能，促进了瓦岗军的发展。

翟让虽然人马众多，但是他并没有想到自己能推翻隋炀帝。李密劝翟让挥兵西下，拿下东都和长安，推翻朝廷。

翟让听了很高兴，于是两人商量了一番，决定先攻打荥阳。荥阳太守向隋炀帝告急，隋炀帝于是派大将张须陀带大军镇压。

翟让听说将要跟张须陀对阵，心中有些发怵。李密对他说："张须陀有勇无谋，而且他自以为强大，必定骄傲轻敌。利用他的弱点，我们一定能打败他。"

李密定下计谋，他让翟让正面迎击敌人，自己带了一千人马在荥阳大海寺北面的密林里设下埋伏。

张须陀知道翟让不是他的对手，莽莽撞撞地指挥人马掩杀过来。翟让抵挡了一阵，假装败逃。张须陀紧紧追赶了十多里，路越来越窄，树林越来越密，不知不觉进入李密布下的埋伏圈。李密一声令下，埋伏的瓦岗军一齐杀出，把张须陀的人马团团围住。张须陀虽然勇猛，但是瓦岗军人多势众，终于全军覆没。张须陀也被起义军打死了。

在遍及全国的起义军的打击下，隋朝的统治土崩瓦解。许多地方官兵也纷纷起兵反隋，驻守扬州的隋将宇文化及乘机发动了兵变。

公元618年3月，宇文化及派士兵包围了隋炀帝的行宫，把这位遗臭万年的昏君缢死了。

在隋朝即将被农民军推翻的关键时刻，瓦岗军内部发生了分裂。翟让见李密能力比自己强，把领导权让给了李密，拥戴为魏王，但心胸狭窄的李密却妒忌翟让在义军中的威望，借故杀了翟让。瓦岗军从此四分五裂，它没有完成彻底推翻隋朝、重新统一全国的大任。

●唐高祖李渊

>>> 修订《大唐雅乐》

　　唐朝初年，军务、政务繁忙，无暇顾及雅乐之事，宴享时均沿袭隋朝旧制，奏九部乐。

　　公元626年，唐高祖命祖孝孙修订雅乐。祖孝孙曾在隋朝做过官，所以他很熟悉隋朝旧乐。在斟酌南北音乐、考证古音后，祖孝孙作成《大唐雅乐》，里面恢复了亡绝很久、世人都听不懂的旋宫之声。

　　《大唐雅乐》的修订，打破了南北胡汉音乐的界限，在古代宫廷音乐史上有重要的地位。

拓展阅读：

长孙无垢
《荥阳唐高祖太宗石刻像》
宋·苏辙

◎关键词：李渊 反隋 唐高祖

李渊太原举事

　　在镇压隋末农民起义的过程中，太原留守李渊的势力逐渐壮大起来。后来，李渊在次子李世民和部下刘文静等人的怂恿下，起兵反隋，建立了唐朝。

　　李渊有四个儿子，二儿子李世民最有政治眼光，他分析了当时的形势，认为隋朝的统治不会长久，只有趁天下大乱的机会，夺取政权，才能保住家族的利益和地位。

　　当时，有个地方官叫刘文静，隋炀帝把他免了职并关进监狱。李世民听说这个人很有头脑，常去看望他。刘文静明白李世民的心思，便答应帮他筹集人马夺取天下。见时机成熟，李世民于是决定去说服父亲。正好在这个时候，太原北面的突厥可汗进攻马邑。李渊派兵抵抗，连打败仗。李渊怕隋炀帝知道了追究他的责任，急得不知如何是好。于是，李世民抓住机会，劝父起兵。

　　思虑再三，最后，李渊回复李世民说："你说得未尝不是道理。但我一时拿不定主意。从现在起，是家破人亡，还是化家为国，就凭你啦！"

　　李世民把刘文静从晋阳监牢里放了出来，请他帮着招兵买马。李渊又派人把正在河东打仗的另外两个儿子李建成和李元吉召了回来。

　　太原的两个副留守看到李渊父子的反常举动，想出来阻挠，被李渊借口勾结突厥，把他们抓起来杀了。

　　李渊听从刘文静的计策，派人备了一份厚礼，到突厥可汗那里讲和，约他一起反隋。突厥可汗觉得这样做对他们有好处，便答应了李渊。

　　稳住突厥这一头，李渊正式起兵反隋，他自称大将军，派李建成和李世民分别做左右领军大都督、刘文静做司马，又把兵士都称为"义士"。他们带领三万人马离开晋阳，向长安进军。

　　到了霍邑（今山西霍县），李渊他们遭到隋朝将军宋老生的拦击。霍邑一带道路狭隘，又赶上接连几天大雨，李渊的军粮运输中断了。李渊想退兵，被李世民劝阻。李世民身先士卒，率领军队攻打霍邑，结果取胜，并将宋老生杀死。

　　攻下霍邑以后，李渊集中了二十多万大军攻打长安。守在长安的隋军抵挡不住，长安失守。李渊攻下长安以后，为了争取民心，宣布约法十二条，把隋王朝的苛刻法令一概废除，并将隋炀帝的孙子杨侑扶上皇位，是为隋恭帝。

　　公元618年，隋炀帝在扬州被宇文化及缢死。随后，李渊废掉隋恭帝，自己称帝，建立唐朝，他就是唐高祖。至此，短命的隋王朝覆亡，盛世王朝唐得以开创。

●唐太宗李世民

>>> 唐太宗吞蝗

贞观二年,京师大旱,蝗虫四起,唐太宗进入园子去看粮食的损失情况。当他看到禾苗上的蝗虫,便捡了几枚蝗虫卵念念有词道:"粮食是百姓的身家性命,而你吃了它,是害了百姓,百姓有罪,那些罪过全部在我,你如果真的有灵的话,你就吃我的心吧,不要再降罪百姓了!"说完就要吃进去。

边上的人谏道:"不能吃啊!吃了可能要生病的!"太宗说道:"我正希望它把给百姓的灾难移给我一个人!又怎么会因为害怕生病而不做了?!"说完,马上就把它吞了。

拓展阅读:

吃醋(典故)
《初晴落景》唐·李世民

◎ 关键词:阴谋 玄武门 妒忌 唐太宗

玄武门之变

公元618年,唐高祖李渊建立唐朝,封长子建成为太子,次子世民为秦王,四子元吉为齐王。在唐朝建立和统一的战争中,李世民屡立大功,权势很大,太子李建成感到李世民威胁他的地位,就与李元吉勾结,想除掉李世民。

公元626年的一天夜里,李建成请李世民到东宫去喝酒。李世民不知是计,开怀畅饮。忽然,他感到头晕目眩,两脚发软,腹内剧烈疼痛,吐血不止。手下人急忙把他抬回秦王府,灌了许多解毒药,李世民才逐渐缓过气来。事后,李渊获悉此事,仅对李建成申斥了一通。

李建成、李元吉一计不成,又生一计。李建成怂恿李渊到长安郊外打猎,并要李世民陪驾前往。在打猎场上,太子叫部下给李世民备了一匹烈马,李世民没有想到太子又在要阴谋,在一片呐喊声中,他操弓搭箭,追杀猎物。突然,烈马野性发作,仰颈狂跳,李世民被甩出一丈多远,险些摔死。李世民终于明白了太子的险恶用心。

三位皇子的暗斗最终变成了剑拔弩张的明争。李建成迫不及待地向李渊建议,由李元吉率兵抵抗突厥,并要把尉迟敬德等一批秦王部下调到元吉部下,以削弱李世民军队的实力,阴谋把李世民及其亲信一网打尽。

李世民听到消息却还在犹豫,尉迟敬德等人可忍不住了,他们向李世民明确表示,要么先动手杀了建成、元吉,要么让他们离开长安。此时,李世民已经无路可退,只得下决心除去两位亲兄弟。

李世民进宫向唐高祖告了一状,诉说太子跟元吉怎么谋害他。唐高祖答应第二天一早,叫兄弟三人一起进宫,由他亲自查问。

第二天早上,李世民派长孙无忌和尉迟敬德带了一支精兵,埋伏在皇宫北面的玄武门,只等李建成、李元吉进宫。

没多久,李建成、李元吉骑着马朝玄武门来了。到了玄武门边,他们觉得周围的气氛有点反常,心里犯了疑,于是掉转马头准备回去。

李世民从玄武门里骑着马赶了出来,高喊说:"殿下,请留步!"

李元吉转过身来,拿起身边的弓箭射杀李世民,但是心里一慌张,连弓弦都拉不开了。李世民眼疾手快,开弓搭箭,把李建成先射死了;紧接着,尉迟敬德也一箭把李元吉射下马来。

听到玄武门出了事,东宫和齐王府的将士全部出动,猛攻秦王府。李世民一面指挥将士抵抗,一面派尉迟敬德进宫。

唐高祖正在皇宫里等着三人来朝见,尉迟敬德手拿长矛,气呼呼地冲进宫来说:"太子和齐王发动叛乱,秦王已经把他们杀了。"高祖这才知道

● 唐太宗评字图 清 任颐
这是任颐比较有代表性的历史人物肖像画。
它为纸本。纵 140 厘米，横 56 厘米。
● 锁谏图 唐 阎立本
此图画的是十六国汉的延尉陈元达向皇帝刘
聪冒死进谏的情景。陈元达用铁链将自己锁
在一棵大树上据理力谏，任二卫士猛拖也奈
何他不得，终将刘聪说服。

外面出了事，一时手足无措，不知道该怎么办才好。

宰相萧瑀等说："建成、元吉本来没有什么功劳，两人妒忌秦王，施
用奸计。现在既然秦王已经把他们消灭，这是好事。陛下把国事交给秦王
就没事了。"

事已既此，唐高祖要反对也没用了，于是立李世民为太子。过了不久，
李渊当了太上皇，李世民即位。李世民即是赫赫有名的唐太宗。

●谏臣魏徵

>>> 魏徵《述怀》

中原初逐鹿，投笔事戎轩。
纵然计不就，慷慨志犹存。
杖策谒天子，驱马出关门。
请缨系南粤，凭轼下东藩。
郁纡陟高岫，出没望平原。
古木鸣寒鸟，空山啼夜猿。
既伤千里目，还惊九折魂。
岂不惮艰险？深怀国士恩。
季布无二诺，侯嬴重一言。
人生感意气，功名谁复论！

拓展阅读：

《赋西汉》唐·魏徵
《望终南山》唐·李世民

◎ 关键词：劝谏 不留情面 直言

直言敢谏的魏徵

魏徵，字玄成，杰出的政治家、思想家，他是中国历史上最敢于和善于向皇帝直言劝谏的大臣。

玄武门之变后，有人向李世民告发，说魏徵曾在太子建成手下做过事，还劝说建成杀害秦王。秦王听了，立刻派人把魏徵找来，问他可有此事。没想到，魏徵却神态自若，不慌不忙地回答说："可惜那时候太子没听我的话，要不然也不会发生这样的事了。"

秦王觉得魏徵说话直爽，很有胆识，没有责怪他。李世民即位以后，提拔魏徵为谏议大夫，从此魏徵就在唐太宗身边参与决策。

公元634年，进谏的朝臣越来越多，但很多与事实不符。如御史中丞皇甫德参认为，当时妇女喜欢梳很高的发型，是让"皇宫里的宫女带坏了"。李世民听了很生气，准备以诽谤罪处罚皇甫德参。

这时，魏徵站出来，坚决反对李世民这样做。他慷慨陈词，说太宗如此，只会让大家不敢直言。唐太宗听了心服口服，当即打消了处罚皇甫德参的念头。

魏徵的耿直坚忍不仅表现在国家大事上，他对皇室的内部事务也敢于提出自己的看法。太宗曾封自己最喜爱的一个女儿为长乐公主，长乐公主出嫁的时候，太宗给女儿的嫁妆远远超过了礼规。魏徵认为这样不合礼仪，直言指出，太宗听了，只好减少了给长乐公主的嫁妆。

有时候，唐太宗也受不了魏徵那不留情面的劝谏，但因为魏徵始终正气凛然，太宗唯恐叫他抓住什么把柄，竟然有些怕他，加上他和魏徵的情谊一直很深，所以不好发作，只是让他在众臣面前给他留点颜面。

魏徵不赞同，说："舜帝曾告诫群臣，不能当面顺从，背后反对。陛下虽没有这样告诫魏徵，但臣却天生是这样的人。"

唐太宗知道不能勉强他，只好继续听他不留情面的劝谏。但仔细想一想，也庆幸有这样刚直不阿的大臣。太宗曾经比喻说："美玉混在石头中间，如果没有良匠琢磨切削，就和碎砖瓦石是一样的。朕虽然算不上美玉，但有魏徵的约束，用道德来规劝我，他足可以称作是良匠了。"

公元643年，直言敢谏的魏徵病逝。唐太宗十分难过，他流着眼泪说："一个人用铜做镜子，可以照见衣帽是不是穿戴得端正；用历史做镜子，可以看到国家兴亡的原因；用人做镜子，可以发现自己做得对不对。我常常用这三面镜子来防止自己的过失，如今魏徵一死，我就少了一面好镜子了。"这句话形象而生动地概括出魏徵在唐太宗政治生活中的地位和影响。

●唐初军事家李靖

>>> 李靖毁船惑敌

李靖在对萧铣的进攻中获得大量战船，但却下令将所获敌船全部击破，任其顺流而下。

众将对此疑惑，李靖解释道："尔等有所不知，今萧铣属地甚广；若我军攻城未果，敌军必会四面相围，我军必腹背受敌，进退两难，陷入危境之中，纵有战船，亦无所用。今将敌船沿江弃之，敌援军一见，必疑是江陵已失，未敢轻进。等其明晓之时，我已攻下江陵久矣！"果然援军中计，萧铣只好弃城投降。

拓展阅读：

《卫公兵法辑本》 唐·李靖

唐凌烟阁二十四功臣

◎关键词：李靖 颉利 突厥 天可汗

李靖夜袭阴山

唐太宗即位初期，中原战事平定，国家得到统一。但西边边境上东突厥贵族不断侵扰唐朝境界，闹得地方不得安宁。

唐太宗即位的第二年，北方下了一场大雪，东突厥的牲畜冻死不少，大漠以北发生饥荒。这时，突厥的颉利可汗加紧对其他部族的压迫，引起各部族的反抗。颉利派他的堂兄弟突利去镇压，被打得大败。突利逃回去后，被颉利责打一通。两人因此翻了脸，后来突利投降了唐朝。

抓住这个时机，唐太宗派出李靖、徐世勣等四名大将率领大军十多万，由李靖统率，分路出击突厥。

李靖是唐朝初年有名的军事家，精通兵法。隋朝末年，他归附唐朝后，在唐朝统一战争中立了不少战功。

公元630年，李靖从马邑出发，亲自率领三千精锐骑兵，趁颉利不防备，连夜逼近突厥营地。结果大败突厥军，突厥将领投降，只有颉利偷偷逃跑了。颉利逃到阴山以北，派使者到长安求和，并答应亲自到唐朝朝见。唐太宗一面派唐俭到突厥表示安抚，一面命令李靖带兵去察看颉利动静。

李靖领兵在白道（今内蒙古呼和浩特西北）和徐世勣会师。两个人商量怎样对付突厥，最后决定由李靖选一万精兵，带足二十天粮食，跟踪袭击，徐世勣带领大军后面接应。于是，两支军队向阴山进发。

颉利可汗求和实际上只是缓兵之计，他想等草青马肥季节来到，再杀回漠北。看到唐俭来到，他以为唐太宗中了他的计，暗暗高兴，放松了防备。

当天晚上，李靖和徐世勣率领唐军到了阴山，命令部将苏定方率领二百名轻骑，冒着夜雾悄悄进军。到突厥前哨发现唐军的时候，唐军离颉利营帐只有七里地了。

得知唐军骑兵来到，颉利赶快找唐俭，然而唐俭已经瞅准机会脱身回到唐营。颉利慌忙骑上他的千里马逃走。李靖指挥唐军追杀，主帅逃走，突厥兵顿时乱成一团。唐军歼灭突厥兵一万多，还俘获大批俘虏和牲畜。

颉利东奔西逃，最后被他的部下抓住交给唐军，后来又被押送到长安。

东突厥灭亡后，唐太宗在东突厥原地设立了都督府，让突厥贵族担任都督，由他们管理突厥各部。

这次胜利，使唐太宗在西北各族中的威信大大提高。这一年，回纥等各族首领一起来到长安朝见唐太宗，拥护唐太宗为他们的共同首领，尊称他是"天可汗"。从此之后，西域和亚洲许多国家的人们来到长安，使长安成为一个国际性的大都市。

◎ 关键词：松赞干布 吐蕃 贡献 友好历史

文成公主远嫁西藏

●大昭寺内的文成公主入藏壁画

>>> 唐蕃古道

一千三百年前的进藏之路。

唐蕃古道是我国古代历史上一条非常著名的交通大道，也是唐代以来中原内地去往青海、西藏乃至尼泊尔、印度等国的必经之路。它起至陕西西安（即长安），途经甘肃、青海，至西藏拉萨（即逻些），全长三千余公里。

整个古道横贯中国西部，跨越举世闻名的世界屋脊，连通我国西南的友好邻邦，所以也有丝绸南路之称。

拓展阅读：

布达拉宫
《文成公主》谭力

平定突厥后，唐王朝在李世民的治理下，经济繁荣，政治稳定，出现万国来贺的大好局面。这时，在西藏高原上出现了一个强大的少数民族政权——吐蕃。

当时，赞普松赞干布统一了西藏各个部落，吐蕃处在国势最强大的时期。松赞干布羡慕唐朝的文化，想和唐朝建立友好关系。他数次派遣使臣前往长安访问。唐太宗也派使臣回访，双方关系越来越密切。

公元640年，松赞干布派他的大相（相当于中原王朝的宰相）禄东赞带着黄金五千两、珍宝数百件，穿过数千里的草原，到长安向唐朝皇室求婚。

传说当时到长安的有五个国家的使臣，他们都带着贵重的礼物，想要迎娶唐朝的公主。究竟该把公主嫁给谁呢？唐太宗决定出五道题，考一考这些使臣，看谁最聪明能干，就把公主嫁到那个国家。

第一道题目是要求把一根很细的丝线穿过一颗有九曲孔道的明珠。禄东赞把丝线系在一只蚂蚁的腰部，蚂蚁带着丝线爬过明珠的九曲孔道，丝线被带过来了。

第二道题目是把一百匹母马和一百匹小马驹儿放在一起，要求辨认出哪匹马驹儿是哪匹母马生的。禄东赞把母马和马驹儿分开关了一天，断绝了马驹儿的饲料和水。第二天再把它们放在一起，饿慌了的马驹儿分别奔到自己的母亲那里去吃奶。它们的母子关系也就认出来了。

禄东赞通过了一道道考试，最后一道是要从三百名美貌年轻的女子中，找出谁是文成公主。禄东赞凭他敏锐的眼力，一下就把仪态大方的公主认出来了。

这些传说可能并非事实，但却反映了吐蕃人民对唐朝友好的愿望和对完成这个使命的使者的赞美。

公元641年，二十四岁的文成公主在江夏王李道宗的护送下，从长安前往吐蕃。唐太宗为公主备了一份十分丰厚的嫁妆，金银珠宝、绫罗绸缎，还有许多吐蕃没有的谷物、果品、蔬菜的种子。另外，公主还带了大批有关医药、种树、工程技术、天文历法方面的书籍。

文成公主出嫁的消息传到吐蕃，从唐朝边境到吐蕃，一路上都有人准备好马匹、牦牛、船只、食物，接送文成公主。松赞干布亲自从逻些（今西藏拉萨）赶到柏海（今青海鄂陵湖或札陵湖）迎接，他和文成公主在那里举行了隆重的婚礼。

婚礼结束后，越过雪山高原，松赞干布和文成公主到了逻些城。公主入城的那天，逻些人民像过盛大节日一样，载歌载舞，夹道欢迎。在逻些，

●步辇图 唐 阎立本
作品以松赞干布与文成公主联姻后的历史事件为题材，描绘了唐太宗李世民接见来迎娶文成公主的吐蕃使臣禄东赞的情景。李世民端坐在宫女抬着的"步辇"上，此图即以此为名。

●松赞干布陵。

　　松赞干布按照唐朝的建筑格式，专门为公主建造了一座宫殿。

　　文成公主在吐蕃生活了四十年，对加强汉藏两族的往来和发展藏族的经济文化做出了巨大的贡献。至今，在布达拉宫里还安置有文成公主和松赞干布的塑像，藏族人民保留了二人结婚时的洞房遗址，它成为那段友好历史的见证。

●薛仁贵像

>>> 千里送鹅毛

唐朝时，云南一少数民族的首领派特使缅伯高向太宗贡献天鹅。路过沔阳河时，好心的缅伯高把天鹅从笼子里放出来洗澡。不料，天鹅飞了，缅伯高只扯得几根鹅毛。

到了长安，缅伯高献上礼物。唐太宗见精致的绸缎小包里有几根鹅毛和一首小诗。诗曰："天鹅贡唐朝，山高路途遥。沔阳河失宝，倒地哭号啕。上复圣天子，可饶缅伯高。礼轻情义重，千里送鹅毛。"得知原委后，唐太宗连声说："难能可贵！难能可贵！千里送鹅毛，礼轻情义重！"

拓展阅读：

《跨海东征》刘伯章
《薛仁贵传奇》（电视剧）

◎ 关键词：唐朝 名将 战功

薛仁贵三箭定天山

薛礼，字仁贵，著名军事家、政治家。他是唐朝名将，勇于力战、深于谋略、长于用兵，为唐前期的强盛做出了一定的贡献。

薛仁贵从小就非常聪明，习文练武，刻苦努力，练就了一身非凡的本领，尤其长于射箭。

唐贞观后期，唐太宗要发动征伐，向全国寻求猛将。薛仁贵觉得是个机会，于是就到将军张士贵处应募。一到军营，薛仁贵就显露出了他的勇猛。在一次战斗中，张士贵的一位部下被敌人围困，薛仁贵听说后，单枪匹马前去营救，提枪击斩敌将，将其首级挂在马头上。敌兵见主将已死，纷纷投降，那位被围困的将军因此得救了。从此，薛仁贵闻名三军。

公元645年，唐太宗御驾亲征，讨伐高丽。唐军前锋进抵高丽，不断击败高丽守军。高丽统帅莫离支遣将高延寿率军二十万依山驻扎，抗拒唐军。唐太宗视察地形后，命诸将率军分头进击。薛仁贵想立奇功，于是穿上异于众人的白色衣甲，手持方天戟，腰挎两张弓，冲杀于阵前。他杀开一条血路，唐军随之继进，把高丽军打得大败。站在高处观战的唐太宗全看到了，战后特地召见薛仁贵，并提升为游击将军。东征还师后，太宗又一次召见了薛仁贵，提升薛仁贵为右领军中郎将。

不久之后，唐太宗病逝，唐高宗即位。薛仁贵更受唐高宗重视，这除了和他在太宗时期所获得的战功以及名声有关外，还有另外一个小插曲。

公元654年的一天，高宗皇帝住在长安城北的万年宫。到了晚上，忽然山洪暴发，洪水从玄武门直冲到了万年宫里。卫士们见水势凶猛，各自逃命。而薛仁贵却一边大呼"大水来了"，一边指挥侍卫去营救高宗。听到喊叫，唐高宗急忙出宫跑到高处。当唐高宗回头看时，大水已经涌进了他的寝殿。躲过大难的唐高宗对薛仁贵很感激，并赠给了薛仁贵一匹御马。从此之后，高宗对薛仁贵分外看重。

高宗在位时，铁勒人和唐朝发生了矛盾。薛仁贵受命去征伐铁勒。当时，铁勒仗着自己人多势众，选了几十位骁勇善战的骑兵来向唐军挑战。薛仁贵单枪匹马前去应战，那些铁勒兵根本就没把他看在眼里。薛仁贵连发三箭，将三个人射落马下。这些铁勒人一下被薛仁贵的箭术吓呆了，全部下马投降。之后，薛仁贵又带兵讨伐其他各部，平定了天山南北。从此以后，铁勒开始衰落，不再成为唐朝的边患了。

之后，薛仁贵又转战南北，他一生征伐无数，胜多败少，这使他的威名有增无减。公元683年，薛仁贵去世，终年七十岁，朝廷封他为左骁卫大将军、幽州都督，官府还特造灵舆，护丧还归故里。

●玄奘像

>>> 玄奘西行路线

　　长安（今陕西西安）→秦
州（今甘肃天水）→兰州→
凉州（今甘肃武威）→瓜州
（今甘肃安西县东南）→玉门
关→伊吾（今新疆哈密）→
高昌（今新疆吐鲁番）→阿
耆尼国（今新疆焉耆）→屈
支国（今新疆库车）→跋逯
迦国（今新疆阿克苏）→凌
山（今天山穆苏尔岭）→大
清池（今吉尔吉斯斯坦伊塞
克湖）→素叶城（即碎叶城，
今吉尔吉斯斯坦托克马克西
南）→昭武九姓七国（都在
今乌兹别克斯坦境内）→铁
门（乌兹别克斯坦南部兹嘎
拉山口）→今阿富汗北境→
大雪山（今兴都库什山）→
今阿富汗贝格拉姆→巴基斯
坦白沙瓦城→印度

拓展阅读：

《西游记》明·吴承恩
《唐僧行贿》（山东快书）

◎ 关键词：玄奘 佛学 天竺 取经

玄奘“西天取经”

　　玄奘，原名陈祎，洛州缑氏（今河南偃师）人，是唐代著名的佛学大师、翻译家。玄奘十三岁出家，他认真研究佛学，看遍了国内的佛经资料，但仍有不少问题解决不了，于是决定到天竺（今印度半岛）去学佛经。

　　公元627年，玄奘跟随一些商人由长安出发，踏上了西行的取经之路。当时，朝廷禁止唐人出境，他在凉州边境被兵士发现，被拒出境。幸好他逃过边防关卡，向西来到玉门关附近的瓜州。

　　瓜州刺史独孤达是个虔诚的佛教徒，他对玄奘十分殷勤，还主动帮助玄奘打听去天竺的道路。一个多月后，玄奘离开瓜州奔向玉门关。

　　一天中午，玄奘来到第一座烽火台。他正在马旁喝水，突然飞来一箭，过了一会儿又是一箭。玄奘急忙报了身份。弄清了玄奘的来历，守卫烽火台的官兵都很敬佩，送他过了烽火台。到了第四座烽火台，烽官也被玄奘的精神感动，给他准备了干粮和水，让他顺利通过。

　　经过半个多月的艰苦行程，玄奘来到了高昌国（今新疆境内）。高昌王信佛，听说玄奘是大唐来的高僧，十分敬重，请他留下来讲经。玄奘不肯，坚持西行。见没法挽留，高昌王就给玄奘准备好行装，派人保护玄奘过境。

　　公元628年，玄奘来到了天竺。天竺是佛教的发源地，有很多佛教古迹。玄奘在天竺游历各地，朝拜圣迹，向高僧学经。经过这些实地考察，玄奘对佛经的理解更深入了。

　　天竺摩揭陀国有一座古老的大寺院，叫作那烂陀寺。寺里有个戒贤法师，是天竺的大学者。玄奘来到那烂陀寺，跟着戒贤法师学了十年。十年中，他在天竺到处求教，终于像戒贤一样，通晓了全部经论的奥妙。玄奘博学的声誉传遍了整个天竺。

　　公元645年，玄奘带着六百五十多部佛教书籍，经由西域，回到阔别十多年的长安。他到洛阳朝见唐太宗，介绍了旅途中的所见所闻和西域、天竺各国的风土人情。唐太宗听得津津有味，他劝玄奘还俗，帮助他治理国政。玄奘谢绝了。

　　此后，玄奘在长安定居下来，专心翻译从天竺带回来的佛经。同时，玄奘还和参加翻译佛经的辩机和尚共同编写了《大唐西域记》。现在，《大唐西域记》已经被译成许多种外国文字，成为一部世界名著。

　　公元664年，玄奘病逝。为了实现自己的理想，玄奘虽历尽千辛万苦，仍百折不挠，他的这种精神感动和激励了后人。玄奘的游历，不但在佛学上取得很大成功，而且还促进了东西方的文化交流。小说《西游记》中“唐僧西天取经”的故事家喻户晓，其中唐僧的原型就是玄奘。

◎ 关键词：才人 尼姑庵 执政 女皇帝

篡唐称帝的女皇

● 武则天像

>>> 徐敬业起兵

嗣圣元年（684年），徐敬业因事被贬为柳州司马，赴任时途经扬州，便和同被贬官南方的唐之奇、骆宾王等，一起策划起兵反对武则天。

徐敬业自称扬州司马，组织囚犯、工匠、役丁数百人，占领扬州。随即召集民众，以扶助中宗复位为号召，发布了由骆宾王起草的《讨武氏檄》。

徐敬业起兵后，武则天命左玉钤卫大将军李逸统兵镇压。十一月，徐敬业兵败，后被部下所杀。

拓展阅读：

《武则天》格非
武则天顶礼谢医（典故）

公元649年，唐太宗去世，太子李治即位，是为唐高宗。李治是个庸碌无能之人，他即位以后，一切靠他的舅父、宰相长孙无忌拿主意。后来，他立了皇后武则天，情况发生了变化。

武则天本是唐太宗的一个才人，十四岁就进宫服侍太宗。唐太宗死后，按照当时宫廷的规矩，武则天被送进了尼姑庵。

唐高宗即位两年后，把武则天从尼姑庵里接出来，封为昭仪。

回宫后，武则天以种种手段博取了高宗的欢心，成为宠妃。不久，她生了一个女孩。王皇后由于自己没有子女，常来逗这女孩玩。于是，武则天亲手扼死女儿，诬陷是王皇后所杀。高宗不顾长孙无忌、褚遂良等大臣的反对，废黜了王皇后，让武则天当了皇后。

当了皇后以后，武则天把那些反对她的老臣要么降职，要么流放，连长孙无忌也被逼自杀。

后来，高宗病重，将朝政大事交给武则天管理。

武则天掌了权，渐渐不把高宗放在眼里。高宗没了权力，感到不满，宰相上官仪便劝他废了皇后。

高宗是个没主意的人，听了上官仪的话，便请他起草诏书。

两人的谈话恰巧被武则天的心腹太监听见了，他马上报告了武则天。武则天知道后，责问高宗是怎么回事。

见了武则天，唐高宗吓得结结巴巴地说："我本来没这个意思，都是上官仪教我干的。"于是，武则天立刻下令杀了上官仪。

从那以后，唐高宗上朝，都由武则天在旁边监视；大小政事，都得由皇后点了头才算数。

公元683年，高宗病逝。武则天先后把她的两个儿子立为皇帝——中宗李显和睿宗李旦，但都不中她的意。她把中宗废了，把睿宗软禁起来，自己以太后名义临朝执政。这遭到一些大臣和宗室的反对。

不久，徐敬业在扬州起兵叛乱。武则天派出大将带领三十万大军讨伐徐敬业。徐敬业兵少势孤，抵抗了一阵就失败了。

接着，又有两个唐朝宗室——越王李贞和琅琊王李冲起兵反对武则天，也被武则天派兵镇压了。

经过这两场兵变，全国恢复了安宁，没有人再敢反对武则天。

公元690年，武则天废黜睿宗，登基称帝，改国号为"周"，自称"圣神皇帝"，这就是中国历史上唯一的女皇帝。武则天登位时已经六十七岁，因此，她也是中国历史上即位时年龄最大的帝王。

●天女 唐 莫高窟

>>> 洛阳牡丹

据说，武则天做了皇帝之后，有一年冬天在上苑饮酒赏雪。酒后，她在白绢上写了一首诗：明朝游上苑，火速报春知。花需连夜放，莫待晓风吹。她要宫女将诗拿到上苑焚烧，以报花神知晓。第二天，百花竞相开放，唯有牡丹除外。武则天大怒，她将牡丹贬出长安，迁至洛阳邙山。从此，洛阳成为牡丹之乡。

拓展阅读：

《早春夜宴》唐·武则天
《曳鼎歌》唐·武则天

◎关键词：招揽人才 科举制度 不拘一格

武则天善用人才

武则天称帝以后，一方面极力打击反对势力，另一方面招揽人才为自己所用，以巩固大周的统治。

首先，武则天改进和发展了以前选拔人才的科举制度。她在大殿亲自考试贡士，只按才能录取，不计较门第出身，从此形成了"殿试"这种制度。过去的科举只选拔有文才的人，武则天还专门开设"武举"，选拔有武艺的人。过去各州选送举人进京，总是把举人安排在向皇帝进贡的贡物后面，武则天把这种顺序改变成先送举人，后送贡物，以表示她对人才的重视。

其次，武则天还不拘一格任用人才。她以修书为名，广泛召集有文才的读书人到宫里来，让他们对朝廷政治提出意见，处理各地送来的奏章，协助宰相工作。因为这些人出入宫廷不走角门而走北门，所以称为"北门学士"。由于武则天善于选拔人才，在她当政的时期，人才济济，文武大臣并不比贞观时期少。像李昭德、苏良嗣、狄仁杰、姚崇这些武则天选拔出来的宰相，都是历史上有名的"贤相"。

同时，武则天还允许大臣直言善谏。武则天当皇帝不久，封她的侄子武承嗣做魏王，还任命他做宰相。可是，武承嗣并不满足，还想当太子做皇帝。大臣李昭德看到武承嗣野心勃勃，就对武则天说："魏王权势太重，很危险。"武则天说："他是我的侄子，怕什么？"李昭德说："侄子跟姑妈再亲，也没有儿子跟父亲亲。儿子还有杀父篡位的，何况侄子呢！承嗣是亲王，又是宰相，权力和皇帝差不多。这样下去，恐怕陛下的皇位就不安稳了。"武则天听了恍然大悟，说："我没有想到这一点。"她立即下诏，免去武承嗣宰相的职务，任命李昭德做宰相。

得意忘形的武承嗣忽然接到罢免他宰相职务的诏书，就像晴天一声霹雳。当他知道这是李昭德的主意，咬牙切齿地发誓非要罢免李昭德的官职不可。一天，他进宫去见武则天，说："陛下免了我的宰相职务，我十分感谢。但是李昭德结党营私，别有所图，陛下如果重用他，后果将不堪设想。"武则天知道这是他的诬陷之辞，不仅不听，反而板着面孔说："我任用李昭德，才能睡好觉。你怎能如此诬告他！"碰了一鼻子灰的武承嗣，只好快快地退出来。

在武则天统治期间，每年吸收的新官员约占官员总数的十分之一。经武则天操持经营了几十年，周朝在人事上已经形成了一个新的官僚集团。这一集团一方面发挥了巩固国家统一、保持社会安定的作用，另一方面也为之后的"开元之治"储备了大量人才。

●慧能肉身像

>>> 禅宗六祖

初祖菩提达摩大师
二祖慧可大祖禅师
三祖僧璨鉴智禅师
四祖道信大医禅师
五祖弘忍大满禅师
六祖慧能大鉴禅师

拓展阅读：

菩提树
《木棉袈裟》徐小明
《中国禅宗通史》杜继文

◎ 关键词：禅宗 开山祖师 万法皆空 僧人

禅宗六祖慧能

慧能也作惠能，俗姓卢，新州（治所在今广东新兴县）人。他是中国禅宗的开山祖师，也是真正的中国佛教的始祖。

慧能三岁就死了父亲，家境贫寒，靠卖柴供养母亲。他不识字，没文化，但资质聪颖。有一天卖柴，听人读《金刚经》，不觉心有所悟，后得知弘忍法师正在黄梅东山大开法门，心中不胜羡慕，于是决心学佛。

公元661年的一天，慧能来到黄梅东山寻见五祖弘忍大师。

弘忍问他："你是从何而来？来此做什么？"

慧能答道："弟子是岭南人氏，新州百姓。老远来拜师求佛。"

弘忍随口说："你是岭南未开化的蛮人，哪里能成佛！"慧能回答："人有南北之分，佛性并无南北之分。"

五祖看出慧能有根器，但左右弟子众多，于是安排他随众劳动，在碓房舂米。慧能在碓房舂米，听到讲堂中弘忍升座说法，他便竖起耳朵仔细听，默默地思考其中的微言大义，慢慢地有所领悟。

一天，弘忍唤弟子各作偈，若悟大意，将选为继承人，做第六代祖。大弟子神秀做了一首偈语：

身是菩提树，心如明镜台。时时勤拂拭，莫使有尘埃。

此偈一出，所有弟子都称妙，谁也不敢再写偈。身在碓房的慧能听到神秀所作谒，觉得此偈未见本性，他也作一偈，请人写在壁上。其偈曰：

菩提本无树，明镜亦非台。本来无一物，何处有尘埃！

慧能所作谒，与佛教大乘空宗一切皆空、万法皆空的宗旨最契合，故而胜神秀一筹。众弟子见了，大为惊叹。

弘忍知慧能已经真正把握了求佛的精义，有心将衣钵传给他，又怕人忌妒他，便故意不动声色。当晚三更，他暗唤慧能入室，对他讲经授法，并告诫慧能，他现在的身份地位，非比寻常，人心不服，就会有生命危险，当即送他离开东山，返回南方。

慧能逃到韶关曹溪，被恶人追逐，于是避难于猎人队中，过了十五年的隐居生活。直到公元676年，慧能才又公开露面，并来到南海（今广州附近）印宗法师门下听法。

一天，风扬起寺庙的旗幡。于是印宗问众人，你们觉得是风在动还是幡在动呢？众人意见不一，议论纷纷。有的说是旗幡在动，有的说不是幡动，是风自己动。慧能忽然从座上站起来，高声说："法师！不是风动，也不是幡动，只是众人的心在动。"

此言一出，众人大惊。印宗马上知道自己佛法修养不如慧能，转向慧能请教，才知慧能就是佛法的衣钵所在。不久，印宗亲自领着众徒来到慧能住处，为慧能剃发受戒。这样，慧能正式出家成为一名僧人。

后来，慧能来到韶关曹溪，扩建寺院，广收徒众，传法数十年，名声大振，学徒达到十万之众。

慧能主张佛性人人皆有，创顿悟成佛说。他一方面使烦琐的佛教简易

●佛说法图 唐 壁画
●十一面观音像 唐 壁画
●文殊惊变 唐 壁画
●顶礼佛陀 唐 壁画

化，另一方面使印度传入的佛教中国化，开创了中国佛教前所未有的崭新局面。慧能开创的这一教派，就是日后长盛不衰的中国禅宗。

●武则天墓前的无字碑

>>> 武则天无字碑

武则天无字碑和高宗碑并列在一处，矗立于乾陵朱雀门外。与颂扬高宗文治武功的"述圣碑"比肩而立，却未刻一字，可谓"千古之谜"。

说法有四：一、武则天德高望重，无法可书。二、她自知罪孽太大，无颜为自己立传。三、武则天一生聪颖机警，常做惊人之举，立无字之碑，意在千秋功罪，让后人评说。四、武则天君临天下，不可一世，与唐高宗合葬在一起，无法称呼。

拓展阅读：

《罗织经》来俊臣
《中外酷刑大观》黄仁

◎ 关键词：刽子手 酷刑 酷吏

请君入瓮

公元690年，武则天废唐睿宗，自己做皇帝，建立了周朝。篡夺了李家天下后，武则天为了巩固自己的政权，镇压反对她的人，她大开告密之门，网罗了一批心狠手毒、残忍无道的刽子手。其中两个最为狠毒，一个叫周兴，一个叫来俊臣。他们利用惨无人道的刑法，杀害了许多正直的官吏和百姓。

周兴、来俊臣所使用的刑罚是十分残酷的。种种酷刑简直残忍到了极点。每当审问犯人的时候，不等上刑，犯人看到摆在面前的刑具就已吓得魂飞魄散，宁可承认一切罪名，求得快死。

这些做法弄得朝廷上下人人自危，人们都害怕和憎恨周兴、来俊臣，把他们比作虎狼，称他们为"酷吏"。

大臣狄仁杰劝告武则天小心有人离间君臣关系，可是武则天不听劝告。告密的风气越来越盛，连她的亲信、掌管禁军的大将军丘神勣，也被人告发谋反，被武则天下令杀了。

酷吏的横行引起了人们越来越大的不满，武则天看到群情激愤，对她的统治很不利，就想杀几个酷吏缓和一下矛盾。正好有人告发周兴和犯罪被杀的丘神勣有牵连，武则天就让来俊臣去审问周兴。

一天，来俊臣派人请周兴来吃饭。席间，来俊臣对周兴说："最近我审讯犯人，种种刑具都用过了，犯人就是不肯招供，不知老兄有什么好办法没有？"周兴说："这是一件很容易的事，用一只大瓮（即大坛子），四面架起炭火烧，烧到内外发烫，把不肯认罪的囚犯放入瓮中，什么样的囚犯都得老实招供。"

于是，来俊臣马上叫人搬来一只大瓮，四周烧起炭火，然后对周兴说道："有人告发你参与谋反，皇上命我审讯你，请君入瓮吧。"周兴听了，惊恐万状，当场叩头认罪。

按规定，周兴应被判死刑，但武则天却改成流刑。人们恨透了周兴，在流放的路上就把他杀死了。

周兴的下场并没有使来俊臣收敛些，他的野心反而越来越大。他想诬告武承嗣、武三思和武则天的女儿太平公主。武承嗣等人知道来俊臣手段毒辣，于是先发制人，把来俊臣抓了起来。武则天本想赦免他，无奈许多大臣纷纷上书，要求处死来俊臣。武则天只得下令把他处死。

武则天主政初期，任用酷吏，大兴告密之风，目的是为了消灭反对派，巩固自己的统治。但是，她的这一行径使许多大臣和成千上万无辜的百姓遭到杀害，成为后世史家攻击她的史证。

◎ 关键词：武则天 重视人才 推荐 国老

狄仁杰桃李满门

●狄仁杰像

>>> 狄仁杰的诗

宸晖降望金舆转，
仙路峥嵘碧涧幽。
羽仗遥临鸾鹤驾，
帷宫直坐凤麟洲。
飞泉洒液恒疑雨，
密树含凉镇似秋。
老臣预陪悬圃宴，
馀年方共赤松游。
敷政术，守清勤。
升显位，励相臣。

此诗题为《奉和圣制夏日游石淙山》，是狄仁杰所作。狄仁杰才华横溢，聪慧异常。阎立本曾称之为"河曲之明珠，东南之遗宝"。后世人因他办事公平，执法严明，将他塑造成一个中国的"福尔摩斯"形象。

拓展阅读：

《新唐书·狄仁杰传》
宋·欧阳修
《制袍字赐狄仁杰》
唐·武则天

武则天执政时期，比较重视人才。她只要发现谁有才能，就大胆任用。所以，在她的手下，涌现出一批有才能的大臣。其中最有名的是宰相狄仁杰。

狄仁杰，字怀英，是一位杰出的政治家。他当豫州刺史时，办事公平，执法严明，受到当地百姓的称赞。武则天听说他有才能，就把他调到京城当宰相。

在狄仁杰当宰相之前，有个将军娄师德，曾经在武则天面前竭力推荐他，但是狄仁杰并不知道这件事。狄仁杰认为娄师德不过是普通武将，不大瞧得起他。

有一次，武则天故意问狄仁杰："你看娄师德这人怎么样？"

狄仁杰说："娄师德作为将军，能小心谨慎守卫边境，还不错。至于有什么才能，我就不知道了。"

武则天说："你看娄师德是不是能发现人才？"

狄仁杰说："我跟他一起工作过，没听说过他能发现人才。"

武则天微笑说："我能发现你，就是娄师德推荐的啊。"

狄仁杰听了十分感动，觉得娄师德为人厚道，自己不如他。后来，狄仁杰也努力物色人才，随时向武则天推荐。

一天，武则天问狄仁杰："我想物色一个人才，你看谁行？"

狄仁杰问："不知陛下要的是什么样的人才？"

武则天说："我想要个能当宰相的。"

狄仁杰早就知道荆州地方有个官员叫张柬之，年纪虽然老了一些，但办事干练，是个宰相的人选，就向武则天推荐了。听了狄仁杰的推荐，武则天于是提拔张柬之担任洛州（治所在洛阳）司马。

过了几天，狄仁杰上朝，武则天再次向他提起推荐人才的事情。狄仁杰说："上次我推荐的张柬之，陛下还没起用呢！"

武则天说："我不是已经把他任用了吗？"

狄仁杰说："我向陛下推荐的是一个宰相的人选，不是让他当司马的啊。"武则天这才把张柬之提拔为侍郎，后来又任命他为宰相。

像张柬之这样的，狄仁杰前前后后一共推荐了几十个人，他们后来都成为当时有名的大臣。这些大臣都十分敬佩狄仁杰，把狄仁杰看作他们的老前辈。有人对狄仁杰说："天下桃李，都出在狄公的门下了。"

武则天很敬重狄仁杰，把他称作"国老"。他多次要求告老，武则天总是不准。公元700年，狄仁杰病逝，享年九十三岁。武则天十分悲痛，她流着眼泪说："朝堂空矣！"

●唐代贵妇像

>>> 张说舍婢得救

张说很喜欢的一个书生，私通他最宠爱的侍婢。张说知道后很生气，准备送他到京兆尹去接受审问判罪。书生大声说他也会遇到难处。张说听了很惊异，于是放过他，并把侍女送给了他。

书生离开之后，杳无音信。有一天，他突然出现在张说面前，说张说被姚相国陷害，大难临头。然后，他从张说最喜欢的宝物中，挑选一件夜明帘，让张说连夜赶到九公主府邸，将夜明帘献给九公主，请她向皇上求情。张说因此得救。

拓展阅读：

《江南意》唐·张说
《蜀道后期》唐·张说
张说计保"龙种"

◎ 关键词：张说 伪证 流放 称赞

不做伪证的张说

武则天晚年宠幸两个男宠：一个叫张昌宗，一个叫张易之。这两个人权势很大，满朝文武官员都很惧怕"二张"。可是宰相魏元忠却不把他们放在眼里。

在周兴、来俊臣得势的时候，魏元忠曾三次被诬陷遭到流放，有一次差点被处死，但是他始终没有屈服过。后来他担任洛州刺史时，张易之的仆人在洛阳大街上仗势闹事，欺压百姓。洛阳官员因为他是张府里的人，不敢奈何他。这件事传到魏元忠那里，魏元忠把那个仆人抓了起来，挨了一顿板子就死了。

武则天想把张易之的弟弟张昌期任命为长史，一些大臣迎合武则天的意思，都称赞张昌期能干。已身为宰相的魏元忠却说张昌期年轻不懂事，干不了这样的大事。这件事就只好搁了下来。

为了这些事，张昌宗、张易之两人把魏元忠恨得要死，千方百计想把魏元忠除掉。他们在武则天面前诬告魏元忠，说魏元忠在背后议论：圣神皇帝老了，不如跟太子靠得住。

武则天听了大怒，于是把魏元忠打进了监牢，准备亲自审讯，并且要张昌宗他们两人当面揭发。

张昌宗怕辩不过魏元忠，就偷偷地去找魏元忠部下官员张说，要张说做伪证，并且说，只要张说答应，将来就提拔他。

第二天，武则天召集了太子和宰相，让张昌宗和魏元忠当面对质。两人争论了半天，却毫无结果。张昌宗说："张说亲耳听到魏元忠说过这些话，可以找他来做证。"

武则天听后，立刻传令张说进宫。跟张说一起的官员听说要他上朝做证，知道发生了什么事，一个官员宋璟对张说说："一个人的名誉是最可贵的。千万不要为了保全自己，去附和奸臣，陷害好人啊！"

张说明知魏元忠冤枉，但是又害怕"二张"的权势，然而听了宋璟的一番话，终于拿定了主意。

张说进了朝堂。武则天问他："你听到魏元忠诽谤朝廷的话了吗？"

张说向武则天说："我没听魏元忠说过反对陛下的话，只是张昌宗逼我做伪证罢了。"

一见张说变了卦，张昌宗气急败坏地叫了起来："张说这小子是魏元忠的同谋。"

武则天是个聪明人，听了张说的答话，知道魏元忠的确冤枉，但是她又要给张昌宗他们一个台阶下，就命令侍从把张说抓起来。

后来，武则天没有抓到魏元忠谋反的证据，但还是撤了魏元忠的宰相职务，并把张说判了流放罪。张说虽然得罪了朝廷，但却保全了自己的名节，受到后人的称赞。

◎ 关键词：张易之　张昌宗　张柬之

八十老相巧除奸

● 国王求法 唐 莫高窟

>>> 中宗复辟

公元704年，武后年逾八十，体力衰弱，移居长生殿养病，数月不能临朝，只有张易之、张昌宗兄弟随侍左右。此时，张柬之、桓彦范、敬晖等心怀唐室的朝臣开始密谋政变。

神龙元年（705年）正月，政变开始，张柬之等率左右羽林军五百余人，控制玄武门，拥太子（中宗），斩张易之、张昌宗兄弟，武后见事势如此，于是正令传位太子，中宗复位。这一次唐中宗复辟的政变是以张柬之等五个人为中心，所以又称为"五人之谋"。

拓展阅读：

《四相诗·中书令汉阳王张柬之》
唐·皇甫澈
《杂曲歌辞·东飞伯劳歌》
唐·张柬之

张易之、张昌宗兄弟得到武则天的宠幸，并以武则天为靠山，贪赃枉法，凌驾于群臣之上。因武则天对"二张"的袒护，群臣都无可奈何。

武则天宠幸张易之、张昌宗胜过自己的骨肉子孙。她的儿子李显，虽然贵为太子，却被幽禁东宫，无法参与朝政。李显软弱无能，十分惧怕武则天。有一次，李显两个未成年的子女私下议论张易之、张昌宗，不料被武则天知道了，追问李显，李显竟吓得回东宫后让自己的两个子女服毒自尽。

公元705年，武则天病重期间，她只让张易之、张昌宗兄弟在她身边，把一切国事统统交给"二张"处理，不许大臣近前。大臣们担心"二张"擅权篡位，焦急地筹划对策。年已八十岁的宰相张柬之决心出面组织策划铲除"二张"。

首先，他将守卫皇宫的羽林军收为己有，并联络了武将，然后再联络朝中一批正直的大臣，商议计策，但谁也不敢担"犯上"之名。于是决定逼太子出面，以太子的名义号召宫廷内外。

约定的时间到了，张柬之和武将们率领五百多名羽林军来到宫廷外的玄武门，并派李多祚等人到东宫去迎接太子。太子李显想到他的几个兄弟因反对武则天而被杀掉，吓得六神无主，不敢决断。李多祚等人再三催请，并痛切陈述利害：如果再延误时机，就来不及了，事已至此，倘若失败，不仅断送了祖宗的基业，而且太子和群臣的身家性命都难保，后果不堪设想。

于是，万般无奈之下太子随同李多祚等人来到玄武门，在张柬之的带领下，径直闯入武则天的寝宫。张易之和张昌宗见张柬之进来，正欲发难，士兵冲上去把"二张"砍死，武则天在内听到响声，正欲起身，张柬之进前奏报："张易之和张宗昌谋反，我等奉太子之命，已将逆贼杀死。"武则天轰的一下晕了过去。等到她醒来，追问太子李显："这件事是你指使的吗？"李显点头承认。武则天虽然痛恨杀"二张"的大臣们，但由于是秉承太子的意旨干的，也就无法降罪于大臣。大臣们乘机上言，劝谏武则天将皇位传给太子。日益病重的武则天只得同意。不久，太子李显即帝位，就是唐中宗。

随后，张柬之等人借太子皇权的力量，迅速消灭了张易之、张昌宗的党羽，稳定了局势。可惜唐中宗复位以后，让他的妻子韦后掌握政权，韦后与武氏家族勾结，诬毁张柬之并将他罢官。自此，唐朝政权又开始出现混乱不堪的局面。

●唐玄宗像

>>> 上官婉儿

　　唐高宗时宰相上官仪孙女。麟德元年（664年），上官仪因替高宗起草废武则天的诏书，被武后所杀。

　　上官婉儿曾被武则天召见宫中，当场命题，让其依题著文。上官婉儿文不加点，须臾而成，且文意通畅，辞藻华丽，武则天看后大悦。上官婉儿精心伺奉，曲意迎合，甚得武则天欢心。虽没丞相之名，但有丞相之实，武则天甚至一度要把她立为女皇。后被李隆基所杀，成为皇权争斗的牺牲品。

拓展阅读：

唐睿宗"三让天下"
《上官婉儿》赵玫

◎ 关键词：皇后韦氏 专权乱政 唐玄宗

韦后专权乱政

　　公元705年，唐中宗李显软弱，其皇后韦氏成为唐代继武则天之后的又一个专权乱政的皇后。

　　唐中宗遭武则天废黜放逐到房州时，只有韦氏陪着他，与他一起承担着人世间的苦难。每当听说武则天派使臣来了，唐中宗就吓得想自杀。这时，总是韦氏安慰他说："祸福无常，不一定是赐死，何必这样惧怕呢？"多亏有韦氏的相濡以沫，唐中宗才活了下来，所以他和韦后的感情特别好。他曾经对韦氏发誓："如果有朝一日重新登位，一定满足你的一切愿望。"中宗当时这么说了，后来也这么做了。

　　中宗复位后，每临朝议政，韦氏便坐在帷幕之后，参与处理朝廷大事，中宗实践了昔日的诺言。

　　此时，武则天虽然死了，她的亲信武三思却仍然很有势力。后来，韦后把最宠爱的小女儿安乐公主嫁给了武三思的儿子武崇训，两家成为儿女亲家，关系十分密切。时间一长，武三思和韦后就勾结在一起。唐中宗见韦后如此信任武三思，自己遇到什么重大的事情，也找武三思商量，并听从韦后的意见，任命武三思当了宰相。依靠韦后，武三思比武则天当权的时候还要威风。

　　拥戴中宗复位的大臣张柬之劝唐中宗除掉武三思，削弱武氏的权力。可是，这时的武三思已经深得唐中宗的信任。武三思知道了张柬之想要加害于他，就通过韦后向中宗诬陷张柬之等功臣，说他们"恃功专权，图谋不轨"。昏庸的唐中宗信以为真，将张柬之等一一罢免。从此，武三思权倾人主，独揽朝纲，一批趋炎附势的官僚聚集在他门下。

　　同时，安乐公主也野心勃勃，一心想做第二个武则天。因她长得聪明又漂亮，因此中宗和韦后格外宠爱她，一些趋炎附势的官员对她也百般巴结。在宫中，安乐公主飞扬跋扈，为所欲为。

　　唐中宗的太子李重俊不是韦后所生，所以韦后一心想要废黜他；同时，安乐公主也要中宗废了太子，改立自己为皇太女。韦后的排斥、安乐公主的欺侮和武三思的戏弄，终于使太子李重俊忍无可忍。于是，他带领三百骑羽林军，冲入德静王府杀死武三思，又攻入公主府杀了驸马武崇训，最后勒兵闯入宫中找安乐公主，却不幸在玄武门前被皇宫御林军砍杀而亡。

　　安乐公主在武崇训死后，又改嫁给武承嗣之子武延秀，并且仍然像以前那样横行霸道，后来连宰相也出自她的门下，中书令宗楚客便是其中的一个。

　　公元710年，有个叫郎岌的老百姓给皇帝上书，说韦后和宗楚客将为逆乱，结果被韦后杖毙。后来，许州司马参军燕钦融给中宗上表，说："皇后淫乱，干预国政。而安乐公主、武延秀、宗楚客等人，也图谋危害宗庙社稷。"中宗心有疑虑，于是把燕钦融召来当面询问。燕钦融慷慨直言，把韦后、安乐公主他们的丑事和不法勾当和盘讲出。中宗听了默然不语。在一旁的宗楚客看出皇帝已经生了疑心，就和安乐公主、韦后一起密谋，把掺了毒药的三酥饼给中宗吃，将唐中宗毒死在神龙殿上。

　　唐中宗死后，韦后秘不发丧，并召集韦家子弟和她的亲信带兵五万人守卫京城，准备登基称帝。没料到，被她陷害罢了官的李隆基（唐睿宗的第三个儿子）早已料到韦后会篡夺皇位。为了保住唐室江山，李隆基在长安的羽林军中结交了一批猛将，等待着时机。得知唐中宗被害的消息，李

●捣练图 唐 张萱

隆基立即带领羽林军攻入宫中，杀了韦皇后和安乐公主，推翻了韦氏和武氏集团，把韦氏家族和武氏家族的人差不多都杀光了。

　　李隆基借助其皇姑太平公主的力量，将父亲李旦重新扶上皇位。公元712年，唐睿宗李旦将皇位传于李隆基，这就是历史上有名的唐玄宗。

盛唐气象——隋唐五代

◎ 关键词：开元之治 音乐舞蹈 唐诗 盛唐

唐玄宗开元之治

●唐代诗人王维

边塞诗派是盛唐诗歌流派之一，代表诗人为高适、岑参、王昌龄、王之涣等。

盛唐时，边塞战争频繁，对当时的生活影响较大，因此也成为很多诗人歌咏的题材。边塞诗人的作品气势奔放，慷慨激昂，给人一种奋发向上的力量。

边塞诗人深入表现边塞生活，不论从开拓诗歌的表现题材，还是艺术上的创新方面，都取得很大的成就。

拓展阅读：

《开元遗事》唐·无名士
《别董大》唐·高适

公元710年，唐中宗被害，唐睿宗的儿子李隆基起兵杀了韦后，拥戴睿宗复位。公元712年8月，睿宗传位于李隆基，这就是唐玄宗。唐玄宗即位后不久，太平公主欲发动政变夺取皇位，他又铲除了太平公主及其党羽。武后以来后宫专政的历史至此宣告结束，唐朝政治进入稳定发展的时期。继位后的第二年，唐玄宗改年号为"开元"，开元时期（713—741年）唐朝达到了极盛的顶点，"开元之治"堪与"贞观之治"相媲美。

开元时期，政治稳定，社会经济得到了很大的发展。唐玄宗注重兴修水利，发展农业生产。公元714年，他命戴谦开掘山西文水县东北五十里的甘泉渠、二十五里处的荡河渠、二十里处的灵长渠及千亩渠，均引文谷水灌溉田亩千余顷。公元716年在河北蓟县北二十里开掘渠河塘，在蓟西北六十里处开掘孤山陂，灌溉田地三千余顷。兴修的这些农田水利，可以抵抗旱灾，使粮食产量大大提高。

连年征战，使得各地出现了很多荒田荒地，唐玄宗下令将这些田地分给流民耕种，并以免征五年赋税的优惠政策刺激农业生产的发展。玄宗采取的这些农业生产措施，使全国农业生产一度出现繁荣的景象。

经济的稳固发展促进了社会物质财富的增加，封建经济出现了空前的繁荣景象。开元时期，每年的粮食收入达1980多万斛，绢740万匹，布1035万端（五丈为一端），钱200多万缗（一千文为一缗）。在西京长安和东京洛阳每斗米只需20文，面粉3文，绢一匹只需210文。产量丰富、物价低廉的粮食布帛促进了商业的繁荣昌盛。那时，商旅往来十分安全，出现了"夜不闭户，道不拾遗"的太平景象。到公元737年，全国有民户7861236户，人口45431265人，比唐朝初年人口增加一倍半以上。

不断增加的社会财富使得大唐国力空前强盛。在外族接邻地区，唐玄宗加强军事部署，实行屯田制，军队平时生产，战时上阵。唐玄宗还在一些地方设立节度使，如朔方、河西、河东等十镇节度使。他们各统数州，掌握兵马大权，使唐朝兵威，远震塞外。从此，唐朝外患渐平，人民安居乐业。

在这一期间，文化事业也得到了很大的发展。唐玄宗本人就是一位多才多艺的帝王，对当时文化艺术氛围的形成具有很大的影响，特别是在音乐舞蹈领域。这一时期的诗歌达到了极高的水平，出现了很多著名的诗人，如李白、杜甫、高适、王维等，他们的诗歌全面深刻地反映了这一时代。

●杨贵妃上马图 元 钱选

>>> 贵妃醉酒

《贵妃醉酒》是一出著名的京戏，历来被公推为中国传统戏曲之一。

一天傍晚，皇宫院内凉风习习，皓月当空。唐玄宗与杨贵妃本来相约在百花亭品酒赏花，届时玄宗却没有赴约，而是移驾到西宫与梅妃共度良宵。杨贵妃只好在花前月下闷闷独饮，边饮边舞边埋怨，万般春情，难自排遣，加以酒入愁肠，立时便醉。一时春情萌动不能自持，面对高力士等一干太监宫女，竟至忘乎所以，最后直至倦极才怏怏回宫。

拓展阅读：

《长恨歌》唐·白居易
《过华清宫绝句》唐·杜牧

◎ 关键词：盛世明君 出家 恩爱

唐明皇与杨贵妃

在中国帝王史上，唐玄宗李隆基被誉为一代盛世明君。然而，开创了开元盛世之后，他逐渐沉溺于享乐之中，听信谗言，罢黜忠臣，并夺占儿媳杨氏为妃。

公元737年12月7日，唐明皇李隆基最宠爱的武惠妃病死了。从此，李隆基如同丧魂失魄，日夜寝食不安。三个月以后，唐玄宗过生日，妃嫔、儿女和文武大臣们都来给他拜寿。行礼一批一批地进行，唐玄宗心情郁闷，只是勉强应付着。轮到儿女来向他贺节时，他忽然眼前一亮。原来，第十八个儿子寿王李瑁身边一个妃子装束的女子引起了他的注意。只见这女子面颊白里透红，明眸皓齿，婷婷秀发，如仙女一般。唐玄宗问身边的高力士："李瑁身边那个女子，是寿王妃吗？"高力士回答说："是的。她叫杨玉环，十七岁入寿王府，今年二十二岁。"

回到宫中，皇帝神不守舍，一心想着杨玉环。尽管这个女人是儿媳，但唐玄宗还是想把她改收为自己的妃子。

高力士看出了李隆基的心思，他给皇帝出了个主意。他说："如果直接把王妃宣进宫来，可能会遭人议论，不如表面上让杨玉环到庵里当道士，暗中接到宫里来。"唐玄宗让高力士去动员杨玉环"出家"，于是，杨玉环去万寿庵（太真观）出家，取号太真。"出家"的第六天，杨玉环便被接到骊山温泉同唐明皇李隆基相会。从此，两人每天形影不离。

公元745年，李隆基公开宣布册立女道士杨玉环为贵妃。从此，没有名分的杨玉环，终于正了名。

七月七日是牛郎织女相会的日子，是中国的情人节。晚上，唐明皇和杨贵妃来到了长生殿，共同享受牛郎织女的相会。望着夜空中璀璨的星河，看着银河两岸渐渐靠拢的牛郎、织女星座，唐明皇和杨贵妃双双不知不觉地跪到地上，对天盟誓道："在天愿做比翼鸟，在地愿为连理枝。"

公元755年，藩镇节度使安禄山在东北起兵，发动叛乱。第二年，潼关失守，唐明皇逃往四川。逃到马嵬坡时，军队发生哗变，唐玄宗被迫将杨贵妃赐死。最后，唐玄宗逃到成都避难，太子李亨逃到朔方（治灵州，今宁夏灵武西南）即帝位，唐玄宗为太上皇。

虽然李隆基和杨贵妃的爱情故事至此画上了句号。但他们生离死别、缠绵悱恻的点点滴滴，却引起了历代文人墨客们无穷的遐想和追思。

●姚崇像

>>> 一羹千命

唐宰相李林甫未显达时，有相士说他有三十年太平宰相的洪福。

不久事败，李林甫责怪相士。相士笑着答："公确有三十年宰相的福报，但自己不知珍惜，太浪费了！公任宰相时，广搜珍宝，纵情声色，常喜吃鸭舌汤，一羹有千命！相公早已超过三十年宰相应享之福，汝却责我所说不验！？譬若有人，将可用一月之资费，挥霍于一日，所剩二十九天理当受饥寒，此乃理所当然，怎能怨天尤人！"

拓展阅读：
《中国历代奸相丛书》
　　大众文艺出版社
弄獐宰相（典故）

◎ 关键词：宰相 口蜜腹剑 欺上瞒下 衰败

李林甫口蜜腹剑

唐玄宗统治后期，听信谗言，罢黜忠臣，使一个口蜜腹剑、毫无为政能力的小人攀上宰相之位，这个人就是李林甫。

李林甫凭着巴结奉承、献媚取宠得到了皇帝的信任，凭着他的口蜜腹剑陷害了一个个大臣，维护了自己宰相的权位。然而，他这个人其实胸无点墨，每次和同僚们一起议政时，他像个呆子，一句话都说不出来。

有一次，李隆基跟李林甫谈到了一个官员严挺之，李隆基说："严挺之在哪里？我听说他是个将相之才，应该委以重用。"李林甫说："既然陛下想念他，我去打听一下。"

退了朝，李林甫连忙把严挺之的弟弟找来，说："皇上很欣赏你哥哥的才华，为什么不让他假说患了风寒，向皇上请求回京城医疗，这样就有机会得到重用了。"

接到弟弟的信，严挺之真的上了一道奏章，请求回京城看病。李林甫拿着奏章去见唐玄宗，说："真是可惜，现在严挺之得了重病，不能干大事了。"结果，玄宗便下令让严挺之待在洛阳养病。

李林甫惯用的伎俩就是两面三刀、暗中作恶，使受陷害的人一无所知。

那时，有一位副宰相叫李适之，他是唐太宗大儿子李承乾的孙子，很有才干，受到玄宗信赖。但李林甫却很妒忌他，想方设法加以陷害。

有一天，李适之刚入朝，李林甫就派人告诉他：有人发现华山下面有金矿，您赶快报告皇上，他一定会很高兴。这是件好事，李适之于是向皇上奏报了。玄宗听了，果然很高兴，过后又告诉了李林甫。李林甫说自己早已知情，但因此地是龙脉所在，不能开采，所以没有上奏。

唐玄宗听了李林甫的话，深感他一片忠心，于是下令："今后凡有事上奏一定要与李林甫商议，不得轻率从事。"从此玄宗开始疏远李适之，更加宠信李林甫了。

就这样，李林甫欺上瞒下、嫉贤妒能，他还采用请客送礼等手段，广泛结交各个妃子、宦官，在玄宗周围形成了一个庞大的监听网，以掌握玄宗的一举一动、一言一行，达到自己的下一步目的。

李林甫当政的十九年，有才能的正直大臣全都遭到排斥。朝廷内奸臣当道，小人飞扬跋扈，这造成社会的黑暗与腐败，使唐朝的政治开始从兴旺转向衰败，"开元之治"的繁荣景象消失，不久之后便发生了天宝末年的安史之乱。

●欢迎鉴真东渡成功图

>>> 千年古刹大明寺

千年古刹大明寺，雄踞在蜀古城扬州北郊冈中峰之上。

大明寺因初建于南朝刘宋孝武帝大明年间而得名，拥有一千五百余年的历史。

大明寺及其附属建筑，因其集佛教庙宇、文物古迹和园林风光于一体而历代享有盛名，文化底蕴十分丰厚，历朝历代不乏丽辞华章，名僧辈出，其中唐代律学大师鉴真最为著名。可谓是一处历史文化内涵十分丰富的民族文化宝藏，因"淮东第一观"而名闻天下。

拓展阅读：

鉴真素宴
《鉴真登岸》（群雕）

◎关键词：虔诚 佛教 东渡 唐招提寺

鉴真六次东渡

唐朝是中国历史上一个统一的大国，那时政局稳定，经济繁荣，文化发达，外交往来十分频繁。唐朝与日本的往来最为密切。从公元630年到公元894年，日本派出遣唐使共十四次，唐朝也有许多学者到日本去，其中最著名的是鉴真。

鉴真，扬州江阳（今江苏扬州）人，俗姓淳于，鉴真是他出家后的法号。他生在公元688年，父亲是个商人，是个非常虔诚的佛教徒。鉴真受父亲影响，从小对佛教就有浓厚的兴趣，十四岁那年就出家当了和尚。

后来，鉴真在长安的一座佛寺里受了具足戒。经过佛寺里著名师父的指导，鉴真的佛学知识越来越丰富。由于他渊博的学识和高尚的品德，四十五岁时，他已经成为名扬四方的高僧，由他受戒的门徒达四万多人。

当时，日本在中国的影响下，也大力提倡佛教。他们仿照唐朝修建佛寺，日本政府还派荣睿和普照两位年轻的僧徒到中国学习佛学，并打算聘请中国的高僧去日本传授戒律。他们在洛阳、长安学习佛法，当听说鉴真是一位德高望重的高僧，就想请鉴真到日本去。鉴真同意了。但是，正当他们要开船远航时，浙江一带发生了海盗事件，官府没收了他们的船只，这次东渡没能成行。此后，鉴真又进行了三次东渡，都以失败告终。

公元748年，鉴真已六十一岁，但他仍准备进行第五次东渡。船从扬州出发，行至舟山群岛附近，突遭风暴，船只失去控制，漂到了海南岛的延德郡。

第五次东渡失败。返回的途中，荣睿病死，鉴真也因为劳累过度造成双目失明。回到扬州，他没有气馁，仍然在准备下一次的东渡。

公元753年，双目失明的鉴真决定乘坐日本遣唐使船出海。尽管在航程中遇到了狂风暴雨，但历经多日搏击，他们终于抵达日本九州岛。

从公元742年到公元753年，历经十三年，鉴真和尚前后六次东渡日本，虽屡遭磨难，但终于东渡成功。到达日本国时，鉴真已经六十六岁了。

公元754年2月，鉴真到达日本首都奈良，受到了热情接待，被迎进日本著名寺院东大寺。鉴真的到来，轰动了日本各界，他们从早到晚前来拜谒慰问。公元755年，戒坛院建成，天皇把全国传授戒律的大权托付给鉴真。随后，鉴真在奈良创立唐招提寺，广收僧徒，传布律宗，兴隆佛法，最终成为日本佛教律宗的一代宗师。

在日本的十年间，鉴真除了宣传佛学外，还把中国的医学、建筑、绘画、雕塑等知识带到了日本，为中日两国的友谊和两国科技文化的交流做出了杰出的贡献。公元763年，七十六岁的鉴真在奈良病逝，日本友人将他葬在唐招提寺，并世世代代纪念他。

● "诗仙"李白

>>> **磨杵成针**

传说李白小时不爱学习，很贪玩。一天，他逃学到小溪边，看见一位老婆婆手里拿着根铁杵（铁棍），在一块大石头上磨。

李白问老婆婆在做什么，老婆婆说她在给女儿磨绣花针。李白问道："这么粗的铁杵，什么时候才能磨成绣花针呢？"老婆婆说："只要功夫深，铁杵磨成针。"

李白听后很有感触，回家刻苦用功，终于成为唐代大诗人。"磨杵成针"比喻只要有恒心，再难的事也能做成。

拓展阅读：

李太白跳月
《当代名家书李白》
中央美术学院出版社

◎ 关键词：李白 浪漫 诗人 诗仙

浪漫主义诗人李白

李白，字太白，号青莲居士，又号"谪仙人"，我国唐代伟大的浪漫主义诗人。他才华横溢，抱负宏大，现存诗歌九百多首。在这些诗歌中，有对当时社会腐朽势力的猛烈抨击，有对祖国壮丽河山的热情讴歌，有对美好理想的执着追求，有对处境困厄的激愤抗争，充分体现了他激情奔放、洒脱不羁的豪侠气概。

李白出生在碎叶（今吉尔吉斯境内的托克马克），祖籍四川，五岁时才随经商的父亲回到老家，在那里度过了他的青少年时代。年轻时的李白，性情豪爽，喜欢惩恶扬善。

据说，有一天，李白在成都锦江岸边闲步，恰巧遇见一群织锦姑娘在江中濯锦。那美丽的锦缎，经过清清江水的濯洗，色泽更加鲜亮，如一片朝霞映在水中。望着这一美景，李白顿时诗兴大发，不禁吟诵了一首《白头吟》："锦水东北流，波荡双鸳鸯……"正当他诗意正浓之时，忽然看见上流冲下来一只小船，船上坐着几个满脸横肉的流氓。他们驾着小船冲向织锦姑娘，百般调戏。李白气愤不过，跑到江边大声呵斥他们。见李白单身一人，这几个流氓并不把他放在眼里，反而转过身来攻击他。年轻气盛的李白忍无可忍，他脱去外衣，跳下江水，径直向流氓们的小船游去。流氓们举桨击打，李白迅速闪过，一个猛子潜到小船底下，用力一扳，将小船掀翻了。流氓纷纷落水，个个变成了落汤鸡。

织锦姑娘对李白很感激。李白见她们很贫困，就掏出随身带的银子接济她们。织锦姑娘走后，那几个流氓游上岸后又追打过来，李白当即拔出佩剑，把这群无赖打得落荒而逃。

李白怀着满腔的政治抱负和美好的生活理想，登临山水、游览名胜，开始了他生活的另一阶段。

一天，李白来到江夏（今湖北武汉），在那里遇到不少诗友，他们聚会、喝酒、谈诗吟诵，好不快活。有一个廖秀才十分仰慕李白的才学，向李白请教作诗的秘诀。李白对他说："作诗本无秘诀，佳句天成，妙手偶得而已。"廖秀才说："你拿什么证明呢？"李白对他说："如若不信，咱们明天一起到南浦去拾诗，如何？"

南浦是一个渡口，南来北往的客商很多，十分繁华热闹。李白和廖秀才漫无目的地到处玩赏。中午，他们来到一家小酒店喝酒，却见店中坐着一位泪流满面的漂亮少妇，不时发出低低的抽泣声。原来，这个漂亮的少妇是一个商人的妻子，商人外出经商，一去三年不归，音讯全无。少妇只能每天坐在这临近渡口的小酒店以泪洗面，盼望丈夫归来。望着眼前抽泣

盛唐气象——隋唐五代

的少妇，李白、廖秀才心中充满了同情。廖秀才低声对李白说："这种气氛，哪里有诗呀，我们回去吧！"

两人闷闷不乐地回到住处。廖秀才问李白："南浦一行，你拾的诗在哪里？"李白说："请稍候。"

只见他信手挥毫，一气呵成，写作了一首《江夏行》，记述了少妇作为商人妻子，苦苦等候丈夫归来的悲惨情景。廖秀才读完，赞叹不已，对李白佩服得五体投地。

●清平调图 清 苏六朋
此画描绘了天宝年间唐玄宗召李白作"清平调"的故事。画中人物表情各异，李白潇洒、内监奴相、宫女专注，充满生气。

李白正是凭借自己"妙手偶得之"的天赋，写出了惊天地、泣鬼神的诗歌。他的诗想象奇特、构思新颖、感情强烈、意境瑰丽、气势雄浑、风格豪迈，达到了我国古代积极浪漫主义艺术的高峰，被后人誉为"诗仙"，与"诗圣"杜甫齐名。

盛唐气象——隋唐五代

●杜甫像

◎ 关键词：杜甫 现实主义诗人 忧国忧民

现实主义诗人杜甫

杜甫字子美，号少陵野老，世称杜少陵、杜工部，我国唐代伟大的现实主义诗人。在中国古代诗坛，他与浪漫主义诗人李白犹如两座并列的高峰，令后人无限景仰。

杜甫出生于河南省巩县的一个文学世家，其祖父杜审言是武则天时代著名的诗人。杜甫从小就喜欢舞文弄墨、吟诗作赋，他七岁就会作诗，九岁能写一手好字，二十岁左右便成为才华横溢的诗人。

杜甫二十四岁时，在洛阳参加了一次贡举考试，但却没有及第。而后，他漫游各地，体验了民间质朴的生活。公元744年，杜甫在洛阳邂逅即将离京的李白，两人一起饮酒论诗，漫游于山水之间。相同的志趣使他们大有相见恨晚之意。正如杜甫在诗中所言："醉眠秋共被，携手日同行。"

公元746年，杜甫来到长安，希望在政治上谋求出路。次年，他参加了朝廷举办的一次招贤考试，由于奸臣李林甫从中作梗，应试者无一录取。在无情的现实打击下，杜甫开始认识到朝廷的黑暗腐败，思想感情上发生了突变。在这一时期创作的《兵车行》《丽人行》等批判现实主义名篇，表明他在创作道路上进入了一个新的起点。

他在长安居住了十年，终于谋到了一个卑微的职务。之后，他到奉先县（今陕西蒲城县）探望家人，才知儿子已被活活饿死。面对这残酷的现实，杜甫用血和泪写下了著名的长诗《自京赴奉先县咏怀五百字》。这篇作品的产生，标志着杜甫诗歌中的现实主义特色已经确立。

公元755年，安史之乱爆发，杜甫带着家眷四处逃难，亲眼看到了战争给人民带来的痛苦。之后，他从唐肃宗那里得到一个左拾遗的官位，但很快因上书得罪皇帝被贬。巨大的社会动荡和个人荣辱给杜甫的诗歌创作提供了大量素材，使他写出一系列不朽的诗作，如《春望》《北征》《哀江头》《悲青坂》以及"三吏""三别"等。这些诗篇具有极其深厚的历史内涵和丰富的生活内容，它们把古代诗歌的现实主义传统推向一个新的高峰。

公元759年，关内大旱。杜甫携家再次逃难，他经秦川、同谷入蜀，在其好友节度使严武的帮助下，被举荐为"节度参谋检校工部员外郎"。两年后，杜甫离夔返乡，乘船下江陵，后又经江陵赴湖南，最后病死在湘江舟中。

杜甫生活于唐王朝由盛转衰的时期，他亲眼目睹了唐朝自安史之乱后国破家亡、人民流离失所的悲惨景况。他把所见所闻以及忧国忧民之情都在自己的诗歌中表现出来，同时揭露了朝廷和官僚的腐败和庸懦。他的诗，不仅使我们得到美的享受，而且对我们了解唐代的社会有很高的认识价值。

◎ 关键词：安禄山 叛乱 割据政权

安史之乱

● 月白釉绿彩瓷注壶 唐

>>>《闻官军收河南河北》

剑外忽传收蓟北，初闻涕泪满衣裳。却看妻子愁何在，漫卷诗书喜欲狂。

白日放歌须纵酒，青春作伴好还乡。即从巴峡穿巫峡，便下襄阳向洛阳。

安史之乱给国家和人民带来巨大的灾难，杜甫早就盼望能早日平定安史之乱。当这一天终于来临时，他竟激动得悲喜交加，喜极而泣。

拓展阅读：

《马嵬坡》唐·郑畋
《安史之乱：大唐盛衰记》
石云涛

唐朝建立后，统治者屡次开疆拓土，先后讨平了东、西突厥、高句丽等，使唐王朝成为一个辽阔的国家。至唐玄宗时期，为了加强边境的防御，他在重要的边境地区设立了十个藩镇，藩镇的长官叫节度使。节度使掌握着所辖地区的军权、行政权和财产权，他们的权力很大，地位很重要。这为后来安禄山的叛乱埋下了隐患。

安禄山是混血胡人，年轻时在幽州节度使张守珪部下当兵。他善于逢迎谄媚，就连李林甫，也经常在唐玄宗面前替他说好话。唐玄宗认为安禄山是个人才，不仅提拔他当了平卢节度使，而且让他兼任范阳节度使和河东节度使。这样，安禄山就控制了北方边境的大部分地区。

人的欲望是无止境的，安禄山还想爬上更高的位置。他想尽办法来博得唐玄宗的欢心，取得唐玄宗的信任。

安禄山肚子特别大，是个大胖子。一次，唐玄宗指着他的肚子，开玩笑说："你这里面装了什么东西，竟有这般大？"安禄山一本正经地回答说："没有别的，只有一颗赤诚的心。"唐玄宗听了很高兴，于是更加喜欢他。随后，唐玄宗给安禄山造了一座华丽的府第，并派人每天陪他一起喝酒作乐，还让杨贵妃把他收作干儿子，让他在内宫随便进出，亲热得像一家人一样。

骗取了唐玄宗和李林甫的信任，安禄山开始秘密扩充兵力。他提拔了史思明、蔡希德等一批猛将，任用汉族士人高尚、严庄帮他出谋划策，又精选了八千名壮士，组成一支精兵，磨砺武器，囤积粮草，伺机叛乱。

朝廷的一些大臣和其他一些节度使逐渐觉察到安禄山的叛乱迹象，他们多次提醒唐玄宗，要他加强防范。可是唐玄宗怎么也不相信。

公元755年12月16日，经过周密准备后，安禄山决定发动叛乱。他联合同罗、契丹、突厥等民族组成十五万步兵、骑兵，在河北平原上进发，一路上烟尘滚滚，鼓声震地。当时全国承平日久，民不知战，河北州县官员逃的逃，降的降，安禄山几乎没有遭到什么抵抗。

得知安禄山反叛的消息，唐玄宗异常震怒，他匆忙调兵遣将，增募军队，部署平定叛乱。可是这时已抵挡不住叛军的攻势，叛军一路势如破竹，很快攻占了东都洛阳。安禄山在洛阳自称"大燕皇帝"，改元圣武。

安史之乱历时七年零两个月，虽然战事最终得以平息，但它已使中原地区经济遭到严重的破坏。安史之乱是唐王朝由盛而衰的转折点，对后世政治、经济、文化和对外关系均产生了极为巨大而深远的影响。

●杨贵妃像

>>> 袁枚《马嵬》

莫唱当年长恨歌，人间亦自有银河。石壕村里夫妻别，泪比长生殿上多。

唐玄宗李隆基与贵妃杨玉环之间悲欢离合的故事，不知引发了多少文人墨客的诗情文思。白居易著名的《长恨歌》，在揭示唐玄宗宠幸杨贵妃而造成政治悲剧的同时，也表达了对二人爱情悲剧的同情。

袁枚此诗却能不落俗套，另有一番新意，将李、杨爱情悲剧放在民间百姓悲惨遭遇的背景下加以审视，强调广大民众的苦难远非帝妃可比。

拓展阅读：

《石壕吏》唐·杜甫
《长生殿》清·洪升

◎ 关键词：内部矛盾 昏庸 马嵬

马嵬之变

公元755年，安禄山发动叛乱，派兵攻打潼关，可几个月都攻不进去。正在安禄山进退两难时，唐朝统治者内部发生矛盾，他们替叛军打开了潼关大门。

潼关形势险要，道路狭窄，是京城长安的门户。唐玄宗派大将哥舒翰带领重兵把守。安禄山手下崔乾祐在潼关外屯兵半年，始终无法攻进去。

守将哥舒翰主张坚守潼关，等待时机反击叛军。但是杨国忠为保自己的宰相之位，就在唐玄宗面前说潼关外的叛军已经不堪一击，主张让哥舒翰出兵。昏庸的唐玄宗听信杨国忠的话，逼哥舒翰带兵出潼关与叛军决战。

结果，哥舒翰的二十万大军一出关就中了埋伏，几乎被叛军打得全军覆没，哥舒翰也被俘虏。潼关随之失守。

潼关一破，长安城失去了屏障，失陷在即。惊恐慌乱的百姓纷纷外出逃难，杨国忠知道留在长安没有生路，就劝玄宗逃到蜀地去。

当天晚上，唐玄宗带着杨贵妃和一批皇子皇孙，在将军陈玄礼和禁卫军的护送下，悄悄地打开宫门，逃出长安。

他们派宦官到沿路各地，要官员准备接待。谁知刚到咸阳，派出的宦官和沿路官员都已经逃了。

他们走走停停，第三天到了马嵬驿（今陕西兴平县西），随行的将士又饿又疲劳，停下来不走了。他们认为，这全是受了奸相杨国忠的连累，这笔账得向杨国忠算。大将军陈玄礼请玄宗杀了杨国忠父子和杨贵妃，结果杨国忠被乱刀砍死，但唐玄宗却怎么也不忍心杀死自己宠爱的妃子。

高力士在一旁悄悄地对玄宗说："贵妃是没有罪，但是将士们杀了杨国忠，如果留着贵妃，将士哪会心安。希望陛下慎重考虑，只有使将士心安，陛下才能安全啊。"

为了保全自己的性命，唐玄宗只好叫高力士把杨贵妃带到别的地方，将她缢死于佛堂前的梨树之下。听到杨贵妃已经被处死，将士们才撤围回营。

马嵬之变后，唐玄宗整顿队伍逃到成都。太子李亨被当地百姓挽留下来主持军事。天宝十五年，李亨在朔方（今宁夏灵武西南）即位，是为唐肃宗。

马嵬之变是一场有预谋的兵变，此次兵变的主谋是太子李亨。唐玄宗为此深受打击，李亨登基后，他被尊为太上皇，最后郁郁而终。

盛唐气象——隋唐五代

◎ 关键词：张巡 爱国将领 奇迹 粮食短缺

守睢阳张巡捐躯

● 唐朝爱国将领张巡

>>> "三吏""三别"

公元757年，杜甫冒着生命危险从长安逃出，到达陕西凤翔，肃宗褒奖他的忠心，授予他左拾遗之职。但他却因上书而触怒了肃宗。

在往河南旧居探亲时，写下了《新安吏》《潼关吏》《石壕吏》《新婚别》《垂老别》《无家别》（简称"三吏""三别"）这两组名垂千古的诗篇。由于他能和百姓感受战争的痛苦，在其作品中能客观地记述时代的真实状况。

拓展阅读：
《张巡守城》人民美术出版社
《正气歌》北宋·文天祥

张巡，邓州南阳（今属河南）人，唐朝著名爱国将领。安史之乱时，张巡与太守许远在睢阳共同抵抗叛军，在内无粮草外无援兵的情况下，以弱胜强，以少胜多，创造了中外战争史上罕见的奇迹。

公元757年，安禄山的儿子安庆绪把他杀死，当上了"大燕皇帝"。

随后，安庆绪派大将尹子奇统率十三万人马进攻睢阳。睢阳太守许远向附近的守将张巡告急。接到告急信，张巡带领三千将士前来支援，两支部队加起来一共六千八百人，共同守卫睢阳。

十三万叛军在叛将尹子奇的指挥下轮番攻城。张巡督励将士，昼夜苦战。在开战后的十多天，就活捉敌将六十多人，杀死敌兵两万多人，灭了叛军威风，长了唐军志气。

尹子奇增调兵马，重新攻打睢阳城。他欺张巡兵少，以为唐军只会像上次一样，固守城池。因此，把睢阳包围以后，他就安心地准备攻城器械。

谁知就在当天夜里，城中唐军战鼓擂响，战旗高竖，好像要准备出击。尹子奇赶紧集合队伍，摆好阵势，准备迎战，可折腾一夜也没动静。见将士们折腾了一夜，十分疲劳，尹子奇就叫他们回营睡觉去。这时候，张巡和部将雷万春、南霁云，各带五十名骑兵突袭叛军营寨。叛军从睡梦中惊醒，方寸大乱。唐军挥刀砍杀，斩敌无数，混战中，尹子奇也被南霁云一箭射中了左眼，痛得直钻心。他又气又急，只得带兵逃窜。

尹子奇发誓要报复这一箭之仇。养好了伤，他又增加了几万人马，再一次进攻睢阳，把这座城包围了起来。

睢阳城被困后，给养无法补充，由于粮草短缺，许多百姓和士卒都饿死了，剩下的也都饿得奄奄一息，很难打仗。看到这种情况，张巡便派南霁云突围出城，到临淮节度使贺兰进明那里去求援。没想到，贺兰进明对张巡心存妒忌，又害怕自己的军队遭到叛军打击，不肯出兵。

南霁云无法，只好回到睢阳。情势越来越危急，张巡只好下令杀战马充饥。不多久，战马也宰光吃尽了。张巡又发动军民张网捉麻雀，掘地捕老鼠。不久，连老鼠也吃光了，再也想不出任何办法。然而，不管是将士，还是百姓，都宁肯饿死在睢阳城里，也没有一个人叛变或者逃走。

公元757年10月，弹尽粮绝的睢阳城终于陷落，张巡、许远、南霁云等人被叛军抓获，最后全部被杀害。

张巡、许远带领着不到一万的将士，坚守睢阳九个月，大大小小打了近四百场仗，歼灭叛军数万人。睢阳保卫战虽然失败了，但它为唐朝赢得了组织反攻的时间和物质供应，避免了覆亡的厄运。

●李光弼像

>>> 李光弼掘地破敌

公元757年，史思明率叛军十多万与李光弼相持太原，李光弼带领着不到一万的士卒发动了一场大规模的"地道战"。

他命士卒百姓把叛军扎营的地下全部挖空，假装"约降"。史思明大喜，忙令兵士准备迎降，忽听身后军营发出巨响，随即声声惨叫，军士集结后，地面承受不住重量，几千叛兵被活埋。再一转头，城上城下精骑奔出，瞬间杀掉近万名叛军。史思明大骇，转身就逃。唐军乘胜追击，斩首七万余级，获军资粮草无数。

拓展阅读：

《李光弼》马驰
《安禄山史思明评传》牛致功

◎ 关键词：李光弼 史思明 平定

李光弼智斗史思明

安史之乱后期，唐军先后收复了长安、洛阳，逐渐转败为胜。而这时，叛军又发生内讧，史思明在邺城杀了安庆绪，自立为"大燕皇帝"。之后，他整顿人马，向洛阳方向进攻。

唐肃宗派李光弼到洛阳领兵作战。到达洛阳后，李光弼下令把官员和百姓全部撤出洛阳，然后带兵到了河阳。随后，史思明率兵到河阳南面驻扎下来。两军在河阳对峙。

史思明从河北带来一千多匹战马，每天放在河边沙洲洗澡吃草。李光弼听说后，就命令部下把母马集中起来，又把小马拴在马厩里，等叛军的战马一到沙洲，便把母马放出来和战马混在一起。过了一会，母马想起小马，嘶叫着奔了回来，叛军的战马也跟着到唐军阵地来了。

一下丢了上千匹战马，史思明气得要命，立刻命令部下集中几百条战船，试图从水路进攻。他还在前面用一条火船开路，准备把唐军的浮桥烧掉。

李光弼探听到这个消息，命士兵准备好几百根粗大的长竹竿，用铁甲裹扎竿头。等叛军火船驶来，几百名兵士站在浮桥上，用竹竿顶住火船。火船没法前进，被烧得樯倒舰裂，一下子就沉没了。唐军又在浮桥上发射石头炮，向敌人的战船攻击，打得敌人落荒而逃。

史思明几次三番进攻河阳，都被李光弼用计打退。

史思明非常恼怒，于是集中了强大兵力，派部将周挚进攻河阳的北城，自己领了一支精兵攻打南城。

李光弼登上北城，观察敌军军情。他发现，西北角和东南角是叛军战斗力最强的地方，于是专门拨出五百名骑兵前去攻打。

李光弼把剩下的将士都集中起来，严肃地说："打仗本来是拼命的事儿。我是国家的大臣，决不会死在敌人手里。你们如果战死在前线，我就在这儿自杀。"听了李光弼一番激励的话，将士们都勇气百倍地杀上阵去。

看到唐军士气旺盛，李光弼下令总攻，各路将士争先恐后地冲进敌阵，喊杀声震天动地，他们把叛军杀得大败，可惜攻北城的叛将周挚却逃走了。

史思明正在进攻南城，忽然看到北城的叛军已被打败，于是慌忙下令撤军。

唐军与叛军相持了将近两年，连续多次打退叛军的进攻。后来，唐肃宗听信鱼朝恩的话，逼李光弼进攻洛阳。李光弼冒险进攻，果然打了败仗，因而被撤了主帅之职。

除掉了一个强大对手，史思明乘胜进攻长安。不久，史思明被他的儿子史朝义杀死，叛军内部四分五裂。公元763年，史朝义兵败自杀。至此，延续八年的安史之乱，终于被平定。

● 唐朝名将郭子仪

>>> 屏退侍女免祸患

郭子仪在安史之乱中立了大功后，被肃宗晋封为汾阳郡王，不仅妻妾成群，而且宾客如织。

在每次会见客人时，都有一大帮爱姬侍女相伴。但每次卢杞来，他都会屏退所有陪侍的妇女。郭子仪身边的几个儿子不解，郭子仪告诉他们：卢杞相貌丑陋，面色发蓝，我怕妇人们因此讥笑他。卢杞为人阴险狡诈，要是有一天他得了志，一定会报这一笑之仇的。

后来卢杞当上了宰相，果然谋杀了不少人，唯独郭子仪一家例外。

拓展阅读：

《郭子仪》宋·徐钧
《郭子仪传奇》萧玉寒

◎ 关键词：郭子仪 仆固怀恩 进攻长安 盟约

郭子仪单骑退敌

公元763年，安史之乱被平定。这时，唐朝社会内部矛盾重重，名将郭子仪手下的一名大将仆固怀恩因不满唐王朝对他的待遇，准备发动叛乱。他派人跟回纥和吐蕃联络，欺骗他们说，郭子仪已经被宦官鱼朝恩杀害，要他们联合起来反对唐朝。

公元765年，仆固怀恩引领回纥、吐蕃几十万大军进攻长安。仆固怀恩半途病死，回纥和吐蕃大军继续进攻，一直打到长安北边的泾阳（今陕西泾阳），长安受到威胁。

那时，郭子仪正在泾阳驻守，但手下仅有一万多人。他一面吩咐将士构筑防御工事，一面派探子去侦察敌军的情况。

后来探知回纥和吐蕃两支大军虽说是联军，但矛盾重重。郭子仪便决定采取分化敌人的办法。在平定安史之乱时，郭子仪曾向回纥借兵，在回纥军中享有威望。所以，他决定先把回纥将领拉过来。

郭子仪派他的部将李光瓒偷偷地到了回纥大营，去见回纥都督药葛罗，询问回纥为何攻打唐朝。

药葛罗说："听说郭令公已经被杀，因此特来讨个公道。"李光瓒告诉药葛罗，郭令公现在就在泾阳。但是见不到郭子仪，回纥将领怎么也不相信。郭子仪得知后，不顾将领们的劝阻，单身匹马向回纥兵营奔去。

回纥兵士远远望见有一个人骑马过来，连忙报告药葛罗。药葛罗和将领们出来，目不转睛望着来人，他们突然大叫了起来："啊，真是郭令公呀！"大伙一齐翻身下马，围住郭子仪下拜行礼。

郭子仪跳下马来，走上去握住药葛罗的手，和气地问他为什么要帮助仆固怀恩闹叛乱。

药葛罗很抱歉地说："我们受了仆固怀恩的骗。他说皇帝和令公都已经死去，中原没有主人，我们这才跟着他来的。现在知道令公还在，哪会同您打仗呢？"郭子仪说："吐蕃和唐朝是亲戚，现在也来侵犯我们，实在太不应该啦！我们决心要回击他们，希望你能助一臂之力。"

听了郭子仪的话，药葛罗连连点头说："我一定听令公调遣，将功补过。"

随后，郭子仪和药葛罗订立了盟约，打算共同对付吐蕃。

郭子仪单骑访回纥营的消息传到吐蕃营里，吐蕃的将领们害怕唐军和回纥联合起来袭击他们，于是连夜带着大军撤走了。

諭光祿大夫行　求中賢何以審　固必由教先非

● 颜真卿的《自书告身》

>>> 颜体书法

唐代书法可称是中国书法艺术发展史上的一个巅峰，颜真卿是其中最具有成就的杰出代表。

颜真卿书法受家庭和外祖家殷氏影响，初学褚遂良，后师事张旭，深得张氏书法的精髓。他广学博收，又创造自己的独特风格，自成一家，被称为颜体。他与稍后的书法大家柳公权并称为颜柳，他们的字体也有"颜筋柳骨"之称。

拓展阅读：

《颜氏家训》唐·颜真卿
《颜真卿书法集》
北京工艺美术出版社

◎ 关键词：颜真卿 为人正直 诬陷 软化

刚强不屈的颜真卿

颜真卿，字清臣，京兆万年（今陕西西安）人。颜真卿的一生，一半是在书斋中度过的，他钻研艺术、文学，酷爱书法，成为了中唐时期书法创新的代表人物；一半是在错综复杂的官场中度过，他以他的全部忠心献给了唐王朝，是一位忠贞清廉的大臣。这里讲的是他官场上的事迹。

安史之乱使唐王朝从强盛转向衰落。在平定安史之乱的过程中，各地节度使乘机割据地盘，扩大兵力，加剧了藩镇割据的局面。唐德宗即位后，打算进行削藩，结果引起了藩镇叛乱。

公元782年，五个藩镇共同叛乱，其中以淮西节度使李希烈兵势最强。他自称天下都元帅，向唐境进攻。

朝廷大为震惊，召群臣商议对策。宰相卢杞建议让太子太师颜真卿去劝导李希烈，唐德宗同意了。

颜真卿为人正直，常常被奸人诬陷排挤。宰相卢杞是个心狠手辣的人，他忌恨颜真卿，打算趁藩镇叛乱的机会，派颜真卿去做劝导工作，借李希烈之手杀害他。这时候，颜真卿已经七十多岁。许多文武官员都为他的安全担心。但是颜真卿却不在乎，带了几个随从就到淮西去了。

听到颜真卿来劝降，李希烈想给他一个下马威。在见面的时候，叫他的部将和养子一千多人都聚集在厅堂内外。颜真卿刚刚开始劝说李希烈，那些部将、养子就拿着尖刀冲了上来，摆出要杀他的架势。但是颜真卿毫不畏惧，面不改色地朝着他们冷笑。

李希烈假惺惺站起来护住颜真卿，命令他的养子和部将退出去，然后把颜真卿送到驿馆里，企图慢慢软化他。

过了几天，其他四个藩镇的节度使都派使者来跟李希烈联络，劝李希烈即位称帝。李希烈大摆筵席招待他们，请颜真卿也参加。席间，四个藩镇派来的使者见到颜真卿来了，便恭喜李希烈称帝后有了现成的宰相。颜真卿听了，凛然相斥，吓得四名使者再也不敢说话。

李希烈一计不成，又生一计，他扬言要把颜真卿活埋了。但颜真卿依旧毫无惧色。

公元783年，李希烈自称楚帝。他还是想逼颜真卿投降，于是让兵士们在关押颜真卿的院子里堆起柴火，威胁颜真卿不投降，就用火烧死他。颜真卿二话没说，纵身就往火里跳去，叛将们连忙把他拦住。

李希烈想尽办法想使颜真卿屈服，但最终都不能如愿，最后指使人在蔡州（今河南汝南）龙兴寺中缢杀了颜真卿。

◎ 关键词：昏庸 衰落 革新 被贬

"二王、八司马"事件

● 刘禹锡像

>>> **刘禹锡**

刘禹锡，中唐文学家，洛阳人。是与白居易齐名的"诗豪"。

贞元进士，官监察御史。因反对宦官势力，被贬为郎州司马。晚年升为太子宾客。他和柳宗元友谊很深，与白居易也非常友好。

他的文章、诗都很出色，《西塞山怀古》《金陵五题》《陋室铭》都是传世佳作，他的诗句"沉舟侧畔千帆过，病树前头万木春"深寓哲理，脍炙人口，世代传诵。

拓展阅读：

《浪淘沙》唐·刘禹锡
《黔之驴》唐·柳宗元

安史之乱之后，唐王朝由强盛走向衰落。经历了唐肃宗、代宗和德宗的昏庸统治，王朝更加衰败。

公元805年正月，德宗李适病逝，太子李诵即位，是为唐顺宗。太子李诵为人宽厚，爱好文艺，喜欢作诗写字，棋也下得不错。李诵听说有个集贤院侍读王叔文善于下棋，就把他召到东宫拜他为师。又听说有个待诏翰林王伾书法很好，也请到宫中来，向他学写隶书。

王叔文、王伾思想先进，经常给李诵讲一些民间疾苦的事，对当时朝廷内外的一些弊端也评论得头头是道，所以太子对他俩十分器重。顺宗登基后，第一件事就是把王叔文和王伾封为翰林学士，让他们革新朝政。

王叔文等既得新皇帝的信任，便请志同道合的好朋友柳宗元、刘禹锡、韩晔、韩泰、程异、陈谏、凌准等也来出仕，以便实行他们的革新计划。手中有了权力，革新派大刀阔斧地做了起来。

他们首先是取消"宫市"，不准太监们自己到外边买东西，然后把"五坊"也解散了，让那些横行街市的"五坊小儿"统统当宫中的杂役。他们还通过唐顺宗发布命令，废除百姓积欠官府的一部分租税，停止地方官的进奉，减低盐价，这些措施大大减轻了老百姓的负担。

他们还限制和削弱藩镇割据和宦官专权。剑南四川节度使韦皋想要完全控制四川。于是派刘辟到长安，对王叔文进行威胁利诱，王叔文拒绝了韦皋的要求，下令杀刘辟，吓得刘辟逃回了四川。王叔文选拔老将范希朝统率禁军，并任命他担任京城以西各城镇内营的节度使，派韩泰为行军司马，接管宦官的兵权。可惜由于宦官的暗中破坏，这一条重要措施没能实现。

革新派力图谋夺宦官兵权，受到宦官的抵制。这时候，宦官们意识到革新将带给他们的危险，宦官们便去跟那些看不起王叔文的大官僚黄棠、袁滋等人联合，共同来对付革新派。正巧，那时顺宗患了风疾，说不出话来，而王叔文因为母亲死了，按例要告假回家守丧，王伾也突然患了中风，无法处理政务。于是，宦官和一些大臣便乘此机会，在当年七月逼着顺宗让太子李纯代理朝政，八月下诏让位给太子，李诵自己退做太上皇。第二年的正月，顺宗李诵因病去世。这位四十六岁的皇帝在位仅仅八个月。

在宦官和官僚的拥戴下当皇帝的李纯，还没正式登基便下令贬王伾为开州司马，王叔文为渝州司户。王伾勉强挣扎着到了贬地，不久便病死了。过了一年，太监们让宪宗下一道诏书，把在渝州的王叔文杀害了。

柳宗元、刘禹锡、韦执谊等八人也被贬为州司马，一场革新运动只进行了一百四十六天就失败了，历史上称这一事件为"二王、八司马"事件。

盛唐气象——隋唐五代

◎ 关键词：李愬 雪夜 蔡州 奇袭 安定

李愬雪夜袭蔡州

● 三彩腾空马俑 唐

>>> 古诗中的计时方法

　　天色计时：夜半、鸡鸣、平旦、日出、食时、隅中、日中、日昳、晡时、日入、黄昏、人定。

　　地支计时：子、丑、寅、卯、辰、巳、午、未、申、酉、戌、亥。

　　天色法与地支法是古代诗文中常见的两种计时方法。

拓展阅读：

《古代计时方法》胡星林
《中国古代著名战役故事》
　　　　上海人民美术出版社

　　中国古代历史上有很多成功的奇袭战例，其中李愬雪夜袭取蔡州，擒获吴元济之役，是成功奇袭战的典型战例之一。

　　安史之乱后，藩镇割据仍然是唐王朝的一大祸患。自德宗时期开始，淮西节度使吴少诚、吴少阳和吴元济，相继以蔡州（今河南汝南）为据点，盘踞淮河上游地区三十多年，俨然成了国中之国。朝廷多次出兵征讨，都没有取得成功。

　　公元817年，李愬被任命为唐州（今河南唐河）等三州节度使，负责进剿吴元济的老巢蔡州。

　　由于唐王朝连年征战都是败多胜少，官军士气低落、军心涣散，面对这种状况，到唐州后，李愬宣布自己只为了安顿地方秩序，不攻城作战。吴元济听到这个消息后就放松了防备。

　　从此之后，李愬一点不提打淮西的事。唐州城里有许多生病和受伤的兵士，李愬一家家上门慰问，没有一点官架子，将士们都很感激他。

　　有一次，淮西勇将丁士良被李愬的部将活捉，李愬不但没有杀他，反而叫他去招降其他叛军将领。听说李愬这样优待俘虏，淮西的士卒和将领不断前来归顺。李愬趁机向他们了解淮西的情况，为以后袭取蔡州做好充分的准备。

　　十月初十，李愬利用风雪交加、敌军放松警戒、利于奇袭的天气，下令部队从文成栅出发。将领们问出兵到哪里去，李愬只是说："向东开拔！"

　　队伍行进到离蔡州城七十里的张柴村，全歼守卫在这里的淮西军。李愬留下五百人守张柴村，率领大部队顶着大雪连夜进军到蔡州城，打开城门，杀了守城士兵，大队人马一拥而入。

　　鸡鸣时分，大雪渐止，李愬已经进入吴元济的外宅。吴元济的亲兵向他报告了几次，他都不信。起床后，他站在大厅里侧耳一听，只听见李愬的军官在传达号令，下边响应的有上万人，这才害怕起来，赶紧带领亲兵登上内城的牙城进行抵抗。

　　李愬命令部将攻打内城，但久攻不克。天亮以后，官军放火焚烧内城的南门。城里的老百姓平时恨透了吴元济，这时都争着背柴担草，帮助官军焚烧城门。黄昏时，城门被烧毁了，官军拥入内城。吴元济见大势已去，只好投降。

　　李愬平定淮西、活捉吴元济的消息传来，使各处藩镇大为震动，纷纷表示服从朝廷。藩镇割据的局面因此暂告结束，唐王朝又恢复了统一。

盛唐气象——隋唐五代

●唐宪宗李纯

>>> 《元和郡县图志》

《元和郡县图志》作者李吉甫，是我国现存最早最完整的全国性方志名著，保存了唐代政治经济的宝贵资料。书中记载河流五百五十多条，湖泊一百三十多个。

李吉甫在全文中对节度使控制的府州都作了标明，以便引起人们的注意，达到削弱藩镇势力，维护全国统一的目的。此书还记述了各州府的户口资料。

拓展阅读：

《朋党论》北宋·欧阳修
《唐宪宗》李天石

◎ 关键词：牛党 李党 势力 灭亡

牛李朋党之争

藩镇割据、宦官专政和朋党之争是唐朝后期的三大祸患，加速了唐王朝的灭亡。其中的"牛李朋党之争"是指唐后期朝臣之间的派系斗争，牛党的首领是牛僧孺，李党的首领即李德裕。

朋党之争始于唐宪宗时期，持续近半个世纪。有一年，长安举行考试选拔能够直言敢谏的人才。参加考试的李宗闵和牛僧孺在考卷里评议朝政，考官看了卷子，认为他俩符合选拔的条件，就推荐给唐宪宗。

当时的宰相李吉甫认为李宗闵、牛僧孺批评朝政是揭他的短处，很生气。于是，他在唐宪宗面前搬弄是非，说这两人跟试官有私人关系。唐宪宗听信了李吉甫的话，把几个试官降了职，李宗闵和牛僧孺也没有受到提拔。

李吉甫死后，他的儿子李德裕做了翰林学士。当时李宗闵也在朝做官。李德裕对李宗闵批评他父亲这件事，仍旧记恨在心，所以处处与李宗闵不和。

唐穆宗即位后，又举行科举考试。有两个大臣因为熟人应考，私下里托过考官钱徽，钱徽没卖他们的面子。正好李宗闵有个亲戚应考，被选中了。这两个大臣就向唐穆宗告发说钱徽徇私舞弊。唐穆宗问翰林学士，李德裕说确有此事。唐穆宗就把钱徽降了职，李宗闵被牵连，贬谪到了外地。

李宗闵知道李德裕排挤他，恨透了李德裕。牛僧孺当然同情李宗闵。从此以后，李宗闵、牛僧孺就跟一些科举出身的官员结成一派，李德裕也跟士族出身的官员结成一派，两派明争暗斗得厉害。

唐文宗即位以后，把李宗闵封为了宰相，李宗闵向文宗推荐牛僧孺，也把他提拔为宰相。这两人一掌权，马上把李德裕调到西川（今四川成都）当节度使。李德裕把西川治理得很好。西川附近有个吐蕃将领对他很敬佩，主动向他投降，李德裕趁机收复重镇维州（今四川理县）。这本来是李德裕立了一功，但牛僧孺劝唐文宗把维州让还吐蕃以显大唐气度。听了这事，李德裕气愤异常，发誓报仇。后来，有个叫王践言的宦官对唐文宗说："当初维州归降的时候，对吐蕃的震动极大，连南诏也送来了和书。维州被归还给吐蕃之后，原来投降大唐的人都被处死了，以后再也不会有人投降我们了。"唐文宗听了懊悔不已，从此疏远了牛僧孺。其实，这一切都是李德裕安排的。唐文宗受宦官控制，没有主见，把朝政搞得十分混乱。

公元840年，唐文宗病逝，唐武宗即位，任命李德裕为宰相。李德裕掌权后，把牛僧孺、李宗闵都贬谪到南方去了。

公元846年，唐武宗病死，唐宣宗即位。宣宗对武宗时的旧臣一概排斥，撤了李德裕的宰相职务，把他贬到崖州（今海南），将牛僧孺李宗闵召还朝中。至此，闹了将近半个世纪的朋党之争终以牛党的获胜而结束。

●将军俑 唐

>>> 黄巢《不第后赋菊》

待到秋来九月八，我花开后百花杀。冲天香阵透长安，满城尽带黄金甲。

此诗是黄巢屡次赶考不中后的一首言菊诗，是作者借诗言志的真实写照。诗中的菊花气势凌厉、杀气腾腾、惊人心魄，像一团熊熊燃烧的烈火，表现出不可遏止的反叛、愤怒、仇恨，充满了令人生畏的杀机，是推倒现实、重整天下、凌驾万物的雄心壮志。应该说这也是黄巢作为农民领袖最终杀向长安的前奏。

拓展阅读：

《满城尽带黄金甲》（电影）
《题菊花》唐·黄巢

◎ 关键词：农民起义 黄巢 政权 腐朽统治

盐贩黄巢起兵反唐

唐朝末年，藩镇割据、宦官专权和朋党之争使得朝政腐败，贪官污吏横行。土地兼并的加剧、苛捐杂税的加重，弄得民不聊生。人们纷纷起来反抗，黄巢领导的农民起义就是这个时候爆发的。

黄巢，曹州冤句（今山东曹县西北）人，出生于一个世代贩卖私盐的家庭。他善于骑射、粗通文墨，曾多次参加科举考试，但都名落孙山。

公元874年，盐贩首领王仙芝聚集几千农民在长垣（今河南）起义。王仙芝自称天补平均大将军，发出文告，揭露朝廷官吏造成贫富不均的罪恶。黄巢在冤句与子侄黄揆和黄恩邺等八人起兵响应王仙芝。

起义军声势浩大，连续攻克了多处州县。朝廷立即诏令五个节度使进攻起义军。在强敌面前，王仙芝和黄巢采取了避实就虚、流动作战的战术。公元877年，他们攻到蕲州（今湖北蕲春）城下。

蕲州刺史裴偓对起义军领袖进行诱降，表示愿意授予王仙芝左神策军押牙兼监察御史的官职。王仙芝表示愿意接受"招安"。

黄巢知道后，非常气愤。他来到王仙芝的帐中，一把揪住王仙芝，把他的头都打破了，一边打一边骂，王仙芝这才没敢去投降。

不久，黄巢和王仙芝分道扬镳。王仙芝向西，黄巢向东。后来，王仙芝率领的起义军在黄梅（在今湖北）被唐军打败，他本人也被杀死。

王仙芝死后，部将尚让等投奔黄巢，义军发展到十万人，两支起义军共同拥戴黄巢为首领，在黄巢统一指挥下继续战斗。为尽快消灭起义军，唐朝统治者把重兵集结在洛阳一线，江南空虚。黄巢采用避实就虚的战术，向江南进军，一路上势如破竹，接连打下越州、衢州（今浙江衢县），经过一年多的征战，一直打到广州。

在广州休整两个月后，起义军挥师北上。公元880年11月，黄巢起义军攻占了唐朝的东都洛阳，东都留守刘允章归降。12月，黄巢又攻下了潼关。随后，黄巢亲自率军向长安进攻。百官听说起义军已经开始向长安进发，纷纷各自逃命去了。唐僖宗带随从宦官田令孜等匆匆逃往成都避难。公元881年，起义军没费吹灰之力就进入了唐朝的首都。黄巢在长安建立了大齐政权，年号金统。

公元884年，大齐政权在唐军的反攻下惨遭失败，黄巢也败死在泰山狼虎谷（今山东莱芜西南），轰轰烈烈的唐末农民战争结束了。

黄巢领导的农民起义从南到北转战了十年之久，其活动范围几乎遍及全国，沉重地打击了唐朝的腐朽统治，加速了唐朝的灭亡。

●中国传统的明神 唐 敦煌壁画

>>> 晚唐壁画

晚唐壁画在创作风格上趋向繁靡浮华，内容上则从不同侧面反映了统治阶级骄奢淫逸的生活，其创作技法在继承南北朝时期成就的同时，进一步发展了"曹衣带水""五代当风"的画技，使晚唐技术日趋成熟，但所反映的内容则是毫无进取的浮华寄生生活。

伎乐、宴饮舞蹈等声色犬马的地主阶级家居生活，成为晚唐壁画的主流。

拓展阅读：

《读破三春：别样晚唐史》
　　　陈力舟
《洛阳牡丹》卢波

◎ 关键词：割据力量 李克用 朱温 梁太祖

朱温灭唐称帝

黄巢起义失败后，全国变得十分混乱。在镇压黄巢起义的过程中，各地藩镇趁机扩大势力、争夺地盘，成为大大小小的割据力量。其中势力最强大的是河东节度使李克用和宣武（治所在今河南开封）节度使朱温。

朱温宋州砀山（今安徽砀山县）人，出身贫苦家庭，从小不务正业，是乡里的地痞。黄巢起义后，他参加了起义军，受到黄巢的重用。后来，唐僖宗给他高官厚禄，他带兵叛变，投靠唐朝。

黄巢从长安退到河南的时候，攻打朱温守卫的汴州，朱温不敌，向李克用求救，李克用打败了起义军。回到汴州，朱温假意殷勤招待，大摆酒宴，趁李克用喝得酩酊大醉的时候，派兵把驿馆团团围住，想把李克用害死。幸好靠几个亲兵拼命相救，李克用才突围逃走。从那时起，李克用就跟朱温结下了冤仇，这两支割据力量一直互相攻打。朱温的势力越来越大，李克用只保住了河东地区。

唐僖宗病逝后，他的弟弟唐昭宗李晔被宦官挟持，他想依靠朝臣来反对宦官，但每一次都失败了。到了后来，宦官把唐昭宗软禁了起来，另立新皇帝。

野心勃勃的朱温觉得这是一个好机会，于是派出亲信偷偷溜进长安，跟宰相崔胤秘密策划。有了朱温做后台，崔胤胆子壮大了，就发兵杀了宦官头目刘季述，迎接唐昭宗复位。

唐昭宗和崔胤还想杀掉其他宦官，一些宦官就投靠另一个藩镇凤翔节度使李茂贞，并把唐昭宗劫持到凤翔。

崔胤向朱温求救。朱温带兵进攻凤翔，要李茂贞交出唐昭宗。李茂贞兵力敌不过朱温，连打败仗。朱温大军把凤翔城包围起来，最后城里的粮食断了，又碰到大雪天，兵士和百姓饿死、冻死了很多。李茂贞被围在孤城里，内无粮草，外无救兵，只好投降。

朱温攻下凤翔，把唐昭宗抢了过来，带回长安。从此，唐王朝政权就从宦官手里转到朱温手里。

掌握大权后，朱温把宦官全部杀光，挟持唐昭宗迁都洛阳。离开长安时，朱温派人把长安的宫室、官府和民屋全部拆光，材料被运到洛阳，长安的官吏、百姓也被迫一起迁到洛阳。

到了洛阳不久，朱温就派人把唐昭宗杀死，立李柷为帝，即唐哀帝。朱温还把唐朝的三十几名大臣集体杀害，尸体被扔进黄河里。

公元907年，朱温逼迫哀帝退位，自己称帝，建国号为梁，定都汴（今河南开封），史称后梁，朱温即是梁太祖。至此，统治了二百八十九年的唐王朝宣告结束。

盛唐气象——隋唐五代

●李存勖像

>>> 李克用

本姓朱耶氏，祖先是唐时我国西北沙陀人。父亲本名赤心，任朔州（今山西朔州）刺史，因讨伐庞勋有功，赐姓名李国昌，升为振武节度使。

李克用是唐末、五代初的著名军事统帅，也是一位乱世英雄。

他靠镇压农民起义起家，在争夺霸业中死去。他的个人荣辱都集中在他近四十年的攻城略地的军事生涯和争权夺利的政治斗争之中。

拓展阅读：

《如梦令》唐·李存勖

幽州之战

◎ 关键词：不理朝政 李天下 伶人 宠幸

李存勖宠幸伶人

公元907年，朱温称帝，建立梁朝。这时，在北方还有两个较大的割据势力，一个是幽州的刘仁恭，一个是河东的晋王李克用。其中，李克用与朱温自唐末便结下了怨仇，双方屡次发生战争，但谁也无法消灭对方。

李克用去世后，他的儿子李存勖继承了职位。李存勖作战十分勇敢，带兵打仗经常是身先士卒，每次出兵时，他都带着射死李克用的箭，提醒自己报父仇。他跟梁军打了几次大仗，把五十万梁军打得大败而逃。朱温又恼又羞，一病不起，被儿子杀死了。

朱温死后，他的儿子梁末帝又跟李存勖打了十来年仗。公元923年，李存勖终于灭了梁朝，统一了北方，他即位称帝，改国号为唐并建都洛阳。这就是后唐庄宗。称帝后，李存勖认为父仇已报，中原已定，于是不再进取，不理朝政。他喜欢看戏唱戏，并自取艺名为"李天下"。

有一次他上台演戏，连喊两声"李天下"！一个伶人上去扇了他一个耳光，周围人都吓得出了一身冷汗。李存勖生气地问为什么打他。伶人阿谀地说："李"（理）天下的只有皇帝一人，你连叫了两声，还有一人是谁呢？唐庄宗听了乐滋滋的，不但不生气，反而予以赏赐。

唐庄宗不怜人民之苦，胡作非为。有一次，他带着大批人员到中牟县去打猎，士兵们在地里狂奔乱跑，驱赶着猎犬，追逐着野兽，踩坏了一大片的庄稼。中牟县令上前劝阻，唐庄宗一听气坏了，下令将他斩首。看到县令要为这事被杀，伶人敬新磨想要上前劝谏，一看庄宗正在气头上，知道给他讲道理是没有用的。于是，他揪住县令，边打边斥责他不给皇上多留些空地，供皇上打猎，实在是罪该万死。唐庄宗在一旁听了，慢慢消了怒气，最后赦免了中牟县令。

李存勖宠幸伶人，伶人可以自由出入宫中，和皇帝打打闹闹，侮辱戏弄朝臣。群臣敢怒而不敢言，有的朝官和藩镇为了求他们在皇帝面前美言几句，还争着送礼巴结。唐庄宗十分信任伶人，用伶人做耳目，去刺探群臣的言行。他封赏毫无寸功的伶人做刺史，却对身经百战的将士视而不见。此外，唐庄宗还把原唐宫太监作为心腹，由他们担任宫中各执事和诸镇的监军。这样，将领们受到宦官的监视、侮辱，读书人也断了进身之路。同时，唐庄宗又派伶人、宦官强抢民女入宫，有一次竟抢了驻守魏州将士们的妻女一千多人。昏庸的唐庄宗只当了四年皇帝，就闹得众叛亲离，终于在一次兵变中被箭射死。

唐庄宗以后，后唐又经历了明宗、闵帝和末帝三个皇帝的统治。然而，后唐寿命比后梁还短，只存在了十四年就被石敬瑭推翻了。

● 牵马图 辽

>>> 契丹服饰

契丹的服饰就是所谓的"胡服"。

"胡"是战国以来，中原人对北方诸族的泛称。"胡服"则是泛指包括北方民族在内的周边诸族服饰，其最大特点就是"左衽"。

上古时代，上衣多为交领斜襟，中原人崇尚右，习惯上衣襟右掩，称为右衽；而北方诸族崇尚左，衣襟左掩，是为左衽。除了上衣左衽以外，胡服的下衣和足衣也与中原服饰明显有别。

拓展阅读：
《契丹社会风俗琐谈》任崇岳
《胡服骑射》
陕西人民美术出版社

◎ 关键词：辽太祖 民族英雄 统一

耶律阿保机与契丹建国

耶律阿保机，即辽太祖，契丹族人。公元872年，耶律阿保机出生在迭剌部耶律氏族一个贵族家里。他从小英勇善战，表现出优越的军事和政治才能。

契丹族原为鲜卑族的一支，居住在辽水上游的潢水（今西拉木伦河）流域，以游牧为主。唐朝初年，契丹族已经形成了由八部联合组成的部落联盟，各部落的首领公推一人，作为部落联盟的首领，统一领导各部落生产、作战和处理对外关系。

唐朝末年，汉族人民不断迁往契丹族居住的地区，在那里开荒谋生，带去了一些先进的生产技术。在和汉族人民接触的过程中，契丹族人民逐渐学会了种地、织布、冶铁和建造房屋，开始过定居生活。

契丹部落联盟中有一个重要职位叫夷离堇。后来，契丹部落联盟中又设置了一个比夷离堇的地位还要高的职位，叫于越，负责掌握部落联盟的军事和行政大权。阿保机曾经先后担任夷离堇和于越，掌握了军政大权。

阿保机不断对外发动战争，掠夺了大量的财富和奴隶，他的权力很快超过了部落联盟的首领。公元907年，经过部落选举，阿保机当上了部落联盟首领。

契丹部落联盟的首领本来是三年推选一次，可是阿保机做到第五年还不肯让位。很多贵族非常不满，起来反对阿保机。阿保机镇压了这些贵族的反抗。

趁阿保机领兵在外作战的时候，有些贵族又起来反抗。这一次，阿保机没有出兵反击，而是下令举行传统的选举仪式。结果，他又当选为部落联盟的首领。可那些贵族还是不甘心，几个月之后又发动了叛乱，这次叛乱前后有两个月之久。经过艰苦的斗争，阿保机终于平息了战乱。

公元916年，阿保机称帝，国号契丹，建元神册。

在这个新成立的国家里，阿保机进行了一系列的改革。他创造了契丹文字，制定了法律，对那些汉族人民仍旧依照汉族的法律治理。此外，阿保机还采取了一些发展农业和商业的措施。他的这些做法在当时具有进步的意义。

建国后，阿保机对邻族和中原地区进行更大规模的侵略，逐渐统一了大漠南北和东北广大地区，他领导的契丹成为当时我国北方的一个强大的地方政权。

阿保机被视为契丹族的民族英雄，他以超群的谋略和卓越的政治军事才能，完成了中国北方地区的统一，为北方少数民族的发展做出了重大贡献。

● 投靠契丹贵族的石敬瑭

>>> 契丹文字

契丹大字和契丹小字都是依据汉字字体创制的拼音文字。契丹大字是以几个音符叠成契丹语的一个音缀，在形状上仿照汉字合成一个方块字，特别难认。

契丹小字，笔画比契丹大字简单，所以也叫"小简字"。

契丹大字和契丹小字只是在契丹贵族文人中使用，范围极有限。辽代的文化主要是依靠汉字作工具进行传播和发展的。

拓展阅读：

《契丹文字的解读方法》
于宝林
《儿皇帝石敬瑭》谌蹊

◎ 关键词：石敬瑭 五代十国 儿皇帝 厚颜无耻

石敬瑭对契丹称儿皇帝

石敬瑭，沙陀族人，五代十国时期后唐明宗李嗣源的女婿。明宗死后，明宗生子李从厚的帝位（就是唐闵帝）被养子李从珂夺去。石敬瑭也企图夺取帝位，为了乞求契丹支持，他竟然投靠契丹贵族，称比他小十一岁的契丹主耶律德光为"父皇帝"，自称"儿皇帝"。

石敬瑭年轻时朴实稳重、勇猛好斗，射起箭来百发百中，而且喜欢学习兵法。李存勖很赏识他，让他带领亲兵，给自己当个心腹将领。李克用的养子李嗣源（就是后来的唐明宗）对他也很器重，还把自己的女儿嫁给了他。

在后唐，石敬瑭做到节度使的大官，还被封为赵国公。但他仍然不满足，一心想要当皇帝。唐末帝李从珂任命他为天平节度使（治所为郓州），他假称有病，不去上任。后唐朝廷察觉了他的不轨意图，于是下令削去了他的官职和爵位，并命令晋州刺史张敬达领兵包围晋阳。石敬瑭抵挡不了，晋阳十分危急。他的谋士桑维翰给他出主意，要他向契丹人讨救兵。

那时候，耶律阿保机已经去世，他的儿子耶律德光接替了契丹国主的位子。桑维翰帮石敬瑭写了一封求救信给耶律德光，表示愿意拜契丹国主做父亲，并且答应在打退唐军之后，把雁门关以北的燕云十六州献给契丹。

契丹国王耶律德光一直想侵犯中原，对于这次难得的机会当然求之不得。于是他满口答应，发兵去救石敬瑭。

公元936年9月，耶律德光率领大军，从雁门关南下攻打唐军，唐军被打得大败。石敬瑭得救以后，带领部下将领，从晋阳城出来拜见耶律德光。耶律德光拉着石敬瑭的手，跟比他大十一岁的石敬瑭叙起父子的情谊。石敬瑭厚颜无耻、百般献媚，极力装出个孝顺儿子的模样。耶律德光又对他考察了好多天，终于相信他确实是个尽忠尽孝的儿臣，于是对他说："我看你的相貌和气量，够做一个皇帝，我立你为天子。"石敬瑭喜出望外，可又怕耶律德光是在试探他，于是假意推辞了一番。看到机会难得，桑维翰等人都来"劝进"，请他不必推辞。耶律德光把自己身上穿的袍服脱下来，把自己头上戴的冠冕摘下来，替石敬瑭穿戴起来，封他为"大晋皇帝"。这样，他就真的做起皇帝来了。

石敬瑭称帝后很守"信用"。他把燕云十六州割让给契丹，并承诺每年给契丹布帛三十万匹。此后，燕云十六州成为大辽南下掠夺中原的基地。不时的掠夺使北方社会经济遭到严重破坏，贻害长达四百年。

盛唐气象——隋唐五代

● 维摩经变相图 五代

>>> 耶律德光

契丹族，辽太祖耶律阿保机第二子。

在其统治期间，采取因俗而治的统治政策，以国制待契丹，以汉制待汉人，以适应不同地区的政治、经济和文化传统，把契丹文明推向一个前所未有的高度。

在中央设立两套统治机构，北面官管辖契丹及其他游牧民族，南面官管辖幽云十六州等地区的汉族民居。在地方分别实行部族制和州县制。

拓展阅读：

《舌》五代·冯道
《荣枯鉴》唐·冯道

◎ 关键词：冯道 官场不倒翁 褒贬不一

五代不倒翁冯道

冯道，字可道，河北瀛州景城（今河北河间地区）人。他在王朝更替频繁的五代时期，历事四朝，侍奉过十位皇帝，高居宰相之位二十多年而不倒，成了名副其实的官场不倒翁。

相传冯道未成名时，曾赋诗一首以表心志："莫为危时便怆神，前程往往有期因。终因海岳归明主，未省乾坤陷吉人。道德几时曾去世，舟车何处不通津。但教方寸无诸恶，虎狼丛中也立身。"冯道认为，只要一个人识时务、不乱方寸，便可以左右逢源。他的一生确实是按着这一座右铭去做的。

在官场，冯道有一套为官之道。

冯道对皇帝正直、忠义，敢于劝谏。皇帝对他非常满意。正是在冯道的辅助下，后唐明宗在位期间才出现了五代十国时期最好的政治局面。

冯道善于见风使舵。明宗死后，冯道做了闵帝的宰相。不久，潞王李从珂在凤翔反叛，闵帝只好仓皇逃跑。闵帝前脚一走，冯道就率百官将潞王迎入，李从珂继续用他为相。

公元936年，石敬瑭灭了后唐，建立后晋。冯道马上投奔了后晋，一顿巧言游说，石敬瑭任他为司空。石敬瑭死后，出帝石重贵继位，冯道仍然为相。不久，契丹大军压境，攻入开封，擒获了出帝。冯道又从容地去朝拜契丹主耶律德光。耶律德光问他："你为什么来见我？"冯道答道："无兵无城，怎敢不来。"耶律德光又刁难他："你是何等老子？"冯道装疯卖傻地说："我是无才无德的痴顽老儿。"耶律德光大笑，于是封他为太傅。

公元951年，郭威灭后汉，建立了后周。冯道依然脸不变色心不跳地投靠了郭威，被授予太师兼中书令之职。

三年以后，后周世宗柴荣即位。这时，刘圣攻上党，柴荣想亲自督战攻打刘圣，但冯道竭力劝阻。柴荣说："朕见唐太宗平定天下，敌兵无论强弱必亲自出征，朕因何不可？"冯道冷冷地笑了一声，说："陛下怎可与唐太宗比。"柴荣大怒，于是降旨罢去冯道太师职位，然后率兵出征。闯过了大风大浪的冯道而今在柴荣这儿碰了钉子，他又羞又恼，不久就死了。

冯道处于中国历史上改朝换代最频繁的时期，他一生出仕了多位帝王。对他的这一做法，历史上评价褒贬不一。但是冯道也的确有些才能，因为在他一生的从政生涯中，曾有过不少的政绩。

●南唐后主李煜

>>> 李煜《乌夜啼》

无言独上西楼，月如钩，寂寞梧桐深院锁清秋。

剪不断，理还乱，是离愁，别是一般滋味在心头。

一个掌握生杀予夺之权的一国之主，忽而变为任人宰割的阶下之囚，景况一落千丈，李煜的悲痛愁恨乃是一般人难以想象的。他领受了人生的悲哀，又直率、真切地把自己的悲哀倾泻在词中，这使他的词"深衷浅貌，短语长情"，无论就思想内容或艺术技巧来看，都大大超越了前人，达到了小令的最高境界。

拓展阅读：

《李煜词选》许渊冲
《南唐后主李煜》杨抱朴

◎ 关键词：风流才子 艺术家 昏庸 文人

以词闻名的李后主

五代十国时期的南唐政权建立在富庶的长江中下游地带，地理条件优越、环境比较安定。南唐吸收了不少从北方流亡过来的劳力，经济迅速发展起来，出现了当时少有的繁荣气象。那里的文化气息也比较浓郁，因而聚集了大批的文人。

南唐的最后一个君主叫李煜，史称南唐后主。他读书很多，文章诗词样样精通，还工书善画，通晓音律，是个典型的风流才子，也可以说是个相当全面的大艺术家。他在吟诗作画上是个行家，然而对国家大事却一窍不通，也懒得过问那些政事。

李煜是南唐元宗李璟的第六子，本来当皇帝的事是轮不到他的，但他的五个哥哥过早地死了，所以被迫继承了皇位。

当时，宋太祖赵匡胤已在北方建立了宋朝，南唐局势岌岌可危。李煜对宋朝年年进贡，以图委曲求全。他最大的心愿就是偏安一隅，得过且过，不做亡国奴。宋太祖诏他入朝，他始终不敢冒险，怕有去无回，所以一再称病推辞。

宋太祖见连诏不至，十分恼怒，认为李煜是抗命不遵，于是决定讨伐。

公元974年9月，宋太祖派大将曹彬、潘美统率十万大军，从荆南出发，浩浩荡荡地向南唐挺进。宋军直奔池州，池州守将见宋兵压境，竟然吓得弃城而逃。宋军一口气打到了都城金陵（今江苏南京）。

金陵危在旦夕，李后主无奈，只得派大学士徐铉到汴京去请求宋太祖罢兵。

徐铉见了宋太祖，说："李煜侍奉陛下，犹如儿子一般尽心，为什么还要讨伐他？"

太祖问道："既然视我为父，就理应父子一家，哪有南北对峙，分作两家的道理？"

这话说得徐铉哑口无言，只好苦求太祖手下留情，不要攻取金陵。太祖怒道："哪来这么多废话。现在天下一家，李煜理应归顺。卧榻之侧，岂容他人酣睡？"徐铉大惊，赶紧离开汴京，返回金陵。

公元976年，曹彬率领宋军攻破金陵。李后主本想聚宝自焚，但缺乏慷慨赴死的勇气，只得领着臣下向曹彬请降。

南唐灭亡后，李煜被迁到了北宋的首都开封，成为阶下之囚。后主经常思国怀乡，感慨人生无常。

公元978年，李后主与同来汴京的后妃们一起庆贺四十二岁生日，席间多喝了几杯，伤感从心头涌起，挥笔写下著名的《虞美人》：

春花秋月何时了？往事知多少，小楼昨夜又东风，故国不堪回首月明中。

雕栏玉砌应犹在，只是朱颜改。问君能有几多愁，恰似一江春水向东流。

据说，李煜就是因为这首词而死的。

当时的宋太宗赵光义听说李煜竟然还有心思欣赏歌舞、舞文弄墨，非常生气。后来，他又听到了《虞美人》这首词中的"小楼昨夜又东风，故国不堪回首月明中"，与"问君能有几多愁，恰似一江春水向东流"两句，冷笑着说："李煜还在怀念故国呀。"于是让人给李煜送去了毒酒，将年仅四十二岁的李煜毒死了。

在政治上，李煜是一个懦弱无能的昏君。然而，在文学中，他却是一个优秀的文人。他最具代表性的词除了《虞美人》外，还有《浪淘沙令》

●功德神像 五代至宋 张澄
●持幡观音菩萨像（之一） 五代至宋
●持幡观音菩萨像（之二） 五代至宋

《破阵子》等。他这一时期的词作大都哀婉凄绝，主要抒写了自己凭栏远眺、梦里归乡的情景，表达了对故国及往事的无限眷恋。李煜在中国词史上占有重要的地位，被称为"千古词帝"，对后世影响甚大。李煜文、词及书、画创作均丰，其词主要收录在《南唐二主词》中。

国脉如缕——

辽、宋、金、西夏

—— 政权并存，相互征战。万里长城踏破，险关要隘横跨，塞外民族饮马黄河。

—— 中原战事纷起，金戈铁马激荡，昌盛王朝铅华剥落。

—— 耶律大辽，所向披靡，四时捺钵建行国；陈桥兵变，苍天改色，文明礼仪，泱泱大观，民族关系，错综难断；党项李夏，纵横捭阖，悠悠王陵忆峥嵘；东北女真，遽兴于山川野泽，灭辽驱宋，百年霸业堪称雄。

—— 英雄勇猛剽悍，异域风情弥漫，"三国"鼎立争天险，引出千秋妙谈。

●宋太祖赵匡胤

>>> 赵匡胤千里送京娘

当年，民女赵京娘随父去北岳还乡愿，不料路遇响马，被扣押于赵匡胤叔父赵景清所在的道观。赵匡胤闲逛道观时听得声音，救下京娘，并护送她返家。

为行路方便，二人结成兄妹。路上京娘对他表示了爱慕之情。赵却没有反应，坚守兄妹之礼。返家之后，京娘之父想将京娘许配给赵匡胤，赵匡胤不想落一个不义之名，拒绝而去。

在家人的冷言冷语下，京娘为表贞节，自缢身亡。赵匡胤即位后得知此事，甚是嗟叹，并专门为京娘立祠。

拓展阅读：

《雪夜访普图》明·刘俊
《赵匡胤》董云帅

◎ 关键词：赵匡胤 龙袍 宋太祖

赵匡胤黄袍加身

赵匡胤，涿州（今河北涿县）人，宋朝开国皇帝。赵匡胤从小习文练武，长大后投奔后汉大将郭威，得到了郭威的赏识。公元951年，他因参与拥立郭威为后周皇帝一事，被重用为典掌禁军。周世宗柴荣时，他又因战功而升任殿前都点检，掌握了后周的兵权。柴荣死后，其年仅七岁的儿子柴宗训继位。这时，赵匡胤见皇上年幼无能，开始和赵匡义、赵普密谋篡夺皇位。

公元960年正月初一，开封城内一片繁华热闹景象。宫廷内大摆筵席，文武百官向皇帝朝贺新年。君臣在兴头上，忽然有人报告说，北汉和辽国的军队联合南下攻击后周。后周符太后和宰相范质、王溥等闻言大惊，慌忙决定派赵匡胤统领大军北上御敌。

其实，根本没有什么辽兵，这只是赵匡胤的计谋。他知道小皇帝听到敌兵来攻必然惊慌，也一定会派他领军抵抗，这样他就能名正言顺地将军队掌握住了。

正月初三，赵匡胤带兵离开开封城，向东北进发。当部队行至陈桥驿时，赵匡胤令全军就地安营扎寨。

天慢慢地黑了下来，大将高怀德的营帐中，烛光闪闪，人影绰绰。

高怀德是赵匡胤的拜把兄弟，他十分赞成拥立赵匡胤做皇帝。他一把拔出佩剑，说："有谁反对赵点检当皇帝，我的剑可不认人。"

赵匡义接着说："当今皇帝年幼无为，早应废黜才是！"

赵普问帐中诸将："你们当中有谁不同意，不同意的可以离去！"

大伙儿想：哪个皇帝不是皇帝？如果赵匡胤真的是真龙天子，我们不也可以沾光嘛！所以没有一个人离开。

见大家都默认了，赵普就拿出一件新做的龙袍，说："走啊！拥立新皇帝去。"将军们便前呼后拥地向中军大帐走来。

众将进入帐中，叫"醒"假意蒙头大睡的赵匡胤，拿着龙袍就往赵匡胤身上套。

赵匡胤假惺惺地说道："周主待我恩重如山，怎么能以下犯上，不敢不敢……"然而说话的同时，他自己却早把龙袍穿好了。

之后，赵匡义、赵普等人都倒地叩头，高呼"万岁"。赵点检真的做起天子来了，这就是历史上有名的"陈桥驿黄袍加身"。

正月初四，赵匡胤率军回师开封，逼柴宗训让了位。赵匡胤即位称帝，国号为宋，历史上称为北宋，赵匡胤就是宋太祖。此后，宋太祖经过多年征战，统一了全国。至此，经过五十多年混战的五代时期宣告结束。

国脉如缕——辽、宋、金、西夏

●石守信像

>>> 烛影斧声

据传在宋太祖病重的时候，赵光义入宫探视并斥退近处的宦官、宫女。宋太祖身边的近臣都只能远远地望着。当时在烛影之下，赵光义不时离开座位，好像有所谦让躲避。

一会儿，太祖一边拿着柱斧戳地板，一边大声对赵光义说："好为之。"当夜，太祖死于万岁殿。

后来，没有人知道那一夜到底发生了什么事。这就是流传甚广的"烛影斧声"之谜。

拓展阅读：

赵匡胤情系凤凰台
《打刀》（京剧）

◎ 关键词：赵匡胤 杯酒释兵权 直接控制

宋太祖杯酒释兵权

公元960年，赵匡胤发动陈桥兵变，建立宋朝，是为宋太祖。夺得政权之后，宋太祖担心有一天他的部下效仿他，也来个"黄袍加身"，让他也成为一个短命王朝的君主。

宋太祖为了这件事，心里总不大踏实。有一次，他单独找赵普谈话，说出了他的担心。赵普为他分析了前朝的弊病，建议他将兵权集中到中央。宋太祖赵匡胤顿时恍然大悟。

这年秋天的一个晚上，赵匡胤召集禁军将领石守信、王审琦等饮酒欢宴。酒宴上，众将见他愁眉紧锁，忧心忡忡，都询问原委。宋太祖说："过去全靠着诸位出力，我才有了今天。不过，这个天子实在难当，还不如当初做节度使，那时候我逍遥自在极了，而今简直没有哪一晚能睡个安稳觉。"

石守信等人听了十分惊奇，忙问是什么缘故。宋太祖说："这还不明白？皇帝这个位子，谁不眼红呀？"石守信等人立刻说："如今天命归大宋和陛下，谁敢大胆觊觎？"宋太祖叹了口气，说："你们当然不会有什么非分之想。但是，有朝一日你们的部下贪图富贵，也把黄袍披到你们身上，那时候你们想不干，能行吗？"一席话说得石守信他们冷汗直淌，连忙拜伏在地，哭泣着说："臣等实在愚蠢，想不到这一点，望陛下给我们指出一条生路。"见时机已到，宋太祖便劝自己这批亲信大将说："我替大家打算，不如你们把兵权交出来，购些好田，建座大宅子，替子孙创立家业，快快活活度个晚年。我和你们结为亲家，彼此毫无猜疑，不是更好吗？"这一席话，既是"兄弟"之间的交心之谈，又是君主对臣下的建议警告。石守信他们只好遵命。

第二天早朝，石守信他们都说自己身患疾病，不宜再领兵出征，一个个乖乖地交出了兵权。

这就是历史上有名的"杯酒释兵权"。之后，赵匡胤稳稳地把兵权掌握在自己手中。

轻而易举地解除了将领的兵权后，赵匡胤还不放心。因为当时地方上的节度使权力还十分大，他害怕再次上演藩镇作乱的悲剧。正好那一段时期，一些节度使到京城来朝见，赵匡胤如法炮制，在酒席之间暗示节度使交出藩镇兵权。

收回地方将领的兵权以后，宋太祖建立了新的军事制度。他从地方军队挑选出精兵，编成禁军，由皇帝直接控制。同时，各地行政长官也由朝廷委派。通过这些措施，新建立的北宋王朝逐渐稳定下来。

◎ 关键词：萧燕燕 皇后 文治武功 鼎盛

契丹女杰萧燕燕

●手持骨朵的辽人

>>> 契丹射猎

契丹人喜爱射猎，居无常处。连契丹妇女，自后妃以下，都会骑射，她们还和男子一起射猎。

他们春季捕鹅、鸭、打雁，四五月打麋鹿，八九月打虎豹。

另外，契丹人还射熊、野猪、野马，打狐、兔。狩猎以骑射为主，但还有辅助方法。比如射鹿，在鹿经过的地方撒上盐，鹿必饮盐水，猎人吹角仿效鹿鸣，把鹿引到一起，然后再用弓箭射它们，叫作"呼鹿"。

拓展阅读：
《中国后妃传》冯瑞珍
《萧太后大传》葛嫱月

萧燕燕，辽景宗皇后，也是辽国三位临朝称制的太后中最为著名的皇后。她在位时，辽的文治武功都很显赫。

萧燕燕姿容秀丽，娴静端庄，从小就与众不同。她从不轻易露出笑容，遇到可笑的事情，别人笑得前仰后合，她却只是拿着手帕掩住嘴，一笑便罢；遇到值得可怜的事情，别的女孩只会口头上表示同情，萧燕燕却以实际行动去帮助别人解决困难；遇到以大欺小、以强凌弱的事情，别的女孩怕吃亏，躲得远远的，萧燕燕却敢站出来打抱不平，伸张正义。一个柔弱的小女子有这样的性格，预示着她将来必定成为一个非常之人。

公元969年，辽景宗即位，十六岁的萧燕燕被选进宫，封为贵妃。进了宫廷后，萧燕燕时常关心国家大事，而且能出些好主意，因而得到了辽景宗的赏识，不久便被册立为皇后。

辽景宗即位时，面对混乱的局面，的确想励精图治，干一番大事业，但他自幼身体不好，于是把军国大事托付给能干的萧燕燕代为处理。

那时候，辽国有宋朝与之分庭抗礼，四周还有北汉、党项等几个小国各自为政。而且，宋太宗赵光义上台后，一心要收回燕云十六州，所以对辽发动了战争。

对于宋军的进攻，辽国没有做好准备。战争一开始，宋军连连得胜，很快打到幽州城南。辽景宗得知后，赶快请皇后萧燕燕召开紧急会议，商量对策。会上有人主张放弃幽州，而萧燕燕却认为宋军远道出击，粮食运输必定困难，主张一面派精兵阻击，死守阵地，一面派轻骑兵奇袭宋军后方，截断他们的粮道。辽景宗与大将耶律休哥觉得萧燕燕的分析很有道理。随即，萧燕燕代辽景宗派耶律休哥和耶律沙带领军队前去阻击宋军。

不久，耶律沙率领精锐骑兵赶赴幽州，耶律休哥则带兵绕到幽州城南，他们打算分两路夹击宋军。于是，耶律沙和耶律休哥把拟好的作战计划拿去请萧燕燕批准，萧燕燕却给了他们自己决定的权力。耶律休哥和耶律沙都觉得皇后真是英明，真正懂得用兵打仗的道理。

由于部署得当，耶律沙和耶律休哥很快就在幽州的高粱河地区（今北京西直门一带）把宋太宗亲率的大军打得丢盔弃甲。高粱河一战，显示了萧燕燕处理军国大事的才干。

公元982年，辽景宗去世，辽圣宗即位，尊萧燕燕为皇太后并由她摄政。在摄政期间，萧燕燕重用汉人，加强统治力量；经济上推行赋税制，发展农业，保护商业，对外与宋讲和，坐收岁币之利，使辽国的政治、经济和文化都得到了高度发展，辽国达到了鼎盛时期。

国脉如缕——辽、宋、金、西夏

●宋太宗赵光义

>>> 九弦琴

传说琴是古代伏羲氏所制，最初只有五根弦，周朝初期增为七根弦，所以有的古书中称它为"七弦琴"。

北宋太平兴国年间，朱文济弹琴最好，他在皇帝身边任"琴待诏"。

一天，宋太宗令他将七弦琴改为九弦琴，并要求朱文济用它为近臣们演奏新曲。朱文济只好用其中的七条弦演奏了一曲传统琴曲。那些不懂装懂的宰相为了向皇帝献殷勤，故意问道："此新曲何名？"朱文济却老实地回答："古《风入松》也！"给了权贵们极大的讽刺。

拓展阅读：

《细节改变历史》游彪
通惠河

◎ 关键词：赵光义 燕云十六州 高梁河 失败

宋辽高梁河战役

北宋初年，宋朝在北方最大的强敌就是辽国。宋辽之间不断征战，互有进退。宋太宗赵光义登基后，决心把后晋时候石敬瑭割给辽国的燕云十六州夺回来，以实现真正的统一。

公元979年年初，宋太宗亲自率领大军征讨北汉。北汉连忙向辽国求救，辽国派大军前来援助，结果在白马岭（今山西盂县东北）被宋军打败。辽军一败，北汉失去了靠山，不久就投降了宋朝。

平定北汉后，宋太宗决定乘胜攻打辽国，欲夺回燕云十六州。在辽国毫无准备的情况下，宋军胜利地收复了岐沟关和涿州，很快打到了幽州城南。

辽国的南院大王耶律斜轸连忙前来应战。他派一支军队引诱宋军，自己带领大军，绕到宋军背后进行偷袭。

宋军奋勇作战，杀死辽军一千多人，突然腹背受敌，不得不向后撤退。耶律斜轸也不敢再战，把军队退到清沙河北（今北京昌平一带），声援幽州。

耶律斜轸的军队一退，宋军就把幽州团团包围起来。宋太宗督促将士日夜攻城，可是连日作战后，宋军已经疲惫不堪，锐气大减。

辽景宗耶律贤听说幽州危急，连忙召集大臣商量。大将耶律休哥请令救援，辽景宗同意了他的请求，派他和另一个大将耶律沙带领十万大军赶往幽州。

耶律沙带领一支辽军，先赶到幽州。宋军集中力量迎击。双方在高梁河（今北京西郊）打了起来。耶律沙远道赶来，人困马乏，加上军队人数不多，因此吃了败仗，只好退却。

随后，耶律休哥带领大队人马赶到。为了壮大声势，耶律休哥命令每个士兵拿着两支火把，远远看去像条火龙。宋军不知道敌人究竟又来了多少，害怕起来。

耶律休哥很快跟驻扎在幽州城外的南院大王耶律斜轸会合。第二天，辽军分左右两路向宋军展开了猛烈的攻击。

正当双方激战的时候，守卫幽州的辽军也一面打鼓，一面呼喊，杀出城来。宋军腹背受敌，支持不住，结果大败，死了一万多人。

看到情形不妙，宋太宗连忙退兵南逃。逃到涿州，天色已晚，宋太宗正想进城休息，不料辽军又追来了。他的马已经跑不动了，于是慌忙跳上驴车，继续南逃，直到逃回宋朝的国土，才松了一口气。

在宋辽高梁河之战中，宋军丢失了大量物资和武器，曾经收复的一些失地也被辽军夺回去了。高梁河战役后，宋辽又发生了几次大战，但都以宋军的失败告终。从此，宋朝在北境转入守势。

● 传说是杨业后人的杨再兴

>>> 杨家将

　　杨家将是文艺作品中塑造的北宋杨业、佘太君、杨延昭、杨宗保、穆桂英等祖孙数代男女英雄的艺术群像。
　　据《宋史·杨业传》，杨家一门忠勇，父、子、孙相继守边，抗辽保宋，尤以杨业、杨延昭、杨文广功勋卓著，最受广大人民崇敬。
　　后人据史演义，在戏曲、小说中逐渐丰富他们的形象，美称为"杨家将"。

拓展阅读：
《过杨无敌庙》宋·苏辙
《杨门虎将》（电视剧）

◎ 关键词：杨业　以死报国　坚贞不屈

北宋名将杨业殉国

　　公元979年，北汉降宋，北汉大将杨业成为北宋的将军。因为他能征惯战，骁勇无比，所以人们称他"杨无敌"。如今，杨业与其子女英勇抗辽的故事仍然家喻户晓。

　　当年，高梁河战役之后，辽军不断南下。公元980年辽国出动十万大军，侵犯雁门关。镇守代州的杨业带领数百名骑兵，从小路绕到雁门关北面。辽军想不到背后来了宋朝的军队，吓得四处逃散。结果，杨业打了胜仗。消息传到京城，宋太宗非常高兴，特地给杨业升了官。

　　公元982年，辽景宗去世，年仅十二岁的辽圣宗即位。宋太宗看到辽圣宗年幼，决心出兵收复失地。公元986年，宋太宗分兵三路攻打辽国。东路由大将曹彬带领，向幽州挺进；中路由田重进带领，攻取河北西北部和山西东北部各地；西路由潘美和杨业率领，攻取山西北部各地。然后三路军队会合，收复幽州。

　　潘美、杨业一路上英勇作战，很快打下了寰、朔、云、应四州。不过，由于中路、东路溃败，西路军队成了深入的孤军，宋太宗命令他们迅速退回代州。不久，应州的宋兵逃跑，辽军又乘机打进了寰州。随后，宋朝下令把寰、朔、应、云四州的人民迁到内地，要潘美和杨业的部队负责掩护。

　　后来，凭着多年来对辽国作战的经验，杨业提出了一个稳妥的作战方案，即假装攻打应州，让辽军前来迎战，同时派人秘密跟云、朔两州的守将约好日期，要他们利用这个时机赶快带百姓往南走，然后派三千弓箭手和骑兵在中路接应，百姓便可安全撤退。然而，对于他的计策，监军王侁坚决反对。他认为应该走雁门关北面的大路，向朔州行进，然后攻打寰州。他讥讽杨业胆小怕事，坚持让杨业按他的命令行事。

　　潘美明知这样出兵凶多吉少，但是他妒忌杨业的才能，因此未加阻拦。杨业无奈，只得率本部人马出击。临走前，杨业和潘美约定，由潘美、王侁率领弓箭手在陈家谷负责接应，然后便带领人马直奔朔州。

　　听说杨业前来，辽军出动大批军队，把宋军团团围住，杨业和他的部下虽英勇作战，但毕竟寡不敌众，最后只剩下一百多人，才好不容易突出重围。谁知退到陈家谷时，潘美、王侁早已撤离。杨业悲愤难当，决心以死报国，他让部下各自逃命。部下被杨业感动，没一个人肯逃走。杨业很快再次陷入重围，又得不到接应，只得孤身奋战，但终因寡不敌众，身负重伤，坠马被俘。被俘后，杨业坚贞不屈，在辽营绝食三天后，壮烈殉国。

◎关键词：天府之国 起义军 王小波 李顺

王小波、李顺起义

宋朝建立后，统治阶级为维护自己的政治统治和奢侈享乐，加紧了对人民的剥削。普通老百姓不但要缴人头税，而且做买卖也要缴税。

当时，素有天府之国美称的蜀地，经济很繁荣。北宋统治者看到有油水可捞，便纵容将士在成都抢掠，把后蜀储积的财富运到东京，这激起了蜀地百姓的愤恨。到了宋太宗的时候，又在那里设立衙门，垄断买卖，蜀地出产的茶叶、丝帛都被官府垄断了。这样一来，蜀地百姓的日子就更难过了。

那时，青城县（今四川灌县西南）有个农民叫王小波，和他妻弟李顺靠贩卖茶叶谋生。官府禁止私卖茶叶后，王小波断了生路，无奈之下决心起义。公元993年，王小波聚集了一百多个茶农和贫民，号召他们一起反抗大宋的腐败统治，众人纷纷响应。附近的农民听到这个消息，也纷纷参加起义队伍。

在王小波的带领下，起义军一口气就攻下了青城。接着，起义军向彭山县进发，杀了欺压百姓、刁钻狠毒的彭山县令齐元振，并把他剥削来的大批金帛都分给了农民。

公元993年12月，起义军攻打江原县（今四川崇庆县），与驻守江原的宋将张玘在江原城外展开大战。

战斗中，起义军个个英勇，打得十分顽强。张玘放冷箭射中了王小波的前额，王小波忍着疼痛，继续进攻，最后终于打败了宋军，把凶恶的张玘给杀了。王小波牺牲后，李顺被推举为领袖，继续带领大家反抗官军。

接着李顺带领起义军进攻成都，一路上攻取了许多城池，杀掉了很多贪官污吏，队伍不断壮大，最后终于攻取成都。

公元994年1月，起义军在成都建立了自己的政权，国号"大蜀"，李顺被推为大蜀王。这时，起义军已占领了北起剑门关，南到巫峡的广大地区。消息传到东京，宋太宗害怕了，就派宦官王继恩率领京城禁军前去镇压。

王继恩兵分两路，一路攻打巫峡，一路攻打剑门。不久，王继恩占领了剑门，下一步就攻打成都。

公元994年5月，成都城被攻破，李顺在战斗中壮烈牺牲。

李顺牺牲以后，农民军退出成都，在张余的领导下继续同宋军战斗。公元995年2月，张余被捕，壮烈牺牲。之后，起义军又坚持战斗了十个月，但最终被镇压。

继王小波、李顺起义后，北宋各地不断义旗高举，像以后的方腊起义，水泊梁山宋江起义，都打击了宋朝的统治阶级，动摇了宋朝的统治基础，推动了社会的发展。

●青釉三足蟾蜍水注 宋

>>> 《水浒传》

《水浒传》是中国历史上第一部描写农民起义的长篇小说，为我国四大名著之一。这个故事最早在民间传诵，作者一般认为是元末明初的施耐庵。

《水浒传》以北宋末年农民起义的发生、发展过程为主线，通过对宋江等一百零八名英雄好汉被逼上梁山，凭借水泊天险替天行道，杀富济贫，除暴安良等行为的描写，表现了"官逼民反"这一封建时代农民起义的必然规律，深刻反映出北宋末年的政治状况和社会矛盾。

拓展阅读：

水泊梁山
《宋江三十六赞》宋·龚开

●虎形瓷枕 宋

>>> "廊坊"的来历

北宋丞相吕端为安次人，其父吕植官拜侍郎。在安次县内，吕植住宅被人们称为"侍郎房"，简称"郎房"。京山铁路设站时，将站名写为"廊房"。新中国成立后统一写为"廊坊"。

拓展阅读：
《大宋艳后》赵国兴/张志宏
《察贤辨才》黄书元

◎ 关键词：吕端 廉洁 公而忘私

吕端大事不糊涂

毛泽东有这样一句诗："诸葛一生惟谨慎，吕端大事不糊涂。"这里提到的吕端，是北宋时期的一位名臣，"大事不糊涂"这五个字非常简练地概括了他为人处世的基本特点。

吕端，字易直，幽州安次（现廊坊安次区）人。他从小聪敏好学，但考了几次进士都没有考中，后来以荫恩补官，才得以走上仕途。

公元982年，北宋叛臣李继迁兵扰西部边陲。有一次，宋军擒获了李继迁的母亲，太宗听说后想把她杀掉。当时寇准为枢密副使，太宗很信任他，便把他找来商量。宰相吕端得知此事后，马上上朝见太宗说："当初项羽抓到刘邦的父亲，准备把他煮了。刘邦说：'希望你能分一杯肉羹给我吃。'干大事的人都不会顾及自己的亲人，何况李继迁是狂妄叛逆之徒，陛下今日杀了他的母亲，明天就能擒拿到李继迁吗？如果擒拿不到，则只能结下怨仇，更加坚定他的叛逆之心罢了。"

太宗听了，觉得很有道理，便依吕端之见把她安置在延州（今陕西延安），好好对待她，以招降李继迁。后来，李继迁的母亲在延州病死。接着李继迁也死了，他的儿子最终归顺了宋朝。这不能不说是吕端的功劳。

在任参知政事和宰相时，吕端与寇准共事。寇准个性比较强，吕端为了大臣之间融洽和睦，对寇准非常谦让。公元995年，吕端被拜为宰相，而寇准还是参知政事。吕端猜想寇准心里一定不服气。为了消除寇准的不满情绪，吕端请求太宗特准参知政事与宰相分掌大权。太宗同意了。从此以后，北宋的参知政事与宰相就合二为一了。吕端对寇准谦虚逊让，表面上看是小事，而实际上却关系到国家的大局。

在面对大事时，吕端能明察秋毫，当机立断，充分表现出优秀政治家的非凡胆识，而在对待一些小事情上却能忠厚宽恕，谦虚逊让，充分体现了这位封建良吏的气度。

曾经有个叫李惟清的官员被降了职，他认为是吕端有意压制他，就乘吕端生病没上朝的时候，上奏章对吕端进行中伤。吕端知道后，说："我一向直道而行，问心无愧。那些风言风语，有必要那么在乎吗？"他并不对这件事进行追究。

吕端一生经历两代帝王，在他四十年的宦海生涯中几乎没有受到什么冲击，这很大程度上和他的"大事不糊涂"有着很大的关系。他一生清正廉洁，公而忘私，体恤民众，忠心报国。公元1000年，吕端病逝，年六十六岁，被赠司空，谥正惠。

●寇准像

>>> 寇准的《江南春》

波渺渺，柳依依。孤村芳草远，斜日杏花飞。

江南春尽离肠断，苹满汀州人未归。

这是寇准所作的《江南春》，词中以清丽婉转、柔美多情的笔触，以景起，以情结，以景寄情，情景交融，抒写了女子怀人伤春的情愫。南宋胡仔《苕溪渔隐丛话》中这样点评这首词："观此语意，疑若优柔无断者；至其端委庙堂，决澶渊之策，其气锐然，奋仁者之勇，全与此诗意不相类。盖人之难知也如此！"

拓展阅读：

西湖十贤祠
《踏莎行·春暮》宋·寇准
《书河上亭壁》宋·寇准

◎ 关键词：名相 正气 敬重 宰相

一代名相寇准

寇准，字平仲，华州下邽(今陕西渭南东北）人，是北宋年间的一代名相。寇准一生几起几落，但凭着他一身正气、两袖清风、宠辱不惊的处世原则，使人们对他分外的敬重。

寇准出身于书香门第，他的父亲寇相学问很好，在五代后晋时中过进士。少年时的寇准，聪敏好学，从书本上学得许多知识和道理，尤其将《春秋》三传，读得烂熟，理解得很透彻，这为他以后出仕从政打下了基础。

公元980年，年仅十九岁的寇准考中进士，从此开始做官。一次，他奉太宗的命令分析宋与契丹的关系，讲了与契丹议和的不良结果，深受太宗的赏识，被提升为枢密院直学士。

寇准年纪轻轻就做了高官，又得到太宗的信任，不免引起别人的嫉妒。例如，寇准与张逊虽同为知院事，但两人关系并不好。一天，寇准与温仲舒并驾走在路上，路遇一疯子迎着马头狂呼"万岁"。这时恰好张逊经过，看见了这一场景，一向对寇准耿耿于怀的他便指使自己的亲信向太宗上奏此事。皇帝召见寇准，寇准刚想辩护，就遭到了张逊言辞激烈的抨击，结果两人就在太宗面前相互揭起短来，惹得太宗大怒不止。结果，张逊被罢官，寇准也被贬到青州去了（今山东益都）。

过了一年，太宗想起寇准的忠心耿耿，不可能会有犯上的行为，就把他召回京师，拜为参知政事。

宋真宗即位后，拜寇准为宰相。此时，辽国大军南侵。不过在寇准的坚决主张下，宋真宗御驾亲征，击退了辽国的进攻，双方签订了澶渊之盟。

澶渊之盟使大宋与辽国之间息兵休战达百年之久，寇准在这件事上功不可没。然而，正是因为有了这个功劳，寇准才招来了一场祸端。

在辽国南侵时，王钦若曾建议真宗逃到金陵，还受到寇准的痛骂，因此王钦若一直怀恨在心。有一天，退朝之后，他上奏真宗，说寇准取胜乃是孤注一掷，是把真宗当成了赌注。听了王钦若的话，真宗便从心里对寇准有了一种反感，一年后便罢免了寇准的宰相职务。

1019年，寇准又被任命为宰相。但是，他犯下了一个致命的错误，那就是任用了奸诈小人丁谓为参知政事。

后来，寇准因得罪真宗被贬为道州（今湖南道县）司马，丁谓觉得不解恨，又勾结刘皇后，再一次把寇准贬为雷州司户参军。1023年9月，晚境凄凉的寇准在忧郁中病逝于雷州贬所，终年六十二岁。1034年，寇准去世十一年后，仁宗为他昭雪，归葬今临渭区官底。

◎ 关键词：开国 称帝 吐蕃 西夏文 三国鼎立

李元昊建立西夏

● 西夏医方抄本

>>> 西夏文

西夏文是西夏文化的重要标志。它的出现很大程度上与西夏开国君主李元昊的野心和霸业有关。西夏文字虽然是党项族本身独创的文字，但其中有不少受邻近文化影响的痕迹。

西夏文共有六千多字，跟汉字有很多相似之处，例如两者都是方块字，基本笔画大致相同。不过，西夏文字比汉字更为繁杂，文字构造多采用汉字"六书"中的会意字和形声字。

拓展阅读：

《西夏史稿》吴天墀
《西夏简史》
钟侃/吴峰云/李范文

李元昊，西夏景宗，为西夏开国皇帝，党项族人，李姓为唐所赐，1003年五月初五出生于西平府（即灵州，今宁夏灵武西南）的夏州留后府中，其父为定难军节度行军司马李德明。

李德明是西夏王朝的奠基石，他接受了北宋王朝的封号，并利用宋辽争斗的时机大力发展自己的势力，使夏州的社会经济有了很大的发展，疆域也扩大了。李德明希望李元昊能够继承自己的事业，因此很注重对他的培养。

成年的李元昊身材不很高大，却很健壮，一双眼睛英气逼人，鹰钩鼻子透露出刚毅和冷酷的性格特征。据说，宋朝边将曹玮看到他的画像后惊叹："这真是一个英雄，日后他一定会成为我们国家的大敌。"

长大成人后的李元昊对父亲李德明向北宋称臣十分不满。李德明认为反宋的时机还不成熟，盲目行动只会招来灾祸。他告诫年轻气盛的李元昊说："夏州力量弱小，不能持久用兵征战。况且这三十年来我们党项族部众有绫罗绸缎穿都是宋朝的恩惠，不能辜负。"李元昊立即大声反驳说："我们党项族的本性就是穿着皮毛放牧牲畜，而且英雄生来就是为了称王称霸，光穿绫罗绸缎又有什么意思呢？"

1032年，李德明病逝，一心想"称王称霸"的李元昊掌握了夏州政权。为了称帝，他开始了一系列的准备措施。

首先，李元昊强化党项族的民族意识。他自己去掉了中原王朝赐的"李"姓，改姓为"嵬名氏"；将中原服饰改为吐蕃服饰，表示与中原不同；他还命令夏州政权里所有的人都剃光头发，戴上耳环；为了拥有自己民族的文字，李元昊亲自主持了党项文字（即西夏文字）的编纂工作，并将其立为国字。今天从存世的《番汉合时掌中珠》中，我们可以看到西夏文的概貌。

其次，要达到称帝的目的，李元昊还必须扫除境内的异己力量。李元昊的母亲卫慕氏支持卫慕族首领山喜谋杀李元昊，以夺取他手中的权力。狡诈机警的李元昊很快就发现了这个阴谋。他先下手为强，将山喜全族一网打尽，并且毫不留情地将他们全部淹死。对自己的母亲他也毫不客气，用药酒把她毒死了。李元昊的残酷令党项贵族心惊胆战，谁也不敢再有什么三心二意了。

1038年10月，三十岁的李元昊在大臣杨守素、野利仁荣等人的拥戴下，正式登上了皇帝的宝座，定国号为"大夏"。

至此，西夏、宋、辽三国鼎立的局面正式形成。李元昊终于成为雄霸一方的开国君主，实现了他梦寐以求的愿望。

● 最胜佛顶曼荼罗 西夏
该曼荼罗画有深蓝色的背景，外圆内方，中心做成金刚。外圆的内边缘由莲花瓣组成，圆中包含着有四方城门的方形最胜佛顶。画中心的塔中是白色的最胜佛顶，为莲花坐姿，三面，每面三眼、八臂，冠中是大日如来。左右分别是白色的观音和蓝色的金刚手菩萨。

●包拯像

>>> 无丝藕

俚语说"包公池里藕无丝"。"无丝"与无私谐音，反映了人民对包公（包拯）的赞颂与怀恋。

传说包拯晚年，宋仁宗将庐州一段护城河封给他，他无法拒绝，便做出规定：包河可种藕，只可济民，不许营利。加之此藕孔大节疏，质嫩无丝，合肥地区便有了一句歇后语"包河藕——无丝（私）"。

包拯后人恪守这一遗训，每到八月中秋这天，都要全族团聚，品尝加了冰糖的包河藕，以示"此藕无丝（私），冰心可鉴"。久而久之，流传乡里，就成了美德风俗。

拓展阅读：

《三侠五义》清·石玉昆
《包拯千年之谜》春江
狸猫换太子

◎ 关键词：清官 包公 刚直不阿 精神

千古清官包青天

包拯，人称包公、包青天，庐州合肥（今安徽合肥）人，是我国历史上有名的清官。长期以来，他在历代人民的心目中，一直是刚正不阿，为民请命的忠臣形象。今天，在许多戏曲、小说和民间传说里都有关于他的描述。

包拯生于公元999年，二十八岁那年考中进士，开始了官场生涯。他早年在天长县做官，清正严明，威名远扬。

后来，包拯到京城里做官，曾担任过枢密副使等职。京城里有许多皇亲国戚、权贵大臣，无才无德却身担要职，而且个个横行霸道，无法无天。有个张尧佐，侄女是贵妃，凭这点关系，他竟担任了三司使和节度使等四个重要官职。

包拯认为以张尧佐的才能，不适合担任这么多的官职，于是他就向宋仁宗上奏疏弹劾张尧佐。

奏疏送上去了，宋仁宗没有理睬。包拯毫不气馁，他又接连上了四道奏疏，进行弹劾。而且在讨论这件事时，包拯竟然和宋仁宗在金殿上当面争论起来。包拯大声说："张尧佐无德无能，凭什么担任这样的要职？请陛下不要让天下人议论，因为宠爱贵妃而有私心，这会损害陛下的尊严和威望的。望陛下能以天下为重。"包拯越说越激动，唾沫竟溅到了宋仁宗的脸上。宋仁宗虽然责怪他争论"失礼"，可还是免去了张尧佐的两个官职。

由于包拯铁面无私，任何皇亲国戚、权贵大臣都没有办法在他那里通关节、走门路，因此当时流传着这样一句话："关节不到，有阎罗包公。"

包拯克己奉公，处处遵纪守法。他曾经在端州（今广东肇庆市）做官，那里出产一种叫端砚的石砚。以前端州的地方官常常借口向皇帝进贡，搜刮端砚，奉承权贵大臣，他们搜刮去的端砚要比进贡的数量多几十倍。包公来到这里以后，只按进贡的数量收端砚，自己不拿一块。事情虽小，但是足以说明他清廉自守，具有一尘不染的高贵品德。

包拯对亲戚朋友也十分严格。如果有亲戚朋友想利用他做靠山谋私利，他一点也不客气，不但不帮忙，而且加以制止和训诫。日子一久，亲戚朋友知道他的脾气，也不敢再为私人的事情去找他了。

包拯生活非常俭朴，虽然做了大官，衣服、用具、饮食还和从前一样。他平生最恨贪官污吏，在他所作的一篇《家训》里说：后世子孙凡做官贪污的，不得放归本家，死后也不得葬于祖坟之中。

包拯一生做官清廉，生前得到了人们的尊敬和赞扬。在他死后，人们仍然把他当作清官的典范，加以敬奉和颂扬。他廉洁朴素、无私无畏的精神永远值得后人学习和效仿。

国脉如缕——辽、宋、金、西夏

●狄青像

>>> 胡马倒金戈

　　"胡马倒金戈"的故事发生在北宋。当时西夏进犯,宋将杨宗保被混元锤打中丧命,形势危急,狄青就被加封为天下招讨元帅,与石玉、张忠、李义、刘庆合称五虎将,领兵西征。

　　作战中,敌方百花公主在阵前爱上了杨宗保之子杨文广,归降宋朝。西夏称臣请和。之后,仁宗降旨,狄青与范仲淹之女完婚,杨文广与百花公主结合。

拓展阅读:

《狄青五虎将全传》李雨堂
兔子踢老鹰(典故)

◎关键词:狄青 大将军 良将 挑战

狄青不怕出身低

　　狄青字汉臣,宋仁宗时的大将军。他出身贫寒,但从小就胸怀大志。他练得一身武艺,骑马射箭,样样精通,加上胆壮力大,后来被选拔做了小军官。

　　西夏的李元昊称帝以后,不断地骚扰宋朝边境,宋朝朝廷不得不派兵增援陕西边境州郡。其间,狄青被提任为指挥使,带领一些宫廷卫士来到了延州。在他麾下,有一支大约五百人的士兵队伍。

　　从京城开封到延州,别人都认为是一种变相的流放。同时,在边境的战争中,宋军吃的败仗太多了,将士们大都产生了畏敌的心理。而狄青的心态却完全不同,他认为只有在这里才能找到表现自己才能的机会。

　　每逢上阵,狄青总是披散着满头长发,戴上青铜面具,只露出一对炯炯有神的眼睛。他横枪跃马,身先士卒,冲进西夏军阵,所向披靡,无人能挡。狄青前后参加了二十五次大小战斗,受了八次箭伤,但从没有打过一次败仗。西夏兵士一听到狄青的名字,就吓得望风而逃,不敢跟他交锋。

　　当时的守将范仲淹听了部下的推荐,立刻召见狄青。范仲淹跟狄青一见如故,连声称赞说:"真是一位良将之才!"他特地送狄青一部《左氏春秋》,并对狄青说:"当将领的不仅要勇敢善战,还应该通晓古今。"狄青深受感动,从此利用打仗的空隙时间刻苦读书。过了几年,他把秦汉以来名将的兵法都读得很熟,其间又屡立战功,因此不断得到提升,名声也越来越大。后来,宋仁宗把他调回京城,担任马军副都指挥。

　　宋朝有个残酷的制度,凡是以普通士兵身份投军的人,都要在脸上刺字,就好像流放的囚犯一样,这样可以防止士兵开小差逃跑。狄青的脸上,当然也少不了那个人人引为耻辱的记号。

　　有一次,宋仁宗召见他以后,认为大将脸上留着黑字很不体面,就叫狄青回家以后把黑字除掉。狄青说:"陛下不嫌我出身低微,按照战功把我提到这个地位,我很感激。至于这些黑字,我宁愿留着,兵士们见了就知道该怎样上进!"宋仁宗听了,很赞赏狄青的见识,因此更加器重他。后来,因为狄青多次立功,被提拔为掌握全国军事的枢密使。直到这个时候,狄青的脸上还留着当初黥刻的士兵的印记。

　　狄青用自己的经历向只重门第的封建制度做了一次有效的挑战,撕开了封建门阀的一个小小的缺口。但他最终还是遭到了暗算,那些别有用心的官僚开始在宋仁宗面前中伤狄青。宋仁宗听信奸臣的话,渐渐地疏远了狄青,不久又解除了他枢密使的职务,让他出任河南陈州的地方官。狄青来到陈州,不到半年,就发病郁郁而死,当时年仅四十九岁。

●范仲淹像

>>> 范仲淹罢宴

据说范仲淹镇守邠州时，曾带领部属登上城楼准备酒宴，还没有开始举杯，就看见数十个戴孝的人正在准备用于装殓的物品。

他马上派人去询问，原来是客居这里的一个读书人死了，准备葬在近郊，可是棺材等物品还没准备齐全。

范仲淹很伤感，立即撤掉了酒席，并取钱买来了棺材等丧葬用品。在座的客人非常感动，有的甚至流下了眼泪。

拓展阅读：

范仲淹建屋
《渔家傲》北宋·范仲淹
《范仲淹评传》方健

◎ 关键词：范仲淹 忧国忧民 新政 废止 《岳阳楼记》

范仲淹实行新政

范仲淹，字希文，苏州吴县（今江苏苏州望亭）人，北宋时期伟大的政治家、思想家、军事家和文学家。他的名句"先天下之忧而忧，后天下之乐而乐"，概括了自己一生的为人准则，是他忧国忧民思想的高度凝练，也是他一生的真实写照。

范仲淹从小死了父亲，因为家里贫穷，母亲不得不带着他另嫁到一个朱姓的人家。范仲淹在十分艰苦的环境中成长，他住在一个庙宇里读书，三餐不饱，但是仍旧刻苦自学。有时候读书到深更半夜，实在困得张不开眼，就用冷水泼在脸上，等困意消失了，继续攻读。这样苦读了五六年，他终于学得满腹诗书并考中进士。

范仲淹原来在朝廷当谏官。他看到宰相吕夷简滥用职权，任用私人，就向仁宗大胆揭发。这件事触犯了吕夷简，吕夷简反咬一口，说范仲淹结交朋党，挑拨君臣关系。宋仁宗听信吕夷简的话，把范仲淹贬谪到南方。后来，西夏与北宋爆发了战事，宋仁宗又把他调往陕西指挥战事。

在宋夏战争中，范仲淹立下了大功。宋仁宗觉得他的确是个人才，就把范仲淹从陕西调回京城，派他担任副宰相。

范仲淹一回到京城，马上被宋仁宗召见。仁宗要他提出治国的方案。经过深思熟虑后，范仲淹提出了十条改革措施。

宋仁宗看了范仲淹的方案，立刻批准在全国推行。

可是新政推行得并不顺利，这些措施触动了上层贵族集团的利益，因此一些皇亲国戚、权贵大臣、贪官污吏纷纷散布谣言，攻击新政。有些原来就对范仲淹不满的大臣更是天天在宋仁宗面前说坏话，说范仲淹与一些人交结朋党，滥用职权。

看到反对变法的人越来越多，宋仁宗动摇起来。范仲淹被逼得在京城待不下去，就主动要求回到陕西防守边境。于是，宋仁宗顺水推舟，就把他调走了。

范仲淹一走，宋仁宗立刻下令把新政全部废止，至此新政推行了不足一年。

一年后，范仲淹在岳州（治所在今湖南岳阳）做官的老朋友滕子京重修当地的名胜岳阳楼，请范仲淹写篇文章纪念。范仲淹挥笔写下了《岳阳楼记》，文中以洗练优美的文字描述了洞庭湖波澜壮阔的景色，并借景抒情，劝勉失意志士不要因自己的不幸遭遇而忧伤，要"不以物喜，不以己悲"，摆脱个人得失，做到"先天下之忧而忧，后天下之乐而乐"。由于范仲淹的文章，岳阳楼更加名扬天下。

国脉如缕——辽、宋、金、西夏

◎ 关键词：欧阳修 文风改革 诬陷 醉翁

欧阳修改革文风

● 欧阳修像

>>> 欧阳修妙语戏秀才

从前，有一个富家"酸秀才"去找欧阳修比诗。途中，他见株枇杷树，吟了句："路旁一古树，两朵大丫杈。"吟完便没词了。正巧路过的欧阳修替他续了两句："未结黄金果，先开白玉花。"酸秀才点头称好。

两个人沿湖畔前行，酸秀才又吟了两句诗："远看一群鹅，一棒打下河。"吟罢又抓耳挠腮。欧阳修又接了两句："白翼分清水，红掌踏绿波。"酸秀才拱手称赞，要与他一起去访欧阳修。两人上了小舟，酸秀才又吟咏："诗人同登舟，去访欧阳修。"欧阳修哈哈大笑："修已知道你，你还不知羞。"

拓展阅读：

欧阳修弹琴祛疾
《醉翁亭记》宋·欧阳修
《六一诗话》宋·欧阳修

欧阳修，字永叔，庐陵（今江西永丰）人，他领导的北宋诗文革新运动是中国文学史上继唐代古文运动以后的又一次文风改革。他反对浮华艰涩的文风，提倡文章要写得通俗流畅，对当时诗文革新运动做出了很大的贡献。

欧阳修四岁的时候，父亲病逝，母亲带着他到随州（今湖北随州）依靠他叔父生活。母亲一心想让欧阳修读书，可是家里穷，买不起纸笔。看到屋前的池塘边长着荻草，她就用荻草秆儿在泥地上画字，教欧阳修知识。幼小的欧阳修在母亲的教育下，很快就爱上了书本。

小时候，欧阳修经常到附近藏书多的人家去借书读，有时候还把借来的书抄录下来。一次，他去一个姓李的人家借书，从那家的一只废纸篓里发现一本旧书，他翻了一下，知道是唐代文学家韩愈的文集，就向主人要了来，带回家里细细阅读。

宋朝初年的时候，社会上流行讲求华丽、内容空洞的文风。欧阳修读了韩愈的散文，觉得它文笔流畅，说理透彻，跟流行的文章完全不同。他认真琢磨、学习韩愈的文风。长大以后，他到东京参加进士考试，连考三场都得到第一名。

二十多岁的时候，欧阳修在文学上的声誉已经很大了。他官职不高，但是十分关心朝政，正直敢谏。他曾写信责备陷害范仲淹的吕夷简，后来因此被降职到外地，过了四年才回到京城。

1045年，为了支持范仲淹新政，欧阳修遭人诬陷，又被贬到滁州（今安徽滁县）。

到滁州后，欧阳修除了处理政事之外，常常游览山水。当地，有个和尚在滁州琅邪山上造了一座亭子供游人休息。欧阳修登山游览的时候，常在这座亭上喝酒。因他自称"醉翁"，所以给亭子起名叫醉翁亭。他为此亭所写的散文《醉翁亭记》，成为人们传诵的佳作。

欧阳修当了十多年地方官后，宋仁宗想起他的文才，便把他调回京城，担任翰林学士。

担任翰林学士以后，欧阳修积极提倡改革文风，十分注意发现和提拔人才，像曾巩、王安石、苏洵、苏轼、苏辙都是经过他的提拔推荐，才一个个脱颖而出的。由于欧阳修在政治和文学史上的巨大成就，人们把他与曾巩、王安石、苏洵、苏轼、苏辙等六个人和唐代的韩愈、柳宗元合称为"唐宋八大家"。

国脉如缕——辽、宋、金、西夏

●毕昇塑像

>>> 约翰内斯·古腾堡

约翰内斯·古腾堡（又译作"古腾堡""古登堡""古滕贝格"），德国发明家，约1400年出生于德国美因茨，1468年2月3日逝世于美因茨。

约翰内斯·古腾堡被认为是西方活字印刷术的发明人，他印刷了著名的《古腾堡圣经》。

他的发明导致了一次媒介革命，迅速地推动了西方科学和社会的发展。

不过，也有学者研究后认为，西方的活字印刷术来源于中国。

拓展阅读：

《纸祖千秋》许焕杰
西安碑林

◎ 关键词：四大发明 活字印刷 毕昇 变革 贡献

活字印刷之祖毕昇

北宋时期，平民发明家毕昇发明了活字印刷术。作为我国古代四大发明之一的活字印刷术，它的发明应用给人类文化的传播开辟了极其广阔的道路，极大地推动了中国乃至世界文明的发展。

毕昇是北宋时期的一位普普通通的知识分子，对于他的生平事迹，史书上基本没有什么记载。只有当时的沈括在他的《梦溪笔谈》里做了一段记述，才给后人留下关于毕昇伟大发明的珍贵资料。

毕昇发明活字版印刷术之前，北宋流行的是雕版印刷，这是一种很费力的方法。雕版印刷的制作流程是先在一块坚实的木板上刻出要印刷的内容，还必须是反字，或者是反的图画。刻好后，涂上墨，一张一张地印刷。印刷完了，版也就废了。如果是一部卷帙浩繁的巨著，仅刻板就不知要耗去多少精力。如果在刻板中出现一处错误，那就会前功尽弃，须再谨慎地从头做起。

在总结前人经验的基础上，毕昇经过反复试验，终于发明了活字版印刷术。

毕昇的活字印刷术比雕版印刷术省工省力，印刷效率明显提高。它是用细质的胶泥制成一个个刻着字的小方块，字是反刻的，刻好后用火烧一下，使其变得坚固起来。常用字多刻一些，生僻字只刻几个，这一道工序完成后再刻板。刻板是先准备一块铁板，四周界以铁框，在板上涂上用松香、纸灰和蜡制成的黏合剂，然后把字按着文章的内容一个个拣来，按顺序排好，待黏合剂凝结以前，用一块平整的板子将字面压平，冷却后成为版型，这样就可以印刷了。印刷结束，把印版用火烤一下，黏合剂复又熔化，把活字取下来，待下一次再用。在排版时，可以同时用两块铁板，一板印刷，一板编排，交替作业。

假如只印两三本书，可能看不出活字印刷比雕版印刷简便多少，但如果印成百本、数千本，就可以明显比较出来，活字印刷比雕版印刷既节省大量的人力物力，又提高了质量。活字印刷的主要优点还在于节约能源。雕版印刷的刻板在用过后往往废弃，而活字印刷的刻板还可以再放到火上加热，使药剂熔化，然后用手轻轻地把活字从铁板上拿下来，再按韵放回原来的木格里，以便下一次印刷时接着再用。

后来，人们在毕昇开创的道路上继续前进，使活字印刷术不断得到改进。元朝初年，有人开始用锡来铸造活字。元代的王祯发明了木活字。他还发明了转轮排字盘，把活字放在转轮排字盘上，匠人们可以坐着拣字。这样既减轻了工人的劳动强度，又提高了拣字的效率。到明代时，出现了钢活字。之后，又出现了铅活字。我国印刷业能在相当长的时间里居于世

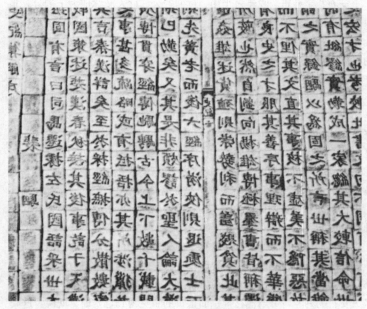

●泥活字版示意模型。

●1991 年在宁夏贺兰县拜寺沟方塔发现西夏文木活字印本《吉祥遍至□和本续卷第三》，它是世界上最早的木活字印本之一。图为《吉祥遍至□和本续》书影。

界领先地位，与毕昇的首创之功是分不开的。

　　毕昇发明的活字印刷术带来了一次印刷史上重大的变革。中国的印刷术在十三世纪以后传向世界各地。它首先传入朝鲜、日本、越南、菲律宾等国，而后经由波斯（今伊朗）传入欧洲各国，促进了全世界科学文化和社会的进步。因此，毕昇发明的活字印刷术对世界文化的发展也做出了不可磨灭的贡献。

● 王安石像

>>> 王安石吃鱼饵

有一次，宋仁宗在皇宫里宴请大臣，兴致来时决定：任何人都必须自己到御池中去钓鱼，然后，由御厨用钓上来的鱼，做每个人想吃的菜。

于是，大家兴致勃勃地拿上鱼钩和鱼饵去钓鱼。只有王安石，默默地坐在一张台子前沉思，一粒一粒地把眼前金盘子里的球状鱼饵全部吃光。最后，在众人的一片惊讶声中，他表示自己已经吃饱了，虽然不知道吃的是什么。

拓展阅读

《鲧说》宋·王安石
《王安石》邓广铭
乌台诗案

◎ 关键词：王安石 改革家 变法 宋神宗

王安石的富国强兵梦

王安石，字介甫，晚年号半山，封荆国公，世人又称他为王荆公，北宋时期杰出的政治家、思想家、文学家和改革家，为唐宋八大家之一。

王安石是江西临川（今江西抚州）人，出生于一个中层官员家庭。年轻的时候，他文章写得十分出色，得到欧阳修的赏识。王安石二十岁中进士，做了几任地方官。

做了二十年地方官后，王安石积累了丰富的地方吏治经验。他体察到社会的弊病，了解到人民的疾苦。调任三司度支判官后，王安石开始有了推行改革的想法。北宋中期，内忧外患并存，社会危机四伏，王安石觉得该是改革的时候了，于是就向仁宗上《万言书》，系统地提出了改革办法。宋仁宗刚刚废除范仲淹的新政，当然对王安石的改革主张也无动于衷。他的《万言书》递上后犹如石沉大海，毫无音信。

宋仁宗死后，英宗即位。四年后，英宗病逝，太子赵顼即位，这就是宋神宗。

宋神宗即位的时候才二十岁，是个比较有作为的青年皇帝。他看到国家不景气的情况，有心改革，但要改革现状，一定得找个得力的助手。宋神宗还当太子时，就对王安石的《万言书》十分赏识。太子府的记事官韩维是王安石的好友，每当他在神宗面前讲的意见得到称赞时，就说："这其实都是我朋友王安石的观点。"这样王安石给神宗留下了很好的印象。

为了挽救统治危机，达到"富国强兵"的目的，1069年，王安石在宋神宗的支持下开始实行变法。王安石的变法对巩固宋朝的统治，增加国家收入起了积极的作用。但是，变法也触犯了大地主的利益，遭到许多朝臣的反对。

有一次，宋神宗问王安石："其他人都在议论，说我们不怕天变，不听人们的舆论，不守祖宗的规矩，你看怎么办？"

王安石坦然回答说："陛下认真处理政事，这就可以防止天变了。陛下征询下面的意见，这就照顾到舆论了，再说人们的话也有错误的，只要我们做得合乎道理，又何必怕人议论。至于祖宗老规矩，本来就不是固定不变的。"

王安石坚持三不怕，但是宋神宗并不像他那么坚决，看到反对的人越来越多，不禁动摇起来。失去宋神宗的支持，王安石没办法继续贯彻自己的主张，不得不辞去宰相职位，回江宁府去休养。变法最终失败了，王安石的富国强兵梦也破灭了。但是，这次变法成为中国历史上影响深远的事件之一，为后人的除旧革新开辟了道路，推动了历史的发展。

◎ 关键词：沈括 新历法

沈括与《梦溪笔谈》

●沈括像

>>> 尼古拉·哥白尼

　　尼古拉·哥白尼是波兰伟大的天文学家。他以惊人的智慧和勇气揭开了宇宙的秘密，奠定了近代天文学的基础。

　　哥白尼以毕生的精力去进行天文研究，创立了《天体运行论》这一"自然科学的独立宣言"。他的这些成就使他成为人类科学发展历史上最伟大的"革命家"之一。

拓展阅读：

《天工开物》明·宋应星
太阳历与太阴历

　　沈括，字存中，号梦溪丈人，钱塘（今浙江杭州）人，北宋时期著名的科学家、政治家。沈括在很多方面都取得了骄人的成就，是一个综合性的学者。

　　1031年，沈括出生在一个官员家庭。他从小跟随父亲游历南北各地，获得了不少见闻。沈括二十四岁开始做官，又到了很多地方，对社会有了进一步的了解。他曾经在昭文馆编校图书，阅读了大量藏书，获得了丰富的知识。

　　沈括对天文历法很有研究。1072年，宋朝朝廷派他到司天监做官，负责观测天象、制定历法。上任后，沈括把一些对天文气象一窍不通的官员撤了职，而把一个平民出身的、有着丰富实践经验的天文学家卫朴破格推荐到司天监工作。为了观测天象，沈括还改制了许多天文仪器。经过他的整顿，司天监气象一新。

　　沈括在兵器和地理学方面也颇有研究。在兼管军器监的时候，他研究兵器、城防和阵法。在奉命出使辽国和到西北一带抗击西夏军队侵扰的时候，他详细地调查研究了沿途一带的地理情况、山川道路和风土人情。

　　沈括一生为官，但是只要一有机会，他就结合实际进行科学研究。到五十八岁那年，他定居润州（今江苏镇江），过着隐居的生活，集中精力完成了科学巨著《梦溪笔谈》。

　　《梦溪笔谈》共有三十卷，内容包括天文、历法、数学、物理、生物、地理、地质、历史、文学、音乐和绘画等许多方面，是一部卷帙浩繁的巨著。在许多学科中，沈括都有深刻的研究和独到的见解。

　　在《梦溪笔谈》中，沈括创造了一种叫"十二节气历"的新历法。他主张以节气定月份，用立春那天作为元旦，用十二节气定日历。大月三十一天，小月三十天，不要闰月，十二个月经常一大一小相间。这种新历法使年、月、日和四季的节气配合准确，十分适合农业生产的需要，是相当科学的。

　　沈括还曾对指南针的使用做了多种试验，他发现指南针所指的方向不是正南而是略微偏东，这种现象在物理学中叫作磁偏角。这是世界上最早发现地磁偏角的记录。

　　沈括对物候学提出了新的看法，对于矿物的利用也有重要的论述。他曾在陕北一带发现地下蕴藏着丰富的石油，并预言"此物后必大行于世"。

　　1095年，沈括在润州病逝，终年六十五岁。他的《梦溪笔谈》，不但是我国科学技术史上一份珍贵的遗产，而且是世界科学技术史上一部杰出的著作。

◎ 关键词：司马光 史学家 政治家 勤俭

一生勤俭的司马光

●司马光像

>>> 独乐园

北宋熙宁四年(1071年)，司马光离开东京来到洛阳，在城北尊贤坊北部买了二十亩地，辟为园林，起名独乐园。他在《独乐园记》一文中写道："孟子曰'独乐乐不如与人乐，与少乐不若与众乐乐'。此王公大人之乐，非贫贱所及也！"

园林的中心建筑是"读书堂"，收集各种图书五千卷，是司马光阅读和写作的地方。《资治通鉴》就是在这里完成的。园内沟渠纵横，流水贯通堂、亭、斋、巷、轩及其他建筑的四周。

拓展阅读：

司马光典地葬妻
《涑水记闻》宋·司马光
司马光"警枕"

司马光，字君实，号迂叟，世称涑水先生，北宋时期著名的政治家、史学家和散文家。司马光一生中有三件事几乎是家喻户晓的：少年时期击瓮救友；中年以后主编了我国古代最负盛名的编年体史学巨著《资治通鉴》；晚年执政时，将王安石的新法全部废除。但是，他勤俭一生的品格却不被后人广泛了解。

司马光是陕州夏县（今山西夏县）人，父亲叫司马池，是个勤政爱民的好县官，生活十分朴素。父亲的俭朴影响了司马光的一生。他常常用幼年所受到的家风励己励人，教育儿孙，讲解"以俭立名，以侈自败"的道理。

宋仁宗宝元元年（1038年），二十岁的司马光考中了进士。按常例，新中进士的人要参加皇帝赐予的"闻喜宴"。参加宴会之前，朝官们献给司马光一朵光荣花，让他戴到胸前。可是司马光不愿炫耀自己，不想戴花。后来，其他中进士的人告诉他："这是皇帝赐的花，不戴是大不敬。"司马光这才把那朵花戴上了。

做了几任地方官后，司马光升任朝官，成了显贵。他的老友刘蒙以父母无钱赡养，兄死无钱安葬为由，写信向司马光借五十万钱。司马光对老朋友这样不了解自己，实在感慨。他立即回信一封，说："我司马光一贯小心谨慎，俭朴为官，一分一毫也不敢妄取于人。食不敢常有肉，衣不敢纯衣帛，连自家生活都常拮据无落，哪来的钱给您呀！"刘蒙这才知道，司马光与一般当大官的人不同。

宋仁宗嘉祐七年（1062年），有许多州郡遭受了大灾，但是一些大臣为了讨皇帝和后妃的欢心，仍要举办一个规模宏大的元宵庆典，司马光连忙上奏折加以制止。宋英宗即位后，为了巩固自己的皇位，取得大臣们的支持，他向朝臣遍赐钱物。对此司马光连连上奏，表示反对。

司马光的"勤"也是有名的。幼年时的司马光读书很勤奋。别的孩子把老师留下的背书任务完成了，就跑到外边去玩了。而司马光则留在屋里，苦读苦诵，直到背得滚瓜烂熟才罢休。这种背诵的习惯到他中、老年时还保持着。

1086年，司马光去世。人们整理他的遗物，除了有八张稿纸上写的奏文、枕间有《役书》一卷外，再没有什么个人财产了。纵观司马光的人生，他为人温良谦恭、刚正不阿，又沉稳谨慎，因事合变，一生勤俭节约，真是达到了"鞠躬尽瘁，死而后已"的地步。

●宋仁宗像

>>> 柳永的《望海潮》

柳永在《望海潮》词里将西湖的美景，钱江潮的壮观，杭州市区的繁华富庶，当地上层人物的享乐，下层人民的劳动生活，悉数注于笔下，涂写出一幅幅优美壮丽、生动活泼的画面。

相传后来金主完颜亮听唱"三秋桂子，十里荷花"以后，便羡慕钱塘的繁华，从而更加强了他侵吞南宋的野心。为此，一个叫谢驿(处厚)的诗人还写了一首诗："莫把杭州曲子讴，荷花十里桂三秋。岂知草木无情物，牵动长江万里愁。"

拓展阅读：

《柳永词选评》谢桃坊
《柳永》赵长征

◎ 关键词：柳永 功名 奉旨填词 放荡不羁

奉旨填词的柳永

柳永原名柳三变，字景庄，后改名永，字耆卿，因排行第七，人称柳七，崇安（今福建武夷山）人，北宋词人，开一代词风之大家，曾为宋词的发展做出了巨大的贡献，在文学史上有着深远的影响。

柳永年轻时一心追求功名，多次参加科举考试，但是屡试不中。在极度失望之下，他写了一首《鹤冲天》的词自我解嘲，流露出名落孙山之后的愁闷情绪，但也表达了他看淡功名利禄，向往自由自在生活的人生态度。据说，当时的皇帝宋仁宗听人唱完此曲后，很不高兴。后来，柳永又一次参加科举考试，本来已经榜上有名，但殿试时点到他，宋仁宗却说："这个人喜欢在花前月下'浅斟低唱'，又何必要这个'浮名'？我看他还是填词赋曲去吧。"

此后，柳永就自称"奉旨填词柳三变"，各处赋曲填词。柳永虽然仕途不畅，却占尽了词坛风流。他精通音律，善于写歌词。每到一个都会，出入秦楼楚馆，他就文思如潮。他以自己非凡的文学才华，为歌伎们填制了许多词曲，让她们四处传唱。以至当时的人纷纷传言，只要有水井处，就会有人唱柳词。

柳永一生漂泊，生活孤苦无依。在杭州的时候，他曾多次去拜访两浙转运使孙何，希望能得到孙何的帮助，但由于孙何门禁森严，始终未能如愿。后来，柳永想出了一个办法。他写了一首《望海潮》词后就去找当时最红的歌伎楚楚，并对她说："我一直想去拜访孙相公，可惜找不到门路。如果你有机会参加孙府的宴会，就唱这首《望海潮》给他们听。如果有人问是谁写的，你就说是柳七好了。事成之后，我一定重重谢你。"

到了中秋节，孙何邀请了许多朋友到府里饮酒赏月，楚楚也应邀参加。在筵席上，她唱了柳永的新作《望海潮》。

这首词清新流畅，曲词婉转动听，深深地打动了在座的每一位客人，赢得了一片叫好声。词以歌咏西湖的形式，表达了作者的心声。

歌声刚落，孙何就问楚楚说："这是谁写的新词？真是动听啊！"

楚楚说："是柳七柳公子的新作！"

于是，孙何问明了柳永的住处，派人请他进府。两人见面后都觉相见恨晚，一直畅谈到深夜。不久，这首词流传开来，成了家喻户晓、脍炙人口的名作。

柳永一生放荡不羁，他那"一生赢得是凄凉"的词句，恰是他一生的真实写照。相传，柳永死后身无分文，是一群歌伎集资埋葬了他。以后每年清明节，歌伎们都不约而同各备祭品，到柳永坟前祭扫，以慰藉他那颗孤苦的心。

◎ 关键词：诗人 豪迈 改革创新 东坡居士 排挤

乐天才子苏东坡

●苏轼像

>>> 心境

一天，苏轼与佛印禅师聊天，两人均盘腿而坐。聊到兴处，苏轼问佛印禅师："你看我现在像什么？"佛印禅师说："我看你像一尊佛。"苏轼笑着对佛印禅师说："我看你像一堆牛屎。"佛印禅师笑笑，没有说什么。

苏轼回家后沾沾自喜地和苏小妹谈起了这件事。苏小妹说："禅师的心是佛一样的境界，所以看你像一尊佛；而你的心态像一堆牛屎一样，看禅师当然也就像一堆牛屎了。"苏轼听后，顿时面红耳赤。

拓展阅读：

《前后赤壁赋》宋·苏轼
东坡肘子
《苏东坡传》林语堂

苏轼，字子瞻，又字和仲，号"东坡居士"，世人多称他为苏东坡，北宋时期著名的文学家、诗人、词人和书画家，是"唐宋八大家"之一。他的诗词豪迈奔放，其中比较著名的有《念奴娇》《水调歌头·明月几时有》《前赤壁赋》《后赤壁赋》等。他的很多作品都脍炙人口，几百年来传诵不绝。

作为一代文豪的苏轼人生坎坷，历经波折，曾被捕入狱，三次遭受贬官，这三次分别被贬至黄州（今湖北黄冈）、惠州（今广东惠州）、琼州（今海南）。苏轼为官期间，关心民间疾苦，与民众连成一片，进行各项兴利除弊的改革创新事业，颇有政绩。

宋神宗时，王安石实施变法，苏轼公开表示反对。不久，他遭到变法派的打击，被贬到黄州。在黄州，苏轼一家过得很辛苦，靠种一个朋友送的几十亩薄田糊口。他把这块地取名叫"东坡"，自己取号为"东坡居士"。从那以后，人们就叫他苏东坡了。

在黄州的西北有一座山，这座山紧临长江，靠着江的一面是一块大石壁，颜色褐红，被称为赤壁。当然，三国时的赤壁之战并不是在这儿打的，但文人们都把这个赤壁当作当年打过仗的地方。

苏轼和朋友们多次游览赤壁。在这里，他先后写过《前赤壁赋》和《后赤壁赋》，还写过一首《念奴娇·赤壁怀古》的词。

在《念奴娇·赤壁怀古》这首充满豪放之情的词中，苏轼艺术地再现了当年赤壁大战的壮观景象，充分表达了对英雄周瑜的敬佩之情和对祖国壮丽河山的无比热爱。

几年后，变法派倒台，苏轼被召回京师。以司马光为代表的保守派掌权，无论新法好坏，全部废除。苏轼判断问题以事实中的是非曲直为标准，对保守派的做法十分反感，在朝廷上与司马光发生争执。结果，他又受到保守派的排挤，被贬到杭州去做太守。

这时，苏轼已漂泊半生，他把杭州当成了第二故乡，将自己的喜怒哀乐都与西湖联系在一起。在那儿，他写下了公认为最好的咏西湖的诗：

水光潋滟晴方好，山色空蒙雨亦奇。
欲把西湖比西子，淡妆浓抹总相宜。

几年后，司马光去世，变法派重新上台，开始利用新法来整人。苏轼又成了"整人浪潮"的牺牲品，被贬到广东惠州。

跨越千山万水的苏轼来到岭南，起初饮食起居上很不适应，不过，乐观的苏轼很快就习惯了。这里地处偏远，公务不忙，苏轼有了足够的时间去潜心创作。他入乡随俗，虽然大半辈子没有睡过午觉，但还是养成了午睡的习惯。为此，他还写了一首《纵笔》的绝句：

白头萧散满霜风，小阁藤床寄病容。

报道先生春睡美，道人轻打五更钟。

这首诗传到开封，被他的政敌、当朝宰相章惇读到。他冷笑着对左右的人说："好一个'春睡美'！这老头竟然过得如此安逸，还得再把他流放得远点儿！"

于是，六十三岁的苏轼被流放到了儋州（今海南儋州）。在那里，苏轼没有住房，还经常缺衣少食。但苏轼仍然过得其乐融融，他常常在儿子苏过的搀扶下到海滨散步，观赏落日和在晚霞中迎风而立的椰树。

1101年，新皇帝登基，大赦天下。苏轼在大赦中回到了江南，不久病逝于江苏常州。

苏轼一生坎坷，数次被贬，丰富的经历使他写下了大量优秀的文学作品。另外，他还擅长书画，是宋代著名的书法四大家之一。

●苏轼回翰林院图 明 张路
由于和王安石的矛盾，苏轼被朝廷贬谪，但不久又受重用，被皇上任命于翰林院。一夜皇后召见了他，向他解释原委，并重申对他的信任。召见期间，皇后与苏轼都潸然泪下。然后皇后派人送苏轼回翰林院，并让侍从摘下自己座椅上方悬挂的一对金莲灯为他照明。
●赤壁图（之一）北宋 乔仲常
●赤壁图（之二）北宋 乔仲常

国脉如缕——辽、宋、金、西夏

●多角瓶 宋

>>> 南屏晚钟

南屏晚钟，西湖十景之
一。北宋末年，赫赫有名的
画家张择端曾经画过《南屏
晚钟图》，被记载于明人《天
水冰山录》中。

南屏山横陈于西湖南
岸，山高不过百米，山体延
伸却长达千余米。山上怪石
耸秀，绿树相间。后周显德
元年，吴越国主钱弘俶在南
屏山麓建佛寺慧日永明院，
后来成为与灵隐寺齐名的西
湖两大佛教道场之一的净慈
寺。

拓展阅读：

《臆说〈清明上河图〉》
　　雷绍锋
西湖十景

◎ 关键词：张择端 清明上河图 都市生活 宗教 贵族

千年古画《清明上河图》

宋代的绘画，除人物画、山水画、花鸟画以外，还出现了很多前所未
有的，描写城乡生活的风俗画，题材内容相当广泛。其中张择端所画的《清
明上河图》描绘了当时宋朝京都汴京的繁荣景象，是宋朝作品中最为优
秀，最为出名的画作之一。

张择端，东武（今山东诸城）人，早年游学汴京，后学习绘画，擅长
画车马、市街、桥梁、城郭，他的画自成一家，别具风格。

张择端的画大都散失了，完好留存下来的只有《清明上河图》，现在
收藏于北京故宫博物院里。这幅画高25.5厘米，长525厘米，整幅画描绘
了清明时节北宋汴京的繁华景象。

张择端在这幅画中描绘的是汴京当年最热闹的地方，整幅作品的中心
是由一座虹形大桥和桥头大街的街面组成的。向图中随意看去，只见人头
攒动，许多东西杂乱地挤在一起。再仔细辨认，就可以看出，这些人从事
着各种不同的行业，各有各的活动。

画中大桥两侧有一些摊贩和游客。货摊上有卖刀剪的，有卖杂货的，
有卖茶水的，还有看相算命的。游客则倚着桥侧的栏杆，指指点点，在观
看河上来往的船只。大桥当中是行人来往的通道，其中有坐轿的、骑马的、
挑担的、赶着毛驴运货的……形成一条熙来攘往的人流。

大桥的南面和大街相连，街道两边各种商号店铺林立，茶楼、酒馆、
当铺、作坊屋宇相接，显示着汴京工商业的兴盛。街旁空地上还有不少
张着大伞的小商小贩，给人们提供了歇脚和饮食的地方。街道向东西两
面延伸，一直延伸到城外比较清静的郊区。就连郊区的街上也是行人不
断，有挑着东西赶路的，有驾着牛车送货的，还有停车路旁观赏汴河风
景的。

在水运要道汴河上，有很多来往的船只。这些船只有的停泊在码头附
近，有的正在河中行驶，有的由于载负过重，雇了很多纤夫，他们正吃力
地拉着纤绳行进。其中一艘巨大的漕船，正在放倒桅杆，准备过桥，船夫
们呼唤叫喊，紧张操作，引来了看热闹的人群，这情景十分逼真，使画面
增添了浓郁的生活气息。

《清明上河图》是汴京当年繁荣的见证，同时也是北宋城市经济情况
的真实写照。通过这幅画，我们不但可以了解北宋的城市面貌，而且还可
以了解当时各阶层人民的生活，将北宋时期的都市生活尽览眼前。

这幅作品不但有很高的史料价值，而且有很高的艺术水平。如此丰富
的内容，如此众多的人物，都集中在一个画卷上面，涉及规模之大，可以

●清明上河图（局部） 北宋 张择端

说是空前的。整个画面疏密相间，有条不紊地从热闹的城内街市一直画到宁静的郊区，处处引人入胜，充分显示了作者高度的概括能力。

在《清明上河图》之前，我国的人物画主要以宗教和贵族生活为题材。张择端突破了这一范围，以都市各种各样的人物为题材，对每个人的动作和神情都刻画得非常逼真、生动，充分体现了他细致的观察力和熟练的绘画技巧。

●桃鸠图 北宋 赵佶

>>> 童贯的历史之"最"

"六贼"之一童贯的经历，充满了传奇般的悲喜剧色彩。他的一生中，开创了几项中国历史之"最"，已经成为中华民族历史上迄今无人能够打破的纪录，并且可能会永远保持下去。

这几项纪录是：中国历史上握兵时间最长的宦官；中国历史上掌控军权最大的宦官；中国历史上获得爵位最高的宦官；中国历史上第一位代表国家出使外国的宦官；中国历史上唯一一位被册封为王的宦官。

拓展阅读：

六贼戏弥勒
《蔡京传》马道宗

◎ 关键词：宋哲宗 昏君 六贼 乱政 愤恨

"六贼"乱政罪该死

1100年初，宋哲宗病逝，没有后嗣。哲宗的母亲向太后认为，哲宗的弟弟端王赵佶是个有福气且又孝顺的人，就让他当了皇帝，这就是宋徽宗。

实际上，做了二十五年皇帝的宋徽宗赵佶是个大昏君。他整天花天酒地，荒淫无道，不理政事，对蔡京、王黼、童贯、梁师成、李彦和朱勔这六个人非常宠信。这些人依仗皇帝宠信，陷害忠良，做尽坏事。老百姓非常恨他们，把他们叫作"六贼"。

"六贼"把整个朝廷搞得乌烟瘴气，使北宋逐步走向了灭亡。但是由于他们对宋徽宗尽力讨好，屈颜奉承，所以宋徽宗对他们的行为也不加管束。

"六贼"里面，蔡京是最坏的一个，他利用各种卑鄙手段当上了宰相。当了宰相后，他极力地讨好宋徽宗。而且，那些为他做宰相立下汗马功劳的人，都得到他的重用。

为排挤不利于自己的人，蔡京对与他不和的守旧派和变法派同时进行打击。他把司马光、苏轼等人定为"元祐奸党"，把他们的名字刻在石头上，称为"党人碑"，按照这些名字，把已经死了的人撤销官职，没死的贬到外地去做官。

宋徽宗迷信道教。因此，蔡京就建议编道史，设道学，让道士参加考试做道官。于是，开封和全国许多大城市里都修建了道观，还设置了道官二十六等，和政府官员拿同样官俸，享受大官的待遇。这样一来，官员增多，官俸和兵饷的开支增大，人民的负担更加沉重了。

宋徽宗根本不理国家大事，一心享乐游玩。于是，"六贼"趁机打着皇帝的旗号，私下运筹，实际上掌握了北宋政府的实权。

"六贼"在苏州、杭州等地设有"应奉局"，"应奉局"由"六贼"之一的朱勔主管，负责向东南各地居民搜刮花石竹木和珍奇物品。朱勔把搜刮来的花石，用大船载往京城开封，规定每十只船编成一纲，称为"花石纲"。通过"花石纲"，"六贼"赚取了老百姓的大量财物，使东南人民饱受生活之苦。

蔡京还设置了一个"西城括田所"，明里是政府要把一些没有主人的田地没收，作为公用，实际上是强占老百姓肥沃的土地。

除此之外，"六贼"还向老百姓征收各种苛捐杂税，从而谋取私利。

就这样，有"六贼"的作乱，北宋的政治越来越腐败了。北宋的统治在"六贼"的乱政下风雨飘摇，生活在水深火热之中的百姓们对"六贼"十分痛恨。当时到处都在唱这样的歌谣：打破筒（童），泼了菜（蔡），便是人间好世界。由此可以看出人们对他们的愤恨。

国脉如缕——辽、宋、金、西夏

●五色鹦鹉图 北宋 赵佶

>>> 方腊鱼

　　北宋末年，方腊起义反抗赵宋朝廷。宋朝朝廷集中了数十万军队，对方腊起义军进行反扑。起义军因寡不敌众，便登上齐云山独耸峰。那里居高临下，地势险要，但不利久守。官兵攻不上山，便在山下驻扎，想将起义军困死在山上。在山上十分着急的方腊，偶然看见山上有一个水池，池中鱼虾很多，就心生一计，命大家把鱼虾捕出来投向山下，以此迷惑敌人。宋朝官兵见了，误认山上粮草充足，不宜久围，便撤军了。后来，人们为了纪念方腊，特意创制了方腊鱼。这道菜肴色、香、味、形俱佳，人们常常边品尝菜肴，边谈论方腊的故事。

拓展阅读：
《宋代社会政治论稿》陈振
《梁山政治》赵玉平

◎ 关键词：宋徽宗 奸臣 腐朽 方腊 起义

方腊领导农民起义

　　宋徽宗昏庸无能，宠信奸臣，使以蔡京、童贯为首的"六贼"掌握了宋朝的实权，把天下搞得乱七八糟，宋朝的政治已经腐朽到了极点。

　　"六贼"之一的朱勔在东南一带搜刮"花石纲"，使当地百姓吃尽了苦头。睦州青溪（今浙江淳县）出产各种花石竹木，朱勔常常派人到那里搜刮花石。在这个地方，有一个叫方腊的人，他家里有个漆园。平时靠这个园里出产的东西，方腊的日子勉强过得去。但后来因遭到勒索，他的日子过得苦不堪言，这让他对那些差役恨之入骨，最终决心组织大家造反。

　　1120年的一天，几百个饱受苦难的农民聚集在青溪县万年镇帮源峒，响应方腊号召，起义造反。

　　得到农民的拥护，方腊便组织人制造竹刀、竹枪作为武器，在平地上操练武艺，并且在通往帮源峒的路上设下了许多陷阱。

　　没多久，青溪县知县得到农民起来造反的消息，就派了五百人赶来帮源峒攻打起义军。方腊把一千多起义军埋伏在敌人的必经之路上，杀得官兵们屁滚尿流，尸体躺倒了一片。

　　胜利鼓舞了方腊和他的起义军，队伍很快壮大到十万人。

　　不久，方腊被推荐为"圣公"，定年号为"永乐"，立自己的儿子方亳为太子，建立了起义军的政权。

　　半个多月以后，两浙都监蔡遵和颜坦带领五千官军前来镇压。很快，起义军打败了官员，使两个都监送了命，五千官兵也都成了刀下鬼。

　　接着，起义军乘胜占领了青溪县城。之后，起义军在不到两个月的时间里，又先后打下了睦州、休宁、歙州、杭州等许多城市。

　　尽管起义军打了许多胜仗，占领了一座又一座的城市，但由于兵力分散，又没有建立自己的根据地，而且接连的胜仗使他们有了轻敌的情绪，所以后来宋徽宗派童贯率军分东西两路进攻起义军，许多重要的城市很快又回到了官军手里。

　　北宋统治者还采用劝降的手段，引诱起义军里一些将领归顺。他们的离去大大削弱了起义军的力量。

　　最后，方腊不得不退回青溪，据守在山谷深处的帮源峒坚持战斗。官军不熟悉山路，没法进攻。就在此时，起义军里出了奸细。没多久，方腊被擒，押解到东京后惨遭杀害。

　　虽然方腊领导的农民起义以失败而告终，但是他们沉重地打击了北宋的统治，使这座腐朽的封建大厦更快地倾斜倒塌。同时起义军英勇不屈、可歌可泣的斗争事迹，一直在人民中间传诵着。

国脉如缕——辽、宋、金、西夏

●玉人 金

>>> 女真文字

1138年，金熙宗完颜亶重新创造了一种女真文字进行颁行，完善了女真的文字体系。参照汉字和契丹文字创建起来的女真文字，笔画很少，字形结构既像简体汉字，又像契丹大字和契丹小字的原字。

现存有金代的《大金得胜陀颂碑》《女真进士题名碑》等碑刻。金创制并迅速推行女真文字，对提高女真民族的素质，促进本族的文化发展和社会进步有很大作用。

拓展阅读：

金太祖陵
《金朝史》何俊哲

◎关键词：女真 金 奇男子 金太祖

女真英雄阿骨打

最早，居住在我国东北白山黑水间的女真族以渔猎、畜牧为生，被辽国统治。辽国中后期，以完颜部为代表的女真族逐渐崛起。后来，完颜部的首领阿骨打起兵推翻辽的统治，建立了金。

阿骨打是辽完颜部节度使劾里钵的第三个儿子，他从小酷爱骑射，力大过人，加上行为落落大方，深受族人的喜爱。

阿骨打十岁时就可以拉弓射箭，十五岁时箭法已经百发百中。有一天，辽国使者来到女真，阿骨打的父亲把他请到府中设宴招待。辽国使者看到阿骨打在院内玩弄弓箭，便问他："你能射中空中的飞鸟吗？"阿骨打说："能！"恰在这时，一群鸟从空中飞过，辽国使者就说："你射射看。"阿骨打不慌不忙，拉弓搭箭，不用细瞄，"啪啪啪"连射三箭，箭无虚发。辽国使者惊呆了，过了好一会儿才回过神来，竖起大拇指称赞他："真乃奇男子也！"这就是历史上"奇男子"一词的由来。

那时侯，辽对女真各部的统治十分残暴，对没编入辽国户籍的生女真尤其如此。他们强行和生女真进行不平等贸易，低价换取生女真的人参、生金、北珠、松子等物品，并强迫生女真贡献各种名贵特产。生女真稍有不满，辽国人就对他们百般凌辱，大肆镇压。

辽国还不时地派遣"银牌天使"到生女真各部。这些"银牌天使"不仅贪婪骄横，而且常玩弄女性。辽国规定，凡有"银牌使者"到达，生女真必须献出没嫁人的年轻女子陪宿，称为"荐枕"。这是种奇耻大辱，激起了生女真各部的强烈愤怒。这时，已经成为完颜部年轻首领的阿骨打决心领导女真人民摆脱辽的奴役。他积极训练兵马，修建城堡，联合生女真其他部落，准备发动抗辽战争。

1114年，阿骨打将两千五百名将士召集起来，亲自率领他们袭击辽国，将毫无准备的辽兵、辽将杀得望风而逃。不久，女真攻下了宁江洲（今吉林扶余县东），胜利而归。辽天祚帝得知消息，立刻派大军镇压。结果，辽军在混同江边，遭到阿骨打骑兵的痛击。女真兵乘胜追击，兵力迅速发展到一万人，为以后彻底打败辽国奠定了基础。

此后，经过一年多的苦战，阿骨打终于打败辽国军队。1115年，阿骨打在会宁（今黑龙江阿城南）正式称帝，建立金。他就是金太祖。

一生驰骋疆场的阿骨打，在对辽征战中起到了巨大作用。在他称帝后，他还重视发展生产，并改变女真人习俗，不许同姓人结婚，倡导农耕，创立统治制度，创制女真文字。他对女真政治、经济、文化的发展都起到了极大的促进作用，是女真的民族英雄。

● 宋徽宗赵佶

>>> 辽五京

辽国建立以后,先后设立了上京、东京、南京、中京、西京五城,以上京为首都。

辽以五京为中心,分全国为五道:上京道、东京道、中京道、南京道、西京道。五京不仅是地区行政首府和军事重镇,也是商业贸易中心和交通要地,对于辽各族间的经济文化交流起到了积极的作用。

拓展阅读:

唐岛之战
燕云十八骑

◎ 关键词:宋徽宗 辽国 燕云十六州 联合 收复

北宋"收复"燕云十六州

当年,阿骨打领导的金兵一次次打败辽兵,很快将辽国打垮了。宋徽宗看在眼里,喜在心中。他想起北方的燕云十六州还在辽国的手里,就决定乘辽国力量空虚的时机,联合金国把它们收回来。

1118年,宋朝派了一个大官马政出使金国。马政化装成买马人,到达西夏,和金取得联系。从此,两国互派使臣,来往商量如何联盟。

1120年,宋金终于达成协议,决定联合进攻辽国。协议规定,金兵负责攻取辽的中京大定府,宋朝攻取燕京析津府(就是幽州),灭掉辽国以后,宋朝把原来进贡给辽的"岁币"转交给金。这样,宋朝以进贡"岁币"的条件换来了金出兵。

1122年,金兵先后攻陷辽国中京、西京。辽国的天祚帝仓皇逃到夷山(今内蒙古萨拉齐西北),他和燕京之间的联系被隔断了,于是一些辽国贵族拥立留守燕京的耶律淳为皇帝。直到这时候,宋徽宗才派童贯和蔡攸(蔡京的儿子)做正副统帅,带兵进攻辽军。

童贯是个只会耍阴谋的宦官,根本不懂得打仗。他梦想用"仁义"感动辽兵,下令宋军不许杀死辽军一个兵或一匹马,否则要被砍头。宋军面对这样的统帅,情绪低落,连吃败仗。童贯和蔡攸只好率军逃到雄州(今河北雄县)。不久,耶律淳得重病去世,他手下大将郭药师带兵投降了宋朝。

得知耶律淳病死,宋徽宗又让童贯、蔡攸准备出兵。童贯派刘延庆、郭药师带领十万大军杀向幽州,因路上轻敌,被辽国大将萧干打败。之后,刘延庆吓得慌忙收兵,不敢再战。

辽将萧干了解宋军贪生怕死的心理,用计大退宋兵,使宋兵自相践踏,死伤无数。这样,经过几次出兵,宋军把王安石变法以来积聚的军费都用光了。从此,宋朝的军事力量更衰弱了。

为了掩盖自己的罪责,童贯秘密地派人到金营,请求金兵攻打幽州。金太祖阿骨打亲自带兵出征,很快就打下了幽州。

后来,宋徽宗派人跟金索要燕云各州。金太祖气愤宋朝不出兵援助,就趁机敲诈勒索,要收取燕京(幽州)每年一百万贯的租税,宋徽宗满口答应了。于是,金兵撤出燕京城,走的时候又抢走了大批财物和人口。

至此,宋朝在花费了无数军费,损失了无数兵马,而且每年向金纳贡交租的前提下,终于"收复"了燕京等七座城池,但这并没有使宋朝强大起来,反而使金看出了北宋的腐朽没落。于是,在灭掉辽国之后,金就发动了对北宋的大规模战争。

◎ 关键词：金太宗 李纲 东京保卫战 胜利

李纲守东京

1125年，金太宗灭掉辽国之后，借口宋朝破坏双方订立的海上盟约，南下攻宋。这年10月，金军分兵两路，西路军由宗翰率领，进攻太原；东路军由宗望率领，进攻燕京。两路金军计划在宋朝首都开封会合。宋徽宗闻讯慌忙把帝位传给儿子赵桓（钦宗），自己向南逃去了。

第二年1月，金军到达黄河北岸。宋朝宰相李邦彦、张邦昌等主张屈辱求和，赔款割地。但是以李纲为首的少数爱国将领，坚决主张守城抗战。于是，宋钦宗命令李纲领兵守城。

李纲担任守城将领后，亲自率领军民进行城防设施的布置工作。他们仅用三天时间，就将守城的战备设施准备好了。这时候，金兵已经打到开封城下，他们分乘几十只小船沿河而下，准备攻城。李纲组织两千多名敢死兵士，列队城下，用长钩搭住敌船，往船上扔石头。他们还在河中放些权木，搬来山石，堵塞门道。这样，宋军仅在水中就杀死一百多名金兵。宗望看到开封已有防备，就派使臣到宋朝议和。这正合宋钦宗的心意，他马上接受了对方的条件：赔给金大量金银、牛马、绸缎；割让太原、中山、河间三镇土地；宋钦宗尊称金皇帝为伯父；还要派亲王、宰相到金营做人质。对这一和约，李纲极力反对，但却无济于事。

这时候，宋朝各地的援军纷纷赶到。其中有个叫姚平仲的将军，建议夜间去偷袭金营，活捉敌方的主将宗望。不料姚平仲还没有出发，消息就泄露出去，结果他大败而归。

这样一来，投降派大臣就大肆造谣，说援军已经全军覆没，还攻击李纲闯了大祸，会惹怒金人撕毁和约，重新进攻宋朝。宋钦宗听信投降派的话，一面派使者到金营赔礼，一面下令罢免李纲。

消息传开，引起群情激愤。太学士陈东带领几百名太学生，拥到皇宫宣德门外，上书请愿，要求朝廷恢复李纲职务。

开封的军民也自动赶来声援，很快就聚集了几万人，威逼天子重新起用李纲。宋钦宗无奈，只好派人召李纲进宫，并恢复李纲的职务。人们这才欢呼散去。

李纲复职后，重新整顿队伍，下令重赏杀敌立功的人，使京城里的守军士气大涨。看到这种情况，宗望害怕了，不等宋朝缴足财物，就急忙撤军了。就这样，李纲取得了"东京保卫战"的重大胜利。

● 李纲像

>>> 李纲

李纲（1083—1140年）字伯纪，绍武（今属福建）人。历经宋朝的徽宗、钦宗、高宗等几任皇帝，多次被重用，又多次被贬。

他是著名的爱国民族英雄，能诗文，写有不少爱国篇章。他也很会作词，他的咏史之作，形象生动，风格劲健。代表作有《六幺令》《水调歌头》《水龙吟》《永遇乐》等。著有《梁溪先生文集》《靖康传信录》《梁溪词》。

拓展阅读：

《丑奴儿》宋·李纲
《病牛》宋·李纲

●宋钦宗像

>>> 《满江红》

怒发冲冠，凭栏处，潇潇雨歇。抬望眼，仰天长啸，壮怀激烈。三十功名尘与土，八千里路云和月。莫等闲，白了少年头，空悲切。

靖康耻，犹未雪，臣子恨，何时灭？驾长车，踏破贺兰山缺。壮志饥餐胡虏肉，笑谈渴饮匈奴血。待从头，收拾旧山河，朝天阙。

——岳飞

拓展阅读：

《北宋：帝国书生意气》
　　　吴铮强
南宋四名臣

◎ 关键词：宋钦宗 宋徽宗 花天酒地 金兵

徽钦二帝当俘虏

在李纲的率领下，宋朝取得了"东京保卫战"的胜利。随着金军的撤退，宋钦宗和一批大臣以为从此天下太平，于是把宋徽宗接回东京，仍旧过着花天酒地的生活，不做任何防御的准备。

看到这种情形，李纲一再提醒宋钦宗要加强军备，防止金军再次进攻。可是每次提出来，总受到一些投降派大臣的阻挠。没多久，李纲就被调离了京城。

后来，李纲担心的事果然发生了。1126年8月，金太宗又对宋朝发动大规模的军事进攻。他以宗翰为左副元帅，宗望为右副元帅，仍然从东西两路向北宋进军。

金兵很快攻到了黄河北岸。这时候，在黄河南岸防守的宋军还有十二万步兵和一万骑兵，他们不敢贸然渡河。之后，金军主帅想了一个计策，他把许多战鼓集中起来，敲了一夜，结果吓得宋军全部逃光。

渡过黄河以后，两路金兵很快会合逼近东京。这时，东京城里只剩下三万禁卫军，不过也是七零八落，差不多逃亡了一大半。各路将领因为朝廷下过"没有朝廷命令不能前来援救东京"的命令，也没有及时出兵。

面对对方势如破竹的攻势，宋钦宗急得束手无策。这时候，京城里有个大骗子郭京，吹嘘会使"法术"，说他只要招集七千七百七十九个"神兵"，就可以活捉金将，打退金兵。一些朝廷大臣居然把郭京当作救命稻草，让他找了一些地痞无赖充当"神兵"。到金兵攻城的时候，郭京和他的"神兵"上去一交锋就全垮下来。东京城很快被金兵攻破。

眼看末日来到，宋钦宗痛哭了一场，只好亲自带领几个大臣赶到金营，向宗翰、宗望交了降表，向金国称臣。收到宋钦宗的降表后，金军提出要废除宋钦宗的帝号，另立一个宋国的国君。宋钦宗回到城里，吓得放声大哭，后悔当初不该听投降派的话。这时，金军派人进城，查封府库中的金银财物，勒索金一千万锭，银两千万锭，绢一千万匹。金方还三番五次到老百姓家中大肆搜括金银，前后抄了二十多天，除了搜去大量金银财宝之外，把珍贵的古玩文物、全国州府地图档案也一抢而空。

1127年4月，金方要宋钦宗再到金营。一到金营，宋钦宗就被扣押起来。没几天，宋徽宗也被押送到金营。金太宗下令废掉了宋徽宗和宋钦宗的帝号，把他们和皇族、官吏两三千人，押送到金国当奴隶。这样，从赵匡胤称帝开始的北宋王朝在统治了一百六十七年后，宣告灭亡。这次事变是在北宋靖康年间发生的，所以历史上称作"靖康之变"。

国脉如缕——辽、宋、金、西夏

◎ 关键词：宋泽 抗金 置之不理

宗泽三呼"过河"

●宗泽像

>>> 泥马渡康王

金国完颜阿骨打的儿子金兀术收了宋徽宗的第九个儿子康王为义子。康王自小在金国长大，对身世一无所知。

长大后，不明真相的康王还曾跟随金兀术一起攻打宋朝。后来，康王从前宋将崔孝口中得悉真相后，对自己的所作所为懊悔不已，并发誓要救父杀敌，重振大宋河山。他设法逃走，却被金兀术派来的人穷追不舍。途中，幸得一匹神奇的泥马出现助他渡江，才成功回国。

拓展阅读：
《上郑龙图求船书》宋·宗泽
《华阴道中》宋·宗泽

北宋灭亡后，宋徽宗的第九个儿子康王赵构逃到了南京（今河南商丘）。1127年，赵构在南京称帝，是为宋高宗，史称此后的宋朝为南宋。高宗称帝之初，不得不起用有威望的李纲为宰相，以抵御金兵的威胁。李纲认为应迅速集合各地的抗金力量，收复失地，并推荐老将宗泽留守开封。

北宋灭亡之前，宗泽曾坚持抗金，但是由于朝廷的昏庸无能，虽然他领兵打过无数胜仗，还是经常遭到排斥和压制，得不到重用。这回宋高宗让他留守开封，他觉得这是个好机会，于是风尘仆仆地赶往了开封。

这时候，虽然金兵已经撤出开封，但是开封城经过两次大战，城墙全部被破坏了。又由于紧靠黄河，金兵经常在北岸活动。当时，开封城里人心惶惶，社会秩序很乱。宗泽到了那里以后，依靠当地百姓，整顿秩序，修整城墙，抓捕盗贼，使情况大为改观。他还主动联络想要抗金的人，收编他们，发给武器。河北各地义军听到宗泽的威名，都前来投靠，并自愿接受他的指挥。这样，跟宗泽合作的义军越来越多，开封的形势很快安定下来了。

就在宗泽准备北上收复失地的时候，黄潜善、汪伯彦等奸臣却嫌南京不安全，怂恿高宗继续南逃。宗泽听说后，急忙递上奏章，要求高宗回到开封，安定民心，主持抗金。但是奏章被投降派黄潜善等一批人扣压下来。过了不久，宋高宗等人从南京逃到了扬州。

这时，金兵正在黄河上造浮桥，准备再次进攻开封。于是，宗泽便派部将刘衍去滑州，刘达去郑州，跟开封结成掎角之势，以便互相策应。见宗泽有了准备，金兵拆掉浮桥退走了。第二年，金兵偷袭郑州，进军到白沙，逼近开封。开封城里人心惶惶，以为灾难又要降临。部将们也沉不住气，都前来请战。听到军报后，宗泽微微一笑，继续与客人下棋，直到把一盘棋下完以后，他才下令派几千精兵绕到敌后，去策应刘衍他们。结果大败金军。

由于宗泽在对金军作战中屡次获胜，金军对他闻风丧胆。他们害怕宗泽，背地里都叫他"宗爷爷"。

宗泽依靠河北义军，聚兵积粮，认为完全有力量收复失地，接连写了二十几道奏章，请高宗回到开封。可是宋高宗都置之不理。

自己的二十多次上书都杳无音信，宗泽知道自己收复失地的愿望已无望了，不禁忧愤成病。

1130年的一天，七十岁的老将宗泽与世长辞了。临终的时候，他没有留下别的遗言，只是连喊了三声："过河！过河！过河！"可见，宗泽在临终之时仍不忘过河北伐，收复失地啊！

●宋高宗赵构

>>> 红巾军抗金起义

1127年，在南宋军民抗金战争中，河东义军在泽、潞（今山西晋城、长治）间抗金。

南宋初，金兵占领河东、河北部分州郡，残暴掳掠。两河民众组成忠义民兵，奋起反抗，袭扰金兵营寨。

宋建炎元年（1127年）九月，河东忠义民兵以红巾为标志，号称红巾军，每次出战都给金兵强大的打击。后来，红巾军日益壮大，成为南宋初期著名的抗金义军之一。

拓展阅读：

仙鹤望金桥（名菜）

《通志》宋·郑樵

◎ 关键词：国家大事　八字军　抗金

八字军奋起抗金

1128年，金开始进攻南宋的江淮地区。腐败、昏庸的南宋朝廷采取消极抵抗政策，宋高宗一点都不管国家大事和人民死活，依然和一班大臣寻欢作乐。

在国家危难之时，和腐败、昏庸的朝廷消极抵抗不同，南宋的百姓纷纷自发组织起一支支起义军，在各地勇敢地打击金兵，金兵损失很大。

这些抗金的起义军都是由各种各样的劳动人民组成的，他们作战勇敢，令金兵闻风丧胆。

在众多的起义军当中，太行山的八字军最厉害，他们的首领叫王彦。王彦很会打仗，曾经立过功劳。后来，他当了一个叫都统制的官，带领一支几千人的军队和金兵作战。

王彦领导的八字军纪律严明，作战勇猛。每个战士的脸上都有八个字："赤心报国，誓杀金贼。"这八个字都是用针刺出来的，然后再涂上一种墨，就再也掉不了了，它表现了战士们要和金兵战斗到底的决心。

王彦与士兵们同甘共苦，士兵们都很爱戴他，愿意和他在一起打金兵。八字军的队伍很大，作战又勇敢，打了不少胜仗，所以金兵很怕跟他们作战。

在汴京的抗金大将宗泽，听说王彦作战英勇，打了很多胜仗，就主动邀请他到汴京来，和他一起商量怎样打败金兵。宗泽还写了一份奏书，请求宋高宗召见王彦，并请他亲自到汴京来指挥战斗。

昏庸无能的宋高宗已经被金兵吓破了胆，他派人向金国屈膝求和，并没有召见王彦，也不询问黄河流域百姓抗金的情况，只封给王彦一个没有实权的御营平寇统。王彦听说御营的头领范琼是个投降过金兵的人，非常生气。他假装生病，辞官回家养病。

由于八字军一直在太行山区和金兵作战，使得金兵只得留下大量的兵力和八字军打仗。这样，金兵就没办法全力向南面进攻。八字军对金兵南下起到了很大的牵制作用。

后来，大将军张浚让王彦做了他军队的前军统制。王彦就把一部分八字军带到四川和陕西地区去和金兵打仗，其余的八字军继续留在太行山作战。这样，八字军就分别在东西两个地方和金兵打仗了。

当时，与八字军一起抗金的起义军还有红巾军、五马山义军和梁山泊水军等，他们也很勇敢，并且留下了很多佳话，以及众多的传奇故事。即使几百年、近千年过去了，人们仍没有忘记他们。他们永远在历史上留下了闪光的一页。

●韩世忠像

>>> 兀术部队

　　兀术部队是金军中的精锐部队，其中专攻城池的士兵号称"铁浮屠"（铁塔兵），士兵都穿甲戴盔，配备最精良的武器。

　　其作战方法是每三人分为一个战斗单位，后面紧跟着骑兵，这些士兵每前进一步，就将骑兵往前移一步，以示一往无前，决不后退。又在左右两翼以铁骑相配合，号称"拐子马"。

　　宋金交战以来，凡难攻的城池，都使用这支部队去攻打，屡次取得胜利。

拓展阅读

《梁红玉血战黄天荡》
　　　（电影）
《黄天荡怀古》清·赵翼

◎ 关键词：韩世忠 黄天荡 金兀术 以少胜多

韩世忠阻击金兵

　　抗金名将宗泽去世后，宋高宗派杜充继任东京留守。杜充是个昏庸残暴的人，一到开封就把宗泽的一切防守措施都废除了。对宗泽招抚的抗金义军也不予重用，因此那些怀有报国之心的抗金义军纷纷离去。从此宋军战守形势也急转直下。

　　1129年，金军乘宋军江防未固，分两路渡江，连破建康（今江苏南京）、杭州、越州、明州，高宗乘楼船逃往海上。金军本打算乘胜追击，但由于士兵水土不服，加上担心归路被截断，于是自动北撤。

　　在金军北撤的时候，南宋的一些抗战派将领如韩世忠、岳飞等，指挥军队奋起阻击，沉重地打击了金军，立下了赫赫战功。

　　韩世忠，字良臣，绥德（今陕西东北）人，南宋时期著名的抗金英雄。他出生在一个贫苦农民家庭，年轻时勇气过人，好喝酒、不受约束。他十八岁从军，能拉硬弓，打起仗来很勇敢。他的夫人梁红玉也懂得武艺，能协助他指挥军队。

　　金军北撤时，韩世忠正驻守镇江。1130年3月，金军一到镇江附近，就发现长江渡口被封锁了。金将兀术想要了解一下宋军的虚实，就带着四员将领，悄悄骑马登上江边山上的龙王庙，察看宋军动静。韩世忠早已设下埋伏，想活捉兀术，但还是让他跑了。

　　金兀术回到大营，发现自己的十万兵马被韩世忠的人马包围在一个死港汊黄天荡里，渡江渡不了，后退退不成。他只好派人来跟韩世忠约定决战的日期。到了决战那天，韩夫人亲自擂响战鼓，韩世忠率领将士奋勇冲杀。士兵们见主将夫妇亲临前阵，受到极大鼓舞，个个奋勇杀敌，把金兵打得大败。

　　金兀术决战失利，派使者到宋营讲和，被韩世忠拒绝。

　　这时，江北岸的金军派船前来接应。对此，韩世忠早有准备。他在大船上备好大批带着铁索的挠钩，等金兵的船只渡江的时候，大船上的宋兵用挠钩把小船钩住，再用铁索用力一拉，小船翻了，金兵就连人带船一起沉在江心里。金兀术见等不来救兵，只好又来求韩世忠。韩世忠让他们归还占领的地方。见求和不成，打又打不赢，焦急的金兀术四处打探破围之法。

　　这时候，有个宋军的叛徒告诉他：黄天荡北面原有一条老鹳河，现在被淤塞了，只要把它挖通，就可以从长江上游逃脱。

　　金兀术听后，连夜派兵挖了一条三十里长的渠道，并趁着夜色，一边放火，一边射箭，从宋军防守薄弱的地方突出重围，沿着长江仓皇地逃往建康。

　　黄天荡一战，韩世忠以八千人的队伍，把金兀术的十万大军在黄天荡围困了四十八天，成为有名的以少胜多的例子。

●岳飞像

>>> 李大钊的《口占一绝》

壮别天涯未许愁，尽将离恨付东流。

何当痛饮黄龙府，高筑神州风雨楼。

这是1916年李大钊在日本写的一首诗。诗中，作者借用了当年民族英雄岳飞抗击金兵的典故，喻指消灭了窃国大盗袁世凯，大家痛饮祝捷，欢庆胜利。

拓展阅读：

《过零丁洋》宋·文天祥
《小重山·昨夜寒蛩不住鸣》
　　　　　宋·岳飞

◎ 关键词：岳飞 名将 岳家军

岳家军大破金兀术

岳飞，字鹏举，谥武穆，南宋抗金名将，我国历史上著名的将领。他率领的军队被称为"岳家军"。

岳飞出生于相州（今河南汤阴）一个农民家庭。贫苦的家境，父母谦和忍让的为人都对他的性格形成产生了深刻的影响。岳飞文武双全，是个难得的人才。他沉默寡言，勤奋好学，记忆力很强，理解力很高，凡是他读过的书和听过的故事，不但能牢记不忘，而且还能从中体会出某些道理来。他天生神力，十五岁就能拉开三百斤的劲弓。后来，他拜周同为师，努力学习武艺，成了一个武艺高强的人。

1123年，岳飞响应朝廷的招募，毅然从军，从此开始了他的军事生涯。在抗击金军的过程中，他的军事才干逐渐显露出来，屡立战功，后来做了统帅。他打仗十分厉害，与金军作战时屡战屡胜。金军暗地里都叫岳飞为"岳爷爷"，只有金朝大将金兀术对岳飞不服气。

1140年10月，金国又撕毁和约，以金兀术为统帅，分兵四路大举进攻南宋。不到一个月，根据和议还给南宋的土地，全被金军夺去，南宋王朝面临覆灭的危险。因此，宋高宗不得不下诏书，要各路宋军予以抵抗。

岳飞得到抗金命令，立刻率兵到郾城，亲自坐镇指挥，准备收复失地。

金兀术大军来到郾城，宋金双方摆开战场。岳飞的儿子岳云要求打第一仗。于是，岳飞给了他一支精锐骑兵做先锋，要求他必须打胜，兵败砍头。岳云答应了一声，带头冲上阵去，奋勇拼杀。宋军随着岳云，杀得金兵丢盔弃甲。

败了一阵后，金兀术就调用他的"铁浮屠"进攻。"铁浮屠"是经过金兀术专门训练的一支骑兵。这支人马都披上厚厚的铁甲，以三个骑兵编成一队，居中冲锋；又用两支骑兵从左右两翼包抄，叫作"拐子马"。

经过研究，岳飞看出了拐子马的弱点，想出了破敌之策。他命令将士上阵时候，带着刀斧。等敌人冲来，弯着身子，专砍马脚。马砍倒了，金兵跌下马来，岳飞再命令兵士出击，把"铁浮屠"、拐子马打得落花流水。

金兀术在郾城失败，又改攻颍昌（今河南许昌东）。岳飞早料到这一着，派岳云带兵救援颍昌。岳云带领八百骑兵往来冲杀，如入无人之境。后来，宋军步兵和义军分左右两翼包围，将金军打得大败而去。

在郾城和颍昌之战后，金军被岳飞的威风吓破了胆，以至发出了"撼山易，撼岳家军难"的哀叹。这可以说是对"岳家军"最高的赞誉。

国脉如缕——辽、宋、金、西夏

●岳云像

>>> 东窗事发

据说，秦桧曾和他的老婆王氏在卧室的东窗下密谋如何杀害岳飞。

秦桧死后，王氏心神不宁，便请来一个道士作法。据说那道士在阴世见到了秦桧父子和他们的帮凶都戴着铁枷，受着各种痛苦的刑罚。临走时，道士问秦桧要带什么话给王氏。秦桧哭丧着脸说："烦请带话给我夫人王氏，就说东窗事发了。"道士回到阳世后，把秦桧的话告诉给王氏，王氏吓呆了，不久就死去了。

拓展阅读：

《权臣末路》李文勇
《满庭芳·误国贼秦桧》
元·周德清

◎关键词：秦桧 内奸 诬告 东窗

"莫须有"冤狱

岳飞率领的岳家军在取得郾城和颍昌之战的胜利后，一路凯歌，节节胜利，一直打到距离金军在汴京的大营只有四十五里的朱仙镇。岳飞信心满怀地对部下说："何日直捣黄龙府，与诸君痛饮！"就在岳飞踌躇满志，打算收复汴京之时，宋高宗听信秦桧的话，连发十二道金牌，召他班师回朝。这样，岳飞收复国土的宏图大志半途而废了。

当宋徽宗、宋钦宗两个皇帝被金兵俘虏到北方去的时候，作为北宋的大臣，秦桧也被俘到金国。当金国发现南宋抗金力量越来越强大，又有岳飞、韩世忠等大将坚决主张抗战时，就想出一个计谋，那就是把秦桧放回南方充当内奸。

回到南方不久，秦桧就取得了宋高宗的信任，当上了宰相。金兀术曾派遣密使送信给他说："若想议和，必须想办法除掉岳飞。"秦桧本来就怨恨岳飞，如今接到这样的密信，他更决意设法谋害岳飞。

秦桧先唆使他的同党、和岳飞有冤仇的万俟卨编造一套谎话，上奏章弹劾岳飞。接着，他又指使一帮同党接二连三上奏章攻击岳飞。宋高宗本来不喜欢岳飞，接到这些诬告的奏章之后，他就罢了岳飞的官。

秦桧听说岳飞的部下有个叫王俊的副统制，因为作战不卖力气，受到岳飞的责斥，非常怨恨岳飞，于是就想方设法把王俊收买过来，指使他诬告岳飞部将张宪和岳云谋反。张宪、岳云被逮捕入狱，受到严刑拷打，可是张宪和岳云始终没有承认谋反的罪名。

接着，秦桧又以谋反的罪名逮捕了岳飞。面对秦桧的诬告，岳飞感到异常的愤慨，他长叹道："如今我落入了奸贼秦桧之手，报国的忠心全都无法实现了！"岳飞是抗金名将，这件案子的关系太重大了，没有人敢审理。秦桧只好把它交给万俟卨审判。万俟卨捏造证据，对岳飞进行诬告，但都被岳飞用事实一一驳了回去。万俟卨硬说岳飞父子和张宪曾经给人写信，策划一起谋反。岳飞叫他拿出信来对质，万俟卨却说信已经烧了。万俟卨对岳飞严刑拷打，试图逼迫他承认谋反的罪名，但岳飞始终坚贞不屈。就这样，审来审去，连续搞了两个多月，还是没有办法定岳飞的罪名。

有一天，秦桧上朝回来，在东窗下一边剥柑子吃，一边想着如何才能害死岳飞。想来想去也想不出办法来，他心里烦恼极了。这时候，他的老婆王氏走了进来，王氏是个比秦桧还狠毒的人。她看出秦桧还在犹豫要不要马上杀岳飞，就冷笑着说："你这老头儿，好没有决断，要知道缚虎容易放虎难啊！"

听了王氏的话，秦桧狠了狠心，马上写了一个纸条，秘密派人送到监

●岳母刺字 杨柳青年画。
●岳飞墓，通称岳坟，墓碑刻"宋岳鄂王墓"。

狱。1142年1月的一个夜里，年仅三十九岁的英雄岳飞在牢里被害，岳云、张宪也未能幸免于难。

老将韩世忠听说岳飞被害，气愤难耐，当面责问秦桧："你们杀害岳飞的罪名是什么？"秦桧无言以对，含糊其辞地说："莫须有。"（就是"也许有"的意思）韩世忠听后，愤慨地说："这'莫须有'的罪名怎么能使天下人服气呢！"

岳飞被害后，抗金的大业也付之东流。但是，岳飞保家卫国的精神永远闪耀着光辉，值得人们代代铭记。

国脉如缕——辽、宋、金、西夏

◎ 关键词：海陵王 抱负 改革 中都

海陵王迁都燕京

●江山行旅图 金

>>> 海陵王政变

据说金熙宗晚年酗酒无度，控御乏术，滥杀朝臣，引得人人自危。于是，金太祖嫡孙、宗干之子完颜亮决意乘机夺取皇位。他曾在出任领行台尚书省时，与北京留守萧裕密谋起兵夺位。因被召回朝而被迫中断计划后，他又联络左丞相完颜秉德、左丞唐括辩、大理卿乌带，策划政变。

皇统九年十二月初九日（1150年1月）夜，完颜亮等人在金熙宗护卫和近侍的导引下，闯入宫中，将金熙宗刺死。随后，参与政变的众人拥立完颜亮即皇帝位（海陵王）。

拓展阅读：

隆兴和议

《金史本纪》元·脱脱

完颜亮，金太祖完颜阿骨打的孙子，金国的第四个皇帝，是一位雄才大略的政治家。1149年，完颜亮发动政变，杀死了他堂兄金熙宗，自己当上了皇帝，称海陵王，开始施展他的政治抱负。

海陵王当上皇帝后，进行了一系列的改革。他认为汉族的文化比女真族的文化先进得多，于是首先以汉族的政治制度改革金国的政治制度。于是，他废除了议会制度，在中央政府里只设尚书省和枢密使，这两个机构都要听皇帝的指挥。其次，海陵王还让一些有才干的汉族人和契丹人到朝廷上当官，自己很努力地学习汉族的文化，想把自己变成和汉族人一样。为了更好地接受汉文化的熏陶，海陵王决定将都城迁到燕京（今北京）。

海陵王拒斥阴阳五行之说，他认为国家的前途是好是坏在于皇帝是否英明。有一次，有人按照阴阳五行学说绘制了一张营建燕京宫殿的规划图，献给海陵王。这个人说只有按照阴阳五行去建造宫殿，国家才会兴旺发达。海陵王一听就不高兴了，他丢弃了那张规划图，改派擅长建筑的尚书右丞张浩去燕京主持营建新都城，并限定他要在三年之内把新都城修建好。

张浩修建的燕京城在今天的北京宣武区偏西的地方。1153年，燕京城按时完工。

按照燕京城的规划，它总体上是正方形的，四周总长为九里三十步，大概等于四千五百五十米，有内城和外城。内城是皇宫，它的正门叫通天门。宫殿共有九重三十六殿，最前面的叫大安殿，是皇帝接见外国使者的地方。大安殿的后面有座太庙，是祭祀皇帝祖先的地方，西面是大臣们工作的尚书省。外城是官吏贵族居住的地方和百姓做买卖的地方，共有十二个城门，还建造了一些宾馆，是来金国的南宋使者和西夏使者居住的地方。城外还修建了供皇帝和他的嫔妃们游玩的花园。现在北京北海的琼华岛、瑶玄楼就是那时候开始修建的。

燕京城修建完工后，海陵王马上把都城从上京迁了过去，把燕京命名为中都，把开封定为南京。

海陵王不仅把都城迁到燕京，他还命令女真族人也南迁到河北河南这些地方居住。这样，女真族人就和汉族人杂居在一起，促进了民族间的大融合。从此，女真族人学习汉族的先进文化，汉族人也学习女真人的一些先进的技术，金国成为一个融各民族先进文化技术于一体的封建国家。

●汝窑天青釉小口细颈瓶 宋

>>> 诗仙捉月地

传说李白曾穿着皇帝赐的锦袍在采石江中游玩，因醉入水捉月而死，或说他下水后骑鲸升仙了。

所以后人曾写过这样的诗："谪在人间凡几年，诗中豪杰酒中仙。不因采石江头月，那得骑鲸去上天。"大概是因为有这些传说，所以在采石有太白墓，又有太白楼。

拓展阅读：

《采石之战》雷大受
《千古异帝海陵王》满汝毅

◎ 关键词：海陵王 采石矶 虞允文

以少胜多的采石之战

1141年，南宋与金签订了绍兴和议，形成对峙的局面。但是，绍兴和议后，金并没有放弃灭亡南宋的计划。1149年，海陵王完颜亮发动宫廷政变，杀死金熙宗，自立为帝。自从登上帝位后，他就一直梦想灭掉宋朝，以尽享江南繁华。

1161年，海陵王调集了四十万兵马，分四路大举南进。金军势如破竹，很快渡过淮河。当时的宋军统帅王权正驻守庐州（今安徽合肥），听说金兵已经过了淮河，吓得连夜逃往采石矶（今安徽马鞍山）。

消息传到临安，宋高宗吓得手足无措，又想逃往海上躲避金军。在抗战派大臣的鼓励之下，他才派了枢密院知事叶义问到江浙一带视察、督军备战，又派中书舍人虞允文为参谋军事。

这时，海陵王已率领大军进抵长江北岸的和州（今安徽和县），准备渡江。但是，由于宋将王权已经被罢官，而叶义问也逃到了建康（今江苏南京），没有统帅的将士们只是零零散散地坐在路旁，士气十分低沉。

中书舍人虞允文到采石犒军，正好看到将士们垂头丧气。于是，他就表示了自己坚决抗战的信心。将士们见一介书生竟能如此慷慨激昂，顿时振作起来，都纷纷表示一定要拼命杀敌，为国立功。

于是，虞允文立即视察了江边的形势，对防务作了周密的部署。刚部署完毕，北岸的金兵就擂响战鼓，呐喊着冲了过来。

当时，宋军统制将领时俊手拿双刀站在船头，与敌人拼命厮杀。一看主帅和将领都如此英勇，士兵们也争先恐后地上前与金兵搏斗。双方对战很久，谁都不肯撤退。

这时，恰好有一队从光州（今河南潢川）撤退下来的宋兵来到了采石。虞允文就命令他们高举大旗，喊着杀敌口号，从后山转出，以此来迷惑敌人。海陵王以为宋军调来援军，不敢恋战，下令撤退。虞允文抓住时机，命令弓箭手一阵猛射，将金军打得大败。

就在两军对战之时，金国内部发生了政变，贵族完颜雍在后方称帝。消息传来，海陵王更加着急。他思来想去，觉得只有一举灭了宋朝，才能保住皇位，于是第二天又重新进攻采石。哪知虞允文早已做好了准备，一举将金军的三百多艘战船全部烧毁。采石大战终以宋军的全面胜利而告终。

在采石之战中，南宋军民在文臣虞允文的指挥下，力挫金军主力，打破了海陵王灭亡宋朝的计划，加速了海陵王统治集团的分裂和崩溃。从此，宋军在宋金战争中转到有利地位。

国脉如缕——辽、宋、金、西夏

◎ 关键词：耕织图 生产 生活 丰富多彩

楼寿玉绘《耕织图》

●范成大像

>>> 田园诗的集大成者

范成大，南宋诗人，字致能，号石湖居士。吴郡（今江苏苏州）人。母亲蔡氏是北宋著名书法家蔡襄的孙女。

范成大的诗，以反映农村社会生活图景的作品成就最高。他的田园诗概括地描绘了当时农村的生活，把《诗经·七月》以来的农事诗、陶渊明以来的赞颂农村生活恬静闲适的诗和唐代一些反映阶级压迫的农家词、山农谣一类作品结合在一起，成为中国古代田园诗的集大成者。

拓展阅读：
《中国古代耕织图》王潮生
颐和园耕织图景区

古代的时候，军人在前方打仗，老百姓在后方种田、制造武器和工具，还要从事农业生产。要是没有老百姓的生产，皇帝、地主和军队都没有粮食吃。

在封建社会里，普天之下莫非王土，全部的土地都是皇帝的。那时候，皇帝把土地赏赐给地主，地主再把土地分给老百姓，让他们去耕种。

老百姓分到土地后，就一家一户地进行生产。他们不仅种粮食，还种棉、麻和桑。种粮食是为了吃饭，种棉、麻是为了织布，种桑是为了养蚕抽丝，织丝织品。平时，丈夫到地里干活，妻子就在家里纺纱织布。

南宋时，有个叫楼寿的人绘制了一套《耕织图》，描绘的就是老百姓这种男耕女织的生产生活情景。

楼寿，字寿玉，鄞县（今浙江宁波市鄞县）人，曾经在于潜县当过县令。于潜县在临安西边，位于天目山山麓、天目溪的发源地。那里风景美丽，土地肥沃，山上种满了桑树，山下的平地种满了水稻和麻，老百姓就在这块土地上辛勤劳作。楼寿很同情劳动人民生产和生活的艰苦，经常去关心他们的生产和生活的情况。这样，楼寿就知道了很多农业生产和农民生活的事情。

目睹淳朴勤劳的百姓辛劳终日却生活得艰苦异常，楼寿既难过又感动。为此，他花了好长时间，终于绘成了四十四张描绘百姓生活的图画，合起来就是一套精美生动的《耕织图》。图中有二十幅耕田图和二十四幅纺织图。耕田图描绘的是南方耕田的图景，里面有从水稻育秧、整地、插秧到耘田、车水、施肥、收割的全过程，还有种麻、种棉花、种蔬菜的情况。纺织图描绘的是纺纱织布的图景。从采桑、养蚕到缫丝、纺麻、纺棉花、织布、织绸和漂染等过程，都被绘在图中。无论是耕田图还是纺织图，楼寿都绘得清清楚楚，使人一目了然。楼寿还在每一幅画上都写了一首诗，把心中的感想抒发出来。

其实，南宋生产的发展比楼寿描绘的《耕织图》还要丰富多彩。那时候，人们造了很多船，有"脚踏车船"，还有航海做买卖的大海船，船上装有指南针，不会在海上迷失方向。同时，江西景德镇生产的瓷器天下闻名，它们精美绝伦，被卖到世界很多地方。南宋的造纸术也已十分发达，人民造了很多纸，用纸来印刷书本。北宋的时候，毕昇发明了活字印刷术。活字印刷术在南宋时期还没有广泛地用来印书，印书主要是用雕版印刷术。那时候，浙江的临安，福建的麻沙、建阳以及四川都是著名的印书之地。据说，楼寿的《耕织图》也曾被印刷过，可惜没有流传下来。

●耕织图·耕图 清 焦秉贞
清代康熙帝十分重视农桑，在实施众多促进农业生产措施的同时，还命宫廷画家焦秉贞绘制《耕织图》四十六幅，并亲自为每幅画面御笔题诗，借以提倡推广农耕，发展社会经济。

●李清照小影 清 姜埙

>>> 朱淑真

宋代女作家，号幽栖居士。她小时候喜欢读书，酷爱文学，善长作诗词。她自称："翰墨文章之能，非妇人女子之事，性之所好，情之所钟，不觉自鸣尔"（《掬水月在手诗序》）。

朱淑真婚姻不幸，所以多借诗词来排解忧思。她的词既承晚唐、五代词风，又受了柳永、周邦彦等人的影响。语言清新秀丽，善于运用委婉、细腻的手法表现优美的客观景物和个人的内心世界。她在宋代是成就仅次于李清照的女词人。

拓展阅读：

《李清照》（电影）
《项羽二首》宋·朱淑真
易安体

◎ 关键词：李清照 白描 感情 孤苦 豪杰

旷世才女李清照

李清照，号易安居士，历城（今山东济南）人，南宋时著名的女词人、女诗人和散文家。她的词主要运用朴实的白描手法，抒写细腻的感情变化，语言明白如话。在宋代词人中，卓然自成一家。

李清照的父亲李格非是文学家，母亲王氏也会写词。李清照很小的时候，父母亲就开始教她写词、诗和散文。十八岁时，李清照与赵明诚结婚。赵明诚也是个很有学问的人，夫妻俩志同道合。李清照常常勉励赵明诚好好读书，后来，赵明诚终于取得了功名。赵明诚拿到的俸禄除了用来买基本的生活用品外，其余的全部用来买书、画和有价值的古董。赵明诚把这些东西买回家之后，经常已是天黑了。他和李清照在吃完晚饭后，常点起一支蜡烛一起欣赏买来的东西，直到蜡烛烧完了才休息。

又过了几年，赵明诚被派到外地去做官，而李清照留在家里。李清照很想念丈夫，经常用词的形式写信给赵明诚。这些信文辞优美，饱含深情，让赵明诚看了非常感动。有一年的重阳节，李清照一个人在家里饮酒，观赏菊花，丈夫不在身边，觉得很寂寞。于是，她拿起笔来写了一首词，叫《醉花阴》：

薄雾浓云愁永昼，瑞脑销金兽。佳节又重阳，玉枕纱厨，半夜凉初透。
东篱把酒黄昏后，有暗香盈袖。莫道不销魂，帘卷西风，人比黄花瘦。

这首词的意思是说李清照思念丈夫赵明诚，因此吃不下、睡不好，面容比菊花还瘦。词句让秋闺的寂寞和闺中的惆怅跃然纸上。

李清照把这首词寄给了赵明诚。赵明诚看了之后非常感动，觉得写得太好了。他决心要写一首比妻子写得还好的词，就关起门来，不接见任何人，自己在屋子里废寝忘食地写了三天三夜，终于写出了五十首词。赵明诚把李清照的那首和自己的五十首混在一起，给他的朋友看，让他评一评哪一首最好。结果，他的朋友说，只有"莫道不消魂，帘卷西风，人比黄花瘦"三句写得最好。而这正是李清照所写的。

后来，金兵攻破汴京，宋徽宗、宋钦宗被俘，宋高宗南逃，李清照和丈夫赵明诚也一起逃到南方。1129年，赵明诚到湖州去做官，不幸在半途中得了一场疟疾，随即死去了。李清照非常悲痛。也是在这一年，金军占领了她的老家山东。李清照只好带着家里的书画、古董，到浙江去找她的弟弟李远。从此以后，李清照就和弟弟李远在赵州、台州、杭州和金华一带生活，景况孤苦凄凉。

●李清照像 清 雀错
画中的李清照淡妆素服，斜倚奇石，右手托腮，左手扶膝，做愁思状，也许她在怀念丈夫赵明诚，也许是在为填词推敲字句。

  国家的灾难和生活的不幸，给李清照带来了沉痛的打击和极大的痛苦。她开始写悲愁凄苦的词，来诉说自己的身世和感慨。她还写了一些诗词，表达了自己对祖国安危的关心。她曾经写过一首很有气魄的诗，名叫《夏日绝句》：

  生当作人杰，死亦为鬼雄。
  至今思项羽，不肯过江东。

  李清照借项羽的宁死不屈反讽了南宋统治者苟安于江南，丧权误国的可憎行径，表达了作者活着要做人间的豪杰，死后也要做鬼中英雄的伟大志向。

●陆游像

>>> 陆游的《钗头凤》

红酥手，黄縢酒，满城春色宫墙柳。东风恶，欢情薄，一怀愁绪，几年离索。错！错！错！

春如旧，人空瘦，泪痕红浥鲛绡透。桃花落，闲池阁，山盟虽在，锦书难托。莫！莫！莫！

这首《钗头凤》词，是一篇"风流千古"的佳作。陆游年轻时娶表妹唐婉为妻，感情深厚。但因陆母不喜欢唐婉，威逼二人各自另行嫁娶。十年之后的一天，陆游在沈园游春，与唐婉不期而遇。此情此景，陆游备感怅然，就作了《钗头凤》这首词，题写在沈园的墙壁上。

拓展阅读：

《陆游评传》邱鸣皋
沈园

◎ 关键词：放翁 爱国 抗金 丰富

陆游的爱国情怀

陆游，字务观，号放翁，越州山阴（今浙江绍兴）人，南宋时著名的诗人、词人。他所作的《示儿》一诗，是一首家喻户晓的古诗，诗是这么写的："死去元知万事空，但悲不见九州同。王师北定中原日，家祭无忘告乃翁。"这首诗是一位父亲对儿子的临终遗嘱，人们从中可以感受到一位老诗人在弥留之际的强烈爱国心。

陆游的幼年，是在国破家亡、颠沛流离中度过的。当时金兵南下，到处抢杀掳掠，使他从小就目睹了国破家亡的惨景，他也看到、听到许多江南军民抗击金兵的感人事迹。在他幼小的心灵里，渐渐滋长了对祖国、对民族的深厚感情。

成年后，陆游虽然诗文写得好，名气大，可仕途不顺。直到快五十岁的时候，才被负责川陕一带军事的将领王炎请到汉中去做幕僚。汉中接近抗金的前线，陆游认为到那里去，也许有机会参加抗金战斗，为收复失地出一份力量，于是很高兴地接受了这个任命。

到了那里，他孤身一人骑马到边关，观察金人占领地区的情况。在王炎衙门里，他常常看见金军占领区的老百姓冒着危险给宋军送来军事情报。这些情景使他对抗金充满了希望。

经过详细考察之后，他向王炎提出一个计划。他认为恢复中原一定要先收复长安，所以王炎现在要做的就是要在汉中积蓄军粮，训练队伍，做好一切准备，以便随时可以进攻。但是，当时临安的南宋朝廷并没有北伐的打算，川陕一带的将领大多也骄横腐败，王炎对他们没有办法，所以就没有办法按照陆游的意见出兵。

不久，王炎被调走，陆游也被调到成都，在安抚使范成大部下当参议官。范成大是陆游的老朋友，所以并不讲究一般的官场礼节。陆游的抗金志愿得不到实现，心里气闷，常常以喝酒、写诗来抒发自己的爱国感情。但是，一般官场上的人看不惯他，说他不讲礼法，思想颇放。陆游知道后，索性给自己起了个别号，叫"放翁"。所以后来人们就称他为陆放翁。

这样过了二三十年，南宋王朝始终没有决心收复失地。陆游长期在家过着闲居的生活，只有把满腔爱国热情寄托在他的诗歌创作上。他一生辛勤创作，一共留下了九千多首诗，成为我国历史上诗歌创作最为丰富的诗人。

1210年，伟大的爱国诗人陆游与世长辞，终年八十六岁，临终前，他留下最后一首感人肺腑的诗——《示儿》，它是诗人一生政治抱负的总结和爱国思想的结晶。

◎ 关键词：智谋 抗金 隐居 苏辛

金戈铁马辛弃疾

●云龙纹兽耳玉炉 宋

>>> 《西江月·遣兴》

　　醉里且贪欢笑，要愁那得工夫。近来始觉古人书，信着全无是处。

　　昨夜松边醉倒，问松"我醉何如"。只疑松动要来扶，以手推松曰："去！"

　　　　　　　——辛弃疾

　　辛弃疾非常喜欢喝酒，有时竟也将他的醉态写入词中。这首《西江月·遣兴》细致入微地描绘了他醉酒后的情态。这也是作者在借诙谐幽默之笔，发泄内心的不平之情。

拓展阅读：

《辛弃疾评传》巩本栋
《如梦令·常记溪亭日暮》
　　宋·李清照

　　辛弃疾，字幼安，号稼轩，历城（今山东济南）人，南宋时期著名的爱国主义词人。辛弃疾一生爱国爱民，主张抗金，创作了大量慷慨激昂的爱国词。

　　辛弃疾生于被金人统治的中原地区，他的祖父辛赞虽然被迫在金朝做了官，却不忘宋朝。每当闲暇时候，他就带着辛弃疾观察金国的山川地形，他还两次让辛弃疾去金国首都燕京参加科举考试，以更多地了解金国的实情。这些都为辛弃疾将来抗金积蓄了有用的知识。

　　1161年，金军大举南进。当时济州有个叫耿京的农民发动了起义，二十二岁的辛弃疾就率领两千多人前去投奔。由于辛弃疾智谋过人，耿京就派他负责起义军的文书工作，掌管起义军的大印。

　　采石大战后，辛弃疾认为这是南北抗金力量联合收复失地的大好时机，就劝说耿京接受南宋的领导。于是，耿京派他到南方见宋高宗，汇报北方的抗金活动。听说敌人后方还有这么一支强大的抗金队伍，宋高宗十分高兴，就任命耿京为天平军节度使，同时给辛弃疾等二百多人封了官，让辛弃疾回北方宣布他的任命。

　　不料，耿京的部队中出现了叛徒。为了升官发财，叛徒张安国谋杀了耿京，向金国投降了。后来辛弃疾带五十名勇士冲进金营，捉住张安国，把他押到建康行营，等南宋朝廷审清楚张安国的罪行，立刻把他砍头示众了。

　　辛弃疾回到南方后，接连被委派为好几个地方的地方官。在此期间，他三番五次地向朝廷提出抗金的主张，可惜都没有被采纳。四十二岁那年，由于受到朝中官僚的打击，他辞官还乡，从此过了长达二十年的隐居生活。

　　满腔抱负无处施展，辛弃疾只有以诗词来抒发自己壮志难酬的悲愤之情，表达他矢志不渝的雄心壮志。他的词慷慨悲壮，可以与北宋的苏轼相媲美，因此历史上把他们合称为"苏辛"。在我国文学史上，辛弃疾的词占有重要的地位，其代表作有《水龙吟·登建康赏心亭》、《永遇乐·京口北固亭怀古》等，其中一些名句为后人广泛传诵，如"蓦然回首，那人却在灯火阑珊处""凭谁问：廉颇老矣，尚能饭否"，等等。

　　1206年，六十七岁的辛弃疾在忧愤中病逝。虽然壮志未酬，但这位爱国词人的精神却一直激励着后人。

●朱熹像

>>> 《观书有感》

半亩方塘一鉴开，天光云影共徘徊。问渠那得清如许？为有源头活水来。

这首朱熹登游怀玉山脉主峰三清山后而作的《读书有感》诗，不仅是宋代哲理诗的名篇，而且是朱熹"穷理致知"的一个明证。这首诗写成于儒道学术史上有名的"鹅湖之会"后一年，表明朱熹的理学思想从此飞跃飙升，进入一个新的高度。

拓展阅读：

南溪书院
《春日》南宋·朱熹
《九曲棹歌》南宋·朱熹

◎ 关键词：朱熹 讲学 天理 人欲

朱熹传授理学

朱熹，字元晦，后改仲晦，号晦庵，别号紫阳，南宋时期著名的理学家、思想家、哲学家、诗人、教育家和文学家。在理学方面，他继承前人学说，建立了一个庞大细密的"理学"体系。他的理论成为中国专制社会后期的统治思想，产生过巨大而深远的影响。他一生除有十多年时间做官从政外，其余的时间主要是讲学和著述。

一天傍晚，夕阳的余晖给雄伟的庐山（今江西庐山）涂上一层金色。朱熹和他的一个学生在山间的小路上，一边散步，一边谈话。学生问他：

"先生，您传授理学，为的是什么呢？"

"为了存天理，灭人欲呀！"朱熹说。

"那么，什么是天理呢？"

"天理包罗万象，天地万物、人、朝廷、道德，都包含着天理啊。"

"那么，什么是人欲呢？"学生又问。

朱熹回答说："人欲，简单地说，就是耳、目、鼻、口、四肢的欲望。比如，耳朵想听美妙的音乐，眼睛想看美丽的颜色，鼻子想闻芬芳的气味，嘴巴想吃美味的佳肴，身体想躺舒服的床铺，如此等等。"

学生不由得睁大了眼睛，问："这些难道不合理吗？"

朱熹笑了笑，慢慢解释道："这些欲望是不是合理，有一个界限。比如，夏天穿得薄一点，冬天穿得厚一点，渴了喝水，饿了吃饭，这都是合理的要求，也就是天理。但是，你如果想穿得奢华，吃得奢侈，这就超过了界限，变成不合理了。"

"那么这个界限怎么定呢？"学生问道。

朱熹说："人的一言，一语，一动，一静，一坐，一立，以至喝水，吃饭，都有是非之分。符合礼的，就是天理；不符合礼的，就是人欲。"

现在看来，朱熹关于天理人欲的思想有不少荒谬可笑之处。不过，在当时的情况下，他要人们安于现状，不要起来为改善自己的生活而斗争的思想，是适合中国传统农业社会的统治。

作为宋代理学的集大成者，朱熹继承了北宋程颢、程颐的理学理论，完成了客观唯心主义的体系，他提出的"理在先，气在后"的哲学思想，对后世有很大的影响。

朱熹一生致力于理学研究，并主张以理学治国，但却不被当时的统治者所重视和理解。因此他将自己的满腔热情倾注于教育事业，孜孜不倦地授徒讲学，在教学理论和教学实践上都取得了十分重大的成就。

国脉如缕——辽、宋、金、西夏

●宋理宗像

>>> 陈郁《念奴娇·雪》

没巴没鼻，霎时间、做出漫天漫地。不论高低并上下，平白都教一例。鼓动滕六，招邀巽二，一任张威势。识他不破，只今道是祥瑞。却恨鹅鸭池边，三更半夜，误了吴元济。东郭先生都不管，关上门儿稳睡。一夜东风，三竿暖日，万事随流水。东皇笑道，山河原是我底。

这首词写在南宋末年贾似道为相期间，作者目睹其所作所为，但又不能直接斥责，只能借"雪"予以讽刺。

拓展阅读：

木棉亭
《我是宋朝人》史式

◎ 关键词：贾似道 醉生梦死 不可收拾 灭亡

贾似道独擅朝权

南宋王朝偏安于江南一隅，统治者昏庸无能，朝政往往为权臣把持。南宋理宗、度宗两朝，贾似道独揽朝纲，加速了南宋的灭亡。

贾似道是一个不学无术的浪荡子，靠着他的姐姐、宋理宗的宠妃爬上了官位。据说他当上官后，什么正经事都不干，时常去逛妓院，晚上也不回家，就在西湖上大摆宴席，过着醉生梦死的日子。

1234年，蒙古消灭金国后，计划南下灭宋。1235年，蒙古军队大举进攻南宋。1259年9月，忽必烈率领军队围攻鄂州（今湖北武汉），鄂州城危在旦夕，宋理宗命令贾似道率兵增援。还没上战场，贪生怕死的贾似道已吓得脸色如土，连连哀叹："这下子全完了。"于是便私下里向忽必烈求和。由于蒙古后方发生分裂，忽必烈答应了贾似道的请求并撤走了军队。贾似道回到临安，对宋理宗说是自己指挥有方，英勇善战才打走了蒙古军队。糊涂昏庸的宋理宗竟信以为真，升贾似道做了次相，名字排在宰相吴潜的后面。

贾似道靠着欺骗，居然做了十几年的宰相。宋理宗死后，太子赵禥即位，就是宋度宗。贾似道一面故意要求告老回家，一面又派亲信散播谣言，说蒙古军又要打过来了。于是，刚即位的宋度宗就苦苦挽留他，封他为太师，并拜为魏国公，使他的地位越来越高了。过了几年，贾似道又故技重演，宋度宗赶紧又升他的官，封他做平章军国重事，把国家大事全部托付给他。

尽管大权在握，贾似道却不愿意处理军国大事。他用搜刮来的钱财在葛岭建造了一座精美的住宅，平时在豪宅里聚集赌友一起豪赌；他喜欢美色，只要长得漂亮，甚至连尼姑和妓女都娶作小老婆。每逢秋冬之际，他便和众多的小老婆一起趴在地上斗蟋蟀，从不将国家大事记在心头。

然而，此时的蒙古大军已经南下，包围了南宋的襄阳、樊城。襄樊军民苦苦抗战，然而敌众我寡，力量悬殊，形势非常危急。当时，襄阳主帅吕文焕向贾似道请求援兵，可贾似道置之不理，依然每天花天酒地，还想方设法阻止消息传到宋度宗耳中。

贾似道一味粉饰太平、寻欢作乐，终于将国事弄得不可收拾。蒙古军队攻下襄阳以后，一路沿着长江东进。宋度宗在惊恐和忧郁中死去后，他的儿子赵㬎继承了皇位。在军民的一再呼吁下，贾似道被贬往循州。途经木棉庵（今福建漳州城南）时，负责押送贾似道的郑虎臣将他刺死。贾似道得到了应有的下场，可是南宋灭亡的局面已经无法挽回了。

● 青白釉伏听俑　宋

>>> 蒙古水军

蒙古水军是中国历史上发展最快、发挥作用最强的水军之一，在中国水军发展史上占有重要地位。

蒙古水军形成于成吉思汗统治晚期，至蒙哥汗时为止。这期间，以南方的金、南宋为主要敌人，在对南宋的战争中，逐渐成为一支重要的军事力量。鼎盛时期在忽必烈时期，此时的蒙古水军承担了江河湖海的防卫任务，参与了大规模的海外作战及大规模的海上粮食运输。忽必烈统治结束后，元水军逐步进入衰落期。

拓展阅读：

元代三大农书
《元史解读》华龄

◎ 关键词：忽必烈 妙计 浮桥 屠杀

襄樊之战灭南宋

1264年，忽必烈打败了阿里不哥，巩固了自己的汗位。随后，他又开始了灭亡南宋，统一全中国的计划。

那时，南宋在泸州（今四川泸州）的守将刘整投降了元朝。刘整是南宋名将，对南宋的战略部署十分熟悉。他向忽必烈献出了一条灭亡南宋的妙计：襄阳是南宋江汉流域的门户，先攻下襄阳，就等于打开了南宋的大门，然后顺着汉水进入长江，往下可以直捣南宋京城临安。忽必烈听后非常高兴，采纳了他的意见。于是，忽必烈将战略重点放在了襄樊（襄樊是襄阳和樊城的合称）两地。

1268年秋，元军包围了襄樊。襄阳在汉水南边，宋军守将是吕文焕；樊城在汉水北边，由宋将范天顺把守。襄樊城里兵多将广，粮食充足，城墙坚固，易守难攻，在两城之间有浮桥相连。

忽必烈派阿术为主帅，刘整为副帅，进攻襄樊。阿术和刘整将襄樊团团围住，并在江边修筑堡垒，在河中钉上木桩，拉上铁链，意欲将襄樊与外界的联系隔断。

第二年，忽必烈又派史天泽和驸马忽刺攻打襄樊。史天泽到后，加强了包围，并对襄樊城发动猛烈的攻势。襄樊守军死守城池，打退了元军一次又一次的进攻。等到雨季降临，汉水涨水，襄樊周围到处都是水，元军不得不停止进攻，这样打打停停，一直持续了五年。

见久攻不下，忽必烈就向将领们问计。一个名叫阿里海牙的将领对忽必烈说："襄阳和樊城就像牛的两只角一样，它们互相支援，所以老也攻不下来。不如先攻北面的樊城，之后再进攻襄阳。"忽必烈一听很有道理，马上命令阿术先攻打樊城。

阿术集中兵力猛攻樊城，元军还运来了威力很大的回回炮，他们用回回炮轰塌了城墙，然后向城里冲杀，可是宋军的箭和飞石像雨点一般飞了下来。元军被压得抬不起头，根本就冲不进去。

樊城守军为什么如此勇猛呢？原来襄阳的守军通过浮桥不断地过来支援。虽然元军只是攻打樊城，可还是跟同时攻打两个城一样。于是，阿术命令士兵向浮桥进攻，终于烧断了浮桥。这样一来，樊城就得不到支援了。元军又对樊城发动猛攻，先后从三面攻破内城。1273年2月初，樊城宋军巷战失败。城中没有投降的军民，被元军全部屠杀。

攻克樊城后，元军立刻把回回炮运到襄阳城下，准备进攻襄阳。襄阳守将吕文焕急忙向朝廷告急，可是当时把持朝政的贾似道并不派兵增援。这时，襄阳城内的粮食虽

●胡骑狩猎图 南宋 陈居中
图中描绘了北方少数民族的狩猎场面，背景
为旷远荒凉的丘陵。其中近处一队人马停留
在山坡上，正观看远处的一个人骑马追赶两
头猎物。

●湖畔幽居图 南宋

然充足，但是衣服、柴火等却已经断绝。城中宋军陷入既无力固守，又没
有援兵的绝境。1273 年 2 月，吕文焕打开城门投降了元军。

元军夺取了襄、樊两地，等于打开了南宋的大门。1274 年，忽必烈令
左丞相伯颜为统帅，率领二十万大军，沿长江东下，直取南宋都城临安。

国脉如缕——辽、宋、金、西夏

● 文天祥像

>>> 袁崇焕之死

明万历四十五年（1617
年），努尔哈赤起兵攻明，逼
近山海关。天启二年（1622
年），明军在广宁大败，明朝
边关岌岌可危。

也是在天启二年，袁崇
焕投笔从戎，出镇山海关。四
年之后，袁崇焕的一万守军
击退了努尔哈赤的十三万精
兵。次年，袁崇焕又打败了
皇太极的进攻，令清兵闻风
丧胆。

崇祯二年（1629年），袁
崇焕又击退攻京城的皇太
极。可就在决战胜利第十天
后，崇祯皇帝因听信了谗言，
认定袁崇焕是个内奸，将他
处以极刑——凌迟。

拓展阅读：
《指南录》南宋·文天祥
《扬子江》南宋·文天祥
《北京法源寺》李敖

◎ 关键词：文天祥 谈判 被俘 抗元复国

宁死不屈的文天祥

1273年，元军攻下襄樊，然后乘胜南下，一路上势如破竹，很快就逼
近了南宋都城临安。时年四岁的宋恭帝赵㬎只是个挂名的皇帝，他的祖母
谢太后急忙下诏书命令各地援兵到京城"勤王"。诏书发到各地，响应的
人很少。只有文天祥和张世杰两人起兵。

文天祥，字宋瑞，吉州庐陵（今江西吉安）人，南宋杰出的爱国诗
人和政治家。文天祥从小爱读历史上忠臣烈士的传记，立志要向他们学
习。二十岁那年，他到临安参加进士考试，在试卷里写了他的救国主张，
受到主考官的赏识，中了状元。从此，他暗暗发誓要与国家共存亡。在
自己的后半生中，文天祥一直用行动实践着自己的诺言。

当时文天祥接到朝廷的诏书后，不到半个月的时间就招募到三万人马。
他变卖自己的财产，充作军饷。随后，他排除种种阻挠，带兵到了临安。

文天祥带兵到达临安时，元军已经兵临城下。当时，投降派建议朝廷
献城投降，以谋一条生路。文天祥知道后，愤怒地斥责他们。这时，元军
统帅伯颜派来了使臣，要求宋朝丞相到元军军营中当面谈判，否则就打进
临安。丞相陈宜中听到这个消息，吓得连夜逃跑了。之后，朝廷便任命文
天祥为右丞相，去和伯颜谈判。

伯颜本以为宋朝使者一定会乖乖地向他哀求，没想到文天祥来到元营
后，竟然不卑不亢、义正词严地和他展开了论战。在惊奇之余，伯颜很是
吃惊，他软硬兼施，威逼文天祥投降。但文天祥誓死不从。于是，伯颜扣
留了文天祥，并把他押送回大都。

在被押送北上的途中，文天祥趁机逃走，最后历尽艰辛才回到了南方。

文天祥回到南方后，又一次举起了抗元大旗，尽管也取得了一些胜
利，却终因寡不敌众而失败了。在一次激烈的战斗中，文天祥不幸被俘。
1279年，元军押送文天祥北上，在经过珠江口时，文天祥想到自己为抗元
复国而奔走，没想到竟沦为阶下囚，于是便奋笔疾书写了一首流传千古的
《过零丁洋》，诗中"人生自古谁无死，留取丹心照汗青"的句子，表达了
他视死如归、决不投降的决心。

文天祥被押解到大都后，忽必烈派了许多人来劝降，文天祥都不为所
动。见软的不行，忽必烈就派人对文天祥进行严刑拷打。虽然受尽了百般
折磨，但文天祥始终不屈服。1283年12月19日，文天祥就义于柴市口（今
北京菜市口）刑场，年仅四十七岁。

文天祥虽杀身以成仁，但他那气贯长虹的爱国精神和高尚的民族气节
永存于天地之间，其浩然正气万古流芳，一直激励着后来人。

国脉如缕——辽、宋、金、西夏

●张世杰像

>>> 筝曲《厓山哀》

《厓山哀》原名《哭山》，客家筝曲，汉乐。这首曲子如泣如诉，曲调哀恻感人。它源于南宋末年陆秀夫背负末帝赵昺跳海殉国的史实。

《厓山哀》曲调悲壮，全曲前后对比强烈，并用按音、滑音、颤音等指法弹奏，表现了一种压抑、沉痛的情感。

拓展阅读：

《登山吊越公》明·林时耀
《宋江山》关蔚

◎ 关键词：张世杰 赵昺 淹死 厓山

张世杰死守厓山

1276年，元军攻破南宋都城临安，俘虏了谢太后、恭帝和百官，将他们押送到北方。南宋王朝名存实亡了。

临安破城之前，大臣陆秀夫、张世杰等人护送恭帝的两个异母哥哥，九岁的赵昰和六岁的赵昺，经海路到达温州，又由温州到了福州。他们拥立赵昰做了皇帝，建立起流亡小朝廷。

张世杰原来是北方金国统治地区的人，年轻的时候因为触犯了金国的法律，投奔宋朝，当了一名小兵。在作战中，张世杰勇猛善战，屡建战功，逐渐得到提升，后来被升为将军。元军攻下襄樊的时候，张世杰奉命守卫鄂州。为了阻止元军沿长江而下，他用铁链将长江封锁，并准备了大量火炮和弩。但是，由于中了敌人的阴谋，鄂州终被攻破。这时候，困居临安的谢太后和宋恭帝发出勤王的号召，张世杰赶忙带着队伍赶到临安。见右丞相陈宜中正在跟元军议和，他就带兵到了定海，准备在那一带招兵买马，聚集力量。张世杰团结了当地少数民族的人民，请他们支援复国斗争。在那里，张世杰动员了漳州（今福建龙溪）农民领袖陈吊眼和畲族妇女许夫人协助他跟元军作战。

赵昺即位之后，任命陆秀夫为左丞相，张世杰为枢密副使。不久，元军从江西南下到了广东。张世杰和陆秀夫护卫着赵昺到了新会的厓山。在厓山，陆秀夫负责派人到海南岛征集粮草，组织民工修筑防御工事，还利用闲暇时间教年仅八岁的小皇帝赵昺读书。张世杰负责招兵买马，训练军队。他们准备在那里建立根据地，以便等待时机，恢复宋朝。

可是天下大局已定，南宋王朝气数已尽，无力挽回了。

后来，元将张弘范率领军队攻打厓山。他派兵封锁海口，切断了宋军砍柴、汲水的道路。宋军中士兵吃水发生了困难，只好舀些海水解渴，喝了之后上吐下泻，许多人病倒了。张世杰想要夺回海口，于是率领士兵去攻打新会等地，但是跟元军大战几天都没能取胜。

1279年2月，张弘范趁宋军疲惫不堪的时机，猛攻厓山。张世杰抵挡不住，便和陆秀夫等赶快保护着赵昺和他的母亲杨太妃等乘船撤退。陆秀夫和赵昺乘坐一条船，张世杰和杨太妃坐另一条船。当元军派船追赶的时候，宋军的船队被冲散了。陆秀夫不愿意被元军活捉，含着眼泪，背起皇帝赵昺跳进了茫茫大海。

后来，张世杰的船被飓风打沉，他和杨太妃都淹死在汹涌澎湃的大海之中。1279年2月，元朝统一了中国，南宋彻底灭亡了。

漠北来去——

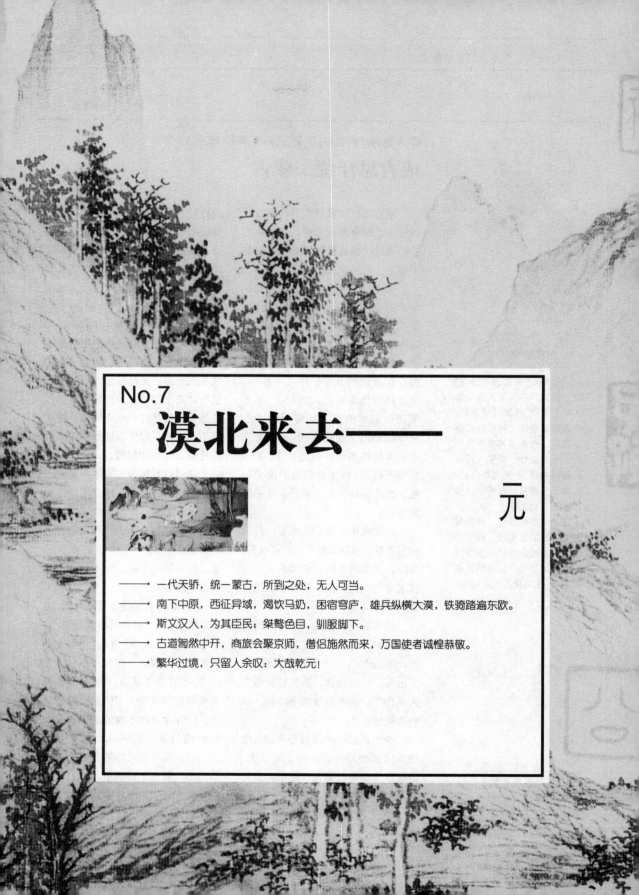

元

—— 一代天骄，统一蒙古，所到之处，无人可当。

—— 南下中原，西征异域，渴饮马奶，困宿穹庐，雄兵纵横大漠，铁骑踏遍东欧。

—— 斯文汉人，为其臣民；桀骜色目，驯服脚下。

—— 古道訇然中开，商旅会聚京师，僧侣施然而来，万国使者诚惶恭敬。

—— 繁华过境，只留人余叹：大哉乾元！

●元太祖成吉思汗

>>> 元代铠甲

元代铠甲制作极为精巧，有柳叶甲，有六层皮革的铁罗圈甲，有蹄筋翎根铠，有象蹄掌铠等。蹄筋翎根铠用蹄筋、雁翎根相缀而连甲片，十分轻松、坚韧，可以抵御轻兵器，但成本昂贵，故显得十分贵重，皇帝专门用以赏赐有功之臣。

元朝东征西讨，战功显赫，依靠的是骑兵，作战时每人配备战马数匹，用于作战时轮流坐骑，在其精良的装备中，尤其突出的是铠甲。

拓展阅读：

《成吉思汗》格鲁塞
《射雕英雄传》金庸

◎ 关键词：成吉思汗 蒙古族 军事家 统一

成吉思汗统一蒙古

成吉思汗，名铁木真，蒙古开国君主，被尊为元太祖。他是蒙古族的英雄，也是世界历史上杰出的军事家、政治家和冒险家。

铁木真幼年的时候，金王朝统治者对蒙古族人民实行残酷统治，蒙古各部落之间也互相争斗，使得蒙古族人民生活在水深火热之中。

铁木真是蒙古族孛儿只斤部酋长也速该的儿子。他九岁那年，父亲被世仇塔塔儿人害死了。原来依附他们家的族人在邻近的泰赤乌部的怂恿下纷纷离去，他们把铁木真家的牲畜也一起赶走了。家里只剩下母亲、铁木真和他的两个弟弟。孤儿寡母，又无家产，日子非常艰难。

在艰难中成长的铁木真，越来越有出息，他身体健壮，箭法高超。这时，泰赤乌部的首领怕长大后的铁木真向他们报仇，就带领人马捉拿铁木真。

铁木真得到消息，连忙逃到一片森林里。他在森林里躲了九天九夜，没吃没喝，终于忍不住饥饿，走了出来。一出森林，他就被泰赤乌人抓住了。铁木真被戴上木枷，拉到各处示众。

铁木真被折磨得痛苦不堪，他想方设法要逃出去。终于有一天，趁泰赤乌部举行宴会，他用木枷将看守砸昏，逃了出来。

经过这次危难，铁木真开始通过各种手段来加快扩展实力。他寻找志同道合的伙伴，建立自己的威望；他还依凭父亲也速该曾跟克烈部的首领王汗互为安答（即结义兄弟）的关系，主动依附王汗，发展自己的实力。

他的策略很快发生了作用。不久，铁木真遭到篾儿乞部的突然袭击，被迫仓皇撤退，他的妻子被篾儿乞人抢去。王汗闻讯，赶紧派自己的部队来帮他。他们联合攻击篾儿乞部，将其打得溃不成军。铁木真不仅夺回了妻子，还抢到了大批的牲畜、财物和奴婢。

通过这场战役，铁木真显露了他卓越的军事才能，建立了他的第一批军事力量。此后，铁木真以强大的克烈部为后盾，积极发展自己的势力。经过近二十年的南征北战，铁木真终于成了一个强大蒙古部落的首领。

1196年，金朝进攻塔塔儿部，塔塔儿败退，铁木真乘机率部而动，截击塔塔儿部，取得了胜利，得到大批物资财产和奴隶，使他不仅壮大了实力，也提高了威望。此后，铁木真又和其他部落发生了四次大规模战争。1201年，铁不真发动了与扎木合部的战争，将扎木合部击败；1202年，铁木真对塔塔儿部再次主动出击，彻底击溃塔塔儿部；1203年，铁木真和他原先曾认为义父的王汗的克烈部决裂，将王汗打败；

● 成吉思汗陵壁画

● 位于内蒙古伊金霍洛旗的成吉思汗陵

　　1204年，铁木真吞并了另一个蒙古部落乃蛮部。通过这四次大的战争，蒙古草原各部全都拜倒在铁木真的脚下，再也没有敢与他抗衡的对手。他终于成就了自己的统一大业。

　　1206年，蒙古贵族在斡难河源召开大会，推举铁木真为大汗，尊称为"成吉思汗"。铁木真建立了蒙古政权。至此，一个统一的蒙古族国家政权出现在世界历史的舞台上。"一代天骄"成吉思汗永远为后人所崇拜和敬仰。

● 蒙古军攻击图

>>> **元军轻骑兵**

蒙古军队的野战充分体现轻骑兵战术的特点。

蒙古军队布阵时通常将部队分为五个分队，前二后三排列，前排部队是重骑兵，后排是轻骑兵。

进攻时后排的轻骑兵首先出击，冲锋时以千人队逐次冲到敌阵近旁发射弓箭，然后折返，这样循环往复，连续不断地对敌军发动进攻。

等到敌军承受不住弓箭的射击，阵线散乱时，轻骑兵向两侧撤退，让出空间给重骑兵完成致命一击。

拓展阅读：

《蒙古往事》冉平
《回味元朝：铁马宏疆》若木

◎ 关键词：蒙古政权 庞大帝国 铁骑 西征

蒙古铁骑闯欧亚

1206年，成吉思汗统一了蒙古各部，建立了强大的蒙古政权。但是，抱负满怀的铁木真并不满足于小小的蒙古草原，他的目标在于征服整个世界。

成吉思汗共有四个儿子，他们分别是术赤、察合台、窝阔台和拖雷。有一天，成吉思汗将四个儿子叫来，对他们说："外面的世界大得很，山川众多，你们各自带兵去抢夺土地，建立自己的汗国吧。"

这以后不久，成吉思汗将汗位传给了胸怀宽广的窝阔台。1235年，窝阔台任命术赤的长子拔都为统帅，率领蒙古军进行西征。

拔都率领强悍的蒙古军队直扫整个东欧。每到一处，他们便疯狂攻城，城破之后大肆抢掠屠杀。1239年冬天，拔都发动了对斡罗思国都乞瓦城（今乌克兰共和国首都基辅）的进攻。攻陷后，蒙古军洗劫了乞瓦城。接着，拔都又率军队攻下了马扎儿国（今匈牙利）的首都佩斯城。

蒙古大军如洪水猛兽般向西方推进，一路攻城略地，势不可当。西欧各国对此十分震惊，他们纷纷修筑工事，抵抗蒙古军。1242年4月，蒙古大汗窝阔台去世。消息传来，拔都率军东撤。他无意争夺汗位，只想重建属于自己的一方国土。1243年，拔都把营帐设到了亦的勒河（今伏尔加河）下游，不久便在那里修筑了萨莱城，并以此为中心来统治他所占领的地域。历史上把拔都统治的地区叫作钦察汗国，也称为金帐汗国。

1252年，夺取了汗位的蒙哥派弟弟旭烈兀率兵西征，这次西征的首要目标是地处里海之南的木剌夷国。强大的蒙古军队很快就攻陷了木剌夷，并残酷地屠杀当地民众。接着，蒙古军队又进攻黑衣大食的首都报达（今伊拉克巴格达），迫使黑衣大食的国王哈里发·穆斯塔辛投降。但是，蒙古军队进城后依然烧杀抢掠，彻底破坏了报达这座历史名城。之后，旭烈兀率领军队入侵了美索不达米亚、叙利亚、阿勒颇和大马士革。最后，由于埃及军民的奋力抵抗，蒙古军队被迫停止了向埃及和非洲的扩张。

正当旭烈兀进兵西亚的时候，传来了蒙哥去世的消息。紧接着，旭烈兀又听说忽必烈与阿里不哥在争夺汗位。旭烈兀不想争夺汗位，于是在波斯建立了伊利汗国。

至此，成吉思汗和他的子孙以剽悍的武功征服了欧亚地区，以蒙古为中心，建立起由钦察汗国、察合台汗国、窝阔台汗国、伊利汗国组成的横跨欧亚大陆的庞大帝国。蒙古铁骑的西征打通了欧亚之间的交通，使中外经济文化得到交流。但是，他们的残暴掳掠也给欧亚人民带来了巨大的灾难。

漠北来去——元

●窝阔台像

>>> 成吉思汗射杀飞鹰

一次，成吉思汗打猎的时候，口渴难耐。正好附近有一洼山泉，他捧起水就喝。正在这时，一只老鹰疾飞而至，成吉思汗虚惊一场，山泉水泼得满地都是。

喝水的"渴望"被干扰，成吉思汗勃然大怒，抽出腰间羽箭射杀飞鹰，飞鹰跌落在山顶。成吉思汗爬上山顶，发现飞鹰已经被羽箭穿胸而毙，而死鹰陈尸的山泉水源旁，有条被鹰啄死的大毒蛇。

拓展阅读：

《狼图腾》姜戎
成吉思汗陵

◎ 关键词：成吉思汗 病倒 六盘山 英雄

一代天骄的陨落

在蒙古铁骑西征的同时，成吉思汗为了摆脱长期被金朝欺辱的局面，开始攻打南方的金朝。

1211年，成吉思汗出兵攻金。几年之中，蒙古军队先后占领了河北、山西、辽西、辽东的大多数州、县。1215年2月，蒙古军队攻占了金朝首都中都（今北京）。1217年，为了对付西辽和花剌子模，成吉思汗封木华黎为国王，派他也攻打金朝。

在西征结束以后，成吉思汗开始一心对付金朝。西征时，成吉思汗曾要求西夏派兵，可是西夏不但不派兵，而且还与金结成联盟，与蒙古作对。因此，成吉思汗决定，在攻打金朝之前，先率兵攻取西夏。

1226年，成吉思汗亲自率兵进攻西夏。西夏大将阿沙敢钵率军在贺兰山下阻击蒙古兵，结果被蒙古兵打败。蒙古兵乘胜追击，一直追到灵州，双方在灵州展开了一场激烈的战斗。西夏军队英勇抵抗，杀死了许多蒙古士兵，但最终还是打不过蒙古骑兵，大部分被蒙古兵杀死。从此，西夏国再也没有什么力量与元军对抗了。

1227年1月，蒙古军队包围了西夏都城中兴府（今宁夏银川市）。正在这时候，中兴府发生了强烈地震，房屋倒塌，瘟疫流行，粮食也没有了。西夏新国王赵日见不得不向成吉思汗投降，并请求推迟一个月去朝拜成吉思汗，成吉思汗答应了。

一个月后，西夏投降。就在西夏投降后不久，成吉思汗病倒在避暑地六盘山。眼看病情一天比一天严重，成吉思汗知道自己将不久于人世，便立刻立下了由窝阔台继承大汗位的文书。

最大的敌人金朝还没有灭亡，成吉思汗对此一直念念不忘。他前思后想，终于想出了一个对付金朝的计策。他对他的儿子们和大将们说："金朝的精兵都在潼关，潼关地势险要，易守难攻，你们不要从这个地方去进攻。宋、金是世世代代的仇人，你们要联合宋朝夹攻金朝，那样一定能取得胜利。"后来，窝阔台按照这个方略，终于在1234年消灭了金朝。

1227年8月25日，成吉思汗于六盘山病逝，终年六十六岁。蒙古人为他举行了隆重的丧礼，把他埋在肯特山的起辇谷。

成吉思汗是古今中外著名的历史人物，同时又是最有争议的人物。他使蒙古人民摆脱了金朝的奴役，统一了蒙古，是蒙古族伟大的民族英雄。但他四处征伐，使许多无辜的老百姓深受其害，同时破坏了大片先进地区的经济和文化。但即便如此，他仍然是一个深受人们敬仰的伟大英雄人物。

●耶律楚材像

>>> 普氏野马

普氏野马是新疆土生土长的野生动物。记载始见于《穆天子传》。

《本草纲目》中有"野马似家马而小，出塞外，取其皮可裘，食其肉云如家马肉"。

据记载，西周时人们已开始捕杀野马，充当食物和礼物。到元代成吉思汗率兵西征时，能否杀害野马已视为衡量是否壮士的重要的标准。契丹族诗人耶律楚材"千群野马杂山羊，壮士弯弓损奇兽"的诗作便是当时的真实写照。

拓展阅读：
《湛然居士文集》元·耶律楚材
《蒲华城梦万松老人》
元·耶律楚材

◎ 关键词：政治家 以儒治国 汉化 贡献

耶律楚材"以儒治国"

耶律楚材，字晋卿，号玉泉，法号湛然居士，契丹族后代，辽太祖耶律阿保机的九世孙，元朝时期伟大政治家。其父耶律履是个汉化程度很深的大学者，不幸的是，耶律楚材三岁的时候，父亲便去世了，他是在母亲杨氏的养育、教诲下长大的。

耶律楚材自幼勤奋好学，十三岁时开始学习诗书，十七岁时便已成为一个博学的人。成吉思汗在攻打金国时，听说了耶律楚材的名声，便在漠北召见了他。他见耶律楚材身材高大，声音洪亮，谈吐得体，见识不凡，非常赏识，就把他留在了自己身边效力。

蒙古人征服金朝和宋朝的过程中，逐渐被中原文化同化，而在这一过程中，耶律楚材成了推行汉文化的中坚人物，他提出的"以儒治国"之道，加速了蒙古人的汉化进程，为蒙古国的汉化做出了巨大贡献。成吉思汗十分赞同他，让窝阔台将国家大事托付给他。

窝阔台继承汗位后，遵照成吉思汗嘱托，重用耶律楚材。当一时些蒙古大臣向窝阔台建议："我们抓住了汉人也没有什么用，不如把他们全部赶走杀死，把中原也改成同我们蒙古一样的牧场。"耶律楚材听后极力反对，他对窝阔台说："维护汉人原有的农业手工业生产，可以得到许多的钱粮赋税，这样我们打仗时就不怕粮草供应不足了。"窝阔台同意了他的意见。

耶律楚材特别注意保护人口。蒙古统帅速不台攻占了金朝首都汴京后，向窝阔台进言，要求按照惯例屠城。耶律楚材听说后，劝阻窝阔台。窝阔台听从了耶律楚材的建议，只向金朝皇族完颜氏问罪，其余的人都宽免。这样，生活在汴京的一百四十七万百姓幸免于难。后来，窝阔台在耶律楚材的劝告下，屠城的事件越来越少了。

在帮助窝阔台治理国家的过程中，耶律楚材一步一步实施了自己"以儒治国"的方略，这表现在政治、经济、文化各方面。耶律楚材力排众议，坚持中原地区以户定赋，他帮助窝阔台制定了针对中原地区的赋税制度，推行轻徭薄役，有利于中原地区的休养生息；在耶律楚材的大力倡导下，蒙古王朝开始大量任用文臣，设立国子学编辑经史，招考儒生，耶律楚材在保存中原文化方面做出了巨大贡献。

1241年，窝阔台去世，乃马真皇后当政。由于耶律楚材曾多次弹劾乃马真皇后，皇后对耶律楚材怀恨在心，于是不让他参与朝政。三年之后，耶律楚材在忧愤中与世长辞。人们为了纪念他的功劳，专门修建了祭祠，到现在还保存在北京的颐和园里。

●元世祖忽必烈

>>> 看人下菜碟

忽必烈是个孝子。有一年，曲沃县祖传医师许国桢治好了庄圣太后的病。忽必烈很是感激，任他为大汗的私人医生，管理太医院的事情。

许国桢的母亲韩氏，做得一手好菜，随儿进宫后，毛遂自荐，做了庄圣太后的厨师，庄圣太后死后，她又给忽必烈掌勺。此人最会察言观色，投机取巧，对人起菜名，不想在给西宫起菜名时正好犯了忌，被忽必烈剁了双手。

从此以后，人们便把韩氏这种投机取巧对人不能一视同仁的做法叫"看人下菜碟"。

拓展阅读：

文永之役

《忽必烈大帝》铁木尔

◎ 关键词：忽必烈 阿里不哥 争夺汗位

忽必烈与阿里不哥争位

忽必烈是成吉思汗的孙子，拖雷的第四个儿子，蒙哥的弟弟。他改大蒙古国号为元，是元朝的创始皇帝。忽必烈知人善任，是一个具有雄才大略的君主。

1258年，蒙哥和忽必烈率蒙古军队攻打南宋。开战不久，蒙哥在攻打合州时身受重伤死去了。忽必烈部将得知消息后，都劝忽必烈火速返回蒙古，以防政局突变。正值此时，忽必烈又接到妻子从漠北发来的密报："京城阿里不哥有变，望迅速北返。"于是，忽必烈马上撤出战局，匆匆率军北返。

阿里不哥知道忽必烈北返是要与自己争夺汗位，所以立刻派脱里赤和阿兰答儿占领燕京和陕西一带，阻止忽必烈北上。

忽必烈的妻子马上将情况报告了忽必烈。正在北返途中的忽必烈立刻召集跟随他的诸王、大将和谋士们，商量该怎么办。谋士郝经给忽必烈出了一个主意，他建议一方面派一支军队去接蒙哥的灵车，争取把大汗的宝玺夺过来；另一方面派军队夺取并守卫燕京，同时通知各王到和林去举行丧礼。

1260年3月，忽必烈刚到达自己的根据地开平，就接到了阿里不哥让他去和林参加会葬蒙哥汗仪式的通知。忽必烈知道这里面一定有阴谋，没有理睬，却抢先在开平召开了选举大汗的忽里台大会。在塔察儿、也先哥、合丹等王的拥护下，忽必烈登上了大汗的宝座。

阿里不哥得知消息后，于同年4月也召开忽里台大会，宣布自己为大汗。

当时，蒙古东部的各个王都支持忽必烈；西边的王中，有的支持阿里不哥，有的支持忽必烈。为了巩固自己的大汗之位，忽必烈亲自带领大军，直扑阿里不哥的老巢和林。阿里不哥粮马匮乏，弃城逃到谦州（今叶尼塞河上游南）。他怕忽必烈追来，就使了一个缓兵计，假意投降。于是，忽必烈派也先哥驻守和林，自己先回开平去了。

1261年秋天，阿里不哥养肥了战马，纠集了一批部队，突然袭击和林。也先哥毫无准备，和林被阿里不哥夺了回去。得知情况后，忽必烈又带兵北上，两军在昔木土脑儿相遇，结果阿里不哥大败。这时，原来支持阿里不哥的阿鲁忽王也起兵反对他，阿里不哥被迫逃到新疆去。

后来，阿里不哥接连打了多次败仗，加上蒙古高原发生了饥荒，原先支持阿里不哥的各王，纷纷跑到忽必烈那儿去了。1264年，走投无路的阿里不哥不得不向忽必烈投降。1271年，按照汉族的传统封建制度和措施，忽必烈建立了元朝，他就是元世祖。至此，忽必烈确立了他的汗位，成为蒙古各部落唯一的王。

漠北来去——元

◎ 关键词：金哀宗 蒙古大军 进攻 灭亡

蒙古联宋灭金

●貘纹金带扣 元

>>> 龟井寒泉

　　唐河八景之一。龟井，位于原县城西约一里的玉仙庙内（古址已不存），旁有一寒泉。

　　据旧志记载，元世祖年间（1260—1294 年），元军进攻襄樊时，井内出现绿毛龟。元统治者从封建迷信的观点出发，以为这是"元灭宋"的祥兆，特派兵专程将龟献到京城。元世祖下令在此处修建寺庙，并于 1268 年在井旁立一石碑，上刻有禁止乱取龟的令文（此碑现存文化馆）。后井内无水，也不再产龟。

拓展阅读：

《柏朗嘉宾蒙古行纪》贝凯

元大都土城遗址公园

　　金哀宗完颜守绪是金朝末年一个比较有作为的皇帝，他即位以后，在一些贤良大臣的辅助下，稳定政治，发展经济，使金朝境内的百姓安居乐业。可是，与蒙古汗国相比，金国的国力仍然弱小得多。因此，在两国对垒中，金国终于抵挡不住蒙古军的大规模进攻，不断地败退下来。

　　1231 年，蒙古大汗窝阔台带领一支蒙古大军向金国进攻，很快就占领了金国的大片土地。1233 年，蒙古军打到了金国的都城开封城下。金哀宗只好派人去向蒙古军求和。窝阔台不答应，继续攻打开封城。幸亏开封城很坚固，金国人民又奋力抵抗，才没被攻破。

　　久攻不下，蒙古军只好答应和金国和谈。可是，有一个金国人暗中杀掉了蒙古军派来和谈的使者。蒙古人气坏了，再次派兵攻打开封城。金哀宗只好逃出开封城，命令元帅崔立守卫开封。没想到，崔立发动叛乱，投降了蒙古军，开封城就这样失陷了。

　　逃出开封府后，金哀宗先来到了归德，被忠孝统领富察固纳关了起来。金哀宗和一位大臣设计把固纳杀掉，赶快逃到了蔡州。守卫蔡州的完颜仲德是个很有才能的人，他表示会扶助金哀宗重新振兴金国。可是，金哀宗已经没有以前的雄心壮志了，完全不理睬完颜仲德的建议。

　　这时候，一直受到金国侵略的南宋看到金国不断失败，就想乘机收复被占领的燕云十六州，于是派人和蒙古人结成联盟，要从南北夹攻金国。盟约说，等到把金国灭掉了，黄河以南的土地归南宋，黄河以北归蒙古。

　　金哀宗听到这个消息之后，急忙派人去向南宋求和。可是，南宋一心想乘机收复中原的土地，不肯议和。金哀宗很失望，只好等着老天爷的安排。蒙古军和宋军开始进攻蔡州了，金哀宗和满朝大臣不是积极备战抵抗，而是整日大哭。

　　1234 年 1 月，蔡州已经被围困了三个多月，眼看金国就要灭亡了。这一天，金哀宗到城上巡视了一周，连声叹气。晚上，他把东面元帅承麟叫到身边，执意将皇位传给他。第二天，承麟在举行即位仪式的时候，宋军和蒙古军攻进了蔡州城。完颜仲德出去作战，但抵挡不住，回来的时候，看见金哀宗已经上吊自杀了。于是，完颜仲德就和其他将士五百多人跳水殉主了。这时候，宋军和蒙古军已攻进了内城，做皇帝还不到一天的承麟也被乱刀砍死了。宋蒙军队占领了蔡州，金国灭亡了。

　　灭掉金国以后，蒙古马上就又进攻南宋。1271 年，蒙古军攻下南宋都城临安，南宋也灭亡了。

●浴马图 元 赵孟頫
此画面中溪水清澈透明，骏马神态各异，或立于水中，或低头饮水，或昂首嘶鸣；马官们牵马立溪，冲浴马身。作者用笔精细，色调浓润，风格清新秀丽，是其人物鞍马画中的代表作之一。

漠北来去——元

◎ 关键词：商人 投机 独断专行 自毙

阿合马独断专行

● 龙泉窑青釉刻花执壶　元

>>> 古代十大奸臣

谮忠祸吴——伯喜
朝廷叛逆——刘濞
弑君跋扈——尔朱荣
盛唐大奸——杨国忠
三起三落——蔡京
一代国贼——张邦昌
生财有道——阿合马
马屁天王——严嵩
跋扈第一——鳌拜
第一贪官——和珅

拓展阅读：

程思廉
《元史解读》白玉林

阿合马是花剌子模的商人，后来投靠了陈那颜，陈那颜的女儿察必当了皇后之后，阿合马作为侍从进入了皇宫。阿合马很会投机，又长了一张巧嘴，他整天在忽必烈身边转来转去，摸透了忽必烈的心思，千方百计讨得了忽必烈的欢心。1261 年，阿合马对忽必烈说，他有"理财"的妙法，能增加国库的收入。忽必烈很高兴，马上任命他为诸路都转运使，负责管理国家钱财。

阿合马上台之后，马上实施了他预谋已久的两项方案：一是在均州、徐州兴办炼铁业，每年产铁103.7 万斤，铸成 20 万件农具，每年可以换成官粮 4 万石；二是禁止私人卖盐，由政府来卖，又增加盐税。这样就为忽必烈多收了一大笔钱粮，忽必烈很高兴，也很信任他，就让他做中书平章政事。

做了中书平章政事后，阿合马还感到不满足，他要取得更大的权力。1270年，阿合马请求设立尚书省来代替中书省的权力。忽必烈批准了，并让他做了尚书省平章政事。从此，他的权势更大了。他把自己的心腹安排到主要的地方，让自己的儿子忽辛当了大都路总管，他收受贿赂，卖官鬻爵，甚至要别人给他送美女。阿合马依仗着他有理财的特权，开设商铺，派人经营，从中得到了许多好处。阿合马和他手下的一批官吏，到处搜刮老百姓，百姓们都十分痛恨他。

阿合马不但搜刮大批钱财，还干预政事。他排斥汉族的法规礼仪，想方设法阻止汉法的推行。他的独断专行引起很多大臣的不满，连真金皇太子也非常痛恨他，但由于忽必烈的包庇没法惩治他。山东益都有个叫王著的人，特别痛恨阿合马，就秘密铸造了一个大铜锤，准备找机会杀死阿合马。1282 年 3 月，忽必烈带着真金皇太子到上都去了。王著一看时机来了，就召集了八十多人，联合一个姓高的和尚，假装太子回京作佛事，进入了大都，将阿合马砸死了，然后又杀死了他的一个同伙郝祯。这时，有个官员大叫起来："这是贼人作乱，哪里是皇太子？"禁军这才知道有人冒充太子，于是赶来追杀，结果假太子被杀死，王著被逮捕。后来，高和尚也被逮捕了。忽必烈知道后，非常生气，就下令杀掉王著等人。

不久，有人向忽必烈揭发了阿合马的罪行，忽必烈派人一调查，原来都是真的。忽必烈这才知道了事情的真相。于是，他命令把阿合马的尸体挖出来，剁碎了拿去喂狗，还把他的子侄全部杀死，没收了他的家产。多行不义必自毙，阿合马终于落得个应有的下场。

●八思巴文桑结贝帝归印

>>> 哈达

哈达是藏族"礼巾"之意。哈达最早是藏族宗教礼仪中虔诚地向神灵敬奉的一件珍贵供物，也是僧侣们互赠或向活佛敬献的礼品。

哈达是在元朝时传入西藏的。萨迦法王八思巴会见元世祖忽必烈回西藏时，带了第一条哈达回来。当时的哈达，两边是万里长城的图案，上面还有"吉祥如意"字样，故可以说哈达是从内地传入西藏的。

后来，人们对哈达又附会上宗教解释，说它是仙女的飘带。

拓展阅读：

凉州之约
"活佛"的由来
八思巴文

◎ 关键词：八思巴 领袖 帝王之师

大元帝师八思巴

13世纪中叶到14世纪中叶，在大约一百年的时间内，藏传佛教的一支——萨斯迦派成了藏族地区占绝对统治地位的宗教势力。在这一时期，藏族地区先归附大蒙古国，后来纳入元朝的版图，正式成为中华民族大家庭的一员。萨斯迦派的著名宗教领袖八思巴为元朝的首任帝师，他一生为民族团结和祖国统一事业做出了重大贡献。

八思巴意为"圣者"，是尊称，本名罗古罗思监藏。他出身于一个显贵的宗教世家，这一家族世代承袭萨斯迦派的教主职位。八思巴从小随伯父萨斯迦·班智达习佛典，精通五明。1246年，萨斯迦·班智达把年仅十岁的他带到凉州（今甘肃武威）。

1251年，萨斯迦·班智达在凉州去世，年仅十六岁的八思巴继承了萨斯迦·班智达的地位，成为萨斯迦教主。

忽必烈早就听说萨斯迦·班智达到了凉州，他派人到凉州，要求阔端把大师护送到蒙古草原跟他见面。使者赶到凉州的时候，萨斯迦·班智达已经去世。阔端就带精通佛法的八思巴回去复命。

1252年秋，忽必烈奉皇兄蒙哥汗之命率兵南下，进征大理，不久来到六盘山驻扎。在这里，忽必烈第一次见到了八思巴。

八思巴受到了极其隆重的接待。不久，八思巴先后向那里的人们传授喜金刚四种密法灌顶。他深得忽必烈的喜爱，一直留在了忽必烈身边。

后来，随着蒙哥汗去世，阿里不哥兵败投降，忽必烈庇护下的萨斯迦派在元代最终取得了藏传佛教各派中独一无二的尊崇地位。

1260年，八思巴被新即位的忽必烈封为国师。这一任命意义深远，它一方面正式确立了八思巴宗教领袖的地位，另一方面也说明西藏已经完全被元朝所统治，成为中央王朝的一部分。因此，从元朝开始，西藏就是中国版图中不可分割的一部分。

后来，按照忽必烈的要求，八思巴根据藏文字母创制了一种方形直书的字母体系。用这套字母，既可拼写蒙语、藏语，也可以拼写汉语。

为了表彰八思巴创造新字，忽必烈将整个藏族地区赐给他，还把他的身份从国师升为"帝师"（帝王之师）。至此，八思巴达到了他一生中权力的顶峰。

1280年，八思巴去世，终年四十六岁。忽必烈分外悲痛，他下令为八思巴建帝师殿，设帝师像，并追封他"皇天之下，大地之上，开教宣文，辅治大圣，至德普觉，真智佑国，如意大宝法王，西天佛子，大元帝师"这一崇高谥号，充分显示了元朝对这位在宗教、政治、文化等方面做出不朽贡献的藏族杰出领袖的高度尊崇。

●缎地刺绣天王像 元

>>> 元代史学

元代按前代设局修史的制度,于元顺帝时修成了《宋史》《辽史》《金史》。

《辽史》一百一十六卷,篇幅很短;《金史》一百三十五卷,详略得当;《宋史》四百九十六卷,卷册浩繁,是二十四史中规模最庞大的官修史书。

元顺帝时,宰相脱脱主持修史,同时参加的有汉族、蒙古族等多个民族的学者,开创了各民族史学家合作修史的先例。

拓展阅读:

《黄道婆》康促
《黄道婆祠诗序》元·王逢

◎ 关键词:棉纺织业 纺织家 衣被天下 怀念

纺织革新家黄道婆

1279年,元朝统一中国,建立了一个多民族国家。统一后,统治者采取休养生息的政策,使经济得到恢复和发展。当时棉花的种植已相当普遍,所以棉纺织业很快就发展起来了。

在江南的松江乌泥泾镇,至今流传着这样一首民谣:

黄婆婆,黄婆婆!
教我纱,教我布,
二只筒子二匹布。

这里的黄婆婆,指的就是元朝初年的女纺织家黄道婆。

黄道婆,又称黄婆,生于南宋末年淳祐年间,松江府乌泥泾镇(今上海徐汇区东湾村)人,出身于贫苦农民家庭,为生活所逼,十二三岁就被卖给人家当童养媳。她白天下地干活,晚上纺纱织布到深夜,担负繁重的劳动,还要遭受公婆、丈夫的非人虐待。忍受不了这种非人生活,她逃到了崖州(今海南海口市)。

崖州是黎族人的聚居地,当时黎族人民已经掌握了比较先进的棉纺织生产技术,生产的黎单、黎饰闻名内地。黄道婆只身流落他乡,淳朴热情的黎族同胞不仅在生活上给予她无微不至的照顾,而且把先进的纺织技术毫无保留地传授给她。通过虚心学习纺织技术,并且融合黎汉两族人民纺织技术的长处,黄道婆逐渐成为一个出色的纺织能手。黄道婆在崖州生活了二三十年之久,但是她一直怀念自己的故乡。1295年至1296年,她带着黎族人民先进的纺织工具(踏车和椎弓等),搭船回到了阔别三十多年的乌泥泾。

黄道婆重返故土的时候,棉花的种植已经在长江流域大大普及,但是棉纺织技术仍然很落后。于是,她决心把自己高超的纺织技术传授给乡亲们。黄道婆把黎族同胞使用的纺织工具加以改进,发明制作了一整套捍、弹、纺、织等工具。她还把黎族特产的棉织品——崖州被的织造方法传授给人们,从而生产了大批的"乌泥泾被"。当时,"乌泥泾被"闻名全国,远销各地。

黄道婆去世后,她传授的纺织技术从乌泥泾进一步向松江、长江中下游,向全国推广开来。到了明代,乌泥泾所在的松江已经成为全国的棉纺织业的中心,赢得"衣被天下"的声誉。

黄道婆对棉纺织技术做出了巨大的贡献,受到当地劳动人民深切的敬仰和怀念。她去世后,乌泥泾的人们把她安葬在今天华泾镇北面东湾村,并为她立祠塑像,逢年过节都要为她举行祈祷仪式。

●郭守敬设计制作的简仪模型

>>> 天才少年郭守敬

有一次，十五岁的郭守敬偶然得到一份《石本莲花漏图》，立刻被它迷住了。这"莲花漏"，原是北宋的一种计时器，由几个漏壶配合组成，结构特别复杂，因而计时也比以前的漏壶精确得多。

遗憾的是，到元代时，莲花漏已然失传，不少著名机械学家对着图纸冥思苦想多年，仍然毫无所获。而郭守敬只用了几天工夫，就摸清了它的来龙去脉，并照着图纸成功地复制了一个莲花漏。

拓展阅读：

《郭守敬评传》陈美东
白浮泉遗址

◎ 关键词：郭守敬 贡献 天文仪器 《授时历》

郭守敬编《授时历》

郭守敬，字若思，邢台（今河北邢台市）人，是我国元代著名的天文学家和水利工程专家，也是13世纪世界上杰出的科学家之一，在天文、历法、水利和数学方面有着突出贡献。

郭守敬家学渊源，其祖父郭荣学识渊博，不但通晓经书，对天文、水利等都有研究。在祖父的影响下，年少的郭守敬对科学产生了浓厚的兴趣，郭荣就把他送到精通天文、地理、数学的老朋友刘秉忠那里去学习。郭守敬的聪明才智得到进一步的提升。

1260年，刘秉忠的老同学张文谦把郭守敬带到自己的身边工作，让他在大名（今河北大名县）一带参加水利建设。两年以后，忽必烈为了发展农业生产，决定整治水利，征求这方面的人才。郭守敬得到张文谦的推荐，被忽必烈召见。提出六条整治水利的措施。忽必烈听了十分满意，就任命他担任了管理水利的官职。

1264年，郭守敬随同张文谦到陕西、甘肃、宁夏一带，修复了有名的唐来、汉延两条古渠。于是，他的名气渐渐地大起来。

元朝统一全国以前，使用的历法是《大明历》。《大明历》已经使用七百多年了，与当时的天象越来越不符，误差很大。刘秉忠曾经提出修改历法的建议，但因战乱搁置。南宋灭亡后，忽必烈决定设立专门机构修改历法，派郭守敬和王恂主持这项工作。

为了修订历法工作的顺利展开，郭守敬首先集中精力研制新的天文仪器。他和工匠一起研制了近二十种天文仪器，其中最主要的有简仪、仰仪、正方案、圭表以及和它配合使用的景符等仪表。这些仪器都非常实用、简便、灵巧和精确。有了好的仪器，还要进行精确的实地观测。1279年，郭守敬向元世祖提出在大郡建造一座新的司天台，同时在全国范围内开展实测的计划，得到元世祖的赞同和批准。

经过王恂、郭守敬等一起研究，他们决定在全国设立二十七个测影点，派出十四个历官，分别到各地开展实测。各地的观测点把得到的数据全部汇总到太史局。郭守敬也亲自带人到几个重要的观测点去观测。

1281年，根据大量数据，郭守敬等人花了两年的时间，编出了一部新的历法，叫《授时历》。这种新历法比旧历法精确得多，它算出一年有365.2425天，同地球绕太阳一周的时间只相差二十六秒。

《授时历》与目前世界通用的格里高利历的一年周期一样，但比格里高利历早三百年。可见，我国元代的时候，在天文历法方面居于世界领先地位。

◎ 关键词：马可·波罗 威尼斯 使者 闻名

马可·波罗东行记

● 马可·波罗像

>>> 中国的马可·波罗

谢清高(1765—1821年)，广东人。清代旅行家、航海家。

十八岁时，谢清高便出洋谋生。随外商海船遍历南洋群岛各地和世界各国，历时十四年后，谢清高回到祖国。三十一岁时他双目失明，流居澳门，从事口译以糊口。这期间，他口述海外各地各国所见所闻，请人记录成《海录》一书。

因为他在中国航海史上的杰出贡献，被后人誉为中国的马可·波罗；他的《海录》也被人们与马可·波罗的《马可·波罗行纪》相提并论。

拓展阅读：

《马可·波罗回香都》动画片
《马可·波罗》班德瑞

元朝时期，疆域辽阔，与世界各国都有密切交往。当时西方各国的使者、商人、旅行家纷纷慕名来到中国，其中最著名的是意大利人马可·波罗。

马可·波罗，世界著名的旅行家、商人，生于意大利威尼斯富商家庭。1260年，他的父亲尼古拉·波罗和叔父玛赛·波罗到金帐汗国做生意，回国途中经过中亚细亚的布哈拉城，遇上了元朝的使臣。使臣对他们说："你们如果能够和我一起去见大汗，保能得到富贵。"

尼古拉兄弟本来就是喜欢到处游历的人，于是跟着使者来到了上都（今内蒙古多伦西北）。忽必烈热情地接见了他们，向他们了解了欧洲各国的风土人情、立法、军事、国家治理和罗马教廷等的情况，并表示愿意请教皇派人来传教。

尼古拉和玛赛在大都居住了一段时间，离开中国回了意大利。他们回家后，向马可·波罗讲述了神秘中国的许多美好故事。这些故事引起了小马可·波罗的浓厚兴趣，他下定决心要跟父亲和叔叔到中国。1271年，十七岁的马可·波罗与父亲和叔叔拿着教皇的复信和礼品，向东方进发了。经过了三年半的时间，终于在1275年到达元朝的上都。元世祖十分高兴，封他们三人为荣誉侍从。

聪明的马可·波罗很快就学会了蒙古语和其他东方语言，由于办事细心、认真，忽必烈对他非常信任，委任他为钦差，巡视了很多地方，后来奉命出使南洋各地。

马可·波罗和他的父亲、叔父在中国生活了十七年，他们很想回家乡威尼斯探望，但是多次奏请都被忽必烈挽留下来。1292年，忽必烈的侄孙、波斯王伊尔汗向元朝求亲，忽必烈选中阔阔真公主，并决定由波罗父子三人从海路护送公主到波斯，然后允他们回威尼斯。

1292年，马可·波罗与父亲、叔叔和伊尔汗国使者一起，乘海船经过印度洋，把阔阔真护送到了伊尔汗国，历时三年回到威尼斯。

当时，威尼斯和热那亚发生战争，马可·波罗参加了这次战斗。1298年，马可·波罗兵败被俘。他被关押了一年，同狱中有一位叫鲁思蒂谦的作家，马可·波罗把自己在亚洲的丰富见闻讲给鲁思蒂谦听，鲁思蒂谦把它记录了下来，这就是闻名世界的《马可·波罗行纪》。

《马可·波罗行纪》激起了欧洲人对中国文明的向往，它使中国和欧洲人、阿拉伯人之间的往来更加密切。马可·波罗成为向西方介绍中国的第一人，他在沟通中西交通、促进文化交流和增进友谊上，有不可磨灭的启蒙功绩。后来，热那亚人碍于马可·波罗的名气，将他释放回国。

●秋郊饮马图 元 赵孟頫

>>> 赵孟頫《溪上》

溪上东风吹柳花，溪头春水净无沙。白鸥自信无机事，玄鸟犹知有岁华。

锦缆牙樯非昨梦，凤笙龙管是谁家？令人苦忆东陵子，拟问田园学种瓜。

明代的胡应麟称赞赵孟頫的诗歌创作时说"赵承旨首倡元音，松雪集诸诗，体裁端雅，音节和平，自是胜国滥觞"。赵诗歌与当时诗坛复古理论相回应，形成了不同于宋诗的、深婉雅丽的风格，并影响着元代诗坛。

拓展阅读：

《岁月》元·赵孟頫
《红衣罗汉图》元·赵孟頫

◎ 关键词：书法家 画家 艺术成就 中心人物

书画双绝赵孟頫

赵孟頫，字子昂，号松雪道人，吴兴（今浙江湖州）人，故画史又称"赵吴兴"，我国元代杰出书法家和画家。他的绘画继承了唐代绘画的雍容典雅和北宋绘画的雄健开阔，并吸收了书法用笔，形成了率真的元代文人画风。

赵孟頫是宋太祖第八个儿子秦王赵德芳的后代，五岁时在父亲的指导下开始练习书法。据说，当时赵孟頫每天坚持在家中的花园临摹王羲之的"兰亭序"，时间长了，他洗笔的池塘水变黑了，丢弃的秃笔堆成了一座小山。由此，他的书法艺术有了长足的进步。

在书法上，赵孟頫有着"笔山墨海"的功底，又博采各家书法的长处，从而形成了自己特有的秀丽娟美的"赵体"。他一生都坚持不懈地练习书法，每天必不可少的一项工作就是写一万个字。这种日积月累的功力使他下笔如有神助，每次都书写得又快又好。

赵孟頫不仅书法独到，其绘画更是一绝。他是画马的绝顶高手，不仅把马的外形画得逼真，而且把马的神态也表现得活灵活现。关于赵孟頫画马，据说还有一个真实有趣的故事。

为了将马画好，赵孟頫经常去马棚看活马，看看它们究竟是怎样的模样。有一次，赵孟頫来到马棚，躲在棚边的大树后观察马的一举一动。可是，马棚里的马都被拴着，只能绕着拴绳子的木桩活动。赵孟頫很失望，他要画的不是这种丧失自由的马，而是那种奔跑跳跃、神气活现的马。

于是，赵孟頫瞒着马倌，偷偷把马赶到郊外的湖边。马儿得了自由，非常兴奋，它们有的在一起戏耍，有的撒开四蹄奔跑。更有一匹枣红马，一边嘶叫一边在岸边打着滚，长长的马鬃随风飘摆，威风凛凛。赵孟頫这才发现，原来马打滚的时候竟然这么奇妙，他决定要把这精彩的一瞬间画出来。

第二天一早，赵孟頫紧闭书斋，铺上绢纸，开始画他昨天观察到的马。正是由于这样的痴迷和投入，加上仔细的观察，赵孟頫终于画出了著名的《秋郊饮马图》。

赵孟頫博学多才，能诗善文，他在书法和绘画上有着十分高超的艺术成就。在我国书法史上，他与颜真卿、柳公权、欧阳询并称为楷书"四大家"；在古代画坛上，他是元代绘画的中心人物，其绘画实践对当时和后世的绘画都有巨大的影响。

漠北来去——元

◎ 关键词：关汉卿 悲剧 斗争 惩罚

《窦娥冤》感天动地

● 元曲《窦娥冤》插图

>>> 关汉卿对曲惧内

关夫人的陪嫁丫鬟，长得是沉鱼落雁，惹得关汉卿心动神驰，百计欲得之。为此，关先生作了《朝天子》小曲一首表明心思：

鬓鸦，脸霞，屈杀了将陪嫁。规模全似大人家。不在红娘下。巧笑迎人，文谈回话，真如解语花。若咱，得她，倒了葡萄架。

关夫人毫不示弱，作七绝一首：

闻君偷看美人图，不似关王大丈夫。金屋若将阿娇贮，为君唱彻醋葫芦。

关汉卿一见之下，既觉好笑，又内惧雌威，也就只得罢了也。

拓展阅读：
《关汉卿》田汉
《关汉卿全集》吴国钦

元朝时候，元曲兴起。元曲又称元杂剧，是继唐诗、宋词之后我国文学史上的又一里程碑，我国文学宝库中的瑰宝。元代戏剧家以"元曲四大家"为代表，其中关汉卿是最出名的一个。

关汉卿，号已斋，元代著名剧作家，中国古代戏曲创作的代表人物。他从小喜爱音乐戏剧，会吹箫弹琴，还会唱歌跳舞。后来他在京城太医院当官，可是对医术不感兴趣，对编写剧本却特别热心。关汉卿生活的时代，政治黑暗腐败，社会动荡不安，阶级矛盾和民族矛盾十分突出，人民生活在水深火热之中。关汉卿把自己看到、听到的人民的悲惨遭遇写进剧本里，深刻地再现了社会现实，对当时不公平的现实进行了无情控诉。其中《窦娥冤》表达的就是这样一个主题。

《窦娥冤》讲的是民女窦娥从小死了母亲，父亲因为上京赶考，缺少盘费，把她卖给蔡婆婆家做童养媳。没想到她丈夫死得早，只剩了窦娥和蔡婆婆两人相依为命地过日子。

当地有个流氓叫张驴儿，欺负蔡家婆媳无依无靠，就跟他父亲张老儿逼迫婆媳嫁给他父子俩。窦娥坚决不允，张驴儿怀恨在心。有一天，蔡婆婆生了病，要窦娥做羊肚汤给她吃。张驴儿偷偷地在汤里下了砒霜，想先毒死蔡婆婆，再逼窦娥成亲，可是没想到却害死了自己贪嘴的父亲。

张驴儿见毒死了自己的老子，就反咬窦娥投毒杀人，逼她嫁给自己。窦娥不从，和张驴儿一起见了官。那官老爷是一个草菅人命的昏官，他收了张驴儿的贿赂，对窦娥严刑拷打，逼她招认。见窦娥誓死不招，官府又诬称是蔡婆婆投的毒，要将蔡婆婆痛打八十大板。为了使年迈的蔡婆婆免遭毒打，窦娥只好含冤将这件事揽到了自己的头上。于是，她被判处死刑。

在临刑的时候，窦娥对天发出三桩誓愿：一要刀过头落，一腔热血全溅在白练上；二要天降大雪，遮盖她的尸体；三要让大地大旱三年。窦娥的誓愿居然感动了天地。那时候，正是六月大伏天气，窦娥被杀之后，一腔热血全溅到白练上；同时天昏地暗，大雪纷飞；接下来，又大旱了三年。后来，窦娥的父亲在京城做了官，窦娥的冤案得到平反昭雪，恶人终于得到应有的惩罚。

《窦娥冤》深刻揭示了元代社会的黑暗和混乱，表达了被压迫人民对恶势力英勇不屈的斗争，几百年来一直感染、激励着不同时代不同阶层的欣赏者。《窦娥冤》作为中国十大悲剧之一的传统剧目，被后人称为中国悲剧之最。

◎ 关键词：皇位 元仁宗 汉法 泰定帝

南坡之变争皇权

●元仁宗像

>>> 一宁禅师

元代高僧，号一山，台州（浙江）人，天资聪敏，对佛学义理研究精深，曾被邀请到南海普陀山说法。

元军曾于13世纪侵日，被神风所阻。遂与中国断交。至1299年，元成宗为与日本修好，派遣一宁等出使日本。受日本天皇后宇多隆重欢迎。

后宇多天皇对一宁十分尊敬，将一宁留下任镰仓建长寺的住持。一宁便留在日本弘扬佛法，广扬禅风，门下精英辈出，被日本天皇尊为国师。所创的法系成为日本禅宗的"二十四流派"之一。

拓展阅读：

《蒙元史研究丛稿》陈得芝
《山坡羊·潼关怀古》
元·张养浩

1294年，忽必烈去世，他的孙子铁穆耳做了皇帝。1307年，元成宗铁穆耳去世，皇位被他的侄子爱育黎拔力八达夺去。爱育黎拔力八达见哥哥海山的势力比自己大，就把皇位让给了海山，并约定，哥哥死了由弟弟继位，叔叔死了由侄子做皇帝。四年后，海山去世，爱育黎拔力八达做了皇帝，他就是元仁宗。

元仁宗是一个比较有作为的皇帝，他积极推行汉法，任用汉臣。但是其母答己守旧，对仁宗非常不满。她和她的亲信铁木迭儿、失烈门等人勾结在一起，总想干涉仁宗的政策。

本来，按照约定，应该立海山的儿子和世瓎为皇太子。可是，和世瓎已长大成人，答己怕将来不好控制，就劝元仁宗立他性格懦弱的儿子硕德八剌为皇太子。仁宗不想违背跟哥哥立下的誓言，没有同意。后来，答己又派铁木迭儿花言巧语地劝仁宗，仁宗就下诏立硕德八剌为太子，又封和世瓎为周王，派他到云南去镇守。

1320年，仁宗去世，十七岁的硕德八剌登上了皇位，就是元英宗。仁宗死后，答己马上就让铁木迭儿当右丞相，排斥了仁宗的亲信大臣。可是英宗皇帝学了很多汉族文化，也想用汉法来治理国家，所以并不怎么听他祖母的话。答己后悔不该让他当皇帝。

后来，答己的亲信失烈门和平章政事黑驴阴谋发动政变，要杀死英宗。但是被英宗事先获知，他很快就派人逮捕了失烈门和黑驴等人。经过审问，他才知道这一切都是他祖母指使的，英宗不敢再追查，就把失烈门等人杀掉了。

看到自己的处境很危险，英宗就任命安童的孙子拜住做左丞相，让他主管朝中大事，使铁木迭儿居高官而无权。双方互相争斗，矛盾进一步激化，直至1322年，铁木迭儿和答己先后死去。于是，英宗下令追查铁木迭儿的贪污案，追夺其官爵、抄没其家财，并处死了一批追随铁木迭儿作恶多端的官员。但是，铁木迭儿的干儿子铁失却成了漏网之鱼，他是掌握禁卫军的御史大夫，也犯了很多罪。铁失一心想找机会杀死英宗皇帝，替铁木迭儿报仇。

1323年的一天，铁失纠集了一批对英宗心怀怨恨的守旧贵族发动政变，杀害了年仅二十一岁的英宗皇帝。

随后，铁失等人拥立在漠北高原的晋王也孙铁木儿为帝，他就是泰定帝。泰定帝害怕铁失等人再次发动政变，因此，即位一个月后，他以谋杀皇帝的罪名，把铁失等人全部杀死了。

●景德镇窑青白釉佛像 元

>>> 石人

石人，希伯来传说中用黏土、石头或青铜制成的无生命的巨人，注入魔力后可行动，但无思考能力。

最著名的石人是由布拉格犹太学者洛伊乌为保护犹太人不受迫害而铸造的，为了使石人行动，石人的铸造者需要在它的舌头上每天放一片小药片，并在它的额头上写上"Ameth"（希伯来语"真相"的意思）一词，要销毁石人的话，首先要从它的舌头上取下药片，并擦掉"Ameth"的第一个字母，变成"Meth"（希伯来语"死亡"的意思）。

拓展阅读：

阿尔泰山石人
《红巾军》端已

◎ 关键词：修治黄河 怨声载道 石人 天下反

石人一出天下反

元朝末年，统治者疯狂地掠夺和奴役人民，他们挥霍无度，造成政府财政入不敷出，于是滥发货币，祸国殃民，加上河南、山东境内的黄河段多次决口成灾，百姓们生活在水深火热之中。

当时，曾有官员提醒元顺帝说："黄河决口，万万不能动工。因为如今的老百姓都在叫苦连天，如果再聚集几十万民工在一起，恐怕日后的动乱将要比这黄河的泛滥还要厉害！"但是元顺帝没有听。1351年春，元朝政府召集汴梁、大名等地的十五万民工修治黄河。修河工程开始后，民工们没日没夜地拼命干活，可是朝廷拨下来的那一点点开河经费，却让治河的官吏克扣下来，民工们连饭也吃不饱，怨声载道。

当时，白莲教的首领韩山童、刘福通决定抓住这个机会，发动群众。他们叫人在工地上传唱一首民谣："石人一只眼，挑动黄河天下反。"

民工们不明白歌谣是什么意思，但是听到里面有"天下反"三个字，就觉得好日子快要到来了。开河开到了黄陵冈，有几个民工忽然挖出一座石人来。大家好奇地聚拢来一瞧，只见石人脸上正是一只眼，不禁呆住了。这件新鲜事很快地在十几万民工中传开来，大家心里都想，民谣说的真的应验了，现在石人出来，天下造反的日子就要到来了。然而，这个石人其实是韩山童、刘福通事先偷偷地埋在那里的。

韩山童、刘福通见百姓纷纷被鼓动起来了，于是就挑选个日子，聚集了一批人，杀了一匹白马，一头黑牛，祭告天地，举起义旗。大家推韩山童做领袖，号称"明王"，在颍州颍上（今安徽阜阳、颍上一带）起义，并用红巾裹头，作为起义军的标记。不料，正在举行起义仪式的时候，县衙派来的官兵已经把他们包围了。刘福通率领部分起义军杀开一条血路，突出了重围。韩山童却不幸被官兵抓去杀害了。

刘福通逃出包围以后，辗转回到家乡颍州，把约定起义的义军召集起来，攻占了颍州等一些据点。因为起义兵士头裹红巾，当时的百姓把他们称作红巾军。起义不到十天，红巾军已经发展到十多万人。

听到刘福通声势浩大，元王朝慌作一团，赶忙调动了六千名色目人组成的阿速军和几支汉军，镇压红巾军。阿速军本来是元王朝的一支精锐队伍，但是现在已经十分腐败，将领们只知道喝酒享乐，兵士们到处抢劫。与红巾军交锋时，还没有开战，主将就带头骑马向后逃奔，兵士一看主将临阵脱逃，也都四散逃窜。

1354年，元顺帝动用西域、西番的兵力，以脱脱为统帅，号称百万，围攻高邮的张士诚起义军，起义军处在危急之中。这时元王朝突然发生内

漠北来去——元

●临李公麟人马图 赵雍

●职贡图 元

乱，元顺帝下令撤掉脱脱的官爵。百万元军失去了统帅，不战自乱，全军崩溃。

趁元军溃败之时，刘福通的北方起义军趁机出击，大破元军。第二年二月，刘福通把韩山童的儿子韩林儿接到亳州（今安徽亳州）。韩林儿称帝，国号为宋，韩林儿被称为小明王。

韩林儿、刘福通在亳州建立政权以后，分兵三路，出师北伐，一口气打到元大都城下。元王朝大为恐慌，纠集力量加紧镇压。在元军的强力攻势下，红巾军失利。

后来，元王朝用高官厚禄招降了张士诚。刘福通保护小明王逃到安丰（今安徽寿县）后，受到张士诚的袭击。1363年，刘福通在战斗中牺牲。之后，在元朝统治者的不断镇压下，起义军又坚持战斗了十二年才被彻底消灭。

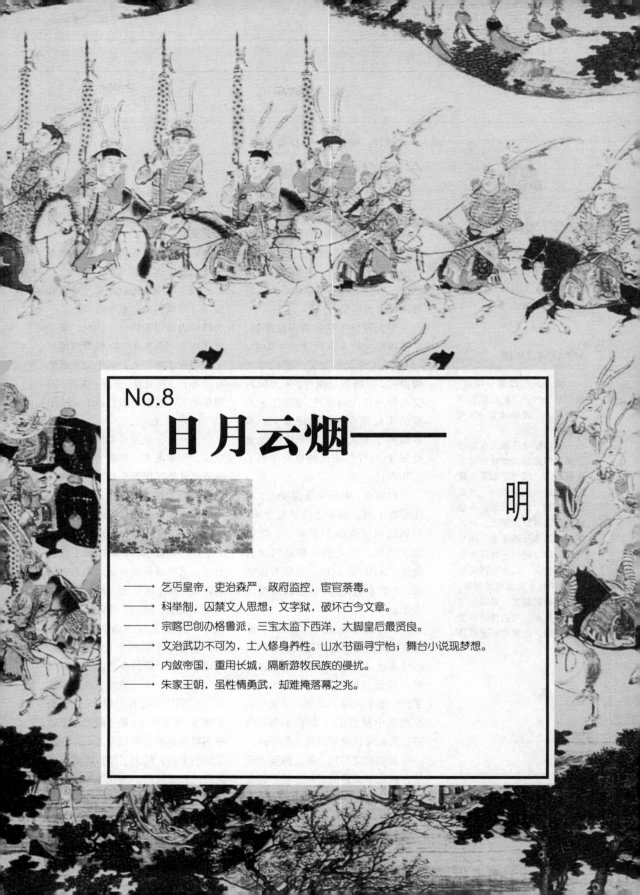

No.8

日月云烟——

明

—— 乞丐皇帝，吏治森严，政府监控，宦官荼毒。

—— 科举制，囚禁文人思想；文字狱，破坏古今文章。

—— 宗喀巴创办格鲁派，三宝太监下西洋，大脚皇后最贤良。

—— 文治武功不可为，士人修身养性。山水书画寻宁怡；舞台小说现梦想。

—— 内敛帝国，重用长城，隔断游牧民族的侵扰。

—— 朱家王朝，虽性情勇武，却难掩落幕之兆。

●明太祖朱元璋

>>> 火烧庆功楼

相传朱元璋做皇帝后，担心与他打天下的兄弟们恃功夺权，于是建造了一座庆功楼。

庆功楼建成那天，他摆下宴席邀诸位文武功臣前来赴宴庆功，暗地里却派人在楼下埋好火药和干柴，准备引火烧楼，以除后患。不想被刘伯温看穿。席上，刘伯温坐在了朱元璋旁边，悄悄将朱元璋龙袍的一角压在自己的坐椅上。当大家喝得酩酊大醉时，朱元璋悄然离席。刘伯温顿时警觉，跟随他出了门。果然，庆功楼随后便燃起烈焰。赴宴功臣全部葬身火海。

拓展阅读：

朱元璋画像（典故）
《朱元璋传》刘小荣

◎关键词：明朝 乞丐 皇帝 起义

乞丐皇帝朱元璋

朱元璋，字国瑞，原名朱重八，民族英雄，是明朝的开国皇帝，也是继汉高祖刘邦以来第二位平民出身统一全国的君主。因他年轻时曾做过乞丐，所以当了皇帝后，人们都称他为乞丐皇帝。

朱元璋出生在贫苦农民家庭，从小以给大户人家放猪放牛为生。1344年，淮北发生了严重的旱灾和虫灾，疾病到处流行。朱元璋的父母和兄长先后病死、饿死。十六岁的朱元璋在乡邻的帮助下，草草埋葬了亲人。孤苦无依的他无处安身，只好到附近的皇觉寺当了小和尚。

在庙里，朱元璋虽说受气，可还能吃上饭。谁知才过了五十天，寺庙的租子也收不上来了，吃饭成了问题。长老就让和尚们出去化缘。这样，朱元璋只好穿着破衲衣，拿着木鱼瓦钵，云游四方要饭去了。

三年后，朱元璋又回到了濠州。在此期间，他到过安徽、河南的好多地方，长了不少见识。这时候，反抗元朝的农民大起义爆发了。红巾军占领了濠州，皇觉寺也在战乱中被毁了。为了寻一条活路，朱元璋到濠州投奔了郭子兴。

参加起义军后，朱元璋英勇善战，显示了卓越的军事才能。起义军的首领郭子兴把一个姓马的干女儿嫁给他。从此，他的地位和声望大大提高了。

后来，郭子兴病死，大家推举朱元璋做了这支起义军的元帅。

当上军事统帅后，朱元璋整顿纪律，加紧训练，把军队训练成一支战斗力很强的队伍。同时，朱元璋还注重招揽人才，在他周围聚集了好些有本事的人，其中最有名的有李善长、刘伯温、宋濂、朱升、冯国用等人。这些智囊们给朱元璋出了不少好主意。

有一次，朱元璋采纳了冯国用的建议，率军南下，攻破了集庆，招降康茂才等军民五十余万，改集庆为庆天府。打下徽州时，朱元璋又采纳了老儒朱升的计策，"高筑墙，广积粮，缓称王"，命令军队自己动手生产，兴修水利，既减轻了农民负担，又能够兵强粮足。实力大增后，朱元璋不断扩张，消灭了孤立的元军据点。随后，他以对东南采取守势，东北和西面取攻势的战略，在军事上取得了有利的局面，奠定了统一全国的基础。

1368年，朱元璋终于在南京称帝，建立了明朝。称帝后，朱元璋勤于政事，事必躬亲，是我国封建王朝中不可多见的杰出帝王之一。他建立的明王朝，结束了蒙古族对汉族人民的残酷统治，为我国的民族统一与发展做出了卓越的贡献。

●赏月图 明 张路

>>> 珍珠翡翠白玉汤

　　相传朱元璋在兵败安徽徽州之后，逃至休宁一带，腹中饥饿难熬，命随从四处寻找食物，一个随从找到一些逃难百姓藏在草堆里的剩饭、白菜和豆腐。因别无他物，随从只好都放在水里煮了，端给朱元璋吃。

　　不料味道竟十分鲜美，朱元璋吃了非常高兴，问起菜的名字，随从顺口答道"珍珠（剩饭）翡翠（白菜）白玉（豆腐）汤"。转败为胜后，朱元璋下令随军厨师大量烹制此菜犒赏三军。自此，这种"汤饭"（稀饭）的做法在百姓中广为流传。

拓展阅读：

江西老表
《朱元璋惩贪》杨马林

◎ 关键词：朱元璋 腐败 吏治 锦衣卫

明太祖严惩贪吏

　　1368年，朱元璋称帝，建立了明朝，他就是明太祖。明太祖亲眼目睹了元末政治腐败、贪官污吏逼得百姓揭竿而起的社会现实。因此，他当了皇帝之后，大力整顿吏治，制定严刑峻法，对贪官污吏的惩治采取了空前绝后的严酷手段。

　　朱元璋制定法令，在全国掀起轰轰烈烈的"反贪官"运动。法令规定，凡是发现有贪赃害民的官吏，百姓可以直接擒拿送至京师。贪污六十两银子以上的官员，一律斩首示众，并处以剥皮之刑。朱元璋把府、州、县衙门左面的土地庙作为剥人皮的场所，称为皮场庙。他还在官府公座的两侧各悬挂一个塞满草的人皮袋，使办公的官员随时提心吊胆，不敢再犯法。

　　在封建社会，朝廷的赋税历来都是由衙门里的"钱粮师爷"负责征收的。朱元璋从自己的经验里，知道这些人最善于营私舞弊，欺压百姓。他称帝后，索性夺了这批人的权，另外委派人征收赋税。他叫户部重新查勘百姓的土地，以每一万亩田为一个单位，选出其中土地最多的一户人家当粮长，负责把赋税送交国库。他本以为这些大户不至于像府吏那样胆大妄为，欺压百姓。但很快便发现自己预计错误，这些大户不仅隐瞒自己的田产，少纳钱粮，而且巧立名目，盘剥百姓，甚至谎报灾情，中饱私囊。发现这种情况后，朱元璋非常生气，一次就杀了不法粮长一百多个。

　　从此以后，朱元璋对任何人都不相信了。于是，他设立了特务机构锦衣卫。这些锦衣卫无孔不入地钻到各级政府部门里去，打探官员的一切行为。只要锦衣卫向朱元璋报告哪个官员有贪污行为，他一律格杀勿论。

　　尽管朱元璋使用了各种高压手段，企图扭转官僚阶层贪赃枉法的状况，但是贪污案件还是时时发生。洪武十八年（1385年），一桩震惊全国的"郭桓案"显露于世。朱元璋大为震惊，杀念大开，接连下令诛杀郭桓案的有关人员达几万人。

　　为了防止贪污案件的进一步发生，朱元璋主持修订了明朝的法律，编写了《大诰》，把惩办贪官污吏的办法写进了法律条文。经过一番大张旗鼓的整治，贪赃枉法的事情少多了，吏治和社会风气有了一些改变。

　　朱元璋采用严酷手段整顿吏治，虽然取得了一定的效果，但也产生了一个副作用。他设立的"锦衣卫"特务机构残酷对付自己的政敌，使得整个明朝充满着尖锐的内部斗争，这或许是朱元璋所始料不及的。

　　作为开国之君的朱元璋，借助自己的威望严惩贪官污吏，虽然起到了震慑的作用，但始终未能将贪官现象根除，所以晚年的他只能发出"为何贪官如此之多，早晨杀了，晚上又生一拨"的哀叹。

●明初名将徐达

>>> 八面威风

元朝末年，封建朝廷腐败，各地农民起义不断。朱元璋领兵攻下安徽和阳，准备继续南下。

在过年那天，他与大将徐达，同乘一条小船渡江。船主是对老夫妻，得知船上坐着大名鼎鼎的朱元璋，便高声喊着号子向他庆贺说："圣天子六龙护驾，大将军八面威风。"朱元璋听后非常高兴，便和徐达轻轻地踢着脚，互相表达庆贺之意。

后来朱元璋当了皇帝，找到当年的船夫，给了他封赏，又将他那只小船涂上朱红颜色，表示有功。

拓展阅读：

朱元璋日封十王
《拂晓行军诗》明·朱元璋

◎ 关键词：朱元璋 残暴 冤狱 胡惟庸案 蓝玉案

朱元璋给子孙削刺

平民出身的乞丐皇帝朱元璋，赤手空拳夺得天下，成为一代开国之君。他所建立的丰功伟绩的确令人仰慕，但他大肆屠戮功臣的残暴行为，也一直被后世非议。

明太祖对那些开国的功臣疑心重重。他设立特务机构"锦衣卫"，监视、侦察大臣的活动。大臣在外面或者家里有什么动静，他都打听得一清二楚。谁被发现有什么嫌疑，就有被关进牢狱甚至杀头的危险。

明太祖对待官员极其严酷。在上朝的时候，如果有大臣惹他发火，他就在朝堂上"廷杖"大臣，有的大臣甚至被当场打死。这种做法弄得大臣们个个提心吊胆，每天上朝的时候都愁眉苦脸地向家里亲人告别。如果这一天平安无事回到家里，亲人就高高兴兴庆幸他又活了一天。

为了消除异己，明太祖还制造了两起特大冤狱，一是丞相胡惟庸案，一是凉国公蓝玉案。朱元璋以"谋反"的罪名杀了他们，并且夷灭三族，同时还牵连了一大批功臣，使数万人掉了脑袋。

洪武十三年（1380年）正月，丞相胡惟庸被告发谋反。明太祖立刻把胡惟庸满门抄斩，还追究他的同党，株连文武官员达一万五千多人。

胡惟庸案发生之后不久，朱元璋又于1393年杀掉了功臣蓝玉。蓝玉平时有点居功自傲，明太祖对他本来就有些看法。洪武二十六年（1393年）二月，锦衣卫报告说蓝玉将要叛乱。明太祖于是下令把这位凉国公逮捕起来。锦衣卫对蓝玉严刑审讯，逼他供出同伙。这样一来，就牵连了景川侯曹震、鹤庆侯张翼以及吏部尚书詹徽、户部侍郎傅友文等，说是他们商量要在皇帝举行"籍田"的仪式上发动政变。于是蓝玉被处死，并夷灭三族。凡和案件有牵连的人以及和蓝玉有往来的人，都被抄家问斩。

朱元璋通过胡、蓝两次大狱，把跟随他出生入死、为他争夺江山的功臣宿将和文武大臣都杀得差不多了。明太祖这种大杀功臣的行为，在历史上是罕见的。在蓝玉案结束的第二年，明太祖杀了定远侯王弼和永平侯谢成。又过了一年，颍国公傅友德和宋国公冯胜都不明不白地受命自杀了。为了实现专制独裁，确保子孙万代的家天下，朱元璋可谓是六亲不认。他打死了亲侄儿朱文正，毒死了亲外甥李文忠，理由仅仅是他们"亲近儒生""礼贤下士"，而他们为明王朝的建立和巩固都曾经出生入死，立过汗马功劳。

明太祖之所以大肆杀戮功臣，原因就在于当时太子已死，皇太孙是皇位的继承人，年纪小而又文弱。明太祖怕自己死后，幼帝制服不了权高位重的功臣，从而对朱家天下造成威胁，因此就千方百计地寻找借口，杀戮功臣，消除隐患。

● 宋濂像

>>> 湖南皆杀

朱元璋登基之日，臣民欢庆之时，南京有条湖南街，装了一台故事灯，一匹马上，骑了一个大脚婆娘，后面跟着一个人，捧着个大南瓜。于是有人向朱元璋密报说：湖南街人特意讽刺当今皇帝，胆大包天，罪该万死。

朱元璋闻之大怒，连呼"湖南街杀"。领旨的武官误听为"湖南皆杀"。等到有人报告时，已经杀到常宁州。皇帝猛然一怔，立即快马追止。可追到时，天已经亮了，所以这个地方名叫赶火埔。由于这一音之误，演出了一场"血洗湖南"的惨案。

拓展阅读：
《大明贤后》张海英
《大脚马皇后》胡正言

◎ 关键词：朱元璋 皇后 大脚

贤惠的大脚皇后

朱元璋称帝后，将妻子马氏立为皇后，两人的感情非常好。但有一点遗憾的是，马皇后没有缠足，是一个大脚姑娘。

在以三寸金莲为美、为贵、为时尚的封建社会里，马皇后怎么会不缠足呢？原来，她的父亲马公是郭子兴的一个好朋友，经常随郭子兴外出打仗，而她的母亲死得特别早，家里没人来照顾她，所以她小时候没有缠脚。马皇后当姑娘的时候，别人给她起了个绰号，叫"马大脚"。当了皇后，别人自然都不敢这么叫她了，可仍然还有很多人在背地里叫她"大脚皇后"。

马皇后虽然脚长得特别大，心眼儿却特别好。她聪明善良，温柔体贴，为人淳朴，也很有才干。朱元璋并不因为她的脚大而讨厌她，恰恰相反，朱元璋非常喜欢她。马皇后以自己的善良、贤惠、聪明扶持良善，保护忠臣，受到了大臣们和广大人民的普遍爱戴。

朱元璋自从当上了皇帝，脾气变得越来越大，动不动就要杀人。马皇后经常劝说朱元璋遇事要冷静，不要轻易处罚部下。每逢朱元璋发脾气，大臣们都来求马皇后出面。在马皇后的劝阻下，不知使多少忠臣得救。

明太祖时候，有一个很有学问的人叫宋濂。他做过太子朱标的老师，年轻的时候曾随朱元璋南征北战，给朱元璋出了不少主意，也算是一个有功之臣了。朱元璋却在有一天借口宋濂谋反，要处死他。马皇后知道后，婉言相劝，要他尊重教师，并为此流下伤心的泪水。

朱元章左思右想，觉得自己这样做确实对不住那些为自己效力的忠臣，第二天便赦免了宋濂的死罪。

马皇后虽说人在深宫，但日夜操劳，为国家大事费尽苦心。几年之后，马皇后病倒了，朱元璋和大臣们都心急如焚，四处访名医，求仙药，希望皇后的玉体能早日康复。但马皇后深知丈夫的脾性，她知道，如果给自己看病的医生不能把自己的病治好，朱元璋一定会重重地惩罚他们。所以，她从来不让任何医生给自己治病，也不吃任何药，无论朱元璋怎样劝说，马皇后就是不听。她宁愿自己病死，也不愿让一个好人无缘无故受到惩罚。

马皇后不求医，不吃药，病情很快就恶化了。洪武十五年（1382年），这位贤惠善良的皇后离开了人间，终年五十一岁。

对于马皇后的死，朱元璋和大臣们都非常伤心。不少大臣都得到过皇后的恩惠，受到过皇后的庇护，他们都为失去了这样一个善良的人而感到难过。朱元璋更是发誓以后不再册立皇后，以示对皇后的敬重和怀念。

●杏园雅集图 明 谢环

>>> "朱重八"的由来

朱元璋的世祖名仲八，高祖名百六，曾祖为四九，祖父为初一。朱元璋的祖父朱初一有两个儿子，大伯五一，其父五四。伯父和父亲各生四子，依出生先后排名，朱五一的儿子叫重一、重二、重三、重五；朱五四的儿子叫重四、重六、重七、重八，重八就是朱元璋（有一种说法是朱元璋刚生下来的时候，身上有虫子爬，其父即给他起名"虫扒"，后又改为重八）。

朱元璋后来参加起义军，当了元帅，觉得"重八"这个名字太土，就自己给自己改名元璋。

拓展阅读：

《大明律》
《朱元璋》张笑天

◎ 关键词：朱元璋 讽刺 文字狱 过失

明太祖兴文字狱

朱元璋通过南征北战，统一了全国。他深知马上得天下，但不可以马上治天下的道理，因此十分重视朝中的文臣，主要依赖他们治理天下。这引起了许多武将的不满，他们乘机挑拨太祖和文臣之间的关系。

有一天，武将们对朱元璋说："您千万不可过分信任这些文人，别看这些文人平时都非常循规蹈矩，其实他们可会讥讽人啦！"

朱元璋不解其意，问道："为什么说文人就善于讽刺人呢？"

武将们说道："陛下，当初与您作对的张士诚，他的名字就是手下文臣给起的。张士诚被他所宠信的文人愚弄了！《孟子》书中有这么一句话：'士，诚小人也。'这句话也可破读为'士诚，小人也。'这是在骂张士诚是个小人呢！"

朱元璋一想，觉得有道理。他想，自己本来就没有多少知识，说不定文人们也会借机讽刺自己。从此，他对大臣的言谈和奏章非常留意，反复揣摩，如果觉得某些地方是在讽刺咒骂他，就会毫不留情地大加杀戮，因而造成了许多稀奇古怪的文字狱。

那时候，人们很注重自己的出身。朱元璋出身不好，小时候给人放过牛，当过和尚，后来又参加农民起义。虽然他做了皇帝，还是很忌讳人们提起这些事情，认为这是一种耻辱。因为他当过和尚，所以"光""秃"这一类的字对他是犯忌讳的。和尚又称僧，所以僧这个字也犯忌讳。红巾军被地主阶级骂为"贼""寇"，而朱元璋又以红巾军起家，所以他最恨别人骂他当过"贼"。推而广之，他连与"贼"字音相近的"则"字也很讨厌。很多官员由于不知道朱元璋的这些忌讳而糊里糊涂地丢了脑袋。

后来，为了避免惹来杀身之祸，掌管礼仪的大臣向朱元璋提出了一个建议，他说："陛下，臣子们都很愚昧无知，不知道什么字应该避讳，您能否制定一个固定的格式，让臣子们都来遵守呢？"朱元璋采纳了他的意见，命人撰写了贺表的格式，颁布天下。官吏们如遇到庆贺谢恩的事，照贺表的格式抄写一份就行了。

但文字狱并没有因此而停止，不少官员因为写错了字而遭杀害。山东兖州有个名叫卢熊的知州，在给朱元璋上的一道奏书上，不知是卢熊大意，还是书吏抄写时粗心，竟把"兖"字误写成"衮"字。朱元璋看后大发雷霆，恶狠狠地骂道："这奸贼反了，竟然叫我滚蛋！"于是将卢熊砍了脑袋。

类似的事件还有很多很多，官员们一旦被牵连进去，就很难保全性命。朱元璋的文字狱给明朝政治带来了很坏的影响，造成了人人自危，不敢提笔的局面。大兴文字狱是明太祖施政过程中所犯的最大过失之一。

● 明成祖朱棣

>>> 瓜蔓抄

朱棣在夺取政权之后，对政敌进行了血腥的镇压。

他将建文帝亲信大臣五十余人列为奸臣，悬赏捉拿。一旦抓住后，不仅将本人杀害，而且还株连九族；轻者，男人充军，女人为功臣家奴，重者一律杀戮。株连最广的是方孝孺，朱棣杀了方孝孺及其九族并朋友、门生八百七十三人，发配充军者千余人。

这次血腥镇压，史书上称为"瓜蔓抄"。

拓展阅读：

《永乐大帝朱棣》毛佩琦

皇头帝足

◎ 关键词：朱棣 装疯 改革 有作为

朱棣装疯夺皇位

明太祖为了给子孙削刺，稳固家天下的局面，一面杀了一些权位很高的大臣，一面把他的儿子分封到各地为王。明太祖认为这样做，可以巩固他建立的明王朝的统治，哪料到后来反而引起了一场大乱。

1398年5月，朱元璋病逝。因皇太子朱标早逝，由皇太孙朱允炆继承了皇位，改年号为建文，他就是建文帝。

朱允炆虽然当上了皇帝，但是担心叔叔们分守各地，威胁皇位，尤其是镇守北平（今北京）的四叔叔朱棣，在各亲王中拥兵最多，势力最大。

有一天，建文帝向老师黄子澄道出自己的心事，并征询他的意见。黄子澄与兵部尚书齐泰商议此事，齐泰建议先铲除朱棣。黄子澄却主张先向朱棣以外的其他藩王下手。

最后，经过慎重考虑，齐泰同意了黄子澄的主张。两人商量停当，就向建文帝回奏。建文帝听了很高兴，就找个由头派兵到河南把周王抓起来押到南京，削去王位，充军到云南。接着，又查出三个藩王有不法行为，把他们一个个削去王位。

看到这种情况，朱棣心里非常害怕。为了能够躲过这场灾祸，他决定装疯卖傻。

于是，朱棣打乱自己的头发，披上一件破破烂烂的衣服，假装发了精神病，成天胡言乱语，有时候还躺在地上，几天不起来。建文帝派使臣去探病，那时候正是大热天，朱棣却坐在火炉边烤火，嘴里还不停地叫冷。使臣见到这种情况，以为朱棣真的疯了，急忙写了一份密折，派人送到京城。

但是，装疯卖傻的朱棣并没有因此而安然大吉。过了不久，建文帝下令剥夺了朱棣的爵位和兵权，并派大军向北平进发。面对这种状况，朱棣急忙召集自己手下的将官，被迫起兵。

久经沙场、智勇双全的朱棣率领燕军势如破竹，很快就控制了北平一带的广大地区。建文帝害怕起来。按照朱棣的要求，他撤了齐泰、黄子澄的职，想要燕王退兵。朱棣哪肯罢休。

1402年，朱棣的燕军在淮北遇到朝廷派出的南军的抵抗，打得十分激烈。没多久，燕军截断南军运粮的通道，发起突然袭击，将南军一举击溃，取得了决定性的胜利。

这年5月，朱棣出动奇兵，迅速攻进了南京。南京城里一片混乱，宫内发生大火，建文帝从此失踪。

经过三年的苦战，朱棣打败了建文帝，登上了皇位。后来，朱棣迁都北京，并进行大刀阔斧的改革，成为中国历史上较有作为的皇帝。

●明代修编的《永乐大典》

>>> 朱棣对对联

据说明成祖朱棣曾对文臣解缙说："我有一上联'色难'，但就是想不出下联，你能对出来吗？"解缙应声答道："容易。"朱棣说："既说容易，你就对出下联吧。"解缙说："我不是对出来了吗？"

朱棣愣了半天，方恍然大悟。"色难"，即面有难色之意。"色"对"容"，"难"对"易"，实在是对仗工整。

拓展阅读：

永乐皇帝——朱棣
《永乐大典》明

◎ 关键词：朱棣 举贤荐能 经济 《永乐大典》

明成祖励精图治

1402年，朱棣打败侄子朱允炆，登上皇位，他就是明成祖。明成祖不仅具有军事才能，而且还怀有卓越的政治远见。他是中国历史上一位很有作为的皇帝。

明成祖很重视人才的选拔，鼓励大臣们举贤荐能。他认为要把国家治理好，一定要靠有才能的人，而且任用时要根据特长安排。

明成祖鼓励臣下敢说话，说真话。他奖励敢于说真话的正直之臣，斥责卑躬屈膝的势利小人。永乐初年，浙江义乌县教谕上表，陈说了几件地方上当办的事情，希望皇帝能"虚心纳言"。明成祖通令嘉奖了他，并把奏折拿给六部大臣们看。

明成祖注意社会经济的恢复与发展，认为"家给人足""斯民小康"是天下治平的根本。为此，他大力发展和完善军事屯田制度和盐商开中则例，从而保证了军粮和边饷的供给。为了使农业得到更好发展，他派夏原吉治水江南，疏浚吴淞，使农田灌溉有了充分的保证。同时，他还在中原各地鼓励垦种荒闲田土，实行迁民宽乡、督民耕作等方法以促进生产，并注意采取免税、赈济等措施，防止农民破产，保证了赋役征派。

明成祖深深懂得"人君一衣一食，皆民所供"的道理，所以他很注意人民的休养生息。他自己生活俭朴，反对奢侈浪费。一次，通政司（管章奏的机构）的官员报告说，山西有人上报介休县（今山西介休县）出五色石，做器皿极为好看。明成祖听到后，非常不满地说："这家伙想当官。这些年来打仗、灾荒，百姓够苦了，还要给他们增加负担吗？要知道官府求一物，百姓就要受一害。况且这种东西，饥了不能吃，冷了不能穿，为什么要累害人民呢？你把他给我赶走！"

经过明成祖的励精图治，他统治时期的永乐年间的文治武功都卓有成效，大部分地区经济情况良好，人民安居乐业。

1403年，明成祖组织大批人力编修了中国古代类书之冠的《永乐大典》。这部大型类书把经史子集、百家之书以及天文、地理、阴阳、医卜、僧道、技艺等各类言说，按字、句、篇名、书名分韵收录，其中有许多元代以前的珍贵文献。另外，明成祖开"四夷馆"，选年少生员学习外文。面对明王朝广阔的疆域，明成祖开设了贵州布政使司，设置了奴儿干（今黑龙江下游特林）、乌斯藏（今西藏）等都指挥使司，建置哈密（今新疆哈密县）等三百多个卫所。经过明成祖的努力，明朝成为中国古代一个幅员广大、疆域辽阔的大国。

可见，明成祖在文治武功方面都做出了十分突出的贡献。他统治时期的明朝，政治清明，经济发展，整个国家一派繁荣的景象。

●释迦传道图 明

>>> 布达拉宫

布达拉宫坐落在西藏首府拉萨市区西北的玛布日山（红山）上，是一座规模宏大的宫堡式建筑群。

它最初是松赞干布为迎娶文成公主而兴建的，17世纪重建后，成为历代达赖喇嘛的冬宫居所，也是西藏政教合一的统治中心。

整座宫殿具有鲜明的藏式风格，依山而建，气势雄伟。宫中还收藏了无数的珍宝，堪称是一座艺术的殿堂。

1961年，布达拉宫被中华人民共和国国务院公布为第一批全国重点文物保护单位之一。1994年，布达拉宫被列为世界文化遗产。

拓展阅读：

吉祥八宝
拉萨祈祷大法会

◎ 关键词：格鲁派 宗喀巴 藏传佛教 入藏 政教合一

格鲁派创始人宗喀巴

1357年，格鲁派（黄教）的一代奇僧宗喀巴出生在一个佛教徒家中。宗喀巴的家乡在今天的青海省西宁附近，湟中县的塔尔寺所在地，这是一个宏扬佛法的圣地。宗喀巴所在的格鲁派是当时藏传佛教中最后一个，也是最大、最有实权的教派。

宗喀巴三岁时，法王迦玛巴授给他近事戒，赐号庆喜藏。这一年，附近有位名喇嘛顿珠仁钦，施舍给他父亲好多马羊等财物，请求把宗喀巴送给他，得到应允。

七岁的时候，宗喀巴正式出家，由顿珠仁钦给他授了沙弥戒后，住进甲琼寺。从此，宗喀巴跟着师父顿珠仁钦，刻苦学习藏文和佛经。

一转眼十年过去了，宗喀巴长成了一名十六岁的少年，无论在藏文还是在显教教义或密教仪轨方面，他都已经打下了坚实的基础。可是，要成就大事业，这还远远不够。于是，师父顿珠仁钦决定让他入藏学法。

宗喀巴首先来到了前藏的止公寺，这是西藏地区执掌政教大权的噶举派的一个寺庙。在这里，宗喀巴学成了噶举派的主要密法。然后，他又去其他地方，继续学习显、密各派的教法以及藏传医学的知识。

在二十九岁的时候，宗喀巴被授了比丘戒，正式成了一名喇嘛。此后，宗喀巴经常给人讲经。大约到三十五岁的时候，他已经能同时给人讲十七部经，这些经包括各个教派的所有主要著作。

在西藏学经和讲经的过程中，宗喀巴的佛学思想逐渐成熟。1406年，宗喀巴写成了自己最重要的两部著作——《菩提道次第广论》和《密宗道次第广论》，构建了他的佛学思想体系，为格鲁派的创建奠定了基础。

1409年，藏历正月初一至十五日，在西藏最有实力的噶举派的帕竹地方政权的支持下，宗喀巴在拉萨大昭寺主持召开了大祈愿大会。这次全藏性的、不分教派的大法会共有万余名僧人参加，规模空前的盛大。这次大法会的成功举行，实际确立了宗喀巴各派宗教领袖的地位，使他一下成了全喇嘛教的第一号人物。

按照预先的安排，宗喀巴在拉萨东面五十里的旺古尔山旁，创建了著名的甘丹寺。自此，在西藏历史上，一个全新的教派崛起了。因为宗喀巴以后主要以甘丹寺作为活动的中心，因此人们把他的教派称为"甘丹寺派"，按藏语读音变化的规律，读为"格鲁"，一般就称为"格鲁派"。因祖师宗喀巴提倡这一派僧人戴黄帽，又被人们称为"黄教"。

后来，黄教在西藏建立政教合一的统治制度。宗喀巴的两大继承人形成达赖、班禅的活佛转世制度，影响至今。

●郑和海船复原模型

>>>《1421中国发现世界》

英国退休海军军官孟席斯花了十四年时间，研究郑和率领的中国舰队先于欧洲那些耳熟能详的伟大航海家发现新大陆的那段传奇旅程。他广泛搜集证据，提出惊人言论。

1421年——明成祖永乐十九年：中国发现美洲大陆，早于哥伦布七十年；中国人发现澳洲，先于库克船长三百五十年；中国人到达麦哲伦海峡，比麦哲伦的出生还早一个甲子；中国解决计算经度的问题，远远领先欧洲三个世纪。

拓展阅读：

哥伦布开辟新航路
《郑和航海图》明

◎ 关键词： 明成祖 三宝太监 西洋 海外贸易 友好

三宝太监七下西洋

郑和，本姓马，名和，小名三宝，云南昆阳（今云南普宁）人，中国古代著名航海家。郑和十三岁的时候，入燕王府中做太监。他聪明好学，有智谋韬略，又懂兵法，在"靖难"中立了不少战功，得到明成祖的信任。郑和的名字就是明成祖给他起的，但是民间把他的小名叫惯了，所以一直把他叫作"三宝太监"。

1405年6月的一天，苏州府刘家港（今江苏太仓浏河口）聚集了成千上万的老百姓，锣鼓喧天，鞭炮齐鸣，海面上数百艘船一字排开，准备出航。原来，今天是三宝太监郑和奉明成祖之命出访西洋的日子。郑和船队的主要任务是联络亚非各国和发展海外贸易。

郑和下西洋的船队规模宏大，第一次下西洋的船队，一共有两万七千八百多人，除了兵士和水手外，还有技术人员、翻译、医生等。他们乘坐六十二艘大船，这种船长四十四丈，阔十四丈，在当时是少见的。

郑和船队从刘家港起航，路经占城（今越南南方），接着又到爪哇、旧港（今印度尼西亚苏门答腊岛东南岸）、苏门答腊、满刺加、古里、锡兰等国家。他每到一个国家，先把明成祖的信递交国王，然后把带去的礼物送给他们，希望同他们友好交往。许多国家见郑和带了那么大的船队，态度友好，都热情地接待他。

郑和这一次出使，一共花费了三年的时间，一直到1408年的9月才回国。西洋各国国王趁郑和回国，都派了使者带着礼物跟着他一起回访。在船队经过旧港的时候，突然遭到海盗陈祖义等人的拦截袭击。

陈祖义是广东人，祖上以渔猎为生。洪武年间，朝廷发布了禁海令，陈祖义等渔民无以为生，于是跑到现在的南洋一带为盗，以打劫海上经过的商船为谋生之道，许多国家的商人都深受其害。这一次，陈祖义见郑和船队船多兵众，不敢贸然下手，就假意向郑和投降，暗地里却准备打劫船队。郑和及时发现了陈祖义的阴谋，立即部署对策。等陈祖义率众人来抢劫时，他指挥将士们把海盗打败，杀死了五千多人，烧毁了海盗船只十艘，俘获七艘，活捉了陈祖义。郑和歼灭海盗，为各国商人除了大害，促进了各国的海上贸易，受到各国的欢迎。

郑和出使西洋，既能提高国家的威望，又能促进跟西洋各国的贸易往来，明成祖对此很是赞赏，所以此后又多次派郑和带领船队下西洋。从1405年到1433年的将近三十年里，郑和出海七次，前前后后一共到过印度洋沿海三十多个国家，最远到达非洲的木骨都束国（今索马里的摩加迪沙一带）。

郑和船队七下西洋，加强了中国同这些国家的友好交往，促进了各国的经济文化交流，在世界航海史上留下了光辉的一页。

●郑和第五次下西洋，麻材国赠送给明王朝一种珍奇的动物——长颈鹿。面对一个中原地区陌生的物种，朱棣的整个紫禁城都轰动了。长颈鹿被认为是"麒麟"般的祥瑞之兆。

●明英宗朱祁镇

>>> 一窝蜂

明代的一种筒形火箭架。

它是在木制的桶状发射器里，安放三十二支绑有火药筒的箭矢，火药筒由总药线连在一起。作战时，将它埋在地下，点燃总药线，箭矢就会如蜂群一样飞出去，杀伤敌人。

当时仿照此类兵器的有很多，从三连发的神机箭，到一百连发的百虎齐奔，都属于这个范畴。射程三百米的连发火箭，弥补了普通火箭弹道不稳定的弱点。

拓展阅读：

《1449 大明惊变》吴蔚
《明朝那些事儿贰》当年明月

◎ 关键词：明英宗 王振 土木堡之战

土木堡的惨败

明朝前期，统治者加强了中央集权，使权力紧紧掌握在皇帝一人手中。然而，到了明英宗时，明朝开始出现了宦官专权的局面。这个专权的宦官就是臭名昭著的王振，他是造成明军土木堡之战惨败的罪魁祸首。

王振是山西蔚州（今河北蔚县）地方的一个流氓，年轻的时候读过一点书，几次参加科举考试都没有考中，后来进宫做了太监。由于王振粗通文字，明宣宗就派他陪太子朱祁镇读书。明宣宗死后，朱祁镇即位，这就是明英宗。明英宗一登上皇位，就封王振为司礼监，帮助他处理朝政，批阅奏章。明英宗一味追求玩乐，根本不问国事。王振趁机把朝政大权抓在手里。

这时，明朝北方蒙古族的瓦剌部强大起来。1449年，瓦剌的首领也先派了两千多人跟明朝做买卖，为了多得一点赏赐，也先谎报了贸易的人数。王振知道了这件事，只给了也先五分之二的钱。这样一来激怒了也先，他立即发兵攻打山西的大同。

王振的家乡就在大同附近，他怕瓦剌人侵占了自己在家乡的田庄，并且想趁这个机会在家乡人面前抖抖威风，顺便建立奇功，便竭力劝明英宗御驾亲征。兵部尚书邝埜和侍郎于谦认为朝廷没有做好充分准备，皇帝不能亲征。明英宗是个没主见的人，他对王振唯命是从，所以不顾大臣劝谏，冒冒失失决定亲征。

七月十七日，明英宗和王振带着五十万大军，从北京向大同进发了。这支部队冒着风雨艰难地前进，当到达大同时，明军已经疲惫不堪。可是王振不顾兵士的劳累，下令部队继续北上。

过了几天，明军前锋在大同城边被瓦剌军杀得全军覆没。听到这消息，明英宗惊恐万分，王振也变得六神无主，立刻下令迅速撤退。

到这时，王振还想去他的老家蔚州摆摆威风，于是劝英宗到蔚州去住几天。谁知刚撤到狼山附近，也先的骑兵就尾随着追上来了。

王振和英宗又仓皇南逃。傍晚时候，明英宗到了离怀来县二十里的土木堡。大臣们劝明英宗进怀来县城，以便防守。可是王振拖在后面，还没有赶到。缺了王振就少了主心骨的明英宗执意不肯进怀来县城。后来，王振终于赶到了土木堡，可他却不想连夜赶路，居然决定在土木堡扎营过夜。

也先率兵连夜追赶，把明军团团围困在土木堡。明军内外交困，拼命突围，死伤无数。一直被围困了三天，始终无法突围出去。王振想趁机逃走，被护卫将军樊忠所杀。瓦剌兵赶上来，俘虏了明英宗。历史上把这次事件称作"土木之变"。

土木堡一战之后，明朝的势力逐渐削弱，原来由明太祖、明成祖建立起来的边界上安定稳固的局面迅速瓦解。明朝从此开始进入衰落的时期。

●于谦像

>>> 于谦《石灰吟》

千锤万凿出深山，烈火焚烧若等闲。粉身碎骨浑不怕，要留清白在人间。

诗人借咏物以抒怀，将石灰的特性加以拟人化处理，使之成为诗人理想人格的象征。诗中句句不离石灰，却句句意在写人。咏物与抒怀妙合无垠，构思极为精巧。

拓展阅读：

《暮春客途即景》明·于谦
《入京》明·于谦

◎ 关键词：于谦 保卫北京 景泰皇帝 胜利 夺门之变

于谦保卫北京

英宗土木堡被俘的消息传到北京，朝廷里一片慌乱。在这种紧急情况下，朝臣们奏请皇太后下诏书，命英宗的弟弟郕王朱祁钰监国，代理国政，以暂时稳定国势，抵抗瓦剌的进攻。

郕王朱祁钰召集群臣商量怎样对付瓦剌。一个叫徐有贞的大臣劝郕王南迁，兵部侍郎于谦极力反对。

于谦，字廷益，号节庵，浙江钱塘（今浙江杭州）人，永乐时中进士，当过御史、巡抚，明朝名臣，民族英雄。他办事认真、果断，很有魄力，是明初有作为的官员之一。这一次，国难当头，于谦挺身而出，坚决要求保卫北京。他的意见得到了多数大臣的赞同，郕王也很支持他的主张，提升他为兵部尚书，让他担负保卫北京的重任。

1450年9月，郕王登上大位，做了皇帝，历史上叫景泰皇帝。

于谦得到景帝的支持后，他一面命令各边关镇守将领加强防备，一面奏请景泰皇帝批准，敕令工部从速修缮器甲、战具。同时，他派兵严守京城九门，把靠城的居民全部迁进城内。

土木堡之战的惨败，使有些将领对瓦剌心存畏怯。于是，于谦重新调配了兵力，除守城兵以外，用二十多万人马，列阵在北京九门之外。他自己亲率大将石亨等人驻扎在德胜门外，面对着敌来的方向。针对将士的怯懦，于谦还下了一道严令：临阵打仗时，凡将官先退缩的，斩将官；士兵先退的，后队斩前队。同时，于谦下令封闭了北京的所有城门，堵塞了退路，使将士增加了死战的决心。

10月，也先率军打到了北京城下，在西直门外扎下营寨。于谦根据敌营阵势，做好战略调整后，亲自率石亨等据守在德胜门外，严阵以待。

明军声势浩大，戒备森严，也先发动了几次进攻，都遭到明军的奋勇阻击。最后，明军在于谦的带领下，主动出击，将也先打得大败而归。北京城保卫战，取得了辉煌的胜利。

也先失败后，知道扣住明英宗也没有用处，就让明王朝出金钱将英宗赎回了北京。英宗回到北京之后，名誉上是个太上皇，但他总想有朝一日再复辟自己的帝位。

1457年，景帝得了一场大病。大臣徐有贞、石亨趁机发动政变，把英宗又扶上了皇帝的宝座，历史上称这一事件为"夺门之变"。没过多久，景帝就去世了。英宗复位后，因怀恨于谦帮助景帝继位，便以"谋反"的罪名，将于谦处死。于谦虽然无端被害，但光明磊落的他却名垂千古，受后人敬仰。

● 明武宗朱厚照

>>> 明长城

明代是我国修建长城的最后一个封建王朝。

元朝统治者虽被驱出大都,但明朝的北部安全仍受到极大的威胁,自明朝初至永乐中叶曾发生过几次激烈战争,所以明王朝为了北部的防御和边塞要地的安全,不惜动用大量人力物力修筑长城。

1368年徐达开始修筑居庸关长城,直到16世纪末,共花了二百多年才基本完成。明长城的防御设施和工程技术都达到了很高的阶段。

拓展阅读:
《明武宗传》冯国超
《花花天子——明武宗》李瑞科

◎ 关键词:宦官 明武宗 八虎 锦衣卫 杨一清

杨一清计除刘瑾

明英宗因宠信宦官王振,在土木堡之战中被擒。但是,面对血淋淋的教训,明朝以后的皇帝仍然不吸取王振误国的教训,还是一味依赖宦官。在宦官专政越来越严重的情况下,明王朝走上了衰败的不归之路。

1505年,明武宗朱厚照即位,他宠信身边的八个宦官。这些宦官经常陪伴他打球骑马,放鹰猎兔。这八个宦官依仗皇帝的势力,在外面胡作非为,被人们称为"八虎"。

一些大臣向武宗劝谏,要求武宗铲除"八虎"。为首的宦官刘瑾得到消息,就到武宗面前哭诉。明武宗不但不听大臣劝谏,反而提升刘瑾为司礼监,又让刘瑾两个同党分别担任东厂、西厂提督。

刘瑾大权在握,就下令召集大臣跪在金水桥前,把一大批正直的大臣诬蔑为"奸党",将他们排挤出朝廷。他还建立了另外的特务组织"内行厂",权力在锦衣卫和东厂、西厂之上,通过特务来监督官吏和百姓,制造恐怖气氛,维持自己的专权。

刘瑾的擅权专横,不仅激起民怨,而且引起内廷和外廷的不满。1510年,安化王以除刘瑾为名,起兵反叛。武宗命御史杨一清为总督,太监张永为监军,出兵讨伐。

杨一清原是陕西一带的军事统帅,在训练士卒、加强边防方面立过功。他为人正直,因为不附和刘瑾,被刘瑾诬陷迫害,后来经大臣们营救,被释放回乡。这一次,为了平定藩王叛乱,明武宗才重新起用他。

杨一清到了宁夏,叛乱已经被他原来的部将平定。杨一清、张永俘虏了安化王,并将他押解到北京。

早就有心除掉刘瑾的杨一清打听到张永也是"八虎"之一,但刘瑾得势以后,张永跟刘瑾也有矛盾。杨一清便拉拢张永,让他把安化王谋反的原因告诉皇上。

张永本来就对刘瑾不满,经杨一清怂恿,胆子也壮了起来。

到了北京,张永按杨一清的计策,当夜在武宗面前揭发刘瑾谋反。武宗不禁大吃一惊,命令将刘瑾抓捕审问。第二天,武宗亲自带人去抄刘瑾的家,结果发现了印玺、玉带等禁止百姓和官员私自拥有的禁物。在刘瑾经常拿着的扇子中发现了两把匕首。武宗见了大怒,终于相信了刘瑾谋反的事实,把刘瑾判处死刑。

虽然刘瑾被杀,但是昏庸腐败的明武宗又把朝政大权交给宠信江彬,自己仍然不理政事,整天只是寻欢作乐。江彬掌管大权后,贪污受贿,排斥好人,将明朝的政治折腾得更加黑暗、腐败。

●杨继盛像

>>> **李大钊撰改名联**

"铁肩担道义，辣手著文章"原是明代文化名人杨继盛所作，李大钊曾在原对联上改了一个字。

明代忠臣杨继盛，因抗御强暴、反对权奸严嵩而惨遭严嵩杀害，杨继盛在临刑前写下了名联："铁肩担道义，辣手著文章。"

1916年9月的一天，李大钊的一位朋友杨子惠请他题写一副对联。他想起了这副楹联，于是奋笔疾书了"铁肩担道义，妙手著文章"十个大字，与朋友共勉。

拓展阅读：

《就义诗》明·杨继盛
《言志诗》明·杨继盛

◎ 关键词：严嵩 杨继盛 谏臣

杨继盛冒死劾严嵩

明世宗朱厚熜到了晚年，整天不理朝政，一心崇信道教。凡是迎合他信道的，便得重用。大学士严嵩因善于起草祭神的文书，而逐步得到世宗的喜爱和宠信，并取得内阁首辅的地位。

严嵩并没有什么才能，他只知道拍马奉承，讨得世宗的欢心。当上首辅后，严嵩和儿子严世蕃一起，结党营私，贪赃枉法，干尽坏事。

严嵩掌权的时候，北面鞑靼部俺答统一了蒙古各部，逐渐强大起来，成为明朝很大的威胁。1550年，俺答带兵打到北京城郊。明世宗派严嵩的同党仇鸾为大将军，统率各路援军保卫京城。严嵩怕仇鸾打败仗，指使他不要抵抗。结果，没有遇到任何抵抗的鞑靼兵在北京附近掳掠了大批人口、牲畜、财物，满载而去。

过了一年，仇鸾勾结俺答，准备和鞑靼讲和。这件事引起了一些正直大臣的愤慨，特别是兵部员外郎杨继盛更是气愤填膺。

杨继盛，号椒山，保定容城人，后中了进士，在京城做了官，是明代著名谏臣。他看到严嵩、仇鸾一伙丧权辱国的行为，便向明世宗上奏章，希望朝廷选将练兵，抵抗鞑靼。明世宗看了奏章，有点心动，但是禁不起仇鸾撺掇，反把杨继盛降职到狄道（今甘肃临洮）做典史。

议和不久，俺答就破坏和议，多次进攻边境。仇鸾的阴谋暴露，吓得病死了。这时候，明世宗才想到杨继盛的意见是对的，于是把他调回京城。回到京城刚一个月，杨继盛就上奏章给明世宗。他弹劾严嵩，大胆揭发严嵩十大罪状、五大奸计，请求世宗捉拿严氏父子，以正国法。严嵩气急败坏，于是在世宗面前诬陷杨继盛。明世宗大怒，把杨继盛关进大牢。

严嵩指使他的爪牙对杨继盛进行严刑拷打，把杨继盛在狱中关了三年。杨继盛备受杖笞之苦，大腿上的肉被打成了碎片，整个人血肉模糊，体无完肤。剧烈的创痛常常使他半夜醒来，他就打碎瓷碗，用破碗片刮去腐肉和脓血，狱卒看得毛骨悚然，而他却神态自若。后来，严嵩又使奸计让明世宗把杨继盛处死。

严嵩掌权二十一年，把他的党羽安插在朝廷的重要职位上，权力越来越大。明世宗也渐渐讨厌他，于是借御史邹应龙上奏弹劾严世蕃的机会，下令把严世蕃办罪，充军到雷州，并勒令严嵩退休。可严世蕃却勾结汉奸和倭寇，准备逃亡到日本去。这一件事又被另一个御史林润揭发。

看到林润的奏章，明世宗大为震惊，立刻下令把严世蕃和他的同党斩首示众。严世蕃被斩后，其家产全部被抄没。严嵩无家可归，两年后，在贫病交加中结束了罪恶的一生。

●授徒图 明 陈洪绶

>>> 《牡丹亭》

第十出《惊梦》唱词：
原来姹紫嫣红开遍，
似这般都付断井颓垣。
良辰美景奈何天，
赏心乐事谁家院。
恁般景致，
我老爷和奶奶再不提起。
朝飞暮卷，云霞翠轩，
雨丝风片，烟波画船——
锦屏人忒看的这韶光贱。

◎ 关键词：戏曲家 文学家 《牡丹亭》 柳梦梅

汤显祖创作《牡丹亭》

汤显祖，号海若，临川（今江西临川）人，明代杰出的戏曲家、文学家，在我国和世界文学史上都有着重要地位，被誉为"东方的莎士比亚"。汤显祖一生的作品很多，其中流传下来的有《牡丹亭》《紫钗记》《邯郸记》《南柯记》《紫箫记》等。而最为有名和流传最广的当数《牡丹亭》。

《牡丹亭》之所以能够成为我国戏曲史上最伟大的作品之一，是和汤显祖的艰苦创作分不开的。

在创作时，汤显祖总是非常的认真、刻苦。每天天一亮，他便开始坐在书桌前奋笔疾书，一写就是几个时辰，一直把构思好的部分写完才搁笔休息。每写好一版词曲后，他就去请艺人试唱。如果效果不好，他马上拿回家进行修改，然后再请艺人试唱，如此反复，直到自己和艺人都满意为止。

汤显祖写作时，简直到了废寝忘食的地步。到了吃饭时间，汤夫人怕饭菜凉了，就到书房去三请四邀，但汤显祖依然埋头疾书，仿佛根本未听见。有时他口里应承："就来就来！"可是半天也不见人影。等到他搁笔吃饭时，饭菜早就凉透了，汤夫人只好给他再热一遍。

春去秋来，几个月的呕心沥血，终于换来了丰硕的果实，《牡丹亭》正式问世了。

《牡丹亭》讲的是南安太守杜宝之女杜丽娘的故事。杜丽娘带着侍女春香游园解闷，梦中和书生柳梦梅相爱，醒后因相思过度而亡。三年后，柳梦梅去南安养病，发现杜丽娘自画像，深表爱慕之情。杜丽娘受感动而复生，两人终于结为夫妻。

《牡丹亭》构思独特新颖，情节曲折生动，人物性格鲜明，问世后轰动了当时的文坛，成为我国戏曲史上最伟大的作品之一。

拓展阅读：

《青阳道中》明·汤显祖
《汤显祖评传》徐朔方

●四季仕女图 明 仇英

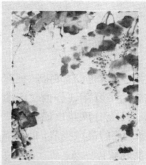

● 墨葡萄图 明 徐渭

>>> 徐渭晚年

徐渭一度被兵部右侍郎胡宗宪看中，委以重任，不想后来胡宗宪被弹劾致死。徐渭因受刺激精神失常，先后九次自杀，方式令人毛骨悚然，用利斧击破头颅，又曾以利锥锥入两耳。还怀疑其继室张氏不贞，杀妻入狱。出狱后已五十三岁，抛开仕途，游历著书，写诗作画。

晚年潦倒不堪，杜门谢客，最后在"几间东倒西歪屋，一个南腔北调人"的境遇中结束了一生。

死前身边唯有一狗相伴，床上连席子都没有，凄凄惨惨。悲剧的一生造就了艺术的奇人。

拓展阅读：

《题墨葡萄诗》明·徐渭
《四声猿》（杂剧）明·徐渭

◎ 关键词：徐渭 青藤 狂放不羁 绘画

傲视权贵的画家徐渭

徐渭，字文长，号青藤老人，山阴（今浙江省绍兴）人，明代著名文学家、书画家。他一生坎坷不平，饱经沧桑的生涯使他形成了狂放不羁、傲视权贵的性格。

徐渭小的时候，父母兄嫂相继死去，他无依无靠，过着困苦的生活。但是他一直都特别热爱书画艺术，长期与平民老百姓为伍，勤奋地用自己的画笔扶弱济贫，傲视权贵，打抱不平，因此在绍兴一带很有名气。

有一年，有个叫徐煜的人来绍兴任知府。这个人是京城里奸臣严嵩的干儿子，平时仗势欺人，做尽坏事。到山阴后，他听说徐渭是当地的大名士，便上门请徐渭给他画张堂画。徐渭一向不屑于给这种贪官污吏作画，但这次却非常痛快地答应了。原来他想利用这次画画的机会，好好地讽刺徐煜一番。

于是，徐渭便动手画了一幅《恶虎图》送给徐煜。这只虎，粗略地一看，张牙舞爪，气势汹汹；但仔细一瞧，那只老虎的尾巴下垂，已经是余威将尽的样子。在这只恶虎旁，徐渭还横写了"文长"两个字。那"文"字的点和横写得既细又小，最后的一捺不但没有写出头，反而写成了一竖，像个单人旁。远远一看，两个字实际上就是一个"伥"字。

但是，徐煜没有看出这其中的奥秘，得了这幅画便叫人高挂在堂上，逢人便夸徐渭的画画得好。后来，经别人指点，他才知道徐渭这画是在骂他"为虎作伥"，他不禁勃然大怒，当即喝令要捉拿徐渭问罪。而此时的徐渭早已经离家远游去了。

徐渭精湛的绘画艺术，就是在这样边战斗边学习的艰苦磨炼中逐步成熟起来的。他的画随意挥洒，不拘成法，往往只用寥寥数笔就把人物、花卉、飞禽走兽的神态表现得活灵活现。他尤其擅长花鸟画，正是他把中国的写意花鸟画推向了能够强烈抒发内心情感的至高境界。他所绘的花鸟画，超越了以往朝代的任何画作，从而成为花鸟画发展中的里程碑。徐渭的作品流传较多，北京故宫博物院就存有多幅重要代表作，其中《墨葡萄图》最为著名。

徐渭的画风对后代绘画产生了重要影响，"扬州八怪"中艺术成就最杰出的画家郑板桥对他非常敬服，自称为"青藤门下狗"；近代艺术大师齐白石对他也深为倾慕；同时，他还深受普通百姓的喜爱。人们依然保存着他的青藤书屋，表达出后人对这位富有平民气息的艺术家的长久怀念。

●桃李园图 明 仇英

>>> 朱载堉与"说大话"

朱载堉辞官以后，写了一篇《山羊坡·说大话》："我平生好说实话，我养个鸡儿，赛过人家马价；我家老鼠，大似人家细狗；避鼠猫儿，比狗还大。头戴一个珍珠，大似一个西瓜；贯头簪儿，长似一根象牙。我昨日在岳阳楼上饮酒，昭君娘娘与我弹了一曲琵琶。我家下还养了麒麟，十二个麒麟下了二十四匹战马。实话！手拿凤凰与孔雀厮打；实话！喜欢我慌了，碰一碰到天上，摸了摸轰雷，几乎把我吓杀！"

从中可见大学问家活泼、风趣、热爱生活的一面。

拓展阅读：

唢呐
组姆乐谱
《醒世词》明·朱载堉

◎ 关键词：科学家 音乐 才华 十二平均律

音乐王子朱载堉

朱载堉，字伯勤，号狂生，河南怀庆府（今泌阳市）人，明代伟大的科学家，对音乐、历法、数学等都有杰出贡献，其中最主要的贡献是在音乐、舞蹈这些艺术科学方面。

朱载堉是明太祖朱元璋九世孙，郑恭王朱厚烷的长子。他从小聪明好学，尤其酷爱音律，是个音乐天才。

朱载堉十五岁时，父亲受到诬告陷害，被囚禁下牢，他自己也从王子降为平民。家庭境遇的巨大反差并没有使朱载堉颓废，相反激发了他与命运抗争的信心和勇气。

面对专横腐败的明皇朝，血气方刚的朱载堉心里愤愤不平，他给自己取了一个号叫"狂生"，并在王宫外建了一个小土屋，过着简单的生活。他潜心研究音律、数学等专门学问。十年后，二十五岁的朱载堉写出了在音乐上的处女作《瑟谱》，显示了他超人的音乐才华。

后来，明世宗去世，穆宗隆庆皇帝即位。新帝即位，大赦天下，父亲朱厚烷被恢复了爵位。1568年，朱载堉也恢复了郑王世子的地位。此时，他已经在小土屋中独自生活了十九个年头。

1591年，朱厚烷去世，按理，朱载堉应当继承爵位。可是他生性淡泊，不重视地位和享受，因而不断上疏请求让出爵位。经过十五年七次上疏后，辞爵的请求终于得到批准。谁也没有料到，他竟把爵位让给了当年诬告他父亲的族叔家。这充分反映出他心胸广阔、无私坦荡的高风亮节，世人都对他肃然起敬！

经过数十年的努力，朱载堉完成了一系列音乐学中的巨作。他所作的《律学新说》《算学新说》《乐学新说》《律吕精义》等书，可以说是古代音乐学领域的扛鼎之作。

然而，在音乐学领域，朱载堉最主要的学术成果是创建音乐上的十二平均律及其计算原理。这一成就的获得是世界上的首创。

在朱载堉之前的近千年间，很多人都在探索音乐上的旋宫问题。这个问题成为了人们面临的最难的科学和音乐学难题之一。

在充分借鉴前人研究的基础上，朱载堉经过反复试验和摸索，终于悟出了从数理上旋宫的可能性，并找到了解决它的科学方法。

可以说，没有十二平均律的数理理论，就不会有今天丰富的音乐艺术生活。现在，当我们在日常生活中享受着美妙的音乐时，就应该想到朱载堉这位诞生在四百多年前的科学和艺术巨星。

科学和艺术是一个山峰的两面，它们是融为一体，不可分割的，只有这两方面都精通的人，才能站在山峰的顶端。音乐王子朱载堉就是这样一个站在峰顶的人。

● 明朝清官海瑞

>>> 海瑞杀女

明朝的海瑞是被赞扬的有名的清官，以耿介直谏著称。但他又是一名严酷的父亲。

姚叔祥《见只编》记载，一天，海瑞看见他五岁的女儿吃一个糕饼，就问糕饼是谁给的，当得知是某仆人给的时，海瑞大怒，训斥女儿说："女子哪能随便接受男仆的糕饼？你不是我的女儿！你如果能饿死，才算我的女儿！"

小女从此吓得啼哭不止，不吃不喝，怎么哄她劝她也没有用，七天之后终于饿死了。男女大防的礼教和父权就这样杀死了一个幼女。

拓展阅读：

《海瑞罢官》吴晗
《七品芝麻官》（豫剧）
《令箴》明·海瑞

◎ 关键词：清官 直言 海青天 英名

刚正不阿的海瑞

海瑞，字汝贤，自号刚峰，海南琼山人，明朝著名政治家，嘉靖时期的著名清官，由于敢于直言进谏，惩恶扬善，一心为民谋利，被人民敬为海青天、南包公，其英名流传至今。

海瑞四岁的时候死了父亲，家境十分清苦。母亲谢氏节衣缩食，供海瑞上学。海瑞发奋读书，立誓做人要做个清清白白、对国家有用的人，做官要做个言行一致、不欺下媚上的好官。

嘉靖二十八年（1550年），海瑞通过乡试中了举人，被派到南平当教谕。他执教严格，把学校办得井井有条，不久被擢升为淳安知县。淳安山多地少，百姓十分贫困。海瑞上任之后，制定了兴革条例，在整顿社会治安、兴修水利、发展生产方面做了许多工作，为当地的经济发展做出了很大贡献。

海瑞一方面千方百计减轻百姓负担，另一方面又设法督促百姓发展生产，得到了人民的信赖。他不畏权贵、为国为民，深受百姓爱戴。

后来，海瑞被调到北京，担任户部主事。这时，他对明世宗的昏庸和朝廷的腐败接触得更多了。那时候，明世宗已经有二十多年没有上朝，他躲在宫里与一些道士谈经论道，炼丹制药，根本不理朝政。一些朝臣谁也不敢说话。海瑞虽然官职不大，却大胆写了一道奏章向明世宗直谏。他把造成明王朝腐败的原因痛痛快快地揭露出来。他在奏章上写道："现在吏贪官横，民不聊生。天下的老百姓对陛下早就不满了。"

把这道奏章送上去以后，海瑞估计会触犯明世宗，自己可能保不住性命。于是，在回家的路上，顺道买了一口棺材。亲人们看到全吓呆了。海瑞把上奏章的事告诉了亲人们，并且把他死后的事一件件交代好，把家里的仆人也都打发走了，随时准备被捕入狱。

果然，海瑞这道奏章在朝廷引起了一场轰动。明世宗又气又恨，一把把奏章扔在地上，跟左右侍从说："快把这个人抓起来，别让他跑了！"

宦官黄锦在一旁说："启禀万岁，海瑞根本不想逃跑。听说他上疏前就买好了棺材，把随从的家人都遣散了，现在正在朝房待罪呢！"

明世宗听了默默无语，他把奏章反复读了几遍，为上疏感到叹息。后来，明世宗还是下命令把海瑞抓了起来，交给锦衣卫严刑拷问。直到明世宗死去，海瑞才得到释放。

万历十五年（1587年）十一月，海瑞在南京病逝。人们知道后，都悲恸不已。在江上出殡时，全城的人都来送他，江两岸站满了穿戴白衣冠致哀的人。后人为了纪念他，编演了很多戏曲、小说、弹词等作品，以用来表现他的光辉形象和使他的功绩永不磨灭。

●抗倭名将戚继光

>>> 鸳鸯阵

戚继光在抗倭战争中独创的一种阵法，这是以十二人为一作战基本单位的阵形，长短兵器互助结合，可随地形和战斗需要不断变化。

作战时最前的一人为队长，后面的人依顺序拿盾牌、长尖棍、短刀。盾牌一方面护身，另一方面掩护后队前进。拿长尖棍的主要是靠近敌人后刺杀敌军。所跟进的短刀手是在长枪未能刺中敌人时使用的。

戚继光依靠"鸳鸯阵"，大破倭寇，使倭患得到平息。

拓展阅读：

日本刀"火龙出水"
《盘山绝顶》明·戚继光

◎ 关键词：倭寇之患 戚继光 鸳鸯阵 横屿岛

戚继光荡平倭寇

明世宗嘉靖年间，海防松弛，日本武士、商人和海盗经常骚扰明朝沿海地区，形成了倭寇之患。他们与中国的土豪、奸商勾结，到处抢掠财物，杀害百姓，沿海人民的生命和财产受到很大威胁和损害。就在"倭患"越来越严重的时刻，抗倭名将戚继光应运而生了。

戚继光，字元敬，号南塘，山东蓬莱人，明朝时期著名抗倭将领、民族英雄、军事家和武术家。他出生于将门家庭，自幼喜读兵书，勤奋习武，立志效国，曾挥笔写下"封侯非我意，但愿海波平"的名句。二十五岁那年，戚继光当上了山东沿海防卫驻军的统帅，实现了他幼时的愿望。又过了两年，他被调到浙江去平定倭寇。

来到浙江后，戚继光竖起招兵大旗，决定建一支新军。马上有一批吃够倭寇苦头的农民、矿工自愿参军，还有一些愿意抗击倭寇的地主武装也参加了进来。戚继光组织的新军很快发展到四千人。

戚继光精通兵法，深深懂得训练兵士的重要性。他认为，兵士不经过严格训练是不能上阵的。根据南方沼泽地区的特点，他创造了"鸳鸯阵"阵法，亲自教兵士使用各种长短武器。经过严格训练，他这支新军的战斗力特别强，接连打了许多胜仗，倭寇的气焰被打消了许多。一听到"戚家军"三个字，倭寇就十分害怕。"戚家军"的名气从此在远近传开了。

倭寇知道浙江有戚继光不好对付，于是他们就放弃浙江，改去侵扰福建，很快攻占了宁德城。朝廷赶紧把戚继光从浙江调到福建。

这样一来，倭寇又跑去浙江，弄得戚家军十分被动。戚继光认为要打倭寇，首先要消灭他们的巢穴，这样才能保证整个东南沿海平安无事。戚继光向各方面打听，终于知道了倭寇的巢穴是在宁德城外数十里的横屿岛。

戚继光亲自调查了横屿岛的地形，知道那是一个孤岛，地势险要，四面环水，但在退潮时有一片淤泥跟陆地相连，倭寇也经常在退潮时攻上岸，在涨潮时退回岛。戚继光苦思冥想，终于想出了一个好办法，他马上披挂整齐，升帐点兵，安排好战前准备。

当天晚上，等到潮落的时候，戚继光命令兵士每人随身带一捆干草，到了横屿岛对岸，把干草扔在水里。几千捆干草扔在一起，铺出了一条路来。戚家军兵士踏着干草铺成的路，神不知鬼不觉地冲进倭寇大营。经过一场激烈战斗，盘踞在岛上的两千多个倭寇被全部歼灭。

在戚继光和另一个将领俞大猷的围追堵截下，到1565年，横行几十年的倭寇被基本肃清了。随后，在一些明智官员的倡议下，明朝官府放开了海禁，重开市舶司，允许人民经商，中国与各国的贸易往来得以恢复。

●明朝奸臣严嵩

>>> 一条鞭法

是明代中叶后期张居正赋役方面的一项重要改革。

主要是总括一县之赋役，悉并为一条，即先将赋和役分别合并，再通将一省丁银均一省徭役，每粮一石编银若干，每丁审银若干，最后将役银与赋银合并征收。

"一条鞭法"代表了16世纪明代管理者试图获得一种理想状态的各种努力，但由于历史条件的限制，"一条鞭法"未能认真贯彻执行。

拓展阅读：

《张居正》熊召政
《咏竹》明·张居正

◎ 关键词：张居正 改革 神童 抱负

杰出的改革家张居正

张居正，字叔大，湖广江陵（今湖北沙市郊区）人，明朝杰出的政治家，改革家。在执政的十年中，他大胆地从政治、经济、军事各方面进行重大改革，使国家安定，经济发展，明王朝出现暂时的繁荣富强景象。

张居正小时候就表现得很有才智，被家乡人认为是神童。十三岁参加乡试时，虽然他年龄最小，却沉着冷静，写了一篇非常漂亮的文章，恰遇湖广巡抚顾麟爱才，有意让张居正多磨炼几年，断定他一定能中举。终于，几年的发愤读书之后，张居正中了进士，开始步入仕途，这一年他才二十三岁。

当时，明世宗不理朝政，任由奸臣严嵩为非作歹，国家政治处于一片混乱之中。张居正空有满腔抱负，却无法施展自己的才华，他隐忍等待，与奸臣周旋抗争。这样苦苦熬了十几年，张居正内心十分痛苦。

1572年，穆宗去世，十岁的太子朱翊钧即位，这就是明神宗。张居正决心实行一番改革。于是，他大刀阔斧地在军事、政治、经济几方面做了一番整顿。

实施改革后，国家比以前富裕了，国力加强了，外部的敌人也不敢随便侵犯了。但是这些改革触犯了一些豪门贵族的利益，他们表面服从，背地里却对张居正恨之入骨。

1582年，积劳成疾的张居正不幸病逝。他去世后不久，反对派就发起了攻击，他们将张居正十年呕心沥血推行的改革成果破坏殆尽。明王朝陷入了新的危机，衰颓之势日益加深，从此不可复振。

●江村渔乐图 明 沈周

●李时珍雕塑

>>> 医圣以身试草

有人说，北方有一种药物，名叫曼陀罗花，吃了以后会使人手舞足蹈，严重的还会麻醉。

李时珍为了寻找曼陀罗花，离开了家乡，来到北方。终于发现了独茎直上高有四五尺，叶像茄子叶，花像牵牛花，早开夜合的曼陀罗花。为了掌握曼陀罗花的性能，他亲自尝试，并记下了"割疮灸火，宜先服此，则不觉苦也"。

据现代药理分析，曼陀罗花含有东莨菪碱，对中枢神经有兴奋大脑和延髓作用，对末梢有对抗或麻痹副交感神经作用。

拓展阅读：

《李时珍》（电影）
中药炮制技术

◎ 关键词：李时珍　医药学家　科学巨匠　《本草纲目》

李时珍修《本草纲目》

李时珍，字东璧，晚年自号濒湖山人，湖北蕲州（今湖北黄冈市蕲春县蕲州镇）人。他是我国明代卓越的医药学家，也是当时世界上伟大的科学巨匠之一。

李时珍的祖父、父亲都是医生，父亲李言闻对药草很有研究。李时珍从小受父亲的影响，喜欢阅读医书。他十四岁时考取秀才，接连三次参加举人考试都遭失败。从此，他下定决心，专攻医学。李时珍除了埋头攻读医药著作和经史子集，还兼及各种杂著、小说。他常常和父亲、哥哥一起上山采集各种药草，日子一长，他能认得各种草木的名称，还能知道什么草能治什么病。在理论和实践的双重作用下，他的医术有了很大的进步，名声也开始播扬远近各地。

在行医之中，李时珍发现当时的本草书对药草收集得不全，名称混乱，多有谬误。这些含混不清可能会导致误伤人命的严重后果，于是他就有了重新编写一部新的本草书的想法。在以后的行医当中，李时珍更加留心一切和"本草"有关的材料，随时随地把它们记下来。

李时珍对名利视如粪土，对高官厚禄不屑一顾。有一次，楚王的儿子得了一种抽风的病。楚王府虽然也有医官，但是谁都没办法治好。李时珍治好了王子的病。后来朝廷征求人才，楚王为了讨好皇帝，就把李时珍推荐到北京的太医院去。太医院作为国家最高的医疗机构，那里的医官应该具有最高的医疗水平，可是他们并没有什么真本领，整天忙的只是替皇宫里的道士们征收各种炼仙丹用的东西。李时珍到那儿以后，想依靠朝廷力量重修"本草"，接连写了两次申请报告，都犹如石沉大海。李时珍觉得自己的愿望在这里无法实现，再加上看不惯这里乌烟瘴气的环境，只在太医院待了一年，他就辞职回家了。

这时，他父亲已经去世。妻子告诉他，父亲弥留之际还惦记着修"本草"的事。经历了这么多的挫折、痛苦，李时珍再次坚定了修"本草"的决心。

从此，李时珍每天起早贪黑，足迹踏遍大江南北，开始了辛勤的搜集考察工作。经过认真的钻研，加上医疗实践的验证，李时珍把一种种新药写进"本草"，并把老"本草"中的差错一个个修正过来。

日复一日，年复一年，二十七年过去了，举世闻名的《本草纲目》终于问世了。在这部书里，一共记录了一千八百九十二种药物，收集了一万多个药方。

《本草纲目》问世后，很快在全国流传起来，对后世产生了很大影响。它被翻译成日、英、德、法、拉丁、俄等多种文字，在世界上广泛流传。时至今日，它仍然是一部具有重大学术价值的古代科学文献。

●明神宗朱翊钧

>>> 三大奇案之红丸案

1620年八九月之交，刚当皇帝不过三十天的朱常洛一命呜呼了。

据说他的死，与他病中所服的红色药丸有关。

红色药丸究竟是寿药、道家丹丸还是别的什么毒药？一时间朝野纷纭，连宰相、皇贵妃都被牵连到此案之中。这就是"红丸"案。

拓展阅读：

《明神宗与明定陵》何宝善

移宫案

◎ 关键词：明神宗 梃击案 朱常洛

不了了之的"梃击案"

明神宗后期，明王朝经济衰落，政治腐败，种种败象已经暴露无遗。朝廷里官员之间钩心斗角，互相倾轧；皇宫大院内也是明枪暗箭，争权夺利。明王朝败亡的迹象，已从内部呈现出来。时局发展到这种地步，明王朝已经无可救药了。

明宫有名的三大疑案中，发生在明神宗后期的"梃击案"是最清楚不过的皇宫内部明争暗斗的产物。而其罪魁祸首，当为明神宗本人，是他在立太子问题上私心过重，才引起了这段轰动一时的公案。

明神宗二十多岁的时候，有了第一个儿子朱常洛。但是生这个儿子的王宫人，并不受神宗的宠爱，所以只被封为恭妃。明神宗最喜欢郑妃，郑妃妩媚动人且善解人意，郑妃生的三儿子朱常洵也因此受到他的宠爱。神宗想立朱常洵为太子，但又有"立长不立幼"的规矩压着，所以他将立太子的事拖了又拖。

但满朝大臣却坐不住了，纷纷上奏，要求早立太子。明神宗眼看也拖不下去了，只得立朱常洛为太子。这时朱常洛也已经二十岁了。

转眼又过了十四年，万历四十三年（1615年）五月初四，皇宫里出现的所谓"梃击案"，又把当年争立太子的事"炒"了出来，而且越"炒"越凶。

那天傍晚，一个中年汉子手拿一根木棍，跌跌撞撞地打入太子朱常洛的慈庆宫。这个汉子见人就打，一直往里闯，眼看就要进入太子的房间，幸亏门卫报警及时，大批卫士将这个中年汉子捆绑起来，押入牢里。

酷刑拷打后，这个汉子坚持不住，只得招供实情。他说这次硬闯慈庆宫是受庞保和刘成两位公公指使，庞、刘二人还答应事成之后会给予重赏。

这份供词送到明神宗那儿，可把他气坏了。他知道庞保和刘成都是郑妃宫里的太监，显然这事是和郑妃有关了。看来郑妃是想谋害太子，让亲生儿子当太子。明神宗立刻带随从来到郑妃宫中，气呼呼地让她看供词。一看阴谋败露，郑妃慌了神，连忙跪倒磕头，泪水早就流了下来。

明神宗看着自己的爱妃，本来就不忍心处分她，现在看她的可怜样，更加不忍心了。但他知道有了这件事，朱常洵不可能再成为太子了。

第二天上朝，明神宗对百官说："我立长子常洛是古今公理，现在却有人想谋害太子，我坚决不能允许。"接着，他就把庞保、刘成都杀了。

所谓"梃击案"就这样不了了之。从立太子到"梃击案"，满朝大臣与宫内嫔妃太监，个个心怀鬼胎，暗中相斗。而真正的国家大事、内忧外患却无人问津。明王朝这棵大树，真的已从树心里面开始腐烂，只要有人轻轻一推，便会倒地了。

日月云烟——明

● 明熹宗朱由校

>>> 东林党

风声、雨声、读书声,声声入耳;

家事、国事、天下事、事事关心。

这是东林党首领顾宪成撰写的一副对联,镌刻在东林书院的大门口。

1604年,被革职还乡的顾宪成在常州知府欧阳东凤、无锡知县林宰的资助下,修复宋代杨时讲学的东林书院,与高攀龙、钱一本等人,讲学其中,"讲习之余,往往讽议朝政,裁量人物",其言论被称为清议。朝士慕其风者,多遥相应和,聚其周围,影响很大。时人称之为东林党。

拓展阅读:

连升三级(典故)
《三揭黄榜》(电视剧)

◎ 关键词:明熹宗 宦官 魏忠贤 崇祯皇帝

不可一世的魏忠贤

明熹宗宠信宦官魏忠贤,对他言听计从,信任有加,把朝中大事都交给他处理。魏忠贤因此权倾朝野,无恶不作,搅得朝廷内外一片混乱。

魏忠贤,河间肃宁(今河北肃宁)人,原是一个市井无赖,整日游手好闲。二十多岁的时候,欠下巨额赌款,无法生活下去,于是狠心自行阉割进宫,当了名小宦官。万历年间,拜在太监魏朝的门下。

朱由校做太子的时候,这个赌惯了的魏忠贤,一下就把赌注压在朱由校的身上。他觉得朱由校的奶妈客氏很有用,就千方百计地去献殷勤,拉关系,和她打得火热。客氏在朱由校母子面前不断替他说好话。1620年,明光宗去世,朱由校做了皇帝,他把特务机构东厂交给魏忠贤掌管。魏忠贤一跃成为宫中最有权的太监,从此逐渐把持朝政。

攫取要职之后,魏忠贤一方面尽量讨取小皇帝的欢心;另一方面在宫廷安插亲信,在外迫害异己。他对自己的心腹加以重任,把他们提拔到政府的要害部门,其中最可恶的数"五虎""五彪"。"五虎"是以崔呈秀为首的文臣,"五彪"是以田尔耕为首的武弁。这十个人认魏忠贤为干爹,横行朝廷内外,正直的大臣都十分痛恨他们。

左副都御史杨涟一向正直无私,他看到魏忠贤及其走狗将朝政搞得乌七八糟,十分气愤,于是他上疏弹劾魏阉二十四大罪状。魏忠贤听说后,慌忙把崔呈秀和田尔耕两人找来,叫崔呈秀念给他听。杨涟有根有据,历数他祸国殃民、专权不法的种种事实。魏忠贤听了,起初坐立不安,后来汗流浃背,浑身打起颤来。

于是,魏忠贤跑到小皇帝面前哭诉,客氏从旁帮腔,一起陷害杨涟。糊涂的小皇帝便下圣旨对杨涟严加斥责。有皇帝做后台,魏忠贤更加无所顾忌,他立刻下令逮捕了杨涟、左光斗、魏大中等人。

魏忠贤用暴虐的手段建立起他的独裁统治,使天下官民敢怒不敢言。一时恶人当道,阿谀谄媚之风盛行,魏忠贤被称作九千岁,或者九千九百九十岁。客氏被封为"奉圣夫人",也被称作"老祖太太千岁"。

正当魏忠贤处于政治顶峰的时候,他的靠山忽然坍塌了,明熹宗做了七年皇帝便死了,只活了二十二岁。之后由他的弟弟信王朱由检即位,这就是明朝历史上最后一位皇帝——崇祯皇帝。

朱由检是个想有一番作为的皇帝,他早就痛恨魏忠贤等一伙奸人。即位后不久,他下令逮捕并处死了魏忠贤的大批同伙,把他本人赶出京城。魏忠贤知道自己已到穷途末路,于是在半道上自杀了。这个臭名昭著的大奸宦得到了应有的下场,并永远遭到人民的唾弃。

●清八旗军服盔甲

>>> 八旗制度

1601年，努尔哈赤开始创立八旗制度。

八旗制由牛录制扩充而来。一牛录为三百人，五牛录为一甲喇，五甲喇为一固山。每一固山有特定颜色旗帜。1615年，满洲军建制扩大，分为红、黄、蓝、白、镶黄、镶白、镶红、镶蓝八个固山。"固山"即满语"旗"之意，又称为"八旗制度"。

努尔哈赤将全体女真人编入八旗之中，实行军政合一的制度。

拓展阅读：

努尔哈赤"七大恨"
中日万历之战

◎ 关键词：女真族 努尔哈赤 征伐 萨尔浒

萨尔浒之战

正当明王朝政治越来越腐败，国力逐渐衰弱之时，我国东北地区的女真族的一支——建州女真逐渐强大起来，并趁机扩大势力。他们的首领就是赫赫有名的努尔哈赤。1616年，努尔哈赤统一女真族，建立了后金。他看到明朝日益衰弱，而后金却兵强马壮，于是就有了攻打明朝的野心。

1618年4月，努尔哈赤召集将士誓师，宣布跟明朝有"七大恨"，第一恨就是明朝无故害死了他的祖父和父亲。打着报仇的旗号，他开始征伐明朝。

努尔哈赤身先士卒，亲自率兵两万向辽东明军发起进攻。抚顺守将李永芳一看后金军来势凶猛，没有抵抗就投降了。后金军俘获了人口、牲畜三十万，洗劫了抚顺城，然后带着大批战利品凯旋而归。

消息传到北京，明神宗大怒，于是派杨镐为辽东经略，讨伐后金。杨镐经过一番紧张的调兵遣将，最后才聚集了十万人马。1619年，杨镐分兵四路，由四个总兵官率领，进攻赫图阿拉。杨镐坐镇沈阳，指挥全局。

这次战争的胜败关系到后金的存亡，于是，努尔哈赤动员所有八旗兵员六万余人一起参战。他采取集中兵力、各个击破的作战原则，首先出击明军主力杜松的军队。

西路山海关总兵杜松为了抢头功，冒失进军。他先攻占了萨尔浒（今辽宁抚顺东）山口，接着兵分两路，把一半兵力留在萨尔浒扎营，自己带了另一半精兵攻打后金的界藩城（今新宾西北）。

努尔哈赤一看杜松分散了兵力，于是集中兵力攻下萨尔浒明军大营。接着，又急行军援救界藩。正在攻打界藩的明军全军覆没，杜松也中箭身亡。随后，北路的马林也被打败。

得知两路军失利的消息，坐镇沈阳的杨镐惊得目瞪口呆。他这才知道努尔哈赤的厉害，赶忙传令让另外两路明军停止进军。

东路的李如柏接到杨镐命令后，急忙撤退。山上巡逻的后金哨兵见明军撤退，大声鼓噪。明军兵士以为后面有大批追兵，争先恐后地逃跑，自相践踏，也死了不少。

南路军刘𬘓没接到杨镐命令，仍按原定计划向北开进。努尔哈赤采取诱其速进，设伏聚歼的打法，击败了南路军，并杀了主将刘𬘓。

这场仅历时五天的战争，以明军的失败、后金军的胜利而告结束，它就是历史上著名的"萨尔浒之战"。萨尔浒之战是明军与后金军的一场决定性战役，也是我国历史上采取集中优势兵力打歼灭战、以少胜多的典型战例。

此次战役后，明朝的力量大衰，由进攻转入防御；而后金的力量大增，由防守转入了进攻。

●袁崇焕像

>>> 红夷大炮

明代后期传入中国，也称为红衣大炮。一般认为红夷大炮是从荷兰进口的，其实明朝将进口的前装滑膛加农炮都称为红夷大炮。

红夷大炮的优点是炮管长，管壁厚，而且是从炮口到炮尾逐渐加粗，符合火药燃烧时膛压由高到低的原理；在炮身的重心处两侧有圆柱形的炮耳，火炮以此为轴可以调节射角，配合火药用量改变射程；设有准星和照门，依照抛物线来计算弹道，精度很高。

拓展阅读：

《民族英雄袁崇焕》李而已
袁崇焕之死

◎ 关键词：努尔哈赤 袁崇焕 宁远城

袁崇焕大战宁远

萨尔浒大战后，明军转入防守，后金军进入进攻状态。1622年，努尔哈赤又率兵攻打广宁（今辽宁北镇），广宁守将熊廷弼无法抵御，只好退到山海关内。辽东局势危急。

这时，兵部主事袁崇焕看到国事危急，独自一人骑马到山海关外进行了详细研究，回来后向兵部尚书孙承宗请兵镇守辽东。被后金的攻势吓破了胆的朝廷大臣见袁崇焕自告奋勇请战，也都赞成让他去试一试。于是，明熹宗给他二十万饷银，要他负责督率关外的明军。

袁崇焕得到命令后，带着几个随从兵士，连夜在荒野上骑马奔驰，天没亮就到了宁远（今辽宁兴城）的前屯。在那里，他收容难民，修筑工事。袁崇焕在宁远筑起三丈二尺高、二丈宽的城墙，装备了各种火器、火炮。袁崇焕号令严明，受到军民的爱戴。关外各地的商人听说宁远防守巩固，从四面八方拥来。辽东的危急局面很快扭转过来。

袁崇焕守卫辽东刚有进展，就遭到魏忠贤的猜忌。魏忠贤派他们的同党高第指挥辽东军事。高第庸碌无能，一到山海关，就要各路明军全部撤进山海关内。袁崇焕坚决反对撤兵。他没有听从高第的安排，独自带领一部分明军继续留在宁远防守。而其他地区的明军，都在高第的强制命令下，被迫撤到关内去了。看到明军撤退的狼狈相，努尔哈赤认为明朝极易对付。1626年，他亲自率领十三万大军进攻宁远。

此时，守在宁远周围几个据点的明军都已经撤走，宁远城只剩下一万多兵士，处境十分孤立。但是袁崇焕并不气馁，他命令城外百姓带了粮食、用具撤进城里，把城外的民房烧掉，叫后金军队来了没有粮食和掩体。他向城里的官员分派任务，有的管军粮供应，有的清查内奸。他还发信给山海关的明军守将，如果发现宁远逃回关内的官兵，要他们就地处斩。这几道命令一下，宁远的人心都安定下来，大家除了一心一意守城杀敌之外，不再有别的念头。

二十几天之后，努尔哈赤带领后金军气势汹汹地到了宁远城下。紧急关头，袁崇焕下令用早就准备好的大炮轰击后金军，后金兵士被炸得血肉横飞，余下的被迫后撤。

第二天，努尔哈赤亲自督战，集中大股兵力攻城。袁崇焕登上城楼瞭望台，沉着地观察后金军的行动。等到后金军冲到逼近城墙的地方，他才命令炮手瞄准敌人密集的地方发炮。结果，后金军伤亡惨重，努尔哈赤也受了重伤，不得不下令撤退。

努尔哈赤受了重伤，加上气恼集结于心，伤势越来越重，没过几天就咽了气。他去世后，他的第八个儿子皇太极接替他做了后金大汗。

●爱新觉罗·努尔哈赤像
爱新觉罗·努尔哈赤（1559年—1626年），赫图阿拉（今辽宁新宾）人，满族。他通晓满语、汉语，万历四十四年（1616年）正式称汉，建立后金。

◎ 关键词：徐光启 科学家 先驱

徐光启研究西学

●徐光启像

>>> 《崇祯历书》

一部比较全面的介绍欧洲天文学知识的著作，由徐光启、李之藻、汤若望等人历时五年编译。

《崇祯历书》包括四十六种，一百三十七卷，全书分节次六目和基本六目，前者是关于历法的，后者是关于天文学理论、天文数学、天文仪器的。

书中大量引进了哥白尼的《天体运行论》，明确引入了"地球"的概念，在计算方法上，介绍了球面和平面三角学，在坐标系方面介绍了黄道坐标系。

拓展阅读：

北京古观象台
"几何"名称的由来

徐光启，字子先，号玄扈，明末著名的科学家、农学家、政治家，是把欧洲先进的科学知识介绍到中国的第一人。他对西方科学的介绍，打开了人们的眼界，为我国近代科学技术的发展开辟了新的途径，是我国近代科学的先驱者。

徐光启出生于上海一个贫苦家庭，父亲是个小商人，家里有一点土地，所以徐光启从小就从事农业生产劳动。自食其力、辛勤劳作的家庭氛围和接近农民的经历，培养了徐光启自强不息、坚韧不拔的性格和关注国计民生、以天下为己任的远大志向。

青年时代的徐光启因为参加科举考试路过南京，听说那儿来了个欧洲传教士利玛窦，经常讲些西方的科学知识，南京的一些读书人都喜欢跟利玛窦结交。经过别人介绍，徐光启认识了利玛窦。他听利玛窦讲的科学道理都是自己过去在古书上没有读到过的，打那时候起，他对西方科学发生了浓厚的兴趣。

过了几年，徐光启考取了进士，在翰林院做了官。他认为学习西方科学对国家富强有好处，便拜利玛窦为师，向他学习天文、数学、测量、武器制造各方面的科学知识，同时向利玛窦提出翻译西洋书籍的要求。

在利玛窦的帮助下，徐光启首先翻译希腊数学家欧几里得的《几何原本》。这本书共十五卷，由利玛窦口授，徐光启笔译。几何学对徐光启来说，是一门全新的学科，尤其是一些学术名词的翻译，更增加了工作的难度。但徐光启满怀激情，仅用了一年多时间，就以顽强的意志力译完了《几何原本》的前六卷。

徐光启翻译《几何原本》是一种创造性劳动，他首创了几何学中的诸多名词。今天仍在使用的数学专用名词，如几何、点、线、面、钝角、锐角等，都是首次在徐光启的译作中出现的。仅此一点，就足以奠定徐光启在中国数学史上的地位。

继《几何原本》之后，徐光启又翻译了《测量法义》，还与李之藻、熊元拔等人合译了《泰西水法》《同文算指》。他在所编译的《大测》二卷中，首次向国人介绍了平面三角、球面三角等概念。后来，在研究我国古代历法的基础上，同时吸收了当时欧洲在天文方面的最新科学知识。他对天文历法的研究，在当时世界上达到了很高的水平。

除天文、历算之外，徐光启最突出的成就是在农业科学方面的研究。他留给了后人一部伟大的文化遗产——《农政全书》。这部伟大的著作总结了我国历代农业生产技术和经验，是我国古代农业方面的集大成之作。

●皇都积胜图 明

此图画的是明代京城及郊外情景。这里选取京城至大明门一段画面，街上商贾云集，货摊遍地，人物众多，气氛热闹，是反映明代京城社会生活的重要历史画面。

◎ 关键词：徐霞客 地理学 探险 旅行

徐霞客远游探险

● 徐霞客像

>>> 徐霞客登山看湖

徐霞客二十八岁那年，来到温州攀登雁荡山。他想起古书上说的雁荡山顶有个大湖，就决定上去看看。

当他艰难地爬到山顶时，只见山脊笔直，并无湖影。徐霞客继续前行到一个大悬崖，前面无路，却发现下面有个小平台，便借长布带悬空而下，到了小平台上才发现下面陡深百丈。他只好抓住布带，沿悬崖往回爬。爬着爬着，带子断了，幸好他机敏地抓住了一块突出的岩石，才避免粉身碎骨。徐霞客把断了的带子接起来，历尽艰辛才爬上了崖顶。

拓展阅读：

《徐霞客》金涛
《徐霞客评传》朱钧侃

徐霞客，名弘祖，字振之，号霞客，江苏江阴人，明代杰出的地理学家、探险家、文学家和旅行家。他一生有三十多年是在旅行和探险中度过的。在漫长的旅行生涯中，他将沿途的地形地貌、动植物分布、各民族的风土人情、社会经济发展状况以及自己的切身体会都详细地记录下来，著成了一部具有极大科学价值的不朽巨著《徐霞客游记》。

徐霞客出生在一个封建地主家庭，他自幼好学，尤其是喜欢看历史、游记、探险一类的书籍，深深被这些书籍所吸引和感染。十九岁那年，他的父亲去世了，他很想亲自到名山大川去游历考察一番，但是想到母亲年纪大了，家里没人照顾，没敢提这件事。

母亲觉察到他的心思，热情支持他远游。

二十二岁那年，徐霞客开始离家外出游历。他先后游历了太湖、洞庭湖、天台山、雁荡山、泰山、武夷山、五台山和恒山等名山。每次游历回家，他跟亲友谈起各地的奇风异俗和游历中的惊险情景，别人都吓得说不出话来，他母亲却听得津津有味。

老母亲去世后，徐霞客就把全副精力扑在游历考察的事业上。1636年，徐霞客开始了最后一次出游，这时他已经五十一岁了。这次他主要游历我国的西南地区，他用了整整四年时间，游历了湖南、广西、贵州、云南四省，一直到我国边境腾冲。他跋山涉水，历尽艰辛，到过许多人迹不至的地方。

在旅途中，徐霞客每天都坚持把当天见到的听到的事情详细记录下来。1641年，徐霞客去世，他留下了大量日记，这实际上是他的地理考察记录。后来，人们把他的日记编成一本《徐霞客游记》。

《徐霞客游记》是一部内容丰富朴实、科学价值极高的著作，其成就主要体现在以下几个方面：

一、书中记载了我国有史以来最详尽、最准确的岩溶地形的宝贵资料。

二、书中记载了大量的气候资料，为今天的气象学提供了宝贵的资料。

三、书中以大量篇幅记录了明末社会经济状况，包括当时的手工业、矿产开采、农业、交通、城镇规模建置沿革等方面的状况，为今天经济地理学的研究提供了难得的资料。

四、书中记载了各地的风土人情，对了解少数民族状况具有较高的价值。

《徐霞客游记》以日记体的形式记载了中国古代地理、水文、地质、植物等的现象，在地理学和文学上都是具有卓越成就的作品。徐霞客热爱科学，在科学事业上奋勇攀登的无畏精神，永远值得后人学习。

●明本《喻世明言》插图

>>> 杜十娘怒沉百宝箱

　　明万历二十年间，误落风尘的京城名妓杜十娘，渴望"落籍从良"。

　　她爱上出身宦门的贵公子李甲，在经过再三考验、试探并深知李甲"忠厚挚诚"之后，她设计赎身嫁与李甲。归途中，由于孙富的诱骗，孙、李二人以千金易十娘。

　　次日，杜十娘着"迎新送旧"之艳妆，在痛斥孙之阴险、李之负心之后，怀抱象征自身价值的百宝箱，悲愤地投入滚滚大江之中。李甲"终日愧悔，郁成狂疾"，奄奄而逝。

拓展阅读：

《情史》明·冯梦龙
《冯梦龙与侯慧卿》傅承洲

◎ 关键词：冯梦龙 吴下三冯 通俗文学 三言

通俗文学家冯梦龙

　　冯梦龙，字犹龙，号龙子犹，明朝末年著名的文学家、戏曲家，与兄冯梦桂、弟冯梦熊并称"吴下三冯"。他把一生的精力都花在整理、编辑民间通俗文学上。

　　冯梦龙出生在苏州府长洲县（今江苏吴县）一个书香门第。少年时，他熟读四书五经，准备参加科举考试，可连考了几次都没考中。后来，冯梦龙对做官失去了兴趣，倒喜欢上了民间的娱乐活动。

　　明朝晚期，社会商品经济发达，民间娱乐活动频繁，十分盛行演唱当时流行的歌曲。不分天南地北，不分男女老少，人人爱听爱唱，尤其是青楼女子，更是能弹能唱。冯梦龙喜欢这些流行的音乐，经常在街上、酒楼或青楼里听演唱，并且每次都认真地把这些歌曲记录下来。

　　日积月累，冯梦龙记录下了许多流行歌曲。他立志将其整理成书，那些街头巷尾和歌场酒楼中会唱流行歌曲的人知道以后，纷纷来找冯梦龙，把自己会唱的歌曲唱给他听，好让他记下来。

　　冯梦龙总共收集到了四百一十五首流行的歌曲，编辑成了一本叫《挂枝儿》的书。这部通俗歌曲集一问世，立刻轰动了全国。在冯梦龙坚持不懈的提倡和推广下，通俗歌曲在明末得到了极大的发展。

　　在收集、整理歌曲和通俗文学作品过程中，冯梦龙逐渐意识到通俗文学社会功能的重要性。此后，冯梦龙用大部分精力收集民间文学作品，编辑、整理和改写、创作受社会欢迎的通俗文学故事、剧本等。他陆续编写了《山歌》《情史》《喻世明言》《警世通言》《醒世恒言》等作品。

　　其中，《喻世明言》《警世通言》《醒世恒言》合称"三言"，最为著名，其中共收集改写话本计一百二十篇，涉及当时社会生活的各个方面。它们有的是叙述男女情爱，有的是颂扬义侠行为，有的是揭露官场劣迹，有的是描述文人雅事。这些故事情节生动，人物形象丰富，语言流畅易懂，将世情风俗、民家悲欢一一活灵活现地展示给读者。

　　"三言"问世后，引起各方面的关注，文坛仿其形式而拟写话本的著作不断出现，如初刻二刻《拍案惊奇》《石点头》《十二楼》等，形成晚明通俗文学发展的高潮。

　　冯梦龙一生，以其多产的文学创作实践推动了通俗文学的发展，影响波及海外。他的"三言"传到日本，对扶桑的通俗文学起到了促进作用。日本文学家仿其书体，撰成日本的"三言"，即《小说精言》《小说奇言》《小说粹言》。"三言"中的部分篇章被人辑入《今古奇观》，跨洋渡海，成为中国第一部被介绍到欧洲的小说集。

●李闯王进北京 雕塑

>>> 李闯王渡黄河

闯王李自成带领农民在陕西米脂起义，要打过黄河去。

正值初冬，黄河水未结冰，闯王日夜焦心，一夜之间满头华发。

第二天一早，有人报黄河结冰。闯王大喜，急忙传令三军赶快渡河。到了河边一看，河水流得正欢，可是上面却起了一座宽大的浮桥，船连船，板连板，四平八稳，正适合大军渡河。

闯王不解，下马察看，原来是黄河的船夫特地花了一夜工夫搭起这座浮桥。闯王感动得热泪盈眶，他立刻驱马上桥，领兵东去。

拓展阅读：

《李自成》姚雪垠
《甲申三百年祭》郭沫若

◎ 关键词：农民战争 李自成 高迎祥 闯王

李自成陕北起事

1628年是崇祯元年。这一年，陕西、山西、河南诸地发生灾荒，特别是陕西，地瘠灾重，百姓吃草根、树皮、白石粉，甚至人吃人。官府不顾人民死活，照旧逼税催租，老百姓无法忍受下去，各地相继爆发了农民起义。至此，明末农民战争拉开了序幕。

李自成是陕西米脂人，出生在一个农民家庭。少年时候，他喜欢骑马射箭，练得一身好武艺。父母去世后，二十一岁的他应募到银川当驿卒。后因丢失公文被裁，失业回家并欠了债。地主强行逼债，将李自成打入死牢。苦难的生活，刻骨的仇恨，造就了他坚强不屈的性格。最后，他在一名狱卒的帮助下，越狱杀了仇人，赴甘肃投奔了王左挂领导的农民军。

不久，在明朝统治者的诱降下，王左挂投降了明军。李自成不愿意随他投降，转而投奔了高迎祥率领的农民起义军。高迎祥自称"闯王"，李自成在他麾下当了"闯将"。

高迎祥和其他起义军联合，转战山西、河北等五个省，声势越来越大。官军到处围剿，均遭到失败。最后，崇祯帝恼羞成怒，调动了各省官军，想把各路起义军全部围歼。

为了对付官军围剿，高迎祥聚集了十三家起义军的大小头领在荥阳开会，商量对策。

荥阳大会上，大家议论纷纷。有的认为敌人兵力太强，不如打回陕西老家避一避再说，有的不同意，但是又拿不出更好的主意。这时候，李自成表现出了自己高超的军事指挥能力，他建议起义军兵分几路分头出击，打破敌人的围剿。大家听了，都觉得李自成说得有理。经过一番商量，十三家起义军分成六路，分别冲破敌人的围剿。

随后，六路义军分别迎击明军，打乱了崇祯帝围歼起义军的计划。高迎祥、张献忠领导的起义军一路进军，势如破竹，很快就打下了凤阳，把明朝皇帝的祖坟和朱元璋做过和尚的皇觉寺一把火烧了。崇祯帝听到这个消息后，又急又气，下令把凤阳巡抚处死。

高迎祥和李自成又带兵回到陕西，来回打击官军，使明的官员手忙脚乱，狼狈不堪。不幸的是，高迎祥带兵进攻西安时，被陕西巡抚孙传庭在盩厔（今陕西周至）的山谷里埋下的伏兵拦击。经过一场激战，高迎祥被捕牺牲。

高迎祥牺牲后，起义军拥戴武艺高强、打仗勇敢的李自成为闯王。

李闯王引起明王朝的害怕和仇恨。崇祯帝命令总督洪承畴、巡抚孙传庭专门围剿李自成。李自成的处境越来越困难。但是因为起义军将士的英

●流民图 明 周臣
此图如实描绘了生活在明朝年间社会最底层的人物，在古代绘画史上极其罕见。作者对笔下的人物不加任何修饰，显然对他们寄予了深厚的同情。图中作者自跋道出作此画目的：警励世俗。

勇作战和李自成的足智多谋，起义军多次冲破官军的包围圈，一直活跃在四川、甘肃、陕西一带，打击官军。

然而，在明王朝高官厚禄的诱降下，另两支起义军的首领张献忠、罗汝才都接受了明朝的招降。这使李自成的处境更加艰难了。

1638年，李自成从甘肃转移到陕西，准备打出潼关去。当起义军开到靠近潼关的山谷地带时，早已埋伏在那里的明军从两面高山里杀了出来。起义军大败，队伍被打散了。

李自成和他的部将刘宗敏等十七个人冲出重重包围，他们翻山越岭，转移到了陕西东南的商洛山区隐蔽起来。

利用这段隐伏休整的机会，李自成总结失败的教训，等待时机以图东山再起。这为他以后率军攻入北京、灭亡明朝的军事行动起到了警示借鉴的作用。

●明朝最后一个皇帝崇祯帝

>>> 明十三陵

　　位于北京城北四十五公里的昌平天寿山下。始建于1409年，到清初竣工。十三陵是一个规划完整、布局主从分明的大型陵墓群。

　　十三陵即明代十三个皇帝陵墓的总称。明代自朱棣迁都之后，至末帝为十四帝，除景帝之外，其余皇帝的陵墓都在这里，依次为：长陵、献陵、景陵、裕陵、茂陵、泰陵、康陵、永陵、穆昭陵、定陵、庆陵、德陵、思陵。

拓展阅读：

李自成之死
《崇祯大传》晁中辰

◎关键词：李自成 李岩 均田免赋 赛诸葛 大顺

李自成恭请"诸葛亮"

　　明思宗崇祯十三年（1640年），几经失败之后，李自成再次率兵进入河南，取得谋士李岩的辅助，提出了"均田免赋"的口号，深受民众拥护。民众纷纷来投闯王，起义军队伍迅速发展到数十万之众，李自成认为推翻明王朝的时机已到。

　　于是，李自成召集诸将领，商议进兵之策。李岩提出，若想进军胜利，取得天下，必须有得力的谋士才行。他对李自成说："三国时，刘备在未得诸葛亮之前，手下谋臣不少，但谋略均不能高出一筹，因而常打败仗。后来得到诸葛亮，才有了鼎之一足。"

　　李自成觉得李岩说得有道理，便问道："三国时出了智人诸葛亮，这是刘备的幸运，现在哪有再世诸葛亮呢？"

　　李岩说："现在是没有诸葛亮，但是如其才智之人是有的。此人叫宋献策，如有他来辅佐，则事成易如反掌。"接着，他把宋献策的情况向李自成作了一番介绍。

　　宋献策自幼广读兵书，深通韬略，人们形容他有管仲、乐毅之才，在江湖上有赛诸葛之称。崇祯皇帝闻有此人，曾下诏令其入京效命。但是宋献策见明王朝已病入膏肓，所以数次拒召。崇祯帝大怒，令官员捉拿问罪，宋献策因而避入嵩山。

　　李自成听后，觉得宋献策对他很有用处，就命令李岩赶快派人去请。牛金星见李自成如此，着急地说："大王如果不能亲自诚心去请，恐怕他是难以从命的。"

　　李岩也婉言相劝，请李自成亲顾茅庐，这样天下有志之士才会来投奔。李自成觉得李岩的话有理，于是决定亲自去一趟，以表诚意。

　　李自成等进嵩山后，直到第四天傍晚才发现不远处有几间茅草屋。李岩前去打探，找到了宋献策居住的地方。只是他因事外出，至少三日后方回。李自成听说后，考虑了一下，决定自己先回去，命李岩留下等候。

　　李岩等了四天，宋献策果然回来了。相见后，李岩说明了来意。宋献策虽然对李自成早有所闻，但对他能否统一天下尚觉心中无数，所以执意不允。

　　李岩多次诚心相劝，告诉他李自成乃是一个尊贤爱士、受人民拥戴的有识之士。宋献策这才表示愿出山助李自成一臂之力。

　　之后，宋献策成为李自成的得力谋士，为李自成克洛阳、破潼关、占西安、攻克北京，推翻明王朝，建立大顺政权立下了不朽功勋。

●李自成墓石碑

>>> 冲冠一怒为红颜

　　陈圆圆，中国历史中的著名美女之一，明末出生。陈圆圆红颜倾倒"大顺国"，使吴三桂冲冠一怒引来清兵入关。

　　传说陈圆圆在李自成与吴三桂之间莫衷一是，不知追随哪个更好。她恣意穿行在明朝、大顺和清朝之间。她一不小心就把崇祯皇帝逼上了歪脖子槐树，无意间就叫李自成梦断燕京，她让吴三桂冲冠一怒，叫皇太极入关时措手不及。

拓展阅读：

《圆圆曲》清·吴梅村
《鹿鼎记》金庸

◎ 关键词：李自成　起义军　吴三桂　清王朝

吴三桂借清兵

　　李自成获得谋士赛诸葛宋献策的相助后，声势大振，不久就攻克了许多重镇。1644年，他在西安正式建立了政权，国号大顺。接着，李自成率领一百万起义将士，渡过黄河，分两路进攻北京。两路大军势如破竹，到了这年三月，义军会师北京城下。驻守在城外的明军最精锐的三大营全部投降。

　　起义军猛攻北京城，崇祯帝见大势已去，绝望地来到煤山（今北京景山）寿皇亭边一棵槐树下上吊自杀。至此，统治中国277年的明王朝宣告灭亡。

　　起义军进城后，勒令明朝官员交出自己搜刮的赃款充当义军的军饷。李自成命大将刘宗敏负责这项工作。在向退休官员吴襄追赃时，刘宗敏把吴襄儿子吴三桂最宠爱的歌女陈圆圆抢来献给了李自成。

　　吴三桂是明朝的总兵，率领明军驻扎在山海关一线。起初，吴三桂还有投降李自成的打算，得知此事，不禁怒气冲天，立刻下令退回山海关，并要将士们一律换上白盔白甲，说是要给死去的崇祯帝报仇。

　　得知吴三桂拒绝投降，李自成亲自带二十多万大军，进攻山海关。吴三桂胆战心惊，急忙派人请求满八旗帮助他镇压起义军。

　　辅政的亲王多尔衮觉得是个机会，同意了。他带着十几万清兵，直奔山海关。

　　多尔衮和吴三桂的队伍里外夹击，重创李自成的起义军。

　　李自成带领将士边战边退，仗着清兵的势力，吴三桂在后面紧紧追赶。起义军回到北京，兵力已经大大削弱。

　　退回北京后，李自成匆忙在皇宫的武英殿举行登基典礼，即位为大顺国皇帝，第二天清晨，他率领军队向西安方向撤退。

　　在李自成离开北京的第三天，多尔衮带领清兵开进北京城。1644年10月，他把顺治帝从沈阳接到北京，将北京作为清朝国都。从此，清王朝开始在中国建立了它的统治。

　　1645年，清朝分兵两路攻打西安。李自成率领农民军在潼关抗击清军，经过激烈战斗，被迫放弃西安，向襄阳转移。过了几个月，农民军在湖北通山县九宫山遭到当地地主武装袭击，李自成战败牺牲。

　　张献忠领导的另一支起义军，在四川继续抗击清军。1647年，清军攻进四川，张献忠在川北西充凤凰山的一场战斗中，中箭牺牲。这样，明朝末年的两支主要起义军都失败了。

残阳夕照——

清

—— 白山黑水，孕育女真人的骁勇和豪放。

—— 铁骑踏来，定鼎北京，八旗席卷南北。

—— 少年皇帝，削藩平叛，出兵西北，收复台湾，抗击沙俄，功业泽被后世。

—— 市井繁华，国库充盈，文化昌盛，铸就盛世；盛世之中，潜藏危机，内忧频繁，外患渐重。

—— 外夷枪炮轰鸣，惊醒天朝上国的迷梦；革命浪潮涌起，涤荡封建王朝的腐朽。

—— 泱泱大国，四分五裂，强盗肆虐，国土沦陷，大清帝国岌岌可危，败落如残阳。

残阳夕照——清

◎ 关键词：摄政王 争夺天下 大清帝国

多尔衮迁都北京

● 多尔衮像

>>> 太后下嫁

孝庄文皇后是皇太极的妃子，顺治帝的母亲。皇太极死时，顺治年幼，皇太极的几个兄弟手握兵权，对皇位虎视眈眈。孝庄文皇后为了保全顺治的皇位，下嫁给实力最强的多尔衮，并封多尔衮为摄政王。

得到多尔衮的帮助后，顺治的皇位得到了保证，顺利成为第一个入关登上帝位的满清皇帝。而多尔衮一直到死，都没有篡位。

孝庄文皇后系多尔衮之兄嫂，弟妻兄嫂，在清一代，对此讳莫如深。

拓展阅读：

顺治出家
多尔衮"剃发令"

多尔衮是后金开创者努尔哈赤的第十四个儿子。努尔哈赤临终时，指定他最疼爱和器重的多尔衮为皇位继承人。可八皇子皇太极欺多尔衮年纪幼小，联合其他皇子夺去了皇位。1636年，皇太极病死。这时的多尔衮正值年富力强，又掌握着精锐部队正白旗和镶白旗，他当然愿意按努尔哈赤的遗嘱接着当皇帝，但满朝文武都主张子承父业。为避免内部冲突，多尔衮便在皇太极的儿子中挑出年仅六岁的福临立为皇帝，他自己则当摄政王，独揽大权，掌管朝政。福临就是顺治皇帝。

多尔衮智勇双全，他深知要统一全国，夺取天下大权，光靠武力是不行的，还要充分利用中原的汉族谋士，让他们替自己出谋划策以定鼎天下。于是，他一改其他满族权贵欺凌汉人的恶习，对汉族大臣一视同仁。汉族大臣见多尔衮奖惩不避亲贵，从心底放下了顾虑，竭力地为清朝出谋献策。汉族大学士范文程上书朝廷，分析了关内形势，请求严申军纪、笼络人心，以进兵中原，同李自成的农民军争夺天下。多尔衮觉得很有道理，便拿定主意，率领军队向通往中原的门户山海关出发了。

这时，李自成已率农民军进入北京，接管了明朝的政权。但由于清朝实行新的财政税赋政策，使得官僚地主阶级转为与农民军为敌，加上在他所率领的一些官兵中，贪图享受追求钱财的思想滋生蔓延，严重影响了这支部队的战斗力。李自成想劝在山海关拥兵自重的吴三桂投降，却由于一个歌妓陈圆圆，激怒了吴三桂，吴三桂转而投降清朝，向多尔衮请求合兵攻打农民军。

1644年4月，李自成和吴三桂决战。一开始，农民军以威武的气势包围了吴三桂。然而正当两军激战之时，早就埋伏好的清军突然冲杀过来。农民军猝不及防，被打得溃不成军，李自成只好退出北京。

清军进驻北京那天，明朝文武百官出城迎接。进城后，多尔衮对明朝官员宣布："清军是仁义之师，这次进关杀贼，是为了替你们报君父之仇。"而后又对自己的部将说道："进城之后，不许私闯民宅，对百姓要秋毫无犯，违令者严惩。"

多尔衮实现了努尔哈赤和皇太极的多年夙愿，占领了北京，于是决定迁都北京。但有些满族官员留恋东北故土，反对迁都，他们认为留下军队驻守北京即可，大军应该班师回朝。多尔衮严肃地说："先皇在世时曾不止一次说过，如果得到北京，应马上迁都，以图进取。况且现在人心未定，不可轻易放弃北京。"

1644年10月，顺治帝将都城迁到北京，多尔衮以小皇帝的名义发布了诏书。从此，清朝成为统治全国的大清帝国。

● 在"扬州十日"中就义的史可法

>>> 清朝铠甲

清朝大量使用的铠甲是绵甲，是在坚厚的绵或绢的布料上镶嵌着铁片，并用铜钉固定的一种铠甲。

绵甲具有一定的防寒性，适合中国北方步骑兵使用，厚实的布料中密嵌着铁甲叶，对冷兵器和火器都有一定的防护能力。

外观酷似衣服的绵甲，最初见于唐代，是以绢作料的铠甲。其中，又有白布甲、皂布甲、布背甲多种。这些铠甲，都在绢布上镶嵌有铁制的甲片。

拓展阅读：

《史可法集》张纯
《扬州掌故》苏州大学出版社

◎ 关键词：史可法 正直 廉洁 扬州失守

史可法死守扬州

1644年，崇祯帝吊死在煤山。之后，明神宗万历皇帝的孙子福王朱由崧，在明朝陪都南京当了皇帝，史称"南明"，朱由崧也就是弘光帝。在国难当头、清兵压境的情况下，福王仍不思进取，只顾迷恋酒色。凤阳总督马士英仗着自己拥立福王有功，操纵南明政权，为所欲为。

镇守武昌的总兵官左良玉一向痛恨马士英，提出"清君侧"的口号，率兵讨伐马士英。这时，清朝大将多铎已经逼近扬州，马士英却让镇守扬州的大学士史可法调兵抵挡左良玉。史可法为人正直、作风廉洁，是南明政权的兵部尚书。他率兵打仗，总是和士兵们同甘共苦，士兵们没吃饱他就不肯吃饭，所以在军队中拥有很高的威望。福王政权建立以后，马士英忌恨史可法的威望，怂恿福王把他派到扬州任督师。

1645年4月，清军攻到了扬州城外三十里的地方。正在奉命抵挡左良玉进攻的史可法得知消息，连夜赶回扬州。清军统帅多铎很敬重史可法的为人，多次写信劝降。史可法拒不投降，誓死保卫扬州城。多铎见劝降无效，恼羞成怒，下令围攻扬州城。

史可法派人四处调兵，但是各镇将领都拥兵观望，拒不听命，只有总兵刘肇基率领两千人来到扬州救援。大战在即，史可法把全城官员召集起来，勉励他们同心协力，抵抗清兵。

清军用大炮猛轰扬州城，尽管城中军民顽强抵抗，无奈力量悬殊，又孤立无援，伤亡很大。史可法知道局势难有转机，决意与扬州城共存亡。他在给母亲和妻子的信里表示要以身殉国，还叮嘱部将兼养子史德威说："我死之后，请把我埋在太祖皇帝墓旁；如果实在不行，就把我埋在扬州城外梅花岭吧！"

苦战七日之后，西北角城墙被炮火轰塌了，清军从城墙缺口拥了进来。守城官兵与清军展开了激烈的肉搏战，守城将士无一投降，全部壮烈牺牲，史可法被俘。清军再一次劝史可法投降，史可法宁死不从。就义前，史可法慷慨说道："愿以我之死，换得扬州城百姓的安宁！"但多铎因为攻城的清军遭到很大伤亡，灭绝人性地下令屠杀扬州百姓。十天之内几十万人被杀，城内尸积如山、血流成河，历史上把这件惨案称作"扬州十日"。大屠杀之后，史德威进城寻找史可法的遗体。因为尸体太多，大多又都腐烂了，难以辨认，史德威只好把史可法生前穿过的袍子和用过的笏板埋在扬州城外的梅花岭上。

扬州失守后，清军很快占领了南京，维持不到一年的弘光政权就这样灭亡了。

残阳夕照——清

●洪承畴像

>>>聪明过人的夏完淳

　　夏完淳聪明早熟，天资极高，据说他五岁知五经，七岁能诗文，九岁就写了《化乳集》。陈继儒《夏童子赞》里曾称许他："包身胆，过眼眉，谈精议，五岁儿"，又说："矢口发，下笔灵，小叩应，大叩鸣"。

　　在他八岁跟父亲到北京时，钱谦益见了他，也很惊异他的聪慧，写诗送他说："若令酬圣主，便可压群公"。可见他幼年时便已聪明过人。

拓展阅读：

《别云间》明·夏完淳
《卜算子》明·夏完淳
《细林夜哭》明·夏完淳

◎ 关键词：抗清力量 洪承畴 夏完淳

夏完淳怒斥洪承畴

　　弘光政权瓦解以后，一些明朝遗老仍然在东南沿海一带坚持战斗。为了对付这些抗清力量，清朝派了在松山战役中投降的洪承畴去招抚江南。

　　这期间，夏允彝和陈子龙在松江（今上海）领导着一批读书人，联合吴淞总兵的部队组成义军共同抗清。夏允彝的儿子夏完淳当时只有十五岁，自小师从陈子龙，博学多才、能诗善文，也参加了抗清斗争。不久，清军围攻松江，义军被击溃，夏允彝不愿落在清兵手里，投河自杀。临死前，他留下遗嘱，要夏完淳继承他的抗清遗志。

　　夏完淳十分悲痛，他和恩师陈子龙秘密回到松江，参加了太湖长白荡一支由吴易领导的抗清义军，并在吴易手下当了参谋。吴易的水军在太湖边出没，把清军打得晕头转向。但是后来由于叛徒的出卖，义军失败，吴易也牺牲了。一年后，陈子龙也英勇献身。当夏完淳还没有从失去恩师的巨大悲痛中走出来时，自己也因为叛徒告密而被捕。被关押在南京监狱的八十天里，他从未因死亡的威胁而感到丝毫恐惧，而是痛惜没能实现保卫民族、恢复中原的壮志。在这期间，他写下了有名的《狱中上母书》《遗夫人书》和诗集《南冠草》，表达了自己忠贞不屈的爱国之心。

　　当时，由招抚江南的洪承畴主持对夏完淳的审讯。夏完淳昂首挺立，坚决不肯下跪。洪承畴劝夏完淳归顺清朝，他假惺惺地说："你年纪轻轻，不可能想到领兵造反！一定是别人利用你的年幼无知，害你上了当。只要肯归顺，本督保你将来高官厚禄。"

　　夏完淳明明知道堂上坐的就是洪承畴，但他假装糊涂，朗声说道："我朝著名的大忠臣亨九（洪承畴字亨九）先生，松山一役中他身先士卒，为国捐躯。我虽然年幼无知，可早就仰慕他的忠烈。如今我要学他杀身报国，决不投降。"旁边的卫兵以为夏完淳真的不认识洪承畴，悄悄地告诉他堂上坐的就是那个亨九先生。夏完淳听了，装作很气愤的样子说："亨九先生以身殉国，妇孺皆知！当年崇祯帝亲自设祭，满朝官员为他痛哭哀悼。你们竟敢假冒忠臣的大名，污辱英魂，可恨！可耻！"洪承畴被他一席话说得又羞又恼，如坐针毡，无言以对，于是叫兵士把夏完淳拉出去。

　　1647年秋天，年仅十七岁的少年英雄夏完淳与其他抗清志士共三十多人，在南京西市刑场同时被害。夏完淳死后，人们把他的尸骨运回松江，埋葬在小昆山下荡湾村夏允彝墓侧。夏氏父子之墓，一直受到世人的瞻仰凭吊，体现了人们对这两位民族英雄的敬仰和推崇。

●郑成功像 清 黄梓

>>> 铁人军

1658年，郑成功为提高陆军战斗力而组建的一支特殊的军队——铁人军。

铁人军头戴铁盔，身穿铁铠、铁臂、铁裙，脸带铁面，只露出眼耳口鼻，佩带云南斩马刀和弓箭，全身披挂重达三十斤。郑成功从各营挑选雄壮强健的士兵到厦门港的演武亭进行选拔。凡能举起五百斤重的石狮绕演武亭走三圈的人才可以入选到铁人军中。

铁人军纪律严明，作战勇猛。它的组建大大提高了郑军的战斗力。

拓展阅读：

《郑成功》葛志超
《出师讨满夷自瓜洲至金陵》
明·郑成功

◎ 关键词：郑成功 台湾 收复 统一

郑成功收复台湾

郑成功，本名森，又名福松，字明严，号大木，明绍宗赐姓朱，因此被尊称为"国姓爷"，明朝末期著名的政治家、军事家和民族英雄。他出身武将家庭，从小熟读兵书，富有带兵的才能。曾多次进军长江沿岸，在上海的崇明岛登陆，下瓜洲、镇江，包围南京。有一次，眼看就要攻下南京时，清朝的援军赶到，发动猛烈反攻。为保存兵力，郑成功只好退回到舟山等海岛上。他意识到要长期抗清，必须得找一个地方作为根据地，于是决定渡海去台湾。

台湾自古以来就是我国的领土。明朝末年，荷兰人霸占台湾海岸，修建城堡，向台湾人民勒索苛捐杂税。郑成功少年时期去过台湾，亲眼见到台湾人民遭受的苦难。从那时起，他就下决心要赶走侵略军，收复台湾。于是，他下令修造船只、收集粮草，准备渡海。

恰好在这个时候，有一个在荷兰军队里当过翻译的人赶来见郑成功。他献上亲手绘制的台湾地图，请郑成功去解救台湾的百姓，并详细说明了台湾的水路变化和荷兰人的军备情况。

1661年，经过周密准备，郑成功率领大军两万五千人，分乘几百艘战舰出发了。他们冒着风浪，越过台湾海峡。在澎湖休整的时候，有些将士听说西洋人的大炮很厉害，有点害怕。于是，郑成功让自己的战船排在前列，鼓励将士勇敢作战。在地图的指引下，郑成功率船队神不知鬼不觉地通过了号称天险的鹿耳门，连夜驶向木寮港。台湾人民听说郑成功率大军前来，纷纷奔走相告，接引登陆。很快，郑军几千名登陆大军都安全地上了岸。

天亮之后，荷兰人才知道郑军已经登陆。总督揆一慌忙派兵从海上和陆上分头迎战。郑成功派陆军分两路，一路正面迎战，一路从侧面包抄。荷兰士兵见中国军队如此神勇，还没开火就乱了队形，抱头鼠窜。郑军乘胜猛追，击毙数百名荷兰兵，缴获了许多军械。在海上，荷兰军调动了最大的军舰"赫克托"号。郑成功沉着镇定，指挥他的六十艘小战船把"赫克托"号团团围住。小战船行动灵活，一齐发炮，赫克托号没坚持多久就中弹沉没了。其余的荷兰船一看形势不妙，掉头就跑。郑军取得节节胜利。

一看打不过，揆一就派人去求和。表示愿意出十万两白银，作为郑成功退兵的交换。郑成功誓要收复台湾，拒绝了揆一的求和。被围困的荷兰殖民者狼狈不堪，拖了几个月，弹尽粮绝，只好向郑成功呈递了投降书。第二年，最后一批荷兰殖民者也撤走了，台湾被郑成功收复。

后来，在康熙帝统治期间，台湾接受了清政府的统治，这样台湾与大陆重新归于统一。

●吴三桂像

>>> 佛祖心中留

据说明朝张献忠攻打渝城（今成都）时，在城外的庙里驻扎。

有一天，他的部下李定国见到破山和尚，破山和尚为民请命，要求别再屠城。李定国叫人堆出羊肉、猪肉、狗肉，对破山和尚说："你和尚吃这些，我就封刀！"

和尚说："老僧为百万生灵，何惜如来一戒！"就立刻吃给李定国看，一边吃，一边口念："酒肉穿肠过，佛祖心中留"。

李定国也守信用，只好封刀。

拓展阅读：
《狡黠的张献忠》王兴亚
《李定国纪年》郭影秋
《吴三桂传》（电视剧）

◎ 关键词：李定国 象队 西宁王 反攻 灭亡

李定国转战西南

李定国，字宁宇，又字鸿远，明末清初杰出的军事家和民族英雄，著名的农民领袖之一。他领导的大西农民军在西南一带连续战斗了十多年，是抗清时间最久的一支。

弘光、隆武、鲁王这三个南明政权先后覆灭之后，桂王朱由榔在肇庆即位，年号永历，是为永历帝。

当时，张献忠已经牺牲，留下五六万起义军由孙可望、李定国率领，南下贵州、云南。孙可望和李定国都是张献忠手下的四名勇将之一，他们还都是张献忠的义子，其中孙可望是长兄。到达贵州、云南之后，孙可望和李定国派人向永历帝表示愿意联合抗清。永历帝见正好可以依靠大西军，便封孙可望为秦王。李定国一心抗清，他在云南训练了三万精兵，制造了大批武器盔甲；他还找了一批驯象的人，组成一支象队。而秦王孙可望却无心抗清，他在贵阳作威作福，独断专横。

李定国从云南出兵进攻清军，打到湖南后，分三路进攻桂林。李定国大军的前面是高大的象队，后面是装备精良的兵士。阵前李定国带领的大象震天怒吼，清军的战马惊得四处逃窜。明军在象群的冲锋掩护下，奋勇追击，杀得清军一败涂地。

看大势不好，驻守桂林的清军主帅孔有德急忙撤回桂林城，紧闭城门。李定国把桂林城紧紧包围，日夜猛攻。孔有德见胜利无望，又无法突围，只好引火自焚。

永历帝得到捷报，封李定国为西宁王。李定国乘胜追击，相继打下永州、衡阳、长沙，逼近岳州。清朝廷大为震惊，连忙派亲王尼堪带兵十万反攻长沙。李定国得到消息，设兵埋伏。清兵中计，被打得大败，主将尼堪被当场砍死。

孙可望妒忌李定国，便以商量国事为借口，想暗害李定国。李定国明察秋毫，带兵离开长沙，回到云南。孙可望想提高自己的威望，亲自带兵进攻湖南的清军，不想却打了个大败仗。孙可望还想逼迫永历帝让位，为此一定要先除掉李定国。于是，他带兵十四万进攻云南。不想他手下的将士们早就恨透了他的分裂活动，纷纷倒戈，孙军全部瓦解。走投无路的孙可望最后逃到长沙向清军投降。

经这么一折腾，南明政权的力量被大大削弱。1658年，清兵由降将吴三桂、洪承畴等率领，分三路进攻云南、贵州。面对强敌，李定国不得不退回昆明，永历帝仓皇逃往缅甸。退守云南的李定国继续招兵买马，准备继续打击清军。他曾十三次派人去接永历帝，永历帝都不敢回来。三年后，吴三桂带领十万清兵开进缅甸，强行带走永历帝。最后，永历帝被吴三桂在昆明勒死，最后一个南明政权至此彻底灭亡。

●康熙帝便装写字像

>>> 换子成龙

清四大疑案之一。

浙江海宁陈氏，清时，高官厚禄，尊宠备至。

康熙年间，世宗时为皇子，与陈世倌尤相亲善。恰巧碰着两家各生一子，年、月、日、时辰无一不同。世宗听说，十分高兴，命抱子入宫，过了许久，才送回去。陈氏发现，孩子易男为女了。

陈家万分震惊，无奈隐秘其事。高宗尝南巡至海宁，当天即去陈家，告之以后不是皇帝临幸，此门不得再开。所以此后陈氏家中永远关闭此门，从未再开过一次。

拓展阅读：

《康熙帝国》（电视剧）
《康熙大帝》孟昭信

◎ 关键词：康熙 鳌拜 专横 治国 雄才

少年康熙除鳌拜

1661 年，清朝入关后的第一个皇帝顺治帝去世，年仅八岁的三皇子玄烨继位，是为康熙帝。康熙帝小的时候，聪明好学，志向远大。因他继位时年纪幼小，顺治帝指定索尼、苏克萨哈、遏必隆、鳌拜四位大臣为辅政大臣。1662 年，玄烨正式登基，但朝廷大权都掌握在辅政大臣手里。

在四个辅政大臣中，鳌拜的政治野心最大，他安插亲信，排斥异己，把自己的儿子和心腹都安排在朝廷的重要职位。他还常逼迫小皇帝接受自己的主张，要是哪个大臣提出异议，他就寻个借口杀掉。

按照规定，康熙帝十四岁这年可以亲理朝政了，然而鳌拜却抓住权力不肯放手。这时，索尼已死，苏克萨哈被鳌拜诬陷并置于死地，遏必隆则处处附和鳌拜，服从他的支配。因此，鳌拜比以前更专横。

为了亲政，康熙帝暗暗做了精心的准备。他阅读了大量汉文典籍，从中学习治国安邦的道理；他苦练骑射，练就了强壮的体格和熟练的武艺；他挑选了上百名十几岁的皇族少年，在宫中苦练摔跤。同时，还不断地派出探子，探听鳌拜的动静，准备采取对策。

看康熙帝不好控制，鳌拜便策划谋反。1669 年的一天，鳌拜假装生病不去上朝，躲在家里策划阴谋。康熙帝为了一探虚实，以探病为名，出其不意直闯鳌拜卧室。听说皇帝驾临，鳌拜连靴子也来不及脱，和衣钻进被子里，装出病重的样子，他的同党们更是吓得躲、溜的溜。

康熙帝见鳌拜一脸杀气，根本不像有病的样子，一把掀起那鼓得高高的席子，却掉出来一把匕首，鳌拜吓得面如土色。康熙帝心知肚明，更加明确要除掉鳌拜。

过了不久，康熙皇帝将鳌拜宣进宫，历数他的罪状，派人将他抓了起来。

听说鳌拜被抓，大臣们都齐声叫好，他们列了三十条罪状，要求处死鳌拜。而鳌拜并无悔意，他一把脱下上衣，指着身上的累累伤疤，说："这是老臣跟随先皇打仗留下的呀！"

康熙觉得，鳌拜虽然有罪，但也立有战功，于是决定法外开恩，饶他一死，只让人把他关了起来，并给被他迫害的大臣平了反。后来，鳌拜死在狱中。

康熙帝智除鳌拜，既充分显示了他的聪明才智，又初露了他柔中有刚的治国魅力，更为日后施展其雄才大略、实现多民族国家的统一、建立"康乾盛世"打下了基础。

残阳夕照——清

◎关键词：康熙帝 三藩 反叛 平定

康熙平定三藩之乱

●神威将军炮

>>> 神威将军炮

1674年，康熙命南怀仁造火炮应军需之急。

于是，南怀仁尽心竭力，制造出轻巧的火炮。这种火炮炮身小、火力强、命中率极高，可放置在骡马背上行军，非常轻便，容易运输。康熙帝大为赞赏。

从此，这种火炮大量生产，一年内铸造约三百五十门。清军将士称此炮为"得胜炮"。1681年，康熙帝将其定名为"神威将军炮"。

拓展阅读

《基督死》清·康熙
康熙题匾（典故）

康熙八年（1669年），康熙帝除鳌拜，亲自执掌朝政。亲政后，康熙帝整顿朝政、奖励生产、惩办贪污，使新建立的清王朝渐渐强盛起来。当时南明政权虽然已经灭亡，但是南方的"三藩"却叫康熙帝十分担心。"三藩"指的是当时驻守在云南、贵州的平西王吴三桂，驻守在福建的靖南王耿精忠和驻守在广东的平南王尚可喜。

"三藩"当中，吴三桂的地位最高，他被封为"和硕"亲王、平西大将军，管辖着云南、贵州两地。为了巩固权力，他加紧操练军队，采买大批军械马匹，亲自讲授兵法，培养年轻的将官。他怕朝廷对自己不放心，就经常在少数民族地区挑起战争，借以表示边疆多事，离不了他。耿精忠在福建、尚可喜在广东也都各自为政，专横跋扈。

看时机成熟，康熙帝决定派地方官管理云南、贵州事务，从而裁减"三藩"兵力。吴三桂感觉形势不对，起了反叛的念头。

康熙十二年（1673年），吴三桂假意请求撤藩，谁想康熙果真下令撤藩，并派大臣到云南、福建、广东进行监督。吴三桂恼羞成怒，打出"复明讨清"的旗号，统率人马向北进军。云南各省汉军军阀纷纷响应，吴三桂很快就占据了南方六省。

"三藩"叛乱、江南失守的消息传到北京，朝廷上下一片混乱。年轻的康熙皇帝格外的沉着冷静，他决定派八旗军全力讨伐、镇压吴三桂，对耿精忠和尚可喜的儿子尚之信则要软硬兼施。

不久，耿精忠和尚之信两路叛军被降伏，这给了吴三桂当头一棒。四川、湖南闹饥荒，使得吴三桂军队的粮饷供给跟不上，加上吴三桂为了个人私利反复无常、大搞割据、闹分裂，内部矛盾重重，许多下级军官和士兵纷纷逃走。清军趁机收复了大片土地。

吴三桂还想做最后的挣扎，在康熙十七年（1678年）三月，他以衡阳为首都，自称皇帝，国号"大周"。可是众叛亲离的他当了不到五个月的"皇帝"，就连愁带气，得病死了。

吴三桂死后，他的孙子，十三岁的吴世璠继承了"皇位"。吴世璠放弃衡阳，逃回了云南。清军势如破竹，紧紧追赶，相继收复了湖南、广西、四川。1681年，昆明被围。吴世璠困在城内，走投无路，服毒自杀，各地吴军全部投降。长达八年之久的"三藩"叛乱，就这样被平息了。

康熙皇帝处事果断，又有维护国家统一的强大决心，因此避免了全国的再度混乱和分裂。"三藩"叛乱平定以后，清朝在全国大部分地区建立了稳固的统治。

●尼布楚城

>>> 江东六十四屯惨案

从黑龙江北岸精奇里江口起，南至孙吴县霍尔莫勒津屯一带地方，分布着六十四个村屯，通称江东六十四屯。

1900年7月16日，沙俄军警焚毁村屯，抢劫财物，枪击刀砍中国居民。六十四屯的居民纷纷扶老携幼逃至江边，由于黑龙江的阻梗，只得"露守江滩，群号惨人"。16日至21日，江东六十四屯全被俄军劫掠焚毁，除江北中国同胞五千余人安全过江外，剩余屯民被枪杀。在这一惨案中，中国居民七千余人惨遭杀害，财产损失三百多万元。

拓展阅读：

康熙与"宫门献鱼"
《恰克图条约》中俄

◎ 关键词：沙皇 尼布楚 边界谈判 条约

中俄签订《尼布楚条约》

当清朝忙于平定"三藩之乱"时，北方的沙皇俄国多次骚扰我国黑龙江地区，掠夺财物、杀人放火、无恶不作，先后在黑龙江流域建立了雅克萨（今黑龙江北岸俄罗斯境内，与我国漠河相对）和尼布楚两个据点。

东北是清朝的发祥地，沙皇俄国如此肆无忌惮地吞并黑龙江流域的领土，清朝政府很是震怒，曾多次派出军队前去驱赶侵略者。可每次中国军队得胜回师之后，沙俄匪徒很快又卷土重来。

平定了三藩之乱以后，东北边境问题日益列入康熙帝的重要日程。他一面派心腹以打猎为名到边境侦察；一面要当地官员修造战船，建立城堡，准备征讨敌人。

1685年，康熙帝派将军彭春为都统，率领陆军水军一万五千人，浩浩荡荡开到雅克萨城下，把雅克萨围了起来。沙俄军队修筑的城堡十分牢固，易守难攻。彭春观察了地形之后，让兵士们佯攻城南，实则在城北隐蔽地方设置了多门火炮伺机炮轰。俄军果然中计，结果北城墙被轰塌了，俄军投降。彭春奉康熙旨意，把投降的俄军全部释放，然后拆毁雅克萨城堡，让百姓恢复耕种，然后撤军。

听说清军撤走后，俄军又带兵溜回雅克萨。边境的警报再次拉响，康熙帝下令，这次要把侵略军彻底消灭。1686年夏天，黑龙江将军萨布素率军进军雅克萨。这一次，清军的炮火更加猛烈，俄军守城头目托尔布津中弹身亡，俄军伤亡惨重，沙俄政府慌忙派使者到北京谈判。

1689年，中国政府代表索额图、沙俄政府代表戈洛文在尼布楚举行边界谈判。俄国代表戈洛文抢先提出土地要求，双方各不相让，相持不下。

经过多次协商，双方最终确定了一个彼此都能接受的边界：以额尔古纳河和格尔必齐河为界，再沿外兴安岭向东直到海边，河东岭南属中国，河西岭北属俄国。俄方保证拆毁雅克萨城堡，把军队撤离中国领土。

9月7日晚上，双方签订了《尼布楚议界条约》，并举行了隆重的签字仪式，雅克萨终于回到了祖国的怀抱。

出于战略上的考虑，清朝政府在《尼布楚条约》中向俄方做出了一些让步，但这毕竟是一个经过双方协商的平等条约。

《尼布楚条约》是中国与欧洲大国签订的第一份边界条约，也是清政府历史上和西方国家签订的真正的第一份条约。

●厄鲁特蒙古图 清 明福

>>> 康熙《凯旋言怀》

黄与奠四极，海外皆来臣。
眷言漠北地，芸芸皆吾人。
六载不止息，三度勤征轮。
边圻自此静，亭堠无烟尘。
兵革方既偃，风教期还淳。
兴廉遵昔轨，崇文育群伦。
所用惟才俊，非仅营簪绅。
尔俸与尔禄，脂膏出细民。
永念固邦本，不愧王国宾。
　　这首诗是康熙取得胜利后班师回朝的途中所作，成为康熙对自己三次亲征噶尔丹的总结。

拓展阅读：

康熙御题碧螺春
《瀚海》清·康熙

◎ 关键词：准噶尔 康熙 叛乱

康熙帝三征噶尔丹

　　1368年，明军攻占大都，元朝灭亡，元政权退居漠北，分成漠北蒙古、漠南蒙古、漠西蒙古三大部。后来，努尔哈赤和皇太极用征伐、联姻和结盟的办法，征服了漠南、漠北蒙古。漠西蒙古又称厄鲁特蒙古，居住在阿尔泰山以西，分为杜尔伯特、土尔扈特、和硕特、准噶尔四部，这四部都不肯与清朝合作。其中准噶尔部最强大。

　　准噶尔部控制了阿尔泰山周围地区之后，想扩大势力范围，占领漠北广大地区。漠北各部抵挡不住，只好向康熙皇帝求援。康熙皇帝派人劝告准噶尔部头目噶尔丹返回阿尔泰山地区，退还漠北喀尔喀部的故地。噶尔丹把劝告置之脑后，率领十万大兵深入漠南蒙古乌珠穆沁草原，向清王朝挑衅。

　　康熙二十九年（1690年），康熙亲自率兵驻扎在长城口外，在乌兰布通和准噶尔军决战。清军隔河列阵，先用大炮轰击，打死了准噶尔的许多士兵，然后骑兵和步兵冲杀过来，大败准噶尔军。噶尔丹看打不过清军，只好撤军求和。

　　清朝大将军一面派人向康熙皇帝报告战况，一面派使臣到噶尔丹营内察看噶尔丹的诚意。噶尔丹连连起誓，保证不再向内地进犯，还当着使臣的面跪在"威灵佛"前磕头，样子十分虔诚。使臣看到这种状况，很放心地回去了。其实，噶尔丹把大将军愚弄了一把，当晚就偷偷拔营逃走了。

　　五年以后，噶尔丹率领三万骑兵侵入巴颜乌兰，又一次挑起战争，还扬言攻入北京城。康熙皇帝接到消息，决定进行第二次亲征。清军在昭莫多（今蒙古人民共和国乌兰巴托东南）山下和噶尔丹进行决战，杀死敌兵一千多人，俘虏了三千多人，缴获了大批马、牛、羊、骆驼以及幕帐器械等。噶尔丹只带着几十个亲信逃走，在阿尔泰山以东的地方游荡，靠打猎捕鱼过日子。因为连年兴兵打仗，噶尔丹弄得部族长期不得安宁，追随他的人纷纷离去。康熙皇帝得知这个情况，派人去劝降。噶尔丹仍不肯认输，拒绝投降。

　　为了免除后患，1697年，康熙皇帝第三次亲征。噶尔丹的儿子想到哈密借兵，却被哈密王捆起来献给了康熙。噶尔丹的亲信不是远逃就是投奔清营，噶尔丹见自己众叛亲离，于是服毒自杀了。

　　后来，康熙皇帝下令赦免准噶尔部侵扰内地的罪过，封噶尔丹的儿子为一等侍卫，编入张家口外察哈尔旗。还下令在狼居胥山立一块石碑，记述了平定噶尔丹之事。康熙帝平定准噶尔部的叛乱，是一次维护祖国统一、反对民族分裂的正义战争。

●顾炎武像

>>> 顾炎武《精卫》

万事有不平，尔何空自苦？
长将一寸身，衔木到终古。
我愿平东海，身沉心不改。

　　呜呼！君不见西山衔木
众鸟多，鹊来燕去自成窠。

　　前四句是向精卫鸟设问：
天下不平事很多，你为什么
要填海不止徒然自苦呢？接
下的四句是诗人借精卫之口
言志：说自己也是填海的精
卫，并且死而无怨。最后两
句是借鹊、燕讽刺那些卖国
求荣、卖身求荣的人，嘲笑
他们忘却民族利益只去营造
自己的安乐窝。

拓展阅读：

《与人书》清·顾炎武
黄宗羲的启蒙思想

◎关键词：顾炎武 抗清 《日知录》

顾炎武著书立说

　　顾炎武，原名绛，字忠清，明亡后改名炎武，明末清初著名的思想家、史学家和语言学家。他出身江南大族，其祖父认为读书一定要注重结合实际。受祖父影响，他从小喜欢读《资治通鉴》、《史记》和《孙子兵法》，关心国家大事。顾炎武几次参加科举考试，均失利，后决定放弃，转而通读历代典籍，研究全国各地的地方志和历代名人奏章，编写了一本重要的历史地理著作——《天下郡国利病书》。

　　正当他用心治学的时候，清兵南下，明朝灭亡，江南各地人民纷纷组织抗清斗争，顾炎武也积极投身到保卫昆山的战斗中。激战二十一天后，因为兵力悬殊，义军终于失败。昆山城陷落时，抚养顾炎武长大的继母绝食自杀，临死时嘱咐顾炎武说："你不必为我难过。我年纪大了，又是个妇人，不能给国家做什么事情。这国破家亡的惨景，我实在看不下去了，只有以死殉国，也算是留一点正气在人间！你是个热血男儿，要保住气节！"顾炎武痛哭一场，葬了继母，离开家乡。他隐姓埋名，奔走在长江南北，想组织一支抗清义军，但毕竟势孤力单，没能成功。

　　有一次，由于一个名叫叶方恒的官僚地主的诬告，顾炎武被关进大牢。一些朋友为了搭救顾炎武，去找在清朝做官的钱谦益帮忙。钱谦益本来是南明弘光政权的礼部尚书，后来投降了清朝。钱谦益表示，只要顾炎武承认是他的学生，他就能保释出狱。朋友们知道顾炎武不会答应，便假造了一张顾炎武的名帖送给钱谦益。后来顾炎武知道了，索性在大街上贴告示，声明那张名帖是假的，弄得钱谦益十分尴尬。

　　之后，顾炎武开始了二十余年的北游。他一来想考察各地的地理形势，风俗民情；二来也想找机会结交一些志同道合的朋友，进行抗清活动。在长途跋涉的艰苦环境里，顾炎武并没有放弃学术研究。每当遇到关塞险要的地方，他就访问当地的退伍老兵，了解风土人情，如果跟书上写的不一样，他就一一考证。这样日积月累，加上他从调查中得到的材料，编成一本涉及政治、经济、史地、文艺等内容的书——《日知录》，这是一本极有学术价值的著作。在《日知录》里，有一句人人皆知的名言："天下兴亡，匹夫有责"。他认为为了保天下不亡，每一个普通人都应负起责任。

　　从四十五岁起，顾炎武在山东、山西、河北、江南来回奔走，这期间差不多有十年的时间都是在旅店里度过。到了晚年，顾炎武在陕西华阴定居下来，专心从事著书立说的事业。顾炎武学术的最大特色，是一反宋明理学的唯心主义玄学，强调客观调查的重要性，开一代学术之新风。他与当时的王夫之、黄宗羲，合称为"清初三先生"。

残阳夕照——清

◎ 关键词：梅文鼎 积学参微 历算世家

历算大师梅文鼎

● 康熙年间满文抄本《几何原本》

>>> 李光地泼粪自己跪

据说，康熙年间，康熙皇帝曾派一林姓侯爷替他来厦祭江并赐龙袍，称为"权君过"（即代替皇帝行使权力）。

这位林侯爷祭江后顺道回家乡安溪探亲。当时李光地担任宰相，也在安溪。他与林侯向来不和，认为自己官居宰相，林侯没有不跪拜的理由，遂命人在道上泼洒粪水，想借此机会羞辱他。

不料，林侯的轿子到来后，非但没有下轿叩见，还将轿门打开，掀开外衣露出龙袍。李光地这才知道林侯是代皇上祭江，慌忙下跪，结果弄了自己一身粪水。

拓展阅读：

《牛顿的故事》陈俭
李光地作诗戏秀才

梅文鼎，字定九，号勿庵，安徽宣城人，清朝初期著名数学家、天文学家，一生致力于数学、天文学研究，写出了关于数学、天文学和历法等方面的著作共八十六部，为中西文化的沟通做出了突出贡献。

梅文鼎从小聪明过人，被称为"神童"。一次偶然的机会，他发现了一部残缺不全的《崇祯历书》，他很快迷上这部详细介绍西方天文历算的书。他听说南怀仁在给康熙皇帝讲解天文学和数学，便上北京拜访南怀仁，到达北京时不巧南怀仁已经去世了。后来，梅文鼎经朋友李光地引见，认识了张诚、徐日升、安多等对算学、天文、地理都很精通的名人。

有一次，李光地向朝廷举荐梅文鼎审定《明史》的历法部分，并获得了成功。梅文鼎在北京期间，还结识了不少学者和外国传教士，学到了很多新鲜的知识。回到家乡后，他把许多西方的数学、天文学知识用通俗易懂的语言介绍过来，极大地方便了中国学者的借鉴和学习。

当时的康熙皇帝在天文、数学方面也很有研究。有一次，康熙帝到南方视察，其间，有人把一部数学书献上来给他看。他看完之后，就问："这本书是谁写的？"大臣们回答："是一个叫梅文鼎的人。"康熙帝说："这本书写得很细致，我要好好研究研究。"后来，康熙帝在一次南巡时把梅文鼎请上龙舟，他们从数学谈到天文，又从天文谈起了中西历法之争。

梅文鼎对康熙帝说："现在人们争论西方历法和中国历法哪个好，我认为它们各有所长，也各有所短。有人把西法说得一无是处，是因为他们只熟悉中法，对西法了解得不多。有人看不起中法，同样也不对。比如说数字，一加一等于二，中法和西法都相同，绝没有一加一等于三的道理，只是表达的文字不同罢了。就是西方研究比较深入的几何、方程，中国古法中有的比西法还早，所以应该取长补短，把西法学过来为我所用啊。"

他们越谈越投机，当梅文鼎终于要告辞回去时，康熙帝依依不舍地说："像您这样有学问的人，实在太少了。可惜您的年事已高，要不我一定把您留在身边，好随时向您请教。"说完，康熙帝提起笔，写下"积学参微"四个大字来称赞他。

梅文鼎是我国清朝时期承前启后的杰出天文、数学家，可与英国的牛顿相媲美。后来，梅文鼎的儿子、孙子都成了数学家、天文学家，梅家成了中国古代的历算世家。

● 雍正帝朝服像

>>> 雍正之死

雍正之死，始终是被层层神秘浓雾掩盖的历史之谜。

史书记载非常简单，只是说，前一天，雍正在圆明园行宫病重，第二日下午病危，急召大臣，当晚即死掉了。究竟是什么原因导致雍正的死亡，史料没有记载。

据雍正的心腹大臣张廷玉的私人记录，当时雍正七窍流血，令他"惊骇欲绝"。雍正暴卒，官书不记载其原因，这自然就引起人们的疑惑。

拓展阅读：

《雍正继位新探》冯尔康
《雍正王朝》（电视剧）

◎ 关键词：雍正帝 争夺太子位 密诏

炙手可热的皇位

雍正帝胤禛是康熙的第四个儿子，也是清朝入关后的第三位皇帝。他勤于政务，在各方面都取得了很大成绩，为康乾盛世起到了承前启后的作用。但是，他的皇位是争夺而来的，对政局产生了很大的影响。

康熙帝二十二岁那年就册立了不满两周岁的儿子允礽为皇子，但是允礽贪得无厌、喜怒无常的性格让康熙十分不满，父子感情也逐渐恶化。1708年，太子知道自己已得不到康熙宠信，便在康熙出巡时欲图谋不轨，但被康熙发觉。康熙忍无可忍，于是下令废掉了允礽。

当时允礽被废，康熙准备举行仪式，向上天宣读他废太子的决定，为此他让允礽先看看对决定有什么意见。允礽看了后，对守在他身边的几个兄弟说："皇上说我别的不对都可以，可是说我想杀他，这是绝对没有的。你们几个一定要替我告诉皇上。"其他兄弟对允礽都有落井下石的心理，没人愿替他说话。只有胤禛听了说："允礽的话事关重大，应该替他告诉皇上。"在当时，为夺皇位，众兄弟尔虞我诈、相互拆台，胤禛的做法确实独树一帜、颇有心计。康熙认为他这么做是深明大义，团结了兄弟，于国于家都有利，因而开始注意到他。

皇太子被废后，其他几个皇子跃跃欲试，都想在康熙面前表现自己。胤禛则表现得谦让、低调，有大局意识，更加赢得了康熙的赏识。

后来，诸皇子为争夺太子之位不择手段，弄得政治混乱、国家动荡。康熙皇帝又急又气，重病卧床。那些来探病的皇子对皇帝的健康漠不关心，他们更关心的是谁是继承人，有人竟然催问病中的康熙究竟准备由哪个皇子继承皇位。而胤禛则十分关心父亲的病情，对康熙说："皇上，您是我大清朝赖以存在的根本。您现在病了，应该赶忙找医生找药进行治疗休息，怎么能拖着病体操劳国家大事呢？至于由谁继承皇位，等您病好了再做考虑，不用这么急。"胤禛还亲自找来最好的医生，为父亲诊治疾病。康熙的身体逐渐恢复了健康，而胤禛在康熙心中的地位更重了。

通过几年不动声色的准备，胤禛不仅在康熙心目中占据了重要的地位，更秘密拉拢了一些官员团结在他周围，形成了一个不可忽视的小集团。而在这个时候，胤禛聪明活泼的儿子弘历，也给晚年生活孤独寂寞的康熙带来了天伦之乐，这也是促成胤禛继承皇位的重要原因。弘历就是后来的乾隆皇帝。

康熙死后留下密诏，正式宣布由胤禛继位，历时二十多年的皇位之争终于尘埃落定。

●清人所绘的吕留良像

>>> 明史案

1661年，庄廷拢私著明史案发。

庄廷拢出生于一个巨富的书香之家。入清后，庄购得前明朝大学士朱国桢所撰明史稿，并广聘名士增补天启、崇祯两朝史事。但由于书中有诋毁清统治者的文字，所以不断遭到勒索。后因罢官的知县吴知荣勒索未成，便将初刊本呈交司法。

清统治者为了压制一切公开的或潜在的反清活动或思想，遂兴大狱。明史案成为清代牵连最广、规模最大的文字狱之一。

拓展阅读：

《吕留良年谱编》卞僧慧
《清代文学狱档》
上海书店出版社

◎ 关键词：文字狱 镇压 雍正

雍正大兴文字狱

清朝是继元朝之后第二个由少数民族建立起来的统一国家，因而特别注意防范汉族人的反清情绪。统治者经常抓住文章中的个别词句，发动"文字狱"，进行严厉的镇压。文字狱出现得最多最严重的是在雍正皇帝统治时期，其中以吕留良一案影响最大。

吕留良是明末清初的一位著名学者。明朝灭亡后，他参加反清斗争没有成功，就在家里设私塾讲学。官员们屡次三番来劝他当官，他不愿为清朝卖命，干脆出家当了和尚。吕留良写了很多反对清朝统治的书，但在他生前并没有流传开，所以还没有多大影响。

雍正初年，湖南失意文人曾静偶然读到吕留良的几篇文章，使原本的反清思想更加坚定。他派学生张熙四处打听吕留良遗留下来的文稿。张熙到了浙江，找到吕留良的后裔，访到了文稿的下落，而且还找到了吕留良的两个学生，他们谈起清朝的统治都十分愤慨。后来，曾静打听到担任川陕总督的汉族大臣岳钟琪兵权很大，是南宋岳飞的后代，打算劝他起兵反清。

曾静写了一封信，派张熙到西安去找岳钟琪。岳钟琪见信后大吃一惊。张熙从容地说："将军跟清人是世仇，难道您不想报仇吗？"

岳钟琪不解。张熙说："您是南宋岳飞的后代，清朝皇帝的祖先是金人。岳王爷当年被害，千古称冤。现在将军手中有的是人马兵力，正是替岳王爷报仇的好机会啊！"

岳钟琪听后大怒，把张熙打进监牢，严刑逼问是什么人指使的。张熙是个硬汉，坚决不招。岳钟琪于是改变策略，假意秘密接见张熙，说严刑逼供不过是试探，还郑重其事地要结为金兰兄弟，骗取了张熙的信任。于是，张熙把整个事由一一告诉了岳钟琪。岳钟琪立刻变脸，一面派人到湖南捉拿曾静，一面写奏章报告雍正皇帝。张熙这才知道自己上了当，可后悔已经来不及了。

雍正帝亲自审问曾静、张熙，审了四年才宣告结案。后来，曾静、张熙被免罪释放，但是要到各地去现身说法，做反面教材。受牵连的吕留良被从坟里刨出来，锉骨扬灰，他的后代和学生被满门抄斩，株连了不少人。

除了这桩案子，另有不少文字狱也是牵强附会，甚至为了一句诗、一个字也惹出大祸。翰林官徐骏曾在一份奏章里，把"陛下"的"陛"字错写成"狴"字，雍正帝马上下令将徐骏革职。后来在徐骏的诗集里找出了两句"清风不识字，何故乱翻书？"的诗，非要说这"清风"就是暗指清朝，徐骏以诽谤朝廷的罪名断送了性命。

●桑结嘉措像 唐卡

>>> 藏语文学繁荣

进入清代，藏语文学空前的繁荣，达到了另一个高峰。这一时期的长篇小说有才仁旺阶的《熏奴达美》和达普巴·罗桑增白坚赞的《郑宛达哇》《青年达美的故事》两部。

17世纪，藏族的诗也有了新的发展，呈现出万紫千红的局面。六世达赖仓央嘉措写出了著名的《仓央嘉措情歌》，以清新明快的语言，表达了真挚纯洁的爱情，一扫以往作家诗坛华丽浮艳之风，开创了新的诗风。

拓展阅读：

《格萨尔王传》（藏族史诗）
《藏族风土赤》赤列曲扎

◎ 关键词：西藏 宗教 灵童 统一

西藏的金瓶掣签

西藏自古以来就是中国不可分割的一部分。早在唐代，中原王朝就与吐蕃建立了密切的关系；元朝中央政府设立了管辖全藏地区的事务衙门——宣政院；明代还分封了众多的宗教之王，分别管理西藏地方的僧俗事务。

清代实现了有史以来对西藏最有效、最彻底、最完全的统治：达赖、班禅的册封，驻藏大臣的派遣，国家军队的长期驻扎。其中，清朝在西藏确立的金瓶掣签制度，集中代表了古代中央政府治理边疆民族地区政策之大成。而明代以来，宗喀巴创建的喇嘛教新教派格鲁派（黄教）在西藏崛起，喇嘛教创立的活佛转世制度也延续下来。

清朝初年，清王朝与西藏地方建立了正式联系。顺治帝与达赖和班禅互派使者交流，双方关系进一步密切。

康熙时期，当时的第巴（藏语意为酋长、头目、首领）桑结表面上归附清朝，暗地里却与准噶尔部的噶尔丹勾结。五世达赖圆寂后，桑结没有经过中央政府的同意，在1696年，擅自立了仓央嘉措为六世达赖。几年后，北方和硕特蒙古的拉藏汗杀了桑结，并废掉仓央嘉措，另外立了一个达赖。这样，在六世达赖的人选问题上发生了严重的分歧，西藏地区的政局陷入混乱。

康熙皇帝为了稳定局势，于1713年册封五世班禅为"班禅额尔德尼"，并赐给金册和金印，地位跟达赖喇嘛等同。班禅的册封，确立了其在黄教乃至在整个西藏的宗教领袖地位，使西藏有了两个由中央王朝册封的领袖，便于中央王朝对西藏僧俗的统治。

康熙王朝治理西藏的另一重大举措是设置驻藏大臣。驻藏大臣作为清朝派驻西藏的最高军政长官，与达赖、班禅平等。这一机构的设置，标志着西藏与中央政府的关系进一步加强，西藏的混乱局面逐渐得以稳定。

乾隆末年，今尼泊尔地区的廓尔喀人两次入侵西藏，乾隆皇帝派兵将其击败。1792年，清朝与达赖、班禅及所属重要人员议定了《钦定西藏章程》，对于活佛转世、西藏货币、驻藏大臣的权限、官员任免等一系列重大问题都做了明确的规定。

章程规定，达赖、班禅两大活佛转世时，必须将"灵童"的名字签牌放在皇帝所赐的金瓶里，在驻藏大臣的监督下抽签决定。即使只有一个灵童，也要将他的名字签牌与一个空白的签牌放进瓶内，如果抽出空白签牌，就应当另寻"灵童"。这就是著名的"金瓶掣签"制度。这一制度对于杜绝舞弊、纯洁宗教具有十分重要的意义，是清王朝宗教管理的一个成功范例。时至今日，"金瓶掣签"制度对于西藏的安定统一仍然具有重要意义。

●吴敬梓像

>>> 蒲松龄《客邸晨炊》

　　大明湖上就烟霞，茆屋三椽赁作家。粟米汲水炊白粥，园蔬登俎带黄花。

　　短短数语，道明了蒲氏旅居大明湖畔、晨曦早炊的生动情景。特别是后面两句，说了取泉水熬煮粟米粥，以及在案板上切配素食蔬菜包括黄花菜，用于佐食小吃的情景。可以想见当时蒲松龄自炊自啖、津津有味的早餐状况。

拓展阅读：

《归途大风》清·蒲松龄
范进中举
晚清四大谴责小说

◎ 关键词：蒲松龄 《聊斋志异》 吴敬梓 《儒林外史》

蒲松龄和吴敬梓

　　蒲松龄，字留山，又字剑臣，号柳泉先生，世称聊斋先生，自称异史氏，生于明朝崇祯十三年，山东淄川人，清代杰出文学家、小说家。他七十二岁最后一次参加科举考试，但仍没考中，满腹才华却没有施展的机会。到了清朝康熙年间，因为家庭生活清苦，蒲松龄便到一家乡村私塾当先生。

　　教书的间隙，蒲松龄经常带着茶水和旱烟到村口路旁坐下，免费招待过往的行人。这些行人多是小贩、脚夫和游荡四方的文人。走累了，他们都愿意在这里歇歇脚，喝点茶，抽袋烟，聊聊天。当他们起身酬谢时，蒲松龄就请求他们讲讲家乡和途中听到的故事以及见到的新鲜事。这些人走南闯北、见多识广，讲出的故事当然新奇。蒲松龄一边听、一边记，后来把这些故事做了加工，写成一本短篇小说集——《聊斋志异》。

　　《聊斋志异》中的故事内容深刻，不仅反映了社会现实生活，也表达了作者的态度。这些作品有的是质问当权者；有的是揭露科举制度；有的把狐狸鬼怪描写成善良美丽的少女，歌颂了青年男女的真挚爱情；还有的赞扬了普通人民的反抗精神……

　　在蒲松龄的一生中，他留下了丰富的著述。除《聊斋志异》外，还有一千多首诗、一百多首词、四百多篇散文以及"俚曲"（俗曲）、剧本、长篇小说等。作为我国民族文化的宝贵遗产，这些作品将永远受到世界人民的珍视。

　　在蒲松龄之后，另一位著名小说家吴敬梓用辛辣的笔锋，尖锐地揭露了科举制度的弊端，写出了中国第一部长篇讽刺小说《儒林外史》。

　　吴敬梓，字敏轩，号粒民，清朝时期小说家，生于安徽全椒县一个官僚地主家中。他十八岁就考取秀才，是个少年得志的富家公子。后来，他父亲因得罪上司丢官，不久病死，近亲为争夺家产尔虞我诈。在这前前后后，他见到了官场中互相倾轧的丑恶，读书人的善于钻营。于是再不想参加科举考试，他决心写一本书，把这些人的丑态记录下来。

　　吴敬梓笔下的读书人，有的拼命钻营取官之道；有的考中做官，搜刮民财、残害百姓，封建文人的丑态被揭露得淋漓尽致。然而他对自食其力的读书人，却给予了同情和尊重。通过对境遇不同的儒生的描写，吴敬梓宣告了科举制度必然灭亡的历史趋势。

　　吴敬梓是一位目光犀利、见解深刻的作家，可惜穷困潦倒的生活过早地夺去了他的生命。在完成《儒林外史》后不久，吴敬梓就病死了，享年五十三岁。

　　在《儒林外史》中，吴敬梓以讽刺的手法，对陈旧的科举制进行了深刻的揭露和无情的批判，显示了他民主主义的思想色彩。

● 《红楼梦》乾隆朝抄本

>>> 高鹗

　　清代文学家。字兰墅,一字云士。因酷爱小说《红楼梦》,别号"红楼外史"。

　　汉军镶黄旗内务府人。祖籍辽宁。他熟谙经史,工于八股文、诗词、小说、戏曲及绘画,对金石之学亦颇通晓。

　　他热衷仕进,累试不第,乾隆六十年进士,开始行于官场。

　　晚年家贫官冷,两袖清风。虽著作如林,却多未及问世。一般认为长篇小说《红楼梦》的后四十回是高鹗所续。

拓展阅读:

《红楼梦曲》金盾出版社
大观园
《红楼梦考证》胡适

◎ 关键词:曹雪芹 《红楼梦》 古典小说 禁书 红学

曹雪芹写《红楼梦》

　　曹雪芹,名霑,号雪芹,字梦阮,满族,清代著名小说家,所著长篇小说《红楼梦》代表了中国古典小说的最高成就。

　　少年时代,曹雪芹经历过一段富贵豪华的家庭生活,不久,因遭抄家之祸,曹家急遽败落。强烈的生活反差使曹雪芹的思想起了深刻变化,产生了要把自己的全部经历以及对人生的探索统统诉诸笔墨的冲动。二十多岁时,他开始创作酝酿已久的长篇白话小说。

　　迫于生计,曹雪芹曾到右翼宗学里当听差,结识了满族宗室敦敏和敦诚兄弟。他的博学多才,使得敦敏和敦诚十分钦佩,引为知己。可不久就丢了差事,家境困顿的曹雪芹,只好搬到北京西郊的一处草屋。

　　一天,敦诚来草屋看望曹雪芹,看见曹雪芹一家几口正围坐在一起喝稀粥,桌上只有一盘泡菜。敦诚十分诧异,感慨于曹雪芹的安贫乐道,想留下点碎银子贴补他,却遭到曹雪芹的拒绝。敦诚想了想,说:"雪芹兄,有位亲王最近买了几张古画,想找个内行鉴定一下真伪,有薄酬相赠。不知能否烦你去一趟?"曹雪芹明白敦诚是在变着法子帮助他,满心感激,答应下来。敦诚临走前,曹雪芹把刚写了几卷的《红楼梦》让他带走翻阅。

　　很快,敦诚又来到草屋。他对《红楼梦》大加称赞,并要求看后面的章节。于是,曹雪芹又给了他几卷新完成的手稿。敦诚接过来轻轻翻了翻,连连感叹:"真是入木三分呀!佩服,佩服……咦,这页书怎么背后还有字?"翻过书页来一看,竟是一张旧皇历!第二天,敦诚就派人送来纸、墨、笔、蜡烛等物品,一心帮助曹雪芹早日完成大作。

　　1763年,北京发生了百年不遇的流行性天花。曹雪芹唯一的儿子也染上瘟疫,不幸去世。痛失爱子的打击,加上《红楼梦》修改工作的繁重,使他的身体越来越差,终于病倒了。而好友敦诚、敦敏兄弟也因家中多位亲人在瘟疫中连遭不幸,忙着处理丧事,无暇顾及曹雪芹。

　　除夕之夜,家家户户欢声笑语,围坐在一起吃年夜饭。而在北京的西山脚下,中国最伟大的作家曹雪芹,此刻却寂寞地走完了他生命的最后旅程。曹雪芹去世后,他的几个朋友凑了一点钱,将他草草安葬。等敦诚、敦敏兄弟闻讯赶来时,已经无法再一睹故友的音容了。

　　曹雪芹遗下的书稿《红楼梦》,开始以手抄本的形式流传,阅览者无不被书中男女主人公的不幸遭遇和真挚感情感动得潸然泪下。尽管《红楼梦》一再受到传统卫道者的猛烈攻击,甚至被列为禁书,可是仍无法阻止文学爱好者的喜爱。到了现代,研究《红楼梦》还成了一门专门的学问——"红学"。

●乾隆帝朝服像

>>> 乾隆御封龙井茶

传说，乾隆皇帝下江南，来到龙井村附近狮子峰下的胡公庙休息。庙里的和尚端上当地的名茶给乾隆品尝。

乾隆精于茶道，一见那茶，甘醇爽口，不由叫绝。一时兴发，走出庙门，只见胡公庙前碧绿如染，十八棵茶树嫩芽初发，青翠欲滴，周围群山起伏，宛若狮形。

乾隆龙心大悦。茶名龙井，山名狮峰，都似乎预兆着他彪炳千秋的功业，况且十八又是个大吉大利的数字。于是乾隆当场封胡公庙前的十八棵茶树为"御茶"。从此，龙井茶名声远扬。

拓展阅读：

满德坤飞脚踢乾隆
《乾隆南巡图》清·徐扬

◎关键词：乾隆 江南 奢侈 腐败

乾隆皇帝下江南

1735年，雍正帝去世，皇太子弘历即位，是为清高宗乾隆，他是清朝入关后的第四位皇帝。乾隆在位的六十年中，保持和发展了康熙、雍正时期的势头，所以后人常把他和康熙、雍正并称，把他们在位的一百多年说成是清朝的鼎盛时期，称为"康乾盛世"。

二十五岁的乾隆即位后，励精图治，很有作为。他认为祖父康熙注重休养生息，可是政策过于宽和放纵；父亲雍正整顿纲纪，但是清除异己，政策又过于严苛。在吸取了他们的长处、摒弃了他们的短处的基础上，他采取刚柔并济、一张一弛的治国方法。一方面多次下令减免赋税，赦免罪犯；另一方面打击结党的大臣，大兴文字狱。

乾隆年间，清朝社会经济空前繁荣。全国耕地面积比顺治年间增加了三分之一，达到六百余万顷；人口达到三亿；城市里店铺林立、街市繁荣，已经恢复到明代水平。

国库充裕，乾隆皇帝便有恃无恐，连年用兵。这些战争耗费了大量白银，国家也伤了元气。在取得一些胜利以后，他十分得意，自诩为"十全老人"。

乾隆皇帝自以为在政治、军事上取得了了不起的成就，陶醉在一片赞扬声中。后来，他开始四处游山玩水，在位六十年间，六下江南、四次谒祖陵、五次游五台山，到曲阜、到河南告谒嵩山的次数不可胜数，更不用说每年到承德狩猎的频繁之数了。

为讨好皇帝，各地地方官每次接圣驾都大设排场，有时候一次就花去二三十万两银子。乾隆皇帝每次乘船顺运河游江南，运河两岸都搭满了戏台、彩棚，沿河排列着无数彩船。他的龙舟及大大小小的随行船只多达一千余艘，十分壮观。这些船都由青壮年民工和年轻妇女拉纤，称为"龙须纤"。

作为商人云集的扬州，更是奢靡成风。为了接驾，城里的大街小巷都铺上锦毡，路两边挂着绸帐，开湖堆山，建楼造园。

乾隆皇帝奢侈无度，就连朝廷的一些大臣也看不下去了。有人上奏说："皇上每到一处巡幸，地方官一味奉承，百姓受害不浅。"结果乾隆大怒，要把这个上奏的官员杀头。多亏其他大臣一再说情，才把那个大臣免了死罪，但却给罢免了官职。其他一些劝说乾隆的大臣，有的当场被赶出朝堂，有的被发配边疆。

看皇帝如此，其他贵族官僚更是上行下效，追求享乐，穷奢极欲，社会风气越来越腐败。乾隆帝的挥金如土，使康熙、雍正两朝辛苦聚积起来的"家当"很快被消耗殆尽。以乾隆中期为界，清王朝开始在此后逐步走向衰落；在乾隆末期，"康乾盛世"实质上已经宣告结束。

●乾隆帝南巡图·回銮至京
此画表现的是乾隆帝南巡归来,自永定门经正阳门抵达紫禁城午门的景象。此时卤簿齐备、鼓乐大作,百官肃立迎于道路两侧。

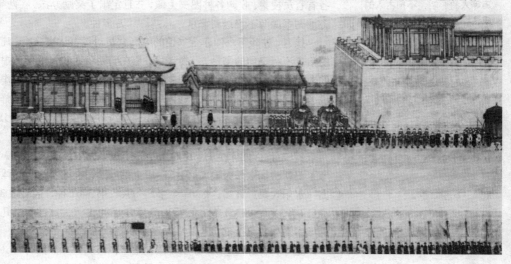

残阳夕照——清

● 四库全书馆总纂官纪晓岚

>>> 扬州八怪

　　"扬州八怪"一般指乾隆年间活动于江苏扬州地区的金农、郑燮、罗聘、李鲜、黄慎、李方膺、高翔、汪士慎八位画家。

　　他们的画风受朱耷、石涛等人的影响，不拘古人的成法，反对抄袭古人。所画山水、人物、花鸟、梅竹等立意新奇，独抒个性，特色鲜明，对后世影响巨大。

　　当时画坛中的"正统派"认为它们"怪""偏"，所以有"扬州八怪"之称。

拓展阅读：

乾隆剃头

谢墉巧语对乾隆

《戏说乾隆》（电视剧）

◎ 关键词：乾隆 文字狱 纪晓岚 文物

乾隆修《四库全书》

　　乾隆除了重视武力统治之外，对文化统治也十分用心。他一面继续开博学鸿词科，招收文人学者；一面又大兴文字狱，镇压有反清嫌疑的文人。乾隆时期，文字狱之多已大大超过了康熙、雍正两朝。乾隆知道，光靠文字狱来实行文化统治是不彻底的，让他最为担心的是流传在民间难以计数的书籍。后来，他想出来一个办法，就是集中全国的藏书编一部丛书。这样一来，不但可以进一步笼络大批知识分子，显示皇帝重视文化，而且还可以借这个机会审查民间藏书。纪晓岚被乾隆皇帝任命为修纂《四库全书》的总负责人。

　　经、史、子、集是我国古代图书的四大类别。经部指的是历代儒家的经典著作（如《诗经》《论语》《孟子》等）和研究文字音韵的书；史部指的是各种历史、地理、传记等书；子部指的是古代诸子百家学说和科技著作（如农学、医学、天文、历法、算法、艺术等）；集部指的是文学的总集和专集。这四大类统称为"四库"。

　　要想编好这套规模巨大的丛书，必须大规模搜集各种书籍。乾隆下令各省官员搜集、收购各种图书上缴，并且定出了奖励办法。在两年时间内，各地图书源源不绝送到北京，总共达二万多种。

　　接着，乾隆下令四库全书馆的编纂官员对图书认真检查。凡是有对清统治者不利字句的书籍，一概销毁。凡在明朝后期的大臣奏章中对清皇族的上代有不尊重的，一概烧毁。至于像吕留良等抗清文人的著作就更不用说了。后来，对于书中的"违碍"字句更是随时删改涂抹。这样，书虽然被保存下来，但却已面目全非。据不完全统计，在编《四库全书》的同时，被查禁烧毁的图书就有三千种之多。

　　1782年，《四库全书》历时十年终于修纂完毕。《四库全书》的编纂参考了明朝的《永乐大典》，但《四库全书》不论在内容上还是体例上都超出《永乐大典》许多。《四库全书》一共收书3461种，装订成36275册；存目6793种，93551卷；抄写人员共有1500多人。这部丛书几乎把中国的学术文化典籍全部包容其中。

　　如今，《四库全书》分别收藏在皇宫、圆明园、热河行宫（今河北承德）、奉天（今辽宁沈阳）、杭州、镇江、扬州（其中三部后来在战争中被烧毁了）。它对于保存古代典籍、传播历史文化、推动学术研究有一定的积极作用。虽然在《四库全书》的修改过程中对古代文化造成了一定程度的破坏，但当时还是有不少爱护文物的人冒着生命危险把许多有价值的书藏了起来。到了清朝末年，陆续出现了不少被收藏起来的禁书。

●皇清职贡图·英吉利国人

>>> 乔治·马嘎尔尼

乔治·马嘎尔尼(1733—1806年),英国外交官、勋爵。

生于爱尔兰。1764～1767年出使彼得堡商谈商务。1769—1772年任爱尔兰事务大臣。1775—1779年任加勒比岛屿总督。1780—1786年任印度马德拉斯省督。1793年以庆贺乾隆八十寿辰为名出使中国，实质是要求在中国增开通商口岸，降低关税，设常驻外交使节，开租界等，遭清政府拒绝。1794年离华。1796—1798年任好望角总督。

拓展阅读：

和尚戏乾隆
《乾隆皇帝传》
江苏教育出版社

◎ 关键词：马嘎尔尼 访华 礼仪 和平使者

暮年乾隆接见英使

乾隆皇帝在位的六十年，中国国力强盛、四海升平。但是，盛世的背后潜藏着衰亡的危机，特别是来自西洋各国的威胁。暮年的乾隆，思想僵化、保守，在决定关系中国未来命运的战略决策上频频失误，特别是在英国外交官马嘎尔尼访华这件事情的处理上。

1792年，马嘎尔尼使团打着为乾隆皇帝补祝八旬大寿的旗号，横渡大洋来到中国，但他们的真正用意是希望能扩大对中国的贸易。乾隆得知英国使团来华拜寿，非常兴奋。决定让马嘎尔尼一行参加在承德避暑山庄举行的八十三岁寿典。

然而，英使马嘎尔尼却在觐见皇帝的礼仪上和清朝的官员发生了争执。原来，中国周边藩属国的使臣在觐见乾隆时，必须按照中国规矩，向皇帝行三跪九叩的大礼。乾隆十八年（1753年），葡萄牙的使臣巴哲格来华朝觐，也是按中国规矩行的礼。

乾隆给大臣征瑞发了一道密旨，让他培训马嘎尔尼行三跪九叩的大礼。马嘎尔尼却表示：假如坚持要他向皇帝下跪叩头，他可以下跪来表示对皇帝的尊敬；但同时也必须有一个跟他同一等级的中国官员，穿戴正式的礼服向英王陛下的御像行同样的磕头礼。征瑞怕惹乾隆生气，没有汇报就直接拒绝了。

乾隆了解实情后，派征瑞去拜访英使。几经商量，最后，马嘎尔尼按照英国礼节觐见了乾隆。乾隆本想借英国使臣觐见的机会，来向臣民和藩属各国显示威严，却全部落空，因而十分扫兴。庆典结束后，乾隆认为他们来华的使命已经完成了，却没有想到他们的真正使命才刚刚开始。

马嘎尔尼对当时的第一大臣和珅说："此次前来，我国国王热切希望在贵国设立使馆，增加通商口岸。请允许我们在北京建立银行。还要请你们在广州划出一块土地，让我们的商人居住。另外，对我们的人员出入和税收，也请给予方便。"

乾隆断然拒绝了马嘎尔尼的所有要求，无论合理的与不合理的、平等友好的和侵犯中国主权的，一概断然拒绝。这样，马嘎尔尼一行一无所获地离开了中国。

四十八年以后，道光皇帝在位时，英国的军舰又驶向了广州。这次，他们不再是朝拜中华帝国君主的和平使者，而是要用大炮轰开紧紧关闭的中国大门的侵略者。

残阳夕照——清

●乾隆帝南巡图·水运商贸

>>> 白莲教

中国民间宗教。流行于
元、明、清三代。因教义崇
尚光明，又称明教。

南宋绍兴三年(1133年)，
江苏吴郡沙门茅子元创立白
莲宗，初为佛教一支，教义
源于净土宗，崇奉阿弥陀佛
(无量寿佛)。元代起，该教
渗入其他宗教观念，主要是
弥勒下生说，逐渐转为崇奉
弥勒佛，改称白莲教。

民间起义中，北宋方腊，
南宋钟相、杨幺，元末韩山
童、刘福通，明代赵全、徐
鸿儒，都是此教中人。所以，
白莲教在朝廷眼中几乎是反
叛的同义词。

拓展阅读：

《洪文定三破白莲教》
(电影)
《清代中叶的白莲教起义》
夏家骏

◎ 关键词：白莲教 斗争 襄阳义师 白秀山大会师

白莲教大起义

白莲教于元朝末年兴起，到明朝之时被下令禁止。清朝年间，乾隆皇帝喜好巡游、穷兵黩武，搅得百姓不得安宁，白莲教又悄悄在民间蔓延开来。

清廷得知白莲教蜂起，马上命令各地的总督巡抚捉拿白莲教教徒。负责捉拿的地方官吏却不务正业，趁机敲诈勒索、滥杀无辜。老百姓被逼得走投无路，只好参加白莲教。湖北的白莲教最活跃，首先发动起义的是襄阳县城白莲教首领齐林。齐林被官府捉住砍头，这非但没有唬住白莲教教徒，反而激起了他们更大的怒火。他们推举齐林的妻子王聪儿为起义首领，继续对抗朝廷。

嘉庆元年，王聪儿召集襄阳一万多名白莲教教徒在城郊的黄龙垱集会。他们饮酒盟誓，高呼"有患相救，有难相死"，誓死与朝廷斗争到底。之后，王聪儿亲自组建了白莲教的第一支起义大军——襄阳义师，她自任"总教师"。每次临敌，她都冲在最前面，带领白莲教教徒把清兵杀得落荒而逃。襄阳义军攻河南，入陕西，进四川，南征北讨。各地的白莲教教徒纷纷起兵响应，组成了太平义军、达州义军、东乡义军（太平即今四川万源，达州即今四川达县，东乡即今四川宣汉）等，和襄阳义军往来策应。其中，达州义军曾在老营湾一战中重创了清军。

从此，白莲教威震全国。川、楚、陕、甘、豫等数省几乎成了白莲教的天下。清朝政府连忙调兵遣将对白莲教教徒进行围追堵截。嘉庆二年五月，达州义军被清军围困在四川白秀山，处境十分危险。王聪儿立即率领襄阳义军援救。

襄阳义军分为红、白、蓝三队，步兵在前，骑兵随后，从清军背后猛打猛冲。被围的达州义军士气大振，自高而下冲击敌营。太平义军和东乡义军也先后赶来参战。清军抵挡不住，四散逃命。各路义军胜利会师白秀山，连营三十里，号称百万大军。这就是著名的白秀山大会师。

不久，清朝政府又调集重兵围攻起义军。嘉庆三年，王聪儿率军进攻西安，但因实力悬殊而失利，只好向湖北撤退。清军紧追不舍。这一天，王聪儿和姚之富等人率军退到了陨西（今湖北西北部）三岔河。他们在一处叫阎王扁的悬崖上与清军展开了大厮杀。当清兵冲上山梁时，王聪儿见无路可退，便纵身跳下悬崖。其他起义将士见状，也相继跳崖自尽。他们宁死不屈的精神，使清兵们目瞪口呆。

受到沉重打击的起义军并未停止反抗斗争，不久之后，他们很快又发展到二十多万人。清朝政府用了十年时间，直到嘉庆十年（1805年）才把白莲教起义镇压下去；而清朝政府也因此伤了元气，并从此走向衰落。

● 清代大贪官和珅

>>> 个个草包

权臣和珅新修了一所府第，请纪晓岚题一幅匾额。纪晓岚提笔给他题了"竹苞"二字，说是"竹苞松茂"之意。

和珅高兴地把它悬在正厅。乾隆皇帝见了，对和珅说："卿被纪晓岚捉弄了！把'竹苞'二字拆开来，不就变成'个个草包'四个字吗？"和珅听后哭笑不得。

拓展阅读：

恭王府
《上元夜狱中对月两首》
清·和珅

◎ 关键词：和珅 宠臣 权倾朝野 贪财

和珅跌倒，嘉庆吃饱

和珅作为乾隆的宠臣，曾经担任过军机大臣、内务府大臣、户部尚书、议政大臣、内阁大学士等要职。他的儿子还娶了乾隆皇帝的女儿。权倾朝野的和珅可谓是一人之下，万人之上。不过最初，和珅只不过是皇帝出行时的一个护轿校尉。

有一次，乾隆准备外出，叫侍从官员准备仪仗。而侍从的官员却找不到仪仗用的黄盖。乾隆帝龙颜大怒："这是谁干的好事？"官员们见皇帝发火，吓得谁也不敢出声。这时，和珅在一旁从容不迫地说："管事的人不能推卸责任。"乾隆看向和珅，见他眉目清秀，态度镇静，心下大喜，马上宣布由他总管仪仗。后来，乾隆皇帝又派他当御前侍卫。

和珅这个人圆滑世故、八面玲珑。乾隆要什么，他件件都办得称心；乾隆帝爱听好话，他就极力说些奉承话。不出十年，和珅就从侍卫提升到了大学士。后来，乾隆渐渐年老力衰，朝政大事尽归和珅掌控。和珅还利用他的权力，百般搜刮财富。一些朝臣和地方官员为了讨好他，就拼命地搜刮珍贵的珠宝送给他。大官压榨小吏，小吏又压榨百姓，使百姓的日子日趋艰难。

和珅这样专权和贪财，自然会有看不惯他的人。有一个御史大着胆子上奏，说和珅的一个家奴刘全盖的房子太大，不合清朝制度。和珅听到这个消息后，马上叫刘全连夜把大房子拆掉。第二天，乾隆皇帝派人去查的时候，没有查出任何问题。结果，那个御史反而以"诬陷"之罪被革了职。另一个御史巡城的时候，遇到和珅小老婆的弟弟，就借口此人乘高车行都市，横行无忌，用鞭子痛打了他一顿，还把这位"舅老爷"的车子放火烧了。人们拍手称快，这位御史也被称为"烧车御史"。只是，这个"烧车御史"最后也不免丢官失势。

乾隆皇帝死后，和珅也就失去了靠山。太子颙琰即位，就是清仁宗，又叫嘉庆皇帝。

嘉庆皇帝早就对和珅贪赃枉法心怀不满。他下令削了和珅的官，抄了和珅的家，还派人把和珅抓起来关进了监狱。和珅被抄出的家产，除金银玉器等珍宝外，还有金银元宝各一千个，沙金二百余万两，赤金四百八十万两，白银九百四十万两。和珅的财产总计约有白银八亿到十亿两，抵得上朝廷十年的收入。

和珅被扳倒了，很多人都长出了一口气。有人建议将他千刀万剐。可嘉庆皇帝觉得和珅毕竟是先帝的宠臣，处理重了不合适，就下令叫他上吊自杀。和珅的万贯家财尽归嘉庆皇帝所有，所以民间流传一句话："和珅跌倒，嘉庆吃饱。"

残阳夕照——清

◎ 关键词：龚自珍 改革 思想家

不拘一格降人才

●龚自珍手书墨迹

>>> 龚自珍《己亥杂诗》

浩荡离愁白日斜，吟鞭东指即天涯。落红不是无情物，化作春泥更护花。

1839年，龚自珍辞官南归，后又北上接眷属，在南北往返途中，写下了短诗三百一十五首，题为《己亥杂诗》。本诗是第五首，写他被迫辞官，离开北京时所抒发的感想。

"落红不是无情物，化作春泥更护花。"落花有情，死而不已，化作春泥也护花。诗人以落花有情自比，表达自己虽仕途不畅也不忘报国的情怀。

拓展阅读：

《寒月吟》清·龚自珍
《咏史》清·龚自珍

嘉庆、道光王朝之后，清朝国势越来越衰落。一些关心国家命运的知识分子奔走呼告，期望人们振作起来，为国家的重新振兴而努力。他们不满当权者的浑浑噩噩，主张进行一场彻底的政治改革。开创这种风气的代表人物，就是著名的思想家和文学家龚自珍。

龚自珍，浙江杭州人，从小聪颖过人、勤奋好学。他最爱读的是北宋大政治家王安石的《上仁宗皇帝书》。他想像王安石一样，改革社会弊病。

龚自珍二十多岁就在科举考试中脱颖而出，到北京做官。当时国势衰落、危机四伏，可许多文人为了求取功名富贵仍拼命写文章颂扬"盛世"、粉饰太平。年轻的龚自珍却不肯这样。他博览群书，善于思考，对时事的分析、评论十分精辟、透彻。他热衷于研究社会政治、经济问题，把自己的学问叫作"天地东西南北之学"。他写了许多文章，呼吁要进行政治改革。他认为祖宗留下来的法制弊病很多，只有进行变通改革，社会才能进步。他甚至在殿试时，在答卷中效仿王安石的《上仁宗皇帝书》，大胆地提出自己的观点，极力请求进行变法。结果，阅卷大臣借故销毁了他的答卷，此事也就不了了之。

由于龚自珍主张变法和改革，不符合统治阶级的心意，所以他做官二十多年一直郁郁不得志，可在社会上却已经是很有名气的文坛大师，他的诗词和散文广为流传。此外，他还乐于提携年轻人，不厌其烦地传道授业解惑。龚自珍和当时著名学者和政治家林则徐、魏源等人是好朋友，他们常在一起谈论国事、品评诗词、互相勉励。

由于当时朝廷内外昏庸无能、官场腐化，龚自珍无法施展他的才能和抱负。他报国无门，于是弃官回家。龚自珍一个人坐在回家的车上，回想自己通过考试做官后，本想为国家的兴盛而努力，但却屡遭小人排挤，自己耿介忠诚，却不能委以重任，现在年纪大了，只得悄然还乡，一时之间不由得感慨无限。龚自珍一路吟咏不绝，把自己当时的感触和对往事的追忆，写成了许多感人的诗篇。

他在路经镇江时，正赶上迎神赛会。听说文坛大师龚自珍也在场，主持仪式的老道士便请龚自珍给镇江写一篇祭文。龚自珍心忧家国，于是提笔写道：九州生气恃风雷，万马齐喑究可哀。我劝天公重抖擞，不拘一格降人才。

在那"万马齐喑"的黑暗社会里，龚自珍的诗使人惊醒，让人沉思。

不久，龚自珍回到杭州老家。他在书院讲学，继续传播他的思想。两年之后，这位掀起近代改革风潮的思想家、文学家因病逝世。

●林则徐像

>>> 少年林则徐巧对对

　　林则徐七岁能作文。有一次，老师带林则徐等学童游鼓山，出"山""海"两字要学生做对。林则徐率先吟道："海到无边天作岸，山登绝顶我为峰"。

　　年少时，有一次林则徐参加童子试，其父怕他累，影响考试，于是让他骑在自己肩上。主考官见林则徐年少，有意考他，即景出了一副上联："子骑父作马。"林则徐不慌不忙地答道："父望子成龙。"主考官听了频频点头，高兴地放行。

拓展阅读：

《使滇吟草》清·林则徐
《虎门销烟》（电影）

◎ 关键词：鸦片　止痛　林则徐　销烟

林则徐虎门销烟

　　鸦片就是大烟，这种东西本来可以做止痛药，但人要是吸上了大烟就容易上瘾。一旦上了瘾，就会变得面黄肌瘦、半死不活。

　　以前，英国人和中国人做买卖老是赔本。因为中国人根本不喜欢洋布、洋表，而中国的茶叶、丝绸却在英国受到广泛的欢迎。但自从英国人通过东印度公司，把鸦片从印度运来中国后就不一样了，他们每年都从中赚走不计其数的银子。鸦片给中国人带来了极为严重的危害：无数老百姓因为抽上了鸦片而家破人亡，士兵们抽上了鸦片就再也没有力气打仗了，地主为了买大烟更加残酷地搜刮老百姓。那些贪官污吏不但不严厉禁烟，反而和烟贩子们勾结起来从中牟利。尤其是在广州这个对外贸易的通商口岸，这种现象最为严重。道光皇帝在一些忠臣的苦苦劝说下，下令派林则徐到广州禁烟。

　　林则徐来到广州后，先是微服视察。他看到街头到处都是骨瘦如柴、脸色蜡黄的大烟鬼。他们有气无力地缩在墙角，不住地打着哈欠，鼻涕眼泪一个劲儿地流。林则徐内心很明白，要彻底禁烟，一定要先查出并严惩那些走私鸦片的贪官污吏和汉奸卖国贼。在两广总督邓廷桢和水师提督关天培等人的帮助下，林则徐一连严惩了二十几个贩大烟的贪官。紧接着，他又命人前往英国商人义律住的商馆，要求他们交出所有鸦片。

　　义律狡猾异常，他要了各种花招，就是不肯把鸦片交出来。林则徐派关天培带兵将商馆死死围住。那些在商馆里做工的中国人为了迫使义律投降，一齐从商馆跑了出来。没过两天，商馆里粮、水断绝，干活的中国人也都跑掉了。义律支持不住了，只好让英国商人们乖乖地交出全部鸦片，一共有2.2万多箱。

　　1839年6月3日，广州的文武大臣们在林则徐的带领下来到了虎门海滩。虎门海滩一时人头涌动，气氛热烈。两个十五米宽的销烟池早已挖好，每个池子里都有洞通到大海。

　　"开始销烟！"随着林则徐一声令下，几十名身强体壮的大汉挥起铁锹，劈开鸦片箱，将大烟和白灰一齐倒进池中烧毁。当海水被放进池子里时，一团团浓烈的黑烟随着"咕嘟咕嘟"的沸腾声冲上了天空。顿时，海滩上的人群高兴地欢呼起来。虎门上空的黑烟一直冒了二十几天，这些鸦片终于全部被销毁了，就连池子里剩下的黑渣，也都被冲进了大海。

　　林则徐的销烟运动取得了最终的胜利。可是英国人是不会吃这个亏的。不久，他们便把禁烟当成借口，发动了侵略中国的鸦片战争。中国在鸦片战争失败后，逐渐进入半殖民地半封建社会。

残阳夕照——清

●陈化成像

◎ 关键词：鸦片战争　陈化成　《中英南京条约》

陈化成血战吴淞

1840年6月，乔治·懿律率领英国远征军到达澳门海面，封锁珠江口。鸦片战争正式爆发了。林则徐和关天培根本不惧英军的坚船利炮，他们在珠江口附近增添大炮，设立防线。英军自知不敌，转而向北。其后，浙江定海和镇海相继失陷。而这场反侵略斗争最壮烈的一幕，则发生在长江口的吴淞炮台。吴淞的守将，是年已六十六岁的老将军陈化成。英军在他的手里吃过亏，因此都称他为"陈老虎"。

吴淞口捍卫着长江入口，地理位置十分重要。陈化成担任江南提督之后，日夜备战。他修建炮台，制造火药，新添八千斤大炮六十门，还特地从福建挑选了一批精兵来充实力量。

英军统帅朴鼎查在接连攻下厦门、定海、镇海和宁波之后，直奔江宁。因为那里是中国东西航运和南北漕运的交会点，只要攻下了江宁，就可以向清政府提出更高的要求。而要攻下江宁，就必须攻下吴淞。因此，朴鼎查先打下了乍浦，使吴淞完全暴露在英军的攻击视野之中。

尽管如此，英军还是小心翼翼，并不敢马上发动对吴淞口的进攻。第一天，他们派少数舰船佯攻，借以探看吴淞炮台的火力点。身经百战的陈化成知道英军的目的，整整一天不开炮。1842年6月16日，朴鼎查不想再拖延时日，便发动了对吴淞口的进攻。陈化成早就布置就绪，两炮台立即开火猛轰英舰。英军的进攻受到遏制，被阻挡在炮台的火力圈外。

形势本来对陈化成的守军十分有利。不料在东炮台一侧，却出现了一支奇怪的队伍。新任两江总督牛鉴听说吴淞口初战告捷，便带着自己的部队来参战。他肆无忌惮地带着仪仗队，吹吹打打地在炮火中前进！英军一阵火炮轰来，打得牛鉴的队伍人仰马翻。东炮台的守军分散兵力去救援，致使东炮台失守。

攻下东炮台后，英军集中兵力向西炮台发起猛攻。西炮台上的火炮没有升降的装置，能轰击远处的英舰，却无法对付已经登陆并逼近炮台的英军。陈化成身上七处负伤，依然坚守阵地，指挥士兵。登陆的英军呐喊着朝炮台拥来，陈化成挣扎着站起身，抽出战刀与英军肉搏。最终，陈化成倒在了血泊中，西炮台失守。吴淞口落入了英军手中。

长江的入海口落入英军手中之后，英军又进逼南京。1842年8月，道光皇帝派投降派耆英为首席代表，与英方签订了中国第一个不平等条约《中英南京条约》。条约规定，中国开放广州、厦门、福州、宁波和上海作为通商口岸，割让香港，赔偿战争军费二千一百万两白银。一向闭关自守的大清帝国，从此沦为半殖民地半封建的国家。中国历史进入了另一个阶段。

残阳夕照——清

●太平军指挥部——金田三界庙

>>> 《天朝田亩制度》

1853年由洪秀全颁布。该制度主要以改革土地制度、解决土地问题为中心内容。他强调男女平等，无视旧有的关系限制，实际上是对封建地主阶级土地制度的直接否定，具有强烈的反封建性。

《天朝田亩制度》比较系统地表达了太平天国的政治、经济和社会生活要求，把以往中国农民起义提出的"均田""分地"思想发展到前所未有的水平。

拓展阅读：

《钦定士阶条例》清·洪仁玕
《资政新篇》清·洪仁玕

◎ 关键词：洪秀全 拜上帝会 太平天国

洪秀全金田起义

洪秀全，1814年出生于广东花县。他一心想靠考取功名走上仕途，可当时考场营私舞弊，重钱不重人。洪秀全多次参加科举考试都不中，这使胸怀大志的他日益变得愤世嫉俗。

1843年，洪秀全偶然接触了宣传基督教义的册子——《劝世良言》。后来，他便以此为基础创立了"拜上帝会"。洪秀全同好友冯云山、族弟洪仁玕，利用在私塾教书的机会传道。他自称是耶稣的弟弟，受命下凡救世。他还曾经和冯云山、洪仁玕一起砸毁孔子牌位，可当时的人们很难接受他们的想法。不久，他们都失去了塾师的职业。洪秀全和冯云山没有灰心，他们决定先把基础打牢，然后再图谋大事。就这样，洪秀全回到花县，冯云山去了广西桂平县。

几年后，当洪秀全带着写成的《原道救世歌》《原道醒世训》《原道觉世训》等文章来到广西桂平县金田村时，冯云山已经在那里成立了"拜上帝会"，并发展了三千多名会员，桂平县的紫荆山地区成了根据地。

洪秀全的文章大多朗朗上口、明白易懂，如"天下多男人，尽是兄弟之辈；天下多女子，尽是姐妹之群"等。于是，他很快得到大家的拥护，被尊为领袖。地主出身的韦昌辉和石达开，也都参加了"拜上帝会"。"拜上帝会"的影响越来越大，活动也越来越多。

道光三十年（1850年），洪秀全号召各地会员到金田村集会。会员们个个心情振奋，他们扔下活计，变卖了家产，扶老携幼地奔向金田村。当官的也和普通会员同甘共苦，有饭同吃、有衣同穿、有钱同使。同时，洪秀全加紧整编队伍、严格军事训练、赶造武器，准备正式宣布起义。

1851年1月11日，洪秀全下令让全体将领和战士到金田村前韦氏宗祠门前的广场集合。一队队汉族、壮族、瑶族战士们手执大刀长矛，分营排列，精神抖擞。不少儿童和妇女也手挥彩旗，欢呼雀跃。在人声沸腾之中，洪秀全登上韦氏宗祠门前的高台，昂然站立在黄绸大旗下，冯云山、杨秀清、萧朝贵、韦昌辉、石达开等人则站在他的两边。洪秀全庄严宣布："今天，'拜上帝会'正式起义了！我们要推翻腐败的朝廷，让天下太平！我们的国号就叫太平天国，就是要让穷人过上太平的日子。"

太平军战士们从金田村出发，转战附近州县，连连告捷。后来，他们一举攻占了永安州城（今广西蒙山），已经自称天王的洪秀全下令在这里整顿队伍。他封杨秀清为东王，萧朝贵为西王，冯云山为南王，韦昌辉为北王，石达开为翼王。其中，以东王的权力最大，仅次于天王。太平军从永安突围，之后挥师北上，势力不断壮大。

●天王纶音碑额

>>> 石达开改联剃头店

相传太平军起义前，石达开曾经资助李文彩（后为石达开的部将）在广西贵显城里开剃头店，作为结交地方豪杰的联络站口。开张前夕，冯云山为李文彩拟联云：

磨砺以须，天下有头皆可剃；及锋而试，世间妙手等闲看。

石达开看了说："对子好是好，但两句都头重尾轻，既吓不退胆小鬼，也引不起豪杰之士的注意。"于是他提笔改为：

磨砺以须，问天下头颅几许；及锋而试，看老夫手段如何。

拓展阅读：

红军强渡大渡河
《入川题壁》清·石达开

◎ 关键词：天京事变 石达开 大渡河 战败

石达开兵败大渡河

1856年8月，洪秀全密令北王韦昌辉诛杀东王杨秀清。韦昌辉趁机大开杀戒，杀死杨秀清满门和部下数万人，这就是历史上有名的"天京事变"。之后，洪秀全又杀死韦昌辉，请石达开回天京主持大局。

出身于地主家庭的石达开，胸怀大志、为人平和、注重实际，是一位不可多得的文武双全的统帅。在天京事变时，石达开就反对韦昌辉大肆滥杀。因此，他一回到天京，就得到了所有官兵和老百姓的欢迎。

但是，当时的洪秀全长期脱离群众，生活腐化，思想狭隘。杨韦事变更使他变得对谁都不信任，甚至对石达开也疑心重重。在这种情形之下，他把自己两个无能的哥哥洪仁发、洪仁达封为安王和福王，以牵制石达开。这使得石达开非常不满，也引起了朝中官员的反感。

石达开的部将张遂谋劝他将手中掌握的天国最精锐的部队拉去四川，像当年刘备一样，与清廷、洪秀全形成三国鼎立的局面。终于，石达开于1857年5月正式带领十多万太平军离开天京。出走时，他沿途张贴布告，表明由于自己的一片忠心不为天王所容，天王疑心太重难免加害自己，因此不得不离开天京远征他乡。他自己对上帝和天王仍然是忠心耿耿，远征只是去除掉清妖。

石达开先在安徽安庆驻扎了半年。如果他当时以安庆为中心，与天京协同对付清军，对太平天国革命还是有利的。只是他一心远征，想占领四川，自立一国。不多久，他便离开安庆南下。这样，石达开既削弱了自己，也削弱了整个太平天国的实力。

石达开在浙江、福建期间，数次与清军交锋，但都以失败告终。1858年，他辗转进入湖南。第二年又退回广西。最后，好不容易才进入四川。

石达开一心想通过长江占领成都，但一直没成功。后来，他决定强渡大渡河。当他们到达大渡河后，却发现河上的船只已全被清军抢走。他们在当地人生地不熟，得不到当地人民的帮助，很快陷入困境。即便如此，石达开仍坚持强渡大渡河。但不幸的是大渡河突然涨水。在等待水位下降的时候，清军联合当地的武装部队将石达开的三四万军队团团围住。当时，石达开部北面是大渡河，对岸有清军将领唐友耕严密把守，西面松林河有王应元的当地武装把守，东面马鞍山有承恩岭的当地武装把守，而山高路险的南面则有清军将领杨应刚把守。石达开身陷绝境，决定拼死一战。1859年4月17日，他突围失败。

石达开为保全士兵的性命，决定向清军投降。四川军政长官骆秉章假意答应要求，把石达开骗到清营后杀害。石达开手下七八千士兵几乎全部被杀。

就这样，在大渡河一役中，年仅三十三岁的石达开战败而亡。

残阳夕照——清

●左宗棠克复杭州战图
同治三年（1864年）二月二十一日，清军合剿杭州、余杭二城，同时洋人德古碑炮轰凤山门城垛。左宗棠、郭将乘势猛攻庆春、艮山等门，昼夜不止。二十四日，攻入杭州城内，搜杀太平军数千人。

◎ 关键词：曾国藩 轮船 洋务 先驱 留学

"中兴之臣"曾国藩

● 曾国藩像

>>> 捻军起义

太平天国兴起之后，河南、安徽一带捻军群起响应。咸丰元年（1851年），南阳捻头乔建德聚众二千人在角子山起义，李大、李二在南召起义，凤阳、颍州等地捻军纷纷起事。

1852年，捻党大头目张乐行、龚得树等人在安徽发动反清大起义。从此捻军起义全面爆发。

捻军在反清的道路上，成为太平天国以外另一支强大的反清力量。

拓展阅读：

天国印刷
石达开智破曾国藩

曾国藩，原名子城，字伯涵，后改名国藩，号涤生。他于1811年出生于湖南。1833年考中秀才后，到湖南的最高学府——长沙岳麓书院学习。1838年考中进士。五年之内，他由一个七品小官升至二品大员。

太平天国运动爆发后，曾国藩组成一支湘军，其中以湖南子弟为基础。经过大小几十次恶战，他带领湘军攻下天京，消灭了太平天国。曾国藩也因此被称为"中兴之臣"。他消灭了太平天国以后，感觉强军富国是当务之急，认为只有向先进的西方国家学习，才能获得出路。

1861年，曾国藩建立安庆军械所。1864年年初，蔡国祥制成了一艘木壳小轮船。在安庆江面上，曾国藩亲自上船试航。湘军攻占南京后，曾国藩将安庆军械所迁至南京。在徐寿、徐建寅父子的努力下，中国第一艘轮船于1865年建造完成，曾国藩给它取名叫"黄鹄"号。但这时的船只大多处于试制阶段，离投入使用尤其军用还有很大差距。1867年曾国藩回到南京，向朝廷申请每年二十多万两银元的经费以供造船之用。当时，将向西方学习技术的事称为"洋务"，曾国藩因全力推动向西方学习的热潮，因而成为中国洋务运动的先驱。他最先提出学造西式轮船以加强清朝海军战斗力的主张。

1868年5月，曾国藩专程去上海查看由李鸿章主办的江南制造局。在中国第一位留学生容闳的陪同下，他观看了从美国购回的机器以及建造中的轮船。这给曾国藩留下了深刻的印象。

1868年8月下旬，江南制造局建造的第一艘轮船完工。该船为木壳轮船，长185尺，宽27尺，载重600吨，每小时可航行37里。曾国藩将它命名为"恬吉"。这是中国自造的可供实用的第一艘轮船，但其主机仍购自外国。随着第一艘轮船的完工，曾国藩专门向朝廷提交一份报告，提出了添建翻译馆的问题。在曾国藩的推动下，江南制造局里设立了翻译馆，西方的科技从此被比较系统地介绍到了中国。据统计，从1868年到1880年，翻译馆共翻译出版西方科技书籍一百六十三种，包括数学、化学、天文学、矿物学、地质学、医学、军事学等学科。这使当时中国许多知识分子对西方科技有了一定的了解。

1871年，曾国藩还与李鸿章等人联名要求清廷派学生出国留学。他认为只有出国留学才能真正学到西方知识技术的根本，才能使本国的国防工业获得极大的发展。一年后，朝廷正式首派三十名幼童从上海前往美国留学，从此拉开了中国近代史上的出国留学序幕。可惜的是，曾国藩在此前五个月便去世了。

● 《中俄瑷珲条约》影印

>>> 《中俄密约》

主要有六款：日本如果侵占俄国远东领土或中国、朝鲜领土，中俄两国应以全部海军、陆军互相援助；缔约国一方未征得另一方同意，不得与敌方议立合约，战争期间，中国所有口岸都应对俄国军舰开放，允许俄国在黑龙江、吉林两省修筑铁路直达海参崴；无论战时或平时，俄国有权通过该铁路运送军队和军需。

通过这一密约，沙俄政府把侵略势力伸入到了中国东北地区。

拓展阅读：

《中俄天津条约》
《鸦片战争》（电影）

◎ 关键词：第二次鸦片战争 俄国人 瓜分 阴谋

俄国人趁火打劫

正当英法两国准备发动第二次鸦片战争，清朝政府疲于应付的时候，俄国人打算趁机实施其瓜分中国的阴谋。

沙皇特使普提雅廷来到北京，向接见他的恭亲王奕訢提出交换领土的要求。他妄图让清政府承认黑龙江以北、乌苏里江以东为俄国领土。以此作为条件，俄国将帮助清廷对付太平天国。奕訢以康熙时代的《尼布楚条约》为由，拒绝了他的要求。

普提雅廷碰了一鼻子的灰，但仍不改其狼子野心。他找到英国公使额尔金，声称只要英国一打到北京，俄国将出面强迫清政府答应英国的要求。

当英国进攻大沽口时，普提雅廷趁机又向清政府提出领土要求。清政府此时已被英法联军打得手忙脚乱，于是便叫他到黑龙江与奕山商谈。奕山在第一次鸦片战争时任两广总督，现为黑龙江将军，地位相当于总督。

就这样，俄国派出代表穆拉维也夫到瑷珲与奕山谈判。

穆拉维也夫口气蛮横，态度猖獗。他逼迫奕山答应出让领土，否则俄国不光要占领江北，还要攻打黑龙江以西的地方。正当奕山犹豫的时候，忽然外面传来一阵阵枪炮轰鸣声，吓得他浑身哆嗦。原来奕山当年在广州时，就被英国的兵舰炮弹吓怕了，现在看到俄国的兵舰正从黑龙江对岸开来，不由得魂不附体。

后来，胆小的奕山和俄国人签订了《瑷珲条约》。在条约中，把黑龙江以东、外兴安岭以南六十万平方公里的领土割让给俄国，规定中国人只在江东六十屯有永久居住权。同时，《瑷珲条约》中还规定，乌苏里江以东的四十多万平方公里领土划为两国"共管"。

贪婪的沙皇并没有就此满足，六十万平方公里的土地不过是他侵吞中国领土的第一步。在英法联军攻占北京后，俄国打着"调停"的旗号胁迫清政府满足英法的要求。中英和中法分别签订了《中英北京条约》《中法北京条约》后，普提雅廷就以俄国人"调停"有功自居，逼迫奕訢签订《中俄北京条约》。在《中俄北京条约》中，两国共管的四十万平方公里土地也划归了俄国。

国家的领土被侵略者抢走了，清朝的统治者们却不感到心疼。他们从不关心国家的命运和前途，只知道恬不知耻地算计自己的权力。在国家和人民惨遭瓜分宰割的紧急关头，他们却在为自己的利益费尽心机。

●圆明园遗址

>>> **雨果的回忆**

"有一天,两个强盗闯进了圆明园。一个强盗洗劫,另一个强盗放火。似乎得胜之后,便可以动手行窃了。他们对圆明园进行了大规模的劫掠,赃物由两个胜利者均分。"

"……我们欧洲人是文明人,中国人在我们眼中是野蛮人。这就是文明对野蛮所干的事情。将受到历史制裁的这两个强盗,一个叫法兰西,另一个叫英吉利。不过,我要抗议,感谢您给了我这样一个抗议的机会。治人者的罪行不是治于人者的过错,政府有时会是强盗,而人民永远也不会是强盗。"

……

——《就英法联军远征中国致巴特勒上尉的信》(节选)

拓展阅读:

《圆明园》金铁木
《圆明园流散文物》
文物出版社

◎ 关键词:圆明园 《天津条约》 英法联军

英法火烧圆明园

圆明园是清朝的皇家园林,它位于北京西北郊。圆明园始建于康熙年间,雍正年间加以扩建,乾隆年间大事修饰,此后历代都有修建。园内有精美建筑物二百余座,宫殿、祠庙、别墅、花园、宝塔、丛林、山、湖、桥、洞交错布列,蔚为壮观。它将中西建筑风格融于一体,被誉为"万园之园"。

第二次鸦片战争后,清政府在英、法等国的胁迫下,签订了《天津条约》。为了让清政府执行条约中的不平等条款,英、法两国组成英、法联军,攻下了北京城。咸丰皇帝带上后妃、皇子和一批王公大臣仓皇逃离紫禁城,去承德避暑山庄避难。攻下北京的英法联军,开始了他们惨无人道的劫掠行动。

1860年10月,法国步兵和英国骑兵进犯圆明园。一场对圆明园的焚烧洗劫开始了。

法国军队率先进入园内抢掠。第一天,他们进行这种最无耻的野蛮勾当时,多多少少还有点遮遮掩掩。

但是到了第二天,他们不再遮掩,而是肆无忌惮地大规模抢劫。英国人的加入,更把这种劫掠推向了高潮。一时间,所有的军人都拥向圆明园。在一个屋子里,常常是各种等级的军官和士兵钻在一个箱柜里,头碰头,手撞手,在搜寻,在抢夺。他们高声呼喊着,扑向一堆无价之宝,互相扭打,跌跌撞撞,丑态毕现,野蛮至极。他们将皇宫宝物当成自己的战利品抢走。有些士兵半身都缠着丝绸、织绸,还有一些士兵把各种宝石都放在自己的口袋里、衬衫里、帽子里,甚至胸口上还挂着用大珍珠做的项圈。士兵们用大斧把家具统统砸碎,然后再取下宝石。而遇到实在拿不走的东西时,他们则将其砸碎打烂。

近半个月的疯狂劫掠后,英法联军为了遮盖其罪行,决定烧毁圆明园。所有的庙宇、宫殿、古老建筑以及其中的历代收藏都在火焰中化为灰烬。由于圆明园很大,一次焚毁难免有遗漏的地方。因此,联军又组织专人到处巡搜,将遗漏之处一一焚毁。

大火烧了两天两夜,劫后的圆明园也成了一片废墟。凝聚无数人智慧与血汗的圆明园,就这样在大火中化为了灰烬。

●清代皇家园林圆明园,经康雍乾三朝皇帝的经营,规模庞大,美景数不胜数。这是清人所绘的圆明园万方安和图。万方安和为圆明园40景之一,位于杏花春馆西北,建于小湖中,共33间,均毁于英法联军之手。

◎关键词：慈禧 争权 垂帘听政 政变

西太后垂帘听政

●慈禧太后朝服像

>>> 慈禧看戏

慈禧看戏时喜欢"对号入座"。

有一次，唱青衣的孙怡云进宫唱《玉堂春》。出场散板，有一句"鱼儿落网有去无还"，他照旧词唱了"羊入虎口有去无还"。慈禧听了大怒，喝令孙怡云立时停演。孙怡云见状，吓得直哆嗦，还不知自己错在哪。原来，慈禧属羊，羊入虎口，岂不是虎把羊吃了吗？

孙怡云犯了这个"圣讳"，被驱逐出宫。慈禧又下旨永不准他再唱戏。

拓展阅读：

慈禧受辱相国寺
《慈禧太后私生活秘史》德龄

1860 年，正当清廷一心对付南方的太平天国政权时，北方的英法联军又打到北京城附近。咸丰皇帝吓得躲到了河北承德的避暑山庄。不久，他便病倒了。咸丰临终前，将皇位传给了年仅六岁的儿子载淳。他封肃顺、端华、载垣、景寿、穆荫、匡源、杜翰、焦祐瀛八大臣为顾命大臣，辅佐小皇帝。最后还特别提醒，要注意提防懿贵妃。

这位懿贵妃，姓叶赫那拉。她十六岁被选入皇宫，为人机灵、聪明能干，很快就得到咸丰的喜欢，还生了皇子载淳，这是咸丰唯一的儿子。她也因此被封为懿贵妃，地位仅比皇后低。咸丰经常生病，她就代笔批阅奏折。为人忠厚的皇后什么事都让着她，她也就越来越骄横。

咸丰帝死后，八大臣拥立载淳为皇帝，尊皇后为慈安太后，尊皇帝的生母懿贵妃为慈禧太后。然而，野心勃勃的慈禧想要掌握国家的大权，所以拥有这些权力的八大臣就成了她夺权的障碍。而八大臣也对她怀有戒心，不让她干涉朝政。

慈禧为了争权，便暗中联络在北京的恭亲王奕䜣。等奕䜣把北京的一切安排好以后，慈禧便催促八大臣把咸丰皇帝的遗体送回北京。她对肃顺说："我和慈安太后、皇上由载垣、端华他们七个人陪着，从小路先走。你带领军队护送皇上遗体，从大路走。我们先到北京，好率领文武官员迎接你们。"被蒙在鼓里的肃顺不知道慈禧这样做，实际上是把他这个核心人物与其他七个顾命大臣拆开了。这样就有利于慈禧、奕䜣除掉他们。

慈禧一行到达北京的当天晚上，一大批官员就纷纷要求由太后处理国家大事。他们声称，如果不这样的话，就没办法安定人心，维持统治。第二天一大早，文武大臣们都到皇宫去给小皇上请安。这时候，奕䜣突然站出来。他双手高举早已用小皇帝名义写好的圣旨，大声念道："将载垣、端华、肃顺等人立即捉拿。"大臣们一听，都目瞪口呆。还没等他们明白是怎么回事，武士们已经把端华、载垣等七个人抓了起来。然后，奕䜣又命令醇亲王领人去逮捕刚走到密云的肃顺。

八大臣全部抓获后，慈禧下令将肃顺杀头，命令载垣和端华自杀，其余五人全部被撤职。除掉了八大臣，慈禧也就掌握了国家大权。她宣布，由她自己和慈安太后垂帘听政。慈禧给小皇帝起了个年号，叫"同治"。其实，国政大权都掌握在她一个人的手中。

慈禧太后从 1861 年发动政变上台，到 1908 年病死，掌权共四十七年的时间。这期间，她一直操纵着中国的命运。

残阳夕照——清

●太平天国忠王府

>>> 三河大捷

三河大捷是太平天国后期，太平军在安徽三河镇（今属肥西县）歼灭湘军精锐李续宾部的一次著名战役，也是太平天国战争史上集中优势兵力打歼灭战的著名范例。

通过三河大捷，太平军粉碎了湘军东犯的企图，保卫了皖中根据地，对鼓舞士气，稳定江北战局，保证天京安全和物资供应，都具有重大的战略意义。

拓展阅读：

慈溪战役
李秀成冒死直谏
雨花台大战

◎关键词：李秀成 忠王 核心 被俘

《李秀成自述》之谜

李秀成，广西梧州藤县宁凤乡人。他出身贫寒，从小便有着强烈的反抗思想。1851年9月，李秀成加入太平军。这时，正是太平天国金田起义之后的第八个月。他真正展示自己在军事上的才能，是在1855年秋天破解镇江之围时。

当时，镇江被清军一万多人团团围住。太平军派燕王秦日纲为主帅，率陈玉成、李秀成前去救援。他们赶到后与清军多次交手都不分胜负，双方出现了长期对峙的局面。而被困镇江城的太平军守将吴如孝，如果得不到及时救应，很可能兵败城陷。所以，对于前来救援的太平军，首要的任务就是要打破清军的防线，和镇江守军取得联系。

危急关头，李秀成为秦日纲想出一条破敌之策。首先派年轻勇敢的陈玉成坐一艘小船冲进镇江城，找到吴如孝，按照事先约定的时间集中兵力往城外打。而李秀成则带援军从城外攻入。但清军已占据了险要地势，隔断了太平军和镇江取得联系的道路。李秀成决定由一部分部队主动与清军作战，以吸引敌人的注意力。他自己则挑选三千精兵，乘夜过河，与城内的陈玉成、吴如孝内外夹击，一举打败了围城的清军，从而解了镇江之围。这一战使李秀成名声大振。

继天京事变、翼王石达开出走之后，为洪秀全所重视的李秀成开始成为太平军的军事总指挥。这样，忠王李秀成便成了太平天国后期的军事领导核心人物之一。虽然经过天京变乱，太平天国的力量已经急速衰弱，但是李秀成依靠他杰出的军事能力，还是指挥太平军取得了多次防御战的胜利，从而稳定了天京局势。后来，外国列强与清军勾结共同剿杀太平军，使得太平军损失惨重。

1864年，清军攻破天京，李秀成被俘。在曾国藩严刑逼供之下，李秀成拒不投降。最后，曾国藩劝他写出供词，便可饶他不死。就这样，他在牢里用了十几天时间写出了一份供词。这份供词就是后人所说的《李秀成自述》。

可是，曾国藩还是杀害了他。而他留下的这篇《李秀成自述》，却成为后人争论的热点。由于自述中有许多褒扬清朝、贬低太平天国的言论，其中又有不少地方经过曾国藩的修改，因而这篇自述是真是假，是否可以表明李秀成变节投降，都成了一个谜。

当洪秀全已死，太平天国已亡，李秀成或许会出于某种考虑，写下自述，但他不一定就是变节投敌。以无情剿杀太平军而获得"曾剃头"绰号的曾国藩是否曾为李秀成争取生机，也不得而知。总之，李秀成的自述为后人研究太平天国运动提供了宝贵的资料。

残阳夕照——清

●左宗棠像

>>> 左宗棠抬棺出征

"大将筹边尚未还,湖湘子弟满天山;新栽杨柳三千里,引得春风度玉关。"

这首诗的作者是清代诗人杨昌浚,他曾是左宗棠湘军中的一员得力大将,他把唐代诗人王之涣一首《凉州词》的"黄河远上白云间,一片孤城万仞山。羌笛何须怨杨柳,春风不度玉门关。"彻底改写了。

诗中说的是左宗棠当年抬棺出征、收复新疆的情景,他的军队不但能征善战,同时也是一支种树的排头兵,到处种树,种了几十万株树,后人称之为左公柳。

拓展阅读:

维吾尔族清真寺
《左文襄公全集》清·左宗棠

◎ 关键词:左宗棠 钦差 收复 新疆

左宗棠收复新疆

同治十年(1871年),阿古柏在新疆宣布建国称王,趁火打劫成性的俄国军队趁机出兵占领新疆西部的重镇伊犁及其附近地区。而这时,李鸿章在给皇帝的奏折上却说:"新疆路途遥远,交通不便。要收复新疆,就得花大笔钱财。结果肯定是得不偿失!另外和蛮横的俄国人交涉,也很费周折。当初曾国藩也曾经主张放弃新疆,好集中精力平定内地。这才是上策!"

左宗棠,湖南湘阴人。他从小就喜欢研究兵法和边疆地区的历史、地理。他曾写下一副对联:身无半亩地,心忧天下;读破万卷书,神交古人。听说李鸿章鼓吹放弃新疆,坐镇兰州的左宗棠立刻写奏折批驳。他认为,如果放弃新疆,那么甘肃、陕西就会暴露在敌人面前,而且内外蒙古和山西也不得安宁,连北京也要受到威胁。左宗棠还说:"我虽然已经六十五岁了,但不能容忍俄国霸占伊犁、阿古柏占领新疆。我愿意带兵出征,收复伊犁和整个新疆。"不久,清廷任命左宗棠为钦差大臣,令他发兵收复新疆。

光绪二年(1876年)春,左宗棠率领军队经过河西走廊向新疆进发。他坐镇肃州(今甘肃酒泉),扎营部署。部队开拔前,左宗棠举行了庄重的祭旗仪式。军队在仪式上宣誓:誓与敌人血战到底,收复祖国河山。

在刘锦棠率领的部队夜袭乌鲁木齐成功后,左宗棠很快就收复了除伊犁以外的北疆地区。左宗棠的第一步计划实现后,接着就准备向南疆进军。

进军南疆前,左宗棠对官兵们说:"这次进军,打的是阿古柏这些入侵者,不是维吾尔族老百姓。我军所到之处,不准奸淫抢掠,也不许胡乱杀人。"左宗棠的命令得到西北少数民族的拥护。他们自动地给清军带路,送情报,支援粮食,有的还上战场协助清军打仗。在当地人民的支持下,刘锦棠、张曜、金顺、徐占彪很快就在吐鲁番会师了。阿古柏所设下的各个据点,也一个个被拔除。不到两年,清军就收复了除伊犁以外的整个新疆。

阿古柏失败以后,俄国军队仍然赖在伊犁不走。一心希望收复伊犁的左宗棠,决定亲自到新疆部署兵力。他奔赴前线时,带着一口棺材随军同行,表示自己把生死荣辱置之度外,不收回伊犁,就不活着回来。在他的影响下,全军将士精神振奋,决心与俄国侵略者拼死一战。

但是,腐败的朝廷害怕左宗棠与俄国打仗会把事情闹大,不好收拾。于是,清政府下令召回左宗棠。光绪七年(1881年),中俄两国签订的《伊犁条约》虽然收回了伊犁,却让俄国割走了霍尔果斯河以西的大片领土和北疆的一部分地区。此外,俄国还蛮横地勒索了九百万卢布的赔款,并扩大了在我国西部地区的通商权利。

残阳夕照——清

●冯子材旧照

>>> 洋务运动

经过两次鸦片战争后，清政府内部的统治阶级对如何解决一系列的内忧外患问题，分裂为"洋务派"与"顽固派"。洋务派主张利用资本主义发展工商业来维护清的封建统治。

19世纪60年代至90年代，洋务派提倡"中学为体，西学为用"，在全国各地掀起了"师夷长技以自强"的改良运动——"洋务运动"。但是，洋务运动没有使中国走上富强的道路。

拓展阅读：

《冯子材》毛健予
《中法战争史》廖宗麟

◎ 关键词：中法战争 镇南关 冯子材 《中法新约》

冯子材和镇南关大捷

1883年8月，法国攻占了越南首都顺化。接着，又向驻扎在越南的中国军队挑衅。无法避免的中法战争随即拉开序幕。光绪十年七月（1884年8月），清廷正式对法宣战。

1885年2月，广西通往越南的重要门户——镇南关（今广西友谊关）被法军占领，他们要以此为突破口，占领中国南部。法军统帅尼格里狂妄地派人到关墙上写下了一句话："广西的门户已不再存在了。"面对法国侵略者的嚣张气焰，中国人民奋起反抗，他们纷纷投奔到清军将领冯子材营内，要求跟侵略者决一死战。

冯子材当时已六十七岁，在法军烧毁镇南关以后，他马上指挥军民在关内十里的关前隘修筑防御工事，以准备随时袭击来犯的敌人。同时，冯子材设法团结其他边境部队和关外的越南人民，同心一意，协同作战。冯子材亲自率军守卫长墙和山岭险要，担当中路作战任务。他命王孝祺、苏元春、王德榜等将领，分别率军驻守山口周围各处，交战时相互接应。

过了些日子，法军统帅尼格里在文渊城调集士兵，乘天降大雾向关前隘扑来。他猛力进攻东岭炮台，同时又分兵一路直奔长墙。法军凭借精良的武器，强攻东岭炮台，轰塌关前隘长墙，形势十分危急。冯子材带领战士们浴血奋战，拼命厮杀。王孝祺率领部队从小路绕到敌军侧面，从侧翼猛攻法军。苏元春率军登上东岭，抢入没有被敌军攻占的炮台，向法军开炮。驻守关东的王德榜率兵围攻文渊城，截断了法军的补给线。法军没有后路可退，开始慌乱起来。

尼格里用五花大炮开路，全力扑向长墙。老将冯子材奋不顾身地挥动战刀冲出墙外，杀向敌群。他的两个儿子也紧跟在后，勇猛杀敌。士兵们受到鼓舞，以排山倒海之势与敌人展开肉搏战。侵略军转眼便全线崩溃。占据东岭炮台的法军企图固守顽抗，冯子材指挥部队发动猛攻，终于击败法军，并使尼格里身受重伤。狼狈不堪的尼格里只好向文渊城逃去。

冯子材乘胜追击，接连攻克文渊、谅山、谷松、屯梅，然后直指北宁。北宁越南人民打起"冯"字旗号，组成两万多人的"忠义"团，抗击法军。在中越军民的沉重打击下，法军节节败退。

但是，1885年6月，清政府却与法国政府签订了丧权辱国的《中法新约》。在条约中，清政府承认越南是法国的"保护国"，允许法国货物进出云南、广西，税收减轻等，连中国要在这里修铁路，也必须同法国人商办。

中国军民用鲜血和生命换来的胜利，就这样被腐败的清政府葬送了。

残阳夕照——清

● 邓世昌像

>>> 北洋海军

1875年，李鸿章初任北洋海防时，仅有四艘轮船。对此，李鸿章采取了一系列强有力的措施。

到1888年，北洋海军已拥有二十五艘各类战舰。北洋海军正式建军，成了一支具有独立作战任务、能力和保障系统的舰队。

经过二十年的经营，到甲午战争之前，北洋水师在军事实力、基地建设制度、训练以及近海防御体系和后勤保障体系等方面已达到较高水平，成为清代唯一一支具有近代规模的正式海军舰队。

拓展阅读：

甲午威海卫之战
北洋海军
《甲午风云》（电影）

◎ 关键词：舰队 海军 《马关条约》

中日甲午黄海战

1894年以前，大清帝国的海军实力次于英、美、俄、德、法、西、意七大列强，居世界海军的第八位，而日本海军实力仅排名第十六位。当时，英国已研制出新近下水的世界最快的四千吨巡洋舰，若购买此舰可扩充中国舰队的实力。可是，朝廷为了给慈禧太后做六十大寿，宣布停购舰艇两年。最后，这条船被日本买到。这就是后来把北洋舰队冲得落花流水的"吉野"号。

1894年9月17日，我国第一支现代海军——北洋舰队，在黄海之上的大东沟洋面，与日本联合舰队发生了遭遇战。

海军提督丁汝昌带领的北洋海军在护送完运兵船到朝鲜后，于回国途中，忽然接到警报。丁汝昌举起望远镜看去，只见东南方有十二艘悬挂着美国星条旗的军舰朝这边开过来。丁汝昌正在纳闷时，这十二艘军舰已把星条旗全换成了日本的太阳旗，摆好阵势冲过来。

丁汝昌见日本军舰来势汹汹，便立即下令开火。他亲自指挥的"定远"号冲在最前面。日本军舰集中火力炮轰"定远"号，甲板和桅杆都被击中，帅旗也被打落了。有一颗炮弹正好落在丁汝昌的身边，将他炸成了重伤。丁汝昌拒绝入舱包扎，坚持坐在甲板上督战。

幸好管带邓世昌及时赶到，在他的率领下，"致远""经远"两舰向"吉野"号发动猛攻。这时，日舰"吉野"号已经被打得着了火。邓世昌下令追击，准备一举把它打沉。着火的"吉野"号拼命逃窜，"致远"号在后面将一发发炮弹轰向"吉野"号。眼看"吉野"号就要支持不住了，"致远"号的大炮却突然哑了。这时候，"吉野"号又乘机返回头，向着"致远"号扑来。

危急时刻，邓世昌毫不犹豫地下令撞沉"吉野"号，准备和敌人同归于尽。"吉野"号见这阵势，急忙掉头，一边逃跑，一边胡乱地朝"致远"号发射鱼雷。"致远"号的官兵们一个个视死如归，毫不畏惧。眼看着离"吉野"号越来越近了！这时，突然"轰"的一声巨响！"致远"号被日方炮弹击中要害，邓世昌与全船战士二百五十人全部壮烈牺牲。

在"致远"号英雄壮举的鼓舞下，各军舰与敌人展开了殊死搏斗。刘步蟾指挥主力舰"镇远"号，击中了"松岛"号。林永升在指挥已负重伤的"经远"号，打中了"赤城"号后，全船战士壮烈牺牲……

甲午海战爆发后不出数周，清朝的北洋舰队全军覆没。后来，李鸿章出面跟日本签订了《马关条约》，赔款两亿两白银，割让台湾，才平息了这场战争。

●中日谈判地日本广岛马关春帆楼

>>> 淮军

淮军出于湘军。1861年，太平天国进军上海，上海清军不能作战，英增兵未到。当时曾国藩为两江总督，驻安庆，上海地方官派代表向他求援，曾国藩即命他的得力幕僚李鸿章招募淮勇，于1862年3月在安庆编成一军，称"淮勇"，又称"淮军"。

李鸿章以淮军势力为基础，掌握了国家外交、军事和经济大权，成为晚清政局中的重要人物。

淮军主要将领张树声、刘铭传、丁汝昌、叶志超、卫汝贵、聂士成等，形成淮系军阀，是统治阶层中一个重要的武装政治集团。

拓展阅读：

《李鸿章与晚清四十年》雷颐
《使民以时子曰》李鸿章

◎ 关键词：李鸿章 马关 谈判 《辛丑条约》

李鸿章赴日谈判

随着北洋舰队的全军覆没和陆军的全面溃败，败局已定的清政府决定向日本求和。日本向清政府提出必须派李鸿章为头等全权大臣，并且还要让李鸿章有割让土地的大权。

当时，担任直隶总督兼北洋大臣的李鸿章一直站在清政府内政外交的第一线。他是中国当时最有国际声望的政治家，也是最有外交手腕的外交家。李鸿章深知，外交是内政的延续，无论他在谈判桌上怎样努力，割地赔款已是在所难免。

1895年3月19日，李鸿章等人到达日本马关（今日本下关），准备与日本内阁总理大臣伊藤博文进行谈判。谈判主要分为两步，先谈停战条件，后谈议和条件。

谈判一开始，伊藤博文就提出"应让日军进占大沽、天津和山海关"的停战条件。李鸿章严词拒绝，双方一时之间僵持不下。这天，在李鸿章返回住处的路上，他遭到日本国内战争狂热分子的突袭。子弹正中李鸿章的左面颊，他顿时昏厥。

李鸿章遇刺的消息一经传出，各国舆论立即大哗。这使日本压力骤增。李鸿章决定抓住日本态度松动的机会，减轻中国的损失。

3月20日，日本做出让步，不再坚持进占大沽、天津、山海关，并且主动提出无条件停战二十一天，直接进入谈判议和的阶段。4月1日起，日本提出要中国割让辽南、台湾和澎湖列岛，并支付巨额战争赔款。

4月15日，最后一轮谈判历时五个小时。尽管李鸿章费尽口舌，想抓住最后的机会，力求日本有所让步，但是弱国无外交，日本最终也没有做出丝毫的让步。

4月17日，《马关条约》正式签订。除辽南割地的范围有所缩小和赔款的数额从三亿缩减到二亿外，其余的均照日本提出的条文拟定。中国的主权和领土完整，受到空前的肢解。李鸿章提笔在手，心中痛彻万分，但是又不能不签。最后，他草草签毕，掷笔离座，当天下午就起程回国。

近三十天的马关议和令李鸿章心力交瘁，他虽是奉命而行，并已竭尽所能，但仍然觉得愧对国人，于是告病居家。不久，《马关条约》的内容传到国内。人们异常激愤，李鸿章一时之间成了千夫所指的"罪人"。

五年后，李鸿章再次临危受命，跟八国联军签订《辛丑条约》。他又一次遭受奇耻大辱。而俄国又不断胁迫他割让整个东北，李鸿章坚决不答应。最后，他被逼得吐血而亡，结束了命运多舛的一生。

◎ 关键词：台湾 胜仗 反割让 失败

台湾的抗日风潮

●黑旗军将领刘永福

>>> 丘逢甲《春望》

春愁难遣强看山，往事惊心泪欲潸，四百万人同一哭，去年今日割台湾。

1896 年 5 月，台湾被日本强占一年后，诗人代表当时台湾岛上四百万同胞，写的这首以"春愁"为题的小诗，仅仅四句，计二十八字，其中每个字都充满了血和泪。

丘逢甲（1864—1912年），台湾彰化人。光绪十五年（1889 年）进士，曾任清政府工部主事。

拓展阅读：

《台湾民众抗日史》安然
《一寸河山一寸血》（纪录片）
《七子之歌》闻一多

根据中日《马关条约》的相关规定，台湾全岛及所属岛屿和澎湖列岛都要割让给日本。这一消息传到了台湾之后，愤怒的台北市民立即鸣锣罢市，聚集起来。他们纷纷表示要誓死守卫台湾，与台湾共存亡。

狂妄的日本侵略者立刻派兵猛攻，占领了基隆、台北。台湾各族人民为了抵抗日本，纷纷组织起抗日队伍，各路义军推举刘永福为统帅。在这些义军中，徐骧、吴汤兴和姜绍祖率领的民团规模最大。

吴汤兴和徐骧得知日军正兵分两路南下，进犯台中的门户新竹，他们就把民团埋伏在半路上，准备截击敌人。待东路日军几百人走到一个名叫三角涌的地方时，被徐骧带领伏兵打死六十多人。要不是汉奸引来大队日军增援，义军和当地群众就可能全歼东路侵略军。西路日军也在大湖口遭到吴汤兴率领的义军的阻击。敌人以超过义军几倍的兵力，付出沉重的代价，才占领了新竹。徐骧、吴汤兴率领义军转移到彰化。这时，刘永福派黑旗军来支援，这使大家的抗日情绪空前高涨。

得到增援后的日军又开始猛攻彰化。义军和黑旗军坚守在城东八卦山上。这天晚上，徐骧和吴汤兴率义军趁日军疲乏困睡反攻。日军慌忙迎战，死伤许多。第二天早晨，日军从小路包抄八卦山。等义军发现时，敌人已经布满了整个山谷。

义军和黑旗军战士们毫不畏惧，他们挥起大刀和敌人展开了肉搏战。最后，吴汤兴被日军炮弹击中牺牲。几百名义军和黑旗军战士也献出了他们的生命。战斗结束以后，随徐骧突围到台南的义军战士，只剩下了二十多人。

突围南下的徐骧又招集了七百多名高山族义民参战。刘永福也派手下将领王德彪率军把守嘉义，杨泗洪率军援助徐骧反攻彰化日军。日军慑于义军威势，躲在彰化城里不敢露头。台湾人民心情振奋，接连打了很多胜仗，使战局出现转机。但是，他们也接近弹尽粮绝的境地。

这时候，大陆人民为了支援台湾同胞抗日，筹集了大批的粮食和武器弹药。有不少爱国志士请求赴台参加爱国斗争。但是，清朝政府害怕得罪日本，便一再下令封锁海口，强行切断大陆与台湾的联系。

台湾抗日军民得不到援助，双方力量的差距越来越大。这年秋天，日本侵略军集中了四万多新式武装的兵力，从陆、海两路围攻台南。台湾各族义军浴血奋战，坚持战斗到最后一刻。徐骧英勇牺牲，刘永福渡海退回了厦门。日本侵略者攻陷台南之后，又分路占领了其他各地。在中外反动势力的围攻和破坏下，台湾人民坚持了四个多月的反割让斗争，最后以失败告终。

残阳夕照——清

●康有为旧照

>>> 明治维新

明治维新是日本历史上的一次政治革命。它推翻德川幕府，使大政归还天皇，在政治、经济和社会等方面实行大改革，促进日本的现代化和西方化。

明治维新的主要领导人是一些青年武士，他们以"富国强兵"为口号，企图建立一个能同西方并驾齐驱的国家。

改革包括：废藩置县，四民平等；土地改革，置产兴业；文明开化，教育改革；军事改革，富国强兵。

到20世纪初，明治维新的目标基本上已经完成，日本走上了现代工业化的道路。

拓展阅读：

《驳康有为论革命书》
清·章炳麟

《思想解放》清·梁启超

◎关键词：康有为 变法 《定国是诏》 百日维新

康有为变法改制

康有为出生于广东南海，自幼聪慧的他一心读圣贤书，也十分关心天下大事。后来，康有为读了一本介绍外国的书，眼界逐步开阔。通过那本书，他了解到外国并不像圣人说的那样落后，他们不光有兵舰、大炮，还有一套比中国进步的治理国家的理论和办法。

二十二岁时，康有为去了香港，在那里，他亲眼看到了外国人管理社会的办法。到上海后，他又接触了许多翻译成中文的外国书。他从书里知道，俄国和日本这两个国家原先也很贫穷落后，但是经过自上而下的改革后，国家很快就强盛起来了。康有为十分兴奋，于是便上书光绪皇帝，请求变法维新。但是，他的奏折都被守旧派势力给扣压了。

1897年年底，德国强占了山东境内的胶州湾，俄国强占了旅顺和大连，法国夺去了广州湾，英国霸占了九龙半岛和威海卫，日本也把福建划进了它的势力范围。这使中国的民族危机空前严重。

忧心忡忡的康有为第五次给光绪皇帝上书。他认为，如果再不变法，恐怕皇帝和各位大臣连做普通老百姓的机会可能都没有。这封信虽然没有送到光绪皇帝手中，但是报纸却把它刊登出来了。光绪皇帝知道后，派五个大臣找康有为谈话。

面对五个大臣的发难，康有为意气风发，一一反驳。

光绪皇帝的老师翁同龢很赞成康有为的主张，于是便把谈话内容报告给光绪皇帝。光绪皇帝听了，心中激动不已。

1898年6月11日，光绪帝发布《定国是诏》，公开宣布变法改制。"百日维新"正式拉开序幕。光绪皇帝根据康有为的主张，向全国发布了许多法令。其中，有学习西方的科学技术，发展我国的工商业，改革法律中陈旧腐败的条款，允许官民上书、提建议，废除八股考试制度，在北京设立京师大学堂，在全国普遍设立小学堂，等等。

9月中旬，光绪帝为了鼓励臣民向朝廷直接荐贤进言，便大开懋勤殿。这些做法触怒了慈禧太后。光绪帝为了保位保命，一面下密诏请谭嗣同、康广仁、杨深秀、刘光第、杨锐、林旭六人（史称"戊戌六君子"）设法营救，一面又让康有为以办官报的名义火速出京。

果然，慈禧太后发动政变，宣布从9月21日开始，自己临朝"训政"。很快，光绪皇帝便被幽禁。慈禧太后大肆逮捕新党，尽废新法，恢复旧法。随后，"戊戌六君子"未经审讯被杀，推行了一百零三天的变法也宣告失败。

残阳夕照——清

◎ 关键词：严复 海军 达尔文 进化论 震动

严复翻译《天演论》

● 严复像

>>> 魏源《海国图志》

《海国图志》是倡导新思想的魏源所编著的。

该书全面系统地介绍了当时所能收集到的世界地理和历史知识，提出了"师夷长技以制夷"的观点。

作为"开眼看世界"的第一批爱国的历史、地理学家之一，魏源及他的《海国图志》所提供的海外新知识，对后世产生了巨大的影响。洋务派受此书启发，办起了中国的近代军事工业和民用工业。

拓展阅读：

《原强》清·严复
严复"信达雅"

严复，字几道，福建南台人。出生于1854年的他，自幼受到良好的传统教育。他十四岁投考了食宿均公费的马江学堂。马江学堂是由左宗棠于1865年创办的中国第一所近代海军学校。

在马江学堂学习期间，严复掌握了近代科学的理论，在思想上也更理性、更文明。这为他以后的发展打下了良好的基础。他以优异的成绩毕业后，成了一名海军军官。1877年，清政府送一批优秀人才去英国学习最先进的海军技术以壮大中国海军。严复被派往英国著名的格林尼治皇家海军学院学习。

留学期间，严复在刻苦学习海军技术的同时，还特别注意了解西方的思想文化。此时，他第一次接触了达尔文的进化论思想。继达尔文之后，英国的博物学家赫胥黎又发展了进化论，写了一本名为《进化论与伦理学》的书。严复十分认同赫胥黎的思想，并将之概括为"物竞天择，适者生存"。

严复在英国学习了两年以后，提前回到福州母校任教。不久之后，李鸿章把严复从福州船政局请到北洋水师学堂，让他负责整个北洋水师学堂的教学工作。严复全身心地投入到培养海军人才的事业中去，希望能建立一支高素质的海军队伍，为保卫祖国的海疆做出贡

献。因此，他在北洋水师学堂整整工作了二十年。

1894年，日本公然向清政府挑衅。随后，中日甲午战争爆发。北洋海军全军覆灭，中日签订《中日马关条约》。中国面临着被掠夺、被瓜分甚至亡国灭种的危险。严复到这时才发现，建立强大海军并不能真正拯救中国。他渐渐了解到国人的愚昧无知，国家体制的腐朽以及整个中国社会的落后与封闭才是中国受人欺凌的根源。这时候，康有为正在进行维新变法，大力宣传西方先进的国家理念与思想。严复决定投身到变法运动中去。他认为必须让中国人知道，再不变法，就只有灭亡了。

后来，严复想到了赫胥黎的《进化论与伦理学》。赫胥黎书里讲的自然界适者生存的法则，也可以扩展到人类社会，人类社会也充满竞争，只有不断赢得竞争才能不断前进，否则就会被淘汰。1896年，严复将这本书翻译成了中文。他还在书中加入了许多自己的想法，并将之定名为《天演论》。

《天演论》一出版，立刻引起了中国人思想上的大震动，掀起了进化论热潮。它使中国人在思想、认识上得到提高，更激励了一代又一代的有志青年。《天演论》因此成为中国历史上最重要的译著之一。

◎ 关键词：变法 维新 流血 戊戌六君子 精神

戊戌六君子就义

● "戊戌六君子"之一的谭嗣同

>>> 公车上书

历史上所说的公车上书，是指清光绪二十一年（1895年），康有为率同梁启超等数千名举人，联名上书光绪皇帝，反对在甲午战争中败于日本的清政府签订丧权辱国的《马关条约》。

公车上书是维新派登上历史舞台的标志，也被认为是中国群众政治运动的开端。

拓展阅读：

《新学伪经考》康有为
《戊戌喋血记》漓江出版社

光绪皇帝为实行变法而进行的一系列活动,受到了慈禧太后的千般阻挠。一天，直隶总督荣禄密奏慈禧趁天津阅兵之时发动兵变，逼光绪交还权力。慈禧对此大加赞赏。于是，荣禄便上奏折请光绪皇帝去天津阅兵。光绪怀疑这里边有阴谋，便与康有为等人商谈对策。

康有为沉思半晌，说："我们现在搞变法，没有军队，因此难以得手。这阅兵式里肯定有阴谋。要是我们能把袁世凯拉过来，就能够对付荣禄了。"这时的袁世凯掌握着一支新式军队，是荣禄北洋陆军的重要将领。维新变法初期，袁世凯曾表示支持，所以康有为才想到他。于是，光绪皇帝亲自召见了袁世凯，还给他封了官。

荣禄为了提防袁世凯，调集亲信部队进驻北京和天津。慈禧更是下令控制光绪的人身自由。光绪自知处境已非常危险，便密谕康有为等人立即离开北京。谭嗣同也劝康有为离开北京，并表示自己将亲自去找袁世凯商议除掉荣禄的事。

谭嗣同见了袁世凯之后，对袁世凯说："慈禧和荣禄想废掉皇上，现在能除掉荣禄的只有你。请你先杀死荣禄，然后率兵包围颐和园，逼迫慈禧交出权力吧！"袁世凯唯唯诺诺："杀荣禄还不就像杀条狗那么简单吗？我明天就回天津布置兵力。"可是，袁世凯一到天津，就向荣禄和慈禧告密去了。慈禧立刻下令囚禁光绪，宣布国家大事仍由她亲自处理。接着，她又下令即刻捉拿维新派成员。

谭嗣同得知自己被出卖，痛心地说："没想到事情变化得这么快！"情况万分紧急，他劝梁启超和康有为先躲出去。他的好友大刀王五愿保其出逃。他婉言拒绝了："各国变法的成功都是有人用血换来的。二百年来中国都没有为变法而流血的人，那今天就从我开始吧！"梁启超和康有为无法说服谭嗣同离开，只好先行逃到日本。

三天后，谭嗣同在家里被逮捕了。四天后，也就是清光绪二十四年八月十三日（1898年9月28日）下午4时，谭嗣同和林旭、刘光第、杨锐、康广仁、杨深秀被斩首于北京宣武门外菜市口刑场。这六位在戊戌政变中以"大逆不道"的罪名被害的维新派志士，就是近代史上著名的"戊戌六君子"。临刑前，谭嗣同慷慨疾呼："有心杀贼，无力回天；死得其所，快哉快哉！"谭嗣同死时，年仅三十三岁，他在狱中墙壁上所题的诗句"我自横刀向天笑，去留肝胆两昆仑"，更是尽显其杀身成仁、舍生取义的大无畏精神。

◎ 关键词：八国联军 《议和大纲》 工具

八国联军入侵北京

● 八国联军军官在先农坛合影旧照

>>> 平治章程

1900年，八国联军进攻北京时，英国策划"东南互保"，并策动两广总督李鸿章、湖广总督张之洞"独立割据"。

香港总督授意香港议政局议员何启与兴中会会员陈少白等人密谋，于六月二十八日起草一份联名上总督书，内附《平治章程》。

后来，因李鸿章应诏北上议和而未能达到目的。

拓展阅读：

大沽之战
《从鸦片战争到八国联军》
天津人民出版社

1900年，德国将军西摩尔率领八国联军入侵北京。慈禧当即向八国联军宣战，但是却让义和团去打头阵，自己坐山观虎斗。大沽炮台被侵华联军占领以后，义和团一边派人破坏敌人的交通线和进行拦截阻击；一边向天津集结，准备和侵略者决一死战。

侵略军先派重兵占据了地理位置十分重要的老龙头车站。老龙头车站既是通往北京的必经之路，又是租界里的侵略者同外界联系的枢纽。为保天津，义和团战士冒着炮火奋勇冲杀，杀死打伤了五百多个俄国侵略军，胜利收复了老龙头车站以北的沿线据点。但是，帮办北洋军务大臣宋庆到了天津后，却指挥清军专门围剿义和团。在清军和八国联军的两面攻击之下，义和团抵敌不住，天津也最终被八国联军占领。

八国联军在天津烧杀抢掠，准备进犯北京。慈禧太后急忙派荣禄去求和。侵略者并不理会，继续向北京进攻。慈禧太后只好化装成农妇，狼狈逃往西安。其他大臣也纷纷逃跑。8月14日，八国联军拥进了北京。

八国联军在东交民巷会齐之后，分兵从天安门、东华门、煤山等处攻打皇宫。义和团和少数皇宫的卫兵，在皇宫周围的街巷上垒起土堡进行防御，用长矛大刀、土枪木棍和敌人拼杀。但是，在敌人的洋枪洋炮扫射轰击之下，许多义和团战士英勇就义。三天三夜后，八国联军攻进皇宫，并且分区划段地占领了北京。

他们在北京大肆烧杀抢掠了整整三天。不管是衙门、寺院，还是老百姓的住宅，凡是义和团设过坛练过拳的地方，他们都连人带房统统放火烧光。其中，仅仅庄王府一处，就活活烧死了一千七百多人。

经过八国联军的野蛮屠杀，整个北京尸骨满街、流血遍地。侵略者怕尸体腐烂后会给他们传染上疾病，就强迫活着的居民抬去挖坑掩埋。而这些掩埋尸体的居民最终也被侵略者打死在坑里。北京城被抢劫的损失根本无法估计。皇宫、颐和园的奇珍异宝和贵重文物，都被洗劫一空。我国古代最大的类书《永乐大典》也被抢劫。有许多文物至今还摆在纽约、伦敦和巴黎的博物馆里，成了侵略者的罪证。

这时，清朝政府又一次派李鸿章向侵略者求和，接受了他们提出的《议和大纲》。1901年9月7日，近代史上又一个屈辱的卖国条约签订了。因为这一年是旧历辛丑年，所以便管这个条约叫《辛丑条约》。条约中规定，清政府允许帝国主义各国在北京到山海关铁路

●英、美、德、法、俄、日、意、奥八国联军
由大沽口向天津进发。
●八国联军与清军和义和团在天津城区大战。

沿线和驻京使馆驻兵，拆毁大沽炮台和京津之间的炮台，赔款4.5亿两
银子。《辛丑条约》使帝国主义进一步加强了对中国的控制，而清朝政府
已经完全成了帝国主义侵略中国的工具。

●孙中山在法国组织同盟会分会

>>> 孙中山与宋庆龄

宋庆龄从美国毕业后抵达横滨，与父亲和姐姐去拜访孙中山。宋庆龄见到孙中山，满心仰慕。1914年9月宋霭龄回上海结婚，宋庆龄接替姐姐做了孙中山的秘书。

两人交往中，爱苗迅速增长，即使孙已有妻室和三个子女。1915年6月，孙中山办理离婚手续。10月的一个夜晚，宋庆龄在女佣的帮助下，爬窗逃走，来到日本。10月25日，二人在日本律师和田家中办理结婚手续，孙中山四十九岁，宋二十二岁。

拓展阅读：

华兴会
三民主义
宋氏三姐妹

◎ 关键词：孙中山 学医 救国 兴中会 同盟会

孙中山伦敦历险

孙中山出生在广东香山县，家境贫寒的他从小立志学医救国。十二岁时，孙中山到香港的西医书院学习。五年后，他以全校第一名的成绩毕业，并取得医科博士的学位。从此，孙中山就在香港、澳门一带行医。他医术高明，常为穷人义诊，因而具有一定的社会声望。可残酷的现实让孙中山逐渐意识到，光有强壮的身体是不够的，要想真正拯救中国，就必须以革命的方式推翻清朝统治。

1894年，孙中山在檀香山（太平洋上的一个岛屿）创立了兴中会。第二年秋，兴中会准备发动广州起义。但是由于叛徒告密，孙中山遭到通缉，被迫离开祖国。他到英国伦敦去拜访他的老师康德黎博士。康德黎博士原是香港西医书院的药理教师兼教务长，他就近为他的得意门生孙中山租了一间公寓。于是，孙中山每天上午到英国国家图书馆去看书，下午到各处访问、考察，晚上在公寓写文章。每当闲暇时，孙中山便会与康德黎博士讨论问题、交流思想。

这一天，在一条僻静的小巷中，孙中山被人强行塞进一辆马车。

原来，把孙中山当作要犯的清政府，一面派出大批暗探跟踪，一面要求清政府驻亚、美、欧洲各国的使馆设法抓住孙中山。清政府驻英国使馆还雇用了外国侦探。这次孙中山来伦敦的消息，就是英国侦探提供给清使馆的。清政府驻英公使龚照瑗，立即派使馆人员和两个打手跟踪孙中山，一找到适当的机会就抓住他。

孙中山被抓后，清使馆人员将他关在使馆三楼的一间小屋里。小屋的窗户装上了铁栅栏，两个大汉轮流看守。孙中山绞尽脑汁，也无法逃出去。

后来，一个英国老人将孙中山被捕的事告诉了康德黎夫妇。康德黎夫妇得知孙中山被捕的消息后，立即设法营救。无奈之下，政府的公使馆要求龚照瑗放人，可龚照瑗竟否认见过孙中山。康德黎博士便在一家叫"地球报"的报社，刊登了一条"清政府无耻绑架革命领袖"的消息。这一下轰动了整个伦敦城，许多市民聚集在清使馆门前，要求释放孙中山。英国政府也向清使馆施加了压力。

面对抗议，龚照瑗只好乖乖地把孙中山放了出来。孙中山被释放后，继续从事他的革命活动。十二天的囚禁，不但没能伤害到他，反而使他在英国名声大振。清政府再也不敢在英国逮捕孙中山了。

此后，孙中山又在伦敦住了两年多，学到了许多革命知识。后来他又去了日本，在那里与其他一些革命领袖们组织了"同盟会"。在同盟会的领导下，中国大地上掀起了轰轰烈烈的革命运动。

残阳夕照——清

●华兴会部分成员合影 日本 1905年
前排左起，左一为黄兴，左三为胡瑛，左四为宋教仁，左五为柳阳谷。
后排左起，左一为章士钊，左四为刘揆一。

残阳夕照——清

●一代女杰秋瑾

>>> 秋瑾《鹧鸪天》

　　祖国沉沦感不禁，闲来海外觅知音。金瓯已缺总须补，为国牺牲敢惜身。嗟险阻，叹飘零，关山万里作雄行。休言女子非英物，夜夜龙泉壁上鸣。

　　1904年，秋瑾愤而出走，留学日本，作此词言志。起义失败后，清绍兴府将此词稿作为"罪状"公布，仅此一点，便足以证明此词革命性之强。在封建社会里，认为"女子无才便是德"，故词人此处愤怒地谴责道"休言女子非英物"，表现了男女平权的民主主义思想。

拓展阅读：

《药》鲁迅
《对酒》清·秋瑾
《出塞》清·徐锡麟

◎ 关键词：秋瑾 徐锡麟 同盟会 革命 英雄

秋瑾、徐锡麟举事

　　秋瑾，浙江绍兴人。她从小聪明伶俐，精通诗词，喜欢骑马舞剑、玩枪弄棒，在江浙一带小有名气，人们都称她为"鉴湖女侠"。

　　八国联军入侵北京，她们全家迁到南方避难。她一路上看到八国联军烧杀抢劫、无恶不作，心中非常痛恨。秋瑾心想，作为中华儿女，就应该担负起挽救国家危亡的重任！从此，她走上革命的道路。

　　1904年，秋瑾到日本留学。留学期间，她先后加入了"共爱会""十人会""三合会""光复会"等革命组织。在光复会里，她和徐锡麟相识，从此两人一起学习先进的思想文化知识，探讨救国救民的真理。

　　1905年，秋瑾和徐锡麟同时加入同盟会，成为孙中山的亲密战友。这一年，为了抗议清政府与日本政府相互勾结、禁止学生在日本进行革命活动，许多留学生罢学回国。秋瑾和徐锡麟也先后回国，他们来到浙江绍兴的大通学堂，把这里作为培养革命人才的基地，为进行武装起义做准备。

　　不久，得到安徽巡抚恩铭信任的徐锡麟，到安徽做了安庆巡警学堂的会办。在他的努力之下，学堂里的不少学员成为革命党人。于是，他和秋瑾约定，在1907年同时举行安庆起义和绍兴起义。

　　但在6月间，由于绍兴的会党过早地暴露了目标，使清政府有所觉察，于是他们开始到处搜查革命党人。徐锡麟怕日久生变，就乘警察学堂提前举行毕业典礼之机准备起事。安徽巡抚恩铭及文武官员前来祝贺，徐锡麟举枪打死恩铭。清军围上来，他率领学生冲出学堂，攻占了军械所，准备开仓取枪举行起义。结果，他们被清军死死围住。由于双方力量悬殊太大，徐锡麟被捕。在敌人的威逼利诱下，他英勇不屈，大骂清政府。那些气急败坏的清兵残酷地杀害了徐锡麟，还灭绝人性地把他的心肝挖出来炒着吃了！

　　当秋瑾得知徐锡麟遇害的消息时，她悲愤欲绝。这时，有人向绍兴知府贵福告密，大通学堂很快被暗探监视住了。秋瑾为了布置各地起义军安全转移，拒绝了王金发劝她暂时离开的劝告。她把起义军花名册交给会党首领王金发，让他马上离开绍兴。王金发刚走，一大群清兵冲进了大通学堂，逮捕了秋瑾。

　　在绍兴知府衙门公堂上，秋瑾以惊人的毅力忍受了酷刑的折磨，没有吐露半点革命机密。敌人对她恐惧万分，连一天也不敢多留。7月15日凌晨4点，这个坚强的民主革命战士和旧时代觉醒的前驱者，被杀害于绍兴城内的古轩亭口。这一年，她才三十一岁。

残阳夕照——清

●汪精卫像

>>> 谐音对联

1940年，大汉奸汪精卫成立伪政府时，有人给他送了一副"贺联"：

"昔具盖世之德；今有罕见之才"。

这是一副谐音联，表面看是在奉承，其实"盖世"与"该死"、"罕见"与"汉奸"谐音，意在讥骂汪精卫。

拓展阅读：

《汪精卫日记》
《汪精卫传》闻少华
汪精卫"艳电"

◎ 关键词：汪精卫 叛国 日本 暗杀

汪精卫刺杀载沣

汪精卫一生的活动可分为两个阶段。在辛亥革命爆发到第一次国共合作期间，他是一名资产阶级民主主义者。从"七一五事件"之后，他便走向了反面，成了中国民主革命的对象，并最终走上了叛国道路。

1904年9月，东渡日本求学的汪精卫，成为孙中山领导的同盟会中的一员。1907年至1909年，孙中山领导的各次起义先后失败。他和章太炎、宋教仁等人由于政治分歧而发生矛盾。清政府和改良派趁机大肆鼓吹和玩弄"立宪"的骗局。汪精卫认为革命党人除了继续进行各种运动外，还得采取"直接激烈之行动"，才能打破"立宪"的骗局。因此，他决定亲自到北京组织暗杀活动。

1909年春，汪精卫同在日本的同盟会成员黄复生、喻培伦、陈璧君等人，组织了一个"北上暗杀团"。年底，他们分别赶赴北京，在琉璃厂开设"守真照相馆"，并以此为掩护，伺机暗杀。

汪精卫选择的第一个暗杀对象，是总理大臣兼军机大臣的清庆王奕劻。但由于奕劻警卫严密而无法下手。汪精卫又计划刺杀从欧洲考察海军归来的载洵、载涛等人。但当载洵等人从火车上出来时，汪精卫一时辨认不出，又怕误伤他人，只好放弃。两次行动失败后，"北上暗杀团"决定改为刺杀摄政王载沣。

当时，载沣住在后海北岸醇王府。他每天早上沿着固定的线路进入皇宫，晚上原路返回。汪精卫经过一番周密策划，准备在载沣必经的银锭桥引爆炸弹，将其炸死。由喻培伦、黄复生负责把炸弹埋在桥下，汪精卫藏在附近，等载沣过桥时引爆。

没有想到，埋在银锭桥下的炸弹却被人发现了。第二天，北京各报纷纷刊载这一消息。民政部尚书善耆、步军统领正党毓朗及警察厅厅丞章宗祥等，立刻亲自到银锭桥勘察。他们很快查出炸弹是鸿太永铁铺为守真照相馆特地制造的。4月16日，汪精卫、黄复生等人被捕。汪精卫被捕后，在供词中痛斥了清廷"立宪"的骗局。他指出，如果不进行革命，不打破封建专制，所谓实行立宪，结果不过是"在于巩固君权"。后来，汪、黄被判无期徒刑。

1911年10月10日辛亥革命爆发，全国各省纷纷响应，宣布独立自治。清政府为了镇压革命，立即起用袁世凯，展开了对武汉地区革命党人的进攻。在政治上，清政府又推行安抚政策，以此来缓和反清情绪，并于10月30日宣布"开放党禁，以示宽大，而固人心"。因此，汪精卫等人获释。汪精卫也因谋刺摄政王而声名显赫，世人皆知。

残阳夕照——清

●广州起义中被俘的革命义士

>>> 黄花岗

　　革命圣地,位于广州市越秀区先烈中路、白云山南麓。"黄花岗"一名来源于"黄花",黄花即菊花,其傲霜节操,于秋同赏,喻为英烈,十分恰当。

　　黄花岗是全国重点文物保护单位,新羊城八景之一,名曰"黄花皓月",其与中山纪念堂一道于1997年被评为广州市十大旅游美景,题为"辛亥之光"。

　　1921年黄花岗建造了七十二烈士墓。早期墓园为著名设计师杨锡宗设计,孙中山亲手栽植了青松,后经多次增建,至1935年基本建成。

拓展阅读:

《与妻书》林觉民
《黄花岗烈士——碧血黄花》
　　　　　岭南出版社

◎ 关键词:同盟会 黄花岗 起义 烈士

黄花岗七十二烈士

　　孙中山领导的同盟会曾经组织了多次武装起义,而其中最重要、影响最大的当属1911年4月27日的广州起义。广州起义也称为"黄花岗起义"。

　　广州起义前不久,有个叫温生才的同盟会会员自发地暗杀了广州将军孚琦。这引起了清政府的高度关注。他们把广州城严密封锁起来,仔细盘查革命党人的活动。起义之事的逐渐暴露,使整个起义局势极度恶化。

　　万分危急之下,黄兴只好下令将起义取消。还把已经集结在广州附近的革命党武装也撤了回去。但黄兴同时又考虑如果一枪不放就此解散,不仅前期的努力付之东流,而且也会使革命党人无颜面对那些倾囊赞助革命的海外华侨,将会给以后革命工作的开展带来极大困难。因此,他决心拼死一搏。所以他在下令起义取消后,对身边的同志们说:"我既然进了广州城,就不能再出去。别人都可以撤离,而我黄兴必须一个人战死在这里。"但是,黄兴身边许多革命同志和他的想法是一样的。有不少革命志士是远涉重洋潜返内地的,他们本来就抱着必死的决心,因而极力赞成黄兴的主张。这时,又传来消息说,清军刚派到广州巡防的一支部队中也有革命党人准备响应起义。于是,当天晚上,黄兴决心按原计划发动起义,准备攻占清朝广东、广西两省长官的官府。

　　4月27日午后,队伍才集齐。队伍中以福建籍的居多,他们多从海外回来,其中甚至有人搭香港的客轮于当天早上才赶到。下午5点30分,黄兴率队从指挥部出发,直攻广东、广西两省长官官府。林文等手拿螺角号,一时"呜呜"声不断。一场碧血四溅、荡气回肠的战斗就此打响了。

　　黄兴率一百多人猛攻官府,他们好不容易攻进去后却发现是一座空屋。原来清政府官员早有准备,已经提前撤出。黄兴等人这才知道上了当。当他们撤出时,遇上了正往这边开来的广州巡防军队。林文以为是事先约定前来响应的同志,他上去招呼却被击倒。接着,又有一支巡防部队开来。由于他们并没发出事先商定好的接头信号,一个会员慌忙中开枪打死了据说是准备来响应的军官温带雄。整个局势顿时一片混乱。这一百多人在城里左冲右突,孤军奋斗,许多人临事表现得十分勇敢。黄兴冲出官府时,右手两个手指已被敌人打断,但他仍带着队伍奋勇杀敌。后来,在激战中,黄兴与大队伍走失。一个好心的小店店主帮他换了衣服,并让他躲了起来,他才逃过此劫。其他同志彻夜巷战,或饮弹或被擒,幸存者寥寥无几。

　　这次起义中,先后牺牲的共八十多人。其中,有七十二人被收葬于广州黄花岗。这七十二人就是著名的黄花岗七十二烈士。

残阳夕照——清

●蒋翊武旧照

>>> 十八星旗

十八星旗原是湖北革命团体共进会的会旗。

全称铁血十八星旗，又称铁血旗、九角旗、九角十八星旗。它是武昌起义后，中华民国湖北军政府宣告成立时的旗帜。

铁血十八星旗，由红黄黑三色组成，红底与黑九角象征"血"与"铁"，即革命须抱铁血主义。黑九角代表《禹贡》中记载的冀、兖、青、徐、扬、荆、豫、梁、雍九州。黑九角内外两圈各九颗共十八颗圆星，代表关内汉族的十八行省。星呈金黄色，表示与满清对立之汉族炎黄子孙。

拓展阅读：

《知音》（电影）
《辛亥武昌首义史》
贺觉非/冯天瑜

◎ 关键词：腹地 武汉 武昌起义 胜利

武昌起义

位于中国腹地的武汉三镇，历来是我国政治、经济、交通、军事重镇。自鸦片战争以来，武汉乃至整个湖北成为帝国主义侵略的重要地区。清政府为了偿还所欠帝国主义的债务，拼命地增加捐税，再加上多年的自然灾害，广大人民简直无法生活下去。身处水深火热之中的人们纷纷起来反抗。革命党人决定在武汉举行大规模的武装起义。

1911年1月，湖北革命党人组织的文学社宣告成立，蒋翊武、刘复基等为领导人。他们在研究文学的名义下从事革命活动。这时候，湖北还有另一个革命组织共进会。不久，两个组织在武昌举行联席会议，并决定联合起来成立起义总指挥部，由蒋翊武为总指挥，共进会负责人孙武为参谋长，准备在10月6日举行武装起义。

但是，接连发生的两次意外，使起义之事外泄。起义准备工作被迫中断，起义时间不得不一拖再拖。湖广总督瑞澂得知革命党人马上就要起义，下令全城戒严，搜捕革命党人。革命领导人彭楚藩、刘复基、杨宏胜等人惨遭杀害，蒋翊武等人逃亡，革命失去了统一指挥。

10月10日上午，防守军械库的工程八营班长熊秉坤，与各队约定下午3点钟上完操后起义。此外，他还通知了在楚望台执勤的革命党人接应。可这时候，营里突然接到紧急命令：停止下操。熊秉坤被迫改为晚上7点以后起义。快到7点的时候，担任排长的清廷走狗陶启胜与士兵发生争执，受了轻伤，他出门逃命时迎面碰上熊秉坤。熊秉坤为了防止秘密泄露，便一枪打死了他。

全营革命党人听到枪声，立即行动起来，拉开了武昌起义的序幕。

熊秉坤见大家都行动起来了，就鸣笛集合，并带领四十多个战士奔向楚望台，和在那里接应的革命党人会合起来，占据了军械库。其他战士也跟着往那里集中。接着，熊秉坤和士兵们推举连长吴兆麟为临时总指挥。

这时，起义士兵和学生来到楚望台。南湖炮队把火炮也拉了出来，架设在中和门城楼、楚望台和蛇山等制高点。此时约有两千人的革命军，开始了围攻总督衙门的战斗。总督瑞澂慌急之下，逃到事先停在长江的楚豫号军舰上去了。

英勇的革命军经过整整一夜的激战，占领了总督衙门和武昌全城。在战斗中，数百名革命士兵献出了年轻的生命、他们用鲜血换来了胜利。10月11日上午，武昌城头飘起了革命军的大旗。革命党人胜利了。武昌起义的胜利，鼓舞了全国的革命志士，并迅速掀起了全国革命风暴。它一举劈碎了封建王朝的统治枷锁，使腐朽的清王朝很快土崩瓦解。

No.10

风云变幻——

民国

——→ 民国乱世，风起云涌，政事纷繁复杂，局势动荡不安。从辛亥革命到军阀混战，从八年抗战到解放战争，在不到半个世纪的时间里，中华民族经历了种种磨难。

——→ 袁世凯窃国，张勋复辟，张国焘叛党投敌。这期间，许多政坛小丑祸乱人民，蒋介石的独裁统治又给中国雪上加霜。

——→ 共产党人虽遭几次三番的无情围剿、血腥屠杀，但誓将革命进行到底。在帝国主义的侵略面前，爱国人士奋起抗战，抛头颅洒热血，以身报国。

——→ 三大战役，雄师过江，1949年，中国人民终于迎来黎明的曙光。

风云变幻——民国

●袁世凯像

>>> 文人"悼"袁世凯

窃国大盗袁世凯一命呜呼之后,全国人民奔走相告,无不拍手称快。这时,四川有一位文人,声言要去北京为袁世凯送挽联。乡人听后,惊愕不解,打开他撰写好的对联一看,上联写着:"袁世凯千古",下联写着:"中国人民万岁"。

人们看后,不禁哑然失笑。文人故意问道:"笑什么?"一位心直口快的小伙子说:"上联的袁世凯三字,怎么能对得住下联中国人民四个字呢?"文人听了"哧"的一声笑了起来,说:"对了,袁世凯就是对不住中国人民!"

拓展阅读:

《袁世凯传》李宗一
马相伯三戏袁世凯

◎关键词:袁世凯 民国 临时政府 反动统治

窃国大盗袁世凯

武昌起义的爆发令清政府惊慌失措,软弱的清朝统治者已无力应付内忧外患。摄政王载沣无奈之下,只好派人去请袁世凯。

袁世凯提出召开国会、改组内阁等要求作为他出任湖广总督的条件。载沣迫于形势,只好任命袁世凯为钦差大臣,让他掌握全国的兵权;不久,袁世凯又当了内阁总理,重新组阁。此时,孙中山被选举为临时大总统。1912年元旦,孙中山到南京就职,成立了中华民国临时政府,并定这一年为民国元年。袁世凯此时并不想全力镇压革命,而是想逼孙中山辞职,由自己就任民国大总统。孙中山从革命事业大局出发,同意辞去临时大总统职务,但提出清朝宣统皇帝必须退位。这样,袁世凯便加紧了逼清帝退位的活动。

袁世凯逼宫的第一步,是唆使驻俄公使陆徵祥电请清帝让位,并在1912年1月16日亲自出马相逼。袁世凯胁迫当时主政的隆裕太后说,海军已全部叛变,北京地区无险可守,南京民国政府要往北打,仅靠他手上的军队是难以抵挡的,只有皇上退位,实行共和制,才能换取优待条件,唯此一条出路。隆裕太后看已无挽回之余地,只好同意。

1912年2月12日,宣统皇帝退位。这标志着统治中国二百六十多年的清王朝的统治到此结束,两千多年的君主专制制度也走到了尽头。清帝退位后,袁世凯立即致电南京临时政府。孙中山接到电报,立刻遵守约定,把临时大总统的职位让给他。

孙中山在提出辞职时,为了防止袁世凯破坏《临时约法》,附加了三个条件:第一,临时政府设在南京,以此削弱袁世凯和北方封建势力的联系;第二,新大总统在南京就任的时候,大总统才辞去职务;第三,新大总统必须遵守《临时约法》。随后,孙中山派蔡元培等人到北京迎接袁世凯南下就职。

狡诈的袁世凯不愿意离开自己的势力范围,到南京去受约束。于是暗地里指使他的爪牙制造事端,以军队反对袁世凯离开北京,欲发动"兵变"为由,拒绝去南京就职。拥护袁世凯的人也趁机大做文章,说:"袁世凯不能离开北京,离开了就会发生变乱。临时政府必须设在北京"。蔡元培等人果然中计,给孙中山发电报说:"取消袁世凯南下就职的决定,就让他在北京宣誓上任吧!"如此情形下,孙中山只好再次让步,同意让袁世凯在北京就职,并把临时政府迁到了北京。

1912年3月10日,袁世凯在北京就任临时大总统。孙中山建立的资产阶级共和国交付到袁世凯手中必然没有好结果。辛亥革命的成果就这样被帝国主义和封建主义的忠实代表袁世凯窃取了,北洋军阀的反动统治从此开始。

● 宋教仁像

>>> 一本书捍卫一块国土

在我国图们江北岸，吉林省延边地区光霁峪处有块滩地，历来属于中国。朝鲜谐称之为"垦土"，译音"间岛"。日本大造舆论，硬说"间岛"是"韩国的属地"，并在该地设立了派出所。

宋教仁闻此义愤填膺，装扮成日本人，进行实地考察，搜集了第一手资料，还将长白山会制造的全部伪证拍照携归，写成了《间岛问题》一书。论证了"间岛"从周秦以来一直是中国设官管辖之地。

日本当局深恐清政府以此为据，贿赂宋教仁，未果，最终放弃侵吞阴谋。

拓展阅读：

《宋教仁集》宋教仁
《宋渔父日记》宋教仁

◎ 关键词：《临时约法》 宋教仁 刺杀 二次革命

宋教仁上海遇刺

为了防止袁世凯进行独裁统治，中华民国临时参议院欲扩大总理的权力，制约袁世凯，遂于1912年3月11日正式公布《临时约法》。袁世凯表面拥护，内心却十分抵触。

当时国民党方面，孙中山被推选为理事长，宋教仁为代理事长。宋教仁是一个才华横溢的青年政治家，他为把中国建成资产阶级共和国四处奔走。袁世凯想尽办法拉拢他，他都不为所动。

1913年，国民党在国会选举中取得了压倒性的多数票的优势，这么一来，宋教仁就将出任总理。于是袁世凯坐不住了。3月20日，宋教仁在上海火车北站遭袁世凯暗中派遣的杀手枪击，不幸身亡。

上海的报纸立即登出消息和宋教仁的照片，对捉拿刺杀宋教仁的凶手非常积极。此事登报的第三天，有人提供了线索，抓到了刺客武士英，搜出国务总理赵秉钧的秘书洪述祖的秘密电话本和函电信件，还有一支手枪。这个流氓兵痞武士英就是行刺宋教仁的凶手，已确凿无疑，布置行凶的是洪述祖，主使人是赵秉钧。而赵秉钧的后台，正是大总统袁世凯！

案情内幕的揭开令全国上下群情激愤，对袁世凯进行抗议声讨。为逃避责任，袁世凯给赵秉钧放了长假；同时秘密下发动员令，为消灭反对他的力量做准备；还向英、法、德、日、俄五国银行借了一大笔经费。

孙中山正在日本考察，听到宋教仁被刺的消息，立即赶回上海。他已经看清了袁世凯的嘴脸，坚决主张讨伐袁世凯。黄兴等人认为，如果再发生内战，中国就有被列强瓜分的危险，建议通过法律程序解决。于是，国民党决定由黄郛等主持组织特别法庭，处理宋教仁案。

袁世凯为阻挠国民党人主持的特别法庭，就暗地指使司法总长许世英出面反对。结果反对无效，于是袁世凯暗地里继续施计捣鬼。

就在特别法庭开审前，武士英被袁世凯指使的爪牙弄死了，使法庭死无对证。又收买女流氓周予儆到北京检察厅"自首"，说是奉了黄兴的命令到北京进行政治暗杀。黄兴随传随到，检察厅没有查出任何他和周予儆有联系的根据。而这时，在帝国主义的支持下，袁世凯向南方的国民党人发动了进攻。宋教仁案件就这么不了了之。

在孙中山的领导下，国民党起来应战。江西都督李烈钧首先宣布独立，上海、江苏、安徽、福建、广东、湖南、四川等地的国民党人也相继宣布独立，声讨袁世凯杀害宋教仁、大借外债发动内战等罪行。这就是历史上的"二次革命"。但是，由于国民党内部涣散，缺乏统一指挥，在袁世凯的军事打击和分化收买下，这次革命很快被瓦解了。

●张勋像

>>> 辫子军

　　张勋，1854年出生于江西奉新。早年追随袁世凯，曾任清末江南提督。民国时期，被袁世凯任用，所部改称武卫前军，驻兖州。

　　在其他部队都已剪去长发的情况下，为了表示对清政府的忠心，该部依旧禁止剪发，故被称为"辫子军"。

　　张勋带领"辫子军"进行复辟活动，仅十二天，丑剧便落幕。

拓展阅读：

《黄粱梦》（相声）
《辫子大帅张勋》聂冷

◎ 关键词：府院之争 张勋 溥仪 丑剧

张勋复辟帝制的丑剧

　　1915年12月12日，袁世凯宣布改国号为"中华帝国"，改元"洪宪"。但由于全国人民的极力声讨，袁世凯只做了八十三天皇帝，便于1916年3月22日宣布取消帝制。仅两个多月后，袁世凯就在气恨交加中病死。其后，黎元洪继任大总统，段祺瑞为国务总理，共同执掌北京政府。

　　当时中国不但处于军阀割据的乱局，且各个军阀都投靠帝国主义。黎元洪投靠了英美，段祺瑞投靠了日本。为了保护各自在华的利益，日本极力怂恿段祺瑞主张对德国宣战，英美则指使黎元洪反对中国参战，形成"府院之争"。后来"府院之争"日趋激烈，段祺瑞要求解散国会，黎元洪下令解除段祺瑞的总理职务。为了消灭对方，两人同时拉拢张勋，要求他带着辫子军进京，调解"府院之争"。

　　张勋接到两人的邀请电后，无心调解他们的争端，反认为恢复大清帝国的机会到了。他与清朝复辟势力秘密串通，带领五千名"辫子军"从徐州赶到天津。他去拜见段祺瑞，段祺瑞怂恿张勋赶快带兵进京，并表示支持张勋复辟清朝。张勋于是撕下"调停"的面具，限黎元洪在三天之内解散国会。张勋进京的第二天，就命令黎元洪说："把优待清室的条件（指保留皇帝称号、每年拨款四百万元，仍旧住在故宫等）写进宪法，把孔教定为国教，我的军队要增加二十个营。"黎元洪都一一答应。

　　接着，张勋穿戴上清朝时的官服、官帽，到故宫去给溥仪"请安"，鼓动溥仪重新上台。随后，保皇党首领康有为和清朝遗老也都来到北京，与张勋一起密谋复辟。1917年6月30日晚，张勋率领辫子军进了北京城，接管占领要隘，全城戒严，还派人胁迫黎元洪把大权交给清廷。黎元洪拒绝交权，但害怕张勋的势力，逃到日本公使馆去避难了。

　　翌日清晨，张勋穿着清廷的蓝纱袍、黄马褂，戴着红顶花翎和朝珠，率众为溥仪举行登基仪式。接着，复辟小朝廷连续颁发康有为写好的一道道"谕旨"，包括改国号为"大清帝国"，恢复宣统年号，五色旗改为黄龙旗，由溥仪"临朝听政，收回大权"等。张勋因为复辟的"功劳"最大，封为内阁议政大臣、直隶总督兼北洋大臣。

　　张勋及保皇党复辟帝制的行为遭到社会各界的抗议。孙中山在上海召集革命党人，欲予讨伐。此时段祺瑞则变成反复辟的"先锋"。躲在日本公使馆的黎元洪命令冯国璋代行总统职权，任命段祺瑞为总理，并派人把总统大印交给段祺瑞。

　　段祺瑞打进北京后，张勋逃到荷兰公使馆。失势的溥仪再次宣布退位。这出复辟丑剧只持续了十二天，就以失败告终。

风云变幻——民国

●成书于康熙元年的《蒙古源流》

>>> **哲布尊丹巴八世**

　　哲布尊丹巴，外蒙古地区与达赖喇嘛、班禅额尔德尼齐名的藏传佛教的三大领袖之一。哲布尊丹巴一世诞生于明朝末年，大清王朝曾帮他控制了漠北蒙古。清朝在漠北一百八十多万平方公里的土地上，实施对包括唐努乌梁海的有效管辖。

　　1882年，哲布尊丹巴八世为转世活佛，名叫博克多格根。他在沙俄的威逼利诱和极少数卖国王公的唆使下，分裂了中国外蒙古。

拓展阅读：

诺门罕战役
《外蒙古之行》路易·艾黎

◎ 关键词：沙俄　割据　康熙　外蒙古独立

外蒙古独立始末

　　清初，蒙古分为漠南、漠北、漠西蒙古三部分，漠南蒙古又称内蒙古，漠西和漠北蒙古为外蒙古。沙俄从清初就开始不断侵扰蒙古地区。为防止割据，清廷在库伦（今蒙古国乌兰巴托）设置大臣。1697年，康熙亲征噶尔丹，平定叛乱。1727年，中俄签订《恰克图界约》，肯定了蒙古属于中国，但沙俄的势力也延伸到西伯利亚、贝加尔湖一带，为后来的外蒙古独立留下了隐患。

　　1911年，辛亥革命爆发，沙俄趁乱在蒙古扶植亲俄势力。年底，外蒙古在沙俄总领事的指挥下宣布独立。一年后签订《俄蒙协定》《商务专约》，实际确立了沙俄在蒙古的统治。

　　1913年，在袁世凯政府内外交困的情形下，沙俄与之订立《中俄声明文件》。确认中国是蒙古的宗主国，改"独立"为"自治"。但中国不能驻军、移民外蒙古，蒙古事务须由两国协商解决。

　　1917年，俄国爆发革命，外蒙古失去倚仗，回归中国。但外蒙古的共产运动、民族分裂分子苏黑巴托尔和乔巴山积极寻求共产国际帮助，仍然谋外蒙古独立。1921年3月，蒙古人民军和蒙古临时政府成立。1922年，苏俄承认外蒙古"独立"。1924年6月，"蒙古人民共和国"成立，以亲苏俄为基本国策。

　　外蒙古地区的非法独立，遭到中国人民的抗议和反感，中国政府发表声明，不承认外蒙古独立。苏俄政府一方面派重兵进驻外蒙古，并与外蒙古签订互助协定；另一方面，又在1924年签订的《中苏协定》承认外蒙古是中国的一部分，大玩两面派手法。

　　1927年，苏俄要求中国承认外蒙古的独立，遭蒋介石主持的中央政府严词拒绝。但蒋介石政府受南方"剿匪"及之后的中日战争的牵制，无暇顾及外蒙古事务。乔巴山趁机得到发展，日本又制造满蒙独立事端，外蒙古与伪满洲国相勾结，签订"边界"协定，共同分裂中国。

　　1945年，日本战败，外蒙古问题再次成为中苏谈判的一大主题。苏俄处心积虑地制造外蒙古独立，屡屡在中俄边界制造事端。

　　1945年的雅尔塔会议包庇了苏俄在华利益，包括租用旅顺和优先使用大连港，同时确保外蒙古维持分裂现状。南京政府派出使团到莫斯科和谈，斯大林仍然蛮横地要求中国同意外蒙古独立。最后蒋介石做出让步，以外蒙古独立换取南京政府在东北、新疆主权和中国割据问题上的利益。

　　1945年10月，外蒙古举行"全民公决"，全部赞成独立。1946年1月5日，南京政府正式承认外蒙古独立。

●蔡元培像

>>> 胡适《蝴蝶》

"两个黄蝴蝶，双双飞上天。不知为什么，一个忽飞还。剩下另一个，孤单怪可怜。也无心上天，天上太孤单"。

这首《蝴蝶》写于1916年8月，收入《尝试集》，初版时题作"朋友"，正是胡适当时孤寂、苦闷心情的自然流露。该诗是中国第一首现代诗，在中国诗歌发展史上有重要地位。

拓展阅读：

《热风》鲁迅
《文学革命论》陈独秀

◎ 关键词：论战 新文化 反封建

新文化运动的曙光

1915年，日本提出旨在灭亡中国的"二十一条"，年轻的中国知识分子开始探索救国的道路。一大批海外归国知识分子积极宣扬先进的思想文化，与思想腐旧的文人集团展开论战，这就是轰轰烈烈的新文化运动。

新文化运动以陈独秀为先驱。1915年，陈独秀从日本回国，在上海创办了《新青年》杂志，标志着新文化运动的开始。他在创刊号《敬告青年》一文中，提醒人们要重视科学、学科学，公开提出拥护"民主"和"科学"的口号。《敬告青年》是新文化运动中第一篇纲领性的文章。李大钊随后也在《新青年》上发表文章，猛烈抨击封建旧文学、旧传统。《新青年》随着新文化运动的发展，成为反封建专制的思想中心。

1916年，蔡元培从法国回国，被时任总统的黎元洪任命为国立北京大学校长。蔡元培是当时知识分子的精神领袖，同时也是中国现代最伟大的教育家和自由主义者。

蔡元培主张学术思想自由，兼容并包。他上任后，聘请了许多学者、文人来校。第一个便聘请陈独秀做北大文科学长；1917年夏，刚从美国哥伦比亚大学学成归国的胡适也被聘为北大教授，他以西方的哲学体系讲授中国哲学史，令人耳目一新；文字学家兼音韵学家钱玄同、语言学家兼诗人刘半农、诗人兼书法家沈尹默、周作人、吴虞相继被聘为教授；李大钊被聘为北大图书馆主任……这些云集北京大学的知识分子，在蔡元培的领导下，深深影响了中国新文化运动的发展。

在《新青年》和北京大学走到一起后，北大逐渐成为新文化运动的根据地。1917年1月，胡适在《新青年》上发表了《文学改良刍议》，这篇文章在文化界引起强烈反响。

1918年，《新青年》改用白话文。鲁迅用白话文陆续发表了《狂人日记》《我之贞烈观》等小说和杂文，逐渐成为新文化运动思想论争中的一员主将。其他一些进步刊物也纷纷改用白话文，全国文化界、思想界、新闻界采用白话文和新式标点的改革就此如火如荼地开展起来。

俄国十月革命的消息传到中国后，中国的知识分子大受启发，陈独秀和李大钊创办《每周评论》，开始大力宣扬共产主义，抨击反动军阀。一部分知识分子开始将新文化的文学和思想启蒙运动与政治斗争结合起来，思索并实践救国的模式。

新文化运动给君主专制以强烈的打击，它使人们摆脱旧思想的束缚，促使人们多角度地追求救国救民的真理。新文化运动的后期，以陈独秀、李大钊为代表的知识分子引进马克思列宁主义，为中国革命开辟了新的道路。

◎ 关键词：巴黎和会 抗议 游行 胜利

"五四"爱国运动

● 在街上游行的学生

>>> 闻一多《死水》

这是一沟绝望的死水，
清风吹不起半点漪沦。不如
多扔些破铜烂铁，爽性泼你
的剩菜残羹。

也许铜的要绿成翡翠，
铁罐上绣出几瓣桃花。再让
油腻织一层罗绮，霉菌给他
蒸出些云霞。

让死水酵成一沟绿酒，
漂满了珍珠似的白沫；小珠
笑一声变成大珠，又被偷酒
的花蚊咬破。

那么一沟绝望的死水，
也就夸得上几分鲜明。如果
青蛙耐不住寂寞，又算死水
叫出了歌声。

这是一沟绝望的死水，
这里断不是美的所在，不如
让给丑恶来开垦，看他造出
个什么世界。

拓展阅读：

《红烛》闻一多
《女神》郭沫若

1919年1月，英、美、法、日等二十七个第一次世界大战的战胜国召开巴黎和会。帝国主义列强无视同为战胜国的中国提出的要求，决定将战败国德国在山东的一切权利转给日本，软弱的北洋军阀政府密令中国代表准备签字。

消息传到国内，举国震惊，学生们首先起来抗议。5月4日，北大、高师等十多所学校学生三千多人齐聚天安门前，高举着"誓死争回青岛""还我山东""惩办卖国贼曹章陆"（指曹汝霖、章宗祥、陆宗舆三人，其中陆在签订"二十一条"时是驻日公使）等标语，号召全国同胞奋起斗争。学生们以"外争主权，内除国贼"为口号，他们一边散发传单，一边大声疾呼："中国存亡，在此一举了！""同胞们，起来呀！"北洋政府派出军警前来阻止游行，学生们置之不理。

下午2点，学生游行队伍浩浩荡荡地向东城赵家楼进发，去找卖国贼曹汝霖问罪。曹汝霖得知后偷偷从后门溜走了，不过学生们一眼就发现了正好来曹家的章宗祥，把他痛打了一顿，接着又放火烧了赵家楼。

北京学生的爱国运动迅速波及全国，各行各业陆续响应，上海、汉口、天津、西安、济南等地的学生们也纷纷罢课游行。6月3日以后，上海的工人罢工，商人罢市，一场更大规模的抗议活动在全国展开。6月下旬，"凡尔赛和约"即将签订，这一天，两万多大中学生聚集在新华门前，高呼口号，要求当时的总统徐世昌接见。

徐世昌派警察总监骗学生们说总统不在。学生们表示，不见总统，决不回校。天色渐晚，聚集的学生越来越多。不得已，徐世昌只好答应接见十名代表。于是，北京大学段锡朋、西安成德中学屈武等人作为代表，见到徐世昌。

徐世昌面对学生们的激烈言辞不但置若罔闻，还训斥学生无理取闹，叫他们安心读书，勿谈国事。这引起代表们的极大不满，他们争先发言，反驳辩论，徐世昌却无动于衷。陕西代表屈武含泪痛诉，以死相逼，血溅当场。在场的官员无不吓得目瞪口呆。

屈武血溅总统府的消息传出后，学生们群情激昂，要冲进去和徐世昌理论。到了深夜一点多，徐世昌终于派人对学生们说："内阁决定接受大家的要求，电令出席巴黎和会的代表拒绝签字，释放学生，批准曹章陆三人'辞职'。"

学生们在全国人民的支援下，终于取得了这场斗争的胜利。从此，中国革命进入了一个新的历史时期。

◎ 关键词：马克思主义 李大钊 工人阶级

中国共产党的诞生

●我党第一次全国代表大会会址

>>> 十月革命

十月革命也称为布尔什维克革命，是1917年俄国革命经历了二月革命后的第二个阶段。

1917年，列宁和托洛茨基领导下的布尔什维克进行武装起义，推翻了俄罗斯克伦斯基领导的俄国临时政府，建立了苏维埃政权和由马克思主义政党领导的第一个社会主义国家。

十月革命对国际无产阶级革命运动和被压迫民族的解放事业是一个极大的鼓舞和推动，使人类进入探索社会主义发展道路的新时期，被看作是世界现代史的开端。

拓展阅读：

彼得格勒武装起义
《国际歌》

俄国十月革命的胜利推动了中国五四运动的爆发，进而使马克思主义在国内广泛传播。一批接受了共产主义思想的先进知识分子应运而生。当时最负盛名的是"南陈北李"，即南方的陈独秀，北方的李大钊。他们发表文章，创办刊物，抨击时政，为推动马克思主义在中国的传播做了重要贡献。

1920年8月，陈独秀、李达、李汉俊等在共产国际的帮助下，在上海建立了中国第一个共产主义小组。紧接着，李大钊、张国焘等在北京，董必武、陈潭秋等在武汉，毛泽东、何叔衡等在长沙，王烬美、邓恩铭等在济南，陈公博等在广州，周佛海等在日本，周恩来等在法国巴黎都先后建立了共产主义小组。

1921年6月3日，共产国际首任驻华代表马林和柯尔斯基来到上海，与李达、李汉俊等人建立联系，他们建议召开党的代表大会，并正式成立党的组织。

1921年7月23日，在上海法租界望志路106号，中国共产党第一次全国代表大会开幕，出席大会的代表共十三人，他们是上海代表李达、李汉俊，北京的张国焘、刘仁静，湖南的毛泽东、何叔衡，湖北的董必武、陈潭秋，山东的王烬美、邓恩铭，广东的陈公博，留日学生代表周佛海以及陈独秀委派的包惠僧。陈独秀、李大钊因故没能参加。

会议由张国焘主持，毛泽东与周佛海任记录。然而，一个突发情况使得会议被迫中断。

7月30日晚8时，一名长衫男子突然闯入会场又匆匆离开。不速之客引起了大家的怀疑，共产国际代表马林当机立断宣布休会，叫大家立刻离开，只留陈公博和李汉俊两人。果然，没过几分钟，法租界巡捕就闯进来搜查，还盘问陈公博和李汉俊。二人毫不畏惧，从容对答。巡捕们找不到证据，只好作罢。

这次代表大会不能流产。要继续开下去，必须转移会址，于是代表们分两批离开上海奔赴嘉兴。

7月31日，为了安全，代表们在嘉兴南湖租了一条游船，带着乐器、麻将牌，摆上酒菜，以游客身份作掩护。这天下着连绵的小雨，游人稀少，四周一片寂静。在这条船上，大会讨论通过了中国共产党的纲领等决议，选举了党的中央机构，由陈独秀、李达、张国焘三人组成中央局，陈独秀为中央局书记，李达为宣传主任，张国焘任组织主任。下午6时左右，大会胜利闭幕。

从此，在中国出现了一个完全新式的，以共产主义为奋斗目标，以马克思列宁主义为行动指南的工人阶级政党——中国共产党，它改变了中国革命的方向，加速了中国革命的胜利进程。

●蒋介石像

>>> 《西江月·秋收起义》

"军叫工农革命,旗号镰刀斧头。匡庐一带不停留,要向潇湘直进。

地主重重压迫,农民个个同仇。秋收时节暮云愁,霹雳一声暴动。"

——毛泽东

这首词是毛泽东为纪念1927年9月9日秋收起义所作,最早非正式地发表在《解放军文艺》(1957年7月号),是一篇评论毛泽东诗词的文章中提及的。

拓展阅读:

《从辛亥革命到北伐战争》
安徽人民出版社
《北伐战争》胡之信

◎ 关键词:蒋介石 战争 叶挺 胜利

国共合作与北伐战争

1924年1月,中国国民党第一次全国代表大会在广州举行。孙中山对三民主义作了新的解释,由此开启了第一次国共合作。

1925年,孙中山逝世后不久,激进的革命派领袖廖仲恺突然遇刺身亡。时任黄埔军校校长的蒋介石乘机逼走国民党其他两位身居要职的人——胡汉民、许崇智,自己当上了广州卫戍区司令。紧接着他又动作不断,改组国民革命军第一军,自任军长,并被选为中央执行委员会常委和国民革命军总监。

这时的北洋军阀陷于分裂,一片混乱。这就给广东的国民革命军向北发展,提供了可趁之机。1926年6月6日,国民政府任命蒋介石为国民革命军总司令。7月27日,北伐军十万人分三路从广州誓师出发,一场决定中国命运的战争开始了。在北伐军的八个军中,以四军(军长李济深)、七军(军长李宗仁)、一军(军长蒋介石)和八军(军长唐生智)军力最强,而又以号称"铁军"的第四军的独立团最为骁勇。北伐军所到各地均受到了人民的欢迎,连连得胜。第一路四、七、八军攻占长沙后,立即向吴佩孚亲自坐镇的武昌进军。8月26日,第四军的六个团向武昌南大门汀泗桥发起进攻。

汀泗桥是座铁桥,地形易守难攻。北伐军与吴佩孚布置的军队共两万多人在这里打了一天一夜,双方伤亡众多,北伐军还是没有打过去。这时候,叶挺领导的独立团在当地农民引导下,抄小路插到敌军右翼,突然出现在山顶,战士们如猛虎下山,形成上下夹攻之势,终于拿下了汀泗桥。

8月28日,更残酷的贺胜桥之战接踵而至。吴佩孚下令把临阵逃脱的一个旅长杀了,把头悬在桥上,逼迫士兵继续战斗。北伐军士兵冒着猛烈的炮火,勇猛冲杀。吴佩孚急红了眼,下令将败退下来的军官全部阵前斩首。在贺胜桥头上,挂起了一颗颗人头。然而,这也无济于事,不愿再为其卖命的士兵们甚至阵前倒戈!看大势已去,吴佩孚连忙逃跑了。北伐军攻下了武昌。

与此同时,第二、三、六军组成的第二路占领了南昌、九江,歼灭了孙传芳的主力;一军作为第三路攻占了福建、浙江两省。至此,北伐战争取得了长江以南地区的胜利,共产党员在其中起到了关键作用。北伐军的节节胜利引起了帝国主义列强的惊慌,他们对蒋介石威胁利诱,暗中将其定位为在北洋军阀支持不住的时候,列强在中国新的代理人。1927年3月24日,美英军舰向南京城内轰击,中国军民死伤二千余人,毁坏许多房屋,实际上是对蒋介石提出警告;同时,英美支持的江浙财团又以向蒋介石提供巨额资金为诱饵,换取蒋介石投靠英美帝国主义。果然,在3月25日、26日,蒋介石连续发表讲话,一反以往的态度。帝国主义的态度与蒋介石要寻找靠山的心理一拍即合。

从此,北伐战争形势不容乐观,中国革命的局势再次急转直下。

●冯玉祥像

>>> 末代皇帝

宣统皇帝爱新觉罗·溥仪是我国封建王朝的最后一个皇帝。

溥仪生于1906年,是光绪皇帝之侄,醇亲王载沣之子。

1908年11月,光绪皇帝和慈禧太后在相隔一天的时间内先后死去。不满三岁的溥仪继承帝位,次年改年号为"宣统",由其父载沣摄政。

1911年10月,武昌起义爆发后,各省纷纷响应,革命巨浪席卷全国。1912年2月12日,溥仪退位,统治中国二百六十多年的清王朝被推翻了,从此结束了长达两千多年的封建专制。

拓展阅读:

《我的前半生》溥仪
《末代皇帝》(电影)

◎ 关键词:冯玉祥 共和 革新 溥仪 政变

冯玉祥北京政变

冯玉祥,1882年生于河北青县,出身贫苦家庭。十四岁就开始从军,深受孙中山革命思想的影响,拥护共和,主张革新。

1922年,冯玉祥追随直系吴佩孚,并在第一次直奉战争中打败奉系张作霖,立下功勋,任河南督军。可吴佩孚一心想除掉冯玉祥,丢了地盘,又无粮饷的冯玉祥也对吴佩孚耿耿于怀。在1924年的第二次直奉战争中,冯玉祥倒戈,和张作霖联合起来反击吴佩孚,10月23日,冯玉祥发动"北京政变",囚禁了贿选总统的直系军阀曹锟,吴佩孚战败,逃往南方。

清帝退位后仍保留皇帝尊号,享受外国君主之礼,清室成员仍居故宫,财产、宗庙一律由"民国政府"保护,紫禁城俨然成了"国中之国"。冯玉祥由于受孙中山革命思想的影响,对溥仪的小朝廷十分不满,北京政变成功后,他决心除去这个"小朝廷"。

1924年11月5日,冯玉祥派部将鹿钟麟率二十名军警到故宫驱逐溥仪。这时,溥仪正和婉容"皇后"在宫内吃水果聊天,突至的军警把他们吓得脸色惨白。溥仪哆哆嗦嗦地打开冯玉祥的信函,里面写着:

一、大清皇帝即日起,永远废除皇帝尊号,与中华民国国民在法律上享有同等权利;

二、自本条件修改后,民国政府每年补助清王室家用十万元,另拨二百万元设立北京贫民工厂,尽先收旗籍贫民;

三、清室即日移出故宫,以后得自由选择住居;

四、清室私产归清室享有,但一切公产应归民国政府所有。

溥仪不肯走,鹿仲麟严词道:"你到底愿意做平民,还是愿意做皇帝?我们自有对待皇帝的办法。景山上的大炮可就不客气了。"溥仪无奈,哭丧着脸说:"我走,我走。"

当天,溥仪召集"王公大臣"们开了最后一次御前会议,宣布接受冯玉祥所订的优待条件,即刻离宫。溥仪及清室成员乘坐冯玉祥派来的汽车移住什刹海醇王府,即北府,被冯玉祥软禁起来,善后委员会负责接管故宫。

冯玉祥驱逐末代皇帝的行动得到国内各进步力量的支持,皆称赞他"完成了一件辛亥革命没有完成的大事,剪掉了清王朝留下的一条尾巴"。溥仪离宫,北京市民兴奋不已,张灯结彩表示庆贺。

冯玉祥发动北京政变,把溥仪驱逐出宫,对中国革命而言,意义重大,推动了历史发展的进程。

●八一起义 油画

>>> 十大元帅

1955年9月27日，全国人大常委会第二十二次会议通过决议，授予中华人民共和国元帅军衔。

毛泽东主席向朱德、彭德怀、林彪、刘伯承、贺龙、陈毅、罗荣桓、徐向前、聂荣臻、叶剑英等十人授予中华人民共和国元帅军衔。

拓展阅读：

《南昌起义》（电影）
《南昌起义之后》刘汉升

◎ 关键词：反革命政变 南昌起义 建军节

"八一"南昌起义

1927年，蒋介石发动"四一二"反革命政变，大肆屠杀共产党人。4月15日，蒋介石在南京发出清党公告和清党通电，第一次国共合作破裂。4月28日，李大钊被奉系军阀张作霖杀害。5月21日，长沙军官许克祥发动"马日事变"，逮捕共产党人。在这危急存亡之际，陈独秀等重要领导人又犯了右倾机会主义的错误，使中共原本就薄弱的革命力量遭受到严重挫折。

7月上旬，根据共产国际的指示，以张国焘、张太雷、李维汉、李立三、周恩来五人组成临时中央政治局常委会，首先解除了陈独秀对党的领导，继而发表对政局的宣言，宣布中共继续进行反帝反封建斗争，决定发动秋收起义和南昌起义，并确定召开中央紧急会议。

7月27日，周恩来到南昌成立前敌委员会，亲任书记，密谋发动南昌起义。起义时间原定为8月1日凌晨4时，因有人叛变泄密，行动时间提前两个小时，于凌晨2时开始。参加起义的主要力量是朱德领导的军官教育团、警察和消防队共数百人，贺龙的第二十二军七千五百多人，叶挺的第二十一军第二十四师五千五百多人，全军共约两万人。8月1日凌晨2时，南昌城内响起起义的枪声，经过几个小时的激战，起义军夺取了南昌全城。随后，前敌委员会任命贺龙为全军总指挥，刘伯承为参谋长。依照原定计划，从8月3日起撤离南昌，欲占据广东东江地区为根据地，然后进取广州，准备重新北伐。

但由于在向南行军途中天气炎热，又缺乏医药和给养，部队减员达三分之一以上。在这种情况下，陈毅仍不顾危险地率军队加入起义队伍。

在江西会昌，起义军击败堵截的敌军，随后东入福建，占领长汀，稍事休整。然后南下广东，到大埔县后，一部分军队在朱德的带领下扼守三河坝，监视梅县方面之敌，主力部队进占潮州、汕头。这时全军已不满万人，而敌军则以二万七千余人进逼潮汕，作战力量对比悬殊。9月28日的汤坑之战，起义军伤亡两千余人，且弹药将尽，被迫退却，潮汕相继失守。10月2日，在三河坝之战中朱德一军也损失惨重。为保存实力，朱德、陈毅率三河坝余部辗转江西、湖南的南部，最后到达井冈山。

不久，张太雷、叶挺等同志根据中央的指示，发动了广州起义，毛泽东等同志在湖南、江西边界发动了秋收起义。这些武装起义与南昌起义遥相呼应，构成了第二次国内革命战争的伟大开端。

南昌起义打响了武装反对国民党反动派的第一枪，为中国共产党创建革命队伍，摸索和开创农村包围城市的革命道路，做出了重要贡献。8月1日是党创建军队的开始，被定为建军节。

●秋收起义与南昌起义会师旧址

>>> 文家决策

秋收起义后，部队向长沙方向进军受挫，毛泽东当机立断，指挥各路起义部队退守文家市，并召开前敌委员会会议。会上，毛泽东精辟地分析了当时的形势，指出敌强我弱，革命暂时处于低潮，应该把革命的重心由城市转移到敌人力量薄弱的农村去，到农村积蓄和发展革命力量。

会议决定起义队伍向农村进军，在转移的过程中进行了著名的三湾改编，随后在井冈山建立了第一个农村革命根据地，点燃了"工农武装割据"的星星之火。文家决策为革命指明了方向，是中国革命生死攸关的转折点。

拓展阅读：

《三湾史略》李才进
《三湾改编》谭政

◎ 关键词：毛泽东 三湾 党代表

三湾改编换新颜

1927年9月29日，秋收起义后，毛泽东率领起义部队到达永新县三湾村。三湾村地处罗霄山脉中段九陇山脚下一个葫芦形盆地，是永新、宁冈、莲花、茶陵四县交界的地方。部队来到时，村里的老百姓以为又是来了进山"剿共"的白军，为避祸患纷纷躲到山上，村子里连个人影都没有。为了打消老百姓的疑虑，战士们对着山上大声呐喊、不停地宣传。等老百姓们弄清是工农子弟兵的队伍后，才放心地回到村子。

秋收起义以后，这支名为"工农革命军第一军第一师"的部队，经过多次战斗，兵员锐减，只剩下八千多人。当时官多兵少，枪多人少，而且各种规章制度很不完善；更重要的是，由于秋收起义的失败，造成部队人心浮动，思想混乱；加上天天翻山越岭赶赴三湾，十分疲惫，同时还要对付国民党军队和反动地方武装的不断追击、骚扰，饥饿、疲劳、疾病接踵而来，士气低落。面对这些困难，工农革命军如果不能及时克服，就有覆灭的危险。

毛泽东对此进行了深入细致的调查并开展思想工作，决定当天晚上就召开前敌委员会议。会议初步总结了秋收起义的经验教训，分析了部队的政治思想情况和组织状况，决定对工农革命军进行整编。第二天，全体官兵集结在三湾村头，倾听毛委员关于部队改编的动员，军心振奋。

这次改编，时间从9月29日持续到10月3日，整编内容包括：

一是整编部队。把工农革命军缩编，一个师缩编为一个团，称"中国工农革命军第一军第一师第一团"，下辖第一、三两个营。在缩编时，实行愿走则走、愿留则留的原则，要求回家者发给路费。整编后的部队精干了，战斗力大大增强。

二是把"支部建在连上"。在部队中建立党的各级组织，班排有小组，连设支部，营、团建立党委，并在连以上各级设置了党代表。"支部建在连上"是红军初创时期党的建设的重大创造，并成为军队建设的一个重要原则，对建设新型的人民军队有至关重要的作用。

三是实行民主制度，成立士兵委员会。在部队中实行民主制度，在连、营、团建立士兵委员会，取消雇用制，军官不准打骂士兵，士兵有开会发言的自由，经济公开，由士兵管理伙食，官兵待遇一样，等等。这些制度的实施使士气很快高涨起来。

三湾改编，使部队面目焕然一新，为革命队伍的建设打下了良好的根基。为了早日进军井冈山，毛泽东在完成队伍改编后，立即起程，告别三湾来到宁冈县古城。

●毛朱会师 油画

>>> 《重上井冈山》

　　久有凌云志，重上井冈山。千里来寻故地，旧貌变新颜。到处莺歌燕舞，更有潺潺流水，高路入云端。过了黄洋界，险处不须看。

　　风雷动，旌旗奋，是人寰。三十八年过去，弹指一挥间。可上九天揽月，可下五洋捉鳖，谈笑凯歌还。世上无难事，只要肯登攀。

　　——毛泽东

拓展阅读：

《西江月·井冈山》毛泽东
《井冈山下种南瓜》（歌曲）

◎ 关键词：朱德 湘南暴动 会师

井冈山会师

　　"八一"南昌起义的队伍撤离南昌后，敌人阻断革命队伍间的联系，严密封锁了所有消息。毛泽东直到在鄌县水口镇打游击的时候，才在一张偶然发现的敌人留下的报纸上，得知朱德的部队已经到了广东省潮汕一带。毛泽东马上召集干部开会，告诉大家这个好消息。他说："南昌起义的部队是我们党领导下的一支重要武装力量，我们一定要设法同他们取得联系。"于是决定派何长工去广东寻找朱德的部队。

　　时隔一个多月，毛泽东的弟弟毛泽覃突然来到茅坪。原来朱德听说毛泽东在井冈山建立了革命根据地，就特地派他来进行联系。毛泽覃向毛泽东报告了南昌起义部队的情况。原来，南昌起义部队先是在江西、福建、广东边境打游击，后来接到中央指示，去参加广州起义，可队伍才到韶关，就得知广州起义已经失败的消息，只好把队伍撤到韶关附近的犁铺头。毛泽东根据南昌起义部队目前的处境，决定让他们转移到井冈山革命根据地来。

　　寻找朱德部队的何长工躲过反动派的搜捕，到达韶关后，在澡堂偶然听到几个军官的谈话。其中一个人说："王楷的队伍到犁铺头了，听说他原来叫朱德。"另一个说："那可是一支暴徒集中的部队，我们得严密戒备。"得知朱德队伍的消息，何长工喜出望外。

　　很快，何长工就找到了朱德、陈毅等人。朱德交给何长工一封介绍信和一些路费，说："请您赶快回到井冈山，和毛泽东同志联系，我们正在策动湘南暴动。"

　　不久，朱德发动了湘南暴动，但行动失败，队伍只好向湖南、江西边境转移，但是敌人一直穷追不舍。毛泽东听了何长工的汇报后，马上带领工农革命军支援朱德，朱德部队在毛泽东率领的工农革命军掩护下，安全到达宁冈砻市，受到了根据地军民的热烈欢迎。

　　成功掩护朱德部队后，毛泽东率领工农革命军主力返回砻市。在那里见到了朱德、陈毅等人，两支革命武装胜利会师。根据地到处张灯结彩，举行了庆祝两军胜利会师暨红四军成立大会。

　　大会宣布，两支队伍合并成立中国工农红军第四军，毛泽东同志任党代表，朱德任军长，陈毅任政治部主任。红四军的成立，使井冈山革命根据地出现了蓬勃发展的新局面，使星星之火，终成燎原之势。工农红军在毛泽东的带领下，走上了"工农武装割据"的正确革命道路，根据地展开了轰轰烈烈的"打土豪、分田地"运动，井冈山地区的红军力量不断壮大，为更深入地开展革命积蓄了力量。

●张学良像

>>> 张学良和赵四小姐

赵一荻，人称赵四小姐。原籍浙东兰溪，出身官宦之家。

赵一荻与张学良1926年经赵大姐绛雪介绍，与张学良相识。两人一见钟情，很快坠入爱河。家人反对，赵四小姐与张学良私奔，赵与家人决裂。1929年，赵四小姐和张学良将军有了唯一的儿子。

1964年7月4日，赵四小姐五十一岁时，整整相守三十六个春秋的张赵结婚。

赵四小姐与张学良长相厮守七十二年，没名没分地陪伴这个失意的男人度过数十年寂寞的生涯。

拓展阅读：

《张学良》（纪录片）
《张学良口述历史》
中国档案出版社

◎ 关键词：张作霖 奉天 皇姑屯 民族大义

张学良东北易帜

张学良东北易帜的爱国之举被人传颂至今，但事情的起因得从张学良的父亲张作霖说起。

张作霖，辽宁省海城县人，早年当过兵，做过土匪，后来受清廷的招抚，曾任奉天省巡防营前路统领。辛亥革命时，张作霖掌握了辽宁警备大权。之后，他追随袁世凯，1916年时被委任为奉天督军兼奉天省长。时值军阀混战，张作霖为保地位，寻日本做靠山。1918年，在日本的帮助下，他攫取了东三省巡阅使之职，当上了"东北王"，实力大增，并通过1920年的皖奉战争及1922年和1924年的直奉战争，在北京政府中身居要位。

1927年，随着北伐军的节节胜利，北洋军阀的统治岌岌可危。英美帝国主义转而扶持蒋介石，企图支持蒋介石"统一中国"。此时的张作霖已总揽北京政权，也向英美频频示好，这些举动激化了他同日本的矛盾。

随着北伐军的进逼，1928年6月3日下午，张作霖离京返奉。日本人迫于北伐战争的形势欲除掉张作霖，决定用炸药炸毁其乘坐的火车。为了预防爆炸失败，还准备了第二套计划，即采取措施迫使火车脱轨翻车，派刺刀队趁乱前去刺杀。

临行前，张作霖曾接到消息，说近期日本人在南满铁路上行动频繁，恐其中有诈。但张作霖并未在意，不想正是这样踏上了不归路。随行的还有几位奉系头面人物以及日本顾问松井士夫、町野武马。火车经过天津时，日本顾问町野借故下车并立即向关东军指挥部报告了专车的行踪，这是张作霖万万想不到的。

6月4日凌晨，列车刚到达皇姑屯，随着一声巨响过后，烟尘滚滚，砂石横飞，三节火车车厢全部被炸翻。张作霖所乘的包车只剩下车轮和钢梁底盘，顶棚和车窗全部被炸飞。张作霖身受重伤，不治而亡。在遗嘱中，他要求张学良要以国家为重，速回沈阳。

当时张学良远在北平，主持军政的张作相怕张作霖的死讯会使日本以武力占领东北，所以秘不发丧，并通知张学良急速返回奉天。

接到噩耗，张学良心里万分悲痛，为防日本人刺杀，他剃了光头，穿上士兵服装，混杂在伤员中坐闷罐车回到奉天。7月4日，张学良子继父业，出任东三省保安司令，成为东北最高军政长官。

12月19日，基于民族大义和杀父家仇，张学良不顾日本人的威胁利诱，通电与南京政府合作，东三省挂起了青天白日旗。

皇姑屯事件，炸死了一个军阀张作霖，却因此促成了东北易帜，这是日本政府不愿看到的，田中内阁因此而垮台。

● 日本骑兵的铁蹄踏进沈阳城

>>> 歌曲《松花江上》

我的家在东北松花江上，那里有森林煤矿，还有那满山遍野的大豆高粱。

我的家在东北松花江上，那里有我的同胞，还有那衰老的爹娘。

九一八，九一八，从那个悲惨的时候，脱离了我的家乡，抛弃了那无尽的宝藏，流浪，流浪，整日整夜在关内流浪。

哪年哪月才能回到我那可爱的故乡？哪年哪月才能收回我那无尽的宝藏？爹娘呀，爹娘呀，什么时候才能欢聚在一堂？

拓展阅读：

《九一八大合唱》冼星海
《九一八》中共党史出版社

◎ 关键词：攘外 安内 沦陷 控制

"九一八"事变

张学良在东北"改旗易帜"后，一面向南京政府报告日本人的动态，一面加强东北军自身军事力量。然而，蒋介石却认为"攘外必先安内"，不肯对日采取措施，执意要先消灭共产党。日本关东军趁机加快战争步伐，为实现日本政府"变满蒙为我国领土"的政策制造了一系列的事件。日本陆军全体动员，积极备战；关东军在吉林、辽宁各地挖掘战壕，东北大地战争已一触即发。

在日军咄咄逼人的攻势面前，蒋介石南京政府节节退让，并电令东北军"遇有日军寻衅，务须慎重，避免冲突"。后来还命令张学良率军到关内与军阀石友三开战，张学良欲回师东北抗日，也被蒋密令阻止。

9月18日晚，震惊中外的"九一八事变"爆发，日本关东军炸毁了南满铁路，攻击驻守在北大营的中国军队，同时进攻沈阳城。沈阳守将急电南京请示对策，南京政府却回电"日军此举不过寻常寻衅性质，为免事态扩大，绝对不抵抗"。

19日早晨，沈阳被日军占领；安东（今辽宁丹东）、本溪、营口、牛庄、长春等地也相继沦陷。20日，日军占领吉林，进逼锦州；日本海军从河北秦皇岛登陆，扼住了东北与华北的咽喉。至此，辽吉两省大部落入日军手中。

11月4日，日军进攻黑龙江江桥，驻守的东北军马占山将军率军拼死抵抗，但因得不到南京政府的任何支援，弹尽粮绝，只好撤出阵地。1932年1月2日，日军攻陷中国军队在东北的最后据点——锦州，东北全部沦陷。

日军侵占中国东北三省，是向第一次世界大战后的国际秩序的公开挑战，不仅是对中国的侵略，也宣告了新的世界战争的开始。然而，南京政府却荒唐地寄希望于当时的"国际联盟"。蒋介石下令镇压抗日运动。他的倒行逆施激怒了全国人民，南京政府中的主战派也对其施压。蒋介石不得不于12月15日宣布下野。

1932年3月9日，"满洲国"成立，这是日本帝国主义在东北建立的傀儡政权，实权由日本人操纵。日本控制东北的企图终于得逞了。

14日，"国际联盟"派出一个由英国李顿爵士率领的调查团，到日本和中国各主要城市转了一圈，5月初才到达东北，走马观花地看了一番，在10月2日发表了《国联调查团报告书》，算是"国际联盟"对日本侵占东三省的调查结果。这份报告书根据英美帝国主义的利益，提出了国际共管东三省的方案。日本帝国主义当然不答应，立即开始批驳这个报告书；蒋介石反而拥护这一瓜分东三省的方案，这无异于公开承认东北和全中国脱离了。

●四渡赤水渡口——二郎滩

>>> 毛泽东《七律·长征》

红军不怕远征难,
万水千山只等闲。
五岭逶迤腾细浪,
乌蒙磅礴走泥丸。
金沙水拍云崖暖,
大渡桥横铁索寒。
更喜岷山千里雪,
三军过后尽开颜。

这首诗是毛泽东长征期间创作的。1934年10月中央红军从江西、福建出发,于1935年10月到达陕北,行程二万五千余里,号称"万里长征"。

拓展阅读

《四渡赤水》(电影)
《长征》王树增

◎ 关键词:围剿 长征 赤水 运动战

四渡赤水出奇兵

蒋介石为扼制革命力量的发展,疯狂地对革命力量进行"围剿"。由于博古等人"左"倾冒险主义的错误指挥,红军第五次反"围剿"失败,损失严重,被迫开始长征。1935年1月,中共召开"遵义会议",恢复了毛泽东的军事领导地位,著名的四渡赤水战役就发生在这时。

1月19日,第一方面军从遵义出发,向川黔边境的赤水前进。蒋介石妄图把红军消灭在川、黔、滇三省交界地区,下令合围红军。毛泽东乘敌人尚未形成合围时,指挥我一方面军在宜宾、泸州间或宜宾上游北渡长江,与四方面军会合,建立新的革命根据地。1月下旬,一方面军进抵赤水河畔的土城,击溃了贵州军阀侯之担的三个团,29日渡过赤水河,进入四川南部。

一渡赤水的成功惹怒了敌人。蒋介石纠合更多兵力到川贵边境设防,封锁长江,先于我军占领了有利地形。敌人不断增援,我军被迫退出土城。与此同时,四川军阀的"双枪兵"又源源不断地渡过长江来堵击。毛泽东果断决定放弃原定的渡江计划,命令部队西进至云南扎西地区。蒋介石调各路部队向扎西扑来,想在扎西"聚歼"红军。红军在毛泽东机动灵活的战略战术指挥下,出其不意地重返四川南部,于2月18日至19日在太平渡与二郎滩二渡赤水,又入贵州,敌人被远远抛在后面。

红军进入贵州后,迅速占领桐梓,直取娄山关,随后向遵义城发动攻势。蒋介石急调两个师增援遵义。红军两次与敌人展开激战,反复争夺老鸦山制高点。一军团乘黑夜从两侧插入敌人大队中,使其腹背受敌,最后仓皇南逃。我军乘胜反击,大获全胜。这次战役是红军长征以来第一个大胜仗。

遵义大捷后,气急败坏的蒋介石亲自到重庆"督剿"。他采取南守北攻的策略,妄图在鸭溪地区消灭我军。毛泽东将计就计,带领我军在茅台三渡赤水河,重进川南的古蔺地区。

蒋介石中计,毛泽东又带领我军于3月22日在二郎滩、太平渡一带渡口第四次渡过赤水河,甩开了敌军主力。

3月底,我军继续南下,渡过乌江,直逼贵阳。由于城内守备空虚,躲在城里的蒋介石急调云南军阀到贵州"保驾"。红军主力乘虚从贵阳、龙里之间,迅速穿过湘黔公路,甩开敌人,向云南前进,由于敌人中了毛泽东的"调虎离山"之计,红军一路无阻,一天走了一百多里,从而跳出了敌人的包围圈。

红军四渡赤水河,摆脱了国民党的围追堵截,是一场非常巧妙的运动战。红军在战役中取得主动,为长征的胜利打下了良好的基础。

●遵义会议会址

>>> 周恩来与遵义会议

周恩来以其军委核心领导人的特殊身份和地位，对遵义会议的召开有着极其重要的贡献。毛泽东曾对贺子珍说："如果周恩来不同意，遵义会议是开不起来的。"

在遵义会议上，周恩来力主毛泽东指挥红军。尽管会上决定周恩来同志是党内委托的、对于指挥军事上下最后决定的负责者，然而他遇事总是征求和听从毛泽东的意见。

总之，周恩来是遵义会议的重要参与者和领导人，他为遵义会议的胜利召开和取得圆满成功做出了重要贡献。

拓展阅读：

《中共党史人物传》
　　陕西人民出版社
《遵义会议》（国画）

◎ 关键词：第五次反"围剿" "左"倾机会主义 转折点

遵义会议转危局

1935年1月15日至17日，为了总结第五次反"围剿"失败的教训，中共中央在遵义召开政治局扩大会议。

出席会议的政治局委员毛泽东、张闻天、周恩来、朱德、陈云、博古，候补委员王稼祥、刘少奇、邓发、何克全，还有红军总部和各军团负责人刘伯承、李富春、林彪、聂荣臻、彭德怀、杨尚昆、李卓然，以及中央秘书长邓小平。共产国际驻中国的军事顾问李德及担任翻译工作的伍修权列席。

博古在会上做了关于第五次反"围剿"的总结报告。他只强调客观条件的困难，认为失败的原因是帝国主义、国民党反动力量过于强大、白区和苏区斗争配合不够，而对于他和李德压制正确意见、在军事指挥上犯的严重错误却避而不谈。之后，周恩来做了副报告，主动承担了一些责任。与会人员对此开展了热烈的讨论。

在讨论会上，毛泽东有一个长篇发言，分析了当时最迫切的军事问题，批判了"左"倾机会主义者在军事上的错误。以大量事实为根据，认为红军在主观上、客观上均具备粉碎第五次"围剿"的条件，明确指出"军事上的单纯防御路线"是反"围剿"失败的主要原因，此外还阐述了中国革命战争的战略战术问题，以及此后在军事上应该采取的方针，提出红军灵活机动地运用战略战术的重要性。

其后，王稼祥、周恩来、朱德、刘少奇等同志也在发言中批评了博古、李德的错误，对毛泽东的意见表示支持，提出撤换博古的领导职务。但博古、李德二人不承认自己的错误，对大家的批评置若罔闻。

会后，张闻天起草了中共中央《反对敌人五次"围剿"的总结决议》（以下简称《决议》）。《决议》充分肯定了毛泽东等关于红军作战的基本原则，否定了博古、李德等人在军事问题上的一系列错误主张，并对中央和军委领导成员进行了改组，增选毛泽东为政治局常委，张闻天代替博古负总责，毛泽东、周恩来负责军事。后来在行军途中又成立了由毛泽东、周恩来、王稼祥组成的三人军事指挥小组，红军的行动有了统一指挥。

遵义会议，结束了王明"左"倾教条主义路线的领导，事实上确立了毛泽东在党中央和红军的领导地位，开启了党独立自主解决中国革命实际问题的新阶段，在中国革命的危急关头，挽救了党，挽救了红军，挽救了中国革命，是我党历史上一个生死攸关的转折点。在遵义会议上，中国共产党第一次独立自主地运用马列主义基本原理制定自己的路线、方针和政策，标志着中国共产党从幼年走上成熟。

●杨虎城像

>>> 宋美龄

宋美龄（1899—2003年），原中国国民党评议会主席团主席，中国国民党妇女工作委员会指导会议指导长，蒋介石的夫人及外交助手。

宋美龄早年留学美国，1927年在上海同蒋介石结婚。1936年12月西安事变后，亲赴西安，支持和平解决。1943年随蒋介石参加开罗会议，任翻译。1948年代表蒋介石去美国求援。1950年从美国去台湾。1975年蒋介石病逝后不久即去美国就医、定居。1976年在台湾任中国国民党评议会主席团主席等职。

著有《西安事变》《中国的和平与战争》等。

拓展阅读：

《国共合作宣言》

《西安事变》（电影）

◎ 关键词：统一战线 张学良 杨虎城

西安事变的和平解决

"九一八"事变爆发后，蒋介石不思抗日，却鼓吹"攘外必先安内"，一心要扼杀共产党和红军。蒋介石在"不抵抗政策"支持下，把东北军、西北军调到陕北，迫使其充当"剿共"的先锋。

原本就对蒋介石心怀不满的东北军、西北军在"剿共"过程中屡遭惨败，再加上中国共产党积极开展建立抗日民族统一战线的工作，使东北军和西北军逐渐认识到一致抗日的重要性，提出了联共抗日的要求。1936年10月，为逼迫东北军首领张学良将军、西北军首领杨虎城将军"围剿"红军，蒋介石亲自到西安督战。

张学良、杨虎城力劝蒋介石停止内战，一致抗日，但均遭拒绝，并被逼继续"剿共"。这时，西安学生和市民举行了声势浩大的反内战的游行示威。蒋介石勃然大怒，说："学生不听话，格杀勿论！"悲愤的张学良只好亲自去劝阻群众，眼看国家危亡，张学良与杨虎城决定用武力逼蒋抗日，为此做了详细部署。

12月12日凌晨5点，急促的枪声划破了西安城的宁静，西北军迅速解除了宪兵团的武装，而东北军的捉蒋队伍也同蒋介石的卫队在临潼展开了激战。他们连续突破两道防线，进入蒋介石的卧室，却没有发现蒋介石。但蒋介石的衣服、帽子、皮包都在，假牙还泡在水杯里，被窝还有温热，蒋介石的座车也在。张学良判断蒋介石不会跑很远，于是组织队伍搜捕，终于在华清池后山捉到了蒋介石。蒋介石被抓住以后，愤怒的东北军、西北军的许多将领都主张严厉处置蒋介石，张学良等就此事同中共中央商量。

而后，张学良、杨虎城致电南京政府，以蒋介石相要挟，要求同意团结一致抗日的"八项主张"，使南京政府震动很大。宋美龄等竭力主张设法救蒋，而亲日的何应钦却想置蒋介石于死地，自己好取而代之，于是主张大军讨伐以激怒张学良和杨虎城。

12月17日，中国共产党派出了以周恩来为首的代表团来到了西安，他们向张学良、杨虎城分析了当时的形势，提出和平解决西安事变的主张。最后，蒋介石被迫放弃"剿共"，同意一致抗日。西安事变得到和平解决。

西安事变和平解决后，蒋介石背信弃义地将张学良软禁起来。后来随着国民党败逃，张学良也被挟持到台湾，到晚年才稍获自由。而杨虎城则被迫离开西北军，后惨遭国民党特务的暗杀。

西安事变的和平解决成了中国抗日斗争的转折点。此后，国共开始了第二次合作，抗日民族统一战线逐步建立起来。

●卢沟桥上的国军

>>> 卢沟桥的狮子

卢沟桥为燕京八景之一，总计有石狮496个，其姿态各不相同。狮子有雌雄之分，雌的戏小狮，雄的弄绣球。有的大狮子身上还雕刻了许多小狮子，最小的只有几厘米长，有的只露半个头，一张嘴。

因此，长期以来有"卢沟桥的狮子数不清"的说法。据统计，望柱上有大石狮281个，小石狮211个，桥上石狮共492个，桥东端还有顶着栏杆的石狮，左右各1个。桥两头有华表各一对，华表顶部石兽各一对(东边为一对狮子，西边为一对大象)。

拓展阅读：

《卢沟桥》清·乾隆
《七七事变》(电影)

◎ 关键词：卢沟桥 抗日 撤军 庐山讲话

"七七"卢沟桥事变

"九一八"事变后，日寇并不满足于对我国东北的占领，渐斩蚕食了我国华北广大地区，北平、天津完全处于日寇包围之中。1937年7月7日深夜，日军借口一名士兵失踪，要进宛平城搜查，遭到拒绝后开始攻打卢沟桥。这就是标志日军开始全面侵华的"七七"卢沟桥事变，也标志着中国人民抗日战争的开始。

8日凌晨5时，日军突然攻城，宛平守军奋勇还击。但由于敌我力量悬殊，中国军队损失惨重，日军猛攻铁路大桥和卢沟桥。

卢沟桥是一座有着八百年历史的石桥，在这里的中国守军只有一个排。在两中队日军的轮番猛攻下，中国士兵全部壮烈牺牲。日军刚刚攻入阵地，又与桥西的中国守军展开了激烈的争夺战。直到傍晚，日军仍未攻占宛平城。夜幕降临后，中国军队组织了大刀队，悄悄出宛平城西门，直扑刚被日军占领的桥头阵地，到9日凌晨，侵占桥头的日军几乎全部被歼灭，桥头阵地再次回到中国军队手中。

10日，中日双方在北平达成三项停战撤军协议。但正当中国军队遵约撤退时，日军突然再次向卢沟桥发起攻击。抗日将士凭着一腔爱国热情，用简陋的武器抵挡住了日军坦克、大炮的一次次进攻。20日，中日双方又一次达成协议，撤军的命令传到了卢沟桥，爱国官兵坚决拒绝撤出阵地。下午2时，日军再次发动大规模进攻。守军连续四次击退日军冲锋，给予敌人二百余伤亡的有力打击。日军恼羞成怒，向国民党华北当局施加压力，要中方立即撤兵。21日清晨，第二十九军部再次向卢沟桥守军下达"立即撤兵"严令。在上级军官的严厉督促下，守桥士兵只得含泪撤出固守了十三天的阵地。

日军夺取卢沟桥，是为切断北平与内地联系，但这只是日本侵略者攻占平津、鲸吞华北的第一步。25日，日寇开始进攻平津，26日强占廊坊，切断了平津两市之间的联系。28日，日寇向北平发起总攻，中国守军英勇还击，终因力量对比悬殊致使北平陷落，整个平津地区遂告沦陷。

"七七"卢沟桥畔的激战，中国守军以英勇的爱国主义精神打了中国人民反抗日本帝国主义全面侵华战争的第一仗。7月8日，中共中央向全国发布通电，指出中华民族已到危急关头，只有实行全面抗战，中国才有出路，并号召全国人民"武装保卫平津，保卫华北"，"不让日本帝国主义占领中国寸土！"与此同时，国民党军事委员会委员长蒋介石在7月17日发表了著名的《庐山讲话》，表示"地无分南北，年无分老幼，无论何人，皆有守土抗战之责任"。表明南京政府亦不再让步，坚决实行抗战。至此，中日全面大战遂成定局，中华民族的抗战大幕正式拉开。

◎ 关键词：淞沪 抗战 惨重

惊天动地的淞沪会战

● 淞沪会战中率部抗日的谢晋元

>>> 钱塘江大桥

　　钱塘江大桥位于西湖之南，六和塔附近的钱塘江上，是我国自行设计、建造的第一座双层铁路、公路两用桥，横贯钱塘江南北，是连接沪杭甬、浙赣铁路的交通要道。

　　淞沪会战上海陷落后，杭州也危在旦夕。钱塘江大桥的设计、建造主持者、当代桥梁专家茅以升博士接令亲手炸毁了这座总长1453米，历经925个日日夜夜、耗资160万美元的钱塘江大桥，"弹精竭智千日功，通车之日却炸桥"的扼腕痛心使国人永世难忘。

拓展阅读：

"八一四"空战
忻口会战

　　攻占了北平、天津后，日军把矛头对准了上海，华东危急，战事一触即发。1937年8月13日，日军突然进攻上海闸北，淞沪会战爆发，这是中日战争史上规模最大、战况最为惨烈的战役。14日，国民政府外交部发表宣言，表示坚决抗击日寇入侵；与此同时，日本军部发布作战要点，要扩大占领区。

　　日军派出以松井石根大将为司令官的十余师团陆军、空军、海军和海军陆战队的精锐部队，战斗兵员达三十万人，占当时日军总兵力的一半以上。中国方面则以冯玉祥为总司令，参战部队五十余师，兵力七十余万人，占当时全国兵力的五分之三。蒋介石甚至派出了多年苦心经营的空军、海军和几乎全部嫡系部队参战，可见中国军队抗战之决心。

　　淞沪会战持续了三个月，中国军队伤亡人数高达三十余万，同时也给日军造成了十余万人的伤亡，成为中日战争史上杀伤日寇最多的战役。

　　10月26日，日军突破中国军队防线。27日凌晨，第八十八师二六二旅五二四团副团长谢晋元率部转入苏州河北的七层大楼"四行"储蓄会仓库，迅速布防，准备孤军坚守阵地。晨7时，日寇炮轰"四行"仓库，谢晋元沉着应战，激起了日寇大举进攻，使日军在苏州河边伤亡六十余人。28日，日军出动飞机、汽艇配合陆军，发动了四次进攻，都被击退。

　　四天四夜的激战中，谢晋元率领的四百名中国军人——当时报纸上称他们是"八百壮士"，以弹丸之地，孤军击退敌军数十次进攻，毙敌二百余人，自己只阵亡九人，伤二十余人。30日晚9时，谢晋元遵命率部撤出"四行"仓库，退入租界。

　　"八百壮士"英勇奋战的事迹迅速传遍国内外，全国人民为之振奋、鼓舞，国际舆论也广泛同情、赞扬。

　　前线广大将士虽抱必死的决心，然而在敌军强大的火力下，血肉之躯终不可当。10月5日，日寇在杭州湾登陆，对上海守军形成包围之势。10月中旬，上海华界市中心失守。11月初，在敌我战斗力悬殊、后路可能切断的情况下，前线士气日渐低落。11月9日，总司令蒋介石无奈下令撤退。11月11日，上海沦陷。历时三个月的淞沪会战结束了。

　　作为中国最高军事统帅，蒋介石此时虽有抗战之决心，但选择无险可守的淞沪地区决战是战略上的错误。上海地势平坦，凭江靠海，让日军装甲兵、海军、空军优势得到了大程度的发挥；中国的海军、空军受到重创，一蹶不振，海空大门从此洞开，中国的陆军精锐部队也受到日本海空力量的沉重打击。淞沪会战，损失惨重的中国军队丧失了与日决战的能力。此后，中国军队正面战场始终处于防御挨打的被动处境了。

●进行杀人竞赛的日本兵

>>> 远东审判

　　1946年5月3日，远东国际军事法庭在东京宣布开庭，这是一次规模空前的大审判。

　　审判日本的战犯，是人类基于正义和平的原则以及国际公法的惯例而进行的，更是文明对野蛮的严正审判，是第二次世界大战后一个重大的国际事件，也是人类文明史上的一项创举。

　　远东审判持续了近三年，其间波澜起伏，悬念迭生，最终正义战胜了邪恶，它对世界格局产生了深远影响。

拓展阅读：

《东京审判》（电影）
《南京！南京！》（电影）

◎ 关键词：南京 日寇 攻城 屠杀

南京大屠杀

　　1937年11月，日军攻陷上海，当时作为中国首都的南京已经在日军面前暴露无遗。以当时局势，坚守南京的军事意义已荡然无存。上海、杭州湾失守后，南京已失去屏障，日寇正日夜兼程，兵分两路包抄南京；在战术上，南京是个绝地，北面受阻于长江，若敌人三面合围，必退无可退；中国军队在淞沪抗战中损失惨重，已无生力军增援，难以坚守；而日寇借上海新胜之威，士气正旺，夺取中国首都，对于日本军人有极大的刺激作用，必然冒死攻击。在这种情况下，坚守南京不仅会使中国军队再次遭到打击，作为六朝古都，南京灿烂的古代文明还可能遭到破坏，也可能造成大量平民伤亡。基于这些情况，最佳方案应该是弃守南京，撤出军队在郊外选择战场与敌抗争。但蒋介石出于躲避政治责任的考虑，命北伐名将唐生智死守南京。

　　日寇12月9日开始大举攻城，仅三四天时间，十五万南京守城部队便全军溃退，唐生智仓皇北逃徐州。13日，南京沦陷。在华中派遣军司令松井石根和第六师团长谷寿夫指挥下，日寇血洗南京，开始了长达六周惨无人道的大屠杀。

　　日军在南京几乎到了见人就杀的地步，尤其对青壮年男子更不放过，对于战场上俘虏的中国官兵，或者集体枪杀，或者挖坑集体活埋。18日夜间，谷寿夫指挥日寇将被囚禁在幕府山的军民五万七千四百一十八人，驱逐至下关草鞋峡，用机枪射杀，一些倒卧血泊中尚能挣扎的中国军民，都被乱刀戳死，就连尸骨也被浇上煤油焚化。还有无数被杀军民的尸体被抛进长江……

　　日寇对南京军民惨绝人寰的的屠杀令人发指。他们或者随意从商店拉出一青年，脱光衣服，用硝镪水浇下，使浑身焦烂，再逼令行走，直到倒毙，以此取乐；或者轮奸孕妇，又剖出腹中胎儿，挑在刺刀上戏耍；还经常把人捆在电线杆上或树权上作为枪击和刀刺的靶子。甚至搞杀人竞赛，例如日本报纸《东京日日新闻》就曾以"杀人纪录已超百人"为题，登出了日本官兵手拿战刀搞杀人竞赛的照片。杀人最多的一个日本兵，竟一连杀了一百零六个中国人。

　　南京大屠杀是中日战争史上不可抹去的一页，其间中国军民被集体枪杀和活埋的超过十九万人，零散被杀居民仅收埋的尸体就有十五万多具，中国军民遇害人数达四十万人。南京大屠杀的惨烈和死亡人数之巨，为现代战争中所仅见。就连一个德国人在给法西斯德国政府的报告中，也说日军简直是"兽类的集团"。日本军队的滔天罪行将永远遗留在历史上，警醒世人。

　　抗战胜利以后，南京大屠杀的罪魁祸首受到了应有的惩处。松井石根被远东国际军事法庭处以绞刑，谷寿夫被引渡给中国政府处死。

◎ 关键词：徐州　首争之地　胜利

血战台儿庄

● 李宗仁在台儿庄火车站留影

>>> 李宗仁

　　李宗仁是第五战区司令长官，也是台儿庄战役中中国军队的指挥官。

　　台儿庄战役歼敌两万余人，是抗战开始后中国军队在正面战场上取得的第一次战役规模的大捷，而且对手是日本的王牌师团，在国际上也称这是日本建立现代化军队以来遭受的第一场引人注目的大惨败。

　　台儿庄战役后，李宗仁虽然又参加了武汉、随枣、豫南等会战，但没有什么大的战绩。后来，他干脆被蒋介石高吊了起来，和冯玉祥、李济深等一样，位高权轻。不过，只凭台儿庄一战，李宗仁也可以无愧于抗日名将的称号。

拓展阅读：

《血战台儿庄》（电影）
《鏖兵台儿庄》韩信夫

　　为了实现迅速灭亡中国的侵略计划，1937年12月，日本侵略军相继占领南京、济南，并以南京、济南为基地，兵分三路，由南京、芜湖、镇江渡江北上，与从山东南下的日军第十师团、第五师团夹击徐州，以达到迅速打通津浦铁路，连贯南北战场的目的。台儿庄位于徐州东北三十公里的大运河北岸，是徐州的门户，北连津浦路，南接陇海线，处于运河咽喉要道，是日军夹击徐州的首争之地，战略位置至关重要。

　　1938年3月，日本华北方面军在司令官西尾寿造指挥下，以七八万兵力向山东南部发起进攻。左路第五师团自青岛直驱临沂，右路第十师团沿津浦路南下，企图会师台儿庄，攻取华东重镇徐州。国民党政府军第五战区司令长官李宗仁进行作战布署，命第二集团军孙连仲部第二十七师、第三十师、第三十一师担任台儿庄防御重任；命令第二十军团两个军让开津浦路，诱敌深入，待日军进攻台儿庄后再协同孙连仲部对其进行合围。

　　3月24日，日军濑谷支队向台儿庄发起进攻，凭借火力优势与中国守军展开激战。台儿庄守军顽强抵抗，多次击退日军的攻击。日军几次攻破台儿庄北门、东南门，占据台儿庄绝大部分。但守军顽强抗敌，拼死冲杀，组织敢死队夜袭日军。与此同时，第五十二军、第七十五军在台儿庄外线策应孙连仲部，猛攻枣庄、峄县。27日，濑谷支队主力部队攻入北门，第三十一师奋起抗击，在拉锯战中伤亡甚重。28日，突入台儿庄的日军被第三十一师围攻，受到重创。29日，李宗仁命令第二集团军死守台儿庄阵地，并令汤恩伯部南下台儿庄支援。31日，中国军队将进入台儿庄的日军完全包围，并击退从临沂赶来的日本援军。4月3日，中国军队向日本侵略军发起攻击。日军拼力争夺，占领了市街大部。中国军队多次反击，展开街垒战，终于夺回被日军占领的市街。6日晚，中国军队全线攻击濑谷支队。7日凌晨，除有少量日军突围至峄县附近固守待援外，其余被围日军全部被歼。

　　在历时半个月的激战中，中国军队付出了巨大牺牲，参战部队以伤亡失踪七千五百人的代价换来台儿庄战役的胜利。在中国军队的英勇抗击下，歼灭日军一万余人，还缴获了大批武器、弹药。

　　台儿庄战役是抗战以来国民党正面战场取得的重大胜利，不仅粉碎了日本"三个月灭亡中国"的嚣张气焰，而且振奋了全民族的抗战精神，使全国人民更加坚定了抗战信心，也令国民党内的悲观妥协气氛得以消除，争取到了国际舆论的支持。但是由于敌强我弱的军力对比并未改变，也由于国民党政府实行片面抗战路线和单纯防御的方针，这个胜利并不能扭转正面战场的被动局面。

◎ 关键词：西北军 矛盾 反蒋 互不相让

韩复榘被杀始末

韩复榘是西北军将领，在冯玉祥的一手提拔下地位不断提升。1929年蒋桂战争爆发后，被蒋介石收买，转而成为蒋介石集团的一员。但韩复榘作为杂牌军将领，在蒋介石集团中并不受欢迎。

1930年9月，韩复榘被委任为山东省主席，其后，他同蒋介石的矛盾逐渐公开化。蒋介石委任张苇村为山东省党务整理委员会委员，以监视韩复榘。后来张苇村还向蒋介石建议把韩复榘的军队调出山东，以中央军取而代之。韩复榘得知后大怒，就派人把张苇村暗杀了。

1936年发生"两广事变"和"西安事变"时，韩复榘先后致电陈济棠、李宗仁和张学良，赞扬他们的反蒋举动，并于12月21日，准备派兵袭击由何应钦率领攻陕的"中央军"的后路。这一举动终于激怒了蒋介石。

"七七"事变后，韩复榘被任命为第五战区副司令长官兼第三集团军总司令。1937年12月23日，日军偷渡冯台儿黄河渡口，韩复榘因武器落后，为保存实力不肯应战。12月22日，蒋介石急电要求死守黄河，绝不可放弃济南。韩复榘置若罔闻，率部到泰安暂歇。

28日，李宗仁发来电令：你部务必死守泰安。韩复榘复电："南京失守，何守泰安？"随又率部退到鲁西单县、成武、曹县一带。这一怯战行为致使津浦线正面门洞大开，日军长驱直入，使国民党政府在南京失守后制定的新的战略方针难以实施。蒋介石气急败坏，对韩复榘恨之入骨，决定逮捕韩复榘。

1938年1月11日晚，韩复榘和部将孙桐萱参加高级将领机密军事会议。蒋介石与韩复榘皆言辞激烈，互不相让。这时，坐在韩复榘旁边的刘崎劝他先到办公室里休息一下，于是拉着韩走出了会议厅，将其推上一辆早已预备的小汽车，说："你先走，我还要回去参加会议。"

车子并未启动，却有两个人紧随着坐上来，把韩复榘夹在中间，并拿出逮捕令，对韩说："你已经被逮捕了。"韩复榘一看，见是特务头子戴笠和龚仙航，才发觉上当。

韩复榘遭逮捕后，被秘密押解到武昌，软禁在"军法执行总监部"。1月24日晚上，一个特务对韩复榘说："何审判长请你谈话。"韩复榘刚被带到楼下，就被院子里早已安排好的哨兵开枪击中。

韩复榘死后，国民党政府通过《中央日报》向全国发布消息，宣布他违抗军令、擅离职守等十大罪状。韩复榘消极抗战，延误战机，被处决当然是罪有应得。但蒋介石设计捕杀韩复榘也并非完全出于公理国法，而是夹杂着私人恩怨的。

● 时任山东省主席的韩复榘

>>> 韩复榘看篮球赛

韩复榘任国民党山东省主席期间，篮球刚从西洋传过来，济南成立了一个正规篮球队。

举办篮球赛那天，"韩大主席"也被请了去，坐在看台正中。他第一次看这种比赛，觉得既稀奇又滑稽，问身边的人："看他们抢球那不要命的劲儿，大概那个大皮球很贵吧？"身边一个官员告诉他："不贵，五十块就能买个顶好的。"韩复榘哈哈大笑说："咱们省库里钱有的是，买上它二十个，一人送他们一个，别叫他们那么拼死命地争抢了！"

拓展阅读：

韩复榘校庆演讲
《韩青天》（相声）

◎ 关键词：制造分裂 反共高潮 皖南事变

国民党第二次反共高潮

随着抗战进入相持阶段，国民党腾出手脚加紧制造反共活动。1940年10月19日，国民政府军事委员会正副参谋总长何应钦、白崇禧致电八路军朱德总司令、彭德怀副总司令和新四军叶挺军长，命令在大江南北坚持抗战的八路军、新四军在一个月内全部开赴黄河以北，并将五十万人的八路军、新四军合并缩编为十万人。这充分暴露了国民党制造分裂、挑动内战的险恶用心，也标志着国民党掀起了第二次反共高潮。

中共中央考虑到抗战形势，对整体情况进行了冷静的分析，提出打退国民党顽固派进攻的正确方针：要求江北部队暂时免调；对皖南方面，决定让步，答应北移。11月9日，朱德、彭德怀、叶挺、项英复电何应钦、白崇禧，据理驳斥了国民党的反共诬蔑和无理要求，但从大局，仍答应将皖南新四军部队开赴长江以北。12月8日，何应钦、白崇禧再次致电朱德、彭德怀、叶挺、项英，要求黄河以南八路军、新四军必须全部调赴黄河以北。12月9日，蒋介石发布命令，要求长江以南的新四军于12月31日前开到长江以北地区；黄河以南的八路军、新四军要在1941年1月30日前开到黄河以北地区。12月10日，他又密令第三战区司令长官顾祝同、第三十二集团军总司令上官云相等密集调兵，企图围歼新四军部队。

1941年1月4日，新四军军部及其所属皖南部队九千余人奉命北移，从云岭驻地出发绕道北上。1月6日，当部队到达皖南泾县茂林地区时，突遭国民党七个师约八万人袭击。新四军英勇抗击，经七昼夜力量悬殊的激战，弹尽粮绝，仅有二千余人突围，少数被俘，大部壮烈牺牲。军长叶挺在和国民党谈判时被扣押，政治部主任袁国平牺牲，副军长项英、参谋长周子昆在突围中被叛徒杀害。1月17日，蒋介石反诬新四军"叛变"，宣布取消新四军番号，声称将把叶挺交付"军法审判"。这就是震惊中外的皖南事变，是国民党反动派发动的第二次反共高潮的高潮。

皖南事变爆发后，举国震惊，周恩来在《新华日报》上题词："为江南死国难者致哀！""千古奇冤，江南一叶；同室操戈，相煎何急？！"全国上下对国民党顽固派进行了有力的声讨。中共中央高瞻远瞩、总揽全局，提出在政治上取攻势、在军事上取守势的方针，坚决击退国民党第二次反共高潮。同时命令重建新四军军部，任命陈毅为代理军长，刘少奇为政治委员。随后，新四军扩编为九万余人。同时，毛泽东以中央军委发言人的名义发表谈话，揭露蒋介石发动皖南事变的真相，使国民党蒋介石集团陷于政治上的孤立。1941年3月，蒋介石公开表示"以后再亦决无剿共的军事"。至此，国民党第二次反共高潮被彻底击退。

● 周恩来就皖南事变的题词

>>> 百团大战

1940年8月20日夜，晋察冀军区第一二九、第一二〇师在八路军总部统一指挥下，发动了以破袭正太铁路（石家庄至太原）为重点的战役。战役发起第三天，参战部队已达一百零五个团，故称"百团大战"。

百团大战是抗日战争相持阶段八路军在华北地区发动的一次规模最大、持续时间最长的战役。粉碎了日军的"囚笼政策"，推迟了日军的南进步伐，增强了全国军民取得抗战胜利的信心，提高了中国共产党和八路军的声望。

拓展阅读：

《皖南事变》黎汝清
《报童》（话剧）

●抗战中以身殉国的张自忠将军

>>> 大沽战斗

大沽战斗发生于1937年7月29日，地点是在中国冀东一带。大沽战斗是抗日战争重要战斗之一。交战一方为守军之国民革命军，另一方为来犯的日军。

中国军队领导者为张自忠、赵自及李文田，日军方面则由第二十师团之川峰文三郎率领。

战斗十分激烈。最后，强行登陆的日军海军陆战队获得部分战略据点并向马厂转移。

拓展阅读：

《张自忠》（话剧）
《将军泪》刘亚洲

◎ 关键词：张自忠 英勇 血战 战斗

张自忠以身殉国

1933年3月9日，日军进犯长城要塞喜峰口。二十九军将领张自忠奉命率兵支援喜峰口。二十九军官兵英勇抗击，采取迂回战术，从侧背猛击日军，造成敌军死伤惨重，狼狈逃窜，中国军队大获全胜。喜峰口大捷是自"九一八"以来日寇遇到的最顽强的一次抵抗。

在日军疯狂的攻势面前，以蒋介石为首的国民党政府消极抗战，推行妥协忍让的政策，几乎默认了日本对东三省及热河的占领。此时，张自忠随宋哲元驻守察哈尔省，主持察哈尔军政事务。

"七七"事变爆发后，日本开始全面侵华。狡诈的日军一面快速集结兵力，一面假意接受宋哲元的和谈要求。1937年7月21日，日军集结完毕，立即撕毁和平协议，炮击宛平城及长辛店。南苑、宛平等相继失守，北平已失去屏障。11月，张自忠回到了由他的三十八师扩编而成的五十九军任军长。1938年3月，华北方面的日军沿津浦线南下，临沂告急。战区司令长官李宗仁命张自忠率五十九军驰援临沂。

3月15日，日军在飞机、大炮的掩护下，配合坦克、装甲车强攻，五十九军的将士经数日浴血奋战，迫使日军退却。至20日，日军伤亡达数千人之多，五十九军伤亡也达七千人。张自忠鼓励士兵们，只要能坚持最后之五分钟，就能战胜敌人，等到最后的胜利。临沂一战，粉碎了日军会师台儿庄的计划，为台儿庄战役中围歼矶谷廉介师团奠定了基础。张自忠也因此升任第三十三集团军总司令兼五战区右翼兵团总司令。

1940年4月至5月，侵华日军为据守武汉，集中优势兵力向襄东第三十三集团军阵地猛扑。双方激战多日，中国军队伤亡惨重。5月7日清晨，张自忠带领总部及七十四师的两个团向枣阳前进。10日，日军调转兵力，分三路向张自忠部反扑。张自忠率领将士凭血肉之躯，血战数日，歼灭日军数千。这时，张自忠接到战区电令，要他"放弃正面之敌，向钟祥敌后出击"。虽然张自忠明知这样将陷入两面作战的困境，但碍于战区长官的命令，他还是接受了。

16日晨，日军以飞机三十余架，炮二十门的猛烈火力向我阵地轮番轰击，同时兵分三路从西、南、北三面包围过来。眼见阵地成为一片火海，随行的参谋人员都劝张自忠撤离战场，但张自忠没有理会，继续指挥战斗。士兵们伤亡越来越大，张自忠也身受重伤，昏了过去。临终前，他支撑着说出最后一句话："对国家、对民族、对长官，良心很平安。大家要杀敌报仇！"

英雄殉国，浩气长存，人们应当永远铭记这些英雄们。至今，北京、天津、武汉等大城市还有以张自忠将军名字命名的街道。

● 国民党特务头子戴笠

>>> 黄埔十三太保

1932年，蒋介石授意其心腹、黄埔毕业生贺衷寒、邓文仪、康泽、桂永清等人成立特务组织"中华民族复兴社"，其仿照法西斯特务组织意大利黑衫党、德国褐衫党，又称"蓝衣社"，由蒋介石亲自核定干事十三人为该组织骨干，被称为"十三太保"。

他们是指：刘健群、贺衷寒、邓文仪、康泽、桂永清、酆悌、郑介民、曾扩情、梁干乔、肖赞育、滕杰、戴笠、胡宗南。

拓展阅读：

《戴笠和军统》江绍贞
《军统和中统秘史》王铭爵

◎ 关键词：戴笠 特务 暗杀 效忠 撞落

巨枭戴笠钻营记

戴笠，生于1897年，出身于浙江一个破落的地主家庭，十六岁时考入浙江省立一中，仅读了三个月，就因偷窃被开除学籍。1926年，考入黄埔军校第六期骑兵科，但还没有毕业就又被开除了，只好从广州回到上海。

1928年，曾任黄埔军校校长的蒋介石恢复总司令职务。蒋重新掌握党政军大权以后，善于钻营的戴笠以搞特务活动为专业，经常亲自跑腿，自动搞些情报给蒋，并得到蒋的嘉勉。1932年春，复兴社组织成立，戴笠成为特务处处长。此后直到他死为止，共搞了十五年的特务活动。

戴笠虽说不学无术，窥探蒋介石的意图却是他特有的专长。"一·二八"淞沪抗战后，蒋介石提出"先安内而后攘外"。戴笠趁机向蒋上万言书，陈述了为了防范国民党军队中的抗日分子，必须经常监视侦查，日本人和日本在中国的代理人太多，也要加以侦察。这正中蒋介石的心思，两人一拍即合，于是蒋介石采纳戴的建议，由他负责在中华复兴社里成立特务处。

戴笠深知蒋介石为铲除异己，嗜杀成性，于是投其所好，大肆捕杀共产党人以及国民党内部持不同政见者，成为穷凶极恶的刽子手。先后暗杀了中国共产党党员吉鸿昌、进步人士杨铨、异己分子张敬

光和刘湘，还有北洋军阀时期的总理唐绍仪和对蒋介石不满的史量才等。戴笠有疯狂的政治野心，控制部下恩威并施，他要部下一辈子做他的特务工具，生时走入特务处，死时把尸体抬出去。

戴笠的飞黄腾达，要从西安事变说起。1936年12月12日，张学良和杨虎城西安兵变，戴笠为了表示"效忠"于蒋，就同宋子文、宋美龄等到西安去见蒋介石。临行前，他在南京曹都巷特务处大厅，召集科股长以上人员讲话，涕泪交流地说："此去凶多吉少，我到西安和校长共生死。"他一见到蒋，就跪在蒋的面前，失声痛哭，自责失职。西安事变和平解决后，蒋介石认为戴笠确是一条可信任的忠实走狗，对他另眼相看，还把张学良、杨虎城交由戴笠去处置。

1938年，戴笠升为军事委员会调查统计局局长兼财政部缉私处处长、财政部战时货物运输管理局局长，他领导下的特务处由十个特务逐步发展到十万个，堪比军队。

1946年3月17日，戴笠乘专机由青岛飞往上海，由于天气恶劣，飞机无法降落。当时云层低，加上雷雨，与导航机失去联络，被迫在南京迫降，经板桥镇时，飞机在岱山撞落坠毁，机上包括戴笠等十三人全部毙命。

●戴安澜将军像

>>>《五律·挽戴安澜将军》

外侮需人御，
将军赋采薇。
师称机械化，
勇夺虎罴威。
浴血东瓜守，
驱倭棠吉归。
沙场竟殒命，
壮志也无违。

——毛泽东

戴安澜1924年参加国民革命军，看到祖国处在危难之中，心中十分难过，为了表达自己挽狂澜于不倒，誓死振兴中华的凌云壮志，他正式改名为"安澜"。

1939年，戴安澜升任国民党军第二〇〇师少将师长，这一年他仅有二十五岁。而他领导的第二〇〇师对外号称是中国军队的第一个，也是唯一一个机械化师。

拓展阅读：

《戴安澜传》戴澄东
《中国远征军史》时广东

◎关键词：戴安澜 缅甸 抗战 负伤 殉国

戴安澜入缅抗日

戴安澜，安徽无为人，从小就有远大的抱负。1933年3月，日本关东军侵占热河全省，进逼长城。3月10日，日军第八师第十六旅团进攻古北口，戴安澜急率一四五团赶往支援，经全团官兵浴血奋战，给日军以重创。

1941年秋，日本发动太平洋战争，对缅甸亦虎视眈眈，直接威胁了我国的安全和民族的生存。戴安澜奉命率领第二〇〇师入缅抗战。

1942年3月22日，戴安澜率军刚到东瓜，日军就以十二门大炮和战车、装甲车做掩护，向第二〇〇师猛扑过来。第二〇〇师官兵在师长戴安澜的指挥下，以步兵和骑兵互相配合，运用灵活的战术重创日军。后因援军不到，补给中断，东瓜失陷。但戴安澜指挥的第二〇〇师在没有空军协同作战的情况下，同数倍于己、武器精良的日军苦战了十二天，成功掩护了英军的安全撤退，并创下歼敌五千余人的壮举，在中国军队远征史上写下了光辉的一页，国内外舆论均反响强烈。

由于中国战区高层指挥的错误决策，导致日军占领棠吉，形成对远征军的大包围。第二〇〇师官兵并不气馁，4月25日拂晓，第二〇〇师在远征军装甲部队火力掩护下，向棠吉发起了猛烈攻击。戴安澜师长亲临前线，与官兵一道血战。经过十几个小时的激烈争夺，终于肃清了敌人。

可高层指挥的决策再次失误，二〇〇师迫于命令，撤离了攻占才一天的棠吉，使得日军轻易地占领了腊戍。4月29日，日军由腊戍西南细包直扑曼德勒，完成了对远征军的战略包围。此后，中国远征军被迫向八莫、密支那撤退。

5月18日夜间，第二〇〇师在郎科地区与敌人第五十六师团两个大队遭遇。在林密夜深的情况下，双方发生混战，第二〇〇师全体官兵经过一夜的激战，摆脱了埋伏敌人的袭击。但第二〇〇师也伤亡惨重，师长戴安澜的胸部、腹部也各中一枪。

当负伤的戴安澜惊闻云南龙陵被敌人占领，保山受到威胁后，立即命令部队日夜兼程，火速赶回国打击敌人。由于行军途中缺少药品，他的伤口无法治疗，开始溃烂。5月26日，当第二〇〇师行至缅甸北部茅邦村，离国门只剩三五日的行程时，戴安澜再也支持不住了。下午5时，他的心脏停止了跳动，以身殉国，年仅三十八岁。

戴安澜将军的壮烈牺牲，令全师官兵万分悲恸，失声痛哭。其灵柩回到祖国后，全国各地自发举行追悼大会。许多国共领导人纷纷撰写挽诗挽词，缅怀以身殉国的英灵。其中周恩来同志的挽词为：黄埔之英，民族之魂。

◎ 关键词：阿部规秀 黄土岭 伏击 战斗

黄土岭战役

日军独立混成第二旅团的旅团长阿部规秀在日本军界素有"名将之花"的美誉，是日本擅长运用"新战术"的"俊才"和"山地战专家"。

1939年11月，阿部规秀率部东出涞源城，进犯雁宿崖。却不知杨成武早已做好应战准备，在太行山一个叫黄土岭的垭口设下埋伏。6日，阿部规秀部进入黄土岭，却突然停了下来，前队冲进了教场村，中队则在岭顶平台上铺开，似乎发现什么情况，摆出一副疏散进攻的架势。

此时我军的五个团，数千人已在伏击阵上等待了一整夜。眼看敌人要在我军伏击圈的旁边宿营，现在却摆出这副架式，大出杨成武所料，官兵们也大为焦急。一番思索后，杨成武决定各团在阵地附近宿营，不要惊动敌人。就这样过了一夜。

这一夜，阿部规秀也在焦虑不安中度过。他预感到杨成武和他的部队就在附近，以为八路军要打夜战，观察了黄土岭周围的地形后，还专门为可能夜袭的八路军设计了一个陷阱。可是八路军没有上钩，让他空使了一计。7日将近中午时，阿部规秀才命令部队东行。

杨成武得知日军起程，立即命令各团做好战斗准备。中午12时，日军过了黄土岭，已全部进入了伏击圈，杨成武一声令下，歼灭阿部规秀的黄土岭战斗终于打响了。

敌人被突然的攻击打得乱了阵脚，趴在路边仓促还击。虽说前后队的日军不多，但武器装备很占优势，火力很猛，使我军一时难以靠近，战斗陷入了胶着状态。此时，阿部规秀命令九门山炮同时向我进攻部队进行炮击，同时上百挺机枪吼叫起来，在火力上大大占了上风。随后，日军企图利用强大的火力支援抢占有利地势。

杨成武命令新组成的炮火营四十多门迫击炮同时向敌人开炮。顿时，整个日军阵地被一阵又一阵的爆炸声所淹没。敌人的弹药车被击中，引起一阵连锁爆炸。敌人的大炮和轻重机枪渐渐哑了。

见时机已到，杨成武命令各团发起总攻，杀得鬼子四散逃窜。此时，阿部规秀只率领一百余人，撤到教场村村头的一座孤院里。正好被一团团长陈正湘通过望远镜发现了，他急令一团炮兵瞄准，炮弹正打在敌指挥官人群中。包括阿部规秀在内的敌军官立刻倒下了一片。

黄土岭战役中八路军不但打了大胜仗，还击毙了日军主帅。彭真命杨成武就黄土岭战斗经过写成一篇文章，以驳斥国民党内部诬蔑我军"游而不击"。于是杨成武一气呵成，写了一篇《名将之花凋落在太行山——瞧一瞧八路军是不是游而不击》的文章。

● 杨成武将军像

>>> 太行山

太行山，又名五行山、王母山、女娲山。是中国东部地区的重要山脉和地理分界线。耸于北京、河北、山西、河南四省、市间。北起北京西山，南达豫北黄河北崖，西接山西高原，东临华北平原，绵延四百余公里，为山西东部、东南部与河北、河南两省的天然界山。

太行山形势险峻，历来被视为兵要之地。抗日战争时期，八路军一二九师在刘伯承、邓小平的领导和指挥下，创建了太行区（晋冀豫边区）。

拓展阅读：

《风雪太行山》（故事片）
《杨成武上将》董保存

●延安

>>> 毛泽东清正廉洁

毛泽东的一生，清正廉洁，有口皆碑。

瑞金时期，身为中华苏维埃共和国主席的毛泽东，个儿又高饭量又大，但他的粮食定量只及普通战士的四分之三。

长征路上过草地时，辣椒是个宝。警卫员设法为酷爱吃辣子的毛泽东多领了二十个红辣椒，被毛泽东严令其如数退回。警卫员不以为然，毛泽东严肃指出："我们是红军，作为领袖怎么能搞特殊？"警卫员没法，只好照办。

拓展阅读：

《井冈山反腐败训令》
《延安整风实录》高新民

◎ 关键词：延安 整风运动 错误 团结

延安整风运动

在党的内部，始终存在一股把马克思主义和苏联经验教条化的"左"倾思想，为纠正这种思想不纯和作风不纯的现象，提高全党的马克思主义理论水平，争取抗日战争的最后胜利，中国共产党决定在全党范围内开展一场普遍的整顿党的作风的运动，史称"延安整风运动"，时间从1941年延续到1945年。

1941年年初，中共中央组织在延安的一百二十多名高级干部学习马列著作和党的历史文献。5月19日，毛泽东作了《改造我们的学习》的报告。七八月间，党中央相继发布《关于增强党性的决定》和《关于调查研究的决定》两份文件，号召全党加强调查研究，克服非无产阶级思想，加强党性锻炼。9月，中共中央召开政治局扩大会议，总结党的历史经验，以求从政治路线上分清是非，达到基本一致的认识，为全党普遍整风作了准备。

1942年2月，毛泽东在延安作了《整顿党的作风》和《反对党八股》的报告，明确提出了整风运动的内容、方针、任务和方法。4月，中共中央宣传部发布《关于在延安讨论中央决定及毛泽东同志整顿三风报告的决定》。在延安的近万名干部参加了学习。6月，中共中央宣传部又发出《关于在党内进行整顿三风学习运动的决定》，整风逐步扩展到全党全军的范围。内容是反对主观主义以整顿学风，反对宗派主义以整顿党风，反对党八股以整顿文风；重点是反对主观唯心主义；方针是"惩前毖后、治病救人"，"团结—批评—团结"；方法是学习马列主义基本理论和毛泽东的重要讲话，联系实际，开展批评与自我批评，检查个人、部门和地区的工作。

1943年10月至1945年4月，延安组织高级干部全面学习。1944年4月12日，毛泽东作了《学习与时局》的报告。1945年4月，中共六届七中全会通过了《关于若干历史问题的决议》，对于党的历史上各次"左""右"倾错误，特别是第三次"左"倾错误，做出了客观公正的批评和结论。

整风运动是一次全党范围内的普遍的马克思列宁主义的教育运动和思想解放运动。整风运动中创造性地通过批评和自我批评进行马列主义思想教育，这种形式被证明是解决党内矛盾的正确方法，是中国共产党对马克思列宁主义政党建设理论的创造性发展。这次延安整风，使全党在以毛泽东为首的中共中央领导下，达到了空前的团结；为党的七大的召开创造了必备条件，为进行抗日战争和解放战争奠定了思想基础。

风云变幻——民国

●侵华日军冈村宁次递呈降书

>>> 珍珠港事件

1941年12月7日清晨，日本皇家海军的飞机和微型潜艇突然袭击美国海军基地珍珠港以及美国陆军和海军在夏威夷欧胡岛上的飞机场，史称珍珠港事件。

这次袭击最终将美国卷入第二次世界大战，它是继19世纪墨西哥战争后第一次另一个国家对美国领土的攻击。这个事件也被称为偷袭珍珠港或珍珠港战役。

拓展阅读：

《日本投降》（油画）
《波茨坦公告》

◎ 关键词：反法西斯 日本 投降 胜利

日本无条件投降

第二次世界大战后期，反法西斯国家已扭转颓势。1945年7月，中、美、英三国发表《波茨坦公告》，敦促日本必须立即无条件投降。8月6日，美国在日本广岛投下了原子弹。8月8日，苏联对日宣战。9日零时，苏联百万红军出兵中国东北，并以迅雷不及掩耳之势向日本七十万关东军发起全线总攻。在这种局势下，日本外相东乡茂德主张投降。

然而，日本军国主义者并不甘心这样的结局。在由首相铃木召开的内阁会议上，各位大臣在无条件投降与实行本土决战之间展开了激烈争论。最后，六人赞成无条件投降，三人反对，五人弃权。看到内阁意见不一，天皇裕仁见大局已定，于1945年8月15日中午，向全国广播宣布接受《波茨坦公告》，无条件投降。

9月2日上午9时，向同盟国投降的签降仪式在停泊于东京湾的美国战列舰密苏里号上举行。日本新任外相重光葵代表日本天皇和政府、陆军参谋长梅津美治郎代表日本军队在投降书上签字。随后，接受投降的同盟国代表、盟军最高统帅麦克阿瑟上将、美国代表尼米兹海军上将、中国代表徐永昌将军、英国代表福莱塞海军上将、苏联代表杰列维亚科中将以及澳、加、法、荷、新西兰等国代表逐一签了字。至此，法西斯三个轴心国中最后一个军国主义国家日本正式投降，第二次世界大战以反法西斯同盟国的胜利而告终。

9月9日，在位于南京黄埔路（今解放路）的国民党陆军总部所在地，侵华日军总司令冈村宁次在向中国投降书上签字。9月、10月两月，日军投降完毕，全部被解除武装。抗日战争历时八年，中国军民在敌后战场、正面战场合计歼日军一百零五万余人、伪军一百一十八万余人，总计二百二十三万余人。连同投降日伪军二百三十二万余人，中国战场共歼俘（包括受降）日本军事力量四百五十五万余人，日军在第二次世界大战中百分之七十的损失都集中在中国战场。

中国人民抗日战争的胜利，不仅以英勇的牺牲捍卫了中华民族的生存，而且对世界反法西斯战争的胜利也意义重大，对人类的进步事业，做出了突出的贡献。由于中国军民坚持抗战，粉碎了日本速战速决、迅速灭亡中国的战略企图，打乱了日本发动战争的时间表，使日本陆军主力陷于中国，无力再在欧洲扩大侵略战争，为盟国赢得了宝贵的时间。同时，中国牵制住了日本陆军主力，使日本用于南洋作战的兵力大为减少，减轻了盟国在太平洋的压力。尤其是太平洋战争爆发后，日本处于两线作战的疲惫状态，对苏作战的企图始终未敢付诸实施。因此，中国的抗战也使苏联避免了两线作战的困境。

● 延安旧景

>>> 天下第一旅

胡宗南的"天下第一旅"训练有素，全美式装备，曾是蒋介石的警卫部队，人称"蒋家御林军"。

胡宗南是这个旅的第一任旅长，之后的历任旅长都必须是黄埔生。1948年时的旅长黄正诚不仅是黄埔生，而且曾留学德国，虽任旅长但军衔已是中将。以中将之衔任旅长，足见这个旅的地位特殊。

临浮战役胜利结束。陈赓率部歼灭胡宗南整编第一师第一旅，重创第二十七旅、第一六七旅。胡宗南的"天下第一旅"就此覆灭，旅长黄正诚也成为陈赓的俘虏。

拓展阅读：

《野百合花》王实味
《五律·张冠道中》毛泽东

◎ 关键词：内战 悍然 进攻 三捷

中共主动撤离延安

刚经历了八年抗战，身心疲惫的中国军民又被迫投入内战。1947年3月11日，胡宗南秉承蒋介石的旨意，亲率六个师十五个旅约十五万人的兵力，悍然进攻延安。

而中共领导的西北野战军只有六个旅，总计不到二万五千人，平均一支枪只有十发子弹，面对蒋军中装备最好的胡宗南部，彭德怀司令员苦思作战方案。

13日，胡宗南率部在空军掩护下直扑延安。18日，毛泽东率党中央主动撤出延安，临走前向彭德怀下了"要一个月内消灭敌一个团，三年之内恢复延安"的命令。19日，胡匪号称"天下第一旅"的第一师第一旅迅速占领了延安，但此时的延安已是一座空城。

西北野战军在完成掩护党中央主动撤离的任务后，依照彭德怀的部署，在延安东北五十里远的青化砭布下了一个"口袋"，等他们完全进入了"口袋"，我伏击部队两面出击，把敌人压在狭长的山沟里，仅一小时四十七分钟就结束了战斗。

党中央领导陕北军民"坚壁清野"，国民党军队得不到及时补给，被彭德怀的"蘑菇战术"拖得东奔西颠，疲于奔命，士气不振。

一天，彭大将军得到敌一三五旅离开主力十里的情报，亲自部署了"强吃"一三五旅的计划。4月14日，我军突袭敌一三五旅，用七个小时顶住了刘戡二十九军的增援，全歼了敌一三五旅官兵四千七百余人，并活捉代旅长麦宗禹。

兵不厌诈，彭德怀随后令小部队向东北疾进，使用大部队的番号，还在黄河各渡口备了大量船只，佯装要渡河。国民党军队上了当，派出主力九个旅，兵分两路，向西北的绥德扑去。而此时，彭德怀亲率西北野战军主力，于4月30日悄然包围了胡宗南的后勤补给基地——蟠龙。气急败坏的胡宗南急电命北进的九个旅全速南返增援。

5月2日23时，西北野战军向蟠龙发起攻击。次日16时，进攻受挫。彭德怀相机行事，下令停止进攻，讨论作战方案。全军上下献计献策，最终确定用"对壕作业"来突破敌人阵地。4月12时，部队重新发起冲击，三军发起总攻，仅用十二个小时就攻下蟠龙，全歼守敌六千三百人，缴获面粉一万四千袋，被服四万套，骡马一千余匹，击落敌机一架，生俘敌一六七旅旅长李昆岗。5月9日，待敌增援的九个旅赶到，留给他们的只是人去物空的一座空城。

陕北战场三战三捷，成为西北野战军由防御转入进攻的转折点。在各路解放军的策应下，西北野战军歼灭了大量的胡匪军，逐渐掌握了主动权，并于1948年4月21日乘胜收复了延安。

●我军向大别山区挺进

>>> 邓小平

邓小平同志是全党全军全国各族人民公认的享有崇高威望的卓越领导人，伟大的马克思主义者，伟大的无产阶级革命家、政治家、军事家、外交家，久经考验的共产主义战士，中国社会主义改革开放和现代化建设的总设计师，建设有中国特色社会主义理论的创立者。

邓小平同志的一生，是光辉的战斗的一生。在七十多年波澜壮阔的革命生涯中，他为中国新民主主义革命的胜利和新中国的成立，为中国社会主义的创建、巩固和发展，建立了永不磨灭的功勋。

拓展阅读：

《风雪大别山》（电影）
大别山剿匪

◎ 关键词：强渡黄河　大反攻　跃进　大别山

千里跃进大别山

1947年3月，蒋介石调整战略部署，发动重兵进攻陕北、山东两解放区。毛泽东两次急电刘伯承、邓小平，要求他们尽快结束豫北反攻，在6月份前渡过黄河，到国统区开辟新战场，迫使蒋介石在陕北及山东的兵力回撤。

刘、邓用短短的十几天时间做了精心的战斗计划和战争动员，号召以实际行动保卫党中央，全军上下士气高涨。6月30日，刘邓大军乘夜色强渡黄河。

蒋介石原以为刘邓会驰援陕北，刘邓却以孤军杀过黄河天险，进入鲁西南，这是他始料未及的，不过他并未抽调陕北和山东的兵力回援，而是调豫北的三个师拦截刘邓。

渡河后，虎将杨勇率兵穷追猛打，一夜攻下重镇郓城，全歼敌五十五师师部及两个整旅，开创了我军一个纵队单独一次歼敌最多的光辉战例。敌军摆出一条五十公里长的长蛇阵驰援郓城。刘伯承指挥部队大胆穿插，切断敌第七十师、第三十二师、第六十六师的联系，经过紧张激烈的战斗，全歼敌三个整编师，共五万人。刘邓乘胜追击，整个鲁西南战役，歼敌四个整编师师部，九个半旅六万余人，从而拉开了我军战略大反攻的序幕。

蒋介石见强攻不成，打起了黄河的主意。先派飞机炸毁黄河大堤，试图迫使刘邓大军撤往黄河以北；若不成功，再引黄河水进入废黄河，将刘邓大军困死在鲁西南地区。

当时暴雨倾盆，黄河水位不断上涨。8月7日夜，时间紧迫，刘邓等不及中央回电，率领大军分三路向大别山疾进。9日，毛泽东复电刘邓此举"完全正确"。此时，蒋介石连忙抽调从山东战场调来的八个整编师，企图合围北渡的刘邓大军。而刘邓大军早已越过了陇海路，蒋介石大呼上当。

刘邓大军行至黄泛区，由于没有人烟，行军、食宿均十分困难，刘邓命令部队轻装前进。18日，进抵沙河。23日，进抵淮河，渡过汝河。敌军由八个整编师组成的追击大军向刘邓大军紧紧逼来。前有强敌，后有追兵，情况万分危急。刘伯承大声命令道："狭路相逢勇者胜！从现在起，不管白天黑夜，不管敌人的飞机大炮，我们要以进攻的手段对付进攻的敌人，从这里杀出一条血路，到了大别山就是胜利。"邓小平也大声喊道："我们要不惜一切代价，坚决打过去！"全体将士高呼口号，冒着敌人的炮火，奋勇突围，陆续到达了大别山区。

刘邓大军千里跃进大别山，如一把钢刀直插"国统区"的心脏，威胁了武汉和南京，迫使陕北、山东的蒋军不得不撤回，为粉碎蒋介石的重点进攻做出了重大贡献。

◎ 关键词：辽沈 进攻 解放 决战

辽沈战役

● 我军如潮水般涌向辽西

>>> 辽西走廊

辽西走廊位于山海关和辽宁省锦州市间，为辽西低山丘陵东南的沿海狭长平原地带，在地理上称山海关走廊。

走廊地带长约200千米，宽5～20千米。背山面海，形势险要。

历史上中国东北地区和黄河中下游地区的联系主要通过这里，是便捷的天然交通要道。京哈铁路经此。主要城市有锦州市，是交通中心和军事重镇，解放战争时期，著名的辽沈战役中具有战略意义的一仗就是在这里进行的。

拓展阅读：

《大决战之辽沈战役》（电影）
《辽沈战役亲历记》刘琦

辽沈战役发生在解放战争后期，是由中国人民解放军在辽宁西部和沈阳、长春地区发动的对国民党军的一次战略性进攻战役，也是解放战争战略决战的第一个战役。

解放战争的第三年，战场局势发生了重大变化。在东北战场，国民党军总兵力约五十五万人，而人民解放军的兵力已达一百零三万人，东北地区97%以上的土地和86%以上的人口已获得解放，人力、物力充足。在全国五大战场中，东北战场成了我正规军数量超过国民党正规军数量并掌握了战争主动权的第一个战场。

蒋介石和东北"剿总"总司令卫立煌对东北战局深感忧虑，已无力据守，于是将主力收缩在沈阳、长春、锦州三个孤立地区，采取集中兵力，重点守备，相机打通北宁线的方针。

中共中央从全国整个战局出发，制定全局作战布署，决定把战略决战首先放在东北战场，制定了《关于辽沈战役的作战方针》，即主力部队南下北宁线（今京沈铁路），攻克锦州，把敌人关在东北就地歼灭的作战方针。

林彪、罗荣桓领导的东北野战军按照中共中央军委的战略部署，集中了十二个纵队和一个炮兵纵队，连同各独立师共五十三个师，七十余万人，于1948年9月12日发起辽沈战役。整个战役分为三个阶段：

第一阶段，夺取锦州，封闭东北国民党军。东北野战军挥师南下，向北宁路沿线发起进攻。至10月17日，国民党六十军军长曾泽生率部起义，东北"剿总"副司令郑洞国于19日率部投降，这样，便解了锦州之围，长春也得到解放。

第二阶段，会战辽西，歼灭廖耀湘兵团。根据毛泽东关于全力抓住沈敌、暂不打锦、葫的指示，东北野战军以两个纵队继续阻击锦西、葫芦岛之外，余下主力从锦州挥师东进，前阻后断，在运动中歼灭廖耀湘兵团。10月26日夜，解放军对被包围在大虎山以东地区的廖耀湘兵团实行分割围歼战术，至28日全歼十万余人，且生俘兵团司令廖耀湘等高级将领。

第三阶段，攻占沈阳，解放全东北。为防止沈阳守军从海上撤退，解放军以三个纵队与五个独立师的兵力完成了对沈阳的四面包围，又以三个纵队直插营口，断其海上退路。11月1日，解放军向沈阳市区发起总攻。11月2日解放沈阳、营口。至此，东北全境获得解放，辽沈战役以解放军的大胜告终。

辽沈战役历时五十二天，歼敌四十七万二千人。这场战役的胜利从根本上改变了国共双方总兵力的对比，大大加速了解放战争的进程。

●我军步兵冲入天津市区

>>> 父女两党

傅冬菊是傅作义之女，又名傅冬，先后就读于南开中学,西南联合大学,在校期间积极加入革命组织。毕业后,到天津《大出版》担任记者,并加入了中国共产党。

读书期间,冬菊常跟父亲讲一些国民党的丑闻、共产党团结抗日的事情,并有意地把一些进步书刊放到他的办公桌上,默默无言的父亲深受影响。

平津战役时,为做傅作义的思想工作,傅冬菊调入北平,在傅作义戒心重重的情况下,她说服父亲与中共谈判,最终使得北平和平解放。

拓展阅读:

《平津战役秘密战》松植
《狼烟北平》都梁

◎ 关键词：战役 歼敌 北平方式

平津战役

平津战役发生于1948年12月上旬至1949年1月31日，东北野战军和华北军区第二、第三兵团共出动兵力一百万人投入战役。

当时，据守平津的华北傅作义集团除有五万余人分驻归绥和大同外，另有兵力五十余万人位于东起山海关、西迄张家口的约五百多公里的狭长地带上，并以塘沽为海上通道口。在这部分军队中，属傅作义系统的有十七个师（旅），属蒋介石系统的有二十五个师（旅）。蒋介石曾经提出要傅作义南撤，以加强长江防线。傅作义不愿南撤。傅作义估计东北野战军在辽沈战役后需要有三个月到半年的休整时间，到第二年春天才能入关作战。于是傅作义根据暂守平津、保持海口、扩充实力、以观时变的方针，不断收缩兵力，先后放弃承德、保定、山海关、秦皇岛等地，做好了随时从海上南逃或西窜绥远的准备。因此，拖住华北敌军，使国民党长江防线兵力得不到增援，就成为能否实现就地歼敌的关键。

根据中共中央的部署，东北野战军主力在辽沈战役结束后不久，就提前结束休整，从1948年11月23日起，取快捷方式隐蔽地挥师入关。兵贵神速，入关的东北野战军和华北军区第二、第三兵团一道，用"围而不打"或"隔而不围"的办法，迅速完成对北平、天津、张家口之敌的战略包围和战役分割，截断了他们南逃西窜的通路，并吸引原驻天津、塘沽的国民党军队第九十二、九十四、一〇五军进到北平地区。在12月下旬，解放军连克西头的新保安、张家口。在新保安歼灭傅作义嫡系主力第三十五军一千六百人，在张家口歼敌第十一兵团部和第一零五军五万四千余人。1949年1月10日，中共中央决定成立由林彪、罗荣桓、聂荣臻三人组成的平津前线总前委。天津守敌拒绝接受和平改编，1月14日，解放军以强大兵力，经过二十九个小时的激战，攻克了天津这座坚固设防和重兵守备的大城市，全歼守敌十三万人，活捉国民党天津警备司令陈长捷。天津解放后，塘沽守敌乘船南逃。

解放军在完成包围北平后，为了使北平这座举世闻名的古都免遭破坏，派出代表同傅作义接触。一方面由于解放军力量的包围之势，另一方面由于中共的耐心工作和各界人士的敦促，傅作义终于决心顺应人民的意旨，接受改编。

1949年1月31日，解放军入城，北平宣告和平解放。和平解放北平具有深远的历史意义。北平守军是执行我党八项和平条件，以和平方式结束战争的第一个榜样，被誉为"北平方式"。

平津战役历时六十四天，除塘沽守敌五万八千人从海上逃跑外，我军共歼灭敌军五十个师五十二万人，达到了解放华北大部地区的战略目的。

◎关键词：决胜 徐州 黄伯韬 江淮

淮海战役

● 粟裕在淮海前线进行战前动员

>>> 粟裕大将

粟裕是中国现代杰出的军事家、革命家、战略家。生于1907年，1926年11月加入中国共产主义青年团，1927年6月，加入中国共产党。曾参加南昌起义。他戎马一生，战功赫赫，充分显示了卓越的军事思想与高超的指挥才能，是我军最杰出的将领之一。他为我军革命化、现代化建设，为发展我国的军事科学，做出了卓越贡献。

1955年，粟裕被授予大将军衔，获一级八一勋章、一级独立自由勋章、一级解放勋章。1984年2月5日病逝于北京。中共中央在讣告中评价他"尤善于指挥大兵团作战"，这样的评价在开国将帅中是绝无仅有的。

拓展阅读：

《粟裕战争回忆录》
解放军出版社
《开国大将》王晓健

1948年秋天，解放战争进入了夺取全国胜利的决胜阶段。过去两年中，人民解放军共歼灭国民党军二百六十四万人。国民党的兵力锐减，已由战争初期的四百三十万人下降到三百六十五万人，其中用于一线的作战部队一百七十四万人，而解放军的总兵力则由一百二十万人增加到二百八十万人，且部队的军事、政治素质有了很大的提高。解放区的面积已占全国总面积的四分之一，人口占全国总人口的三分之一以上，工农业生产得到了恢复和发展。在国民党统治区，人民群众积极开展爱国民主运动。蒋介石的反动统治已到崩溃边缘。

1948年9月济南战役胜利后，国民党军徐州"剿总"刘峙集团将四个兵团、四个"绥靖"区，二十五个军，约六十万人的兵力，布置在以徐州为中心的陇海和津浦两条铁路线上。华东野战军代司令员兼代政委粟裕向中央军委提出发动淮海战役。9月25日，中央军委、毛泽东复电指出，举行淮海战役十分必要。

辽沈战役全胜后，中央军委、毛泽东认为应扩大淮海战役规模，命令中原野战军加入淮海作战，力争全歼徐州地区之敌。

11月初，蒋介石决为了确保徐州，巩固江淮，以屏障南京，决定将主力收缩在徐州、蚌埠间津浦路两侧地区，以攻势防御阻止解放军南下。华东野战军于6日夜间向预定目标开进时，发现敌人正在撤退，当即转入追击，坚决围歼后撤的国民党军第七兵团黄伯韬部。9日，中央军委、毛泽东指示中原野战军主力直出宿县，截断宿蚌路，与华东野战军一起，对徐州完成战略包围。

11月11日，华东野战军将黄伯韬兵团合围在碾庄地区。15日，中原野战军攻克宿县，完成了对徐州的战略包围。16日中央军委决定由刘伯承、邓小平、陈毅、粟裕、谭震林五人组成淮海战役总前委，邓小平为书记。22日，黄伯韬兵团被全部歼灭。25日，中原野战军包围了东援徐州的国民党军第十二兵团黄维部。30日，徐州之敌约三十万人向西南方向逃窜。华东野战军十一个纵队全力追击。15日，中原野战军在华东野战军一部的协同下，将黄维兵团全部歼灭，其中包括国民党军五大主力之一的整编第十一师。1949年1月10日，解放军歼灭杜聿明集团，其中包括国民党军五大主力中的第五军。

淮海战役历时六十六天，人民解放军投入兵力六十万，国民党军投入兵力达八十万。人民解放军在总兵力少于敌军的情况下，取得了歼敌五个兵团部、二十二个军部、五十六个师共五十五万余人的巨大胜利，解放了江淮间广大地区。随后，人民解放军前方部队到了长江北岸，为之后进行的渡江作战做了准备。

● 人民解放军解放南京

>>>《人民解放军占领南京》

钟山风雨起苍黄，
百万雄师过大江。
虎踞龙盘今胜昔，
天翻地覆慨而慷。
宜将剩勇追穷寇，
不可沽名学霸王。
天若有情天亦老，
人间正道是沧桑。
——毛泽东

拓展阅读：

《渡江侦察记》（电影）
《渡江战役》林仁华

◎ 关键词：求和 谈判 渡江 解放

渡江战役

见人民解放军的反攻势如破竹，蒋介石想借和谈争取时间，遂于1949年元旦发表求和文告。其实求和是假，谋卷土重来才是其真实目的。

中共中央和毛泽东主席看穿骗局，在1949年1月5日发表的《评战犯求和》和1月14日发表的《中共中央毛泽东主席关于时局的声明》中，把蒋介石的险恶用心完全揭露出来，同时提出八项条件，表示在这基础上愿意进行和平谈判。

蒋介石见骗局已被揭穿，又不想让和谈弄假成真，便任命汤恩伯为京沪杭警备总司令，布置长江防线；又任命陈诚为台湾省政府主席，蒋经国为台湾省党部主任委员，安排好了退路。1月21日，蒋介石宣布"引退"，由李宗仁代行职权。

1月27日，李宗仁致电毛泽东，表示愿意接受八项条件，进行和谈。但是，李宗仁对和谈做不了主。在代表团到北平以前，蒋介石给张治中为首的和谈代表团的底牌是"划江而治"，其用意仍为争取时间，以便重新发动内战。

4月1日，张治中、邵力子、章士钊等国民党代表团成员到达北平，中国共产党派出周恩来、林伯渠、林彪、叶剑英等组成代表团进行谈判。在谈判期间，中国共产党方面做了一些让步，但是坚持人民解放军必须过江。4月15日，中共代表提出《国内和平协定》最后修正案，限定4月20日为最后签字期限。蒋介石拒绝签字，和谈破裂。4月21日，中央军委主席毛泽东和中国人民解放军总司令朱德发出《向全国进军的命令》。

在长江南北两岸人民的支持下，人民解放军已经为渡江战役调集了大量木船，在北岸做好了充分的准备工作。从20日晚起，第二、第三野战军强渡长江。反动派原来以为江面广阔，在海陆空三军的防御下，不会轻易被突破。没想到对岸万舟齐发，声势浩大，船工和战士一起，舍生忘死，冒着炮火突进；北岸解放军炮火强大，压得他们抬不起头来。在这关键时刻，江阴要塞守备部队又突然起义，掉转枪头向国民党军的阵地开火，让蒋介石措手不及。

解放军先头部队踏上了南岸，守军抵抗渐微，士兵四散逃窜。23日，人民解放军解放南京，把红旗插上了伪总统府，宣告延续二十二年的国民党反动统治覆灭。5月14日，第四野战军在武汉以东一百多公里的战线上渡过长江。17日，解放武汉。

5月12日，人民解放军开始进攻上海。27日，上海全部解放，除汤恩伯部五万余人从海上逃脱外，其余十五万余人悉数被歼。至此，渡江战役结束，人民解放军乘胜追击，向解放全中国进军。

●开国大典 董希文

>>> 油画《开国大典》

画家董希文曾经受任画主席台上的毛主席像。他的油画《开国大典》曾受到徐悲鸿的高度评价，被收藏在中国革命博物馆展览厅。后却因政治原因而被改动。

"高饶事件"之后，有人通知董希文，让他去掉画面中高岗的画像，这是第一次改动。"文革"爆发后，"四人帮"在美术界的代理人又让他将《开国大典》中的刘少奇去掉。1979年，中国革命博物馆征得上级同意，将《开国大典》恢复原貌，重新画上了刘少奇和高岗。

拓展阅读：

《开国大典》（电影）
《往事——1949写真》
陈先义/陈瑞跃

◎ 关键词：中华人民共和国 典礼 阅兵 游行

开国大典

1949年6月，新政治协商会议筹备会议决定，10月1日在北平天安门广场举行开国大典。中共中央成立了开国大典筹备委员会，拟定了开国大典的三大项目：一、中华人民共和国中央人民政府成立典礼；二、中国人民解放军阅兵式；三、人民群众游行活动。

10月1日下午2时，中南海内中央人民政府委员会召开第一次会议，主席毛泽东，副主席朱德、刘少奇、宋庆龄、李济深、张澜和委员陈毅等56人宣布就职。会议并选举林伯渠为秘书长；任命周恩来为政务院（国务院）总理兼外交部长；毛泽东兼中央人民政府军事委员会主席，朱德兼人民解放军总司令；沈钧儒为最高人民法院院长；罗荣桓为最高人民检察署检察长。

这时，天安门广场已聚集了三十万欢乐的人群，旗帜、彩绸、鲜花、灯饰，将广场装扮成喜庆的锦绣海洋。下午3时，毛泽东和中央主要领导同志沿着城楼西侧的古砖梯道，登上了天安门城楼。

林伯渠宣布大典开始。毛泽东庄严宣布：中华人民共和国中央人民政府今天成立了！这个庄严的声音通过电波传到全国，传到了世界各地，亿万国人为之雀跃。在激昂的《义勇军进行曲》的乐声中，毛泽东亲手按下了电钮，五星红旗冉冉升起，五十四门礼炮齐放二十八响，如报春惊雷回荡在天地间。之后，毛泽东主席宣读了中华人民共和国中央人民政府公告，向世界宣告国民党反动政府已被推翻，中央人民政府是代表中华人民共和国全国人民的唯一合法政府。接着，林伯渠宣布阅兵开始。

阅兵司令员朱德走下天安门城楼，乘敞篷汽车通过了金水桥，在聂荣臻总指挥的陪同下，检阅了三军部队。接着，朱总司令重登天安门城楼，宣读《中国人民解放军总部命令》。

检阅式之后便是分列式。最先通过天安门主席台的受阅队伍是代表人民海军的水兵分队，紧接着步兵、炮兵、坦克依次通过主席台，人民空军的战鹰分别以三机和双机编队，分批飞经天安门广场上空。为了防范蒋匪空军的侵扰，受阅的飞机破例都装上了实弹飞过首都上空，受阅后立即飞赴祖国的万里长空。此次受阅的还有一千九百匹战马组成的骑兵受阅方阵，骑手们身着草绿色军服，握枪挎刀，威风凛凛。

阅兵式后，欢腾的群众游行队伍通过天安门前，向中央人民政府领导人致意，向五星红旗致意。"毛主席万岁"的口号声响彻云霄，毛泽东也频频向群众挥手致意，回答道："人民万岁！"广场顿时成了沸腾的海洋。

从此，中国人民结束了被压迫被侵略的屈辱历史，走上了民族独立的新的历史纪元。